Gisela Bonn · Die indische Herausforderung

Gisela Bonn

DIE INDISCHE HERAUSFORDERUNG

Eine Begegnung mit Indien

BURG VERLAG · 7123 Sachsenheim 3

Stuttgart · Bonn

Fotos von Gisela Bonn

Verlagsauslieferung: Untere Au 41, 7123 Sachsenheim 3
Schutzumschlaggestaltung: Helm Renz, Haan
Herstellung: Hieronymus Mühlberger, Augsburg
ISBN 3-922801-80-3

Inhalt

Vorwort:
„Die Weisheit liegt nicht im Verstand, sondern in der Liebe" 9

Rückblicke I – Lunch bei Jawaharlal Nehru 11

Begegnung mit dem alten Indien 20
Ajanta 21
Ellora 22
Der klassische indische Tanz 24
Khajuraho – Tempel der Liebe 31
Agra 41
P. N. Haksar – der Vermittler 46

Der Weg in die Unabhängigkeit 49
Tin-Murti-Haus – Nehru Memorial 49
Jawaharlal Nehru – kaschmirisches Erbe und
englische Erziehung 50
Die Briten in Indien 54
Nehru begegnet Mahatma Gandhi 56
Motilal Nehru 58
Suche nach Identität – asiatischer Nationalismus 60
Die indischen Muslims 64
Gandhi, Kongreß-Partei und Muslim-Liga 66
Satyagraha 68
Die Bauernbewegung 72
Der Kongreß wird eine Massenbewegung 76
Verhaftungen 82
Die Gegensätze verschärfen sich 91
Nehru und Europa 95
Der Geist der Rebellion greift um sich 113
Lord Irwin, Gandhi und Nehru 118
Lahore und die Unabhängigkeitserklärung 119
Gandhis elf Punkte und der Kampf um das Salz 122

Motilal Nehrus Tod 125
Nehrus politische Philosophie 126
Nehru und Kamala 130
Krieg in Europa 131
Ali Jinnah, Subhas Chandra Bose, Vinoba Bhave 135
Nach dem Krieg – das britische Angebot 139
Lord Louis Mountbatten und die
Geburtsstunde der Indischen Union 142

Bharat – die Indische Union – unter Pandit Nehru 150
Der Mord an Mahatma Gandhi 150
Zankapfel Kashmir 153
Die indische Gesellschaft – Religionen, Sprachen, Erziehung . . 161
Wirtschaft und Landwirtschaft 168
Kampf um Goa 175
Nehru, Star von Asien 179
Menons Versagen 184
Der Kamaraj-Plan – ein ,,demokratischer Staatsstreich“ 189
Das gestohlene Haar des Propheten 192
Freilassung von Sheikh Abdullah 196

Rückblicke II – Letzte Begegnung mit Nehru 199

Nehrus Tod 205

Lal Bahadur Shastri – der Nachfolger 210

Indira Gandhi wird Ministerpräsident 218

Rückblicke III – Begegnung mit Indira Gandhi 227

Indira Gandhi – Stationen ihres Lebens 233

Die ersten Jahre der Regierung Gandhi 244
Grauer Alltag innenpolitischer Probleme 244
Besuch in den USA 245
Die Sikhs 248
Innenpolitische Zündstoffe 256
Indira Gandhis Ausschluß aus der Kongreß-Partei 282

Rückblicke IV – Filmen mit Indira und der große Wahlsieg 284

Die bengalische Tragödie 296
Bengalisches Tagebuch 301
Frieden mit Pakistan – das Abkommen von Simla 318

Die Regierung Gandhi nach der Wahl von 1971 322
Wirtschaft und Landwirtschaft, Kampf gegen Räuberbanden, Pressepolitik, Verstaatlichung des Getreidegroßhandels 322
Entspannung im Verhältnis zu den USA 327
Breschnew in Indien 329
Ölkrise und Atombombe 331
Aufhebung der Verstaatlichung des Getreidegroßhandels 332
Zusammenarbeit mit Iran 333
Kissinger in Delhi 334
Haksar wird Planungschef 335
Abdullah wieder Chefminister von Kashmir 337
Neuer Ärger mit den USA 338

1975 – Indiens gefährliches Jahr 340
Jayaprakash Narayan – der große Gegenspieler 341
Indira angeklagt 345
„Stürzen oder Sterben" 347
Notstand 350

Indiens Stämme 353
Im Land der aufgehenden Sonne 353
Zu Gast bei den Apa Tanis 366

Rückblicke V – Interview mit Sanjay Gandhi, Indiens „Kronprinz" 372

Rückkehr nach Bandung 380

Indiras Sturz und der Bankrott der Opposition 384

Rückblicke VI – Vor der Rückkehr an die Macht: Interview mit Indira Gandhi im Dezember 1979 392

1980 – Triumph und Tragik 398
Afghanistan und die Supermächte 398
Problem Assam 402
Sanjay Gandhis Tod 404
Breschnew in Delhi 406

1981–1984 – Dramatische Jahre 409
Indiras politische Lähmung 409
Rajiv Gandhi 411
,,Operation Vorwärts" – Indiras 20-Punkte-Programm 420
Maneka Gandhi 422
Außenpolitische Kurskorrektur 424
Der Indische Ozean – eine ,,Zone des Friedens"? 427
Die Asiad 430
Die siebente Gipfelkonferenz der Blockfreien 431
Aufstand der Tamilen 432
Drama im Punjab 434
Die Sowjetunion bietet Hilfe an 436
Die Hindu-Welle 437

Der Mord im Garten 439

Rückblicke VII – Erinnerung an Indira Gandhi 448

Premierminister Rajiv Gandhi und die Hoffnung auf das Indien von Morgen 453

Rückblick und Ausblick – Die indische Herausforderung – Was ist das? 466

Anhang (Brief Rajiv Gandhi an Gisela Bonn, Brief Indira Gandhi zum Sikh-Problem u. a.) 471
Namen- und Sachregister 490

Vorwort

,,Die Weisheit liegt nicht im Verstand, sondern in der Liebe"

Im Kampf um die Unabhängigkeit Indiens, um seine Identität und Einheit, spielte die Familie Nehru neben Mahatma Gandhi eine bedeutende Rolle. Solange der Mahatma lebte, ahnte keiner, welche Aufgaben Jawaharlal Nehru einmal in Indien übernehmen würde. Noch weniger war der Einfluß voraussehbar, den er eines Tages als erster Premierminister des unabhängigen Indien weit über den Subkontinent hinaus auf die ganze Welt ausüben würde. Es besteht kein Zweifel, daß Nehru und seine Tochter Indira Gandhi, die 1966 das Amt des Ministerpräsidenten übernahm, das unabhängige Indien zu einem Faktor in Asien, in der Weltpolitik gemacht haben. Berechtigt die Tatsache, daß Indira ebenfalls Ministerpräsident war, daß sie auf ihre Söhne einwirkte, sich für Politik und Kongreß-Partei zu interessieren und zu engagieren, daß ihr ältester Sohn Rajiv Gandhi nach ihrer Ermordung Ministerpräsident wurde, zu der Spekulation, sie habe – wenn nicht schon ihr Vater – an der Schaffung einer Dynastie gearbeitet? Die Mußmaßungen darüber waren in den letzten Jahren ein ständiges Thema der internationalen Presse, die dabei übersah, daß dynastische Vorstellungen sich nicht im Einklang mit der indischen Verfassung befinden. Ob Indira Gandhi daran dachte, die Verfassung und das System zu ändern, diese Frage kann sie nicht mehr beantworten. Der Autorin gegenüber hat sie das noch wenige Tage vor ihrem Tode energisch bestritten. ,,I am deeply committed to democracy." – ,,Ich fühle mich der Demokratie zutiefst verpflichtet." Wo sie nach Meinung ihrer Gegner und einiger Freunde gegen ihre eigenen Grundsätze verstieß, wird gewiß analysiert werden, wenngleich es nicht zum eigentlichen Thema dieses Buches gehört. Über historische Fakten hinaus, die der Klärung der wichtigen – wenn man so will – mitspielenden Persönlichkeiten dienen sollen, geht es um die Frage: Was bedeutet Indien für unsere Welt?

Denjenigen Kritikern, die meinen, ich sei in Indien verliebt und daher nicht in der Lage, seine offensichtlichen Schwächen und Probleme zu analysieren, möchte ich mit einem Wort von André Gide antworten und raten, darüber lange und intensiv nachzudenken: ,,La sagesse n'est pas dans la raison, mais dans l'amour." – ,,Die Weisheit liegt nicht im Verstand, sondern in der Liebe."

Als ob Zuneigung und objektive Berichterstattung sich ausschließen müßten – eher scheint mir Unsachlichkeit ein Charakteristikum der Abneigung oder jener Sensationslust zu sein, für die „good news no news und bad news good news" – „gute Nachrichten keine Nachrichten und schlechte Nachrichten gute Nachrichten" – sind. Der britische Schriftsteller und ehemalige Premierminister Benjamin Disraeli hat diese Art Berichterstattung mit nüchternen Worten kommentiert: „It is so much easier to be critical than to be correct." – „Es ist um so vieles leichter, kritisch als korrekt zu sein."
Kritik um der Kritik willen wird nicht selten zum Motiv einer Deutung, die eines verhindert: die Begegnung mit jenem Indien, von dem der deutsche Kunsthistoriker Hermann Goetz einmal sagte, es habe sein Leben reicher gemacht. Für den französischen Schriftsteller André Malraux wird Indien zu einer Begegnung mit der künstlerischen Kraft, wie sie vor „vielen Kunstwerken aus der Schatzkammer des imaginären Museüms der Menschheit" erfolgt, „mit der Glaubenskraft", die in Bildern gegenständlich wird, und mit „einer Wirkung außerhalb jeder Voraussehbarkeit". Eine vergleichbare Wirkung geht von den großen Dichtungen aus, die Leben und Tod der Inder begleiten:

„Jene, die den Tag Brahmas kennen, der tausend Weltalter lang ist,
Und seine Nacht, die erst nach tausend Weltaltern endet,
Die kennen den Tag und die Nacht . . .
. . . Und die ganze Schar der Wesen, die unablässig in das Dasein zurückgeworfen werden,
Löst sich beim Einfall der Nacht auf und wird beim Aufgehen des Tages wiedergeboren . . .
. . . Und alle Geschöpfe sind in mir
Wie in einem großen Wind, der endlos im Raume wogt . . .
. . . Ich bin das Sein und das Nichtsein, die Unsterblichkeit und der Tod . . ."

Das ist kein Mystizismus, sondern der Mutterboden jener wichtigen Zeitspanne, in der Indien weithin erkennbar zur Herausforderung wurde: Sie reicht von Mahatma Gandhi über Jawaharlal Nehru bis zu Indira und Rajiv Gandhi.

Rückblicke I – Lunch bei Jawaharlal Nehru

An einem heißen Märzabend im Jahre 1957 brachte der braunhäutige Diener in weißem Gewand und kühn gefächertem Turban die Einladung mit dem goldenen Löwenwappen der Indischen Union ins Janpath-Hotel. Ich war überrascht. Als ich im indischen Außenministerium den Wunsch aussprach, dem Manne wieder zu begegnen, dessen Leben für Indiens Freiheit und Asiens Ansehen bereits zum Stoff vieler Legenden geworden war, hatte ich an eine Audienz in seinem Büro gedacht. Und nun las ich, daß Jawaharlal Nehru, der Staatsmann, auf dessen Wort die Weltöffentlichkeit hörte, mich zum Lunch in seine Residenz, in das Tin-Murti-Haus, einlud.

In der weiten Halle empfing mich Vimla Sindhi, die kleine, rundliche Hausdame, die wie Nehru aus dem Bergland Kashmir stammte. Freundlich lächelte sie mich an und forderte mich auf, meinen Namen in das aufgeschlagene Gästebuch zu schreiben. „Sie werden im kleinsten Familienkreis im Garten essen“, sagte sie und führte mich, ihren Arm um meine Schulter legend, die Steinstufen hinab über den englischen Rasen, dessen Beete mit Rosen, Levkojen und Margeriten wie in einen Teppich eingewebte Muster wirkten.

Unter Zitronen- und Orangenbäumen war eine Sitzecke mit grünbezogenen tiefen Sesseln gerichtet. Nicht weit davon stand der gedeckte Tisch unter einem gelb leuchtenden Sonnenschirm. Die Gläser glitzerten. Im Sèvres-Porzellan spiegelte sich der glasklare blaue Himmel.

Ich hatte nur wenige Minuten zu warten, und schon sah ich Nehru mit elastischem Schritt über den Rasen kommen. Er trug die enganliegenden weißen *Jodpur*-Hosen, einen hochgeschlossenen haselnußbraunen Rock, an dem eine rote Rose steckte, und das weiße Käppchen der Kongreß-Partei.

Ich war dem indischen Ministerpräsidenten schon einmal, 1956, bei seinem Staatsbesuch in der Bundesrepublik begegnet. Und schon damals fiel mir auf, daß dieses fast klassisch schöne Gesicht mit der hohen Stirn von einer kaum verhaltenen Melancholie überschattet war. Ich glaubte zu erkennen, daß sich hinter disziplinierten, fast abwehrenden Gesten ein höchst unruhevoller und empfindsamer Mensch verbarg, ein kompli-

zierter, nicht leicht durchschaubarer Charakter. Oder war es Hochmut, den zurückhaltende Liebenswürdigkeit kontrollierte?
Ein flüchtiges, leicht ironisches Lächeln huschte über Nehrus Züge. Ob es wohl stimmte, was mir ein alter indischer Freund erzählt hatte, Nehru besäße die Gabe, Gedanken zu lesen? Er deutete auf die grünen Sessel. Eine Weile, bis Nichte, Neffe und Schwager erschienen, saßen wir allein unter den blühenden Bäumen.
P. N. Haksar, der dynamische Direktor der „External Publicity Division", für mein Indienprogramm zuständig, hatte mir geraten, nichts Belangloses zu sagen, keinen „small-talk" zu machen, das langweile Nehru, und die Folgen seien für den Besucher unangenehm. Es könnte geschehen, daß der Premierminister den Kopf zur Seite drehe und für den Rest der Begegnung in Schweigen versinke. Die gutgemeinten Ratschläge kosteten mich fast meine Unbefangenheit. Nehru tat nichts, um mir zu helfen. Es blieb kein Ausweg, ich mußte das Gespräch beginnen:
„Herr Ministerpräsident, Sie haben einen wesentlichen Teil Ihres Lebens in Europa verbracht, welchen Einfluß hat das auf Ihre Beziehungen zu Indien gehabt?"
„Ich bin auf dem Umweg über Europa zum indischen Patrioten geworden." Es galt genau zuzuhören und Nehru aufmerksam zu betrachten. Das Mienenspiel dieses niemals ruhenden Antlitzes verriet eine gewisse Ungeduld.
Die spürbare Spannung teilte sich mit. Der erste Premier des unabhängigen Indien war ein asiatischer Aristokrat, in Cambridge geschliffen, der englischen Lebensart aufgeschlossen, zu gewissen Zeiten sicher von ihr fasziniert, aber dennoch tief in der Kultur seines Landes verwurzelt – ein Wanderer zwischen zwei Welten.
Jawaharlal Nehru gehörte zur Kaste der Kashmir-Brahmanen – jeder Kenner Indiens weiß, was das bedeutet. Unter den vier Hauptkasten ist die des Gelehrten, des Priesters und Aristokraten, die Kaste des Brahmanen, die höchste. Aber der Brahmane aller Brahmanen ist der aus Kashmir, denn er ist dort beheimatet, wo die Götter der Hindus ihre ewige Wohnung haben, im Himalaya. Die Kashmir-Brahmanen sind Träger einer großen Tradition. Sie haben alle Eroberer stolz und unberührt an sich vorbeiziehen lassen – niemals haben sie ihre Knie gebeugt oder sich gar Allah, dem Gott der Muslims, unterworfen. Viele Beobachter halten für Arroganz, was sie charakterisiert: die Fähigkeit, Distanz zu wahren. Nehru war darin Meister. Diese Distanz galt es zu überwinden, um zu entdecken, was ich beschreiben wollte: eine Persönlichkeit, die sich hinter Kühle und Verschlossenheit verbarg.

Mir half Bhima, einer der beiden Pandas, die leider später, in einer Sommernacht des Jahres 1959, plötzlich starben. Das Tier hatte sich aus seinem laubgedeckten Käfig unter dem breiten Eukalyptusbaum befreit und lief über den Rasen.
Bhima gehörte zur Familie der weißgefleckten Kleinbären, deren Heimat im Himalaya liegt. Von dort hatten indische Bauern sie hinuntergetragen, um sie ihrem geliebten *Panditji* zu schenken. Pandit heißt Weiser, Gelehrter – Pandit Nehru, der weise Nehru. Die Silbe „*ji*“ kann Abkömmling einer ehrenvollen Familie oder auch einfach „Herr“ bedeuten, ist eine Respektbezeugung und keine zärtliche Verkleinerungsform, wie oft behauptet wird.
„Leider“, erzählte Indiens Premier, „kann Bhima nur fünf Monate im Jahr mit mir hier in Delhi zusammenleben, dann wird es zu heiß für sie. Für sieben lange Monate muß ich sie in ihre schöne kalte Heimat zurückschicken.“
„Ist Bhima gefährlich?“ fragte ich.
„Tiere“, antwortete Nehru lächelnd, „sind niemals gefährlich. Das ist eine meiner schönsten Erfahrungen. Sie greifen nur an, wenn sie sich bedroht fühlen oder erschreckt werden. Selbst unser gefürchteter Tiger tötet oder überfällt Personen nur, wenn sie ihn vorher verwundet haben – sonst ist er scheu und meidet den Menschen.“
Ich versuchte, Bhima, wie es zuvor Nehru getan hatte, mit Bananen zu füttern. Fauchend schnappte sie nach meiner Hand, die Nehru schnell wegriß, sonst hätte der Bär wohl zugebissen. Ich wagte zu sagen: „Na, Herr Ministerpräsident, was ist nun mit Ihrer Tierpsychologie, ich habe Ihre Bhima doch wohl kaum bedroht.“
„O doch“, antwortete Nehru mit einem verschmitzten Lächeln, „sie ist nämlich eifersüchtig, das werden Sie als Frau sicher verstehen.“
Mit diesem kleinen Intermezzo war das Eis gebrochen. Nun begann auch Nehru zu fragen:
„Sie haben Indien lange bereist, welches war Ihr stärkster Eindruck?“
„Die Einheit in der Vielfalt.“
„Sie haben vollkommen recht. Indien besitzt eine tiefe fundamentale Einheit. Sie ist tiefergehend als die mit unserer Unabhängigkeit geschaffene politische Einheit.“
„Hat sie etwas mit der Religion zu tun, mit dem Hinduismus, mit ‚the Hinduway of life?‘ “
„Nein, denn damit würden Sie ja alle anderen Kulturen, Religionen und Zivilisationen ausschließen, die zur indischen Identität, zur indischen Einheit beitrugen.“

„Was ist denn das, die indische Identität?"
„Ich sagte schon, es ist schwer zu erklären, es ist etwas, das wir im Blut haben, das uns seit Jahrtausenden über Rassen und Religionen hinweg mit dieser Landschaft, mit Himalaya und Ganges, mit diesem ganzen Subkontinent, seiner Kultur und Kunst wie mit einer Mutter verbindet."
„Sie wollen Indien eine neue Gestalt geben, bedeutet das nicht revolutionäre Brüche mit jener Vergangenheit, die das Indien prägte, das Sie im Blut haben?"
„Es bedeutet Umformungen, Synthesen zwischen Tradition und Moderne – Harmonisierung. Indien hat in seiner langen Geschichte so viele Eroberer, Kulturen und Religionen eingeschmolzen, warum sollte es sich die modernen Erfindungen des Westens nicht zu eigen machen, ohne sich an sie zu verlieren. Es müßten die Wanderer zwischen den Welten sein, die unsere Zukunft bestimmen, jene, die in der Verschiedenheit die Einheit erkennen, den gemeinsamen Nenner: die angeborene Geistigkeit des Menschen. Das neue Indien sollte dafür beispielhaft werden."
Stellte Nehru nicht zu hohe Forderungen an Indien, das, wie er mir später einmal sagen sollte, 200 Jahre im Galoppschritt nachholen mußte? Vermochten die Inder ihm bei seinen geistigen Höhenflügen zu folgen? Eigentlich hätte ich die Frage nicht stellen müssen. Niemand konnte den geradezu magischen Einfluß übersehen, den er auf Millionen Menschen ausübte. Ich hatte mich am Abend zuvor davon überzeugen können. Mit etwa hunderttausend bis zweihunderttausend Menschen hockte ich auf der staubigen Erde des Ram-Lila-Platzes in Alt-Delhi. Nehru saß auf einem kleinen Rednerpult hoch über der Menge. Er schlenkerte formlos mit den Beinen und sprach mit leiser Stimme in *Hindi* drei Stunden lang. Die Menschen lauschten gespannt, kein Laut, keine Bewegung, bis er mit dem Ruf schloß: *„Jai Hind"* – „Es lebe Indien". Tosender Beifall brach los. Tausende rannten hinter Nehru her, umringten ihn, versperrten den Weg zu seinem Wagen. Und er hielt an, lächelte, grüßte die Menge, die Hände nach alter indischer Sitte vor der Brust zusammengelegt – ein geborener Menschenverführer.
Als ich ihm erzählte, ich habe inmitten der Masse von Zuhörern die ganze Zeit während seiner Rede gesessen und – obwohl ich nicht *Hindi* spräche – den Eindruck gehabt, ihn verstanden zu haben, wandte er den Kopf ab und schwieg. Ich erschrak – war es belangloses Geschwätz gewesen? Minuten des Wartens vergingen, ehe er sich zu mir wandte und langsam sagte: „I believe, Madame, we are on the same tune." – „Ich glaube, wir sind aufeinander eingestimmt."

Nichts hätte mich mehr überraschen können. Erst viel später wurde mir klar, daß in diesem Augenblick eine Freundschaft begann, die mir eine Begegnung mit Indien vermittelte, wie André Malraux sie wohl gehabt haben mag, der sich in seinen „Anti-Memoiren" immer wieder mit seinen geistigen Beziehungen zu Indien auseinandersetzt. Für ihn wird Indien, weil es die „nächtigen Schwingen des Menschen weiter spannt", zu einer Begegnung, die tiefer und komplexer ist als alle Begegnungen, die er mit anderen Ländern hatte.

Nehru war ein Phänomen. Ein europäischer Gentleman, der über Shaw und Toynbee parlierte – und die „Gita" im Herzen trug. Ein Inder, dem die Götter der Hindus fremd blieben und der trotz einer gewissen Distanz zu diesem Land ihm mit jeder Faser seines Wesens verbunden war. Was einen anderen Menschen vielleicht zerstört hätte, gleichzeitig Aristokrat und Sozialist, Brahmane und Cambridge-Student, Bewahrer, Erneuerer und Revolutionär zu sein, ihm brachte es die Spannungen, die ihn dynamisierten, ihm die Kraft gaben, sein Lebenswerk anzupacken, das alte traditionsreiche Indien in das moderne Industriezeitalter zu führen. Wer aber in ihm nur den kühlen, dem Fortschritt verschriebenen Weltmann sah, hat Nehru nicht verstanden. Der Mann, der seinem Volk die modernen Techniken, Stahlwerke und Flugzeugfabriken, Atomreaktoren und Ölpumpen geradezu aufzwang, vertrat gleichzeitig die Überzeugung, daß der Mensch als humanes Wesen spirituellen Werten verpflichtet sein muß. Nehru war ein Mann der lautlosen, der stillen Revolution, besser gesagt: der Evolution. Er besaß eine große Gabe, das Alte, durch Jahrhunderte Gewachsene, die Tradition, mit dem Fortschritt zu harmonisieren. Und er wußte, daß Indien nur so ein eigenes Profil entwickeln und bewahren könnte. Die Begegnung mit Europa und Amerika durfte sein Land nicht verwunden.

„Was wir fürchten", sagte Nehru, „ist ‚the American way of life', die amerikanische Lebensart, die nicht hierher paßt. Die Amerikaner sind nicht nur Dollar-Fetischisten, sie glauben, alles Heil käme von der Maschine. Indien aber sollte versuchen, Erfindungen und Ideen aus dem Westen mit den alten Traditionen zu einem Gebilde zu verweben, das nicht von der Technik beherrscht wird, sondern vom Menschen, der Macht über die Maschine behält und sich nicht von ihr überwältigen läßt."

Inzwischen waren auch die anderen Gäste erschienen: Nichte und Neffe, beide im „Ministerium für Auswärtige Angelegenheiten" beschäftigt, und Nehrus Schwager, Direktor des Zoologischen Gartens von Lucknow. Der Zoologe, ein Tierpsychologe von Rang, erzählte erstaunliche

Dinge von Tieren, die Selbstmord begehen, wie der aus dem Gang ausgestoßene Elefant, oder Schlangen, die sich selbst mit ihrem tödlichen Gift stechen, wenn der Mensch sie quält.
„Und heute morgen", erzählte Nehru lachend, „stand in der ‚Times of India', daß sich eine Kuh von einem Tempel in Benares in den Tod gestürzt hat. Unsere Inder, die ihre Kühe für heilig halten, werden diese Kuh doch wohl kaum gequält und zum Selbstmord getrieben haben?"
„Doch, doch", entgegnete der Direktor des Zoologischen Gartens, „das muß wohl so sein, anders wäre der Zwischenfall gar nicht zu erklären."
„Merkwürdig", meinte Nehru nachdenklich, „daß der Mensch, was er verehrt, so verkümmern lassen kann. In anderen Ländern, wo die Kühe nicht als heilig gelten, sind sie dick und fett, bei uns hingegen: elend und klapperdürr. Sehen Sie", sagte er zu mir gewandt, „das gehört zu den vielen Widersprüchen, die in uns sind und uns ständig umgeben. Ich glaube, Indien ist das Land der Widersprüche und Kontraste schlechthin."
Der Premierminister führte mich zu Tisch. Mit aller Beschaulichkeit machte er sich daran, mir höchst eigenhändig eine *Papaya* (Melone) auf einheimische Art mit Zitrone und Zucker zurechtzumachen. Ich schaute auf die Uhr. P. N. Haksar – noch ahnte ich nicht, welche Rolle er einmal in der Politik des Landes spielen würde und wie stark er mein Indienbild mitbestimmen sollte – hatte mir empfohlen, Nehru nach 45 bis 50 Minuten wieder zu verlassen. Ich war bereits seit 70 Minuten im Tin-Murti-Haus. Haksar konnte doch unmöglich gemeint haben, ich solle mich während des Essens erheben. Gerade wurde ein nach Curry duftendes Huhn mit vielen Gemüsen, Salaten und Mohrrüben serviert. „Karotten sollten Sie zu allen Mahlzeiten essen", riet Nehru mir, „sie halten gesund." Der Zoodirektor nickte zustimmend.
Als ich nach dem Lunch Anstalten machte, mich zu verabschieden, sagte Nehru: „Nein, bleiben Sie, ich will Ihnen den Garten zeigen."
Mit einem leichten Lächeln erzählte mir der Premierminister, daß bis 1947 der britische Oberkommandierende der Kronkolonie Indien in diesem Haus mit dem gepflegten Park residierte, während er selbst – in den Freiheitskampf verwickelt – zumeist als politischer Gefangener hinter Gittern saß. Im ganzen zwölf Jahre. Keine Spur von Ressentiment, keine Bitterkeit, eher Ironie und ein etwas herablassendes Verständnis für die Gründe des Gegners von gestern, dem er nach der Befreiung mit der Ritterlichkeit eines großzügigen Siegers entgegengekommen war.
Ich hatte Glück, Nehru an diesem Tage zu begegnen. Der zweite Wahlkampf im freien Indien war mit großem Erfolg für ihn und den „Natio-

nal Congress", seine Unabhängigkeitsbewegung, zu Ende gegangen. Wochen voller Reisen und voller Wahlreden lagen hinter ihm, voller Begegnungen mit der Masse der Inder, deren begeisterte Zuneigung ihn trug.

Dieser Mann hätte ein Diktator werden können. Die Mehrzahl der Inder wäre ihm auch auf diesem Wege gefolgt. Nehru selbst hat vor einer solchen Entwicklung einmal auf originelle Weise gewarnt. 1937 schrieb er einen Artikel, den er anonym veröffentlichen ließ: „Nehru – ein Porträt". Ein erstaunliches Dokument von Selbsterkenntnis und dem Willen, sich immer wieder zur Diskussion zu stellen:

„Jawaharlal ki jai (Heil Jawaharlal!) Der Rashtrapati (Präsident) blickte auf, als er rasch durch die wartende Menge fuhr; seine Hände hoben sich zum Gruß, und sein bleiches, hartes Gesicht wurde von einem Lächeln erhellt . . . Es verging sogleich; die Züge waren wieder streng und traurig wie zuvor. Lächeln und Geste hatten nur wenig Bedeutung, so schien es fast . . . Dabei erhöht er beharrlich und zielbewußt sein persönliches Prestige und seinen Einfluß . . . Vom äußersten Norden Indiens bis zum Kap Komorin hat er das Land wie ein siegreicher Cäsar durchquert und eine legendäre Ruhmesspur hinter sich gelassen. Ist das nun eine Laune, die ihn vorübergehend amüsiert? Oder ist es Machtwille, der ihn von einer Menschenansammlung zur andern treibt? Wie, wenn seine Laune plötzlich umschlägt? Männer wie Jawaharlal, ungeachtet ihrer Fähigkeit zu großer und guter Arbeit, sind in einer Demokratie mit Vorsicht zu genießen. Er nennt sich einen Demokraten und Sozialisten, und er meint es zweifellos ehrlich damit . . . Aber eine kleine Verdrehung dieser Begriffe genügt, und er entpuppt sich als Diktator . . . Ein Faschist kann Jawaharlal nicht werden. Für die vulgäre Roheit des Faschismus hat er zuviel Aristokratisches in sich; man braucht nur sein Gesicht zu betrachten, seine Stimme zu hören. Und dennoch hätte er das Zeug zum Diktator: Popularität, eiserner Wille, Durchhaltekraft, Stolz . . . Obwohl er das Volk liebt, ist er im Grunde intolerant und hegt Verachtung gegen die Schwachen und Untüchtigen. Seine Wutanfälle sind bekannt. Sein Perfektionsfimmel, sein Drang, alles Mißliebige wegzufegen und Neues aufzubauen, wird sich mit dem langsamen Werdegang einer Demokratie schwerlich vertragen . . . Schon heute ist sein Dünkel maßlos. Es ist Zeit, daß er gedämpft wird. Wir brauchen keine Cäsaren . . ."

Ich wagte, den Ministerpräsidenten zu fragen: „Trotz allem, was Sie einmal selbst über sich schrieben, haben Sie sich für eine demokratische Regierungsform entschieden. Hätte es denn im Ernst für Sie einen anderen Weg gegeben?"

,,Nein, natürlich nicht. Diktaturen können Fortschritte erzwingen, schneller erreichen, was sie wollen, aber um welchen Preis: um den der Würde des Menschen, die wir unter allen Umständen bewahren wollen. Wir haben ganz bewußt eine stille, unblutige Revolution gewählt. Unser Dorfentwicklungsprogramm, das auf freiwilliger Zusammenarbeit der Dorfbewohner untereinander und mit der Zentralregierung beruht, wird langsamer, aber ebenso sicher zum Ziel kommen."

,,Könnte das nicht in anderen Ländern Schule machen und praktizierte Zwangswirtschaften als überholt aus dem Sattel heben?"

,,Wo, etwa in China?" fragte Nehru ironisch. Seine Augen blitzten. Wir hatten das Thema erreicht, das ihn am meisten bewegte. Indiens Beziehungen zu China. Die ersten Schatten waren auf die schönen Träume von asiatischer Brüderschaft und friedlicher Koexistenz gefallen, die Nehru und der chinesische Ministerpräsident Chou En-lai als für ihre Länder verpflichtend feierlich 1954 in Nangal beschlossen hatten. Pathos lag Nehru fern, aber als er zu mir von den fünf Prinzipien sprach, von den Grundsätzen der *Panch Shila,* die er auf der Konferenz von Bandung 1955 postuliert hatte, bekam seine Stimme etwas von einem idealistischen jugendlichen Feuer: ,,Ohne *Panch Shila,* ohne die fünf Grundsätze: Respektierung der territorialen Integrität und Souveränität, Verzicht auf jede Aggression, Nichteinmischung in die inneren Angelegenheiten, Gleichberechtigung und wechselseitige Unterstützung, friedliche Koexistenz, kann es keine echte internationale Partnerschaft geben. Für uns Inder ist *Panch Shila* nichts Neues. Lesen Sie die Edikte des Kaisers Ashoka, und Sie werden wissen, daß die fünf Prinzipien ein eingewurzelter Bestandteil unseres Denkens, unserer Kultur sind."

Wir waren von unserem Rundgang zur Sitzecke unter den Orangenbäumen zurückgekehrt. Wieder schaute ich auf meine Uhr. Nehru winkte ab: ,,Lassen Sie uns dieses Gespräch zu Ende führen."

Der kühle, unnahbare Ministerpräsident, der Verächter hohler Phrasen, hatte sich so erhitzt, daß er die fünf Grundsätze noch einmal wiederholte und bei jedem Wort mit der Hand auf die Stuhllehne wie auf eine Trommel schlug. So akzentuierte er Begriffe, verwandelte sie zu magischen Formeln, versuchte, mit ihnen auf unsichtbare Gegner einzuwirken, sie zu beschwören und den Gesprächspartner zu überzeugen.

,,Gegenseitige Anerkennung, kein Angriff, keine Einmischung, gegenseitige Ehrfurcht, friedliche Koexistenz." Wer Nehru begegnet ist, weiß, daß es sich nicht um Schlagworte handelte, sondern um ein ernsthaftes Bemühen, das Denken der Völker zu ändern.

Dem indischen Premierminister wurde oft vorgeworfen, er habe sich als

Welterzieher aufgespielt. Als Schulmeister, als einer, der die anderen ständig belehren wollte. In Wirklichkeit sah er die Zusammenhänge, die internationalen Verflechtungen, den Zwang, bei Strafe des Untergangs miteinander auszukommen, und er fühlte sich geradezu verpflichtet, für seine Auffassungen um des Friedens willen in der Welt zu werben. ,,Unsere Träume gelten Indien", hatte er 1947 im August, am Vorabend der Entlassung aus englischer Kolonialherrschaft, gesagt, ,,sie gelten aber auch der Welt, denn die Welt ist eine Einheit geworden." Als er erkennen mußte, daß diese schöne heile Welt seiner Träume längst zweigeteilt war, nämlich in die östlich-kommunistische und die westlich-demokratische, entschloß er sich für Indien und die Dritte Welt zur Bündnislosigkeit, zur Distanzierung von den beiden Gruppen, die in einen Kalten Krieg miteinander verwickelt waren.

Seither floß viel Wasser den Ganges hinunter. Dramatische Ereignisse auf dem Subkontinent, in Vietnam, Laos, Kambodscha, zwischen Indien, Pakistan und China, lösten Entwicklungen aus, die auch Nehru bei aller prophetischen Gabe nicht voraussehen konnte. Was hätte er zu den islamischen Fundamentalisten, zu Iran und den Sowjets in Afghanistan gesagt?

Der Mokka wurde auf silbernen Tabletts in kleinen weiß-goldenen Porzellanschalen serviert. Die offenen Schleifen der rotweißen Turbane, welche die geübten Diener trugen, flatterten im warmen Wind. ,,Der Sommer kündigt sich an", meinte Nehru, ,,es wird staubig, stürmisch und trocken. Übrigens, Indu – ich meine, Indira – läßt sehr grüßen, sie bedauert, heute nicht in Delhi sein zu können. Sie hofft auf Ihren nächsten Besuch bei uns."

Langsam gingen wir über den Rasen zurück bis zum Haus. Unter dem Vordach, das von weißen Säulen gestützt wird, verabschiedeten wir uns. Vor vier Stunden war ich hier angekommen.

Draußen wartete die warmherzige Vimla. Sie führte mich zum Wagen. Ich blickte zurück. Nehru stand noch im Eingang und hob nach alter indischer Sitte die gegeneinander gelegten Hände zum Gruß, was wohl einmal bedeutet haben mag: Seht, ich trage keine Waffe.

Begegnung mit dem alten Indien

Am nächsten Morgen begann das von Haksar wohlvorbereitete Programm – die Reise zu den großen Zeugnissen indischer Vergangenheit. Ich flog nach Aurangabad. Am Flughafen erwartete mich Dr. Jatkar. Er war – von Haksar informiert – im Auftrag der Regierung von Hyderabad herübergekommen, um mir einige der berühmten Tempel in Ellora und Ajanta zu zeigen und mich, wenn möglich, nach Khajuraho zu begleiten. Seine Einführungen in die indische Kunst waren für mich wichtiger als alle Bücher, die ich darüber gelesen hatte. In den vielen Tagen unseres Zusammenseins verstand er es, was ich sah, zu deuten, das heißt, in die Gedankenwelt des Buddhismus und des Hinduismus einzuordnen.
Lange saßen wir am ersten Abend in dem einsamen Regierungsrasthaus in der Nähe der berühmten Höhlen von Ajanta. Der Tag war in den Farben des Regenbogens verglüht – und nun senkte sich ein sanftes Dunkelblau über die braune sandige Erde. Ein paar vereinzelte Palmen und Tamarisken konnten über die Melancholie der unfruchtbaren Landschaft nicht hinwegtäuschen. Gelangweilt blickten zwei auf der Mauer hockende Affen über die Terrasse.
Der Diener brachte eine altertümliche Petroleumlampe und setzte sie mit heftigem Gebläse in Gang. Lautlos wurde das Essen serviert. Draußen schrien ein paar Papageien. In den Bergen um das Rasthaus gäbe es noch Tiger, erzählte Dr. Jatkar und amüsierte sich über meine Angst. Ich habe sie später ein wenig gespielt, da ich merkte, daß es ihm Spaß machte.
„Warum sind Sie nach Indien gekommen“, fragte er, „gab es einen besonderen Grund?“
„Wenn Sie Kindheitsträume als solchen gelten lassen.“
„War da nicht mehr?“
Ich dachte angestrengt nach, wie ich ihm erklären sollte, was mir selbst noch nicht ganz klar war.
„Warum denken Sie so viel“, fragte Jatkar lächelnd, „ich glaube, weil Sie, wie so viele Europäer, alles, was Sie sehen, sofort verstehen, zu sich in Bezug setzen und sofort in ihr gewohntes Weltbild einordnen wollen. In Indien wird Ihnen das nicht gelingen. Außer einer gewissen Distanz zu

sich selbst brauchen Sie Intuition, die Fähigkeit und die Zeit zu einem Vorstoß in das Innere des Fremden, wo verborgen liegen mag, was Sie herausfordern und nachdenklich stimmen könnte."

„Meinen Sie etwa, ich sollte mein Leben ändern?"

„Sich selbst in Frage stellen, ist auch ein Weg zum anderen, und Ihre Reise sollte doch wohl ein solcher Weg sein?"

Eine Weile spazierten wir nach dem Essen vor dem weißen komfortablen Rasthaus auf und ab, das einst für die englischen Vizekönige von Indien erbaut worden war. Die Verschwendung an Raum verriet die Dimensionen, in denen die Kolonialherren zu leben wünschten.

„Haben Sie jemals über das bedeutendste Ergebnis der heutigen Forschung nachgedacht", fragte Jatkar, „ist es nicht merkwürdig: Je mehr die Naturwissenschaften Gott leugneten, desto näher rückten sie ihm. Je epochemachender nämlich ihre Entdeckungen vom Atom zum Neutron wurden, um so unausweichlicher kam die Stunde näher, in der die Wissenschaftler zugeben mußten: Da ist etwas, das größer ist als mein Geist, der das Atom spaltete. Ich bin vorgestoßen in ein Feld, wo ich Kraftströme spüre, die ich nicht erklären kann und deren Ursprung ich nicht kenne. Hier muß das intuitive Begreifen des Numinosen, des Heiligen, einsetzen, von dem jedes echte Kunstwerk beseelt sein sollte."

Über die Naht, die Himmel und Erde am Horizont verbindet, stieg der Mond, erhellte das Land, in dessen störrischen Boden fleißige Hände Brunnen gegraben und Kanäle gezogen hatten. So waren die winzigen grünen Oasen aus Bäumen und exotischen Büschen entstanden. Jatkar pflückte ein paar Zweige von den rosenroten Bougainvilleas, die leicht im nächtlichen Wind auf und ab wippten. „Stellen Sie die Blumen in Madames Zimmer", rief er dem Diener zu, der auf bloßen Füßen herbeieilte und die Zweige mit beiden Händen entgegennahm.

„Erlauben Sie mir noch eine Bemerkung", sagte Jatkar, „Yoga ist eine Methode, um sich seiner selbst bewußt zu werden, vielleicht versuchen Sie es einmal – gute Nacht."

Ajanta

Ein Jahrtausend lang haben die buddhistischen Mönche ihre Klöster und Kapellen in den Felsen bei Ajanta geschlagen, ohne daß ihre Bautätigkeit bekanntgeworden wäre. Erst 1819 entdeckten englische Jäger durch Zufall, was Menschenhände hier zwischen dem Jahre 200 vor Christus und 650 nach Christus geschaffen haben. Im Halbkreis schmiegt sich der

Hügel um die Biegung des schmalen Flußtals. 30 Höhlen verbergen sich hinter den steinernen Galerien und Kolonnaden. Der Aufstieg über die Treppen, die in der prallen Sonne liegen, ist nicht leicht. Noch immer gilt er als Bußgang für buddhistische Pilger. Der Weg führt an den Abbildern des lehrenden, argumentierenden und meditierenden Buddha vorbei. Seit seine körperliche Darstellung erlaubt wurde, seit dem 2. Jahrhundert, ist seine Gestalt zum Mittelpunkt der *Chaityas*, der in den Felsen geschlagenen Kapellen, geworden. Dort steht der „größte Sohn Indiens" – wie Nehru ihn einmal nannte – als Verheißung für alle, die an die Vernunft und die Güte des Menschen, an seine Fähigkeit zum Mitleiden und seine Toleranz glauben.
Die elektrischen Lampen des Tempelwächters enthüllten das Wunder von Ajanta, die Fresken, deren Schönheit die Höhlen berühmt machte. Das Leben des Buddha mit allen sinnlichen Freuden, der Glanz des väterlichen Hofes, die Tänzerinnen, die sich nackt bis zur Hüfte im verführerischen Rhythmus biegen und neigen, die sterbende schwarze Prinzessin, die grazile Verführerin auf der Schaukel – ein schlankes, ganz weißhäutiges Mädchen in den Armen des Liebhabers, Musiker, Hofszenen, Rehe, Elefanten und fliegende Menschen, Halbgötter der Legende, alles breitet sich vor dem Auge des Beschauers aus. Und als Krönung der königliche Prinz in der Gestalt des *Bodhisattva,* des einen, der von der Schwelle des *Nirvana* zurückkehrt, um die Menschen die höchste Glückseligkeit zu lehren.
Hier, an den Wänden der Höhlentempel von Ajanta, wurden Legenden und indische Märchen illustriert, aber auch ein Stück höfisches Leben mit allem Glanz und allen Verlockungen eingefangen, in warme Goldtöne gehüllt und mit einem leuchtenden, hier gewonnenen Naturgrün überzogen. Selbst die dargestellte Meditation und allmähliche Loslösung bis zur Erleuchtung fügen sich ohne Stilbruch in die ganze Bildererzählung. Was erstaunt, ist, wie lebensbejahend, heiter und anmutig alles gemalt wurde, ohne den grüblerischen Ernst einsamer Asketen.

Ellora

Während Ajanta Illustration raffinierter Hofkunst und höchst subtiler Vergnügungen ist, werden hundert Kilometer entfernt die gewaltigen Felsentempel von Ellora zum Symbol religiöser Leidenschaft.
Buddhisten, Jainas und Hindus haben ihre 34 Heiligtümer, wenn nicht in den Felsen getrieben, so von oben nach unten aus dem Gestein heraus-

geschlagen. Es ist fast unvorstellbar, daß es im 8. Jahrhundert Menschen gab, die ein so gewaltiges Werk wie den 50 Meter langen, 33 Meter breiten und 30 Meter hohen Kailasa-Tempel planten. Skulpturen, Reliefs und Säulen wurden zu Hunderten herausmodelliert, als wäre ihr Material nicht vulkanisches Felsengestein, sondern schmiegsamer Knetgummi. 200 000 Tonnen Erdreich waren zu bewegen. 90 Meter wurde in die Tiefe gebohrt, ehe der steinerne Tempelwagen seine Konturen bekommen konnte. Zwei mächtige Elefanten aus Stein hüten die freistehende Säule, die – nach dem Glauben der Hindus – das Himmelsgewölbe trägt, das zum Dach des Tempels geworden ist.
Die Hindu-Tempel entwickelten sich aus dem einfachen vedischen Altar, einem Block aus gebrannten Ziegeln, die das Urbild der Erde, vom Feuer gereinigt, darstellen sollten. Auf dem Altar entzündete der brahmanische Opferherr während der heiligen Riten die Flamme. Aus der Überhöhung der Opferstelle entstand der Tempel mit Schreinen, Kapellen, Gängen, Hallen, Galerien, Türmen und Toren. Um das Allerheiligste zu schützen, waren manche Tempel wie gewaltige Festungen angelegt. Zu den interessantesten indischen Gotteshäusern gehören die Tempel, die wie der Kailasa von Ellora als Wagen konstruiert sind. Diese Tempel gelten als Sinnbilder des imaginären Wagens, mit dem der Sonnengott Surya morgens am Himmel emporsteigt, die Länder dieser Welt am Tage und die der Unterwelt bei Nacht durchfahrend, um im Zyklus der Zeit am Morgen an den Himmel zurückzukehren. Nicht überall in Indien ist solch ein genialer Wurf gelungen wie in Ellora. Der als Himmelswagen konstruierte Kailasa-Tempel wird zu einer Metapher des Universums, das sich in der Bewegung und dem Raum als dem Mittel, in dem sich Bewegung ausdrücken kann, manifestiert. In der Fülle der Skulpturen, die Jatkar als *Murti*, als Erscheinungen einer Gottheit im Kunstwerk, bezeichnet, in der Aufteilung aller Flächen, Wände und Säulen mit Statuen und Ornamenten offenbart sich die dynamische Kraft aus dem verschlossenen Sanktuarium und erzeugt eine Spannung, die angetan ist, alle Gesetze des Materials scheinbar zu sprengen und die Vorstellung zu erwecken, als würde sich dieses komplizierte Bauwerk plötzlich – entgegen aller irdischen Schwerkraft – erheben und aufsteigen in jene Welt, die die Menschen den Himmel nennen.
Für diesen Abend hielt Jatkar eine Überraschung bereit, die er einen weiteren Vorstoß ins Innere nannte: die Vorführung klassischer indischer Tänze durch die bekannte indische Künstlerin Indrani.

Der klassische indische Tanz

Im Garten des Rasthauses war auf vier dicken Holzpfählen eine kleine Bühne errichtet. Vor einer Bronzestatue des tanzenden Shiva brannten Räucherstäbchen. Es roch nach Sandelholz. Vier Musiker, mit *Sitar, Tabla, Tambura,* Flöte und einer kleinen goldenen Zimbel, *Talam,* kamen leise, auf nackten Füßen, nahmen Platz am Boden und begannen, gedämpfte Rhythmen zu schlagen, Es dauerte nicht lange, bis Indrani in einem roten Seidensari erschien, der vorne wie zu einem Fächer geschürzt und mit Gold bestickt war. Auf ihrem schönen Gesicht trug sie magische Zeichen, Tupfen aus Silber, Rot, Weiß und Gold. In ihre schwarzen Haare hatte sie Jasminblüten und kostbaren Schmuck gesteckt. Glitzernde Ketten lagen um ihren Hals, blitzende Ringe, bunte Armbänder, silberne Fußspangen, mit kleinen Glöckchen besetzt, machten das Kostüm vollkommen.
Wie jeder indische Künstler begann sie ihre Vorführung mit einer Anrufung des Shiva, des Gottes, der am Anfang der Welt war:

„Der Du auf dem Berg Kailasa tanzt,
Und die Welt in Deinen Händen hältst,
Dich, den großen Shiva,
bete ich an.“

„Du Gott, der Du nur ich selbst bist“, hatten die Gläubigen vor dem Abbild des Shiva im Dunkel des Tempels von Ellora gemurmelt, „da Du, o Shiva, die Stätten der Einäscherung liebst,
Habe ich aus meinem Herzen eine Stätte der Einäscherung gemacht,
Damit Du darin tanzest Deinen ewigen Tanz . . .“

Den Sinn dieser Worte habe ich erst verstanden, als mir Indrani den sakralen Tanz *Bharata Natyam* erklärte.
Für die Inder, die den Gesellschaftstanz nicht kennen, hat der klassische Tanz religiöse Bedeutung. Er offenbart – wie Malraux schreibt – durch den großen Vermittler Shiva die Wesensgleichheit des Göttlichen im Menschen mit der des Göttlichen im All.
Nach indischer Legende ist der Tanz älter als unsere Erde. Als kosmische Bewegung war er da, ehe es Gestalt und Form gab. Herr über alle kosmischen Kräfte, über Entstehen und Vergehen, Schöpfung und Zerstörung, über Bewegung und Rhythmus, über alles, was Materie wird, sich wandelnd wieder verfällt und als Kraft überlebt, ist Shiva, der

Erschaffer des Guten und Zerstörer des Bösen, *Nataraja,* der Gott, der die Welt tanzend erschafft. Die frommen Hindus beten ihn an:

O Shiva
Gott des Tanzes,
Der Du, mit dem Schlag deiner Trommel
alle herbeirufst,
die im Weltlichen befangen sind,
Du, der Du die Angst von den Armseligen nimmst
und sie mit Deiner göttlichen Liebe tröstest,
Du, der Du mit Deinem emporgehobenen Lotusfuß
den Weg zur Erlösung weist,
in Deiner Hand das Opferfeuer trägst,
und in der großen Halle
des Universums tanzt,
Shiva, beschütze uns.

Shivas Bühne ist der Kailasa, der Weltberg Meru, Sitz der Götter im Himalaya, Zentrum der Schöpfung. Shiva stand dort oben mit einem Fuß auf dem Urdämon, der Blindheit und Unwissenheit des Menschen symbolisiert. Der Sieg über den Dämon befreit – durch erleuchtende Erkenntnis – vom Glauben an Magie und von der Angst vor bösem Zauber. Während der eine Fuß kämpft, hebt Shiva den anderen mit unvergleichlicher Grazie durch das Nichts empor, umschreibt den Lebensraum der Geschöpfe, weist den Weg zur Erlösung und läßt die Menschen ahnen, daß sie – wie Pierre Teilhard de Chardin schreibt – ,,die ganze Welt in sich tragen und nicht nur in diesem Leben, sondern über Raum und Zeit hinaus im Universum sind“.
Die obere rechte Hand des vierarmigen Gottes hält eine zum Stundenglas geformte Trommel. Auf ihr schlägt der *Nataraja* den ersten Rhythmus der Welt. Und als der Gott begann, nach dem Trommelschlag seinen Körper zu bewegen, nahm die Erde allmählich Gestalt an. Und Shiva tanzte, bis seine Welt vollendet war, bis die träge Materie, vom pulsierenden Rhythmus seines kosmischen Tanzes erfüllt, zum Leben erwachte. Die Flamme, die er in der entsprechenden linken Hand trägt, zerstört das Ego, befreit den Menschen von den Illusionen, die ihn an die Erde fesseln. Unter dem Gesetz der Wandlung, der Vorstellung von Entstehen und Vergehen, von Geburt, von Tod und Wiedergeburt wird der Gott aufgerufen, sein Werk immer wieder zu zerstören, um es neu zu schaffen. Jeden Abend, bevor die Sonne sinkt, muß Shiva seinen Tanz auf dem

Gipfel des Kailasa im Himalaya wiederholen, ein täglicher Akt der Beschwörung. Das Ineinanderspiel von Schöpfung und Zerstörung wird durch Trommel und Flamme symbolisiert. Die beiden Hände, die sie tragen, stellen das Gleichgewicht im Universum dar.
Die emporgehobene zweite Rechte des Shiva bedeutet: „Fürchtet euch nicht", und die herabweisende Linke: „Denn ich bin bei euch."
Diese tröstenden Gesten gehören zu den wesentlichen *Mudras* – den Hand-Haltungen – des *Bharata Natyam,* des Tanzes, auf den alle anderen klassischen indischen Tänze – *Kathakali, Manipuri, Orissi, Kathak* und *Kuchipudi* zurückgeführt werden können.
Bharata Natyam ist nicht nur getanzter Glaube, er ist getanztes Leben – er porträtiert die Gestalten aus den Sanskritwerken „Mahabharata", „Ramayana" und den „Puranas". In der choreographierten Geschichte von Krishna und Radha aus der „Gita Govinda", der berühmten religiös-erotischen Dichtung des bengalischen Dichters Jayadeva – 12. Jahrhundert –, wird *Bharata Natyam* zur getanzten Poesie. Das große indische Liebeslied, das Indrani in dieser Nacht tanzte, besingt die Liebe des Menschenkindes Radha zu Gott Krishna, die Sehnsucht, die den Menschen in der Erinnerung an die paradiesische, die pränatale Einheit befällt, aus der er entlassen wurde. Jede Geste symbolisiert den Wunsch nach Rückgewinnung der physisch-metaphysischen Ganzheit, nach Wiedervereinigung der Menschenseele mit ihrem Gott:

„Höre, strahlender Gott,
auf meine Bitte,
Ich sende Dir Botschaften
und schreibe Dir lange Briefe –
Ich bringe Dir Opfergaben
aus Sandelholz und Betelblättern
aus Liebe zu Dir habe ich vollständig
meinen Verstand,
meine Sinne verloren –
Ich bete zu allen Heiligen,
Bitte geht
Und bringt meinen Geliebten,
den Gott Krishna,
mein Herz brennt lichterloh
im Feuer der Liebe,
schnell
bringt ihn zu mir".

Das Verhältnis des Menschen zu Gott als sinnliche Liebe zu schildern, gehört zu den Vorstellungen von *Bhakti,* der hingebungsvollen Frömmigkeit, die das religiöse Leben Indiens seit mehr als 2000 Jahren beherrscht. „Wer mir ergeben ist, der geht nicht zugrunde", sagt Gott Krishna zu Arjuna, dem Helden der „Bhagavadgita", der klassischen vorgeschichtlichen indischen Dichtung, die wir als „Lied des Erhabenen" kennen. Wer zu hören versteht, weiß, daß er allein durch Gott lebt: „Ich bin der Geist, der tief im Herzen eines jeden Geschöpfes wohnt. Von mir kommen sie; durch mich leben sie, ein Wort von mir, und sie müssen dahingehen."

Jahrhundertelang war der traditionelle Tanz Ritual und Gebet. Seine Aufführung blieb den Tempeln vorbehalten. Als die Götter verblaßten, verfielen die Tänze. Was einst dem Sanskritdrama vibrierenden Glanz verlieh und in den Nächten der Anbetung Teil geheimer Zeremonien in dunklen Tempelhallen war, wurde zum Amüsement reicher Maharajas und britischer Kolonialherren. Die *Devadasis,* die Dienerinnen der Götter, als Mädchen in zarter Kindheit dem Tempel geweiht, um in Unschuld vor den Unsterblichen zu tanzen, wurden entweder zur leichten Beute ihrer Priester und aller Tempelbesucher, die sie für ihre Liebesdienste bezahlten – oder sie ließen sich von indischen Fürsten und Engländern als sogenannte *Nautsch* engagieren. Die *Nautsch* als Prostituierte abzutun (wie das vielfach im 19. Jahrhundert geschah), ist nicht gerecht. Sie waren wie die griechischen Hetären Frauen von Bildung. Sie verstanden nicht nur zu singen, zu spielen, zu tanzen, sie konnten unterhalten, Gespräche führen, über Probleme diskutieren und eine Atmosphäre um sich verbreiten, die man nicht als die eines Freudenmädchens bezeichnen sollte. Ihre Tänze allerdings hatten nichts mehr mit Anbetung und Kult zu tun. Das alte Ritual wurde verweltlicht.

Zum Glück für das geistige Leben Indiens lief aber fast parallel mit der Profanierung des Tempeltanzes seine Renaissance. Die Wiederkehr der hohen Kunst begann etwa um 1930, als mit der Bewegung gegen den englischen Kolonialismus, gegen die von Europa ausgelöste Entfremdung, die Rückbesinnung auf das eigene kulturelle Erbe begann.

Zu ihm gehörte seit Jahrtausenden der Tanz, dessen ursprüngliche Bedeutung in Vergessenheit geraten war. Die Erneuerer studierten nicht nur das zweitausend Jahre alte Tanzlehrbuch „Natya Shastra" des Weisen Bharata, sie reisten von Tempel zu Tempel, um sich zu informieren. Zwischen Tempelkunst und Tanz bestand seit jeher eine besondere Verbindung. Nicht nur, weil der Tanz zum Tempelritual gehörte, seit Jahrhunderten waren Tänzerinnen die schönsten Modelle indischer Bildhauer. Als die Tanzkunst unter der islamischen Mogulherrschaft verfiel, bewahrte der Stein, was in ihn aufgezeichnet wurde: jede Geste, jede Bewegung, Kleidung und Haartracht, den Schmuck und das Lächeln. Es fiel den reisenden Reformatoren nicht schwer, aus diesem steinernen Bildlexikon wieder in die sprechende Gestik des Tanzes zu übertragen, was vergessen worden war: das ganze Alphabet der *Mudras.* Was einst der Tänzer für den Bildhauer war, wurde nun das Tempelbild für den Tänzer: Modell. Das im Stein Erstarrte erwachte durch die Bewegungskunst des lebendigen Menschen und durch die Komponente Musik wieder zum Leben. Was den Tanz nach Meinung der Inder über alle anderen Künste hinaushebt, hat der bekannte indische Schriftsteller Mulk Raj Anand einmal so formuliert: Während sich Skulptur im Raum verwirklicht und Musik in der Zeit vollzieht, profiliert sich der Tanz gleichzeitig in Raum und Zeit, wird zum subtilen Ineinanderspiel von Musik, von Klang und Rhythmus, von darstellender und bildender Kunst, appelliert an die tiefsten Bildekräfte im Menschen.

Bedeutende Namen sind mit der Renaissance des Tempeltanzes verbunden: der indische Dichter und Nobelpreisträger Rabindranath Tagore, die Lehrmeisterin Rukmeni Devi, der Tänzer Ram Gopal, die Altmeisterin Bala Saraswati, Krishna Iyer und der erste Ministerpräsident des unabhängigen Indien, Jawaharlal Nehru. Die Regierung Nehru tat etwas Entscheidendes, um den wiedereroberten Platz für den klassischen Tanz zu sichern, sie setzte mit einem Gesetz von 1950 dem leichtsinnigen Treiben der „Bajaderen“ im Tempel ein Ende.

Nehru förderte nicht nur den klassischen Tanz, sondern auch Volks- und Stammestänze. Er gründete das Tanz-Camp in Neu-Delhi, in dem sich in jedem Januar Tanzgruppen aus allen Bundesstaaten und Regionen einfinden, um in öffentlichen Vorstellungen des 26. Januar 1950 zu gedenken, des Tages, an dem Indien sich eine eigene Verfassung gab. Der Besuch Nehrus im Tanz-Camp war traditionell, und es geschah nicht selten, daß der Ministerpräsident gemeinsam mit der einen oder anderen Gruppe das Tanzbein schwang. Indira Gandhi hat bewahrt, was Vater Nehru ins Leben rief – es wurde Sitte, die Gruppen zum „Republic Day“ – „Tag der Republik“ – am 26. Januar in den Garten des Premierministers einzuladen.

Wer das Glück hatte, einmal einen ganzen Abend lang durch einen großen Tänzer oder eine bedeutende Tänzerin wie Indrani in einen der klassischen Tänze eingeführt zu werden, vermag den Einblick in diese

subtile, tiefgründige und ästhetisch schöne Welt nicht zu vergessen. Was das Auge wahrnimmt, wie sich die Hände zu einer blühenden Lotusblume öffnen, in Anbetung zusammenschließen, zum schwimmenden Fisch übereinanderlegen, als Krabbe verkrallen, wie sie Gazelle, Pfau und Bienen, Sonne und Mond imitieren, ist nur das Akkompagnement zu höchst differenzierten inneren Vorgängen, die sich in graziösen oder ekstatischen Körperbewegungen und in den Stimmungen spiegeln, die jeden Muskel im Gesicht, die Augen, den Nacken und die Brauen bewegen. So stark sind die Ausdruckskraft und die Beherrschung des Körpers, daß der Künstler im gleichen Augenblick oder unmittelbar aufeinanderfolgend verschiedene Stimmungen ausdrücken kann: Liebe und Haß, Angst und Furchtlosigkeit, Demut und Stolz, Freude und Schmerz.
Nach der Vorstellung erzählte mir Indrani von einem großen *Kathakali*-Tänzer aus Kerala, dessen rechte Gesichtshälfte lachen konnte, während die linke weinte. Eine solche Beherrschung der Technik sei notwendig, um den ewigen Kampf im Menschen zwischen Gut und Böse, zwischen Engel und Teufel in ihm, sichtbar zu machen.

Indrani wurde nicht müde, mir zu erklären, was sie tanzte, welche Sanskritverse sie interpretierte, wie kompliziert das Ineinanderspiel von Rhythmus, Melodie, Geste und Wort war.

Tanz und Musik bilden eine Einheit. Beide beruhen auf *Raga* und *Tala*. *Tala,* der Rhythmus, spielt selbstverständlich in der klassischen indischen Musik die gleiche Rolle wie im klassischen indischen Tanz. Indische Musik ist nicht schriftlich fixiert. Fest steht nur der Rhythmus. Er wurde seit Generationen mündlich vom Lehrer auf den Schüler überliefert. Wichtig ist es für Tänzer und Musiker, am Schluß zum Einklang zu kommen.

Nach indischer Mythologie ist die Musik wie der Tanz göttlichen Ursprungs. Shiva soll zum kosmischen Rhythmus – *Tala* – auch *Raga* erfunden haben.

Raga ist die durch eine bestimmte Tonleiter gebundene Melodie. Im Bereich der so bestimmten Töne und des fixierten Rhythmus darf der Sänger seine Melodie noch während einer festlichen Aufführung improvisieren. Zu jedem Tanz gehört eine andere *Raga*. Ihre Melodie ist nicht durch Harmonien, nicht durch Drei- oder Vierklänge verfestigt. Ein Einfall des Augenblicks, schwebt sie frei über den Rhythmen – so entsteht der Eindruck des Fließenden, des Sichausweitenden und Suchens. Wie sie früher im Tempel neben der Tänzerin saßen, so hocken die Musiker heute zumeist während der Aufführung auf der Bühne.

Zur Einführung von Indranis Tanz „Der Liebesbote“ spielten sie die

Raga Malika. Der Trommler unterstützte mit exaktem Schlag die temperamentvollen Schritte der Tänzerin. Die Glöckchen an ihren Fußringen rasselten. Der *Natwan* sang, was Indrani tanzte:

„Höre,
Schöner, farbiger
Papagei,
Meine Liebesbotschaft
sollst Du
mit Dir nehmen, zu meinem Geliebten,
dem Gott.

Ich liebe ihn mehr als mein Leben.
Ich bitte Dich,
das als Botschaft zu überbringen,
Schöner, farbiger Papagei,
Vogel aus einem verlorenen Paradies –
Sei Bote
zwischen mir und dem fernen Geliebten,
meinem Gott.“

Eine so komplizierte Kunst wie der klassische indische Tanz bedarf nicht nur eines etwa 15jährigen Studiums, sondern auch besonderer Lehrmeister. Wie im ganzen indischen Geistesleben spielt der *Guru,* der vom Schüler anerkannte Meister, beim Studium der klassischen Tänze eine entscheidende Rolle. Die Anerkennung des Schülers unterscheidet ihn von einem einfachen Lehrer. Der *Guru* ist der ständige Ratgeber und Begleiter. Bei ihrem *Guru* studierte Indrani nicht nur *Mudras* und *Karanas,* er lehrte sie auch Sanskritliteratur, Musik, Religion und Philosophie. Durch ihn lernte sie verstehen, daß der klassische Tempeltanz ein Gesamtkunstwerk ist, ein magischer Spiegel indischer Gedankenwelt. Was der Meister sie lehrte, machte Indrani zu einer der größten Interpretinnen des *Bharata Natyam,* des *Orissi* und *Kuchipudi.*
War der klassische indische Tanz früher nicht losgelöst vom Hindutempel denkbar, gewann er mit seiner Renaissance neue Dimensionen. Er eroberte die Bühne, machte das Theater zum Tempel. Der Tanz, früher nur ein einsamer Dialog mit den Göttern, wurde zum Appell an Millionen Menschen. Einzelne Künstler oder auch ganze Tanzgruppen machten sich auf, um im *Bharata Natyam*, im *Kathakali, Kuchi-*

pudi oder *Orissi* einer ganzen Welt zu verkünden, was allen Hindus als Agens der Schöpfung vertraut ist: *Shiva-Nataraja,* den Gott des Tanzes. Der klassische indische Tanz ist ohne Kenntnis seines religiösen Hintergrundes nicht zu verstehen. Durch die rhythmische Bewegung gerät der Tänzer außer sich, in eine Art Trance – er schwingt über Raum und Zeit hinaus, transzendiert. Der Tanz wird zur Identifizierung mit dem kosmischen Rhythmus, mit der Kraft, die alles bewegt, verwandelt, belebt und transfiguriert und schließlich nur ist, was der Dichter als Wort des Shiva verkündet: „Ich bin der Ursprung und das Ende der ganzen Welt, über mir gibt es nichts. An mich ist dieses All angereiht wie Perlen an einer Schnur. Ich bin das Leben in allen Wesen."

Nach dem Glauben der Inder ist Gott im Menschen, der tanzt. Durch eine mystische Metamorphose wird der begnadete Tänzer in der vollendeten *Mudra* selbst zum Gott, den er tanzend anruft.

Wer den indischen Tanz so zu deuten versteht, erkennt in der Harmonisierung des Transzendenten mit dem Immanenten, in der erfahrenen Einheit von Körper, Seele und Geist, die der indische Tänzer stellvertretend symbolisiert, Indiens Beitrag zur universalen Kultur. Indische Tänze sind Expressionen des ganzheitlichen Denkens, das in Europa und Amerika weitgehend verlorenging und mit der Tiefenpsychologie eines C. G. Jung zum Forschungsgebiet geworden ist. In den *Mudras* des indischen Tänzers artikuliert sich das kollektive Unbewußte, das Unbekannte, Unzerstörbare, an dem alle Menschen teilhaben. *Mudras* sind Chiffren für eine Welt, über die der Mensch nicht Herr ist, in der aber jeder schöpferische Gedanke entsteht.

Es ist sicher kein Zufall, daß fast jeder Inder eine Statue des *Nataraja,* des tanzenden Shiva, zu Hause hat. Sie symbolisiert – was über Indien hinaus Bedeutung hat – den leidenschaftlichen Wunsch des Menschen, sich mit jenem Vorgang zu identifizieren, den die Legende vom Kailasa schildert, das heißt, Herr über Raum und Zeit zu werden.

Nachdem uns Indrani verlassen hatte, eröffnete mir Jatkar, daß er mich am nächsten Morgen nach Khajuraho begleiten würde.

Khajuraho – Tempel der Liebe, Tempel der Götter

Die Maschine schwankte im Sturm eines subtropischen Gewitters. Über den blau-schwarzen Himmel jagten Zick-Zack-Blitze. Es donnerte, als krachte das Weltgebäude zusammen. Ein schwerer Hagel trommelte auf die Tragflächen der Boeing 737. Der Sommer-Monsun fegte über Ma-

dhya Pradesh – das große Bundesland im Herzen Indiens, das schon die Dichter des „Ramayana“ vor zweitausend Jahren besungen haben.
Mit dem Aufstieg der Rajputen, jenes sagenhaften Schwert- und Landadels, trat dieses Land aus uralter Legende in einen bedeutenden Abschnitt indischer Geschichte. Die Rajputen hinterließen nicht nur ihren kriegerischen Ruhm, sie haben in Forts, Palästen und Tempeln einen Teil ihrer schöpferischen Kraft manifestiert, einen unleugbaren Sinn für Schönheit und Harmonie. Vor ihren Bauwerken erinnern wir uns an die Berichte über den Glanz ihrer Höfe, an ihre Bildhauer und Architekten, Dichter, Musiker und Philosophen, an anmutige Frauen und grazile Mädchen, an die *Devadasis,* die Priesterinnen der Liebe im Tempel, an Heilige, bizarre Götter und Dämonen, aber auch an den sicheren Geschmack dieses indischen Adels, der sich in der eleganten Komposition kühner, leuchtender Farben und gewagter Liebesszenen verrät.
Die bedeutendsten Zeugnisse rajputischer Kultur reichen bis ins 9. Jahrhundert zurück. Damals entstand in diesem zentralen Gebiet Indiens Bundelkhand, das Reich der Chandellas, des Rajputenclans der Bundelas. In ihrer Hauptstadt Khajuraho ließen die Chandella-Könige die Tempel errichten, die zu den wichtigsten und schönsten Bauwerken der mittelalterlichen Hindu-Architektur gehören.
Kaum zu glauben, daß solche kaltblütigen Krieger zu Aufträgen fähig waren, wie sie nur der raffinierteste Geist, die höchste kreative Kraft und Leidenschaft ausdenken kann – aber Khajuraho ist ihr Zeuge, ein unleugbarer Beweis, ein Nachlaß, wie ihn die Geschichte nicht oft verzeichnet.

Das beliebte Touristenziel liegt inmitten bewaldeter Hügel in einem fruchtbaren Talkessel, der von Seen und Flüssen, Straßen und Kanälen durchzogen ist. Aus tiefen Brunnen pumpt das uralte Schöpfrad Wasser in grünende Felder, zu Palmen und Mangobäumen.
Von der prächtigen Kapitale, die sich hier – will man den alten Inschriften und Chroniken glauben – im 10. Jahrhundert erhoben haben soll, ist kaum noch eine Spur zu finden – nur ein paar Steine, aufgetürmt, als hätten sie einmal zur Stadtmauer gehört, sonst nichts. Die Paläste der Prinzen, die eleganten Wohnhäuser der Feldherren und des höfischen Adels sind zerfallen. Was Khajuraho an Glanz verblieb, steht in den Tempelbezirken, haftet an seinem Namen. Von ihm sprechen zwei Inschriften, die man als Sanskritisierung des Wortes bezeichnen kann, die eine: „Kharjuravahaka“ stammt aus dem Jahre 1002, die andere:

„Khajuravatika“ von 1026. Der Chinese Hiuen Tsang, der im 7. Jahrhundert auch dieses Gebiet besuchte und darüber schrieb, berichtete zwar von einem mächtigen Königreich Chi-Chi-To, wahrscheinlich: *Jejahuti* oder *Jajakabhukti,* auf dessen Territorium später Bundelkhand entstand. Aber den Namen der Hauptstadt, die, wie Tsang schrieb, 15 Li umfaßt habe, erwähnte er nicht. Niemand weiß, ob es sich um Khajuraho handelte. Auf jeden Fall scheint allen Historikern eines sicher, daß die Kapitale der Chandellas vor dem 10. Jahrhundert keine Bedeutung hatte.
Der Reiseschriftsteller Abu Rihan, der den muslimischen Eroberer Mahmud El Ghazni auf seinem Feldzug gegen die Kalinjar begleitete, sprach von Khajuraho als der Hauptstadt von Jejahuti. Und der Araber Ibn Battuta, der viel später – um 1325 – von Tanger aus nach Indien aufbrach, berichtete von den Tempeln in Khajrao oder Kajura. *Kajura* ist der Name für die Dattelpalme, die in dieser Landschaft im Überfluß gedeiht. War es nicht verständlich, daß die Rajputen eines ihrer Stadttore mit zwei goldenen *Kajuras* schmückten und ihre Kapitale einfach „Dattelstadt“ nannten?
Der Weg nach „Dattelstadt“ wirft heute kaum noch Probleme auf, es sei denn, einen Platz in den von Touristen stets überfüllten Flugzeugen zu finden. Man kann Khajuraho von Delhi aus in einer Stunde und zehn Minuten erreichen. Muß man in Agra zwischenlanden, dauert die Anreise dreißig Minuten länger.
Wer Zeit hat, sollte die 600 Kilometer von Delhi über Agra, Gwalior und Jhansi nach Khajuraho mit dem Wagen zurücklegen. Er wird ein Land der Burgen kennenlernen, die als Zeugen einer stolzen Vergangenheit stehen. Vernünftigerweise übernachtet man im Palast von Gwalior, der in ein Hotel verwandelt wurde. Niemand darf versäumen, sich abends vor dem Fort auf die Geschichte der Rajputen einzustimmen, deren Monddynastie immer wieder den anspruchsvollen Auftrag gab, Leben und Liebe, Meditation und Leidenschaft, eine ganze Gedankenwelt in Granit und Sandstein zu meißeln. Wer Abenteuer liebt und etwas von Land und Leuten kennenlernen will, nimmt den Nachtzug von Delhi nach Jhansi, steigt morgens in die Bahn nach Harpalpur um, fährt noch 85 Kilometer und reist von Harpalpur weiter im Bus oder im Taxi, um das 98 Kilometer entfernt liegende Khajuraho zu erreichen.
Fast alle Touristen fliegen nach Khajuraho, und die meisten von ihnen, das muß zu ihrer Schande festgestellt werden, bleiben nur einen halben Tag. Sie stürmen im Eilschritt durch den weiten Tempelbezirk, kameraschwenkend, in nervöser Hast nach jenen vieldiskutierten Liebesszenen

suchend, die an den meisten Bauwerken nicht so schnell zu finden sind. Am Wesentlichen aber rasen sie vorbei. Das wirkliche Indien, das sich hier in Hunderten von Skulpturen und Abbildern offenbart, bleibt ihnen verschlossen. Sie ahnen nichts von der Fülle und Tiefe indischen Denkens, von dem, was hier in den Stein transponiert wurde: die Idee vom ungeteilten Leben, aus dem wir Europäer seit langem entlassen wurden.

Kurz vor der Landung überflogen wir die westlichen und östlichen Tempel. Selbst aus der Vogelperspektive ist die Konzeption ihrer Erbauer zu erkennen. Was sie bewegte, haben sie in die Steine der Tempel von Khajuraho übertragen: ihre Suche nach Gott. Die symbolische Aussage teilt sich mit: steinerne Wagen auf der Fahrt in den Himmel – das suggerieren die Tempelsilhouetten –, Abbilder des steilen Wegs, über den der Pilger zu den höchsten Bergheiligtümern emporsteigt, *Sikharas,* Tempeltürme, die sich mit leicht gekrümmten, aufeinanderzulaufenden Linien zur Spitze auftürmen, Chiffren setzend für den Weltberg Meru, den Sitz der Götter und der schöpferischen Kraft, an der wir teilhaben. So kompliziert wie der Aufbau des Tempels ist der Erkenntnisweg des Menschen, den der Bau versinnbildlicht. Stufe um Stufe muß der Pilger erklimmen, ehe das Antlitz seines Gottes im Allerheiligsten vor ihm auftaucht. Um ihn zu erkennen, hat der Gläubige, sich vorbereitend, in Vidyaranyas „Panchadashi" gelesen:

„Dreimal unendlich ist das Göttlich-Eine:
Dem Raum nach, weil es dieses All durchdringt,
Der Zeit nach, weil es anfanglos und ewig,
Dem Stoff nach, weil es alles Sein bedingt."

Sich mit ihm, der Ursprung und Ende alles Seienden ist, in mystischer Andacht wieder zu vereinen, bleibt das Ziel, dem alle Riten und Opfer, Meditation und Versenkung der Inder dienen.

Als wir den Tempelbezirk betraten, waren Monsungewitter und Stürme vergangen, die Wolken zerrissen. Im Wechselspiel von Licht und Schatten modellierte die Sonne noch einmal, was Künstlerhände einst in Khajuraho geschaffen haben. Eingebettet in die Gärten der ritterlichen Könige erheben sich ihre monumentalen Werke, wie sie vor 1000 Jahren zu Ehren der Götter entstanden. Manche sagen, der schöpferische Augenblick der Chandellas habe nur knapp hundert Jahre, von 950 bis 1050, gedauert. In dieser Zeit seien alle großen Tempel entstanden. Andere Historiker glauben, daß die Blütezeit dieses Rajputenreiches mindestens 250–300 Jahre dauerte. An der Sinngebung der Bauwerke ändern die Theorien der Historiker nichts. In 85 Tempeln haben die Architekten der Chandella-Könige immer wieder versucht, ihrer eigenen Konzeption vom Kosmos und der ihrer Auftraggeber Ausdruck zu verschaffen. 85mal symbolisierten sie im Grundriß, im Boden- und Höhenmaß, in der Raumaufteilung, in Kuppel und *Sikhara,* in Abbildern von Göttern und Menschen das Universum – diese Welt und die Überwelt. Nur 22 Tempel blieben erhalten, die anderen wurden zu Stein und Staub. Die Bauwerke im weiten Gelände neben dem Dorfplatz liegen in einer östlichen und in einer westlichen Gruppe zusammen, die südliche Gruppe – hauptsächlich Jain-Tempel – befindet sich etwa fünf Kilometer von Khajuraho entfernt in einer fruchtbaren Landschaft, inmitten von riesigen Mangobäumen mit dichtem, smaragdgrünem Laubwerk und orangefarbenen Blüten. Um die Tempelgruppen in der Nähe des Dorfes wurde ein parkartiger Garten angelegt – die Behörden sorgen für seine Pflege. Aus grünen Büschen leuchten rote und lila Bougainvilleas. Überall duftet es nach Jasmin.

Alle Tempel von Khajuraho, die Verfall und Jahrhunderte überdauerten, haben die gleiche Anlage, sind nach ähnlichen Plänen konstruiert. Ihre Ausschmückungen, ihre Skulpturen gleichen einander, auch wenn sie von den Baumeistern verschiedener Sekten erbaut wurden. James Fergusson schreibt dazu: „Sie müssen in einem Zeitalter extremer Toleranz errichtet worden sein – und wenn es damals irgendeine Rivalität gegeben haben mag, dann nur die zwischen den Architekten, von denen jeder versuchte, das schönste Gebäude zu errichten."
Auch ohne Blick auf den Grundriß sind die Pläne leicht zu verstehen. Alle Tempel haben den Portico, das Eingangstor: *Ardhamandapa,* den Versammlungsraum: *Mandapa* und in größeren Tempeln daran anschließend den großen Versammlungsraum: *Maha-Mandapa,* dann die Vorhalle: *Antarala,* durch die man in das Allerheiligste, das *Garbhagriha,* gelangt. Dort steht das Abbild des Gottes, vor dem sich die Pilger neigen und ihre Opfergaben, Blumen, Kokosmilch und Früchte, niederlegen. Hier suchen sie das höchste Erlebnis – die Erleuchtung. Von den Tantrikern wird sie mit einem mystischen Satz umschrieben: „Wir sind im Universum, und das Universum ist in uns."
Alle Tempel der „Dattelstadt" liegen erhöht auf einer Plattform wie auf einer Insel, die den Gläubigen vom Strom der Welt trennt, ihn absondert und schützt, seinen Weg bestimmt: den Rundgang um das Heiligtum. Die Umwandlung gehört zu den wichtigen Riten des Buddhismus und

des Hinduismus. Sie symbolisiert die unzerstörbare, sich immer wieder aus sich selbst erneuernde Kraft, die ohne Anfang und Ende ist, wie der Kreis, den der Pilger um den Tempel abschreitet. Im Kreis vollzieht sich die Zeit des Asiaten – die zyklische Wiederkehr. In sie ist auch die Wiedergeburt eingeschlossen. Die einmalige, vorwärts ausgerichtete, auf eine bestimmte Zeit beschränkte Existenz, die den Europäer ständig mit dem unerbittlichen Ende konfrontiert, hat für den Inder keine Relevanz. Alles ist Durchgang und Übergang, Leben und Tod, Werden, Sein und Vergehen, das Kommende und Dahinschwindende, Blühen und Reifen, der Ablauf des Jahres. Im ständigen Wandlungsprozeß erkennt der indische Mensch das Gesetz des Lebens – was wäre nicht eingebettet in den Kreis seiner Vorstellung von der Zeit?
„Jeder Tempel ist Haus und Körper des Gottes", schreibt die Indologin Stella Kramrisch – also, Ort der Anbetung und gleichzeitig Gegenstand der Verehrung. Manifestation des Absoluten im Stein – wie immer es genannt werden mag: Shiva, Vishnu oder Surya. Sie alle repräsentieren, was von dem einen, dem welterschaffenden Gott gesagt wird: „Er, der ohne Anfang, Mitte oder Ende ist, der Einzige, Alldurchdringende, der Weisheit und Segen ist, formlos und wunderbar, der Uma als Gefährtin hat, der höchste Lord, der Herrscher, der dreiäugige mit der dunklen Kehle, der die Ruhe ist. Der Weise, der über ihn meditiert, erreicht die Quelle des Seienden, den Zeugen von allem, der jenseits der Dunkelheit ist."
„Er ist Brahma, er ist Shiva, er ist Indra, er ist unvergänglich, der Größte, der Herr seiner selbst. Er ist Vishnu, er ist Leben, er ist Feuer, er ist Mond."
Wer sich wirklich auf diese Gedankenwelt einstimmen will, sollte nach Sonnenuntergang in den Tempelbezirk von Khajuraho zurückkehren, dann, wenn die lauten Touristen, die indiskreten Kameraschwenker, den großen Garten der Götter verlassen haben. Auf der Plattform gegenüber dem Kandariya-Tempel *Mahadeva* ist der Platz, um über den Tempel zu meditieren, der nun wie eine Silhouette gegen den orangeroten vornächtlichen Himmel steht.
Der Vorstoß ins Universum ist bis zur Grenze des Sichtbaren gelungen. Wo der nach oben sich krümmende und verjüngende Turm in der Spitze endet, scheint die Bewegung abgebrochen, im Stein erstarrt – wenigstens, soweit sie porträtiert, was von dieser Welt ist. Aber in alles Endliche wirkt das Unendliche, das Absolute, das sich in jedem Menschen verwirklichen kann, der, von den Bedingtheiten des Lebens befreit, zur höchsten Erkenntnis gelangt: „Gott ist in mir, und ich bin in Gott." Auf

dieser mystischen Erfahrung beruht die Wirkung der Tempelarchitektur der Chandellas. Man könnte die Bauwerke als eine Art *Yantra* bezeichnen, eine Meditationshilfe wie das magische Diagramm, in dessen Anblick versunken asiatische Mönche die Welt vergessen. Die *Sikharas* der Tempel weisen den Weg – er führt weit über sie hinaus. Dem Geist steht er offen – der Körper bleibt der Erde verhaftet, außer in jenen Minuten des vollkommenen Glücksgefühls, das nur durch die Liebe zum Partner, im Liebesakt, ausgelöst werden kann. Mit dieser Erkenntnis enthüllt sich das Geheimnis der figürlichen und szenischen Darstellung an den Tempeln von Khajuraho. Nach Sonnenuntergang liegen sie im Schatten der Nacht und schweigen. Aber am Tag triumphieren sie über die meditative Herausforderung der Architektur und vertreten leidenschaftlich den zweiten Weg zur Erlösung, den, der allein über die Liebe führt.

Niemand wird die Verschränkung des Säkularen und Sakralen in dieser indischen Kunst leugnen; niemand bestreiten, daß hier nicht nur symbolisiert, sondern auch porträtiert wurde. Das Lexikon der Liebe, das in Hunderten von Darstellungen die Vereinigung der Geschlechter beschreibt, ist gleichzeitig ein Bilderbuch des alltäglichen Lebens der Inder. In ihm waren das Heilige und das Profane immer so verbunden, daß es schwer ist, sie auseinanderzudividieren.

Die Inder vergangener Zeiten nur als ein Volk von Philosophen anzusehen, ist einseitig, und wenn Max Müller in seiner „Geschichte der alten Sanskrit-Literatur“ schreibt: „Ihre Kämpfe sind ein Ringen um Gedanken, ihre Vergangenheit das Problem der Schöpfung, ihre Zukunft das Problem der Existenz“, so ist das eine idealisierte Ansicht. Die Inder sind wie alle anderen Menschen auch dem Materialismus und den Freuden dieser Welt zugewandt. „Ihr spiritueller Extremismus“, schreibt Sri Aurobindo, „hat sie niemals daran gehindert, die Sinne und die sinnlichen Freuden zu ergründen und mit Intensität nach sinnlichen Erfahrungen zu suchen.“

Wenn Denker wie Sankara immer wieder auf der Notwendigkeit einer Kontrolle über Neigungen, Empfindungen und Sinne bestehen, so beweist das, was sie im Inder entdeckt haben: nicht so sehr eine außerweltliche Disposition, sondern ein Temperament, das zu sinnlicher Lust neigt.

Die Haltung der Inder gegenüber dem Sinnlichen hat im Laufe der Jahrhunderte Veränderungen erfahren. Im Altertum war das Sexualleben nichts, über das man die Stirne runzelte. Und wir sollten nicht zu Heuch-

lern werden, wenn wir die Skulpturen von Khajuraho betrachten und über sie philosophieren. Hier wurde das Leben in ganzer Fülle dargestellt, so wie es sich nach Gesetz und Sitte im indischen Altertum und im indischen Mittelalter vollzog. Damals galt die Befriedigung des sexuellen Verlangens als ebenso wichtig wie jede andere religiöse oder soziale Pflicht. Nach der Überlieferung bestimmen vier Dinge das Leben der Inder: *Dharma,* das ewige Weltgesetz, die absolute Gerechtigkeit, von der alle Religionen, alle Handlungen und alle sozialen Gemeinschaften getragen sein sollen; *Artha,* die Erwerbung von Ansehen und Reichtum; *Kama,* das Streben nach Vergnügungen und Schönheit, deren vollkommenste die Liebe ist, und schließlich *Moksha,* die Erlösung. Mit *Dharma, Artha, Kama* und *Moksha* schließt sich der Kreis des Lebens, vom Ursprung bis zur Rückkehr in das All-Eine, aus dem es Wiederkehr gibt.
Wem die indische Gedankenwelt so weit vertraut ist, wird die Darstellungen von Khajuraho auch als Spiegelungen eines geordneten täglichen Lebens gelten lassen. Es gibt nichts, was Historiker, Sozialpsychologen, Archäologen und Kunstgeschichtler, Stilkritiker und Verhaltensforscher hier nicht studieren könnten. Neben der Welt der Liebenden ist in Khajuraho der Alltag mit allen seinen Aspekten dargestellt. Wir wissen dank dieser Abbilder genau, welche Kleider und Stoffmuster, welche Haartrachten und Schmuckstücke die Inder von damals trugen, wie sie sich schmückten, wie sie tanzten und musizierten, wie sie hofhielten und studierten. Wie sie auf die Jagd gingen oder in den Krieg zogen, sich vergnügten oder anbeteten. Durch die Abbildung von Pferden, Kamelen und Elefanten weiß man von ihren Reittieren, und an der Darstellung von Dämonen und Geistern erkennen wir, wie stark der alte Volksglaube sich mit Hinduismus, Buddhismus und Jainismus verbunden hat. Das alles ist in diesem einzigartigen steinernen Bilderbuch festgehalten. Es wäre töricht, seinen dokumentarischen Wert zu leugnen. Aber es hieße doch am Wesentlichen vorbeigehen, wollte man die Darstellungen der Liebesakte, jener vielen ineinander verschlungenen Paare, die man auch als *Mithuna* bezeichnet, nur als Kompendium der Liebeskunst, als erotische Technik, als einen simplen Leitfaden für sexuelle Vergnügungen, ansehen, wie es etwa das langatmige ,,Kama Sutra", das indische Liebeshandbuch aus dem 4. Jahrhundert, ist, das sicher manchem Bildhauer von Khajuraho als Vorlage diente. Was man sich höchstens als Frage stellen kann, ist, ob diese mit jedem Detail des weiblichen und männlichen Körpers so vertrauten Künstler überhaupt eine Anregung nötig hatten, ob sie nicht in den Stein transponierten, was sie selbst erlebt und

erfahren hatten, ob die Götter und Göttinnen nicht ihre Züge tragen und ob die Szenen etwa am Kandariya-Tempel nicht einfach Nacherzählungen in Stein sind.
Eines aber ist sicher: Was sie lasen oder erlebten und ins Bild übersetzten, war mehr als die Technik der Liebeskunst, es war die Sichtbarmachung eines unsichtbaren geistigen Vorgangs.
Um ihn nachzuvollziehen, sollte man die indische Schöpfungslegende lesen, in der es heißt, daß der „Eine", der höchste Gott, Brahma, in dem Wunsch, allgegenwärtig zu sein, sich in die „Vielen" aufgespalten habe und daß die „Vielen", aus der glücklichen präexistenten „Nicht-Dualität" des männlichen und des weiblichen Prinzips mit der Schöpfung der Welt in die schmerzliche Dualität von Mann und Frau entlassen, nach Wiedervereinigung streben, in der sie den paradiesischen Zustand erkennen.
Immer wieder hat sich die alte indische Literatur mit der Liebe und ihrem metaphysischen Bezug befaßt. So heißt es in einer bekannten Legende, daß der schönen Brahmanentochter Parwarti einst der flötenspielende Gott Krishna im Traum erschien und eine leidenschaftliche Liebe zu ihm in ihr erweckte. Sie weiß, daß ihr Leben von nun an nur dem Gott gehören kann. Vergeblich versucht sie, das mit einem Brahmanensohn geschlossene Verlöbnis zu lösen, aber es ist zu spät. Die Hochzeit findet statt. In der Nacht jedoch, als sich die Vermählten zum erstenmal einander zuneigen, erkennt Parwarti in dem Gemahl den Gott, dem sie verfallen ist.
Alle Wesen teilen das gleiche Schicksal – alle Menschen sind Parwarti, sagt die Legende, sind Shiva und Shakti, auf der Suche nach einander. Was sie erleben, ist eine kosmische Vision. Und sie wird zum Leitmotiv in der symphonischen Liebesdichtung aus Stein. Gäbe es so etwas wie eine transzendentale Choreographie, müßte man sie hinter diesen zärtlichen Gesten und Bewegungen vermuten. Die schwellenden Körperformen der Liebenden, die, obwohl in das feste, unbewegliche Material gehauen, noch durchatmet erscheinen, haben die Transparenz, die nur großen Künstlern gelingt. Sie provozieren den Betrachter zum „Spiel mit dem Unendlichen". Er erkennt, daß die Bilder nicht sind – sondern bedeuten –, daß sie für die Vereinigung der Welt mit der Überwelt stehen, für die Aufhebung der Dualität, für den Rückbezug auf das eine und einzige Prinzip, aus dem alle geschaffen wurden, für die Rückkehr in das ungeteilte, vollkommene Leben, in jenes mystische Land, in dem das männliche und das weibliche Prinzip noch ungeschieden und in vollkommener Harmonie verbunden waren. Der Sichtbarmachung dieser Urhar-

monie gilt die Darstellung der Liebenden an den Tempeln von Khajuraho.
Wer sich ihnen mit diesem Wissen nähert, wird im graziösen Liebesspiel, in den Varianten der sexuellen Begegnung nichts Obszönes, sondern das in den Stein transponierte Erlösungsmotiv, den zweiten, durch tantrische Riten geöffneten Weg erkennen.

Die Hochblüte von Khajuraho ist charakterisiert durch den Triumph der Skulptur über die Architektur. Die künftige Herrschaft des Figürlichen wurde allerdings schon in der Gupta-Periode angelegt, in jenem goldenen Zeitalter, in dem es gelang, Indien, das seine erste, vorchristliche Einigung Kaiser Ashoka verdankte, zum zweitenmal zu einigen. Die Dominanz der Skulptur sollte während des ganzen Mittelalters, ja sogar gebietsweise bis ins 18. Jahrhundert das zentrale, östliche und südliche Indien charakterisieren und immer wieder die gleichen Fragen nach ihrem Sinn aufwerfen.
Für einen überzeugten Hindu ist die Antwort nicht schwer. Seine Religion lehrt ihn, daß das ganze Universum – vom *Brahman* bis zum kleinsten Wurm – auf der Verbindung von Weiblichem und Männlichem beruht. „Schon in den Upanishaden", so betont der indische Gelehrte Prakash, „wurde die Metapher der sexuellen Vereinigung zum Symbol der Ekstase, der Union von Atman und Brahman – der Menschenseele mit Gott, des Urwesens Purusha mit der Urmaterie Prakriti." So heißt es in der „Brihadaranyaka Upanishad": „In der Umarmung seiner Geliebten vergißt der Mann die ganze Welt – alles, was draußen und innen ist, ebenso wie jener, der sein zweites Ich in sich begreift, keinen Unterschied mehr zwischen innen und außen wahrnimmt." Stella Kramrisch hat das ähnlich ausgedrückt, als sie schrieb: „Dieser Zustand, der einer engen Umarmung von Mann und Frau gleicht, ist das Symbol der Moksha, der endgültigen Befreiung oder Wiedervereinigung von zwei Prinzipien – des Geistes und der Materie."
Ob es sich bei den Tempeldarstellungen, die diesen Zustand symbolisieren, um Menschen oder Götter handelt, spielt keine Rolle. Der Vergöttlichung des Menschen entspricht die Vermenschlichung der Götter. Ihre Schicksale sind eng miteinander verzahnt, denn sie repräsentieren, was Prakash, Stella Kramrisch und viele andere Indologen beschrieben haben, die beiden Elemente, von denen das Universum bestimmt ist: Geist und Materie, Gedanke und Natur, *Atman* und *Brahman, Purusha* und *Prakriti.* Nur wo sie zur absoluten Deckung kommen, herrscht Friede.

Neben die Offenbarung Gottes in der Tempelarchitektur, neben die Erkenntnis von der übersinnlichen „Mächtigkeit", von der es in einer Tantraschrift heißt: „Ich bin dies alles: Aus mir entstammen alle Dinge, und in mich ziehen sie sich wieder zurück", haben die Bildhauer von Khajuraho das Bekenntnis ihrer Liebenden gesetzt: „Alles, was ich bin, bin ich durch dich."
Wenn der Himmel von Madhya Pradesh nicht mehr die Flammenzeichen der sinkenden Sonne trägt und die Nacht wie ein blauschwarzer Mantel über die glühende Erde gefallen ist, werden die Tempelgärten geschlossen. Die Händler zünden ihre Öllämpchen an und lassen sich zu einem Schwätzchen nieder. Postkarten und Broschüren werden eingepackt, die Andenkenverkäufer verschwinden mit ihren komischen Kopien und Fälschungen. Bettler und Tempeldiener machen Feierabend. Aus den kleinen Höfen der Lehmhütten steigt der Dampf von kochendem Curry-Reis. Schwarzäugige Frauen in bunten Saris schauen nach ihren Männern aus. Ram und Krishna warten mit Wagen und Pferd auf die letzten Touristen, auf jene nachdenklichen Nachzügler, die nur zögernd den nächtlichen Park verlassen. Einige von ihnen mögen vielleicht begriffen haben, daß man zwischen Europa und Khajuraho Entfernungen zurücklegen muß, die sich nicht nach Kilometern messen lassen. Wer hier fortgeht, kann eigentlich nicht mehr derselbe sein, der er vor seiner Ankunft gewesen ist – die in den Steinen von Khajuraho mitgeteilten Erfahrungen müssen ihn berührt, wenn nicht gewandelt haben –, es sei denn, er hätte sich dem Spiel des Unendlichen, dem Lächeln der Gefährtinnen der Götter, der *Surasundaris,* verschlossen.
Noch in der gleichen Nacht schickte ich ein Telegramm an Haksar: „Ich danke Ihnen."

Agra

In Agra, der ehemaligen Hauptstadt der Mogulkaiser – 40 Flugminuten von Khajuraho entfernt – erwartete mich Shri Kemani, Haksars Stellvertreter. Kemani sollte mich in das andere, das vom Islam geprägte Indien, in die Schönheit der Moscheen, Paläste und Grabdenkmale einführen. Die Besichtigungen in Agra, Fatehpur Sikri und Delhi wurden zu einem Ausflug in die Geschichte. Kemani ließ es nicht bei der Erklärung von Bauwerken bewenden, er bemühte sich, mir ein Gesamtbild Indiens zu vermitteln, das von drei großen Weltreligionen bestimmt ist: vom Hinduismus, vom Buddhismus und vom Islam.

Nach dem langsamen Verlöschen des Buddhismus und dem Rückgang des Jainismus in Indien hatte der Hinduismus gerade wieder seine geistige Vorherrschaft über das Land am Ganges angetreten, als der Islam seinen Siegeszug begann. Mit dem Islam gelangte in Indien zum ersten Mal eine Religion nichtindischen Ursprungs zu politischer Bedeutung. War es ein Zeichen der inneren Ermüdung des Brahmanentums, daß die Muslims nicht nur das Land erobern, sondern auch Millionen seiner Menschen zu ihrem Glauben bekehren konnten? Die einfallenden Muslims wurden nicht wie andere Eroberer eingeschmolzen. Es gelang ihnen, eine eigene Volksgruppe zu bilden und mit einer eigenen Kultur, einer dem Hinduismus konträren Religion, mit eigenen Sitten und Gebräuchen, dem Lande höchst eigenwillige Zeichen aufzuprägen.
Alle bedeutenden Dynastien hinterließen Spuren – die Sultanate von Delhi und das mächtige Reich der Moguln, das unter Akbar dem Großen, Jahangir und Shah Jahan zu höchster Blüte kam. Das weltberühmte „Taj Mahal", das ein großer Liebender – Shah Jahan – der Auserwählten seines Herzens, Mumtaz Mahal, bauen ließ; Fatehpur Sikri, Akbars rosenrote Märchenstadt mit dem weißen Marmorgrabmal des Sheikh Salim Chisti, die Elfenbeinschreine, die großzügig entworfenen Tore mit den raffinierten Arabesken, die Schönheit der Mogulgräber, Stille und Anmut der Parks und Patios, das alles sind überzeugende Merkmale einer hohen Kultur. Sie wurde im Laufe der Jahrhunderte zu einer der beiden entscheidenden Geistesrichtungen indischen Denkens und Schaffens. Ihre Kunst stand mit ihrer geometrischen Klarheit, mit dem vom Menschenbilde gelösten Ornament immer als ein ruhiger Gegenpol zur leidenschaftlich bewegten Tempelkunst der Hindus. Entscheidend hat der Islam jedoch nur den Norden des Subkontinents beeinflußt, im Süden gibt es nur einzelne Spuren. Auch gelang es dem Islam nicht, den toleranten Hinduismus, in dem so viele Götter und Weltanschauungen Platz haben, auf breiter Front zu verdrängen. Im Gegenteil, die muslimische Vorherrschaft löste eine starke Selbstbesinnung des Hinduismus aus, eine leidenschaftliche Gegenwehr, aus der sich die Lehre des Hinduismus erneuerte und festigte. Es kam zu schweren Spannungen zwischen den beiden großen Gruppen des Subkontinents. Diese führten schließlich zu einem Ereignis mit tragischen Nebenwirkungen, zur Teilung in Pakistan und in *Bharat*, die Indische Union. Das Land Pakistan – als Islamische Republik proklamiert – zog einen klaren Strich, wenigstens soweit es den westlichen Landesteil betraf. Seine Kultur blieb eindeutig vom Islam bestimmt. Das säkulare Indien ließ sich nicht auseinanderdividieren. Es behielt über die schwere Krise der Teilung hinaus sein kultu-

relles Doppelgesicht. Hinduismus und Islam blieben gleichermaßen Teil der indischen Identität.
Kemani und ich saßen lange auf den Marmorstufen gegenüber dem vielbeschriebenen „Taj Mahal", dieser „zärtlichen Elegie in Marmor". Es war Nacht. Der von vielen Adern durchzogene Marmor aus den Makrana-Steinbrüchen in der Nähe von Jodhpur schimmerte im Licht des vollen Mondes. Die vielen mit Jade, Lapislazuli, Topasen, Korallen, Perlmutter, Türkisen und Saphiren ausgelegten Ornamente, kleine Blumen und sich windende Girlanden begannen zu glitzern. Wie von innen her erleuchtet spiegelten sich die runden Kuppeln in der schmalen Wasserstraße, die sich vom Lotosteich am Absatz der Treppe bis zur Rampe der Totenstätte hinzieht. Aus der Grabkammer blinkte ein ewiges Licht, und ein Priester murmelte die 99 Namen Allahs, die auf dem Elfenbeinsarg der Mumtaz Mahal eingraviert sind.
Links und rechts des symmetrischen Mausoleums erheben sich auf derselben erhöhten Plattform zwei gleichaussehende Bauten – im Westen eine Moschee und ihr gegenüber eine Versammlungshalle, „Jawab" – „Antwort" – genannt. Die vier schlanken Minarette, die den Hauptbau umgeben, neigen sich leicht nach außen – eine Anweisung des Architekten, der erreichen wollte, daß die Türme bei Einsturz nach außen und nicht auf die Marmorwände fallen und das „Taj" beschädigen würden.
Unvorstellbar, daß hier 20000 Arbeiter 22 Jahre arbeiteten, angetrieben von ihrem Kaiser und einer Schar von Architekten und Künstlern, die Shah Jahan aus Bagdad und Damaskus, aus Buchara, Schiraz, Samarkand und aus Südindien herbeigerufen hatte. Fünf Millionen Rupien wurden ausgegeben, um dieses schönste Denkmal der Liebe zu bauen, das Grabmal, in das der Kaiser mit seiner angebeteten Mumtaz seine Träume versenkte. Ob es wohl stimmte, was erzählt wurde: Shah Jahan habe dem ersten Baumeister die rechte Hand abschlagen lassen, damit der Unglückliche nicht mehr fähig wäre, ein solches Meisterwerk zu wiederholen? Gehörten Größe und Grausamkeit gleichermaßen zur Welt dieser Herrscher? Hatten sie aus den Steppen Innerasiens ein ungezügeltes Temperament mitgebracht, oder waren sie – wie Humayun (1508–1556) von sich sagte – Träger der überfeinerten persischen Kultur, die das Leben am Hof der Moguln prägte?
Das Reich dieser ungewöhnlichen Dynastie beginnt 1526 mit Babur, dem jungen turkmenischen Steppenfürsten. Ihm folgen Humayun, Akbar, Jahangir, Shah Jahan und Aurangzeb, der 1707 starb.
Die späteren Mogulkaiser waren ohne Bedeutung. Diese sechs Herr-

scher aber haben Geschichte gemacht und ihre Zeitgenossen in Atem gehalten. Was blieb, war der Glanz einer großen Kultur.
Agra, 200 Kilometer südlich von Delhi in der Ebene, an den Ufern des Flusses Yamuna oder Yumna gelegen, wurde erst berühmt, als der größte der Mogulkaiser, Akbar, es zu seiner Hauptstadt machte. 1565 wurde das Fort, der Regierungssitz, gebaut. Im Gegensatz zur übersichtlichen Anlage des „Lal Quila", der palastartigen Roten Forts von Alt-Delhi, ist die Festung von Agra eine unsystematische Ansammlung von Hallen, Palästen, Moscheen und Verwaltungsgebäuden, ein Labyrinth, in dem sich der Besucher verliert.
Akbars Toleranz gegenüber anderen Religionen machte ihn berühmt. Sein Hof wurde ein geistiges Zentrum besonderer Art. Nicht nur die Hindus waren willkommen, der Kaiser empfing Geistliche aus aller Welt: Jesuiten in schwarzer Robe, chinesische Taoisten und konfuzianische Gelehrte, buddhistische Mönche aus Sri Lanka, Sufis und Anhänger des Zoroaster.
In Agra gelang Akbar eine einzigartige Synthese zwischen indischer und persischer Kultur. Sie fand Ausdruck in den Miniaturen aus der von Akbar gegründeten Schule der Mogul-Malerei. Von den Meistern dieser Schule stammen auch die Miniaturen mit christlichen Motiven. Die Schule erlebte einen Aufschwung, als die Künstler begannen, berühmte christliche Bilder aus den Zentren europäischer Kunst zu kopieren. Während der Regierungszeit von Akbars Sohn Jahangir erreichte die christliche Malerei ihren Höhepunkt – nicht selten fand man von nun an ein Porträt des Kaisers inmitten einer christlichen Miniatur.
Akbars eigene Religionsschöpfung, die *Din-i-Ilahi,* eine Synthese aller großen Religionen der Welt, überdauerte ihn nicht. Aber seine Leidenschaft für den Synkretismus führte ihn zu Sheikh Salim Chisti, einem *Sufi*-Mystiker, der etwa 40 Kilometer südwestlich von Agra entfernt, im Dorf Sikri, wohnte. Nach vielen Gesprächen vertraute sich Akbar dem Mystiker an: Er wollte, was ihm bis zu diesem Augenblick verwehrt blieb: einen Sohn. Der Sheikh segnete den Kaiser und prophezeite ihm einen Sohn für den Fall, daß der Herrscher verspreche, an diesem heiligen Ort eine Stadt zu bauen. Akbar gelobte zu tun, was der Heilige wünschte. Im nächsten Jahr am 30. August 1569 wurde Akbars Sohn Salim, der spätere Kaiser Jahangir, geboren. 1571 begann Akbar mit der Erbauung von Fatehpur Sikri. Mit ihren Palästen aus rosenrotem Sandstein, den Mosaiken aus Edelsteinen, den kleinen Seen und Wasserspielen, mit dem großen Innenhof vor der „Jamia Masjid", der „Freitags-Moschee", und dem weißen Marmorgrabmal für den Sheikh Salim Chisti

ist Fatehpur Sikri vielleicht die schönste aller Mogul-Städte. Sie hatte nur einen Fehler, es fehlte an trinkbarem Wasser. Das verhinderte ein reiches Kulturleben nicht. In der Stadt Akbars konnte man die geistige Prominenz der Zeit treffen: den Dichter Faizi und seinen Bruder Abul Fazl, der eine einfühlsame Biographie des Kaisers schrieb, den Musiker Tansen, dessen Stimme, wie seine Bewunderer sagten, eine Fackel entzünden konnte. Unter Akbars Protektion schrieben Surdas und Tulsidas die schönste Hindu-Poesie, die bekannt ist. Neben Malern wurden Kunsthandwerker gefördert.

Zum erstenmal in der Geschichte Indiens trat ein Herrscher mit seinen Zeitgenossen in aller Welt in Kontakt. Unter den vielen Briefen, die Akbar austauschte, ist der Briefwechsel mit Königin Elizabeth I. von England für die Historiker von besonderem Interesse.

Nach 15 Jahren in Fatehpur Sikri verlegte der Kaiser seinen Hof nach Norden. Keine Menschenseele blieb zurück. Fatehpur Sikri wurde zu dem, was es heute noch ist: ein bezauberndes Museum, das vom Geist vergangener Zeiten beseelt ist.

An den großen Akbar erinnert die Inschrift im Bogen des majestätischen *Buland Darwaza,* des südlichen Tores, das zur Erinnerung an die Eroberung von Gujerat gebaut wurde: ,,Jesus, Sohn der Maria – Friede sei mit ihm – sagte: ,,Die Welt ist eine Brücke, gehe über sie, aber baue kein Haus auf ihr. Der, der auf eine Stunde hofft, hofft für die Ewigkeit. Die Welt ist eine Stunde, verbringe sie im Gebet, denn der Rest ist unsichtbar – was bleibt, ist das Jenseits.“

Akbar starb 1605 und wurde in Sikandra begraben, acht Kilometer nordwestlich von Agra. Wir besuchten Sikandra am Abend, als die Sonne wie ein roter Ball hinter dem östlichen Minarett stand. Die letzten Touristen hatten das Grabmal bereits verlassen. Es herrschte Stille. Die ruhige Ausgeglichenheit der Ornamente teilte sich mit. Ihre geheime Magie war die Abkehr vom Bild und die Suche nach Zuflucht in Formen, die Deutung verlangten. Spiegelten sie so etwas wie einen inneren Frieden, den die frommen Erbauer in Allah, dem einzigen Gott, gefunden hatten? Was immer die Mogulkaiser an absoluter Macht und Grausamkeit entfalteten, ihre Bauten sind Ausdruck von Maß und Mitte und zeigen einen unleugbaren Sinn für das Ästhetische. Die Gefahr einer absolutistischen Monumentalität ist gebändigt durch Schönheit und Harmonie. Wer könnte bezweifeln, daß diese Kultur ein Teil Indiens, der indischen Identität, ist?

P. N. Haksar – der Vermittler

Gleich nach meiner Ankunft in Neu-Delhi besuchte ich P. N. Haksar in seinem Büro im Hyderabad-Haus. „Na", fragte er lächelnd, „hat die Erde Sie wieder?" Ich stutzte. „Ja", so meinte er, „Faszination kann leicht zu einem „point of no return" führen. Lawrence von Arabien sagte von sich, er sei nach seinen arabischen Abenteuern nie wieder ein richtiger Engländer geworden."

Ich sah ihn an. Der leichte Spott war unverkennbar. Was sollte er abschirmen?

Der am 4. September 1913 geborene Parmeshwar Narain Haksar war von Nehru zuerst in den Verwaltungsdienst und dann in das Auswärtige Amt berufen worden, wo er zur Zeit als Leiter der Abteilung für auswärtige Presse- und Informationspolitik tätig war. Brahmane wie Nehru, teilte er weitgehend die Auffassungen des Premierministers. Leidenschaftlich plädierte er für eine Modernisierung der indischen Gesellschaft:

„Wir müssen Aufgaben erfüllen, wie sie uns durch die Wissenschaft, den Prozeß der Säkularisierung und Demokratisierung gestellt wurden. Es geht um eine grundsätzliche Transformierung unserer Welt, unseres Denkprozesses und unserer sozialen Struktur. Um Ihnen die Dimensionen unserer notwendigen Wandlung deutlich zu machen, habe ich Sie auf diese Reise in die Vergangenheit geschickt."

Gab es wirklich keinen anderen Grund? Bis heute bin ich davon überzeugt, daß Haksar mir ein umfassendes Bild von Indien verschaffen wollte, weil er, wie viele gebildete Inder, bei aller Modernität stolz auf die große Vergangenheit war. Deshalb konnte ich auch nicht glauben, daß bedingungslose Säkularisierung den Platz einer „heiligen Kuh" in seinem Denken eingenommen hatte. Es gab keine Möglichkeit, mit ihm darüber zu diskutieren. Die Scheu, über sich zu sprechen, war unverkennbar. Persönliche Angelegenheiten galten als tabu. Was streng wirkte, war Disziplin, hinter der er ein ungeduldiges Temperament, aber auch Güte verbarg. Auf Äußerungen, die ihn amüsierten, konnte er mit einem befreienden, heiteren Lachen reagieren.

Er ließ sich von niemandem blenden und versuchte, niemals selbst zu blenden. Untadeligkeit und Bescheidenheit – die Fähigkeit, sachlich zu denken und klar zu argumentieren, hatten ihm eine erhebliche Autorität verschafft. In seinem Büro duldete er keine verfilzte Bürokratie. Die schlanken Hände, sehr oft mit dem Anzünden der Pfeife oder von Zigaretten beschäftigt, verrieten eine unübersehbare Nervosität, vielleicht auch nur den Wunsch, ohne lange Umschweife zur Sache zu kommen.

,,Wie lange wird es dauern", fragte ich ihn, ,,bis sich die Welt nach Ihren Vorstellungen verändert haben wird?"
,,Das kann niemand voraussagen", antwortete Haksar, ,,gewiß ist aber, daß Änderungen früher oder später stattfinden müssen. Dabei wird sich herausstellen, daß mit der Entmachtung der Magie durch die Wissenschaft Bewußtsein und Gewissen gestärkt wurden."
Glaubte dieser offensichtlich gegen seine brahmanische Erziehung revoltierende Intellektuelle wirklich an eine indische Götterdämmerung, an die absolute Säkularisierung, die das alte Indien zerstören würde? Die vielen Szenen tiefer Frömmigkeit und magischer Verstrickung, die ich unterwegs erlebt hatte, gingen mir nicht aus dem Sinn. Ich dachte an die Riten im Dunkel der Tempel, an das eindringliche eintönige Murmeln der Priester, an ihre bizarren Opferzeremonien, an die Sonnenanbeter am Ganges, die Ekstase der Tänzer, die Gott im Rhythmus suchten. Tief hatte sich mir eingeprägt die Gläubigkeit der Christen, der Sonntagsgottesdienst in den Kathedralen von Delhi, das Gebet von Tausenden von Muslims am Freitag in der ,,Jamia Masjid". Die Inder waren Gott näher als alle anderen Völker, denen ich bisher begegnete. Und ich erkannte in ihrer Gläubigkeit ihre Stärke und eine der vielen Herausforderungen, die dieser Kontinent noch immer für uns bereithält. Wie konnte Haksar das übersehen?
,,Ich weiß, was Sie denken", sagte er. ,,Der Mensch lebt nicht vom Brot allein. Er sucht gewiß nicht nur seinen körperlichen Hunger, sondern auch den seines Herzens und Gehirns zu stillen. Aber nach meiner Vorstellung muß sich dieser Drang in einer Welt von morgen zu einer Sehnsucht nach einer vom Ethos und von der Einsicht, nicht vom Glauben getragenen menschlichen Gemeinschaft kristallisieren. Die Säkularisierung des Lebens ist unvermeidbar. Der Mensch ist eine Projektion aus dem umfassenden geistigen Universum auf den Bildschirm Erde. Seine neuen Götter heißen Moral und Erkenntnis. Sie verbergen keine Geheimnisse, sie sind eine Kreation der menschlichen Vernunft."
,,Ihre Frontstellung gegen die etablierten Religionen wird erheblichen Widerspruch hervorrufen."
Haksar zuckte mit den Achseln – seine Handbewegung schien Einverständnis mit dem Unvermeidlichen anzudeuten. ,,Könnten Sie nicht wenigstens", so meinte er, ,,die Idee einer nur dem Ethos verpflichteten Gemeinschaft als Denkanstoß akzeptieren und sich vielleicht sogar eine interkontinentale Diskussion darüber vorstellen?"
,,Wollen Sie das alte Indien in die Grüfte versenken?" fragte ich diesen Propheten eines neuen Rationalismus.

,,Im Gegenteil", antwortete er, ,,ich will versuchen, es zu retten. Mein Beitrag könnte sicher nur ein theoretischer sein. Der Schlüssel zur Aktion liegt im Tin-Murti-Haus, in den Händen von Nehru."

Der Weg in die Unabhängigkeit

Tin-Murti-Haus – Nehru Memorial

Tin-Murti-Haus liegt inmitten der eleganten Gartenstadt Neu-Delhi, die, von den britischen Kolonialherren entworfen und konstruiert, nach Kalkutta die Hauptstadt der britischen Kronkolonie Indien wurde. Weite Plätze und mit Blumen bewachsene Verkehrsinseln haben eine raumverschwendende, großzügige Aufteilung ermöglicht. Von Palmen beschirmt und versteckt hinter Bananensträuchern, Büschen und Blumen, liegen die weißen Bungalows ein wenig abseits der breiten Boulevards. Licht und Luft spielten bei der Planung der englischen Architekten eine erhebliche Rolle. Alles ist auf Wachstum und Ausdehnung angelegt. Man dachte weiträumig und wollte ohne Enge leben, herrschaftlich, elitär. Es ist nicht übertrieben, Neu-Delhi zur schönsten Kapitale Asiens zu erklären.

Aus rosenrotem und gelbem Sandstein erbaut, erheben sich auf einer Anhöhe einander gegenüberstehend die beiden gleichaussehenden Gebäude, die, oft nur kurz „Sekretariat" genannt, Sitz der Regierung sind. Mit dem Palast des Staatspräsidenten am Ende des erhöhten Platzes verbinden sich die Verwaltungsbauten zu einem eindrucksvollen Stadtbild. Niemand wird übersehen, daß der Baustil der Mogulkaiser überall bei den Entwürfen der englischen Architekten Pate stand.

Vom Regierungshügel führt der schnurgerade „Raj Path", der „Herrscherweg", über mehrere Kilometer bis zum „India Gate", unter dessen breitem Bogen eine ewige Flamme für die Gefallenen des Ersten Weltkrieges brennt. Hinter dem „India Gate" stand im überdachten Pavillon lange ein Denkmal Georgs V. Über die imposante Straße, die einer Siegesallee gleicht, ziehen am Tag der Republik die Einheiten der indischen Armee, der Luftwaffe und der Marine. Ihnen folgen die Delegationen der Bundesländer, Sport- und Tanzgruppen aus allen Teilen der Union in einer prunkvollen Parade.

Es ist der Staatsfeiertag des Volkes, das Fest aller Inder, die sich an den Tag erinnern, an dem sich das freie Indien eine eigene Verfassung gab. Sie kommen aus dem ganzen Land, um mit der festlichen Parade noch

einmal den Triumph der Unabhängigkeit zu erleben: die Vertreter aller Kasten-, Rassen- und Religionsgemeinschaften. Was Nehru plante, gelang: Alljährlich wird der 26. Januar zu einer großen Demonstration der Nation Indien.
Tin-Murti-Haus, ehemals Sitz des Oberbefehlshabers der Britisch-Indischen Armee, ist heute ein Museum, das unter dem Namen „Nehru Memorial" alles bewahrt und ausgestellt hat, was zur Lebensgeschichte des „Architekten des modernen Indien" gehört. Nehrus geistiges Testament ließ seine Tochter Indira auf eine Steinplatte meißeln, die im Garten steht. Jedermann kann hier von Nehrus Kühle gegenüber religiösen Riten lesen, aber er mag auch erfahren, daß Jawaharlal Indien mehr liebte als sich selbst.
Garten und Haus sind äußerlich unverändert – nur innen, wo sich einst Möbel, Gemälde und Teppiche befanden, stehen jetzt Glaskästen mit Exponaten aus dem Leben des großen Inders, der mit seinen Gedanken und Initiativen die Welt bewegte. Er war mit Mahatma Gandhi die treibende Kraft der Freiheitsbewegung, des „Indian National Congress", später oft nur Kongreß oder Kongreß-Partei genannt.
Nehru hat die Nation Indien geschaffen, die erst entstehen konnte, nachdem es ihm gelungen war, über Rassen, Kasten, Religionen, Fürstentümer und Stämme hinweg für alle Menschen des Subkontinents einen gemeinsamen Nenner zu finden: das Indertum. Er proklamierte den säkularen Staat, den Staat, der nicht noch einmal am erbitterten Streit zwischen Religionsgemeinschaften Schiffbruch erleiden sollte. Tragödien, wie sie 1947 zur Teilung des Subkontinents in das muslimische Pakistan und die säkulare Union Indien geführt hatten, mußten vermieden werden. Es durfte nicht mehr um eine hinduistische, muslimische, parsische, sikhistische, buddhistische oder christliche Identität gehen, nein, Nehrus Ziel war die indische Identität, eine Vorstellung, die immer wieder in Frage gestellt wurde.
Ich kannte Nehrus Geschichte, sein Leben, seine Werke, die ihn als Denker und hervorragenden Schriftsteller auswiesen, ehe ich ihm begegnete.

Jawaharlal Nehru – kaschmirisches Erbe und englische Erziehung

Jawaharlal Nehru wurde am 14. November 1889 in Allahabad als Sohn des erfolgreichen und wohlhabenden Rechtsanwaltes Motilal Nehru geboren. Die Familie gehörte zu der kleinen, sehr exklusiven Gemeinschaft der Kashmir-Brahmanen, das heißt, die Vorfahren sind in jenem wunderbaren Himalayatal geboren, von dem einst der Mogulherrscher Jahangir sagte: „Wenn es ein Paradies auf Erden gibt, hier ist es, hier ist es."

1585 eroberte der bedeutendste der indischen Mogulkaiser, Akbar der Große, das schöne Kashmir. Unter muslimische Herrschaft war es schon vorher, Ende des 13. Jahrhunderts, geraten; bis dahin hatten hinduistische und buddhistische Monarchen das reizvolle Land am Himalaya beherrscht, dessen Hauptstadt Srinagar oft wegen ihrer Flüsse, Kanäle und Seen, der Patrizierhäuser und kleinen Paläste das „Venedig Asiens" genannt wird.

Srinagar ist mit seinen schwimmenden Gärten, den terrassierten Reisfeldern, den Rosengärten des Maharajas, den Parks mit den riesigen persischen Shinarbäumen und der fast tropischen Flora, mit *Shikaras* und Hausbooten auf dem Dal-See und dem Nagim-See von einem unbeschreibbaren Reiz. Alte Tempel und Skulpturen, Moscheen und Paläste in Mogularchitektur machen Srinagar und das begehrte und umstrittene Tal zu einer Region, in der sich die Jahrtausende und ihre verschiedenen Religionen und Kulturen ein Rendezvous geben.

Inmitten dieser aus einem harmonischen Ineinanderwirken von Natur und Kultur geborenen Atmosphäre sind die Vorfahren der Nehrus großgeworden. Sie hießen bis zum Beginn des 17. Jahrhunderts allerdings nicht Nehru, sondern Kaul. Wie fast alle kaschmirischen Hindus von Rang gehörten die Kauls zur höchsten Kaste Indiens, zu den Brahmanen. Wegen ihrer hohen Bildung waren sie berechtigt, den Titel Pandit – Gelehrter – zu tragen.

1716, nachdem Mogulkaiser Aurangzeb – der Enkel Jahangirs, der Kashmir liebte – etwa neun Jahre tot war, folgte Raj Kaul einem Ruf in die kaiserliche Hauptstadt Delhi, wo ihm von Kaiser Farrukhsiar ein Haus am Ufer eines Kanals – eines *nahar* – übereignet wurde. Aus dem persischen *nahar* wurde im Laufe der Zeit der Name Nehru. Die Kaul-Nehrus, die „Kauls, die am Kanal" wohnten, ließen bald den alten Familiennamen fallen und nannten sich nur noch Nehru.

Umsiedlung und Umbenennung – das waren Ereignisse, die im Leben Jawaharlal Nehrus keine Rolle spielten. Er wurde über 150 Jahre später geboren. Der Name Pandit aber blieb der Familie wie das schwer definierbare Erbe der stolzen Kashmirbrahmanen. Pandit Motilal Nehru, Jawaharlals Vater, war nicht nur eine gelehrte, er war eine weltoffene, elegante, modern gesinnte und großzügige Persönlichkeit. Im „Anand

Bhavan", dem kleinen Palais, das Motilal in Allahabad gekauft hatte, war die Elite der indischen Intellektuellen zu Gast. Als Hauptstadt der „United Provinces", eine der größten Verwaltungseinheiten von Britisch-Indien, war Allahabad ganz vom englischen Kolonialstil geprägt.
Lange Jahre hindurch unterhielt der reiche, von englischen Professoren erzogene Rechtsanwalt Nehru gute Beziehungen zu den britischen Kolonialbeamten, die etwas vom kosmospolitischen Geist des britischen „Colonial Service" mitgebracht hatten. Ehe Motilal, erschüttert durch die erbarmungslose Bekämpfung der Unabhängigkeitsbestrebungen, sich etwa 1917 der indischen Freiheitsbewegung des Mahatma Gandhi anschloß, war er ein Bewunderer englischer Lebensart. Sein Sohn, das stand für ihn fest, mußte in England ausgebildet werden, eine europäische Erziehung erhalten.
Von den englischen Privatlehrern, die Jawaharlal nacheinander in Allahabad unterrichteten, hatte nur einer wirklichen Einfluß auf den Jungen: der Theosoph Ferdinand T. Brooks. Über drei Jahre hinweg weckte und pflegte er die Interessen, die Nehrus Leben mitbestimmten, den Hang zur Literatur, zur Philosophie, zum Lesen überhaupt und eine gewisse Leidenschaft für die Naturwissenschaft, für die Geheimnisse der elementaren Physik und der Chemie.
1905, mit sechzehn Jahren, ging Jawaharlal Nehru nach England – er studierte zunächst in Harrow, ein Wanderer aus dem Osten, der den Westen suchte, nicht, um ihn zu imitieren, wie so viele Journalisten und Biographen unüberlegt behaupteten; Nehru wollte europäisches Gedankengut, Wissenschaft und Technik mit der eigenen Kultur zu einem Gebilde verweben, das bei Adaption moderner Errungenschaften alles bewahren sollte, was den spirituellen, den geistigen Reichtum Indiens ausmacht.
Im Herbst 1907 wechselte Nehru das College. Er ging nach Cambridge. Drei Jahre studierte er hier Chemie, Geologie und Botanik. Seine Interessen aber waren viel weiter gespannt: Er beschäftigte sich mit Literatur, Philosophie, Wirtschaftswissenschaft, Politik, Geschichte. Das „Trinity College", in dem er immatrikuliert wurde, ist als „Schule der Premierminister" bekanntgeworden. Aber noch war es zu früh, den Zufall als Zeichen zu deuten. Niemand sah voraus, was sich ein paar Jahrzehnte später in der Kronkolonie Indien ereignen würde: die nationale Erhebung, für die Nehru sein ganzes Leben einsetzte. Die ersten Anzeichen, Aufstände und Demonstrationen in Bengalen und anderswo, nahm niemand sehr ernst.
Mit einem Rückblick auf seine Studienzeit in Cambridge bemerkte

Nehru in den 50er Jahren: ,,In bezug auf politische Angelegenheiten war ich, wenn ich so sagen darf, ein indischer Nationalist, der Indiens Freiheit herbeiwünschte und den Extremisten zuneigte, die damals von Mr. Tilak vertreten wurden.“

In Cambridge begegnete Nehru zum ersten Mal in seinem Leben Kreisen, die sich mit sozialistischen Ideen auseinandersetzten. Damals war die ,,Fabian Society“ in Mode, eine 1884 gegründete Vereinigung britischer Intellektueller, die als Gegner des Liberalismus und des Radikalismus Stellung gegen den Klassenkampfgedanken des Marxismus bezogen. Ihr Ideal war ein im Rahmen der Verfassung evolutionärer Sozialismus. Sie nannten sich nach dem römischen Konsul, der unter dem Beinamen Cunctator in die Geschichte einging: Quintus Fabius Maximus Verrucosus. Die Taktik des Römers, erst nach reiflicher Überlegung, nach ,,Zaudern“, vorzugehen, wollten die Fabianer, zu denen S. Webb, G. B. Shaw und H. G. Wells gehörten, übernehmen.

Die Berührung mit der Gedankenwelt der ,,Fabian Society“ mag damals nicht sehr tief gegangen sein, das Zaudern, das heißt das Abwägen nach allen Seiten, als Mittel der politischen Strategie hat Nehru angenommen und praktiziert. Immer war er bereit, auch den Gegnern zuzuhören. ,,Jedes Ding hat zwei Seiten“, sagte er mir 1957, ,,merken Sie sich, die Welt ist weder schwarz noch weiß – sie ist fast immer grau.“

1910 bestand Nehru seine Prüfung als ,,Bachelor of Arts“. Einen Augenblick lang tauchte die absurde Idee auf, Nehru könne Beamter des ,,Indian Civil Service“ werden, der als das ,,Stahlgerüst britischer Herrschaft“ in Indien galt. Vater Motilal aber überredete den Sohn zu einem zweiten Studium: zur Rechtswissenschaft. So kehrte Jawaharlal noch 1910 nach London zurück, studierte Jurisprudenz, aß mit den Advokaten des ,,Inner Temple“, legte im Sommer 1912 sein zweites juristisches Examen ab und wurde als Rechtsanwalt in London zugelassen.

Etwas hatte die englische Erziehung über das Fachliche hinaus erreicht: Er war freier, unabhängiger geworden, wenngleich die einsame Kindheit – er war elf Jahre lang das einzige Kind der Familie gewesen – stark nachwirkte und sich in einem Hang zur Introvertiertheit äußerte. Er sprach selbst von einer Vereinsamung, von einem Gefühl des Alleinseins, was ihn nicht nur in großer Gesellschaft, sondern auch im privaten Leben befalle.

War es die Ambivalenz seiner Existenz, die ihn beunruhigte und vereinsamte, der Zwang zur endgültigen Standortfindung, von dem man durch keinen anderen Menschen befreit werden kann? Es gibt Wege, die jeder allein gehen muß.

Vater Motilal ermöglichte dem Sohn ein luxuriöses Leben in London. Der gutaussehende junge indische Aristokrat verkehrte in den besten Restaurants, in den vornehmsten Klubs. Während der Ferien bereiste er ganz Europa. Aber wo er auftrat, schien er sich gleichzeitig zu distanzieren.

Keiner ahnte, wer wirklich hinter dem ruhigen, kultivierten und introvertierten jungen Inder steckte. Zwar attestierte man ihm schon damals in Harrow und Cambridge Charakterstärke, was aber bedeutete sie im Vergleich mit der Dynamik und dem Charisma des Freiheitshelden, den die Engländer insgesamt zwölf Jahre hinter Gitter steckten, um Indien von seinem natürlichen Schicksal abzuhalten: der Selbstbestimmung und der Loslösung aus britischer Kolonialherrschaft, aus der Hand der Engländer, die sich sozusagen durch die Hintertür der „Ostindischen Kompanie“ den indischen Subkontinent angeeignet hatten.

Die Briten in Indien

Große historische Leistungen haben bisweilen höchst triviale Ursprünge, so schreiben Larry Collins und Dominique Lapierre in ihrem spannenden, aber umstrittenen Buch „Freiheit um Mitternacht“. Fünf armselige Schillinge haben England nach Meinung der französischen Autoren zum kolonialen Abenteuer in Indien geführt. Die holländischen Beherrscher des ostindischen Gewürzhandels hatten diese Summe als Aufschlag auf den Preis je eines Pfundes Pfeffer verfügt.

Dagegen protestierte am 24. September 1599 eine Gruppe von 24 britischen Kaufleuten mit der Gründung der „Ostindischen Kompanie“. Am 31. Dezember 1599 unterzeichnete Königin Elizabeth I. einen königlichen Freibrief. Die „Ostindische Kompanie“ erhielt dadurch für fünfzehn Jahre die ausschließlichen Rechte, mit den Ländern jenseits vom Kap der Guten Hoffnung Handel zu treiben. Am 24. August 1600 landete das erste Schiff der Gesellschaft im kleinen Hafen Surat nördlich von Bombay. Rasch dehnte sich die Kompanie aus. Weitere Gründungen folgten: in Madras und am Golf von Bengalen, an einem Platz im Gangesdelta, an dem nicht viel mehr als ein schattenspendender Banyanbaum stand.

Es ist kaum zu glauben: Die ersten Handelsniederlassungen hier wurden zum Grundstein der Millionenstadt Kalkutta. Die Erfolge der Kompanie, die – wie sie den Indern versichert hatte – nur am Handel, nicht aber an der Politik oder am Erwerb von Land interessiert war, faszinierte die

auf 125 Personen angewachsenen britischen Aktionäre dieses ostindischen Abenteuers, das ihnen bald 200 Prozent Verdienst im Jahr einbrachte. Mindestens zweimal monatlich entluden die Schiffe der Kompanie Berge von Gewürzen, Zucker, Gummi, Baumwolle und Seide in England, um dann mit britischen Produkten beladen zurückzukehren.
Der reichlich fließende Mammon und eine Intensivierung des Handels führten schließlich doch zur Einmischung in die Lokalpolitik. Um ihren expandierenden Handel zu schützen, wurden die Engländer gezwungen, sich in die Streitigkeiten zwischen den Kleinfürsten einzumischen, auf deren Territorien sie tätig waren.
„Damit begann ein irreversibler Prozeß, der schließlich dazu führte, daß England gewissermaßen versehentlich Indien eroberte. Am 23. Juni 1757 marschierte an der Spitze von neunhundert Engländern des 39. Infanterieregiments und zweitausend Sepoys (eingeborenes Fußvolk) ein wagemutiger General namens Robert Clive durch strömenden Regen gegen die Armee eines widerspenstigen Nawab und schlug sie in den Reisfeldern bei einem bengalischen Dorf namens Plassey in die Flucht. Clives Sieg, der ihn nur dreiundzwanzig Tote und vierzig Verwundete gekostet hatte, öffnete den Londoner Kaufherren den Zugang zum nördlichen Indien. Damit begann die eigentliche Eroberung Indiens durch die Briten. Die Kaufleute der ‚Ostindischen Kompanie' wurden von den Baumeistern des Empires abgelöst; nicht mehr der Handel, sondern das Land wurde nun zum Hauptziel der Engländer in Indien." So weit Collins und Lappierre.
England hatte seine politische Unschuld verloren. Eroberung folgte auf Eroberung, obwohl offiziell aus London verlautete, man solle von „Plänen zur Eroberung und territorialen Ausdehnung" Abstand nehmen. Das Gegenteil geschah. Nacheinander wurden die Staaten Mysore, Travancore, Baroda, Hyderabad und Gwalior dem britischen „Schutz" unterstellt, die Marathenfürsten unterworfen, Gebiete des Dekkan, Bengalens und der Gangesebene von Richard Wellesley annektiert.
Keine Ecke Indiens blieb vom Kampf um die imperiale Macht verschont; die Rajputen-Staaten, Sindh mit dem Hafen Karachi, der Punjab mit den Sikhs – überall wurden die Engländer zu Erben der Mogulkaiser, die Indien beherrschten, als die Eroberer anrückten.
Es gibt keinen Zweifel, daß die Briten viele positive Spuren auf dem Subkontinent hinterlassen haben: in der unabhängigen Justiz, in der ausgezeichneten Armee, im Erziehungs- und Beamtenwesen. Nicht zu unterschätzen ist die Einführung der englischen Sprache auf dem vielsprachigen Subkontinent. Als verbindliche Amtssprache wurde sie zum

Medium der Verständigung der Inder untereinander und selbstverständlich mit der fremden Welt.
Mit diesem Mittel der Verständigung begann auch die Solidarisierung gegen die Eroberer und Kolonialherren. Was die Briten den Indern als Ideale angepriesen hatten: Demokratie, Freiheit und Gerechtigkeit, das wollten sie jetzt für sich selbst in einem unabhängigen Staat realisieren. Der blutige Aufstand von 1857 – in den Geschichtsbüchern als sogenannte ,,Mutiny" registriert –, den die Freiheitskämpfer den Briten lieferten, zeigte, was unter der Decke imperialer Macht schwelte. Die Engländer schlugen brutal zurück. Radikal änderten sie ihre Politik. Die ,,Ostindische Kompanie" beendete ihr 258 Jahre währendes Wirken – England ernannte Indien zur Kronkolonie, für die künftig Königin Victoria zuständig sein sollte. 1877 nahm Victoria den Titel ,,Kaiserin von Indien" an, sie ließ sich in der Kronkolonie durch einen von ihrer Regierung ernannten ,,Vizekönig" vertreten.
Das sogenannte *Raj,* die britische Herrschaft in Indien, hatte von ihren Vorgängern, den Mogulkaisern, Glanz und Elend geerbt. Im Grunde aber war es nur der Glanz, der zur Notiz genommen wurde: Tigerjagden und Poloturniere, Empfänge bei Maharajas, majestätische Elefanten, die mit ihren Goldschabracken paradierten, Bälle in prächtigen Palästen und Promenaden um die plätschernden Springbrunnen in Mogulpalästen. Waren die englischen Damen der High-Society, die ,,Memsahibs" (aus: ,,Madam – großer Herr"), nicht zu hochmütig über das geistige Indien mit seinen Religionen und Mystiken, mit seiner tiefgründigen Kunst, mit seinen *Gurus* und *Sadhus,* seinen Weisen und Heiligen, aber auch mit seiner Rückständigkeit und Not zu ihrer Tagesordnung hinweggeschritten? Trugen sie nicht ein gerütteltes Maß Schuld an der Empörung der intellektuellen Elite Indiens, deren bedeutendster Repräsentant schließlich Jawaharlal Nehru wurde? Der Widerstand, der 1885 zur Gründung der großen Freiheitsbewegung des ,,Indian National Congress" führte, kam nicht von ungefähr.

Nehru begegnet Mahatma Gandhi

Nehru war 1912 nach Indien zurückgekehrt, um in Allahabad den Beruf eines Rechtsanwalts zu ergreifen, der ihn bald langweilen sollte und den er nach wenigen Jahren endgültig an den Nagel hängte. ,,Meine juristische Vergangenheit ist kaum der Rede wert", verriet er mir 1957, ,,ich habe nie den leisesten Drang verspürt, zu ihr zurückzukehren."

Der Wanderer zwischen zwei Welten, zwischen Brahmanentum und englischer Lebensart, ist immer ein Nationalist gewesen, selbst in der alles zudecken wollenden Atmosphäre von Harrow. Ihn hatte britische Arroganz stets bis zur Weißglut gereizt, und er träumte seit seiner Jugend davon, „Indien mit dem Schwert in der Hand zu befreien". Es war selbstverständlich, daß Nehru zur großen indischen Freiheitsbewegung stieß.

1913 trat er der Kongreß-Organisation der Vereinigten Provinzen bei. Eine politische Aufgabe fand er jedoch damals noch nicht. Der 28 Jahre alte „Indian National Congress" hatte noch kein politisches Gewicht. Zu einer wirklichen Freiheitsbewegung wurde er erst, nachdem Mahatma Gandhi, den man später als den „Vater der Nation" bezeichnen sollte, 1915 aus Südafrika zurückgekehrt war und die Führung übernahm. Der „nackte Fakir", wie Winston Churchill den „Mahatma" – die „große Seele" – nannte, motivierte und programmierte die Bewegung erst richtig, weckte in ihr die politische Leidenschaft, die nötig war, um dem Freiheitskampf zum Sieg zu verhelfen.

1916, das Jahr, in dem Nehru die siebzehnjährige Kashmir-Brahmanin Kamala Kaul heiratete, brachte für ihn auch die entscheidende politische Begegnung. Während einer Sitzung des „Congress" in Lucknow traf er zum ersten Mal Mohandas Karamchand Gandhi und wurde von dessen Persönlichkeit, wie er später schrieb, „einfach überrollt". Es war für den Mahatma nicht schwer, Nehru zu gewinnen: Der in England erzogene Brahmanensohn hatte sich innerlich niemals von Indien gelöst. In Gandhi sah er das „Licht, das die Dunkelheit durchstößt und die Schuppen von unseren Augen wischt".

Gandhi erkannte frühzeitig in Nehru den Architekten des neuen Indien, der Fürstentümer, Provinzen, Länder, Rassen und Religionen zu einer Nation zusammenschweißen würde. In einem Brief an die Kongreß-Partei bestimmte er ihn zu seinem politischen Erben: „Er ist tapfer und kühn wie ein Krieger", so schrieb Gandhi, „niemand kann seinen Mut überbieten, niemand zeichnet sich mehr als er durch die Liebe zu seinem Lande aus. Er besitzt die Klugheit und Vorsicht eines großen Staatsmanns. In der Fähigkeit, seiner Zeit vorauszudenken, ist er ein Extremist, aber gleichzeitig ist er bescheiden, demütig und praktisch genug, das Tempo nicht zu überspitzen – er wird den Gefahrenpunkt nicht überschreiten. Er ist rein wie ein Kristall, aufrichtig und über allen Verdacht erhaben . . . Die Nation ist in seinen Händen sicher."

Damals war die Nation nichts als eine schöne Vision. Weder der Mahatma noch Nehru konnten ahnen, wieviel Blut, wieviel Tränen ver-

gossen werden mußten, welche Tragödien sich auf dem Subkontinent abspielen würden, ehe *Bharat,* die Indische Union, entstand.
Die Gründergeneration des unabhängigen Indien, deren bedeutendste Vertreter Mahatma Gandhi und Jawaharlal Nehru waren, wurde durch die Historiker glorifiziert. Ihr Leben füllt lange Kapitel indischer Geschichte. Fast alle, die für die Freiheit des indischen Subkontinents kämpften, wurden zwischen 1856 und 1872 geboren: Bal Gangadhar Tilak (1856–1920), ein orthodoxer Brahmane und aggressiver Nationalist, der schon 1907 einen erfolglosen Versuch machte, die Führung der Kongreß-Bewegung zu übernehmen. Lange vor Gandhi und Nehru war Tilak mit dynamischem Einsatz politisch tätig. Zur Gründergeneration gehörten Motilal Nehru (1861–1931), Lal Lajpat Rai (1865–1928), der im Punjab wirkte, Gopal Krishna Gokhale (1866–1915), Berater einiger Vizekönige, der Dichter Rabindranath Tagore (1861–1941), Vivekananda (1863–1902) und einer der großen indischen Denker unserer Zeit: Aurobindo Ghosh (1872–1950), Chitta Ranyam Das (1872–1925), der ein aussichtsreicher Kandidat für das Amt des Ministerpräsidenten im freien Indien gewesen wäre, Sardar Patel (1875–1950), dem die Überführung der einzelnen Staaten und Fürstentümer in den unabhängigen indischen Staat gelang, und Jawaharlal Nehru (1889–1964), der Schöpfer des modernen Indien.

Motilal Nehru

Für die Entwicklung Jawaharlal Nehrus wie für das Schicksal des Freiheitskampfes spielte der Vater Motilal Nehru eine entscheidende Rolle. Nach dem blutigen Aufstand gegen die Briten von 1857 floh die Familie Nehru 1858 von Delhi nach Agra. Großvater Pandit Ganga Dhar Nehru war oberster Polizeioffizier der Stadt Delhi gewesen. Es schien ratsam, aus dem Blickfeld der Engländer zu verschwinden.
Am 6. Mai 1861, am gleichen Tag wie der Dichter Rabindranath Tagore – Nobelpreisträger von 1913 –, wurde Motilal geboren. Als er zu studieren begann, war die Familie bereits nach Allahabad gezogen, wo Motilal nach bestandener Prüfung vor dem Obersten Gerichtshof seine erfolgreiche Anwaltskarriere begann. Politik gehörte zunächst nicht zu seinen Interessen. Er war 24 Jahre, als der „Indian National Congress“ 1885 seine erste Versammlung in Bombay abhielt. Diese Partei, in der Motilal und sein Sohn Jawaharlal später eine so entscheidende Rolle spielen sollten, war merkwürdigerweise von dem Schotten Alan Octavian Hume

gegründet worden, der als Beamter des ,,Indian Civil Service" in Indien gedient hatte.
Motilal war zum zweiten Mal verheiratet. Jawaharlal wurde als Sohn von Swarupani, der zweiten Frau, geboren, deren Grazie und Anmut Nehru später mit enthusiastischen Worten beschrieb.
1899 kaufte Motilal ,,Anand Bhavan", den ,,Wohnsitz des Glücks", eine elegante Villa mit Garten und Schwimmbad. Das Haus wurde zum Zuhause für eine riesige Sippe: Motilal nahm Vettern, Kusinen, Onkel und Tanten auf, sie alle wohnten unter einem Dach. Den ganzen Tag lang ertönte fröhliches Kindergeschrei, aber Jawaharlal blieb trotzdem einsam, denn die Vettern und Kusinen und deren Freunde waren alle älter als er. Was ihm ,,Anand Bhavan" aber gewährte, und das hing weitgehend mit dem Vater zusammen, war das Gefühl absoluter Geborgenheit. Motilal verband Großzügigkeit mit Selbstsicherheit. Er hatte einen starken Willen und verstand sich durchzusetzen: Seine vielseitigen Interessen, seine liberalen und fortschrittlichen Ansichten, sein wacher Intellekt und sein Witz machten ihn zu einem angenehmen Gesellschafter. Am Gericht von Allahabad spielte er eine führende Rolle. Die Kongreß-Partei verdankte ihm den Zug zur modernen Entwicklung.
Michael Brecher zitiert in seiner Nehru-Biographie, was ihm Sir Frederick James, ein ehemaliger britischer Beamter in Indien, aus seinen Aufzeichnungen über Motilal Nehru vorlas:
,,Er war Nationalist und Weltmann zugleich, mit jeder Gesellschaft und jeder Rasse vertraut. Er war ein hervorragender Rechtskenner und Anwalt und besaß obendrein Charme, Kultur und Toleranz. In vieler Hinsicht war er ein Sinnbild des zivilisierten Menschen. Er war ein Grandseigneur, wie sie in früheren großen Geschichtsepochen aufgetreten sein mögen . . . Ich erinnere mich besonders an seine erlesene Höflichkeit und die rücksichtsvolle Behandlung, die er der Jugend angedeihen ließ. Kein Wunder, daß seine Familie ihn vergötterte. Er war der ideale Gastgeber, großzügig und vornehm . . . Sein stets offenes Haus zog alle an, die die Freuden des Lebens schätzten und in Motilal einen großen Anwalt und nationalen Führer verehrten. Schon äußerlich sah man seinen würdevollen, klar geschnittenen Zügen und seiner hellen Haut den Kashmir-Brahmanen alter, edler Herkunft an. Seine Kleidung, einerlei, ob indisch oder europäisch, war stets makellos . . . Was ich am meisten bewunderte, war seine Duldsamkeit gegenüber politischen Widersachern. Keine Nörgelei, Gereiztheit oder Bitternis schlichen sich in seine sachlichen Feststellungen ein, mochte er nun eine rechtliche oder politische Ansicht vertreten . . . Motilal war großherzig in allem, was er tat. Halbheiten gab es bei ihm nicht."

Motilals jüngste Tochter Krishna Hutheesingh schrieb bewundernd über die Kraft ihres Vaters, ,,die allen, die ihn kannten, Respekt abnötigte . . . Sein einziger Fehler war sein Jähzorn . . . ein Fehler, den er von einer langen Ahnenreihe ererbt hat und von dem keiner von uns ganz frei ist . . . Solange er lebte, konnten auch wir glücklich und sorglos leben, wohl wissend, daß er immer für uns da und zu unserem Schutz bereit war."
Auch Jawaharlal sah im Vater ,,die Verkörperung von Kraft, Mut und Klugheit", aber er fürchtete ihn gleichzeitig, vor allen Dingen wegen seines Jähzorns. Noch Jahrzehnte später erinnert er sich in seiner Autobiographie: ,,Seine Heftigkeit war in der Tat etwas Entsetzliches, und ich glaube nicht, daß ich in späteren Jahren je etwas Ähnliches erlebte."
Vergeblich wehrte sich der scheue, feinfühlige Jawaharlal gegen die gebieterische Gestalt, die sein Leben wie ein Baum überschattete und mit diktatorischer Allüre alle Entscheidungen für ihn fällte. Das blieb nicht ohne Wirkung. Ein Hang zur Unentschlossenheit, zum Sich-Zurückziehen war die Folge der starken, gradlinigen Gängelei in der Jugend. Die diktatorische Art, mit der Motilal über das Leben des jungen Jawaharlal bestimmte, die Abwehr und Anbetung gleichzeitig erzeugte, führte zu einer gewissen Gespaltenheit, die sich später durch die Erziehung in England verstärkte. ,,Ich bin ein Fremder und ein Ausländer im Westen", sagte Nehru einmal, ,,ich kann nicht dazugehören, aber auch in meinem eigenen Land fühle ich mich manchmal wie ein Verbannter. Ich war immer ein merkwürdiges Mischprodukt aus Östlichem und Westlichem, paßte nirgends hin, war nirgends zu Hause."

Suche nach Identität – asiatischer Nationalismus

Er blieb sich seiner Stellung zwischen den Welten stets bewußt. Viele Episoden aus seinem Leben beweisen das. Einem indischen Universitätsprofessor in Allahabad, der ihm vorschlug, verschiedenen Gruppen indischer Studenten, ,,die sich bemühten, in einer Richtung zu denken, zu helfen", verdutzte er mit seiner Antwort: ,,Ach ja, wie ist es aber mit den Gruppen in mir selbst?"
Nehru gab sich nicht mit diesem Zustand zufrieden. Sein Leben wurde zu einer Suche nach Identität. Es ist nicht ohne Bedeutung, daß eine verstärkte Selbstidentifizierung im ,,Ahmednagar Fort" einsetzte, wo die Engländer ihn gefangenhielten. Der Titel seines Buches, das er dort zwischen April und September 1944 schrieb: ,,Die Entdeckung Indiens", verrät, was in ihm vorging.

Es wäre unrecht, nicht auch zu erwähnen, wie stark das geistige Erbe war, das Vater Motilal in dem Sohn anlegte. Der alte Nehru weckte das Interesse Jawaharlals für die drei wichtigen kulturellen Strömungen, die Indien prägten: für den Hinduismus, den Islam und den britischen Kulturkreis. Englisch sprach Nehru dank der väterlichen Vorstellungen von einer modernen Erziehung wie seine Muttersprache. Von den vielen indischen Sprachen beherrschte er vor allen Dingen das *Urdu*, eine Mischung von Persisch und *Hindi* – es ist heute die Staatssprache von Pakistan.

Die Mutter tat das Ihre, um den Sinn für Tradition und den Stolz auf die Geschichte Indiens zu wecken. Sie erzählte ihrem Sohn die alten Mythen und Sagen. „Ramayana" und „Mahabharata" – die beiden Volksepen – waren von Jugend an Nehrus Begleiter.

Zu den Vertrauten seiner Kindheit gehörte auch Munshi Mubarak Ali, der Majordomus des Hauses. Gespannt lauschte Jawaharlal den Geschichten aus Tausendundeinernacht. Mubarak Ali berichtete aber auch, was Nehru entsetzte: Er erzählte vom Jahre 1857, vom blutigen indischen Aufstand gegen die Engländer. Britische Soldaten hatten Alis Vater vor den Augen der Mutter aufgehängt. Die Erzählungen des Majordomus blieben nicht ohne Wirkung auf den Jungen, auf seine Vorstellungen von Fremdherrschaft und der Notwendigkeit, sich um der Würde willen von ihr zu befreien.

Nehrus Beziehungen zur Religion waren distanziert und kühl. Unbewußt hatte ihn der nicht sehr religiöse Vater geprägt, der scherzend meinte, Religion sei eine Angelegenheit der Frauen. Trotz dieser kritischen Bemerkungen respektierte Motilal, wie es in der höchsten Kaste der Brahmanen üblich war, die Sitten und Gewohnheiten der überzeugten Hindus.

Ohne feste religiöse Bindung war Jawaharlal Nehru leicht zu beeinflussen. So gelang es seinem Lehrer Brooks, einem überzeugten Theosophen, sein Interesse für die Theosophische Gesellschaft zu wecken.

Die von Madame Blavatsky 1875 in New York gegründete Gesellschaft hatte 1882 ihren Sitz in das südindische Madras verlegt. Dort wirkte Dr. Annie Besant, eine Freundin von George Bernard Shaw. Die Bewegung verstand es, Intellektuelle anzuziehen, selbst Motilal ist vorübergehend Mitglied der Gesellschaft gewesen. Von den Reden der Annie Besant fasziniert, bat Jawaharlal seinen Vater um die Erlaubnis, Mitglied der Theosophischen Gesellschaft zu werden. Da Motilal bereits wieder ausgetreten war, lachte er über den Wunsch des Sohnes, versagte ihm aber nicht seine Erlaubnis.

Nehru erging es wie dem Vater – sein Interesse an Theosophie war vorübergehend. Er erkannte rechtzeitig, daß die Anhänger der theosophischen Lehre in einer unwirklichen Welt lebten, fern von dem, was den jungen Freiheitskämpfer eines Tages beflügeln würde. Unverändert aber blieb seine Bewunderung für Annie Besant, die Irin, die 1907 Präsidentin der Theosophischen Gesellschaft wurde und ihre Kraft für den Kampf um Indiens Freiheit einsetzte.

Was Jawaharlal zu einem bewußten asiatischen Nationalisten machte, war ein Ereignis, das sich außerhalb seiner Heimat abspielte: der Russisch-Japanische Krieg von 1904, der 1905 mit Admiral Togos Sieg über die russische Flotte bei Tschuschima für die Japaner entschieden wurde. Damals begann Nehru, mit Eifer Zeitung zu lesen. Wie sehr er sich mit dem japanischen Schicksal identifizierte, erfährt man aus einem Brief, den er am 12. November 1932 an seine Tochter Indira schrieb: ,,Ein Ereignis zu Beginn des zwanzigsten Jahrhunderts, das sich stark auf die Seele Asiens auswirkte, war die Niederlage des zaristischen Rußland im Krieg gegen Japan . . . Ich erinnere mich genau, wie aufgeregt ich zu sein pflegte, wann immer wir von neuen japanischen Siegen hörten. Ich war damals ungefähr so alt, wie Du jetzt bist.“ In einem späteren Brief vom 7. Dezember 1932 beschrieb er den japanischen Triumph als ,,ein großes Stärkungsmittel für Asien“.

Was in Japan geschehen war, schärfte Nehrus Sinn für die Ereignisse in seiner Heimat Indien, die er von England aus beobachtete. In den englischen Zeitungen stand damals nicht sehr viel über die Kronkolonie am Ganges, aber eines entdeckte Nehru aus den wenigen und dürftigen Berichten: In seinem Vaterland bereitete sich eine neue politische Revolte vor, die erste seit der ,,Mutiny“, dem blutigen Aufstand von 1857. Nehru las nicht nur von Ausschreitungen, er erfuhr durch die Presse von einer neuen gewaltlosen Waffe, vom Boykott englischer Waren. Die indischen Nationalisten riefen die Bevölkerung zum Kauf von *Swadeshi* (im eigenen Land hergestellten Produkten) auf.

Der indische Nationalismus wurde 1905 durch die Teilung Bengalens erneut geschürt, der östliche Teil bekam seine eigene Hauptstadt Dacca, ein Beschluß, den die Briten sechs Jahre später revidieren mußten. Unter dem Druck indischer Nationalisten kam Ostbengalen 1911 wieder unter die Herrschaft von Westbengalen und seiner Hauptstadt Kalkutta. Es ist eine Ironie des Schicksals, daß mit der Erreichung der Unabhängigkeit von 1947 Indien in die Teilung des Subkontinents einwilligen mußte, die eine Zerstückelung Bengalens nach dem Muster von 1905 implizierte.

Die damals noch eher farblose Kongreß-Partei hatte in Bal Tilak einen kompromißlosen Freiheitskämpfer und harten Gegenspieler gefunden. Er war ein aggressiver Politiker, kein Träumer und Anhänger friedlicher Boykotte. Er rief zum Handeln auf, wenn nötig mit Gewalt.
Tilak stammte aus dem westlichen Indien, aus Maharashtra, das mit Bengalen und Punjab zur Wiege der Freiheitsbewegung wurde. Er war ein hervorragender Redner und Formulierer; seine erste Gefängnisstrafe erhielt er 1897. Er hatte in seiner *Marathi*-Zeitung ,,Kesari" (,,Löwe") einen scharfen Artikel gegen die Kolonialherrschaft geschrieben. Geschickt versuchte er, im gläubigen Indien auch die Religion zu politisieren. Die bengalischen Freiheitskämpfer wandten ähnliche Methoden an. Sie stimulierten durch die alten *Tantra*-Riten und den Ekstasekult der Göttin Kali Emotionen und Aggressionen, die sie politisch nutzten. Neben Bengalen und Maharashtra wurde Punjab ein Zentrum politischer Spannungen.
Erregt verfolgte der junge Jawaharlal Nehru von England aus die Geschehnisse, die Gestalten wie Tilak ausgelöst hatten. Er versuchte, das wachsende asiatische Nationalbewußtsein zu analysieren, in größeren Zusammenhängen zu sehen. Seine Identifizierung aber war damals eher romantisch-träumerisch. Er suchte Trost in der Poesie, zu seinen Lieblingsdichtern gehörte Algernon Charles Swinburne. Noch im hohen Alter erinnerte sich Nehru an den englischen Poeten und zitierte aus seinem Gedicht ,,Rondel" die Zeilen, die ihn damals bewegten:

> ,,In all den Jahren unsres Seins
> was haben die Götter uns angetan? Was mir?
> Was meiner Liebe? Schicksal und Angst
> schenkten sie mir,
> herbe Quellen, Brunnen, die bittrer sind als das Meer.
> Kummer ein Fixstern, Freude ein Wetterhahn – in all den Jahren."

Seit Tilak 1907 nach dramatischer Debatte über die Kampfmethoden gegen die britische Kolonialherrschaft während der Tagung in Surat unter Protest die Kongreß-Partei verlassen hatte, herrschten die Gemäßigten, jene, die bereit waren, mit den Briten zusammenzuarbeiten, zum Beispiel bei den 1909 publizierten Morley-Minto-Reformen, die eine zentrale gesetzgebende Körperschaft für die Inder vorsahen, deren Delegierte zum größten Teil von den Behörden ernannt werden sollten. Beabsichtigt war, daß ein Inder zum Mitglied des Staatsrates des englischen Vizekönigs gewählt würde. Die Mehrheit, die sie in den Gesetzge-

benden Versammlungen der Provinzen, in den Provinzräten, einnahmen, nützte den Indern nicht viel. Sie waren machtlos gegenüber den Exekutivräten der britischen Gouverneure, die sich jederzeit über die Beschlüsse der Gesetzgebenden Versammlung hinwegsetzen konnten.
Das Aufreizende der Reformen bestand in der Einführung des Prinzips der Wahl getrennter Vertreter für Hindus und Muslims. Diese Methode des „divide et impera" – des Teilens und Herrschens –, mit der die Briten ihre Macht zu stärken versuchten, hat die gefährlichen Spannungen zwischen den beiden wichtigen gesellschaftlichen Gruppen (communities) in Indien verschärft und im Grunde damit schon angelegt, was 1947 zur Tragödie des Subkontinents führen sollte: zu seiner Teilung in *Bharat*, die Indische Union, die ganz auf säkularen Prinzipien beruht, und die Islamische Republik Pakistan, deren Name ihre religiöse Ausrichtung verrät.

Die indischen Muslims

Man kann das Indien von heute ebensowenig verstehen wie das der Vergangenheit, wenn man nicht etwas von der Geschichte der Muslims in Indien weiß.
Hundert Millionen Inder islamischen Glaubens stellen eine gewichtige Minderheit dar. Ihre Kultur und die hinduistische haben das Doppelgesicht Indiens geprägt. Eine Regelung indischer Probleme ist ohne die Muslims im Lande nicht möglich.
Die Anhänger des Propheten Mohammed sind einst als Eroberer nach Indien gekommen – lange blieben sie Fremde. Mit Waffengewalt versuchten sie aus Indien ein Reich ihres Glaubens zu machen, ein *Dar-ul Islam,* vergleichbar jenen arischen Eindringlingen, die 2000 Jahre vor den Muslims, um 1500 v. Chr., in das Gangestal eindrangen, um hier ein Land ihres vedischen Glaubens zu schaffen.
Lange blieben die Muslims Fremde auf indischem Boden – ein Gefühl des Andersseins ist ihnen über die Jahrhunderte als melancholisches Erbe geblieben – es ist selbst bei vollständig in die indische Gesellschaft Integrierten spürbar.
Noch regierten die Mogulkaiser, als die ersten Briten indischen Boden betraten, und unter muslimischer Herrschaft standen die Gebiete, die später von der britischen Krone annektiert wurden: Awadh (Oudh), Bengalen, Sindh, Mysore, Karnataka, Punjab und der Raum um Delhi. Die muslimische Oberschicht wurde entmachtet. Kein Wunder, daß die

Anhänger Mohammeds zu einer tragenden Kraft der ,,Großen Erhebung" von 1857 wurden.
Mit der Niederschlagung dieses Aufstandes erlahmte die Widerstandskraft, mit der sich die Muslims gegen die britische Herrschaft aufgelehnt hatten. Die alte Führungsschicht trat ab. Die Muslims fühlten sich ihren Untertanen aus der Mogulzeit, den Hindus, gleichgestellt und dadurch gedemütigt. Sie verfielen in Gleichgültigkeit und Apathie. Keiner hat ihre damalige Lage und Geistesverfassung besser geschildert als der Muslimführer Syed Sayani. Auf der Tagung der Kongreß-Partei, die 1896 in Kalkutta stattfand, erklärte er:
,,Vor Ankunft der Briten waren wir die Herren des Landes und genossen alle Vorrechte dieser Stellung. Der Souverän wie alle führenden Männer waren unsere Glaubensgenossen. Die Amtssprache war die unsrige. Alle wichtigen Posten gehörten uns nach dem Recht der Geburt. Die Hindus mußten mit scheuer Ehrfurcht auf uns blicken. Durch Mißgeschick haben wir abdanken müssen und sind auf das Niveau unserer früheren Untertanen gesunken. Als ehrliebende Rasse erfüllt uns das mit Erbitterung. So haben wir bisher jeden Kontakt mit den Hindus wie mit den Briten gemieden und sind dabei in Armut, Apathie und Unwissenheit abgeglitten . . ."
Ein Teil der muslimischen Apathie läßt sich auch aus einem jahrhundertealten starren Festhalten an unzeitgemäßen Traditionen erklären. Gegen diesen Traditionalismus trat der 1817 geborene Syed Ahmad Khan auf. Er stammte aus einer Familie, die erst im 17. Jahrhundert nach Indien gekommen und dann in den Dienst der Moguln getreten war. Obwohl streng orthodox erzogen, erkannte er während eines Aufenthaltes in England, was seinen Glaubensbrüdern fehlte: eine moderne Erziehung und, um überleben zu können, Zusammenarbeit mit den herrschenden Briten. Er hatte gegen die ,,Mutiny" plädiert. Wichtiger als alles andere erschien ihm, vom Westen zu lernen, und das ging nur, wenn man in Übereinstimmung mit den Engländern handelte. Khans Fernziel aber blieb, die untereinander zerstrittenen Muslims zu einer geschlossenen Gruppe innerhalb eines britischen Indien aufzubauen, um sie dann womöglich zu einer eigenen Nation zu führen.
Die Bildungsanstalt, die Khan 1877 in Aligarh gründete, das ,,Muhammadan Anglo-Oriental College", diente diesen polito-religiösen Vorstellungen. Das Institut, das nach westlichem Modell aufgebaut wurde, lebt bis heute weiter. Die berühmte muslimische ,,Aligarh-University" ist sein Erbe. Aus Aligarh kam die muslimische Erneuerung, unter deren Zeichen 1906 im ostbengalischen Dacca die ,,All-India Muslim-League"

gegründet wurde. Eine neue Führungsschicht trat auf. Sie gab sich zunächst probritisch.
Der Flirt zwischen Briten und Muslims wurde durch die Annulierung der Teilung Bengalens, dessen stark muslimischer Osten 1906 als selbständiges Verwaltungsgebiet wie eine Morgengabe an die politisch willigen Muslims gegeben worden war, beendet.
Die zweite Belastung der politischen Ehe entstand durch die Anweisung der britischen Behörden, künftig neben dem *Urdu*, der traditionellen Sprache der Muslims, auch das *Hindi* bei Gericht zuzulassen. Vergeblich versuchten die Muslims auf ihrem sprachlichen Vorrecht aus der Mogulzeit zu bestehen.
Viel tiefer aber gingen jene Spannungen, die aus dem Solidaritätsgefühl der indischen Muslims mit der übrigen Welt des Islams entstanden waren. Durch den Einfluß des bedeutenden Denkers und Politikers Aldin Al-Afghani hatten sich die Ideen vom „Pan-Islamismus" bereits um 1880 in die Gedankenwelt der indischen Muslims eingeschlichen. Die indischen Muslims waren fasziniert von der Idee, im Kalifen im fernen Istanbul einen Schutzpatron zu haben, eine Stütze, wie einst die Mogulherrscher für sie gewesen waren. Die Krise begann 1915, als der Kalif den „Heiligen Krieg" gegen die Briten erklärte, die wiederum die Inder zwangen, in diesem Ersten Weltkrieg auf ihrer Seite zu kämpfen. Als nach dem Krieg die Türkei und die Machtstellung des Kalifen in Gefahr gerieten, bildeten führende indische Muslims mit der Parole „Rettet den Kalifen" eine Organisation, die sich Khilafat-Bewegung nannte, eine mächtige politisch-religiöse Bewegung, die auch dann weiterbestehen sollte, als die Türkei selbst am 1. November 1922 den Kalifen absetzte, um dann am 3. März 1924 das ganze heilige Amt abzuschaffen. Die Khilafat-Bewegung hätte sich vielleicht daraufhin selbst aufgelöst, wenn nicht Mahatma Gandhi sich ihrer bedient hätte, um mit ihr gemeinsam die indische nationale Bewegung zu fördern.

Gandhi, Kongreß-Partei und Muslim-Liga

Über 22 Jahre lang lebte Gandhi in Südafrika, um dort als Rechtsanwalt den verfolgten Indern zur Seite zu stehen. Unablässig hatte er die südafrikanische Republik mit etwas bekämpft, was später seine Politik weitgehend bestimmen sollte: *Satyagraha* – seine Methode der „gewaltlosen Gehorsamsverweigerung" (wörtlich: „Festhalten an der Wahrheit").
Die politische Befreiungsbewegung befand sich bei Gandhis Heimkehr

auf einem Tiefstand. Was allerdings bestand, aber ohne Leben schien, war eine Parteiorganisation, deren Zellen und Stützpunkte bis in die Dörfer reichten. Nachrichten und Weisungen aus der Parteizentrale waren so sehr schnell an den Mann zu bringen. Die Zentrale setzte sich aus dem „All India Congress Committee" von 350 gewählten Volksvertretern, einer Art gesamtindischem Parlament, und aus dem „Working Committee" von etwa 50 Politikern, die als gesamtindische Schattenregierung neben der britischen Regierung wirkte. Der Zwiespalt zwischen den Gemäßigten und den Extremisten erschwerte ein geschlossenes Vorgehen. Gandhi verhielt sich abwartend.
Im Frühling 1915 hielten die Muslim-Liga und die Kongreß-Partei gleichzeitig ihre Jahresversammlung in Bombay ab. Der spätere Erziehungsminister und Freund Nehrus, Maulana Azad, und die muslimischen Führungspersönlichkeiten Mohammed und Shaukat Ali traten für eine aus Muslims und Hindus gebildete „Nationale Einheitsfront" ein. Die Briten steckten alle drei, Azad und die Alis, ins Internierungslager.
Der Einheitsappell der Muslims wurde zum Vorläufer des Abkommens, das die Kongreß-Partei und die Muslim-Liga 1916 miteinander abschlossen. Es wurde als Vertrag von Lucknow bekannt. Die Liga erhielt von der Kongreß-Partei das Recht auf separate muslimische Wahllisten.
Zehn Monate nach den Jahresversammlungen in Bombay führte Mohammed Ali Jinnah, der spätere Gründer von Pakistan, damals noch ein glühender indischer Nationalist, den Vorsitz bei einer Sitzung der Kongreß-Partei in Ahmedabad. Tilak, der wieder in die Partei eingetreten war, nahm an der Tagung teil, die das Ende der Spannungen zwischen den Gemäßigten und den Extremisten signalisierte. Alle waren sich einig, daß die provinziellen und zentralen Körperschaften künftig gewählt werden mußten; was man gemeinsam verlangte, war der Status eines gleichberechtigten Partners innerhalb des Empire.
1916, auf dem Kongreß der Partei in Lucknow, wurde Tilak eindeutig zur führenden Figur. Gandhi stand noch im Hintergrund. Im April 1916 hatte er die erste indische „Liga für Selbstverwaltung" gegründet. Annie Besant, die Präsidentin der Theosophischen Gesellschaft, machte ihm mit ihrer „Gesamtindischen Liga für Selbstverwaltung", die sie im September des gleichen Jahres in Madras ins Leben rief, Konkurrenz. Jawaharlal Nehru wurde Mitglied in beiden Organisationen, die zwar die Intellektuellen ansprachen, aber nicht jene zündende Kraft besaßen, die nötig war, um die Massen zu politischen Aktionen hinzureißen.

Satyagraha

Zu Beginn des Jahres 1917 setzte sich Gandhi zum ersten Mal mit einer leidenschaftlichen Kampagne für die unterdrückten Arbeiter auf den Indigo-Pflanzungen in Champaran in Nord-Bihar ein. Er stand der geschlossenen Opposition der von den Briten unterstützten Plantagenbesitzer gegenüber. Gegen einen Polizeibefehl, Champaran sofort zu verlassen, wehrte sich Gandhi mit den Worten, er werde nicht gehen, ehe nicht alle Mißstände von ihm aufgedeckt worden seien und die Behörden Abhilfe schaffen würden. Die Regierung zerrte Gandhi vor ein Gericht, das er durch seine Ruhe, Festigkeit und Würde überzeugte. Die Anklage gegen ihn mußte zurückgezogen werden. Gandhi führte nun zum ersten Mal weithin sichtbar *Satyagraha* ein und erlebte einen zweiten Triumph in Gujerat im westlichen Indien. Vier Monate lang kämpften die unterdrückten Bauern dort einen gewaltlosen Kampf um ihre Rechte, um ein menschenwürdiges Leben – es wurde Juli 1918, bis ihre Forderungen weitgehend erfüllt wurden.

Inzwischen hatten die Ereignisse im Lande wieder zu Spannungen zwischen Vater und Sohn Nehru geführt. Verzweifelt kämpfte der inzwischen von Gandhi beeinflußte, leidenschaftliche Jawaharlal gegen die Kühle und Logik des Vaters, der seinen Sohn vor unüberlegten Handlungen, etwa terroristischen Aktionen, bewahren wollte. Motilal wußte, daß die Engländer nicht mit sich spaßen ließen. Er fürchtete, daß Jawaharlal sich auf etwas einlassen könnte, was unweigerlich ins Gefängnis führen müßte. Nicht, als wäre Motilal kein Nationalist gewesen, aber er war es mit kühlem Verstand. Erst Annie Besants Internierung erregte auch den leidenschaftlichen Widerspruch von Motilal. Mit vielen anderen Gemäßigten schloß er sich ihrer „Liga für Selbstverwaltung" an und wurde später sogar in Allahabad Präsident der Organisation.

Die nationale Bewegung wurde stärker, als die Inder entdecken mußten, daß die von Edwin Montagu, dem britischen Staatssekretär, vorgelegten Reformvorschläge sowohl von der Kongreß-Partei als auch der Muslim-Liga als ungenügend abgelehnt wurden. Was die indischen Nationalisten besonders empörte, war, daß der Vizekönig das Recht erhielt, alle Gesetze abzulehnen, die ihm nicht geeignet erschienen. Als erschwerend kamen die sogenannten Rowlatt-Gesetze vom Februar 1919 hinzu, nach denen Richter politische Vergehen ohne Verhandlung ahnden konnten. Das war die Stunde des aggressiven Nationalismus, zu dem sich Jawaharlal bekannte – die Stunde Gandhis, der nun im offenen Rampenlicht stand.

Der Mahatma, der mit seiner Idee von *Satyagraha* und *Ahimsa,* der Erlan-

gung des Rechts durch Liebe und friedlichen Protest, Extremisten und Gemäßigte überraschte, fühlte sich von den Engländern getäuscht. Sie hatten ihm Unabhängigkeit nach dem Krieg versprochen und von ihm dafür Loyalität verlangt. Noch 1918 schrieb Gandhi an den englischen Vizekönig: „Ich weiß, daß durch dieses Verhalten die Inder bevorzugte Partner im Empire werden sollen und die rassische Diskriminierung endgültig der Geschichte angehören wird."
Bald nach dem gewonnenen Weltkrieg von 1914/18 mußte Gandhi seinen Irrtum erkennen: Weder wurde Indien ein Partner, noch gaben die Engländer die Rassendiskriminierung auf.
Gandhi forderte zum Boykott englischer Waren, zum passiven Widerstand, zur Arbeits- und Gehorsamsverweigerung auf. Die Spannung im Lande wuchs. Man schrieb den 12. April 1919, als es zu jenem Blutbad in Amritsar kam, das zu den dunkelsten Kapiteln englischer Kolonialgeschichte gehört: Mehrere tausend Inder hatten das *Baisakhi*-Fest (Neujahrsfest im Punjab und in Bengalen) zum Anlaß genommen, sich auf dem „Jallianwalla Bagh" zu einem friedlichen Protest zu versammeln. Gewiß mißachteten sie damit ein Verbot öffentlicher Treffen, aber sie taten nichts anderes, als sich schweigend zusammenzufinden. Der Platz, auf dem das geschah – ein Park –, liegt mitten in der Stadt, umgeben von hohen Mauern mit einem einzigen schmalen Ausgang. Als der Platz so dicht besetzt war, daß niemand mehr hätte eindringen können, gab General Dyer, englischer Kommandeur der dort stationierten Truppen, den Befehl, wahllos auf die Menschen zu schießen. Und die britischen Soldaten feuerten, bis sie keine Munition mehr hatten und Hunderte von unschuldigen Frauen und Kindern neben ihren Männern und Vätern verbluteten. Noch nicht genug mit den Untaten des Generals Dyer – der englische Zivilbevollmächtigte für den Punjab, Sir Michael O'Dwyer, ordnete für die nächsten Wochen Strafexpeditionen an, Bombardements von Dörfern, Verhaftungen, Schauprozesse, Demütigungen und Terror. Auf die Familie Nehru prasselten die Nachrichten wie Keulenschläge nieder. Der kühle Rechtsanwalt war zutiefst getroffen. Nun gab es nicht mehr das Abwägen nach allen Seiten. Die Tragödie von Amritsar veranlaßte Motilal, sich bedingungslos seinem Sohn und Gandhi anzuschließen. Er stürzte sich mit einer solchen Vehemenz in die Arbeit für die Freiheitsbewegung, daß er im Dezember des gleichen Jahres zum Präsidenten der nun endgültig von den extremen Nationalisten beherrschten Kongreß-Partei gewählt wurde.
Der Sohn hatte den Vater besiegt. Das war der Triumph einer Persönlichkeit, die sich mit diesem politischen Sieg erst endgültig von einer

Vergangenheit befreite, die gleichzeitig beruhigend und quälend gewesen war. Sie auf diese Weise abschütteln zu können, hat Jawaharlal reifen lassen und sein Verhältnis zum Vater in harmonischer Weise geklärt.
„Ich glaube", sagte er mir 1957, „mein Vater und Mahatma Gandhi haben mich am stärksten von allen Menschen, denen ich begegnete, beeinflußt. Ich habe die Tendenz, Einflüssen zu widerstehen. Ich wehre mich gegen jeden Versuch, mich zu beeinflussen. Und doch kann ich die Kraft sich unbewußt und langsam durchsetzender Einflüsse nicht leugnen. Ich bin von der vielfältigen Einwirkung, die mein Vater auf mein Leben hatte, zutiefst überzeugt."
Die Jahressitzung der Kongreß-Partei, die im Dezember 1919 in Amritsar stattfand, war ein Protest gegen die britische Herrschaft, gegen die Untaten des Generals Dyer. Über die Art und Weise, wie Auflehnung und Abscheu demonstriert werden könnten, herrschte keine Einigkeit unter den Parteimitgliedern. Nach Gandhis Willen sollte „Raserei nicht mit Raserei" beantwortet werden, sondern mit Vernunft. War es politische Vernunft, die ihn trotz der Rowlatt-Gesetzesvorlagen und der Amritsar-Tragödie für die Montagu-Chelmsford-Reformen plädieren ließ?
Was sich in Indien zusammenbraute, sollte zu einem weltweiten „wind of change", „Wind der Wandlung", werden. Der amerikanische Präsident Woodrow Wilson trug diesem Trend Rechnung, als er sich nach dem Ersten Weltkrieg zum Selbstbestimmungsrecht für alle Völker bekannte. Damit war nach allgemeiner Meinung ein Grundstein für die Freiheitsbewegungen aller Kolonien gelegt worden. In Indien aber hatte diese Bewegung ja bereits im 19. Jahrhundert begonnen. Die erste ernstzunehmende Reaktion auf sie erfolgte 1917 durch Sir Edwin Samuel Montagu, den britischen Staatssekretär für Indien. Er sicherte der Kronkolonie zu, daß sie sich eines Tages selbst regieren werde. Einen ersten Schritt wollte man nach dem Kriege tun. Die Lage aber war bereits so gespannt, daß niemand mehr mit einer ruhigen schrittweisen Entwicklung rechnen konnte. Die zur britischen Armee eingezogenen indischen Soldaten, die von der Front heimkehrten, forderten nun unter dem Einfluß von Wilsons Doktrin „Gleiches Recht für alle!" einen höheren Lebensstandard. Ihre Ideen von Freiheit, Gleichheit, Brüderlichkeit verbreiteten sogar unter der lethargischen Landbevölkerung Unruhe. Besonders im Punjab, der Heimat der kriegerischen Sikhs, kam es schon damals zu Rebellionen und heftigen Demonstrationen gegen die britische Herrschaft.
Mit der wachsenden Industrialisierung wuchsen, genährt durch marxisti-

sche Philosophien des Westens, die sozialen Forderungen. Vizekönig Lord Chelmsford machte sich keine Illusionen über die Lage in der Kronkolonie, als er im Sommer 1918 gemeinsam mit Montagu in einem Bericht eine teilweise Selbstverwaltung für die Provinzen vorschlug. Die Kongreß-Partei hingegen forderte: völlige Selbstverwaltung, zwar noch innerhalb des Empire, aber bestimmt durch finanzielle Unabhängigkeit und Betonung der indischen Rechte.

General Dyer hatte mit dem Morden auf dem „Jallianwallah Bagh" nicht nur tiefen Schmerz unter den Indern ausgelöst. Er hatte sie in ihrer Selbstachtung und ihrer nationalen Ehre getroffen. Fest verbanden sich in dieser Zeit die Hindus mit den Muslims, die durch die Khilafat-Bewegung stimuliert wurden. Was die Muslims besonders gegen die Briten aufbrachte, war der Beschluß der Alliierten, das Ottomanische Reich zu zerstückeln. Sie sahen das Kalifat in Gefahr und richteten ihren Zorn auf den vermeintlichen Zerstörer: den Engländer. Die Ursachen der Empörung waren also bei Hindus und Muslims verschieden – das Ziel aber war das gleiche: Unabhängigkeit. Nach Gandhis Willen sollte sie durch passiven Widerstand erreicht werden. Nehru war begeistert von der *Satyagraha*-Bewegung und wollte ihr gleich beitreten: „Ich dachte kaum an die Folgen", schrieb er später in seinem Buch „Indiens Weg zur Freiheit", „an Gesetzesübertretung, Einkerkerung und so weiter –, und wenn ich daran dachte, kümmerte ich mich nicht darum."

Motilal Nehru, besorgt um das Schicksal seines Sohnes Jawaharlal, bedrängte ihn, sich diesen Aktionen, die unweigerlich in britischen Gefängnissen enden mußten, nicht anzuschließen. Er zitierte sogar Gandhi zu sich und trug ihm seine Bitte vor, Jawaharlal nicht einzubeziehen. Der Mahatma riet daraufhin dem jungen Mann, sich wenigstens vorläufig zurückzuhalten. „Drängen Sie Ihren Vater nicht zu sehr", sagte Gandhi, „tun Sie nichts, was ihn schmerzen würde." Es war charakteristisch für Gandhi, in den Beziehungen Vater–Sohn nach einem Kompromiß zu suchen mit dem Wort „vorläufig", aber gleichzeitig anzudeuten, daß er letzten Endes Loyalität gegenüber dem von ihm verkündeten politischen Credo verlange.

Jawaharlal reagierte auf seine Weise. Er wurde vorerst auf einem anderen Gebiet tätig. 1920 kam es zum ersten Mal zu einem, sein ganzes Leben von da an bestimmenden Kontakt mit den indischen Bauern. Es war durch einen Zufall geschehen. Um der ausdörrenden Hitze der indischen Ebene zu entgehen, reiste Nehru 1920 mit seiner Mutter, seiner Frau und seiner kleinen, am 19. November 1917 geborenen Tochter Indira nach Mussourie, einem beliebten Ferienort im Gebirge. Im gleichen Hotel wie die Nehrus wohnten die Mitglieder einer afghanischen Delegation, die mit den Engländern – mit denen Afghanistan 1919 einen kurzen Krieg geführt hatte – über einen Friedensvertrag verhandeln wollten. Die britischen Behörden verlangten von Nehru, daß er die Afghanen meiden sollte. Jawaharlal fand diese britische Zumutung ungeheuerlich und weigerte sich entschieden, irgendwelchen Weisungen nachzukommen. Daraufhin wurde er aus Mussourie ausgewiesen. Innerhalb von 24 Stunden reiste er nach Allahabad zurück, wo sich nun das Unvorhergesehene, das für sein Leben Entscheidende, ereignen sollte.

Die Bauernbewegung

Nehru hörte von einem Protestmarsch einiger hundert Bauern, die auf dem Weg nach Allahabad ihr Lager an den Ufern des Flusses Yamuna aufgeschlagen hatten. Er machte sich dorthin auf und wurde von den Klagen der Bauern überrascht. Die Landbewohner baten ihn, sie vor den Gewaltmaßnahmen der Großgrundbesitzer, der *Taluqdars* oder *Zamindars*, zu schützen. Sie hatten nicht nur riesige Abgaben zu leisten, sie wurden auch unmenschlich behandelt. Nehru beschloß nach einigem Zögern, die Bauern in ihr 80 Kilometer von Allahabad entferntes, im Partabgarh-Bezirk gelegenes Dorf zu begleiten. Er blieb drei Tage. Die Begegnung mit dieser, für ihn bis dahin völlig fremden Welt, in der die Wurzeln des Indertums liegen, wurde zu einem überwältigenden Erlebnis. Hier entdeckte er nicht nur die Leiden der Inder, er entdeckte ihre Seele. Diese Menschen konnten zwar nicht lesen und nicht schreiben, aber die Legenden aus der Geschichte waren in ihren Gehirnen notiert. Sie kannten nicht nur die Götter des Hinduismus, sondern auch dessen Helden. Rama, der König des Volksepos „Ramayana“, und seine Gemahlin Sita wurden verehrt und durch dörfliche Darstellungen, Pantomimen und sakrale Tänze geehrt. Hier in den Dörfern Indiens, das Nehru zu entdecken begann, war Vergangenheit zugleich Gegenwart. Dieser Aspekt des ländlichen Lebens, der von der Schlichtheit des Glaubens, der Verwurzelung in der Tradition, von Demut und Güte bestimmt war, faszinierte ihn. Aber die Faszination, die durch den Vorstoß ins Innere hervorgerufen worden war, wurde immer wieder überlagert durch die Empörung über das Elend der hungernden und leidenden Menschen, die unter der Knute grausamer Gutsinspektoren und habgieriger Geldverleiher vegetieren mußten und nun ihre ganze Hoffnung auf Nehru und seine Mitarbeiter setzten.

„Sie überschütteten uns mit Liebe", schreibt Nehru in seinem Buch „Indiens Weg zur Freiheit", „und blickten hoffnungsvoll auf uns, als ob wir die Träger guter Nachrichten oder Führer wären, welche sie ins Gelobte Land geleiten könnten. Wenn ich sie in ihrem Unglück und ihrer überfließenden Dankbarkeit betrachtete, erfüllten mich Scham und Schmerz. Scham über mein leichtes und bequemes Leben und unsere egoistische Stadtpolitik, die diese gewaltige Menge halbnackter Söhne und Töchter Indiens ignorierte, und Schmerz über die Erniedrigung und überwältigende Armut Indiens. Ein neues Bild Indiens erhob sich vor mir, ein Bild der Nacktheit, des Hungers, der Unterdrückung und des immerwährenden Elends. Und ihr Glauben an uns zufällige Besucher aus der Stadt machte mich verlegen und erfüllte mich mit einem neuen Verantwortungsgefühl, das mir Angst einflößte.
Ich hörte ihre unzähligen Leidensgeschichten an, hörte von ihren erdrückenden und stets zunehmenden Steuerlasten, unrechtmäßigen Forderungen, Vertreibungen von Haus und Hof, ließ mir erzählen, wie sie, rings von Aasgeiern umgeben – *Zamindar*-Agenten, Geldverleihern, Polizei – Tag um Tag arbeiteten, nur um zu sehen, daß die Früchte ihrer Arbeit nicht ihnen gehörten und daß ihre ganze Belohnung aus Fußtritten, Flüchen und einem knurrenden Magen bestand. Manche der Anwesenden waren ohne Grund und Boden; von den Grundbesitzern verjagt, konnten sie kein Land und keine Hütte ihr eigen nennen. Das Land war reich, doch die Belastung zu groß, die Erträgnisse zu klein, und zu viele Leute stellten ihnen nach. Die Grundbesitzer durften laut Gesetz ihre Zinsen nicht über einen gewissen Prozentsatz hinaus erhöhen, so nutzten sie den Landhunger zu ihrem Vorteil, indem sie gewaltige gesetzeswidrige Übernahmeprämien verlangten. Der Pächter, dem keine andere Möglichkeit bekannt war, lieh sich von einem Geldverleiher die nötigen Mittel, zahlte die Prämie, wurde dann, wenn er nicht imstande war, seine Schuld oder auch nur seine Pacht zu zahlen, vertrieben und verlor sein ganzes Hab und Gut . . .
Irgendwie hatte ich nicht wirklich verstanden, was sie waren und was sie für Indien bedeuteten. Wie die meisten von uns nahm ich ihre Existenz einfach hin. Zu dieser Erkenntnis kam ich während meiner Besuche in Partabgarh, und seither umfaßt das geistige Bild Indiens für mich immer diese nackte, hungrige Menge. Vielleicht war die Luft elektrizitätsgeladen, vielleicht war ich in einer besonders aufnahmefähigen Stimmung – jedenfalls prägten sich die gesehenen Bilder und Eindrücke unauslöschlich meinem Gedächtnis ein."
Nehrus Begegnung mit den *Kisans,* den Bauern, wurde zu einem wichti-

gen Anstoß für sein künftiges politisches Handeln. Sie hatte gleichzeitig eine für seine politische Karriere von ihm anerkannte bedeutende Nebenwirkung: ,,Diese Bauern nahmen mir die Schüchternheit und lehrten mich, vor der Öffentlichkeit zu sprechen. Vorher hatte ich kaum an einer öffentlichen Versammlung den Mund aufgetan, besonders wenn ich, wie meistens, in Hindustani reden mußte. Doch ließ sich nicht vermeiden, daß ich mich an diese Bauernversammlungen wandte, und vor diesen armen, unverdorbenen Leuten konnte ich nicht schüchtern sein. Die Kunst der Rhetorik beherrschte ich nicht, und ich sprach zu ihnen wie ein Mann zu Männern und sagte ihnen, was mir im Sinn und am Herzen lag. Ob die Versammlung aus wenigen Personen oder aus Zehntausenden bestand, ich hielt mich an meine persönliche Methode, die Rede in Gesprächsform zu halten, und es zeigte sich, welche Mängel die Rede auch haben mochte, daß ich wenigstens zusammenhängend sprechen konnte. Ich sprach ziemlich fließend. Vielleicht verstanden manche von ihnen nicht viel von dem, was ich sagte. Meine Sprache oder meine Gedanken waren nicht einfach genug für sie. Viele hörten mich nicht einmal, wenn die Versammlung groß war, denn meine Stimme trug nicht weit. Doch spielte all dies keine wichtige Rolle für sie, wenn sie einmal einem Menschen ihr Vertrauen geschenkt hatten und an ihn glaubten."

Als ich im Frühling 1957 Gelegenheit hatte, mit Nehru über seine politische Laufbahn und seine Beziehungen zu anderen Menschen, zur Masse zu diskutieren, erklärte er: ,,Seit jeher war mir Demagogie verhaßt, pathetische Ergüsse, oratorisches politisches Feuerwerk habe ich immer abgelehnt. Ich hoffte, mit leisen Worten meine Zuhörer zum Mitdenken zu bringen und ihr Verständnis zu wecken."

Nehru hat immer wieder betont, daß die Bauern, deren Widerstand gegen die Großgrundbesitzer und Geldverleiher schließlich zu einer weite Teile des Landes umfassenden revolutionären Bewegung führte, ihn vieles lehrten: ,,Die Bauernbewegung war von der Kongreß-Partei vollkommen unabhängig und hatte auch mit der Nicht-Zusammenarbeit, die damals begann, nichts zu tun. Vielleicht wäre es zutreffender zu sagen, daß beide weit verbreiteten und mächtigen Bewegungen auf die gleichen fundamentalen Ursachen zurückzuführen waren. Natürlich hatten die Bauern an den großen Arbeitsniederlegungen teilgenommen, welche Gandhi im Jahre 1919 proklamiert hatte, und später wurde sein Name in jedem Bauerndorf zu einem Zauberwort.

Was mich aber noch mehr in Erstaunen versetzte, war die vollkommene Unkenntnis dieser Bauernbewegung bei uns Städtern. Keine Zeitung hatte auch nur eine Zeile darüber gebracht; sie interessierten sich für ländliche Gebiete nicht. Stärker als je kam mir zum Bewußtsein, wie abgeschnitten wir von unserem Volk lebten und wie wir in einer kleinen, vollständig von der ihrigen abgetrennten Welt arbeiteten und kämpften."

Nach den ersten drei Tagen, die Nehru im Partabgarh-Distrikt verbrachte, kehrte er vorübergehend nach Allahabad zurück, um bald wieder zu den *Kisans* zu reisen. Von nun an gehörten die Ausflüge aufs Land zur wichtigsten politischen Tätigkeit – er hat sie immer wieder beschrieben: ,,Während dieser kurzen Besuche streiften wir von Dorf zu Dorf, aßen mit den Bauern, lebten mit ihnen in ihren Lehmhütten, unterhielten uns dort stundenlang und richteten in kleinen und großen Versammlungen oft das Wort an sie. Ursprünglich reisten wir in einem leichten Wagen, und den Bauern lag so viel an unserem Besuch, daß sie zu Hunderten in der Nacht Notwege über die Felder bauten, damit unser Gefährt ins Innere des Landes dringen konnte. Oft blieb es stecken und wurde dann von vielen dienstbereiten Händen wieder flottgemacht. Doch mußten wir den Wagen schließlich stehenlassen und den größten Teil der Reise zu Fuß zurücklegen. Auf Schritt und Tritt wurden wir von Polizisten, Kriminalbeamten und einem stellvertretenden Verwaltungsbeamten aus Lucknow begleitet. Ich glaube, daß sie wenig Vergnügen an unserem ständigen Marschieren fanden. Sie waren müde und unwillig über uns und die *Kisans*. Der Verwaltungsbeamte, ein etwas weichlicher junger Mann aus Lucknow, erschien in Lackschuhen. Manchmal bat er uns, in unserem Eifer etwas nachzulassen, und ich glaube, schließlich blieb er zurück, weil er nicht mit uns Schritt halten konnte.

Es war während der heißesten Zeit des Jahres, im Juni, gerade vor dem Monsun. Die Sonne brannte herab und blendete. Ich war nicht ans Marschieren in der Sonnenhitze gewöhnt und hatte, seit ich von England zurückgekehrt war, jedes Jahr den Sommer in den Bergen verbracht. Und nun wanderte ich den ganzen Tag ohne Hut in der brennenden Sonne. Den Kopf schützte nur ein kleines Tuch. Ich war so von anderen Dingen erfüllt, daß ich die Hitze vergaß; erst als ich nach meiner Rückkehr nach Allahabad meine sonnengebräunte Haut sah, erinnerte ich mich an alles, was wir geleistet hatten. Ich war mit mir zufrieden, denn ich sah, daß ich größte Hitze und größte Kälte ohne viel Unbehagen aushalten kann, und diese Tatsache ist mir bei meiner Arbeit und meinen Gefängnisaufenthalten sehr zustatten gekommen. Zweifellos war das auf meinen guten körperlichen Zustand und die tägliche Bewegung zurückzuführen – eine Lektion, die ich von meinem Vater erhalten habe, der bis zu einem gewissen Grad Sportler war und bis ans Ende seiner Tage seine täglichen körperlichen Übungen durchführte."

Der Kongreß wird eine Massenbewegung

Das blutige Ereignis von Amritsar hatte nicht nur Vater und Sohn einander politisch nähergebracht, es wirkte sich auch in einer Intensivierung der Beziehungen zwischen Gandhi und Jawaharlal aus. Der junge Nehru erkannte Gandhis revolutionäre Kraft, er stimmte im wesentlichen mit ihm überein, wenngleich er oft andere Methoden im Kampf gegen die britischen Kolonialherren angewandt hätte. Was Gandhi im Dezember 1919 auf der Tagung der Kongreß-Partei in Amritsar verlangt hatte, war nichts anderes als *Satyagraha.* Diese Forderung stand dann endgültig für die Sitzung der Kongreß-Partei, die Ende 1920 in Nagpur stattfand, auf dem Programm. Schon am 28. Mai 1920 beschloß das Khilafat-Komitee in Bombay, sich Gandhis Bewegung anzuschließen. Am 9. Juni bekräftigte das Khilafat-Komitee noch einmal seine Entscheidung. Gandhi, der mit Hilfe von Motilal Nehru die Skeptiker in der Kongreß-Führung mehr oder weniger überzeugt hatte, setzte am 28. Juni den Beginn der bürgerlichen Gehorsamsverweigerung für den 1. August fest. An diesem Tag starb Tilak. Als politisches Testament hinterließ er, was für die Teilnehmer der Kongreß-Versammlung in Nagpur zur Verpflichtung wurde. „Indien kann nur gedeihen", so sagte der extreme Nationalist Tilak auf seinem Sterbebett, „wenn *Swaraj* (die politische Unabhängigkeit, die Selbstregierung) erreicht wird. Das ist eine unerläßliche Voraussetzung für seine Existenz."
Nach dem Tode Tilaks war Gandhi der unbestrittene Führer der Freiheitsbewegung. Seine Kampfansage bestand aus einem dreifachen Boykott: Erstens befahl er, die Wahlen, die im November 1920 unter der „Government of India Act" – der 1919 von Montagu und Chelmsford ausgearbeiteten Verfassung für Indien – stattfinden sollten, zu boykottieren. Das gleiche sollte mit britischen Schulen und Gerichtshöfen geschehen. Gandhi hatte Erfolg. Die Wahlen wurden zu einem spektakulären Beweis: Zwei Drittel aller Wahlberechtigten ignorierten sie. Gandhi schien sich endgültig durchgesetzt zu haben. Die Dezembersitzung des Jahres 1920 in Nagpur stand unter seiner charismatischen Führung. Er verstand die Seele des Volkes und wußte, auf sie einzuwirken. Ihm war klar, daß er die Massen nicht mit westlichen Vokabeln wie „Selbstverwaltung" und „Nicht-Zusammenarbeit" gewinnen konnte, er

benutzte die *Hindi*-Worte *swaraj* und *satyagraha*, die nationale Gefühle allein durch den Klang stimulierten. Gandhi verkündete als endgültiges Ziel die Erlangung von *Swaraj*, wobei er mit diplomatischem Geschick die englische Übersetzung dieses Zauberwortes vermied. Er ließ offen, ob es vollkommene Unabhängigkeit oder vielleicht doch eine Art Dominion-Status bedeutete. Gandhi warb nicht nur mit politisch zündenden Begriffen – er warb für das einfache Leben, pries den Verzicht auf Luxus, das Tragen von *Khadi*, eines Tuches aus heimgesponnenem Garn, er predigte die geistige Besinnung, die Meditation im *Ashram*, einem Ort der Zurückgezogenheit. *Swaraj, Khadi* und *Ashram* und schließlich noch *Swadeshi* – im eigenen Land hergestellte Waren –, diese *Hindi*-Worte, die zum Kampfruf wurden, machten die traditionsgebundenen Bauern zu seinen Anhängern. Die überwältigende Mehrheit der indischen Bevölkerung stand mit ihnen hinter ihm.
Er hatte die Kraft und die Legitimation, den Kongreß, der eine Art Klub intellektueller Freiheitskämpfer gewesen war, in eine Massenorganisation zu verwandeln, die mit Zellen in allen Dörfern das ganze Land umfaßte. Die Neuformung wurde auf der Sitzung von Nagpur beschlossen. Die gesetzgebende Körperschaft der Partei sollte auf ihrer jährlichen Sitzung bedeutende politische Beschlüsse fassen. Die einundzwanzig Provinzen wurden von je einem „Provincial Congress Committee" (P.C.C.) repräsentiert, das sich aus den Abgeordneten der Distrikte, Städte und Dörfer zusammensetzte. Über allen Zellen und Komitees stand das höchste Exekutivorgan der Partei: das „All India Congress Committee" (A.I.C.C.), das drei- bis vierhundert Mitglieder hatte und in der Zeit zwischen den alljährlichen Sitzungen die Angelegenheiten der Partei führte. Zu den besonderen Vollmachten des „All India Congress Committee" gehörte das Recht, den Ausschuß zu wählen, der in Wirklichkeit die Beschlüsse faßte: das „Working Committee". Diese höchste Instanz wurde gebildet vom Präsidenten, den Generalsekretären, dem Schatzmeister und etwa einem Dutzend sonstiger Mitglieder. Der Präsident mußte alljährlich als „Primus inter pares" neu gewählt werden. Über ihm jedoch regierte der ungewählte Erwählte des Volkes: Mahatma Gandhi. Millionen folgten ihm, bereit, den Weg des passiven Widerstandes bis zur Erreichung des großen gemeinsamen Zieles: der Freiheit Indiens, mit ihm zu gehen.
Auch Jawaharlal Nehru, bei der Nagpur-Sitzung noch nicht viel mehr als ein Beobachter, fühlte sich von Gandhis Persönlichkeit so angezogen, daß er seine Bedenken hinsichtlich mancher Züge der Bewegung zurückstellte, zum Beispiel seine Kritik am Fehlen eines klaren Programms, sein

Unbehagen an einer gewissen Verbindung von Politik und Religion. ,,Ich sorgte mich zuzeiten über das Wachstum dieses religiösen Elements in unserer Politik, sowohl seitens der Hindus wie der Muslims. Es gefiel mir keineswegs. Viel von dem, was Moulvies, Maulanas, Swamis und ihresgleichen in ihren öffentlichen Ansprachen zum Ausdruck brachten, schien mir höchst unglücklich. Ihre Geschichtsauffassung, Soziologie und Volkswirtschaft erschienen mir ganz falsch, und die religiösen Verflechtungen aller Aussagen verhinderten jedes klare Denken. Selbst einige von Gandhis Redewendungen gingen mir zuzeiten auf die Nerven – so beispielsweise seine häufige Anspielung auf ‚Rama Raj' als das Goldene Zeitalter, das bevorstünde. Aber ich war machtlos und tröstete mich mit dem Gedanken, daß Gandhi diese Worte gebrauchte, weil sie – wohlbekannt – von den Massen verstanden wurden. Er besaß eine erstaunliche Fähigkeit, an die Herzen des Volkes zu rühren."

Gandhi besaß das Charisma eines Menschenverführers, einen unerklärbaren Magnetismus, der kühle Erwägungen nicht zuließ. Seine Gelassenheit und Heiterkeit, sein Mut, seine Bescheidenheit, der vollkommene Verzicht auf materielle Güter machten ihn zum idealen Führer der indischen Nation. Er füllte mit größter Selbstverständlichkeit das Vakuum aus, das die nationale Bewegung bedroht hatte. Von großem Selbstvertrauen beseelt, verstand er es, anderen Vertrauen einzuflößen. Nehru hat viele Jahre später einmal diese Zeit, die von Gandhis Aufstieg bestimmt war, geschildert: ,,Wir sahen ihn arbeiten, und zwar mit Erfolg arbeiten. Seine Methode war ganz anders als die unsrige, die aus viel Geschrei und wenig Taten bestand. Hier war nun ein Mann, der überhaupt kein Geschrei machte. Er sprach sanft und leise, erklärte uns seine Mindestforderungen, oder was er dafür ansah, und hielt daran fest. Im Festhalten lag seine Stärke."

Gandhi hat Nehru sehr stark beeinflußt – was er ihm wohl vor allen Dingen mitgab, war die Überzeugung, daß Politik mit moralischen Methoden geführt werden muß, daß es ohne Überzeugung und Ethos nicht geht. ,,Was ich bewunderte, war die moralische und geistige Seite unserer Bewegung und ‚satyagraha'. Ich schwor der Lehre der Nicht-Zusammenarbeit keine ewige Treue, noch übernahm ich sie für alle Zukunft. Indessen zog sie mich mehr und mehr an, und der Glaube wuchs in mir, daß sie bei der Lage in Indien, angesichts unserer Verwurzelung und unserer Traditionen, die richtige Politik war. Die Vergeistigung der Politik, wenn man das Wort nicht in seinem engen religiösen Sinn auffaßt, schien mir ein großer Gedanke. Ein würdiges Ziel bedurfte würdiger Mittel. Das schien nicht nur eine gute Sittenlehre, sondern vernünftige praktische Politik zu sein, denn nichteinwandfreie Mittel verdunkeln oft das ins Auge gefaßte Ziel, werfen neue Probleme auf und verursachen Schwierigkeiten. Außerdem schien es so unanständig, so erniedrigend für die Selbstachtung des einzelnen oder einer Nation, sich solcher Mittel zu bedienen und gewissermaßen durch den Sumpf zu waten. Wie kann man erwarten, dabei nicht beschmutzt zu werden? Wie können wir rasch und mit Würde voranschreiten, wenn wir uns beugen oder kriechen?"

Von solcher Art waren die Vorstellungen, die den Politiker Jawaharlal Nehru bestimmten. Da er sie anderen predigte, wurde er vielen Menschen unbequem. Manche nannten ihn einen anmaßenden Moralisten. Nehru störte das nicht. Unbeirrbar ging er seinen Weg. Während der ersten Phase der Gehorsamsverweigerung war er Generalsekretär des „Kongreß-Komitees der Vereinigten Provinzen". Der Entwurf von Memoranden und Reden, die Organisation von Sitzungen, Streiks und Demonstrationen gehörten zu seinen politischen Aktivitäten. Seine Hauptsorge aber galt dem Dorf, der politischen Programmierung der Bauern. Damals wurde er sich der eigenartigen und faszinierenden Wechselwirkung bewußt, die sich aus seiner Begegnung mit der Masse ergab: „Ich erfuhr den Nervenkitzel von Massenemotionen, der Macht der Massenbeeinflussung. Allmählich verstand ich die Psychologie der Menge ein wenig, den Unterschied zwischen den Massen der Städter und der Bauernschaft, und ich fühlte mich heimisch in Staub und Unbequemlichkeit, im Gestoße und Gedränge großer Versammlungen, obgleich ihr Mangel an Disziplin mich oft außer Fassung brachte. Seit jenen Tagen mußte ich manchmal feindselig eingestellten und stürmischen Massen gegenübertreten, die so aufgebracht waren, daß ein einziger Funke gezündet hätte, und ich fand, daß diese frühen Erfahrungen und das Selbstvertrauen, das sie in mir erzeugten, mir sehr zustatten kamen. Stets redete ich die Massen geradewegs an und vertraute auf sie. Bislang erfuhr ich noch immer ihre Gunst und Wertschätzung, selbst wenn keine Übereinstimmung bestand. Aber die Masse ist wankelmütig, und die Zukunft mag mir noch manche Überraschung bereiten.

Die Menge fand Gefallen an mir, und mir gefiel die Menge, und doch verlor ich mich nicht an sie; stets fühlte ich mich von ihr abgesondert. Von meiner eigenen geistigen Warte schaute ich kritisch auf sie herab, und niemals hörte ich auf, mich zu fragen, wie ich, der ich mich in jeder Weise von den Tausenden, die mich umgaben, unterschied, anders in Gewohnheiten, in meinen Sehnsüchten, in meiner geistigen und gedanklichen Wachsamkeit, es zuwege gebracht habe, Wohlwollen und einiges

Vertrauen dieser Menschen zu gewinnen. Geschah es, weil sie mich für etwas anderes hielten, als ich war? Gewann ich ihr Wohlwollen unter falschen Vorspiegelungen? Ich versuchte mit ihnen ehrlich zu sein und von der Leber weg zu reden. Manchmal redete ich sie grob an und bemängelte viele ihrer Lieblingsansichten und Gebräuche, aber trotzdem ließen sie mich gewähren. Und doch konnte ich mich des Gedankens nicht erwehren, daß ihre Zuneigung nicht mir galt, wie ich war, sondern einem Phantasiebild von mir, das sie geschaffen hatten. Wie lange mochte sich diese Phantasiegestalt halten? Weshalb sollte sie sich halten? Und wenn sie zusammenfallen und die Menge die Wirklichkeit sehen würde – was dann?

In manchen Dingen bin ich ziemlich eitel, aber hier bei dieser Menge einfachen Volkes gab es keine Frage der Eitelkeit. Bei ihnen gab es kein Sich-zur-Schau-Stellen, keine Gemeinplätze, wozu viele von uns aus dem Mittelstand, die wir uns überlegen dünken, neigen. Sie waren gewiß schwerfällig, im einzelnen nicht ansprechend; aber als Masse riefen sie ein Gefühl überwältigenden Mitleids und das Bewußtsein einer drohenden Tragödie hervor."

Die Tragödie des indischen Subkontinents war Nehrus Tragik. Sie erwartete ihn und ließ ihn bis zu seinem Tode nicht los. Noch aber war er voller Hoffnung auf ein gutes Ende. Das Jahr 1921 brachte für ihn dramatische Ereignisse. Im Juli verkündete das ,,All India Congress Committee" den Boykott aller ausländischen Waren, das galt besonders den englischen Tucharten. Künftig sollten alle Inder und Inderinnen nur mit eigener Hand gesponnene Baumwollgewänder tragen. Das Spinnrad – *Charkha* – wurde zum Symbol der nationalen Freiheit. Am letzten Tag des Juli 1921 verbrannte eine Gruppe unter Gandhis Vorsitz in Bombay fremde Stoffe und Kleider aus England.

Der Dichter Rabindranath Tagore, ein Freund Gandhis und Nehrus, drückte den Kongreß-Politikern sein Unbehagen aus. Er hielt die Doktrin von *Satyagraha* für eine nihilistische Philosophie und schrieb an Gandhi: ,,Ich bete, daß Indien die Kooperation aller Völker der Erde repräsentieren möge. Einigkeit umfaßt und versteht alles und kann daher nicht durch Negation erreicht werden."

Die mystische Verbrennungszeremonie von Bombay provozierte auch den englischen Pfarrer Charles Fryer Andrews, mit dem sowohl Tagore als auch Gandhi befreundet waren. ,,Ich war sehr glücklich", schrieb der Engländer an den Mahatma, ,,als Sie energisch gegen die großen fundamentalen moralischen Übel wie Trunksucht, Einnehmen von Narkotika, Unberührbarkeit, Rassenarroganz und so weiter vorgingen und sich voller Behutsamkeit mit der widerlichen Sünde der Prostitution befaßten. Ich kann Ihnen nicht sagen, wie grundverschieden es mir erscheint, wenn Sie Scheiterhaufen aus fremden Tuchen machen, den Leuten sagen, es sei eine Sünde, diese Tuche zu tragen, so die edle Arbeit von Mitmenschen, Ihren Brüdern und Schwestern im Ausland, vernichten und dabei behaupten, daß es ‚besudeln' wäre, die Tuche zu tragen. Aus Angst, wie ein Pharisäer zu wirken, wage ich es nun kaum, den mir von Ihnen geschenkten ‚khadi' zu tragen. Nie zuvor habe ich dergleichen empfunden."

Gandhi antwortete öffentlich: „Einer, der an ‚swadeshi', an im eigenen Lande hergestellte Waren, glaubt, empfindet keine pharisäische Selbstzufriedenheit, wenn er ‚khadi', das selbstgesponnene Baumwolltuch, trägt. Wer sich in ‚khadi' kleidet, ist vom ‚Swadeshi'-Standpunkt aus gesehen wie ein Mann, der sich seiner Lungen bedient."

Allegorien, Symbole, mystische Bilder – Gandhis Lehren sind voll davon; sie haben die Flamme der Massenbewegung entzündet, die sich wie ein Präriefeuer im Lande ausbreitete. Nehru hat sich immer wieder, auch in seinen Büchern, mit dem Phänomen des Mahatma auseinandergesetzt und versucht, es zu analysieren, nicht zuletzt im Zusammenhang mit dem Jahre 1921:

„Das Jahr 1921 war für uns ein außerordentliches Jahr. Es zeichnete sich durch eine sonderbare Mischung von Nationalismus, Politik, Religion, Mystizismus und Fanatismus aus, bedingt durch Bauernunruhen und eine zunehmende Bewegung der Arbeiterklasse in den großen Städten. Der Nationalismus und ein unbestimmter, aber starker, das ganze Land umfassender Idealismus suchte all diese verschiedenen und sich manchmal gegenseitig widersprechenden Unzufriedenen zu sammeln. Dies wurde bis zu einem bemerkenswerten Grade erreicht. Trotzdem stellte dieser Nationalismus an sich eine Mischung ungleichartiger Kräfte dar, hinter dem sich ein Hindu-Nationalismus und ein Muslim-Nationalismus verbargen, die zum Teil über die Grenzen Indiens hinausblickten, und schließlich, was dem Zeitgeist noch stärker entsprach, ein indischer Nationalismus. Zunächst einmal überschnitten sie sich, und alle zogen an einem Strick. Überall hieß es ‚Hindu-Muslaman ki Jai'. Es war bemerkenswert, wie Gandhi einen Zauber auf alle Klassen und Volksgruppen auszustrahlen schien und sie so anzog, daß sie als eine buntscheckige Masse auf ein Ziel zustrebten. Er wurde in der Tat, um einen Ausdruck zu gebrauchen, der auf einen anderen Führer angewendet worden war, zu ‚einem symbolischen Ausdruck der wirren Sehnsüchte des ganzen Volkes'."

Verhaftungen

Mit einigen anderen Kongreß-Mitgliedern wurden 1921 die Brüder Ali wieder wegen ihrer aufrührerischen Reden verhaftet. Im Laufe des Sommers wurde auch Jawaharlal Nehru wegen seiner Ansprachen von den britischen Behörden mit einem Verfahren wegen Aufwiegelung bedroht. Die Lage war bis zum äußersten gespannt, als die britische Regierung den Besuch des Prinzen von Wales, des späteren Herzogs von Windsor, ankündigte. Merkwürdigerweise hofften die Briten – in völliger Verkennung der wirklichen Stimmung im Volk –, ein solcher Besuch könne die alte Verehrung der Inder für das Königreich wieder stärken. Die Kongreß-Partei jedoch rief zum Boykott des politischen Besuchs auf. Als der Prinz am 17. November 1921 in Bombay landete, kam es zu blutigen Ausschreitungen – über 50 Personen wurden getötet, vierhundert verwundet.
Aus Protest gegen die Gewalt trat Gandhi in den Hungerstreik. Er schwor, so lange zu fasten, bis wieder Ruhe sei. Am 22. November begann er wieder zu essen – aber seine Abneigung gegen den Besuch äußerte sich weiter in *Satyagraha*. Wo immer der Prinz hinkam, blieben die Straßen leer, Schulen, Geschäfte wurden geschlossen. Im ganzen Land herrschte *Hartal* – Arbeitsniederlegung (wörtlich: Trauertag). Die britische Regierung reagierte mit Massenverhaftungen. Am 19. November wurden Kongreß-Partei und „Khilafat" als ungesetzlich verboten. Der designierte Präsident der Kongreß-Partei, Deshbandu Das, wanderte ins Gefängnis. Es gelang ihm, von dort eine Botschaft an seine Gesinnungsgenossen zu senden: „Ganz Indien ist ein großes Gefängnis. Die Arbeit der Kongreß-Partei muß fortgesetzt werden. Welchen Unterschied macht es, ob ich verhaftet oder frei bin? Welchen Unterschied macht es, ob ich tot oder lebend bin?"
Die Verhaftungswelle nahm kein Ende – auch Motilal und Jawaharlal Nehru wanderten ins Gefängnis. Motilal wurde angeklagt, Mitglied der illegalen Organisation der „Kongreß-Freiwilligen" zu sein, Jawaharlal wurde wegen seiner Aufrufe für *Hartal* zu sechs Monaten Haft verurteilt. Motilal erhielt die gleiche Strafe. Im Namen seines Sohnes und in seinem eigenen Namen sandte Motilal die folgende Botschaft an alle Kongreß-Mitglieder, die noch nicht verhaftet waren: „Solange wir zusammenarbeiten, habe ich unserer Sache nach bestem Können gedient, jetzt ist es mein Privileg, dem Vaterland dadurch zu dienen, daß ich mit meinem einzigen Sohn ins Gefängnis gehe. Ich bin überzeugt, daß wir uns in nicht allzu ferner Zeit als freie Männer wiedersehen werden. Ich will euch nur

ein Abschiedswort sagen – fahrt fort mit gewaltlosem Ungehorsam, bis ‚Swaraj' durchgesetzt ist. Meldet euch zu Zehn- und Hunderttausenden als Freiwillige. Sorgt dafür, daß der Pilgermarsch zu dem einzigen nun in Indien existierenden Tempel der Freiheit – dem Gefängnis – ein ununterbrochener Strom bleibt, der täglich an Stärke und Umfang zunimmt."

Zwischen Dezember 1921 und Januar 1922 waren über 30 000 indische Nationalisten von den Polizeiorganen der britischen Kolonialregierung verhaftet worden. Während die meisten Gefangenen von Lucknow in riesigen Baracken des Bezirksgefängnisses untergebracht wurden, stand den Nehrus und sechzehn ihrer Kameraden eine isoliert liegende Weberei zur Verfügung. Damals war das Leben hinter Gittern noch einigermaßen freizügig – die Gefangenen durften sich innerhalb der Einfriedung bewegen, miteinander Kontakt aufnehmen, Besuche von Verwandten empfangen, Zeitungen und Bücher lesen.

Jawaharlal Nehru konnte sich so über alles, was draußen geschah, informieren. Ende Dezember 1921 fand in Ahmedabad eine Tagung der Kongreß-Partei unter dem Vorsitz des bekannten Muslimführers Hakim Ajmal Khan statt. Gandhi, der noch immer frei war, erschien dort zum ersten Mal mit dem so berühmt gewordenen heimgesponnenen Lendentuch, das er seit drei Monaten trug. Sein Oberkörper blieb unbedeckt – diese auffallende Kleidung sollte ihm später den Spitznamen „der nackte Fakir" einbringen.

Während der Tagung in Ahmedabad setzte sich Gandhi für energischen zivilen Ungehorsam gegenüber allen Gesetzen und Maßnahmen der Regierung ein, verlangte aber bei allen Aktionen Gewaltlosigkeit und plädierte trotz des Verbots der Kolonialregierung für öffentliche Versammlungen und Demonstrationen. Was Gandhi gehofft und für dieses schicksalsschwere Jahr versprochen hatte, war nicht eingetreten: Indien hatte seine Unabhängigkeit nicht erlangt, aber es war dem Mahatma gelungen, den Wunsch nach Freiheit in den Herzen der Inder zu wecken, sie bis zur Leidenschaft auf den kommenden Kampf einzustimmen.

Jawaharlal, zur Muße verurteilt, versuchte mit äußerster Disziplin, sich das Leben im Gefängnis erträglich zu machen. Er legte selbst Hand beim Aufräumen und Putzen der einfachen Behausung an. Stundenlang saß er – wie Gandhi empfohlen hatte – am Spinnrad, einbezogen in die große Bewegung der Inder, die ihre Stoffe produzierten, um ihren Unabhängigkeitswillen zu demonstrieren. Bis die Behörden Kontakte der Gefangenen untereinander untersagten, betätigte sich Nehru auch als Lehrer im Lager. Er unterrichtete in einigen Elementarfächern, er lehrte *Hindi* und *Urdu.* Seine geistige Spannkraft, die er auch durch körperliche Betätigung unterstützte, ließ nicht einen Augenblick nach. Er lebte streng nach einem Tagesplan, den er seinen Mitgefangenen dringend empfahl. Sauberkeit und Ordnung gehörten zu seinen Maximen. Gartenarbeit war eine seiner Lieblingsbeschäftigungen. Niemand verstand besser, Kranke zu pflegen, als er. Er blieb nächtelang auf, um am Bett eines fiebernden Freundes zu wachen. Die, die ihn im Bezirksgefängnis von Lucknow erlebten, sprachen voller Lob von seiner Anteilnahme und Güte.

Mitte Februar 1922 wurden die eingesperrten Nationalisten von einer Nachricht überrascht, die sie tief bestürzte. Der Mahatma ließ verkünden, daß er seinen Feldzug für allgemeinen zivilen Ungehorsam abgebrochen habe. Es war etwas geschehen, das er als Nichtachtung seines Bekenntnisses zur Gewaltlosigkeit bezeichnete. Im Dorf Chauri Chaura im Gorakhpur-Distrikt der ,,Vereinigten Provinzen" hatte es eine Bauernprozession gegeben, die von einigen Polizisten beschossen worden war. Bauern und Landarbeiter belagerten daraufhin die Polizeistation, in der sich eine Anzahl von Beamten aufhielt – schließlich wurde Feuer gelegt, und das Gebäude verbrannte mitsamt zweiundzwanzig Polizisten. Gandhi war empört – er sah in dieser barbarischen, gewalttätigen Reaktion der Bauern einen entscheidenden Schlag gegen seine Politik – sie müßte als unglaubwürdig angesehen werden; deshalb kehrte der Mahatma ihr vorläufig den Rücken, nicht ohne zu ermahnen, nach seinem Programm zu leben, eifrig zu spinnen, abstinent zu sein, für die Einheit der Hindus und Muslims, für soziale Verbesserungen und Schulreformen zu arbeiten.

Motilal und Jawaharlal fühlten sich wie vor den Kopf geschlagen. Durfte ein solcher Vorfall, so abscheulich er war, ein ganzes Kampfprogramm umstoßen? Geriet nicht die gesamte Freiheitsbewegung ins Wanken? Würden sich die Engländer nicht einfach über sie lustig machen und politischen Nutzen aus der Gandhischen Philosophie ziehen? Mit dem Mahatma war nicht zu reden. Auf die eindringlichen Vorstellungen der Nehrus antwortete er: ,,Es ist besser, der Feigheit und Schwäche beschuldigt zu werden, als unseren Eid zu brechen oder gegen Gott zu sündigen. Es ist hunderttausendmal besser, vor der Welt wortbrüchig zu erscheinen, als uns selbst gegenüber wortbrüchig zu sein."

Auf der Tagung des ,,All India Congress Committee", die am 24. Februar 1922 in Delhi stattfand, wurde Gandhi harten Angriffen ausgesetzt. Er blieb fest, sein Entschluß war nicht zu erschüttern.

Niemand konnte darüber erleichterter sein als der Vizekönig, der dem englischen Staatssekretär für Indien kurz vor Gandhis Entschluß am

9. Februar nach London telegrafiert hatte: ,,Die unteren Klassen in den Städten sind von der Nicht-Zusammenarbeits-Bewegung ernstlich erfaßt worden . . . In einigen Gebieten gilt das auch für die Landbevölkerung. Ein großer Teil der Mohammedaner ist infolge der Khilafat-Agitation verbittert . . . Religiöse und rassische Gefühle verschärfen sich . . . Es hat sich als unmöglich erwiesen, die Tatsache zu übersehen, daß die Nicht-Zusammenarbeits-Bewegung hauptsächlich durch nationalistische Bestrebungen verursacht und unterstützt worden ist."

Noch prägnanter drückte sich der Gouverneur von Bombay über die Gefühle der britischen Kolonialbeamten aus: ,,Es hat uns einen Schrekken eingejagt. Gandhis Experiment war das Kolossalste der Weltgeschichte, und um ein Haar wäre es gelungen."

Kurz nachdem der Mahatma *Satyagraha* abgeblasen hatte, wurde Jawaharlal Nehru aus dem Gefängnis entlassen. Nach einem kurzen Aufenthalt bei seiner Mutter und seiner Frau Kamala im ,,Anand Bhavan" in Allahabad brach er nach Ahmedabad auf, um Gandhi in seinem *Ashram* zu besuchen. Als er dort am 10. März 1922 ankam, war Gandhi bereits verhaftet und in das Sabarmati-Gefängnis gebracht worden. In der Zelle richtete er sich mit seinen zwei Lendentüchern und zwei Wolldecken so ein, wie er im *Ashram* gelebt hatte. Zu seiner Lektüre gehörten fünf Bücher, darunter das große indische Epos ,,Bhagavadgita" und die Bergpredigt.

Gandhi hatte es zweifellos seit langem darauf angelegt, verhaftet zu werden. Wer von den Briten ins Gefängnis geworfen war, hatte sich nach seiner Meinung als wahrer Freiheitskämpfer ausgewiesen. Wer hinter Gitter geriet, wurde von ihm telegrafisch beglückwünscht. ,,Wir müssen die Tore der Gefängnisse breiter machen", so schrieb er einmal, ,,und die Gefängnisse betreten, wie ein Bräutigam das Brautgemach betritt. Nur im Gefängnis kann man um die Freiheit werben und manchmal auch am Galgen, aber nie in den Beratungszimmern, den Gerichtssälen oder Schulstuben."

Er forderte die Engländer heraus, wann und wo immer es ging. Während der Kongreß-Tagung in Ahmedabad im Dezember 1921 richtete er ,,in aller Ergebenheit" einen Appell an die britische Regierung. ,,Was Sie auch tun", schrieb er, ,,wie Sie uns auch unterdrücken, eines Tages werden wir Ihnen doch widerwillige Reue abringen. Wir bitten Sie, beizeiten zu bedenken und genau zu überlegen, was Sie tun, und darauf zu achten, daß Sie sich die 300 Millionen Menschen Indiens nicht zu ewigen Feinden machen."

Mit Lord Reading, der seit dem 2. April 1921 neuer Vizekönig von

Indien war, hatte Gandhi inzwischen lange Gespräche geführt. Vergeblich. Reading glaubte nicht an eine gewaltlose Befreiung Indiens, wenngleich ihn die Persönlichkeit des Mahatma so beeindruckte, daß er an seinen Sohn schrieb: ,,Äußerlich ist er weiter nicht auffallend. Er erschien barfuß und nur mit einem weißen handgewebten Lendentuch bekleidet. Mein erster Eindruck, als er ins Zimmer geführt wurde, war, daß er in seiner Erscheinung nichts Auffallendes hatte, so daß ich auf der Straße an ihm vorbeigegangen wäre, ohne ihn weiter zu beachten. Er ist offen, spricht ein ausgezeichnetes Englisch und weiß den Wert der Worte, die er gebraucht, wohl abzuschätzen. Es ist nichts Zögerndes um ihn, und in dem, was er äußert, klingt eine Aufrichtigkeit mit, die allerdings bei Erörterung einiger politischer Fragen nicht ganz so deutlich zu spüren ist. Seine religiöse Überzeugung ist, wie ich glaube, echt. Er glaubt fast fanatisch, daß Nicht-Gewalt und Liebe Indien seine Unabhängigkeit wiedergeben und es befähigen würden, der britischen Regierung Widerstand zu leisten. Seine religiösen und moralischen Anschauungen sind wunderbar und stehen auf einer beachtenswert hohen Stufe. Aber ich muß gestehen, daß ich kaum begreifen kann, wie er sie in der Politik verwerten will. Unsere Unterhaltungen waren durchaus offen. Er war ungeheuer höflich, und seine Manieren ließen auch nicht das geringste zu wünschen übrig . . . Er stand in jeder Weise zu dem, was er in unseren verschiedenen Gesprächen gesagt hatte.“

Reading wehrte sich lange dagegen, Gandhi zu verhaften. Aber der Mahatma provozierte den Vizekönig immer wieder, und zwar zuletzt mit Artikeln im ,,Young India“, die zum Aufstand gegen die Regierung aufriefen. Unter der Überschrift ,,Offen und ehrlich verhandeln“ schrieb er am 19. September 1921: ,,Ich schäme mich nicht, zu sagen, daß es für jeden, sei er nun Soldat oder Zivilist, eine Sünde ist, dieser Regierung zu dienen . . . Aufruhr ist das Glaubensbekenntnis der Kongreß-Partei geworden . . . Wenn Nicht-Mitarbeit auch eine religiöse und streng moralische Bewegung ist, so zielt sie doch mit Bedacht auf den Sturz der Regierung hin und ist deshalb, vom Gesetz aus betrachtet, aufrührerisch . . . Wir bitten nicht um Gnade. Wir erwarten von der Regierung keine Gnade.“
Leichter hätte es Gandhi dem Statthalter Seiner Majestät gar nicht machen können. Warum zögerte denn dieser Lord noch? Am 15. Dezember 1921 reizte der Mahatma den Vizekönig unter dem Titel: ,,Ein Rätsel und seine Lösung“ von neuem. ,,Lord Reading“, so schrieb Gandhi, ,,darf nicht vergessen, daß die Nicht-Arbeiter sich mit der Regierung im Kriegszustand befinden. Sie haben ihr Widerstand angesagt . . . Lord Reading hat also ein Recht, sie unschädlich zu machen.“

Noch immer geschah nichts. Gandhi wunderte sich und griff wieder zur Feder. Am 23. Januar 1923 publizierte er unter der Überschrift „Die Mähne schütteln" den dritten der aufrührerischen Artikel. „Es kann keinen Kompromiß geben", hieß es da, „solange der britische Löwe seine blutigen Tatzen vor unseren Gesichtern schüttelt. Die Reis essenden armen Millionen Indiens scheinen sich entschlossen zu haben, ihr Schicksal selber in die Hand zu nehmen, ohne sich weiter bevormunden und von Waffen bedrohen zu lassen. Kein Reich, das sich am roten Wein der Macht und der Beute schwächerer Rassen berauscht, hat lange in der Welt bestanden. Der Kampf, der 1920 begann, ist ein Kampf auf Leben und Tod, ob er nun einen Monat oder ein Jahr, viele Monate oder viele Jahre dauert . . ." Gandhi hatte den Fehdehandschuh geworfen. Laut pries er den Aufruhr.

Der Lord schickte die Polizei, Sir Strangman, der Generalstaatsanwalt, erhob Anklage. Die Verhandlung fand am 18. März 1922 unter dem Vorsitz des Distriktrichters C. N. Broomfield im „Government Circuit House" in Ahmedabad statt.

„Ich bitte nicht um Gnade", antwortete der Mahatma dem Ankläger, der ihm vorwarf, Aufruhr gepredigt zu haben. „Ich führe auch keine mildernden Umstände an. Ich bin hier und verlange die höchste Strafe, die mir für das, was nach dem Gesetz ein wohlüberlegtes Verbrechen ist, mir aber als die höchste Pflicht des Bürgers erscheint, zudiktiert werden kann. Frohen Mutes nehme ich diese Strafe auf mich. Sie können nur einen Weg gehen, Herr Richter, wie ich in meiner schriftlichen Darstellung noch weiter ausführe: Entweder verzichten Sie auf Ihr Richteramt, oder Sie verhängen die strengste Strafe über mich, wenn Sie glauben, daß das System und das Gesetz, dem Sie dienen, für die Menschen gut sind. Ich rechne nicht mit einer solchen Bekehrung. Aber wenn ich mit dem, was ich niedergeschrieben habe, fertig bin, werden Sie vielleicht ahnen, was mich in meinem Innern veranlaßt, mich dieser größten Gefahr, die ein Mensch laufen kann, auszusetzen."

Unerschrocken schilderte Gandhi seinen Richtern, wie er aus einem Anhänger ein Gegner der Briten geworden sei, ein Verweigerer, der keinen Kompromiß kannte. Seine ersten Erfahrungen waren die eines Inders in Südafrika: „Ich entdeckte, daß ich als Mensch keine Rechte hatte, weil ich ein Inder war." Anfangs habe er das für einen bösen Auswuchs eines Systems gehalten, das seinem Wesen nach gut war. Aber nachdem er nach Indien zurückgekehrt sei, wäre er endgültig belehrt worden: durch die diskriminierenden Rowlatt-Gesetze, durch General Dyer, der unzählige von unschuldigen, zu stiller Demonstration auf dem

,,Jallianwalla Bagh“ in Amritsar versammelten Indern durch Maschinengewehre niedermetzeln ließ. Mit leisen, aber alle Anwesenden bewegenden Worten schilderte Gandhi die Schmach, die General Dyer den Indern durch den sogenannten ,,Kriechbefehl“ 1919 zufügte. Damals mußten in Amritsar alle Inder, deren Weg durch eine Gasse führte, in der ein britischer Militärarzt überfallen worden war, auf allen Vieren aus ihrer Wohnung und zu ihr zurück kriechen. ,,Trotzdem“, erinnerte Gandhi den Generalstaatsanwalt, ,,kämpfte ich zuerst weiter für Zusammenarbeit. Aber alle Hoffnung wurde zuschanden. Nur widerwillig kam ich zu dem Schluß, daß die Verbindung mit Britannien Indien politisch und wirtschaftlich hilfloser gemacht hatte, als es jemals war . . . Nicht einmal einer Hungersnot kann es Herr werden.“

Mit einem Seitenhieb auf Lancashire, auf die britische Textilindustrie, die mit der Überflutung der ausländischen und besonders der kolonialen Märkte großes Unheil angerichtet habe, sagte Gandhi in Ahmedabad: ,,Vor der Ankunft der Briten wurde in den Millionen Hütten Indiens gesponnen und gewebt und damit für den Lebensunterhalt das verdient, was durch die kümmerlichen Erträge seiner Landwirtschaft nicht verdient werden konnte. Diese Hausindustrie, die für Indiens Existenz so wichtig ist, ist durch ein unglaublich herzloses und unmenschliches Vorgehen – wie durch Engländer selbst bezeugt – ruiniert worden. Die Bewohner der Städte wissen kaum, wie die halbverhungerten Massen Indiens langsam in Kraftlosigkeit versinken . . .

Keine Sophisterei und kein Jonglieren mit Zahlen kann die Beweise aus der Welt schaffen, die die Skelette in vielen Dörfern dem bloßen Auge darbieten. Ich habe keine Zweifel, daß sich sowohl England als auch die Stadtbewohner Indiens, wenn es über uns einen Gott gibt, für dieses Verbrechen, das vielleicht ohnegleichen in der Geschichte ist, einmal werden verantworten müssen.“

Was Gandhi sagte und wie er es tat, hat seine Wirkung auf Richter Broomfield nicht verfehlt. ,,Ein gerechtes Urteil in diesem Fall zu finden“, erklärte der hohe britische Beamte, ,,bedeutet eine Schwierigkeit, der sich wohl noch kein Richter in diesem Land gegenüber befunden hat. Das Gesetz kennt keine Rücksicht auf die Person. Trotzdem aber ist es unmöglich, die Tatsache außer acht zu lassen, daß Sie eine besondere Art von Mensch sind. Noch nie habe ich über einen solchen Menschen zu Gericht gesessen und werde es wohl auch nie wieder tun. Es ist ebenso unmöglich, die Tatsache zu übersehen, daß Sie in den Augen von Millionen Ihrer Landsleute ein großer

Patriot und Führer sind. Auch die, die politisch in einem anderen Lager stehen, sehen in Ihnen den Verfechter hoher Ideale und das Beispiel eines edlen, sogar heiligen Lebens."
Gandhi wurde zu sechs Jahren Gefängnis verurteilt. Der Richter fügte dem Entscheid eine ungewöhnliche Bemerkung hinzu. Er sagte, falls die Regierung diese Strafe eines Tages reduzieren sollte, würde sich niemand mehr darüber freuen als er.
„Kein Richter hätte ein milderes Urteil sprechen können", antwortete der Mahatma in seinem Schlußwort auf die denkwürdige Äußerung des Briten. Der Apostel der Gewaltlosigkeit hatte einen großen Auftritt gehabt. Die meisten Zuhörer fielen am Ende der Sitzung vor ihm auf die Knie. Selbst Männer scheuten sich nicht, zu weinen.
Nach Gandhis Verurteilung blieb der eben entlassene Nehru nur noch knappe fünf Wochen in Freiheit. Da fast alle politischen Freunde im Gefängnis saßen, drohte die Gefahr eines Verfalls der Kongreß-Partei. Jawaharlal versuchte, das mit allen Mitteln aufzuhalten. Er hatte den bürgerlichen Ungehorsam für ein geeignetes Mittel der Integration aller Kräfte gehalten. Gandhi hatte einen anderen Entschluß gefaßt. Nehru verstand ihn nicht, tolerierte aber, was der Mahatma verlangte. Loyal setzte er sich für Gandhis Arbeitsprogramm ein, predigte den Boykott fremder Textilien und forderte die Inder auf, *Khadi*, das handgesponnene, handgewebte rauhe Tuch, zu tragen. Die zu einem Verband zusammengeschlossenen Tuchhändler von Allahabad versprachen, keine englischen Stoffe zu kaufen. Aber der Verband schien machtlos gegenüber einigen großen Firmen. Nehru entdeckte, daß sie heimlich mit der fremden Ware handelten. Als er begann, Streikposten vor den Geschäften der Unbelehrbaren aufzustellen und sie mit heftigen Worten zu bedrohen, erließ die Regierung erneut einen Haftbefehl, in dem sie Nehru wegen aufrührerischer Handlungen anklagte. Er wurde zu einer Gefängnisstrafe von einem Jahr und neun Monaten verurteilt.
Vor Gericht verteidigte er sich nicht. Was er zum Abschluß der Verhandlung sagte, klang wie eine Proklamation. „Zuneigung und Loyalität", rief Nehru, „kommen aus dem Herzen, sie können nicht auf dem Markt gekauft werden, und noch weniger kann man sie mit aufgepflanztem Bajonett erzwingen. Wir kämpfen für die Freiheit unseres Landes und unseres Glaubens. Ich werde freudig und willig wieder ins Gefängnis gehen. Das Gefängnis ist tatsächlich für uns zum Paradies und heiligen Pilgerort geworden. Indien im Kampf um die Freiheit zu dienen, ist ehrenvoll genug, ihm unter einem Führer wie Mahatma Gandhi zu dienen, ist doppeltes Glück. Welch größeres Glück kann es aber für einen

Inder geben, als für sein teures Land zu leiden? Höchstens das: für die Verwirklichung unseres glorreichen Traumes zu sterben!"
Nur sechs Wochen war Nehru in Freiheit gewesen, als er in das Bezirksgefängnis von Lucknow zurückkehrte. Sein Vater war nach Nainital verlegt worden. Nehru sah sich strengeren Regeln gegenüber. Es gab keine „splendid isolation" im Schuppen der Weberei mehr. Mit 49 Männern befand er sich eng zusammengedrängt in einer Baracke. Besuche kamen selten. Was den feinfühligen Nehru am meisten irritierte: das Leben in einer Gemeinschaft, aus der man sich nicht zurückziehen konnte. Zwar hatte er Bücher, Zeitungen und Schreibmaterial wie vorher, aber kein Eckchen, wo er in Stille lesen oder schreiben konnte. Ununterbrochen schwätzten die Insassen, argumentierten, stritten, debattierten. „Dies glich", schrieb Jawaharlal später in seiner Autobiographie, „der entnervenden Seite des Familienlebens in hundertfacher Vergrößerung, mit nur wenigen seiner Segnungen und Ausgleiche . . . Es war eine große Strapaze für uns alle, und oft sehnte ich mich maßlos nach Einsamkeit."
Er versuchte, diese Einsamkeit im Freien vor der Baracke, in einer Ecke des Hofes zu finden. Stundenlang starrte er in den Himmel, der von Monsunwolken überzogen war. Für die Schönheiten der Natur von jeher empfänglich, faszinierte ihn, der mehr als viele andere unter der Eintönigkeit und Trostlosigkeit der grauen Barackenwände litt, das Farbenspiel des tropischen Sonnenuntergangs. Er erzählte mir, bald nachdem wir uns kennengelernt hatten, daß er eine tiefe, fast sinnliche Beziehung zur Natur habe, daß gewisse Naturphänomene, Berge, Blumen oder Wolkenformationen eine geradezu traumhafte Trance, ja Ekstase, in ihm auslösten, sogar metaphysische Bezüge herstellten. In einem seiner Bücher hat er dazu geschrieben: „Manchmal sah man zwischen den klaffenden Wolken jenes wunderbare Monsun-Phänomen, ein Stück tiefblauen Himmels, der ein Teil der Unendlichkeit zu sein scheint."
Im Gefängnis wurde ihm klar, welches Glück und welche Geborgenheit eine Familie bedeuten konnte, wie sehr er das Lachen von Kindern, den Klang von Frauenstimmen vermißte, die zärtliche Hand der Mutter.
Nach einiger Zeit wurde er in eine abgelegene Abteilung des Gefängnisses verlegt – hier konnte er wenigstens in Ruhe lesen und schreiben. Es sollte Januar 1923 werden, ehe sich die Gefängnistore wieder für ihn öffneten.
Vier für das Leben Nehrus entscheidende Jahre waren vergangen. 1919 – nach den Rowlatt-Gesetzen und der Amritsar-Tragödie – hatte Mahatma Gandhi die „Satyagraha Sabha" gegründet, jene Gemeinschaft, die mit Arbeitsniederlegung, Fasten und ruhigen Massenver-

sammlungen zum gewaltlosen Widerstand, zum zivilen Ungehorsam, aufrief. Nehru hatte sich dieser Bewegung verschrieben, er war an ihr wie an dem Gefängnisleben gereift – er hatte den Boden gefunden, auf dem er sicher stand. Seine Scheu vor öffentlichen Auftritten und Reden war verschwunden, seit er mit den indischen Bauern und dem indischen Dorf die Seele seines Landes entdeckte. Er war durch das Feuer von Verfolgung und Terror gegangen. Er hatte sich selbst erprobt und gewappnet, um den Kampf um Indiens Freiheit bis zum Ende zu führen. Sein Weg schien vorgezeichnet – er würde an der Seite Gandhis zur Spitze führen.

Aber schon hatte er die Bitterkeit äußerer und innerer Widerstände zu spüren bekommen, die Tragödien, die sich aus der Unfähigkeit der Menschen entwickeln, miteinander in Frieden zu leben. Mit aller Kraft versuchte er aufrechtzuhalten, was sich später als unaufhaltbar erweisen sollte: die verhängnisvolle Auseinandersetzung zwischen Hindus und Muslims.

Noch 1921 und 1922 waren Millionen Menschen aller Glaubensrichtungen unter dem zündenden Begriff *Swaraj* – Selbstregierung – leidenschaftlich für die große gemeinsame Sache, die Unabhängigkeit, eingetreten. Eine neue Ära der Freundschaft zwischen Hindus und Muslims schien gekommen. Aber schon in den ersten Monaten des Jahres 1922 geschah, was ernüchternd wirkte: In der Kongreß-Partei kam es zu kleinlichen Intrigen und Streitereien, nicht zuletzt über das Für und Wider der von Gandhi abgeblasenen zivilen Gehorsamsverweigerung.

Die Gegensätze verschärfen sich

Nach Gandhis Verhaftung im März eskalierten die Querelen bis zu einer Aufspaltung in die sogenannten Änderer, die „prochangers", und die Nichtänderer, die „no-changers". Die „prochangers", eine Gruppe, die, von C. R. Das und Motilal Nehru angeführt, aus taktischen Gründen für gewisse Kompromisse mit der Regierung plädierte, um sie etwa durch den Eintritt in die Provinzialräte zu unterlaufen, nannten sich auch Swarajisten, wobei sie offensichtlich einen Dominionstatus im Auge hatten, den das Wort *Swaraj* (Selbstregierung) auch bedeuten kann. Ihre Gegner, die „no-changers", waren die reinen Gandhianer, die Anhänger des Boykotts fremder Waren, Befürworter des Spinnrades und der Heimweberei, der Harmonie unter den Glaubensgemeinschaften und der Abschaffung jeglicher Diskriminierung, zum Beispiel der „Unberührba-

ren". Die führenden „no-changers" waren der Südinder C. Rajagopalachari, oft auch nur Rajaji genannt, wahrscheinlich der schärfste Kopf unter den indischen Nationalisten, und Rajendra Prasad, der später zum ersten Präsidenten der indischen Republik gewählt wurde.
Nehru stand auf der Seite der „no-changers". Sich in die Provinzialräte wählen zu lassen, erschien ihm ein Verrat an den Zielen der Kongreß-Partei zu sein. Zu seiner Bestürzung mußte er allerdings gleichzeitig entdecken, daß es bei den reinen Gandhianern durch den Abbruch der zivilen Gehorsamkeitsverweigerung zwar immer noch ein soziales, aber kein klar definiertes politisches Programm gab.
Nehru tat daraufhin, was er im Interesse der Fortführung des Freiheitskampfes für das Beste hielt – er suchte nach einem Kompromiß und konnte ihn im Herbst 1923 mit einer Formulierung durchsetzen, nach der den Änderern zugestanden wurde, sich in die Provinzialräte wählen zu lassen. Der junge Nehru hatte damit zum ersten Mal seine Fähigkeit bewiesen, in schwierigen Situationen vermitteln zu können. Diese Rolle fiel ihm immer wieder in seiner Laufbahn zu. Er hat sie glänzend gespielt – zuerst in den letzten Phasen des Ringens um die indische Unabhängigkeit und nach 1947 auf der Bühne der internationalen Politik.
Aber noch ahnte keiner, welche Aufgaben Jawaharlal Nehru eines Tages in Indien übernehmen würde. Noch weniger war sein Einfluß, der weit über den Subkontinent hinausreichen sollte, voraussehbar.
1923 beschloß Jawaharlal, sich zuerst einmal auf seinen Heimatstaat zu konzentrieren. Er war Sekretär des Provinzialausschusses der Kongreß-Partei in den „Vereinigten Provinzen" und wurde zum Stadtpräsidenten von Allahabad gewählt. Hier war ein Feld für seine Tatkraft und Organisationsfähigkeit. Er stürzte sich mit Eifer und Idealismus in die Arbeit. Mit zahllosen Vorschlägen bezüglich Steuersenkung und Steueranhebung, Schulwesen, sanitärer Anlagen, Prostitution, Verschönerung des Stadtbildes versuchte er, Änderungen zu erzwingen. Aber bald erkannte er die Barriere für jeden Fortschritt: die indische Bürokratie.
Sie löste 1923 in dem jungen Politiker mit seinen hochfliegenden Plänen eine erhebliche Ernüchterung aus. Er war auf drei Jahre gewählt, aber schon nach zwei Jahren trat er resigniert zurück. In diese Zeit fiel der Vorschlag des Kongreß-Präsidenten Mohammed Ali, Nehru solle für das Jahr 1924 das Amt des Generalsekretärs übernehmen. Nehru zögerte, da er sich eines erheblichen Widerstandes gegen ihn bewußt war. Mohammed Ali, einer der bedeutendsten islamischen Theologen der jüngsten indischen Geschichte, ließ sich nicht beirren. „Mein lieber Jawaharlal! Gerade weil einige Mitglieder des Arbeitsausschusses etwas

gegen Ihre Anwesenheit als Sekretär haben, liegt mir daran . . . Also seien Sie guter Dinge und fangen wir an zu arbeiten."

Nehru gab nach.

Im November 1923 war er zum dritten Mal, wenn auch nur für kurz, ins Gefängnis geraten. Zusammen mit zwei Parteifreunden war er in das Sikh-Fürstentum Nabha eingeladen worden, um eine antibritische Demonstration zu beobachten. Kaum dort angekommen, wurden die Kongreß-Mitglieder aufgefordert, sofort das Gebiet von Nabha zu verlassen. Als sie sich wehrten, schritt die Polizei ein, fesselte sie mit Handschellen aneinander und trieb sie durch die Hauptstraße der Stadt. Drei Nächte verbrachten sie in einer schmutzigen Zelle, ehe ein vierzehntägiges Gerichtsverfahren wegen Verschwörung begann. Sie wurden zu achtzehn Monaten Gefängnis verurteilt. Dazu kamen sechs Monate wegen der Verweigerung des Befehles, Nabha zu verlassen. Zum Schluß wurden die Urteile außer Kraft gesetzt und die Delinquenten freigelassen. Die Folgen dieser Willkür waren unangenehm: Alle drei erkrankten an Typhus.

Was Nehru noch mehr beunruhigte als Willkür und Terror der britischen Behörden, war die ständige Verschlechterung der Beziehungen zwischen Hindus und Muslims. Die Khilafat-Bewegung, die zur Einigung und Zusammenarbeit für ein großes gemeinsames Ziel – eine unabhängige indische Nation – beigetragen hatte, verlor an Bedeutung und Antriebskraft, nachdem Mustafa Kemal Atatürk im November 1922 den Sultan der Türkei, der zugleich Kalif aller Mohammedaner war, ins Exil schickte. Gegen ein friedliches Zusammenleben mit den Muslims stellte sich auch der militante Hinduismus, der in der „Hindu Mahasabha", einem Extremistenverband, zu neuem Leben erwachte.

Anfang 1924 kamen neue Schrecken. Der inhaftierte Gandhi erkrankte an Blinddarmentzündung und mußte operiert werden. Die Nation bangte um sein Leben. Die Engländer überführten ihn Mitte Januar aus dem Gefängnis in ein Krankenhaus in Poona, wo ihn der britische Chirurg Oberst Maddock erfolgreich operierte. Die beiden Nehrus besuchten den Mahatma, dem am 5. Februar der Rest der Gefängnisstrafe erlassen wurde. Er hatte nur zwei der sechs Jahre abgesessen, zu denen er 1922 verurteilt worden war.

In der ersten Aprilwoche übernahm Gandhi wieder die Redaktion der beiden Wochenzeitschriften „Young India" und „Navajivan" („Neues Leben"). In seinem ersten Artikel, der am 3. April veröffentlicht wurde, kritisierte Gandhi, was inzwischen im Land geschehen war: „Wir haben uns verpflichtet, untereinander und unseren Gegnern gegenüber, ob sie

Beamte oder Mitarbeiter der Regierung sind, nicht gewalttätig zu sein. Wir wollen an ihre Herzen und an das Gute in ihnen appellieren, nicht unser Ziel dadurch erreichen, daß wir sie in Furcht versetzen. Bewußt oder unbewußt ist die Mehrzahl derjenigen von uns, welche sich Gehör verschaffen können, dieser Verpflichtung nicht treu geblieben. Wir waren unseren Gegnern gegenüber intolerant. Unsere eigenen Landsleute mißtrauen uns; sie glauben einfach nicht an unsere Gewaltlosigkeit. An vielen Orten haben Hindus und Muslims Anschauungsunterricht von Gewalttätigkeit statt von Gewaltlosigkeit gegeben."

Was war geschehen? Im ganzen Land war es zu religiösen Unruhen gekommen, deren Ursache im Grunde als Bagatellen angesehen werden mußte: einmal das traditionelle Kuhopfer beim islamischen *Bakr-id*-Fest (wird am Ende der Fastenzeit begangen), ein andermal Hindumusik vor einer Moschee. Was aber hinter der Reaktion auf diese Bagatellen steckte, war eine tiefe Frustrierung der Hindus gegenüber den Muslims, die sich einst zur Zusammenarbeit mit den britischen Eroberern bereitgefunden hatten. Immer wieder versuchten die Kolonialherren im Sinne des „teile und herrsche" die beiden Gruppen gegeneinander auszuspielen.

Der traurige erste Akt dieser Tragödie, die später zur Teilung des Subkontinents führte, war die Moplah-Revolte von 1921 gewesen. Die Moplahs sind eine militante islamische Gruppe halbarabischer Abstammung, die an der Malabarküste in Südindien seßhaft ist. Der Aufruf zum „zivilen Ungehorsam" hatte unter den Moplahs zu einer unerwarteten Reaktion geführt. Zuerst erhoben sie sich gegen die Briten, ihre Rebellion aber wurde schnell zu einem blutigen bürgerkriegsähnlichen Aufstand gegen hinduistische Großgrundbesitzer und Geldverleiher. Die Bilanz war grauenvoll: 2339 Tote, 1652 Verletzte, 5955 Gefangene und 39 348 „Festgehaltene". Zum ersten Mal hatte sich der religiöse Fanatismus in der neueren Geschichte Indiens überschlagen, hatte ein Fanal für 1947 gesetzt.

Nehrus Abneigung gegen den religiösen Fanatismus wuchs. „Religiöse Verbohrtheit ist ein grauenhaftes Schauspiel", schrieb er an seinen muslimischen Freund Dr. Syed Mahmud, „es ist, als seien wir in einen Mahlstrom gegenseitigen Hasses geraten und müßten immer rundherum und immer tiefer in diesen Abgrund hinunter. Kein Land und kein Volk, die Sklaven eines Dogmas sind, können vorwärtskommen, und unglücklicherweise sind gerade unser Land und Volk außerordentlich dogmatisch und beschränkt geworden . . . Ich habe keine Geduld mehr mit den legitimen und illegitimen Sprößlingen der Religion."

Auch mit Kongreß-Präsident Mohammed Ali führte Nehru zahlreiche Gespräche über Religion und Gott. Die Haltung des überzeugten militanten Muslims erschien Nehru ebenso irrational wie die des sanften Hindus Gandhi. Was Nehru irritierte, war, daß beide sich bei Parteibeschlüssen auf Gott beriefen und so Politik und Religion zu vermischen suchten. Er lehnte eine solche Verbindung ab. Mohammed Ali ließ sich davon ebensowenig beirren wie Mahatma Gandhi. Beide waren der Meinung, daß Nehru trotz seiner ständigen Proteste gegen eine religiöse Dominante in seinem Leben nicht unreligiös sei. „Obwohl Jawaharlal immer sagt, daß er nicht an Gott glaubt", bemerkte Gandhi einmal, „ist er Gott näher als viele von denen, die behaupten, seine Anbeter zu sein."
Ein alter Freund Nehrus, der philosophisch gebildete Sri Prakasa, nach der Erlangung der Unabhängigkeit Gouverneur von Bombay, bemerkte dazu: „Jawaharlal ist vielleicht nicht religiös, aber er ist ein Mensch, der sich völlig seinen Pflichten hingibt. Im Sanskrit heißt *Dharma* (Gesetz) sowohl Pflicht als auch Religion." Der Mahatma glaubte zu wissen, daß Nehru unter Religion tätige Liebe, den Dienst an der Menschheit verstand, ja, daß er geradezu im christlichen Sinn religiös gewesen sei.
Der erste Ministerpräsident des unabhängigen Indien hat sich mit Gandhis und Alis Meinung in seiner Autobiographie auseinandergesetzt: „Ich habe mich oft gefragt, wie weit diese Aussage stimmt. Vielleicht hängt das davon ab, was man unter Religion und religiös versteht."

Nehru und Europa

In der britischen Kronkolonie herrschte eine lähmende politische Atmosphäre, als Nehru 1926 mit seiner an Tuberkulose erkrankten Frau in die Schweiz reiste. Kamala sollte sich in dem Gebirgsort Montana erholen, während Nehru in Genf wohnte.
Dieser Europa-Aufenthalt, der bis 1927 dauern sollte, wurde zu einer wichtigen Station in Nehrus Leben. Er begegnete dem französischen Romancier Romain Rolland, der gleichzeitig ein subtiler Sozialphilosoph war; mit ihm teilte er das Interesse an ethischen und politischen Fragen. Rolland empfing den jungen Inder in seiner Villa Olga in Villeneuve. Es entspann sich eine herzliche Beziehung, die durch die Jahre anhielt.
Noch stärker angezogen fühlte Nehru sich von dem Deutschen Ernst Toller, dessen Melancholie und Leidenschaft ihn fesselten. Die beiden lernten sich auf dem antiimperialistischen Kongreß kennen, der im Februar 1927 in Brüssel stattfand.

Die Begegnung mit Kommunisten, Sozialisten und Nationalisten aus Asien und Afrika bestärkten Nehrus Vorstellungen von notwendigen Sozialreformen in einem freien Indien. Zum ersten Mal in der Geschichte tauchte in Brüssel die Idee einer Zusammenarbeit zwischen Afrikanern und Asiaten auf, die dann später 1955 auf der Konferenz von Bandung voll zum Tragen kam. Die Idee zu einem antiimperialistischen Kongreß war in Berlin gefaßt worden, das, von revolutionärem Gedankengut erfüllt, Asyl für politische Emigranten aus den Kolonialländern war.
Moskau blieb nicht müßig – es unterstützte die Brüsseler Konferenz ideologisch. Das Werben der Kommunisten verfehlte seine Wirkung auf die Intellektuellen unter den Delegierten nicht, zu denen auch Albert Einstein und Romain Rolland gehörten. Nehru rückte auf der Zusammenkunft bald in den Mittelpunkt des Interesses. Es galt seiner außergewöhnlichen Persönlichkeit ebenso wie der großen indischen Nationalbewegung, die er vertrat – es war kein Zufall, daß er ins Präsidium gewählt wurde und später auch dem Ausschuß der neugebildeten Liga gegen den Imperialismus angehörte. 1929 trennte sich Nehru von der Liga, die sich gegen das von ihm und von Gandhi inspirierte Delhi-Manifest wandte, das antikoloniale Maßnahmen wie den zivilen Ungehorsam zu unterlassen versprach, falls London sofort den Dominion-Status für Indien garantierte.
Den Kontakt mit dem internationalen Kommunismus setzte Nehru im November 1927 in Moskau fort. Er blieb nur vier Tage, aber seine Sympathien für die Sowjetunion und kummunistischen Ideen vertieften sich. Allerdings war er immer kritisch gegenüber den Methoden des sowjetischen Experiments. ,,Die Kommunisten", so schreibt er in seiner Autobiographie, ,,irritierten mich oft durch ihre diktatorische Haltung, ihre aufdringlichen und ziemlich pöbelhaften Methoden und ihre Angewohnheit, jedermann zu beschimpfen, der nicht ihrer Meinung war."
Wie immer er die Sowjetunion persönlich betrachtete, er sah sie zugleich im Kontext mit Indien: ,,Im eigensten Interesse", so schrieb er, ,,müssen wir zu verstehen suchen, welche ungeheuren Kräfte die alte Ordnung umgestoßen haben . . . Wir können Rußland nicht ignorieren, denn es ist unser Nachbar, ein mächtiger Nachbar, der freundschaftlich mit uns zusammenarbeitet, aber auch ein Dorn in unserem Fleisch werden kann. Auf jeden Fall müssen wir Rußland von Grund auf kennenlernen und uns politisch danach richten."

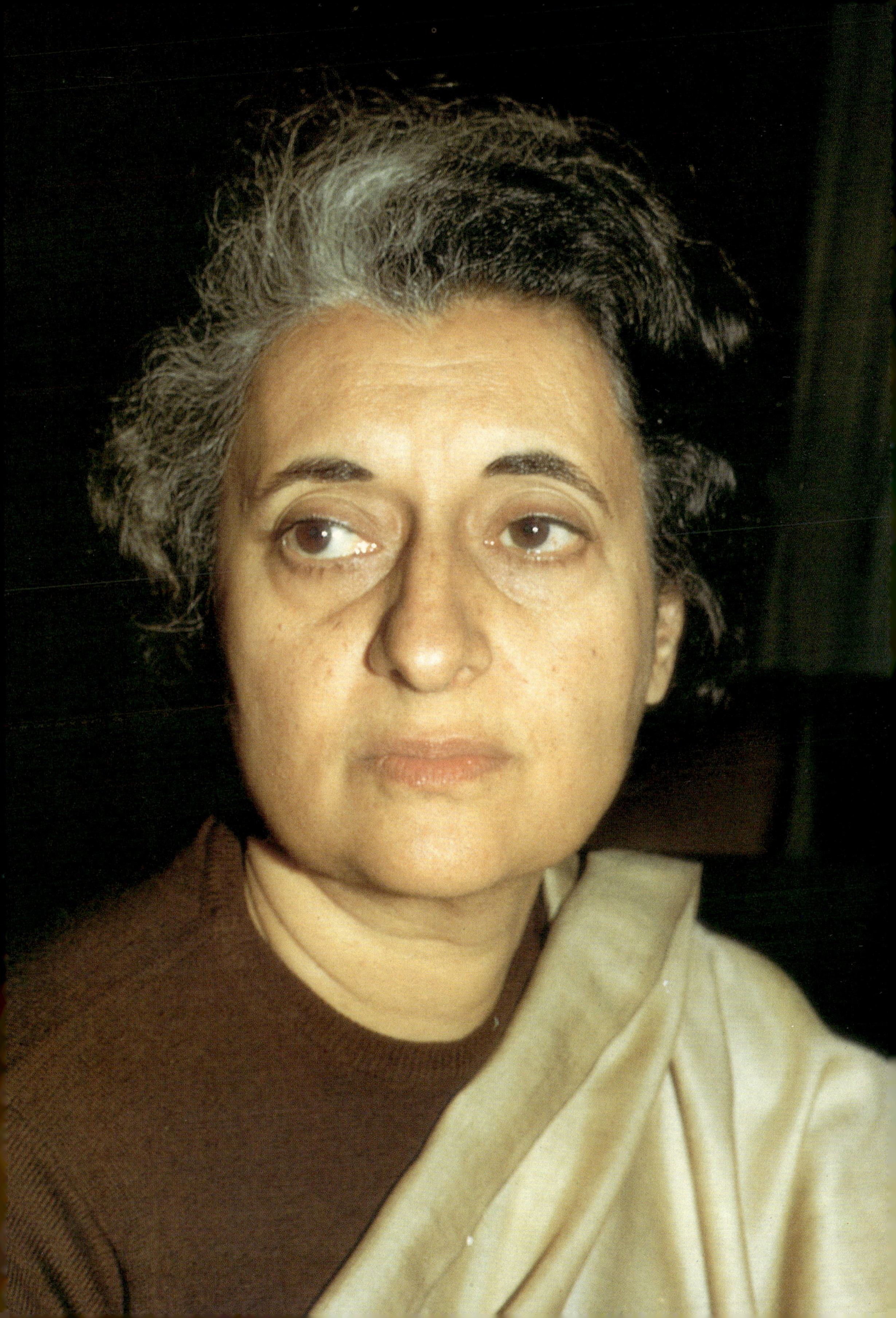

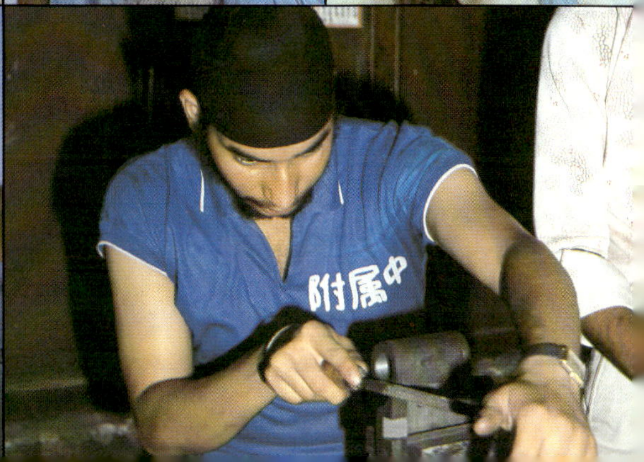
附属中

Bildlegende der Farbseiten

S. 97: Indira Gandhi, kurz vor ihrem Tode.

S. 98/99: Jubelnde Menschen, wo immer Indira auftrat und sprach.

S. 100/101: Indira Gandhi mit ihren Söhnen Rajiv (links im Bild) und Sanjay, der im Juni 1980 tödlich verunglückte (großes Foto).
Indira auf Wahlreise und mit ihrem Enkel Rahul (unten).
Der Alte und die Tänzerin – Skulptur am Lakshmana-Tempel in Khajuraho.

S. 102/103: Liebesszene aus dem klassischen indischen Tanz: Kathakali.

S. 104/105: Die große Tänzerin Indrani im Kuchipudi mit Mudras (Handgesten), einen durch das Wasser gleitenden Fisch darstellend (großes Foto).
Beispiele tänzerischer Ausdruckskunst: Indrani mit der Mudra: Biene, die über einer Lotosblüte kreist (oben).
Indrani, die im Kuchipudi abwechselnd das liebliche Froschmädchen Mandodari (Mitte) und den Dämonenkönig Ravana (unten) tanzt.

S. 106/107: In der Wüste Thar von Rajasthan: Heimkehr der Tiere vom Pushkar Mela, dem großen Kamelmarkt der Rajasthanis.

S. 108/109: Begegnung in Pushkar, dem Ort, wo die glückbringende Lotosblüte aus der Hand des Gottes Brahma zur Erde fiel (großes Foto).
Zuschauer am Rande der Festwiese von Pushkar (rechts).
Gelbe Turbane, rote Saris – eine Symphonie aus Farben rings um die Festwiese von Pushkar. Im Hintergrund Ratnagir, der „Berg der Edelsteine“, mit dem Tempel der Savitri, Gemahlin des Gottes Brahma (Mitte).
Die Bäuerinnen von Rajasthan schleppen oft stundenlang das Wasser von der Quelle nach Hause (unten).

S. 110/111: Der Goldene Tempel von Amritsar, der heiligste Ort der Sikhs (großes Foto).
Sikh Familie im Goldenen Tempel von Amritsar. Alter Sikh bei Restaurationsarbeiten im Goldenen Tempel. Millionen Sikhs verlangen einen eigenen Staat „Kalistan“. Viele der bärtigen Tempelwächter sind bereit, für ihre „Unabhängigkeit“ mit Lanze und Schwert zu kämpfen. Die Sikhs sind hervorragende Techniker. Sie scheuen auch keine körperliche Arbeit (von oben nach unten).

Der Geist der Rebellion greift um sich

Der achtunddreißigjährige Nehru war zu einem Mann mit internationalem Weitblick gereift – er hatte die Zeichen der Zeit erkannt und wußte, daß nur radikale Forderungen zum Ziel führen konnten. Deshalb brachte er, in seine Heimat zurückgekehrt, im Dezember 1927 während der Kongreß-Sitzung in Madras eine Resolution ein, die in einem bedeutenden Satz gipfelte: „Der Kongreß erklärt vollständige und nationale Unabhängigkeit als Ziel des indischen Volkes." Für ihn war die Zeit irgendwelcher Kompromisse endgültig zu Ende, dem Gandhischen Prinzip der Gewaltlosigkeit gedachte er nicht mehr zu folgen.

Gandhi reagierte mit sanfter Entschiedenheit, mit der Weisheit des Alters. „Die Kongreß-Partei", sagte er, „macht sich lächerlich, wenn sie jedes Jahr von neuem Resolutionen dieser Art faßt, obwohl ihr die Macht fehlt, sie durchzuführen. Wenn wir für Resolutionen dieser Art stimmen, stellen wir unsere Machtlosigkeit öffentlich zur Schau, werden zur Zielscheibe des Spotts für Tadler und fordern die Verachtung unserer Gegner heraus. Die Kongreß-Partei kann nicht zu der unwiderstehlichen Macht werden, die sie sein sollte, wenn ihre Resolutionen falsch formuliert sind und papierene Beschlüsse bleiben. Wir sind beinahe auf das Niveau eines Schüler-Debattierklubs herabgesunken."

Noch einmal ließ sich Nehru von Gandhi überrollen, aber Gandhi muß gespürt haben, daß der junge Freund innerlich von ihm abrückte. Am 4. Januar 1928 schrieb er ihm vorwurfsvoll: „Sie gehen zu schnell vor. Sie hätten sich Zeit nehmen müssen, nachzudenken und sich zu akklimatisieren. Die meisten der von Ihnen aufgesetzten und erfolgreich eingebrachten Resolutionen hätten ein Jahr warten können. Daß Sie sich der republikanischen Armee angeschlossen haben, war ein übereilter Schritt. All das macht mir aber weniger Sorgen als die Tatsache, daß Sie Unruhestifter und Raufbolde ermutigen. Ich weiß nicht, ob Sie noch an unverwässerte Gewaltlosigkeit glauben. Aber selbst wenn Sie ihre Ansichten geändert haben, können Sie nicht annehmen, daß unerlaubte und ungehemmte Gewalttätigkeit das Land frei machen kann. Wenn Sie im Lichte Ihrer europäischen Erfahrungen das Land erst sorgfältig beobachtet haben und dann überzeugt sind, daß die jetzigen Mittel und Wege falsch sind, bin ich sehr dafür, daß Sie Ihre eigenen Ansichten durchzusetzen versuchen, aber bitte gründen Sie dann eine disziplinierte Partei . . . Wenn ich Ihnen einen Rat geben darf, so ist es der, daß Sie als Sekretär der Kongreß-Partei die Pflicht haben, Ihre ganze Energie der wichtigsten Resolution: Einigkeit – und der zweitwichtigsten Resolution: Boykott der Simon-Kommission zu widmen. Die Einigkeitsresolution erfordert den Einsatz all Ihrer großen organisatorischen und diplomatischen Gaben."

Am 17. Januar 1928 griff Gandhi erneut zur Feder, um seiner Besorgnis Nehru gegenüber Ausdruck zu geben. ,,Die Meinungsverschiedenheiten zwischen Ihnen und mir sind so groß und extrem, daß es keine Verständigungsmöglichkeiten zwischen uns zu geben scheint. Ich will Ihnen meinen Kummer darüber nicht verhehlen, daß ich einen so tapferen, treuen, fähigen und ehrlichen Kameraden, wie Sie es immer waren, zu verlieren im Begriff bin; aber wenn man einer Sache dient, muß man Kameradschaft opfern. Die Sache muß wichtiger sein als alle Überlegungen dieser Art. Dieses Ende einer Kameradschaft – wenn es zu einem Ende kommen muß – berührt unsere persönliche Freundschaft nicht. Wir sind seit langem Mitglieder der gleichen Familie, und das bleiben wir auch trotz schwerwiegender politischer Meinungsverschiedenheiten."

Diese Meinungsverschiedenheiten waren im Grunde ein Streit um die Methode, wie man das hohe gemeinsame Ziel, Indiens Unabhängigkeit, erreichen sollte. An der gemeinsamen Absicht gab es nie einen Zweifel – deshalb kam es auch bei allen Differenzen zu keinem Bruch. Schließlich war es der Mahatma, der Nehru zu seinem Nachfolger bestimmte.

Am 8. November 1927 hatte die konservative Regierung von Stanley Bald die Erneuerung einer rein britischen Kommission unter dem Vorsitz von Sir John Simon, dem späteren Lord Simon, verkündet. Die Kommission, von der Inder ausgeschlossen waren, sollte den indischen Regierungsapparat untersuchen, um, wenn nötig, Reformen vorzuschlagen. Der Ausschluß der Inder bei Beratungen um ihr eigenes Schicksal hatte Folgen, die von der britischen Regierung sicher nicht gewünscht worden waren: Eine neue politische Aktivität entfaltete sich – vorübergehend wurden die Gegensätze zwischen den Radikalen und den Gemäßigten überbrückt, es kam sogar zu einer Einigung zwischen Muslims und Hindus; geschlossen forderten die verschiedenen Gruppen den Boykott.

Die Einigkeit war um so erstaunlicher, als sich die politischen Gegensätze seit dem November 1926 erheblich verschärft hatten. Damals fanden die Wahlen für den Zentralrat und die Provinzialräte statt. Zum ersten Mal trat die militante neue ,,Nationalistische Partei" mit ihren Führern Lala Lajpat Rai und Pandit Madan Malaviya ins Rampenlicht. Motilal Nehrus nationale Swaraj-Partei verlor Stimmen an die militanten Extremisten. Die fanatische Hindu-Organisation ,,Hindu Mahasabha" und die ,,Muslim-Liga" lieferten sich täglich Wortgefechte. Muslims wie

Hindus verließen die sie einen wollende nationale Bewegung und schlossen sich kommunalen Parteien an. Voller Sorge hatte Nehru diese Entwicklung beobachtet, die zu absurden Propagandataktiken führte: Hindu-Politiker wie Muslims stilisierten sich zu Beschützern ihrer jeweiligen Gemeinschaft. Sie spielten mit der Angst. „So gewinnt man Stimmen", bemerkte Nehru einmal ironisch, „indem man beiden Seiten verspricht, sie gegen die andere zu schützen – das ist die feine Kunst der Politik."

Auch unter den Bauern rührte sich der Geist der Rebellion wieder. Ende des Jahres 1927 sprach Gandhi während einer Reise durch Orissa zu den durch die Grundbesitzer, die *Zamindars,* und durch lokale Polizeiorgane völlig verängstigten Bauern und Landarbeitern. Der von der britischen Verwaltung erzwungene „Frieden des Grabes" hatte sie verstummen lassen. „Furcht", rief ihnen der Mahatma zu, „ist schlimmer als Krankheit. Ein Mensch, der andere Menschen fürchtet, verliert sein Menschentum. Fürchtet niemand außer Gott." 1928 hatten die Bauern, vor allem die Vereinigten Provinzen und von Gujerat, ihre Angst überwunden. Es kam zu heftigen Protesten gegen die höheren Steuerforderungen der Regierung.

Neben Gandhi und Nehru profilierte sich in dieser schwierigen Zeit ein Mann, der bereits sechs Jahre vorher seine erfolgreiche Anwaltspraxis aufgegeben und sich dem Mahatma angeschlossen hatte. Es war Vallabhbhai Patel, eine kräftige Erscheinung, erdverbunden, ein Mann von unbeugsamem harten Willen. Politisch rechts von der Mitte angesiedelt, stand er auf der Seite der Kleingrundbesitzer, die gegen eine willkürliche zweiundzwanzigprozentige Erhöhung der Grundsteuer durch die Regierung in Bombay protestierten. Zuerst ließ die Regierung nicht mit sich reden – sie verhaftete die Demonstranten, requirierte das Land und ließ es auf einer Auktion zu niedrigsten Preisen versteigern. „Macht euch keine Sorgen", rief Patel den Bauern zu, „die Regierung soll euer Land nur nach England nehmen – wenn sie kann."

Patel und seine bäuerlichen Anhänger blieben hart, sie antworteten auf die Herausforderung mit geschlossenem Widerstand – die Regierung mußte schließlich nachgeben – die Steuern wurden nicht um 22, sondern nur um 5,7 Prozent erhöht. Die Rebellen nannten Patel von nun an *Sardar,* was „Führer" heißt. In die Geschichte ging der große Freiheitskämpfer als Sardar Patel ein.

Neue Unruhen brachen nach der Ankunft der Simon-Kommission am 3. Februar 1928 aus. Wo sich die Mitglieder der britischen Kommission zeigten, wehten ihnen schwarze Fahnen entgegen. Es kam zu schlimmen

Ausschreitungen in Bombay, Madras und Lahore. Wo die Polizei nicht von der Feuerwaffe Gebrauch machte, schlug sie mit dem *Lathi*, einem Holz-Stab mit eiserner Spitze, in die Menge. Auch Nehru wurde von Stock- und *Lathi*-Schlägen getroffen, als er in Lucknow mit einer kleinen Gruppe von 16 Personen gegen die Kommission demonstrierte. Am ersten Demonstrationstag erhielt Nehru nur zwei schwere Schläge auf den Rücken.

„Ich vergaß den körperlichen Schmerz bald vor Freude darüber," so schrieb er später, „daß ich physisch stark genug war, Lathi-Schläge hinzunehmen und zu ertragen. Was mich überraschte, war, daß ich während des ganzen Vorfalls, selbst während man mich schlug, imstande war, meine Reaktionen bewußt und klar zu analysieren."

Der zweite Anti-Kommissions-Tag wurde zur Tragödie. Berittene Polizei hieb wahllos auf die Demonstranten ein, die nichts anderes taten, als im Chor zu rufen: „Geht nach Hause!" *Lathis* sausten auf die rebellischen Inder nieder – bald lag der große Bahnhofsplatz von Lucknow voll von Menschen mit Kopfverletzungen oder gebrochenen Gliedern. Nehru stand still und hielt sich aufrecht, obwohl er halb besinnungslos von den Schlägen war. Mit eiserner Disziplin versagte er es sich, zurückzuschlagen: „Lange Schulung und Selbstdisziplin hielten mich aber zurück, und ich erhob die Hand nur, um mein Gesicht vor einem Schlag zu schützen. Außerdem wußte ich genau, daß jede Aggression von unserer Seite zu einer furchtbaren Tragödie führen mußte – die Polizei hätte geschossen, und viele der Unsrigen wären ums Leben gekommen." Für Nehru war das nur ein Grund mehr, sich noch intensiver für die Unabhängigkeit einzusetzen.

Ende 1928, kurz bevor die Kongreß-Partei in Kalkutta tagte, profilierte sich Nehru bei einer Sitzung des Gewerkschaftskongresses, des „All-India Trade Union Congress", der damals erst acht Jahre alt war und dem der größte Teil der organisierten Arbeiterschaft angehörte. Die *Girni-Kamgar*-Gewerkschaft in Bombay, deren Mitglieder zumeist Textilarbeiter waren, und die „Great-Indian-Peninsula-Railway"-Gewerkschaft der Transportarbeiter standen fast ganz unter kommunistischem Einfluß.

Auch beim Gewerkschaftskongreß, der im Herzen des Kohlenbergwerkgebietes von Bihar, in Jharia, stattfand, traten Meinungskämpfe zwischen Gemäßigten und Radikalen zutage; der im Herzen Radikale hielt sich zurück. Zu seinem Erstaunen wurde er zum Präsidenten des nächsten Gewerkschaftskongresses gewählt.

Das Jahr 1928 stand im Zeichen der Suche nach Indiens künftigem

Status. Motilal Nehru, Gandhi und die Mehrheit der alten Garde plädierten für einen Dominion-Status, während die Radikalen, an deren Spitze Jawaharlal Nehru und Subhas Chandra Bose, der große bengalische Freiheitskämpfer und Held der bengalischen Jugend, standen, für bedingungslose Unabhängigkeit kämpften. Diese „Jungtürken" gründeten eine Liga für die Unabhängigkeit Indiens. Die Liga war praktisch eine Schöpfung des jüngeren Nehru, der Generalsekretär des „All-India Trade Union Congress" war. Die Liga löste sich später wieder auf, und zwar sobald die Kongreß-Partei deren Ziele für die ihren erklärte.
1928 auf dem Parteitag der Kongreß-Partei in Kalkutta kam es zuerst einmal wieder zu einem Kompromiß. Gemäßigte und Radikale einigten sich auf die Forderung nach einem Dominion-Status, allerdings mußte das britische Parlament diesen vor Ablauf des Jahres 1930 als Verfassungsgrundlage für Indien genehmigten.
Die Kongreß-Partei stand nun vor der Wahl ihres Präsidenten für 1929/1930. Gandhi lehnte es ab, den Posten zu übernehmen, und schlug Nehru vor, obwohl eigentlich Patel an der Reihe war. Gandhi hatte mehrere Gründe, für Jawaharlal Nehru zu plädieren. Nehrus sozialistischer Höhenflug faszinierte die radikale Jugend, die Gandhi vom Kommunismus abbringen und der Kongreß-Bewegung zuführen wollte. Zugleich hoffte er, daß das höchste Parteiamt Nehru bereit machen würde zu Kompromißlösungen. Seine eigene Freundschaft zu Nehru schätzte er so hoch ein, daß er erklären konnte: „Wer unsere Beziehungen kennt, weiß, daß seine Präsidentschaft ungefähr dasselbe ist, als säße ich auf dem Stuhl." Wie wichtig Gandhi das Einbeziehen der Jugend war, erkennt man aus einem Brief an die Parteifreunde: „Die Ernennung Jawaharlal Nehrus zum Kapitän ist ein Beweis für das Vertrauen der Nation zu ihrer Jugend. Allein kann Jawaharlal wenig tun; die Jugend des Landes muß zu seinen Armen und Augen werden. Sie muß sich dieses Vertrauens würdig zeigen."
Die britischen Behörden sahen der Verschärfung des Freiheitskampfes, wie sie durch die Ernennung Nehrus signalisiert wurde, mit Sorge entgegen. Der Bericht der Simon-Kommission sollte in zwei Bänden im Juni 1930 veröffentlicht werden, jedermann wußte, daß die Ereignisse in Indien die Reformvorschläge der Briten längst überholt hatten.

Lord Irwin, Gandhi und Nehru

Lord Irwin, der seit 1926 Vizekönig war, versuchte mit Einverständnis der britischen Regierung eine friedliche Lösung zu erreichen. Am 31. Oktober 1929 erklärte er: „Ich bin von der Regierung Seiner Majestät autorisiert, klar zum Ausdruck zu bringen, daß es ihrer Ansicht nach aus der Erklärung von 1917 (von Edwin Montagu, dem damaligen Staatssekretär für Indien, abgegeben) hervorgeht, daß die dort vorgesehene konstitutionelle Entwicklung Indiens selbstverständlich zum Dominion-Status führen muß.“ Zum ersten Mal brach die britische Regierung mit der Tradition, Entscheidungen über Indien allein zu treffen: Sie lud die indischen Führer zu einer Round-table-Konferenz mit den Vertretern der britischen Regierung nach London ein.
Die Inder beriefen eine Versammlung der Parteiführer im Hause von Viththalbhai Patel, dem Bruder des Sardar, ein; Gandhi und Motilal Nehru präsidierten. Ein Manifest wurde beschlossen, über das Jawaharlal äußerst unglücklich war. Die Bedingungen, die dem Vizekönig gestellt wurden, waren die folgenden: Der Dominion-Status müßte Basis der Londoner Besprechungen sein, zu denen im wesentlichen nur Mitglieder der Kongreß-Partei zugelassen werden sollten. Eine Amnestie für politische Gefangene wurde verlangt. Außerdem schlugen die Verfasser des Manifests vor, Indien solle soweit als möglich sofort wie ein Dominion verwaltet werden.
Nehru fand das Manifest unzulänglich. Man dürfte niemals, so betonte er, die Forderung nach völliger Unabhängigkeit „auch nur in der Theorie und für eine kurze Zeit“ aufgeben. Er weigerte sich zunächst zu unterschreiben, tat es aber dann später um der Einheit der Partei willen, doch darüber war er so unglücklich, daß er dem Mahatma schrieb, er wolle das Präsidium der Kongreß-Partei niederlegen.
Mit seinem Antwortbrief vom 4. November 1929 erwies sich Gandhi als geschickter Psychologe: „Wie soll ich Sie trösten? Nachdem ich von anderen hörte, in welchem Zustand Sie sich befinden, habe ich mich gefragt: Habe ich Sie zu nachdrücklich zu beeinflussen versucht? Ich war immer davon überzeugt, daß Sie jeder falschen Einflußnahme Widerstand leisten würden. Ich habe Ihre Widerstandskraft immer geschätzt. Sie war immer ehrenwert. Aus diesem Glauben habe ich mein Anliegen bei Ihnen durchzusetzen versucht. Lernen Sie aus diesem Vorfall. Widerstehen Sie mir immer, wenn weder Ihr Verstand noch Ihr Gefühl meine Vorschläge akzeptieren kann. Ich werde Sie nicht weniger lieben, wenn Sie mir aus solchen Gründen widerstehen. Warum aber sind Sie depri-

miert? Ich hoffe, Sie fürchten sich nicht vor der öffentlichen Meinung? Wenn Sie nichts Falsches getan haben, warum diese Depression? Das Ideal völliger Unabhängigkeit steht nicht im Widerspruch zu größerer Freiheit. Als Sekretär und zukünftiger Präsident konnten Sie sich nicht von einer kollektiven Handlung der Majorität Ihrer Parteifreunde ausschließen. Ich hoffe daher, daß Sie Ihre Depression überwinden und zu Ihrer nie versagenden Heiterkeit zurückfinden werden."

Nehru, der sich dem Appell Gandhis abermals gebeugt hatte, sollte leider mit seiner Skepsis recht behalten. Die Briten dachten gar nicht daran, die indischen Bedingungen zu akzeptieren.

Am 23. Dezember 1929, nach einem mißglückten Anschlag auf das Leben des Vizekönigs, dessen Zug zwischen Hyderabad und Neu-Delhi von einer Bombe getroffen wurde, trafen sich Gandhi, Motilal Nehru, Rechtsanwalt Sapru, Muslim-Ligaführer Ali Jinnah und Sardar Patel mit Lord Irwin.

Gandhi griff sofort das Hauptproblem auf: den Dominion-Status. „Können Eure Exzellenz", so fragte er den Vizekönig, „uns eine Zusicherung geben, daß die Round-table-Konferenz in London von dem Grundsatz des Dominion-Status ausgehen wird?"

„Das kann ich nicht", antwortete dieser, „ich kann Sie nur auf die Regierungserklärung vom 31. Oktober verweisen. Ich bin nicht autorisiert, darüber hinauszugehen. Andererseits gibt es keinen Grund, warum Sie in London nicht eine Dominion-Verfassung für Indien durchsetzen sollten." Damit war das Gespräch für Gandhi erledigt. Er erhob sich schweigend und verließ den Raum. Er sah den Vizekönig erst wieder, als er im Februar 1931 mit ihm das Gandhi-Irwin-Abkommen unterzeichnete.

Lahore und die Unabhängigkeitserklärung

Das wichtigste Ereignis des Jahres 1929 aber war die Tagung der Kongreß-Partei in Lahore. An den Ufern des Flusses Ravi hatte man ein Zeltdorf errichtet, in das 30000 Menschen strömten. Nehru wurde zum Helden des bemerkenswerten Dezembertages. Die Menge jubelte ihm zu, als er auf einem weißen Pferd der Eröffnungsprozession vorausritt. In seiner Rede offenbarte er seine politischen Vorstellungen. Die Unabhängigkeit Indiens sollte von sozialen Reformen begleitet sein. „Ich muß offen bekennen, daß ich Sozialist und Republikaner bin, nicht an Könige und Prinzen glaube, noch an eine Gesellschaftsordnung, deren moderne Industriekönige eine größere Macht über das Leben und Schicksal von

Menschen haben als die Könige der alten Zeiten und deren Methoden ebenso habsüchtig sind wie jene der feudalen Aristokraten . . . man sagt, daß die Kongreß-Partei das Gleichgewicht zwischen Kapitalisten und Arbeitern und zwischen Gutsbesitzern (*Zamindars*) und Pächtern halten muß. Die Waage hat sich aber immer ungeheuerlich nach einer Seite geneigt und tut es noch immer; es hieße Ungerechtigkeit und Ausbeutung unterstützen, wenn man den Status quo aufrechterhalten wollte. Es gibt nur einen Weg, das Richtige zu tun, nämlich, die Herrschaft einer Klasse über eine andere abzuschaffen."

Nehru ist auch als Ministerpräsident der unabhängigen Indischen Union seinen Vorstellungen von sozialer Gerechtigkeit treu geblieben. Ende 1929 ging es aber vor allen Dingen darum, den Begriff Unabhängigkeit endgültig zu definieren: ,,Unabhängigkeit", erklärte Nehru, ,,heißt für uns völlige Freiheit von britischer Herrschaft und britischem Imperialismus. Wenn Indien frei ist, wird es zweifellos alle Versuche zu einer Zusammenarbeit und Föderation auf weltweiter Basis begrüßen und würde auch bereit sein, einen Teil seiner Unabhängigkeit aufzugeben, um sich einer größeren Staatengruppe als gleichberechtigtes Mitglied anzuschließen . . . Indien kann sich nur als gleichberechtigtes Mitglied dem Commonwealth anschließen, wenn der Imperialismus einschließlich all seiner Nebenerscheinungen aufgegeben wird."

Indirekt setzte sich Nehru in Lahore auch mit der Gewaltlosigkeit auseinander, die für ihn kein Dogma, sondern ein praktisches Mittel zur Erreichung des Ziels war: ,,Gewalttätigkeit hat oft Reaktion und Demoralisierung im Gefolge, und in unserem Land könnten sie zu Zerfall führen. Es ist wahr, daß organisierte Gewalttätigkeit heute die Welt beherrscht, und möglicherweise könnten auch wir von Gewalttätigkeit profitieren. Wir haben aber weder die Mittel noch die nötige Ausbildung für organisierte Gewalttätigkeit, und individuelle oder sporadische Gewalttätigkeit ist nur ein Beweis von Verzweiflung. Ich nehme an, daß die meisten von uns dieses Problem nicht moralisch, sondern praktisch beurteilen – wir verwerfen Gewalttätigkeit, weil sie nicht zu wirklichen Resultaten führen kann. Jede große Freiheitsbewegung muß notwendigerweise eine Massenbewegung sein, und eine Massenbewegung muß notwendigerweise friedlich sein, außer zu Zeiten organisierter Revolution."

Das klang nüchtern und überlegt – aber Nehru ließ es dabei nicht bewenden. Er schloß seine Ansprache mit einem feurigen Appell: ,,Der Erfolg fällt meistens jenen zu, die wagen und handeln, und nur selten den Schüchternen, die sich immer vor den Konsequenzen ihrer Taten fürchten. Wir spielen um einen hohen Einsatz; wenn wir Großes erreichen wollen, müssen wir große Gefahren auf uns nehmen."

Nehru setzte sich durch. Die Resolution von Lahore erklärte als Ziel der Kongreß-Partei *Burna Swaraj* – völlige Unabhängigkeit. An den Ufern des Ravi verlas Nehru die Unabhängigkeitserklärung. Die Stimmen von 30 000 Menschen wiederholten sie mit feierlichem Pathos. Am 2. Januar 1930 wurde der 26. Januar zum „Tag der Republik" erklärt. Millionen Menschen leisteten am ersten „Tag der Republik", am 26. Januar 1930, den Schwur, der von nun an bis zum 15. August 1947, dem Unabhängigkeitstag, zur Leitschnur wurde. „Wir glauben, daß es das unveräußerliche Recht des indischen Volkes, wie jeden anderen Volkes, ist, frei zu sein, die Früchte seiner Arbeit zu genießen, alles Lebensnotwendige und die Möglichkeit zu unbegrenztem Wachstum zu besitzen. Wir glauben auch, daß, wenn irgendeine Regierung einem Volk diese Rechte vorenthält und es unterdrückt, dieses Volk das Recht besitzt, die Regierung zu ändern oder abzuschaffen."

Nun schienen die Weichen endgültig gestellt, mit Anbruch des Jahres 1930 verdunkelte der Schatten kommender Ereignisse das Land.

Seit Nehru sich 1929 auf dem Parteitag in Lahore mit seinem Bekenntnis zu einer der sozialen Gerechtigkeit verpflichteten Gesellschaft in einem künftig unabhängigen Indien profiliert hatte, war er eine der großen anerkannten Führerpersönlichkeiten des Landes. Mahatma Gandhi vertraute ihm sein politisches Erbe an, als er ihn zum Präsidenten der Kongreß-Partei vorschlug. Es gab nur einen Politiker, der sich mit Nehru vergleichen konnte: Subhas Chandra Bose, ein Feuerkopf aus Bengalen.

Neun Jahre jünger als Nehru, war Bose von früher Jugend an Rebell gewesen. Als Student in Kalkutta organisierte er bereits Demonstrationen und Studentenstreiks. Die englische Erziehung in Cambridge konnte sein Temperament nicht zügeln. 1921, als Bose sich dem Mahatma anschloß, legte er sein Amt in der indischen Verwaltung nieder. Schnell befand sich der leidenschaftliche und kompromißlose Freiheitskämpfer aus Bengalen im Gegensatz zu Gandhi. Gewaltlosigkeit war für ihn keine erfolgversprechende Methode zur Erringung der Unabhängigkeit.

Gandhis elf Punkte und der Kampf um das Salz

Am 31. Januar 1930 veröffentlichte Gandhi neue Forderungen, die er in der Form von elf Punkten an die Regierung des englischen Vizekönigs richtete. Er versprach, auf bürgerlichen Ungehorsam zu verzichten, falls seine Punkte akzeptiert würden. Gandhi verlangte:

1. völliges Alkoholverbot;
2. die Wiederherstellung des alten Umwechslungskurses von einem Shilling vier Pence für die Rupie (drei Jahre zuvor hatte man den Kurs auf einen Shilling sechs Pence angesetzt);
3. Reduzierung der Grundsteuern um fünfzig Prozent;
4. Abschaffung der Salzsteuer;
5. Reduzierung der Militärausgaben um mindestens fünfzig Prozent;
6. eine fünfzigprozentige Reduzierung der Beamtengehälter;
7. einen Schutzzoll gegen fremde Tuche;
8. ein Schutzgesetz für die indische Küstenschiffahrt;
9. Entlassung aller politischen Gefangenen, die nicht wegen Mordes oder Mordversuchs verurteilt waren;
10. Abschaffung der Kontrolle durch die Geheimpolizei, deren Untersuchungen sich hauptsächlich gegen die Kongreß-Partei richteten;
11. Aushändigung von Schußwaffen zur Selbstverteidigung unter öffentlicher Kontrolle.

Nehru sah zuerst nicht ein, was die elf Punkte – ein Gemisch von sozialen und politischen Reformen – mit der politischen Grundforderung nach Unabhängigkeit zu tun hatten. Gandhi, der genau wußte, daß man Massen nicht mit einem so abstrakten Begriff wie *Swaraj* – Selbstregierung – bis zur Selbstaufopferung begeistern könnte, versuchte Nehru von der Notwendigkeit einer Aktion gegen die Salzsteuer zu überzeugen, von der er sagte:

,,Außer durch eine Wassersteuer kann der Staat durch keine andere Steuer die Millionen Hungernden, die Kranken, die Krüppel und die völlig Hilflosen treffen. Die Salzsteuer ist darum die unmenschlichste Kopfsteuer, die Menschen sich ausdenken können."

In einem Brief an den englischen Vizekönig Lord Irwin erklärte der Mahatma: ,,Selbst das Salz, das er (der Bauer) zum Leben braucht, wird durch die herzlose Undifferenziertheit der für jeden gleich hohen Steuer gerade für ihn zur schweren Bürde, weil der Arme – sowohl der einzelne als auch die Gesamtheit – mehr davon essen muß als der Reiche. ,,Wenn Sie keine Möglichkeit sehen, dieses Übel abzustellen, und mein Brief nicht an Ihr Herz appelliert, werde ich am elften Tag dieses Monats mit so vielen Insassen meines Ashram wie nur möglich die Vorschriften des Salzgesetzes brechen. Vom Standpunkt des armen Mannes aus gesehen, betrachte ich diese Steuer als die ungerechteste aller Steuern. Da die Unabhängigkeitsbewegung vor allem die Ärmsten des Landes betrifft, werden wir mit der Bekämpfung dieses Übels beginnen. Es ist unverständlich, daß wir diese grausamen Monopole so lange hingenommen haben. Ich weiß, daß Sie die Möglichkeit haben, meinen Plan zu vereiteln, indem Sie mich verhaften lassen. Ich hoffe, daß viele Zehntausende bereitwillig auf disziplinierte Weise meine Arbeit fortsetzen und sich durch den Verstoß gegen das Salzgesetz den Strafmaßnahmen eines Gesetzes aussetzen werden, welches nie das Gesetzbuch hätte verunzieren dürfen."

Als guter Psychologe wußte Gandhi, was auf die einfachen Bauern wirkte – ein bißchen Schauspielerei war immer dabei, wenn er vor seinen Anhängern auftrat. Sein berühmter Salzmarsch, den er am 12. März 1930 um 6.30 Uhr morgens mit 78 Begleitern begann, löste fanatische Begeisterung aus. Er verließ seinen *Ashram,* um über 385 Kilometer bis zum am Meer gelegenen Dorf Dandi zu wandern.

Am Wege machte er Station auf den Marktplätzen der Städte und Dörfer. Immer mehr Menschen schlossen sich ihm an. Auch Motilal und Jawaharlal Nehru wanderten ein kurzes Stück mit dem „Vater der Nation", der mit so einfachen Mitteln ein politisches Feuer entzündete. Jawaharlal hat später darüber geschrieben: „Ich sah ihn mit dem Stab in der Hand, mit festem Schritt und friedlichen, unverzagten Blickes an der Spitze seiner Begleiter weitermarschieren. Es war ein bewegender Anblick."

Gandhi marschierte mit seinen Gefährten 24 Tage. Am 5. April kamen sie in Dandi an. Nach seinem Morgengebet begab sich der Mahatma ruhigen Schrittes zum Strand, hob einen Klumpen abgelagertes Salz auf und zeigte ihn den Menschen, die ihm gefolgt waren. Diese Geste sollte ein Zeichen sein für die künftige Gewinnung des lebensnotwendigen Salzes. Das Gesetz war symbolisch gebrochen. „Es schien", schrieb Nehru, „als wäre plötzlich eine Feder entsichert worden." Im ganzen Land standen Menschen auf, um sich gegen die ungerechte Salzsteuer zu wehren.

Während der Mahatma noch auf seinem dramatischen Marsch war, rief Nehru die Jugend Indiens zum Kampf auf: „Der Pilger marschiert weiter. Das Schlachtfeld liegt vor euch, die Flagge Indiens ruft euch, die Freiheit erwartet euer Kommen. Zögert ihr jetzt, die ihr noch gestern so laut nach der Freiheit gerufen habt? Wollt ihr nur Zuschauer sein in diesem glorreichen Kampf, in dem die Besten und Tapfersten unter euch sich der Macht eines großen Reiches gegenübersehen, das euer Land und dessen Kinder unterdrückt hat? Wer lebt, wenn Indien stirbt?"

Am 14. April 1930 wurde Nehru wegen Vergehens gegen das Salzgesetz verhaftet. Wie Gandhi hatte er sich in Allahabad auf einer riesigen Versammlung leidenschaftlich gegen die britische Salzsteuer ausgesprochen und im Anschluß daran an einem Klumpen Meersalz demonstriert, wie die Inder künftig illegal Salz herzustellen gedächten. Im ganzen Land verstärkten sich mit dem Widerstand gegen die britischen Kolonialherren die Unterdrückungsmaßnahmen.

Am 5. Mai 1930 wurde auch Gandhi wegen seines Salzmarsches verhaftet, und zwar im Morgengrauen. Das aufgeregte Volk sollte nicht wissen, was in der Hütte in Dandi geschah. Beide Verhaftungen blieben nicht geheim. Sie lösten alsbald Demonstrationen aus, die sich nun nicht mehr auf das Brechen der Salzgesetze beschränkten, sondern zum Boykott von Wein- und Tuchläden aufriefen. Die Frauen der Familie Nehru wirkten als Streikposten vor den mit britischen Stoffen gefüllten Geschäften. Die rohen Polizisten, die nicht vor Stockschlägen zurückschreckten, konnten Mutter, Schwester und Frau Nehrus nicht an dieser gewaltlosen Kampfhandlung hindern. Schon zu Beginn des Jahres hatte Nehru in seiner kränkelnden Frau Kamala den starken Willen erkannt, am Freiheitskampf teilzunehmen. Mit leidenschaftlicher Energie setzte sie sich für die Kongreß-Bewegung in Allahabad ein. Ohne Zweifel trugen ihre Anstrengungen zu einem tieferen Verständnis zwischen den beiden so verschiedenen Menschen bei.

Die Bewegung erfaßte bald das ganze Land. In der von kriegerischen Stämmen, wie z. B. den Pathanen, bewohnten Nord-West-Grenzprovinz kam es unter Khan Abdul Ghaffar Khan, dem Führer der „Khudai Khidmatgars" („Diener Gottes"), zu einer großen gewaltlosen Demonstration. Ghaffar Khan, oft im Volke „der Grenz-Gandhi" genannt, hatte etwas Erstaunliches vollbracht: Es war ihm gelungen, der Botschaft der Gewaltlosigkeit bei seinen kriegerischen Pathanen Gehör zu verschaffen. Tausende demonstrierten schweigend, und sie wehrten sich auch dann nicht, als die Briten begannen, auf sie zu schießen. Die Freundschaft, die sich zwischen Ghaffar Khan und Nehru anbahnte, übertrug der „Grenz-Gandhi" später auch auf Indira Gandhi. Der alte Pathane hat immer wieder versucht, die feindlichen Brüder Indien und Pakistan zu versöhnen.

Motilal Nehrus Tod

Auch Motilal Nehru, der am 30. Juni 1930 in Allahabad verhaftet und in die gleiche Baracke des Naini-Zentralgefängnisses überführt wurde, in der sich sein Sohn schon seit dem 14. April befand, verfolgte die Bewegung der „Diener Gottes" mit Sympathie. Der Eindruck auf die britischen Behörden war unverkennbar. Gerüchteweise hörte man von Versuchen, zu einer Kompromißlösung zwischen der Kongreß-Partei und den Briten zu kommen. Der britische Vizekönig Lord Irwin zeigte sich vergleichsbereit. Am 9. Juli 1930 sagte er vor den Abgeordneten der beiden Zentralräte, dem Staatsrat und der gesetzgebenden Versammlung:

„Die Regierung Seiner Majestät ist überzeugt, daß es auf einer Konferenz möglich sein wird, sich auf Lösungen zu einigen, die beide Länder und alle interessierten Parteien unbeschadet ihrer Ehre akzeptieren können. Wenn sich die Konferenz auf ein solches Abkommen einigen kann, wird das die Grundlage für die Vorschläge bilden, welche die Regierung Seiner Majestät später dem Parlament vorlegen wird."

Als die indischen Unterhändler ihre Bedingungen stellten – nämlich: Indiens Recht, nach Belieben aus dem britischen Empire auszuscheiden; eine ausschließlich indische Regierung zu erhalten; Anerkennung von Gandhis elf Punkten –, wurden die Verhandlungen, die zwischen dem 10. und 15. August stattfanden, abgebrochen.

Nachdem Motilal Nehru wegen seines schlechten gesundheitlichen Zustandes bereits am 8. September 1930 das Gefängnis von Naini verlassen konnte, wurden Gandhi und Jawaharlal Nehru am 26. Januar 1931, dem „Tag der Republik", auf Anordnung des Vizekönigs entlassen.

Nehru reiste sofort nach Hause ans Krankenbett des Vaters. Auch Gandhi machte sich aus dem Gefängnis von Poona sogleich nach Allahabad auf, um den sterbenden Freund und Mitstreiter zu besuchen. Motilal sollte nur noch wenige Tage leben. Er starb am 6. Februar 1931, noch ehe die Sonne aufgegangen war. Als der Abend hereinbrach, trug man den in die indische Trikolore eingehüllten Leichnam auf einer Bahre an die Ufer des Ganges. Jawaharlal setzte den Scheiterhaufen des Vaters in Brand, wie es alte Hindusitte den Söhnen vorschreibt. Langsam verglühte die sterbliche Hülle des Politikers zu Asche. Nehru sollte später über diese Stunden schreiben: „Sterne standen am Himmel und glänzten hell, als wir einsam und verzweifelt nach Hause zurückkehrten."

Am gleichen Tag der Trauer waren die beiden indischen Unterhändler der Londoner Round-table-Konferenz nach Indien zurückgekehrt: Dr. Jayakar, ein Rechtsanwalt aus Bombay, und Sir Tej Behadur Sapru, zu Zeiten von Lord Reading Mitglied des vizeköniglichen Staatsrates. Sie begaben sich mit einigen anderen Konferenzteilnehmern nach Allahabad zu Gandhi, um mit ihm und dem Arbeitsausschuß zu verhandeln. Obwohl sie von keiner britischen Sinnesänderung berichten konnten, setzten sie sich für eine Teilnahme der Kongreß-Partei an der geplanten zweiten Round-table-Konferenz ein.
Nehru zeigte den Unterhändlern seine ganze Verachtung. Gandhi hingegen erklärte sich nach längerem Zögern bereit, den Vizekönig schriftlich um einen neuen Verhandlungstermin zu bitten.
Schon am 17. Februar begannen die historischen Gespräche zwischen Gandhi und Lord Irwin, die am 5. März zum „Delhi Pact" führten, zu einem Kompromiß, mit dem den Indern nichts als eine beschränkte Selbstverwaltung zugesagt wurde, und zwar gegen die Zusicherung des Verzichts auf „zivilen Ungehorsam".
Nehru war tief enttäuscht und verbittert, und er sprach seine Empörung offen gegenüber Gandhi aus. Der Mahatma antwortete: „Sie haben mit Ihren Zweifeln und Einwänden recht, aber als Satyagrahi muß ich vor allem bereit sein, mit meinem Gegner zu verhandeln. Glauben Sie mir, ich habe in keinem wesentlichen Punkt nachgegeben, bei all dem geht es nicht um prinzipielle Dinge."

Nehrus politische Philosophie

Nehru war nicht überzeugt, aber noch hatte er nicht die Kraft, sich zu widersetzen. Gandhi war für ihn eine Vaterfigur. Und wie Nehrus Vater Motilal versuchte Gandhi immer wieder, das stürmische Temperament des Jüngeren zu mäßigen. In den Jahren, die dem Delhi-Abkommen folgten, die Jahre, in denen das Land nach vielen schmerzlichen Opfern langsam seine Freiheit gewann, gerieten Gandhi und Nehru immer wieder aneinander. Nehrus Opposition galt sowohl der Vermischung von Religion und Politik, wie sie in den Reden zum Ausdruck kam, die der Mahatma zum Thema Sünde und Erlösung zu halten pflegte, als auch Gandhis Widerstand gegen die für Nehru unerläßliche Industrialisierung. Gandhi jedoch beharrte auf jenen Wirtschaftsideen, für die das Spinnrad als Symbol stehen mag.
Was Nehru immer wieder beklagte, war eine gewisse Verschwommen-

heit in Gandhis Äußerungen. Niemals wurde nach Nehrus Meinung klar, was der Mahatma unter Fortschritt verstand. Fast immer gab der Jüngere schließlich nach, auch wenn es gegen seine bessere Überzeugung ging, und stets bewahrte er dem Älteren Zuneigung und Respekt. Es waren Gandhis ethische Prinzipien, denen Nehru immer Hochachtung und Bewunderung entgegenbrachte.

Gandhi besaß einen eisernen Willen und verstand sich mit sanfter Gewalt durchzusetzen. Er pflegte von seiner „inneren Stimme" zu sprechen, ein messianisches Wort, das die Massen entzündete. Nehru hatte einen ebenso unbeugsamen Willen, aber der kam erst zum Tragen, als der Mahatma gestorben war. Vorher verboten ihm Ehrfurcht und Liebe, sich gegenüber der „großen Seele" durchzusetzen.

Nehru hatte schon 1927 nach seiner Rückkehr aus Europa, fasziniert vom ersten sowjetischen Fünfjahresplan, versucht, die indischen Politiker und Wirtschaftler mit den Vorstellungen von industrieller Planung vertraut zu machen. Gandhi hatte für den sozialistischen Höhenflug seines Freundes nicht viel übrig. Er war gegen eine kollektive Organisation des Wirtschaftslebens, weil er für die Freiheit des einzelnen fürchtete. Er plädierte gegen die Großindustrie, weil sie nach seiner Meinung Gift für die Menschenseele sei, die Gandhi besser in der Heimindustrie, in der landwirtschaftlichen und der handwerklichen Entwicklung der Dörfer aufgehoben sah. Nehru ließ es bei all seiner Vorliebe für Großindustrie, Sozialismus und Planwirtschaft auch auf diesem Gebiet nicht zu einem Bruch kommen. Als er erkannte, daß sich die Ideale des Mahatma kaum mit den sozialistischen Vorstellungen des 20. Jahrhunderts verknüpfen ließen, versuchte er den ehrlichen Makler zwischen Gandhiismus und Sozialismus zu spielen.

Daß Nehru einen demokratischen Sozialismus vertrat, wissen alle, die ihm begegnet sind. Zwar hatte er Sympathie für jene Politiker, die 1934 eine sozialistische Gruppe innerhalb der Kongreß-Partei bildeten und 1948 sogar aus der Partei austraten, um ihre eigene unabhängige sozialistische Partei zu gründen, aber er dachte niemals daran, die Kongreß-Partei zu verlassen.

War Gandhi auch hier die Barriere? Tatsache ist, daß sich die sozialistischen Ideen nach dem Tode des Mahatma immer stärker profilierten.

In den Gefängnisjahren zwischen 1930 und 1933 war Nehru indes völlig von einer anderen Aufgabe fasziniert. Mit dem Untertitel „Briefe an Indira" versehen, schrieb er sein berühmt gewordenes Buch: „Glimpses of World History", „Weltgeschichtliche Betrachtungen" – „Flüchtige Blicke auf die Weltgeschichte". Mit einem Überblick über die weltgeschichtlichen Ereignisse von den großen alten Kulturen bis ins 20. Jahrhundert reflektieren die ,,Betrachtungen" gleichzeitig die politische Philosophie Nehrus.

Diese Briefe an Indira aber sagen nicht nur etwas über den Historiker und Philosophen aus, sie beleuchten den Menschen Nehru, heben Distanz und elitäre Vereinsamung auf:

,,Man kann Geschichte nur begreifen, wenn man die weltgeschichtlichen Zusammenhänge kennt, und niemand wird die Geschichte des einzelnen Landes richtig verstehen lernen, wenn er nicht weiß, was sich zur gleichen Zeit in anderen Teilen der Welt abgespielt hat. Ich hoffe sehr, daß Du Dir den Blick für die geschichtlichen Zusammenhänge nicht einengen lassen wirst. Denke immer daran, daß zwischen den verschiedenen Völkern gar nicht so große Unterschiede bestehen, wie man im allgemeinen annimmt. Auf Landkarten und in Atlanten sind die einzelnen Länder in verschiedenen Farben dargestellt. Zweifellos unterscheiden sich die Völker voneinander, aber es gibt auch Vieles, was sie miteinander gemein haben, und es ist gut, sich diese Tatsache immer wieder ins Gedächtnis zurückzurufen und sich nicht durch die Farben auf der Landkarte oder durch Ländergrenzen verwirren zu lassen.

Ob Dir meine Briefe gefallen, weiß ich nicht. Sie bringen Dich mir nahe, und ich habe dann fast das Gefühl, als hätten wir uns miteinander unterhalten. Ich denke oft an Dich, aber heute bist Du mir überhaupt nicht aus dem Kopf gegangen. Heute ist Neujahr. Als ich heute früh ganz zeitig erwachte, habe ich, im Bett liegend, die Sterne beobachtet, und ich dachte über das ereignisreiche Jahr nach, das hinter uns liegt mit all seinen Hoffnungen, Nöten und Freuden und mit den großen tapferen Taten, die während seines Ablaufs vollbracht wurden. Und an Bapuji dachte ich, der unser altes Land wie durch ein Zauberwort wieder jung und stark gemacht hat. Auch er sitzt in seiner Gefängniszelle in Yeravada. An Dadu und viele andere habe ich gedacht, besonders aber an Mami und Dich. Am Vormittag erhielt ich dann die Nachricht, daß Mami verhaftet und ins Gefängnis gebracht wurde. Das war ein hochwillkommenes Neujahrsgeschenk für mich. Schon seit langem habe ich damit gerechnet, und ich zweifle nicht daran, daß Mami vollkommen glücklich und zufrieden ist. Nur Du wirst Dich jetzt ziemlich einsam fühlen.

Einmal alle vierzehn Tage kannst Du nun Mami besuchen und einmal mich, und Du kannst unsere Grüße und Botschaften übermitteln. In der Zwischenzeit werde ich zu Feder und Papier greifen und an Dich denken, und dann kommst Du ganz sacht und von niemand bemerkt zu mir, und wir erzählen uns allerlei. Wir wollen von der Vergangenheit träumen und versuchen, daraus zu lernen, wie wir die Zukunft besser gestalten können. Laß uns an diesem Neujahrstag beschließen, daß wir uns, bis auch dieses Jahr alt wird und stirbt, bemühen wollen, unsere Träume von einer schönen Zukunft wenigstens zum Teil mit der Gegenwart in Einklang zu bringen. Laß uns Indiens Vergangenheit im Buch der Geschichte eine Seite hinzufügen, die uns Ehre macht!"

Im August 1933 durfte Nehru wieder einmal das Gefängnis verlassen. Wenige Monate später hielt er eine bemerkenswerte Rede an der Hindu-Universität von Benares. Scharf attackierte er den wachsenden „Kommunalismus" (Rivalitäten zwischen unterschiedlichen gesellschaftlichen Gruppierungen). Besonders ging er mit der radikalen Organisation „Hindu Mahasabha" ins Gericht.

Sein Angriff löste nicht nur unter den Studenten eine leidenschaftliche Kontroverse aus, er zog Kreise in weiten Teilen des Landes. In einem Artikel nahm Nehru noch einmal beide Seiten, Hindus und Muslims, die er gleichermaßen für die gefährlichen Streitereien verantwortlich machte, aufs Korn: Er beschrieb sie als fanatische Reaktionäre, als Gegner der einzigen Staatsform, in der Indien überleben könnte: der säkularen.

Nach fünf Monaten und fünfzehn Tagen Freiheit wurde Nehru im Februar 1934 wieder verhaftet und ins Alipore-Gefängnis in Kalkutta eingeliefert. Mit Sorge beobachtete er von hier aus die politischen Entwicklungen in Europa – vor allen Dingen Faschismus und Nationalsozialismus. Gandhis neuerlicher Verzicht auf den zivilen Ungehorsam, von dem er im April hörte, bedrückte ihn und beeinflußte seinen Gesundheitszustand, der sich in der feuchtheißen Luft von Kalkutta bereits verschlechtert hatte. Auf dringendes Anraten der Ärzte wurde er in das Gefängnis von Dehra Dun überführt. Hier in der klaren Gebirgsluft ordneten sich seine Gedanken. Er überwand seine Depressionen und begann wieder zu schreiben, und zwar an seiner Autobiographie, von der Aldous Huxley später sagte: „Für alle, die das Indien unserer Zeit verstehen wollen, ist dieses Buch unentbehrlich." Was für sein Werk „Glimpses of World History" galt, stimmt auch für die Autobiographie. Das Buch ist ein Versuch, die eigene Persönlichkeit in das vergangene Geschehen und die Ereignisse, die Indiens Gegenwart und Zukunft prägen, zu integrieren.

Nehru und Kamala

Intensiv mit Indiens Geschichte, seinen Traditionen und dem gewünschten Fortschritt des Landes beschäftigt, erreichte Nehru im September 1935 die überraschende Nachricht, daß seine Strafe zur Bewährung ausgesetzt worden sei. Sofort brach er auf, um in die Schweiz zu reisen, wo seine Frau Kamala schwer krank darniederlag. Er verbrachte die nächsten Monate an Kamalas Seite, die mit dem Tode rang.

Im Januar 1936 erfuhr Nehru, daß er zum zweiten Mal zum Präsidenten der Kongreß-Partei gewählt worden war. Nur wenige Wochen später, am 28. Februar, starb Kamala, die tragischerweise eigentlich erst mit ihrem schweren Leiden wirklich zu einem Teil im Leben des großen Freiheitskämpfers geworden war. Nehru bedauerte das in späteren Jahren und suchte die Schuld bei sich: „Sie hat mich mit Stärke erfüllt", schrieb er nach ihrem Tod, „aber sie muß gelitten haben und sich etwas vernachlässigt vorgekommen sein. Unfreundlichkeit wäre beinahe besser gewesen als meine lässige, sie halb übersehende Haltung."

Einmal verglich Nehru Kamala mit Chitra aus Tagores gleichnamigen Stück: „Ich bin Chitra. Keine Göttin, die man anbeten muß, aber auch kein Gegenstand allgemeinen Mitleids, den man wie eine Motte verjagen kann. Wenn du geruhst, mich auf dem gefährlichen und verwegenen Pfad an deiner Seite schreiten zu lassen, wenn du mir erlaubst, die großen Pflichten mit dir zu teilen, dann wirst du mein wirkliches Selbst erkennen." Besser hätte Nehru Kamala und seine Beziehung zu ihr nicht schildern können. Im Kampf um Indiens Freiheit war sie seine gute Kameradin geworden. Nach Tagen der tiefen Trauer kehrte Nehru in die Heimat zurück.

Die Erinnerung an Kamala ließ ihn nicht los. Was er später über sie schrieb und in seinem Buch „Summe meines Denkens" veröffentlichte, gibt besser als alles andere Auskunft über den Menschen Nehru:

Mein bisheriges Leben entrollte sich vor meinem inneren Blick, und immer war Kamala bei mir. Sie wurde für mich zum Symbol der indischen Frau und der Frau überhaupt. Manchmal verschmolz sie auf eine wunderliche Weise mit meiner Vorstellung von Indien, unserer Heimat – mit allen ihren Fehlern und Schwächen, so flüchtig und geheimnisvoll. Was für ein Mensch war Kamala? Habe ich sie gekannt, habe ich ihr wahres Wesen begriffen? Hat sie mich gekannt, hat sie mich begriffen? Auch ich war kein normaler Mensch, mit meinen Geheimnissen und unerforschten Tiefen der Seele, die ich selber nicht ergründen konnte. Manchmal hatte ich den Eindruck, daß sie deshalb ein wenig Angst vor

mir habe. Ich war ein recht unzulänglicher Ehemann – und würde es auch heute noch sein.
In mancher Hinsicht waren Kamala und ich in unserem Zusammenleben einander sehr unähnlich, aber in anderer Hinsicht wieder recht ähnlich: Wir haben einander nicht vollkommen ergänzt. Es gab immer nur ein Entweder-Oder: restloses Verstehen, ein vollendeter Bund der Herzen und Seelen – oder aber Schwierigkeiten. Keiner von uns konnte ein alltägliches, gewöhnliches häusliches Leben führen und die Dinge so hinnehmen, wie sie eben waren.
Unter den zahlreichen Bildern, die in den indischen Basaren zur Schau gestellt wurden, gab es eines von Kamala und mir mit der Überschrift: Das ideale Paar, das Musterehepaar, wie so viele sich das eingebildet haben. Aber das Ideal ist furchtbar schwer zu fassen und festzuhalten. Ich erinnere mich, wie ich während unseres Urlaubs auf Ceylon zu Kamala sagte, daß wir doch Glück gehabt hätten trotz aller Schwierigkeiten und Auseinandersetzungen, trotz aller Streiche, die das Leben uns gespielt hatte. Die Ehe ist eine merkwürdige Sache – noch heute nach vieltausendjähriger Erfahrung. Ringsumher sieht man so viele Ehen scheitern, oder, was nicht schöner ist, man merkt, wie das ehemals Heitere und Strahlende im grauen Trott des Alltags endet. Wie glücklich wir doch seien, sagte ich zu ihr, und sie stimmte mir zu. Wenn wir uns auch zuweilen zankten und aufeinander böse waren, hatten wir doch jenen sprühenden Funken lebendig erhalten. Uns eröffnete das Leben immer neue Abenteuer und immer neuen Einblick in das innerste Wesen des anderen."

Krieg in Europa

Die Kongreß-Partei bereitete dem Trauernden bei seiner Heimkehr einen festlichen Empfang. Mit seiner Ansprache vom April 1936 legte Nehru eine glänzende Analyse der indischen und der internationalen Szene vor. Er erklärte, daß in dieser Nachkriegsperiode keineswegs die Gefahren gebannt geworden seien, die sich notwendigerweise aus der ununterbrochenen Rivalität der kapitalistischen Imperialisten ergeben müßten. Eine stabile Lage sei nicht entstanden. Die neuen wirtschaftlichen und politischen Entwicklungen hätten eine solche Dynamik, daß man aufgrund der alten verkrusteten Strukturen nicht mit ihnen fertig werden könnte. Die Zeit zur Wandlung sei gekommen.
Jedermann wußte, was er meinte. Trotzdem: Seine Wahl zum Präsiden-

ten bedeutete nicht das stillschweigende Einverständnis der Kongreß-Partei mit seinen sozialistischen Vorstellungen, wenn Nehru vielleicht auch damit recht hatte, in seiner Wahl ein wachsendes Interesse für Marxismus und Sozialismus zu erkennen, deren Durchbruch er für unvermeidbar hielt, wenn er ihnen auch niemals persönlich verfallen war. Für viele Kongreß-Mitglieder aber war schon seine kühle Beziehung und nüchterne Zustimmung zum Sozialismus unerträglich.

Es entstanden Spannungen zwischen dem „rechten" und dem „linken" Flügel, die Nehru an Rücktritt denken ließen. Was ihn von diesem Schritt abhielt, waren alarmierende Nachrichten von der internationalen politischen Szene – besonders der Aufstand, den Franco 1936 in Spanien ausgelöst hatte, beunruhigte ihn tief. Nehru sah in diesem Ereignis den Beginn einer europäischen Krise, die nach seiner Meinung die ganze Welt ergreifen könnte. Die Kronkolonie Indien, durch England an das europäische Schicksal gekettet, würde nicht verschont bleiben. Nichts war daher im Augenblick wichtiger als die Einheit der Kongreß-Partei, die allein er bewahren konnte. Wie stark seine Stellung bereits geworden war, zeigte sich bald. Trotz andauernder Spannungen zwischen den „Gemäßigten" und den „Linken" wurde Nehru 1937 zum dritten Mal einstimmig zum Präsidenten der Kongreß-Partei gewählt.

Obwohl die neue Verfassung, die im „Government of India Act" von 1935 vorgeschlagen worden war, nicht die Zustimmung der Freiheitsbewegung gefunden hatte, entschloß sich der Kongreß, an den 1937 unter dieser Verfassung stehenden Wahlen zur Zentralregierung teilzunehmen. Nehru ließ sich nicht aufstellen. Aber er scheute keine Mühe, auf Wahlreisen zu gehen, die ihn durch das ganze Land führten. In vier Monaten legte er neunzigtausend Kilometer zurück. Was er sah und erlebte, veranlaßte ihn später im Gefängnis des Forts von Ahmednagar, in seinem Buch „The Discovery of India" zu schreiben: „Für mich war das eine wirkliche Entdeckungsreise, ich entdeckte Indien und seine Menschen." Trotz seiner intensiven Beschäftigung mit dem Subkontinent beobachtete Nehru wie immer seit seiner Studienzeit in England die Ereignisse auf der internationalen Bühne.

Im Sommer 1937 erhielt er eine Einladung der Hitlerregierung, Deutschland zu besuchen. Nehru lehnte ab. Er reiste stattdessen in die Tschechoslowakei und nach Spanien. In öffentlichen Versammlungen setzte er sich für die Unabhängigkeit der Tschechen und den Sieg des republikanischen Spaniens ein. In London versuchte er, Politiker aller Parteien zum Kampf gegen die Faschisten und Nationalsozialisten aufzurufen. Vergeblich. Mit Entsetzen stellte er fest, daß die europäischen

Mächte, ohne einer politischen Moral verpflichtet zu sein, einer verhängnisvollen Krise entgegentaumelten. Noch vor Ausbruch des Zweiten Weltkrieges erkannte Nehru, welche Gefahren Europa und von Europa aus der Welt drohten.
Im November 1938, wenige Monate nach Abschluß des Münchener Abkommens, kehrte Nehru desillusioniert nach Indien zurück. Was war ein Europa wert, dessen führende Staatsmänner – Chamberlain für England, Daladier für Frankreich, Hitler für Deutschland und Mussolini für Italien – sich am 29. September 1938 zusammengesetzt hatten, um gemeinsam zu unterzeichnen und damit zu legalisieren, was Vorspiel zum Krieg wurde, nämlich die Abtretung der sudetendeutschen Gebiete von der Tschechoslowakei an das Deutsche Reich.
Die Katastrophe war unvermeidbar. Für Nehru stellte sich die Aufgabe, Indiens Position im Falle eines Krieges zwischen England und Deutschland zu bestimmen. Gandhi war ihm zuvorgekommen: Der Mahatma hatte der Kongreß-Partei bereits gewisse Richtlinien gegeben: „Wenn ich Indien diene, diene ich gleichzeitig der Menschheit ... Isolierte Unabhängigkeit ist kein Ziel für die Staaten der Welt, das Ziel ist freiwillige gegenseitige Abhängigkeit. Der vernünftigere Teil der Welt tritt heute nicht mehr für unabhängige Staaten, die gegeneinander Krieg führen, ein, sondern für eine Föderation einander freundschaftlich gesonnener und voneinander abhängiger Staaten. Die Erreichung dieses Zieles mag noch in ferner Zukunft liegen. Ich will für unser Land keine großen Forderungen aufstellen. Es scheint mir aber nichts besonders Großes oder Unmögliches, wenn wir unsere Bereitschaft zur allgemeinen gegenseitigen Abhängigkeit erklären. Ich wünsche mir die Möglichkeit völliger Unabhängigkeit, ohne die Unabhängigkeit selbst zu beanspruchen."
Wiederum konnte sich Nehru mit Gandhis Formulierung nicht einverstanden erklären. Nachdem die deutschen Truppen am 15. März 1939 in Prag einmarschiert waren, hatte er eine Resolution der Kongreß-Partei zu einem möglichen Krieg formuliert, die anders klang. Sie wurde Anfang August nach einer Sitzung des Arbeitsausschusses verkündet: „In dieser Weltkrise sind die Sympathien des Arbeitsausschusses völlig auf der Seite der Völker, die für Demokratie und Freiheit eintreten; die Kongreß-Partei hat sich wiederholte Male gegen die faschistische Aggression in Europa, Afrika und dem Fernen Osten wie auch gegen den vom britischen Imperialismus in der Tschechoslowakei und Spanien begangenen Verrat an der demokratischen Idee ausgesprochen. Die von der britischen Regierung in der Vergangenheit geübte Politik sowie die neuesten Ereignisse beweisen völlig klar, daß diese Regierung nicht für

Demokratie und Freiheit eintritt und diese Ideale jederzeit von neuem verraten könnte. Indien kann sich mit einer solchen Regierung nicht identifizieren. Und man kann von ihm nicht erwarten, daß es seine materiellen Güter für den Kampf um eine demokratische Freiheit zur Verfügung stellt, die man ihm selbst verweigert und die wahrscheinlich verraten werden wird."

Damit hatte Nehru ganz klargemacht, daß nur ein freies Indien an der Seite Englands in einen Krieg ziehen dürfte. Unmittelbar nach der Verlautbarung der Resolution reiste Nehru nach China. Er war als Gast von General Chiang Kai-shek in Tschungking, als der Krieg in Europa ausbrach. Nachdem Deutschland im August einen Nichtangriffspakt mit Rußland abgeschlossen hatte, fiel Hitler am 1. September 1939 in Polen ein.

Noch am gleichen Tage erklärte Vizekönig Lord Linlithgow, ohne sich vorher mit den führenden indischen Politikern beraten zu haben, daß sich nunmehr auch Indien im Krieg für Demokratie und Freiheit befinde. „Für wessen Freiheit?" entgegnete Nehru und beeilte sich nach seiner Rückkehr aus China eine neue Resolution zur Kriegsfrage zu formulieren, die er während einer Sitzung des Arbeitsausschusses der Kongreß-Partei vorlegte. Es dauerte vier Tage, bis ihre endgültige Fassung verkündet werden konnte. Das geschah abermals gegen die Meinung Gandhis, der erklärte, daß Indien die Engländer ohne politische Bedingungen unterstützen solle, allerdings nur mit gewaltlosen Maßnahmen.

Nehru, der fragte, was Gewaltlosigkeit wohl in einem Verteidigungskrieg gegen bewaffnete Aggression ausrichten könne, führte Gandhi mit der neu formulierten Resolution ad absurdum: „Wenn dieser Krieg den Satus quo, imperialistischen Besitz, Kolonien, überlieferte Rechte und Privilegien verteidigt, kann Indien nicht daran teilnehmen. Wenn es aber um Demokratie und eine demokratische Weltordnung geht, dann ist Indien daran äußerst interessiert. Wenn Großbritannien für die Aufrechterhaltung und Verbreitung der Demokratie kämpft, dann muß es notwendigerweise mit dem Imperialismus in den ihm unterstehenden Ländern Schluß machen, in Indien volle Demokratie einführen und dem indischen Volke das Recht der Selbstbestimmung einräumen, so daß es durch eine verfassunggebende Versammlung ohne jeden äußeren Druck seine eigene Verfassung ausarbeiten und seine eigene Politik verfolgen kann . . .

Die in Europa ausgebrochene Katastrophe geht nicht nur Europa, sondern die ganze Menschheit an, und dieser Krieg kann nicht wie frühere Kriege enden, ohne daß die Struktur der heutigen Welt verändert wird.

Es ist anzunehmen, daß er die Welt zum Guten oder Bösen verändern wird. Indien ist das Zentralproblem, da sich in Indien der moderne Imperialismus am deutlichsten demonstriert, daher kann die Welt nicht erfolgreich umgewandelt werden, solange dieses entscheidende Problem ignoriert wird. Dank seiner großen materiellen Leistungsmöglichkeiten muß Indien bei jedem Versuch, die Welt neu zu organisieren, eine wichtige Rolle spielen. Nur ein unabhängiges Indien, dessen Energien freigesetzt wurden, kann sich für dieses große Ziel einsetzen. Freiheit ist unteilbar, und jeder Versuch, in irgend einem Teil der Welt imperialistische Herrschaft aufrechtzuerhalten, muß unvermeidbar zu einer Katastrophe führen."

Ali Jinnah, Subhas Chandra Bose, Vinoba Bhave

Nehrus prophetische Vorausschau auf ein freies Indien führte nicht zur Einsicht Londons. Im September 1940 erklärte der Vizekönig Lord Linlithgow, es sei nicht der Zeitpunkt, um über Indiens Unabhängigkeit zu verhandeln. Der Kongreß war und blieb anderer Meinung. Noch einmal gab der Arbeitsausschuß Anfang Oktober seine Ansichten bekannt.
Und nun geschah, was man als Englands großen Sündenfall auf dem indischen Subkontinent bezeichnen muß: Die Briten begannen, Fürsten und Minoritäten, vor allem die Muslims, gegen die Kongreß-Partei auszuspielen. Die alte Parole: „Divide et impera" – „Teile und herrsche" schien in den Köpfen der Kolonialbeamten zu spuken und sich auf unheilvolle Weise durchzusetzen.
Die Herren aus London servierten neue Vorstellungen; Einigkeit untereinander sei die Voraussetzung für politische Neuentwicklungen. Damit spielten sie in die Hand von Mohammed Ali Jinnah, der sich von einem glühenden indischen Nationalisten zu einem Vorkämpfer für einen unabhängigen muslimischen Staat entwickelt hatte. Als Führer der Muslim-Liga plädierte er für die Teilung des Subkontinents.
Vergeblich versuchte Mahatma Gandhi im Januar 1940 noch einmal, Jinnahs Mitarbeit zum „Aufbau einer indischen Nation" zu gewinnen. Frank Moraes zitiert in seinem Buch „Jawaharlal Nehru", was Jinnah dem Mahatma im höhnischen Ton antwortete: „Sie gehen von der Idee einer indischen Nation aus, die nicht existiert." Von dieser Vorstellung besessen, rief Jinnah die Muslim-Liga auf ihrer Lahore-Tagung vom März 1940 auf, sich zu dem Grundsatz zu bekennen, daß Hindus und Muslims zwei unabhängige Nationen seien und Indien daher geteilt wer-

den müsse, damit beide ein Vaterland hätten. Keine Macht der Welt, so erklärte Jinnah, könne die Entstehung des Staates Pakistan verhindern. Die begeisterten Muslims hißten das grüne Banner, es sollte später zur Fahne Pakistans werden.
Im April 1940 verschärfte sich die Lage in Europa dramatisch. Hitler führte seinen Blitzkrieg nach Norden und Westen. Holland, Belgien und Frankreich fielen. Nach der Räumung von Dünkirchen geriet England in allergrößte Gefahr. Die Kongreß-Partei entschloß sich zu einer noblen Geste – sie erklärte, nunmehr eine abwartende Haltung einzunehmen. Das forderte den Widerspruch des großen Bengalen-Führers Subhas Chandra Bose heraus, der bereits die Kongreß-Partei verlassen hatte, um seinen eigenen „Vorwärtsblock" zu gründen. Englands gefährliche Lage, sagte Bose, sei Indiens größte Chance. Wer sie ungenutzt lasse, sei kein wirklicher Patriot.
Im Juli erklärte sich die Kongreß-Partei bereit, an Englands Seite zu kämpfen. Die Bedingung war: eine bindende Zusage über Indiens Unabhängigkeit, die gekoppelt sein sollte mit der Zustimmung, eine nationale Regierung aus Mitgliedern aller Parteien zu bilden. Am 8. August 1940 ließ die britische Regierung durch Lord Linlithgow diese Forderungen ablehnen.
Nehru entgegnete mit einigen Sätzen, die von Frank Moraes festgehalten wurden: „Es tut mir leid, denn trotz meines Hasses auf den britischen Imperialismus und alle anderen Imperialismen habe ich vieles an England geliebt, und ich hätte gerne gesehen, daß die seidenen Bande der geistigen Beziehung zwischen Indien und England intakt geblieben wären. Das ist aber nur bei völliger Freiheit möglich. Ich wollte Indiens Freiheit natürlich um Indiens willen; ich wollte sie aber auch um Englands willen. Diese Hoffnung wurde zerstört, das Schicksal scheint eine andere Zukunft für uns zu planen; die hundert Jahre alte Feindschaft bleibt bestehen und wird durch weitere Konflikte vergrößert werden, und wenn es zu dem Bruch kommt, zu dem es kommen muß, wird er nicht in Freundschaft, sondern in Feindschaft erfolgen."
Am 13. Oktober 1940 beschloß der Arbeitsausschuß der Kongreß-Partei in Wardha, nunmehr dem Vorschlag Gandhis zu folgen und die Engländer mit einer Art von bürgerlichem Ungehorsam jedes einzelnen zu bekämpfen. Der erste, der sich freiwillig dieser individuellen *Satyagraha* zur Verfügung stellte, war Vinoba Bhave, der später der Führer der *Bhoodan-*, der Landschenkungs-Bewegung, werden sollte.
Am 17. Oktober 1940 begann Vinoba Bhave seinen Feldzug für den bürgerlichen Ungehorsam von einzelnen mit einer leidenschaftlichen

Rede gegen den Krieg. Vier Tage später wurde er verhaftet. Die Kampagne lief weiter – innerhalb eines Jahres wurden etwa 30000 Männer und Frauen ins Gefängnis gesteckt.
Bevor Nehru – wie verabredet – am 7. November mit seiner individuellen *Satyagraha* beginnen konnte, nahmen ihn die Behörden am 31. Oktober fest. Zur Last gelegt wurden ihm drei Reden, mit denen er die Bauern des Gorakhpur-Distrikts zu Beginn des Oktobers von *Satyagraha* zu überzeugen versuchte. Im Prozeß vor einem britischen Polizeirichter wurde er zu vier Jahren Gefängnis verurteilt.
Beobachter erzählten, daß der Engländer nicht unberührt von der Rede blieb, mit der Nehru sich verteidigte: ,,Sir, ich stehe vor Ihnen als ein Mensch, der gewisser Vergehen gegen den Staat angeklagt ist. Sie sind ein Symbol dieses Staates. Ich bin aber ebenfalls mehr als ein Individuum, auch ich bin in diesem Augenblick ein Symbol, ein Symbol des indischen Nationalismus, der Indien aus dem britischen Empire herausführen und es unabhängig machen will. Nicht mich versuchen Sie zu richten und zu verurteilen, sondern Hunderte von Millionen Indern, und das ist selbst für ein stolzes Empire eine gewaltige Aufgabe.
So wie ich von Ihnen gerichtet werde, wird vielleicht das britische Empire von einem Weltgerichtshof gerichtet. Es gibt in der heutigen Welt gewaltigere Mächte als Gerichtshöfe; das elementare Verlangen nach Freiheit, Nahrung und Sicherheit hat riesige Volksmassen in Bewegung gebracht, und der Ablauf der Geschichte wird von ihnen bestimmt. Ein zukünftiger Historiker mag sehr wohl feststellen, daß die britische Regierung und das britische Volk in der Prüfungsstunde versagten, weil sie sich der veränderten Welt nicht anpassen konnten. Er mag über das Geschick großer Reiche nachdenken, die aus dem gleichen Grund zusammenbrachen, und er wird es vielleicht Schicksal nennen. Gewisse Anlässe führen unumgänglich zu gewissen Resultaten. Wir kennen die Ursachen; die Folgen sind unvermeidbar.
Was während dieses Prozesses und nachher mit mir geschieht, berührt mich nur wenig. Einzelmenschen bedeuten wenig; sie kommen und gehen, wie ich gehen werde, wenn meine Zeit gekommen ist. Siebenmal bin ich von den britischen Behörden in Indien gerichtet und verurteilt worden; viele Jahre meines Lebens liegen unter Gefängnismauern begraben. Ein achtes, ein neuntes Mal und einige weitere Jahre bedeuten nicht sehr viel."
Nehru blieb bis Dezember 1941 im Gefängnis von Dehra Dun. Er verbrachte seine Zeit mit Lesen, Schreiben und Gartenarbeit.
Um diese Zeit begannen neue Verhandlungen mit London. Sir Stafford

Cripps flog mit neuen Vorschlägen nach Delhi. Aber auch die genügten den Freiheitskämpfern nicht. Die Verhandlungen wurden abrupt abgebrochen, und bald sollte sich zeigen, daß es für die Inder keine Kompromißlösung mehr gab. Während einer öffentlichen Debatte im August 1942 wurde die „Quit India Resolution“ – „Verlaßt-Indien-Resolution“ – beschlossen.
Der Kampf um die Freiheit hatte seine letzte Phase erreicht. Wieder schlugen die Engländer zu. Nehru verschwand im Gefängnis der Ahmednagar-Festung. Drei Jahre lang blieb er hinter Mauern und Stacheldraht. Und hier vollendete er, was viele für sein bestes Werk halten: „The Discovery of India“. Im Juni 1945 wurde Nehru mit anderen Kongreß-Mitgliedern entlassen. Sie wurden mit leidenschaftlichen Beifallsstürmen von den indischen Massen empfangen, die bereit zur Revolution schienen.
Die Lage in Indien war explosiv. Der neue Vizekönig Lord Wavell gebärdete sich wie ein rauher Soldat, aber er schien auch entschlossen, gewisse Entscheidungen zu fällen. Er hatte bereits im September 1943 Lord Linlithgow abgelöst, der siebeneinhalb Jahre Vizekönig gewesen war und bei seinem Abgang eine Hungersnot in Bengalen hinterließ, der schließlich fast dreieinhalb Millionen Menschen zum Opfer fielen. Lord Linlithgow hielt es nicht einmal für nötig, das betroffene Gebiet zu besuchen. Lord Wavell hingegen reiste sogleich in die Katastrophengebiete. Diese Geste aber reichte nicht aus, um die politischen Spannungen zu überwinden. Gandhi, der am 5. Mai 1944 entlassen worden war, versuchte einen Weg aus der Sackgasse zu finden, in der sich die Inder durch die Agitation von Ali Jinnah, dem Führer der Muslim-Liga, befanden. Jinnah verlangte nunmehr lautstark ein unabhängiges Pakistan, also die Teilung Indiens in einen Hindu- und einen Muslim-Staat. Er ersuchte Gandhi, dieser Forderung zuzustimmen. Die beiden Männer kamen zwischen dem 9. und 26. September 1944 in Jinnahs Haus zu Besprechungen zusammen. Jinnah, sich der Sympathie der englischen Regierung bewußt, blieb unnachgiebig. Was sie damals besprachen, haben die beiden Unterhändler in Briefen festgehalten, die sie täglich austauschten und nach Abbruch der Verhandlungen veröffentlichten. Der Abgrund schien unüberbrückbar. „Je länger Sie mir Ihre Argumente auseinandersetzen“, schrieb Gandhi, „um so alarmierender erscheint mir Ihr Plan. Er wäre verführerisch, wenn er den Realitäten entspräche, ich fürchte aber, daß er völlig irreal ist . . . Sie gründen Ihren Anspruch auf eine eigene Nation nicht auf das Recht des Eroberers, sondern auf die Zugehörigkeit zum islamischen Glauben. Würde aus zwei Nationen eine wer-

den, wenn sich ganz Indien zum Islam bekehrte?“ Jinnah verstieg sich in seiner Antwort zu der Behauptung, daß „Muslims und Hindus gemäß jeder möglichen Definition zwei Nationen seien“.

Nach dem Krieg – das britische Angebot

Im Mai 1945 gab Churchill seinen Entschluß bekannt, Parlamentswahlen in England abzuhalten. Die Inder schöpften Hoffnung. Es wurde mit einem Sieg der Labour-Partei gerechnet, die sich bereits verpflichtet hatte, nach ihrem möglichen Regierungsanstritt Indien zumindest einen Dominion-Status zu geben.

Lord Wavell reiste zu Gesprächen mit der damaligen Nationalen Regierung, in der neben Konservativen auch Sozialisten vertreten waren, nach London. Bei seiner Rückkehr nach Indien am 5. Juni zeigte sich, was er in der Tasche mit sich trug: „ein einmütig beschlossenes britisches Angebot für das indische Volk“.

Der Staatsrat des Vizekönigs sollte künftig – mit Ausnahme des Vizekönigs und des Oberkommandierenden der Armee – aus indischen Repräsentanten gebildet werden, und zwar zu gleichen Teilen aus Muslims und „Kasten-Hindus“. Das hieß de facto, daß die Hindus einen Sitz mehr haben würden, da auch ein „Unberührbarer“ im Staatsrat vertreten sein sollte. Lord Wavell lud zu einer Konferenz aller Parteien ein. Sie begann am 25. Juni im Simla und wurde durch die Hartnäckigkeit Jinnahs ein Fehlschlag.

Wenige Tage später ging der Zweite Weltkrieg nach dem Abwurf der amerikanischen Atombombe auf Hiroshima und Nagasaki zu Ende. Am 15. August kapitulierte Japan.

Kurz vorher war Subhas Chandra Bose – angeblich – bei einem Flugzeugunglück über Taiwan ums Leben gekommen. Im Januar 1941 war es diesem charismatischen Führer der Bengalen gelungen, aus seinem von Polizisten bewachten Haus in Kalkutta zu entkommen und über Afghanistan nach Rußland und von dort nach Berlin zu entfliehen. Mit Unterstützung der deutschen Regierung richtete er im Tiergartenviertel die „Zentrale Freies Indien“ ein und begann mit dem Aufbau der „Indischen Legion“, die im Kampf gegen die Engländer Indiens Freiheit erringen sollte. Boses Stimme war jeden Abend im Sender „Freies Indien“ – „Azad Hind“ – zu hören. Zuerst stand der Sender in Berlin und später in Malaya. Als Hitler der Sowjetunion den Krieg erklärte, verließ Bose enttäuscht das Deutsche Reich. Er versuchte, in einem

U-Boot nach Japan zu entkommen. Seither ist Bose, nach wie vor das Idol der Bengalen, spurlos verschwunden. Doch immer wieder melden sich Menschen, die ihn bald da, bald dort, zumeist in russischen Gefängnissen, gesehen haben wollen.
Die indische nationale Armee, die Bose aus Hindus, Muslims, Sikhs und Christen gebildet hatte, in der Hoffnung, in ein befreites, unabhängiges Indien zu marschieren, wurde zum Signal für alle Inder, die die nationale Einheit erstrebten. Eine neue Welle fanatischen Nationalbewußtseins entzündete sich am legendären Leben dieses großen Bengalen.
,,Wir sind unserem Ziel sehr nahe", konnte der muslimische Kongreß-Präsident Maulana Azad in jenen Tagen sagen, ,,was immer die Intentionen der britischen Regierung sein mögen." Schon als Vizepremier der Nationalen Koalitionsregierung hatte Clement Attlee, Führer der Labour Party, am 19. September 1945 in London verkündet, daß die britische Regierung nach den Wahlen sofort das zwischen Großbritannien und Indien notwendige Abkommen abzuschließen gedenke.
Im Januar 1946 fanden die Wahlen für die zentralen und die provinziellen indischen gesetzgebenden Versammlungen statt. Jetzt zeigte sich, wie stark die Muslim-Liga geworden war. Fast überall erreichte sie 50 Prozent. Das erleichterte die Situation zwischen Hindus und Muslims nicht. Zudem verstärkte sich die Spannung im Land dadurch, daß man zwar wußte, daß die Unabhängigkeit bevorstand, aber keiner zu sagen vermochte, wann.
Am 19. Februar 1946 entlud sich die Spannung in einer Meuterei von etwa 3000 Matrosen der indischen Flotte, die vor Bombay lag. Anfangs demonstrierten sie nur für bessere Verköstigung und Lebensbedingungen, aber schon bald wurden aus sozialen Ansprüchen politische Parolen. Losungen wie ,,Verlaßt Indien!" und ,,*Jai Hind*!" – ,,Es lebe Indien!" – in roten Lettern auf Hauswände und Straßensteine gemalt, erklärten, worum es ging. Die britische Militärpolizei schoß auf Demonstrierende und Meuterer, die am 22. Februar zwanzig Schiffe im Hafen von Bombay besetzt hielten. Von Bombay aus griffen die Unruhen nach Kalkutta, Karachi und Madras über. Es kam zu Orgien von Brandstiftungen und Plünderungen. Polizei und Militär griffen mit der Schußwaffe ein. 187 Tote und über tausend Verwundete blieben auf den ,,Schlachtfeldern" zurück.
Nehru kam nach Bombay und sprach zu den erregten Massen: ,,Was in Bombay geschehen ist", sagte er, ,,zeigt deutlich, wie antisoziale Elemente in einer großen Stadt eine Situation ausnützen können. Jedes unabhängige Land kennt dieses Problem, in unserem Land wird das aber

noch durch den Kampf um die Freiheit kompliziert. Es ist an der Zeit, daß wir unsere Kräfte auf konstruktive Arbeit konzentrieren. Die Geschehnisse in Bombay beweisen, daß es an einer konstruktiven Denkweise mangelt. In den letzten fünfundzwanzig Jahren hat das indische Volk im Kampf für die nationale Unabhängigkeit ungeheure Opfer gebracht. Unsere Freiheit ist nahegerückt. Wir besitzen alle die Tugenden, die notwendig sind, um die Freiheit zu erkämpfen; ich muß aber gestehen, daß es uns an der für ein freies Land nötigen Disziplin fehlt."

Die britische Regierung aber erkannte einmal mehr, wie unhaltbar die Situation geworden war. Sie entsandte am 25. März 1946 eine Kabinettsmission nach Delhi, der Lord Pethwick-Lawrence, Staatssekretär für Indien, Handelsminister Sir Stafford Cripps und Marineminister A. V. Alexander angehörten. Ihre Aufgabe bestand darin, mit den indischen Führern die Modalitäten einer Machtübergabe zu beraten. Die Gespräche blieben ohne Ergebnis.

Ali Jinnah zog daraus eine verhängnisvolle Konsequenz. Sie wurde am 29. Juli 1946 während einer Sitzung der Muslim-Liga in Bombay verkündet, nämlich: Pakistan durch direkte Aktionen zu erzwingen. Was das bedeutete, war jedem politisch denkenden Menschen klar. Die Liga wollte durch „Blutvergießen und Bürgerkrieg" die Engländer und die Kongreß-Partei mit Gewalt zwingen, Pakistan zu akzeptieren.

Jinnahs Worte brannten wie eine Zündschnur – die Explosion erfolgte am 16. August 1946. Überall im Lande brachen Unruhen aus. Muslims ermordeten Hindus – Hindus töteten Muslims. Allein in Bengalen zählte man 6000 Tote und Tausende von Verletzten. Während des „Großen Tötens", wie es die in Indien erscheinende englische Tageszeitung „The Statesman" nannte, floß Blut in den Straßenrinnen von Kalkutta. Tausende von Hindus flohen aus der Stadt, die rot war von dem Gemetzel, grau von den Rauchwolken der brennenden Häuser und schwarz von den Aasgeiern, die über den Leichen schwebten – ein Hexenkessel des Todes und der Zerstörung.

Von Kalkutta breitete sich die Gewalttätigkeit wie ein Buschfeuer über das ganze Land aus. Die Flammen erfaßten auch die Dörfer im Innern des Landes, vor allem die Gegend von Noakhali in Südost-Bengalen und die Nachbarländer Bihar und Assam, so schreibt Frank Moraes in seinem Buch „Jawaharlal Nehru". Die Lage der vorläufigen Regierung unter Nehrus Führung, die jeder Muslim auf Befehl der Muslim-Liga bis zum letzten Blutstropfen bekämpfen sollte, war schwierig. Alle energischen Maßnahmen gegen weitere Unruhen der Liga wurden der „hindu-

istischen Nehru-Regierung" als Versuche der Unterdrückung der Muslims ausgelegt.
Die Situation wurde nicht besser, als es schließlich gelang, die Muslim-Liga zum Beitritt in die interimistische Regierung zu bewegen. Das geschah am 26. Oktober, bedeutete aber leider nicht eine versöhnliche Haltung von Jinnah und der Liga. Der „Qaid-i-Azam" begann nun, die Interimsregierung von innen her zu sabotieren. Die Unruhe, die er mit seinen Reden entzündete, schürte die blutigen Zusammenstöße, die er mit dem Rhythmus einer tibetischen Gebetsmühle unaufhörlich mit den gleichen Worten kommentierte: „Es gibt keine Möglichkeit, den indischen Bürgerkrieg zu beenden, wenn Pakistan nicht gebildet wird." Dem islamischen Fanatiker stand der Fanatiker der Gewaltlosigkeit, Mahatma Gandhi, gegenüber, der drohte, lieber bis zum Tode zu hungern, als seine und der Kongreß-Partei Zustimmung zu einer Teilung zu geben.

Lord Louis Mountbatten und die Geburtsstunde der Indischen Union

So war die Lage zu Beginn des Jahres 1947, als ein anderer Engländer die indische Szene als neuer Vizekönig betrat: Lord Louis Mountbatten. Was er für Indien bedeutete, gehört in ein Sonderkapitel der Geschichte des Subkontinents. Er war das Instrument, durch das die Unabhängigkeit erreicht wurde.
Der später – am 27. August 1979 – von irischen Terroristen ermordete Lord Mountbatten war ein erfolgreicher Soldat und Diplomat. Er wurde am 25. Juni 1900 als jüngster Sohn des Prinzen Ludwig Alexander von Battenberg geboren. Der Prinz war – wie später sein Sohn – Erster Seelord der britischen Flotte. Nach Beginn des Zweiten Weltkrieges hatte der Vater des letzten indischen Vizekönigs seinen deutschen Namen anglisiert. Prinz Battenberg heiratete die Tochter des Großherzogs von Hessen, eine Enkelin der britischen Königin Victora. Philip, der Prinzgemahl von Königin Elizabeth II., ist ein Neffe Louis Mountbattens.
Die Karriere Mountbattens war steil. 1943 wurde er Oberbefehlshaber der Alliierten Streitkräfte in Südostasien. Zwischen 1944 und 1945 befehligte er die Truppen, die das von den Japanern besetzte Birma zurückeroberten. In den Jahren 1952 bis 1954 war er Oberbefehlshaber der Nato-Streitkräfte im Mittelmeer, 1955 bis 1959 Erster Seelord und Stabschef der britischen Flotte, 1959 bis 1965 Chef des britischen Verteidigungsstabes.

Seine politische Glanzzeit aber erlebte er als letzter britischer Vizekönig in Indien. Den Subkontinent auf seinem schweren Gang in die Unabhängigkeit beratend und aktiv wirkend begleitet zu haben, gehört zu Mountbattens unbestreitbaren historischen Leistungen.
Der Lord war zum Skifahren in die Schweiz gereist, als ihn dort ein Telegramm von Premierminister Attlee erreichte, mit dem er ihn zum Neujahrstag 1947 nach London bestellte. Schon vor dem Gespräch war Mountbatten klar, was Attlee von ihm wollte: Zu oft war er in den letzten Jahren seit seiner Rückkehr aus Südostasien in der Downing Street Nr. 10 als Berater in Fragen asiatischer Nationen gewesen, um nicht zu wissen, daß Attlee Indien, die Perle des britischen Empires, in die Freiheit entlassen wollte und ihn, den Urenkel jener Königin Victoria, die vor 70 Jahren zur Kaiserin von Indien proklamiert worden war, ausersehen hatte, zum Schrittmacher der indischen Unabhängigkeit, zum Zerstörer der britischen Herrschaft über den Subkontinent, zu werden. Wie war Attlee auf diese groteske Idee gekommen? Wie war es möglich, daß ein Chef der Arbeiterregierung ihn, ein Mitglied der königlichen Familie, mit der höchsten Stellung, die das britische Empire zu vergeben hatte, betrauen wollte? Wie konnte der Premierminister erwarten, daß ein Sproß der britischen Aristokratie sich am Niedergang des britischen Weltreichs aktiv beteiligen würde?
Clement Attlee war ein kluger Mann, der sich Informationen verschafft hatte, die den Lord nicht so sehr als Stütze alter traditioneller Auffassungen, sondern als fortschrittlichen „Liberalen“ charakterisierten. Louis Mountbatten hatte in Asien mehr gelernt, als man sich in Londons Amtsstuben lange träumen ließ. Er war Menschen begegnet wie den Anhängern Ho Chi Minhs in Indochina oder Sukarnos in Indonesien, Freiheitskämpfern, Kommunisten und Gewerkschaftlern in Birma, Malaya und Singapur, und er wußte, daß er mit ihnen dem zukünftigen Asien begegnet war. Ihre Probleme und die Probleme, die sie der Regierung des britischen Empires stellten, waren aber – das wußte der Lord – ein Kinderspiel gegenüber der harten Nuß, die er in Indien zu knacken haben würde.
Der harte Kampf, der von einem Mahatma Gandhi und einem Jawaharlal Nehru seit 25 Jahren gegen die britischen Kolonialherren geführt worden war, hatte zum Sieg über das mächtige britische Imperium geführt, zum Entschluß Attlees, Indien mit Anstand in die Freiheit zu entlassen, das hieß, die kostbare Kronkolonie herzugeben, ehe eine Revolution über die britischen Soldaten und Beamten hinwegrollen würde.

Das Komplizierte am indischen Problem war eben, daß Indien nicht geschlossen die Freiheit anstrebte, sondern daß eine Minderheit von nahezu 100 Millionen Muslims, die mit den 300 Millionen Hindus in schwerer religiöser, sozialer und kultureller Spannung lebten – an deren Verschärfung die englische Politik des Teilens und Herrschens sicher nicht schuldlos war –, nun von England ihre eigene Freiheit, einen gesonderten unabhängigen islamischen Staat, also die Teilung des Subkontinents, verlangte, den England so mühsam zusammengeschweißt hatte. Daß die Hindu-Mehrheit gegen die Teilung agierte, erschwerte die fatale Aufgabe des jungen Admirals, der, wie immer man es drehen und wenden wollte, dazu ausersehen war, eine dreihundertfünfzig Jahre währende glanzvolle Herrschaft in Indien zu beenden. Daß man rückschauend dem letzten Vizekönig neben diplomatischem Geschick und Takt auch Energie und Schlagkraft attestieren muß, ist schon eine zu Geschichte gewordene Tatsache.
Mountbatten kannte Nehru bereits, als er sein hohes Amt in Neu-Delhi antrat. Die beiden Männer waren einander begegnet, als Nehru, kaum aus den englischen Gefängnissen entlassen, zu Besuch in Singapur weilte, wo der Lord als Oberkommandierender der Alliierten Streitkräfte in Südostasien sein Hauptquartier hatte. Den „Rebellen“ Nehru zu empfangen, galt damals als ungewöhnlich. Nachträglich muß man es als eine Sternstunde bezeichnen; in ihr wurde der Grundstein für eine ungewöhnliche Beziehung gelegt, die später zur Freundschaft geworden ist.
Was Lord Mountbatten damals in Singapur tat, hat Nehru nicht vergessen: Er fuhr mit dem indischen Freiheitskämpfer im offenen Wagen durch die Stadt. Auf die Bedenken seiner entsetzten Mitarbeiter antwortete Mountbatten mit einem knappen Satz: „Dieser Mann wird eines Tages Ministerpräsident von Indien sein. Nicht ich ehre ihn, er wird mich ehren.“
Als sich die beiden Männer im März 1947 in Delhi wiedertrafen, war Nehru bereits Premierminister der indischen Interimsregierung. Lord Mountbattens Voraussage hatte sich erfüllt, und aufs neue fühlte er sich angezogen vom Charme dieses asiatischen Aristokraten, der eine Fähigkeit mit ihm teilte: die Kunst der Menschenverführung. „Mr. Nehru“, sagte Lord Mountbatten am Schluß ihres ersten Gesprächs im Palast des Vizekönigs, „ich möchte, daß ich für Sie nicht der Vizekönig bin, der die Angelegenheiten des britischen *Raj* abwickelt, sondern der Vizekönig, der Indien auf den neuen Weg führt.“
Wie Frank Moraes in seiner Nehru-Biographie schreibt, hat der indische

Premierminister den britischen Vizekönig angelächelt und gesagt: „Jetzt weiß ich, warum man von Ihrem gefährlichen Charme spricht." Es war keine Zeit zum Scherzen. Die Befürchtungen der Labour-Regierung, daß in Indien ein Bürgerkrieg bevorstünde, waren nur allzu begründet.
Die Gefahr wuchs durch das Mißtrauen, das die Hindu-Mehrheit den Engländern entgegenbrachte, die einst mit Hilfe der muslimischen Mogul-Kaiser den indischen Subkontinent betreten und sich durch Generationen an die herrschende Muslimschicht gehalten hatten. Es war dem Vorgänger Lord Mountbattens, Lord Wavell, nicht gelungen, das Mißtrauen der Kongreß-Partei zu zerstreuen. Noch klang jedem politisch denkenden Menschen die aggressive Rede im Ohr, die Nehru am 21. November 1946 vor dem Tagesordnungsausschuß der Kongreß-Partei in Meerut gehalten hatte. Damals sagte er unumwunden: „Zwischen der Liga und den hohen britischen Beamten besteht eine geistige Verbundenheit."
Für Nehru war es unbestreitbar, daß die britische Haltung gegenüber dem Feldzug der Liga für Pakistan nicht unwesentlich zum Erfolg Ali Jinnahs beigetragen hatte. Und Mountbatten kannte Nehrus Meinung, die von der Kongreß-Partei geteilt wurde. Daß trotzdem ein fruchtbares Gespräch zwischen dem Briten und dem Brahmanen möglich wurde, spricht für die Noblesse der beiden Persönlichkeiten. Es ist nicht Mountbattens Schuld, daß ein strategisches Spiel mit „Teilen und Herrschen" schließlich doch zu der blutigen Tragödie führte, die sich nach Erlangung der Unabhängigkeit am 15. August 1947 mit der Teilung des Subkontinents in Indien und Pakistan ergab.
Mountbatten, dem es schließlich gelang, die Modalitäten der Teilung zwischen den feindlichen Brüdern auszuhandeln und vor allen Dingen die Fürstentümer zu Entscheidungen zu bewegen, die für die meisten den Beitritt zur „Indischen Union" bedeuteten und damit den Traum von einem geeinten Indien erst Wirklichkeit werden ließen, ist an seiner Aufgabe vom glänzenden Soldaten zum Staatsmann gereift. Unterstützung fand er durch seine Frau Edwina. Beide hatten sich bereits durch die Ereignisse des Zweiten Weltkrieges tiefgreifend verändert. Bis zum Ausbruch des Krieges führten sie das sorgenlose Luxusleben im Kreise um den Prinzen von Wales. Das tragische Geschehen weckte in ihnen ein neues Pflichtgefühl, den Wunsch zu dienen. Was sie in Südostasien begonnen hatte, die Leidenden, Verwundeten, Gefangenen und Hungernden zu betreuen, wollte Edwina Mountbatten in Indien fortsetzen. Sie ahnte nicht, welche große Rolle darüber hinaus ihr das Schicksal zugedacht hatte, wie sehr sie durch ihren Einfluß auf Nehru die Bedeutung des Vizekönigs stärken und seine Arbeit unterstützen konnte.

Wer in Indien von Louis Mountbatten spricht, wird wie in einem Atemzug Edwina erwähnen. Wer ihr je in Gesellschaft von Jawaharlal Nehru begegnete, weiß, welch starken Einfluß sie auf den indischen Regierungschef besaß. Frank Moraes hat über Edwina und Nehru geschrieben: „Wie kein anderer Mensch verstand sie es, beruhigend auf seine angespannten, müden Nerven zu wirken. Nehru fand in ihr bald eine verständnisvolle und gescheite Beraterin, die ihn in manchen Ansichten bestärkte, ihm andere ausredete, der es gelang, ihn vorübergehend von Dingen, die ihn irritierten, abzulenken, und die immer bereit war zu helfen, sich aber nie aufdrängte."
Ohne Zweifel hat Edwina das Gespräch zwischen den beiden Männern erleichtert. Die indische Tragödie konnte sie allerdings ebenso wie der Vizekönig nicht verhindern. Mountbatten sah bald ein, daß er nicht nur der Herold der Unabhängigkeit, sondern auch der Teilung sein würde. In der Erinnerung des indischen Volkes aber, das ihn nach seiner Ermordung mit einer achttägigen Staatstrauer ehrte, blieb er der Schrittmacher der Freiheit, einer Freiheit, die das Bild der Welt verändern würde.
Ein Zeitalter ging zu Ende, als Jawaharlal Nehru in der Nacht vom 14. auf den 15. August 1947 seine Stimme erhob. „Vor langen Jahren haben wir einen Pakt mit dem Schicksal geschlossen, und nun naht die Zeit, da wir unser Gelöbnis einlösen werden . . . Beim Schlag der Mitternacht, während die Welt im Schlummer liegt, wird Indien zu Leben und Freiheit erwachen. Ein Augenblick nähert sich, wie er nur selten in der Geschichte kommt: Wir schreiten aus dem Alten ins Neue, ein Zeitalter geht zu Ende, und die Seele einer so lange unterdrückten Nation findet ihre Sprache."
Gandhi war in der Nacht auf den 15. August 1947 nicht in Delhi, aber Nehru gedachte seiner, als er zur Unabhängigkeit vor der Verfassunggebenden Versammlung sprach: „Am heutigen Tag gedenken wir zuerst des Architekten dieser Freiheit, des Vaters unserer Nation, in dem sich der alte Geist Indiens verkörpert und der die Fackel der Freiheit hochgehalten und das umgebende Dunkel erleuchtet hat. Wir waren oft unwürdige Jünger, die seiner Botschaft nicht folgten, aber nicht nur wir, sondern auch die nächste Generation wird seiner Botschaft gedenken und das Bild dieses großen Sohnes Indiens im Herzen tragen, der so groß im Glauben, in der Stärke, im Mut und in der Demut ist. Wir werden nie zugeben, daß diese Fackel der Freiheit erlischt.
Wir müssen nun also arbeiten, schwer arbeiten, um unsere Träume zu realisieren. Diese Träume gelten Indien, sie gelten aber auch der Welt, denn alle Nationen und Völker sind heute so eng miteinander verbun-

den, daß keines von ihnen sich einbilden kann, abseits zu leben. Man hat gesagt, daß der Friede unteilbar sei, das gilt auch für die Freiheit, für gute Zeiten und ebenso für Katastrophen, denn die Welt ist eine Einheit geworden.
In diesem feierlichen Augenblick, da das indische Volk durch Leiden und Opfer die Freiheit errungen hat, verpflichte ich mich, ein Mitglied der Verfassunggebenden Versammlung Indiens, in aller Demut zum Dienst an Indien und seinem Volk, damit dieses altehrwürdige Land den ihm gebührenden Platz in der Welt einnehmen und seinen vollen und willigen Beitrag zur Förderung des Weltfriedens und des Wohlergehens der Menschheit leisten kann."
Die Geburtsstunde der „Indischen Union" brachte den „Wind of Change", den Wind der Wandlung, von dem mit Indien allmählich die ganze Welt erfaßt wurde. 450 Jahre des Kolonialismus waren in dieser Nacht zu Ende gegangen, eines Zeitalters, das 1492 begann, als Christoph Kolumbus auszog, um Indien zu suchen, und Amerika fand. Mit den Entdeckungen fremder Völker begann ihre Kolonisierung, die Unterdrückung und Ausnutzung der braunen, gelben und schwarzen Menschen. Sie alle würden nun, nachdem Indien seine Unabhängigkeit erlangte, mit Leidenschaft um die eigene kämpfen. Die Dritte Welt war geboren. Acht Jahre später, auf der Konferenz von Bandung, würde sich erweisen, daß sie zwei Drittel der Menschheit umfaßte, die mit der Freiheit ihre politische und kulturelle Anerkennung und ihre wirtschaftliche Gleichberechtigung, kurz: ihren Beitritt zur internationalen Gemeinschaft der Völker, forderten.
Konnte Lord Mountbatten ahnen, was er mit seinem Beitrag zur Unabhängigkeit des indischen Subkontinents in Wahrheit ausgelöst hatte? Die Veränderung unserer Welt. An ihr hat selbstverständlich auch Nehru erheblich mitgewirkt. Der 15. August 1947 war die Krönung seines langen Kampfes. Mit seinen Worten vom Ende des Zeitalters begann die Nachkriegsgeschichte der Menschheit. Und ein englischer Aristokrat hat auf Initiative der britischen Labour-Regierung in ihr eine entscheidende Rolle gespielt. Ob Mountbatten damals diese historischen Ausmaße seiner Mission ahnte, ist fraglich; es war zu früh, ihre Dimensionen zu deuten. Während Indien feierte, wurde Mountbatten von Rajendra Prasad, dem Präsidenten der Verfassunggebenden Versammlung, hoch geehrt: Prasad trug dem ehemaligen Vizekönig in aller Form das Amt des ersten Generalgouverneurs von Indien an. Mountbatten, der am gleichen Tag vom englischen König, seinem Vetter Georg VI., in Anerkennung seiner Leistung vom Viscount zum Earl ernannt worden war,

übernahm das Amt mit großer Freude und versprach dem Lande, das ihm zur zweiten Heimat geworden war, wie ein Inder zu dienen. Er hat das bis zu seinem endgültigen Abgang im Juni 1948 immer wieder unter Beweis stellen müssen. Er erlebte am 30. Januar 1948 den Mord an Mahatma Gandhi, den er verehrt hatte und der ihm einst sagte: „Von jeher hat die Welt ihre Propheten gesteinigt und hinterher ihrem Gedächtnis Kathedralen errichtet. Heute beten wir Christus an, aber der lebende Christus wurde ans Kreuz geschlagen."
Mit allen Mitteln, die ihm zur Verfügung standen und von der indischen Regierung zur Verfügung gestellt wurden, versuchte der Earl of Burma, noch einmal seinen ganzen Einfluß geltend zu machen, um den Flüchtlingsstrom einzudämmen und des entsetzlichen Gemetzels zwischen Hindus und Muslims Herr zu werden, das dem Freiheitstag folgte. Es gibt darüber viele Berichte – wir müssen sie nicht wiederholen. Die letzten Amsthandlungen Mountbattens galten der Mehrung und der Erhaltung der Nation Indien. Er versuchte, den noch selbständigen Nizam von Hyderabad zum Anschluß an die Union zu bewegen. Währenddessen besuchte Edwina Mountbatten nochmals zwei große Flüchtlingslager. Die Menschen eilten zu Tausenden herbei, um ihr mit Tränen in den Augen zu danken.
Auf dem Abschiedsbankett, das Nehru zu Ehren des ehemaligen Vizekönigs und Lady Mountbattens gab, hob der indische Premierminister sein Glas und sagte, zu Mountbatten gewandt:
„Wir Inder haben viele Mängel und viele Schwächen, aber wenn wir sehen, daß man Indien Freundschaft entgegenbringt und Dienste erweist, dann öffnen wir unsere Herzen. Wer Indiens Freund ist, wer ihm Dienste erweist, ist unser Kamerad, wer immer er sein mag, wo immer er sich befinden mag. Deshalb hat das indische Volk Lord und Lady Mountbatten ins Herz geschlossen, weil es weiß, daß beide Indien und dem indischen Volk freundlich gesinnt sind und ihm zweifellos Dienste erwiesen haben. Mehr als seine Zuneigung hat Indien nicht zu verschenken. Aber es gibt wohl nichts Selteneres oder Kostbareres als die Liebe und Zuneigung eines Volkes. Sie haben selber gesehen, Sir und Mylady, wie diese Liebe, diese Zuneigung, sich auswirkt. Sie ist, mit Verlaub gesagt, die kostbarste aller Gaben.
Als Sie hierherkamen, Sir, ging Ihnen ein großer Ruf voraus, aber mancher mit großem Ruf ist in Indien gescheitert. Sie haben hier eine Periode großer Schwierigkeiten und schwerer Krisen miterlebt, aber Sie sind nicht gescheitert. Das ist eine bemerkenswerte Leistung. Viele unter uns, die in diesen Krisenzeiten tagtäglich mit Ihnen in Berührung waren,

haben viel gelernt. Sie haben uns Zuversicht eingeflößt, wenn wir zuweilen recht verzagt waren, und ich bezweifle nicht, daß die zahlreichen Lehren, die Sie uns erteilt haben, fortbestehen und uns bei unserer künftigen Arbeit von Nutzen sein werden."
Zu Edwina geneigt, drückte Nehru seine Bewunderung für die schöne, elegante und kluge Engländerin mit für ihn ungewöhnlich warmen Worten aus:
„Auch an Sie, Mylady, möchte ich mich wenden. Die Götter oder eine gute Fee haben Ihnen Schönheit und Verstand, Charme, Anmut und Vitalität, edle Gaben, geschenkt, und wer diese Gaben besitzt, ist überall eine große Dame. Aber wer viel hat, dem wird noch mehr gegeben werden. Ihnen ist etwas noch Selteneres beschert worden: Menschlichkeit, die Liebe zur Menschheit, der Impuls, den Leidenden und Bedrängten zu helfen. Diese erstaunliche Mischung hat eine strahlende Persönlichkeit und eine heilende Kraft geschaffen. Überall haben Sie Trost, Hoffnung und Aufmunterung gespendet. Ist es also verwunderlich, daß das indische Volk Sie liebt, Sie als eine der Seinen betrachtet und traurig ist, weil Sie uns verlassen . . .?"
Nichts Schöneres konnte dieser Frau attestiert werden, die im Dienst für das Amt des Vizekönigs ihr Herz an Indien verloren hatte. Was für Edwina Mountbatten galt, galt auch für den Lord. Die Inder haben ihm das nicht erst nach seinem Tod gedankt und bescheinigt.

Bharat – die Indische Union – unter Pandit Nehru

Der Mord an Mahatma Gandhi

Indien war frei. Doch die Monate nach dem Tag der Unabhängigkeit wurden zu einer Zeit dramatischer und tragischer Ereignisse. Was Gandhi und Nehru erhofft hatten, trat nicht ein. Die unvermeidliche Trennung des Subkontinents in Indien und Pakistan brachte nicht den ersehnten Frieden zwischen Hindus und Muslims. Im Gegenteil. Das gegenseitige Morden eskalierte zu apokalyptischen Ausmaßen.

Empört kündigte Mahatma Gandhi im Januar 1948 einen Hungerstreik an, er wollte den religiösen Fanatismus brechen. Seine Anhänger wußten, daß es ihm Ernst mit der Drohung war, bis zum Tode zu fasten, falls sich die Muslims nicht ab sofort ungeschoren in der Stadt Delhi bewegen konnten, die von Flüchtlingen aus Pakistan überquoll.

Sein glühender Wille, die Bereitschaft zur Selbstaufopferung beeindruckten die streitenden Parteien. Für kurze Zeit schien Friede eingekehrt zu sein. Aber unter der Oberfläche brodelte es, da braute sich etwas aus Konspiration, religiösem Eifer mittelalterlicher Prägung, besessenem Hinduismus und falsch verstandenem Patriotismus zusammen, das am 30. Januar 1948 zu einer der größten Tragödien in der Geschichte Indiens führen sollte: zur Ermordung Mahatma Gandhis.

Seit einigen Wochen lebte der Vater Indiens im Hause des indischen Großindustriellen G. D. Birla, mit dem ihn eine enge Freundschaft verband. Jeden Abend hielt er auf dem weiten Rasen vor dem Hause eine Gebetsstunde ab, der Hunderte von Menschen beiwohnten. Nachdem diese stille Stunde am 20. Januar durch die Explosion einer Bombe in der Nähe der Betenden gestört worden war, bestürmten Nehru und Sardar Patel den Mahatma, sich künftig von der Polizei begleiten zu lassen. Das lehnte Gandhi mit den Worten ab, wenn es sein Schicksal sei, durch Mörderhand zu sterben, müsse er es als Gottes Willen annehmen. Zehn Tage später war seine Uhr abgelaufen.

Am Nachmittag des 30. Januar empfing er Patel, um ihn zu beschwören, die aus politischer Divergenz entstandenen Spannungen mit Nehru zu überwinden, im Interesse des schwergeprüften Landes einig zu sein.

Nach dem Gespräch erhob sich der Mahatma und begab sich, auf seine beiden Enkelinnen Nanu und Abha gestützt, in den Garten. Es war wenige Minuten vor fünf Uhr, als ein junger Mann aus der Menge trat und Gandhi mit der traditionellen indischen Geste – *namaste* – beide Hände zusammengelegt, begrüßte. Dann verneigte er sich, als ob er die Füße des Mahatma küssen wollte. Gandhi erwiderte den Gruß, die Hände geschlossen, den Kopf leicht gebeugt.
In diesem Augenblick zog der Attentäter einen Revolver und feuerte drei Schüsse auf den Mahatma. Mit einem leisen Seufzer und dem Ruf: „*Hé Ram*" – „O Gott" – sank Gandhi zusammen.
Er hatte schon das Bewußtsein verloren, als man ihn in das Haus seines Freundes trug und vorsichtig auf den Boden legte. Über seinen blütenweißen *Khadi* rann das Blut, zog eine leuchtend rote Spur. Nach wenigen Minuten war der Mahatma – die „große Seele" – tot.
„Das Licht ist aus unserem Leben gegangen", sagte Nehru unter Tränen der erstarrt wartenden Menge, „und überall ist Dunkelheit. Ich weiß nicht, was ich euch sagen soll und wie ich es sagen soll. Unser geliebter Führer, unser Bapu, wie wir ihn nennen, der Vater unserer Nation, ist nicht mehr. Vielleicht irre ich mich, wenn ich das so ausdrücke. Jedenfalls werden wir ihn nie so wiedersehen, wie wir ihn so viele Jahre lang gesehen haben. Wir können nicht mehr zu ihm laufen, um Rat und Trost bei ihm zu finden, und das ist ein schrecklicher Schlag, nicht nur für mich, sondern für Millionen und Aber-Millionen in diesem Land. Und es ist sehr schwer, diesen Schlag zu mildern durch irgendeinen Rat, den ich oder ein anderer euch geben könnte. Das Licht ist erloschen, sagte ich, aber das war nicht richtig. Denn das Licht, das über diesem Land leuchtete, war kein gewöhnliches Licht. Es hat so viele Jahre geleuchtet, und es wird noch für unendliche Zeiten unser Land erhellen. Es wird noch nach tausend Jahren scheinen, und die Welt wird es sehen, und es wird unzähligen Herzen Trost spenden. Dieses Licht war nicht nur Gegenwart, es war die lebendige, ewige Wahrheit, es zeigte uns den rechten Weg, hielt uns vom Irrtum ab und führte dieses uralte Land in die Freiheit.
Ein Wahnsinniger hat seinem Leben eine Ende gemacht. Wir aber müssen zusammenhalten und allen kleinlichen Konflikten und Schwierigkeiten Angesicht in Angesicht mit diesem großen Unglück ein Ende bereiten. Mit seinem Tod mahnt uns der Mahatma, der die ewige Wahrheit verkörpert, nur an die großen Dinge des Lebens zu denken. Wenn wir uns daran erinnern, wird es um Indien gut bestellt sein."
Die Verbrennung fand am nächsten Tage statt. 700 000 Menschen

begleiteten den Trauerzug. Millionen Blumen bedeckten die Bahre und alle Wagen, die mitfuhren. Ganz Indien trauerte, Arme und Reiche, Hindus, Muslims und Sikhs – das glorreiche und das elende, das geistige und das analphabetische Indien: Gandhi hatte die Herzen fast aller Inder berührt –, und weit über Indien hinaus war seine Botschaft der Toleranz, der Brüderlichkeit und des Friedens zu den Leidenden in aller Welt gelangt. Man legte ihn auf den Scheiterhaufen und bedeckte ihn mit Sandelholz. Nehru trat mit kaum verhaltener Ergriffenheit an die Bahre, er kniete nieder und küßte die Füße des Mahatma.
Die Priester begannen zu singen. Gandhis Sohn entzündete das Holz mit einer hellbrennenden Fackel. Als die Flammen hochschlugen, kam ein Ruf wie aus einer einzigen Kehle aus der Menge: „*Amar hogeye*“ – „Er ist unsterblich geworden.“
„Heilige Seele“, deklamierten die Brahmanen, „mögen Sonne, Luft und Feuer Dir Glück bringen. Die Dir teuer auf Erden waren, beklagen Deinen Weggang nicht, denn sie wissen, daß Du in die strahlenden Regionen der Gesegneten eingehst. Mögen die Wasser aller Flüsse und Ozeane Dir dienen und hilfreich bei Deinen guten Taten für das Wohlergehen aller Wesen sein. Mögen das Universum und alle Himmelsrichtungen Dir offenstehen.“
Nehru kehrte am nächsten Tag allein an das *Rajghat,* den Ort der Verbrennung, zurück, der zur vielbesuchten Gedenkstätte des indischen Volkes werden sollte. Dort, wo das Feuer die Erde verbrannt hatte, legte Nehru Blumen nieder.
Der indische Premierminister trauerte um den Mahatma wie um einen Vater. Mehr als je zuvor war Gandhi in den letzten Monaten vor seinem Tod für Nehru der Inbegriff des *Gurus,* des Lehrers, des Meisters, geworden. Ohne Zweifel war es Gandhi gelungen, in gewisser Hinsicht den eigenwilligen Nehru zu formen, auch wenn der Jüngere nicht immer in Übereinstimmung mit dem Älteren gelebt hatte. Es gab Zeiten der Spannungen, Zeiten, in denen Nehru von Gandhi sagte, er spräche eine andere Sprache. Und der Mahatma antwortete: „Das mag wahr oder mag nicht wahr sein. Aber Sprache ist doch keine Schranke für die Übereinstimmung des Herzens. Und ich weiß, wenn ich einmal nicht mehr bin, wird er meine Sprache sprechen.“
Und so geschah es. Nehru war entschlossen, das Erbe Gandhis zu bewahren. Was dieser größte Inder nach Siddharta Gautama Buddha in Millionen Menschen geweckt hatte, Nehru würde es bewahren und stärken, das Gefühl, zu einer Nation zu gehören, das heißt, sich über Religionen, Rassen und Kasten hinaus als Inder zu fühlen.

,,Wir können Bapu am besten ehren", erklärte Nehru den Trauernden, wenn wir uns den Idealen verschreiben, für die er lebte und für die er sein Leben lassen mußte."
Er wurde nicht müde, von diesen Idealen zu sprechen, von der Vision des Mahatma, daß diese Welt die eine große, einzige und einige werden sollte, eine Welt ohne Haß, ohne Furcht, ohne Armut und Ungerechtigkeit.
Nach Gandhis Willen sollte sich Indien auf alle jene Dinge konzentrieren, die es einigen und stärken würde. Eine freie, demokratische Nation, die in voller Toleranz die Freiheit aller anderen respektieren müßte.
Am ersten Jahrestag der Unabhängigkeit hielt Nehru eine bemerkenswerte Rede: ,,Wir alle sprechen von Indien", sagte er, ,,und wir alle verlangen viele Dinge von Indien, was können wir denn Indien geben? Wir können nicht mehr von Indien nehmen, als wir Indien gegeben haben. Indien will uns geben, was wir ihm an Liebe, Dienst, produktiver und schöpferischer Arbeit gegeben haben. Indien wird sein, was wir sind: Unsere Taten und Gedanken werden das Land prägen. Geboren auf indischem Boden, sind wir die Kinder Indiens – aber wir sind auch die Eltern des Indiens von morgen. Wenn wir groß sind, wird Indien groß sein, wenn wir kleinlich und engherzig sind, wird auch Indien es sein."

Zankapfel Kashmir

Tausend Probleme begannen mit jenem Tag, der die Unabhängigkeit brachte. Vor Nehru lagen viele Aufgaben. Zu ihnen gehörte, das Land in politischer, wirtschaftlicher und sozialer Hinsicht zu wandeln.
Unter der Herrschaft der Briten waren 18 Gebiete direkt von der Regierung verwaltet worden, 562 Fürstenstaaten besaßen einen Sonderstatus. Innerhalb eines Jahres nach der Unabhängigkeit war es gelungen, diese 580 Einheiten auf 16 Staaten zu reduzieren.
Die Integrierung des feudalen Indien in die demokratische, säkulare Indische Union war nicht einfach. 562 Maharajas mußten sich entscheiden, ob sie für Indien oder Pakistan optieren sollten. Mountbatten und Innenminister Sardar Patel, der für die Eingliederung zuständig war, hatten gute Vorarbeit geleistet: Außer dem Maharaja von Kashmir, dem Nizam von Hyderabad und dem Nawab von Junagadh – einem kleinen westindischen Staat – stimmten alle für den Anschluß an Indien.
Die drei aufsässigen Fürstentümer brachten große politische Unruhen und sehr schwer zu lösende Probleme. Junagadhs Bevölkerung setzte

sich zu 86 Prozent aus Hindus zusammen. Der Fürst war ein Muslim und entschied sich für Pakistan. Neu-Delhi protestierte und setzte einen Volksentscheid durch, der eine Stimmenmehrheit von 90 Prozent für Indien ergab. Der Anschluß an Pakistan wurde annulliert. Die ,,Islamische Republik" hat diesen Spruch niemals offiziell anerkannt – Junagadh blieb wie Kashmir ein Zankapfel zwischen Indien und Pakistan.

Hyderabad, das über eine Bevölkerung von 90 Prozent Hindus verfügte, wurde wie Junagadh von einem muslimischen Fürsten regiert. Sein Land war groß und reich genug, einen unabhängigen und lebensfähigen Staat zu bilden. Außerdem unterhielt der Nizam eine Armee von 50 000 Mann, die jederzeit durch 200 000 Freischärler verstärkt werden konnte. Die muslimische Aristokratie von Hyderabad war von besonderem Rang – sie war nicht gesonnen, sich einer bürgerlichen Regierung zu unterwerfen. Es kam nach ergebnislosen, mühsamen Verhandlungen zu erheblichen Unruhen, die Neu-Delhi zum militärischen Eingreifen veranlaßten. Es dauerte ein Jahr, bis dieses Gebiet von 1,3 Millionen Quadratkilometern mit fast neunzig Millionen Einwohnern eingegliedert werden konnte. ,,Hierin", so meinte Nehru, ,,wird der rückblickende Historiker einmal zweifellos eine der wichtigsten Phasen der indischen Geschichte erkennen."

Was immer die Historiker zu Hyderabad und Junagadh zu sagen haben, was sie an Schwierigkeiten zu lösen hatten, ist nichts im Vergleich zum Problem Kashmir, das bis heute andauert.

Die Bedeutung Kashmirs ergibt sich aus seiner Lage. Das schöne Himalayaland stellt eine wichtige Drehscheibe Innerasiens dar. Vor der Teilung, bei der Kashmir und Jammu das sogenannte *Azad Kashmir* (Freies Kashmir) an Pakistan verloren, grenzte das Land im Süden an das indische Kernland Punjab, im Westen an Pakistans Nordwestprovinz, im Norden, im heutigen pakistanischen Teil Kashmirs, an Afghanistan. Von der Sowjetunion und ihrer tadschikischen Provinz ist Kashmir durch den schmalen afghanischen Korridor in Pamir getrennt. Im Osten grenzt Kashmir an Chinas Provinz Sinkiang und an Tibet. Kashmir liegt also im Spannungsfeld der vier großen asiatischen Mächte: China, Sowjetunion, Indien und Pakistan.

Hier stehen mehr als religiöse Gefühle auf dem Spiel, obwohl religiöse Fragen in diesem Gebiet des Subkontinents ihr besonderes Gewicht haben. Von den etwa fünf Millionen Einwohnern der gesamten Provinz sind 70 Prozent Muslims und 30 Prozent Hindus und Sikhs. Der Streit zwischen Indien und Pakistan geht im wesentlichen um das Kashmirtal, das ,,Valley", in dem 2,5 Millionen Menschen wohnen, von denen 94

Prozent Muslims sind, die seit 1846 unter der Herrschaft eines Hindu-Maharajas standen.

Man muß einen Blick in die Geschichte zurückwerfen, will man das Problem Kashmir verstehen. Bis zum 14. Jahrhundert beherrschten hinduistische und buddhistische Fürsten das schöne Land. Ihnen folgten muslimische Dynastien. 1587 eroberte der Mogulkaiser Akbar das ,,glückliche Tal", und seine Nachfolger haben wie er ihre Sommerresidenz hier aufgeschlagen.

Nehru hat sie beschrieben: ,,Wie eine wunderschöne Frau, deren Zauber fast unpersönlich ist, das war Kashmir in seiner ganzen weiblichen Schönheit. Wenn ich es anschaue, erscheint es mir traumhaft und unwirklich. Kashmir ist wie das Gesicht einer Geliebten, die man im Traum erblickt und beim Erwachen dahinschwindet."

Wer das Kashmirtal gesehen hat, kann es nie mehr vergessen; die schimmernden Reisfelder, die schwimmenden Gärten, die Fülle der Blumen, die Maulbeerbäume der Seidenraupe, die Seen mit ihren Hausbooten, die zierlichen Shikaras. Die dreiblättrigen, schattenspendenden Shinarbäume, und über allem die weiße Kette der Sieben- bis Achttausender des Himalaya. Als Glanz und Macht der Mogulherrscher, die dem Tal mit dem ,,Schalimar Bagh", dem ,,Garten der Liebe", ,,Nischat Bagh", dem Garten der Lust", und ,,Nasim Bagh", ,,dem Garten der Morgenbrise", mit zierlichen Erkern und Marmorpavillons, Terrassen, Springbrunnen, Kaskaden und Arabesken, Moscheen und Minaretts ihr Gepräge gaben, erloschen, fielen afghanische Krieger ein, die wiederum von bärtigen kriegerischen Sikhs vertrieben wurden.

Nachdem sie die Sikhs erfolgreich unterdrückt hatten, verkauften die englischen Kolonialherren 1846 Kashmir an den von rajputischen Vorfahren stammenden hinduistischen Dogra-Fürsten Gulab Singh für 1 575 000 Dollar. Über hundert Jahre herrschten die Dogra-Maharajas in diesem Land, dessen muslimische Tradition ihnen nicht sehr viel sagte. Sie bevorzugten die Hindu-Minderheit, deren Brahmanen zu den bedeutendsten Vertretern dieser höchsten Kaste Indiens gehören. Gegen den letzten Dogra-Maharaja Hari Singh schloß sich schon in den dreißiger Jahren – entsprechend der Kongreß-Bewegung in ganz Indien – eine vornehmlich von kaschmirischen Muslims getragene Nationalbewegung unter Führung eines jungen Gymnasiallehrers, des Sheikh Abdullah, zusammen, die sich ,,National Conference" nannte. Sie kämpfte sowohl für die Befreiung von englischer Herrschaft wie gegen die Despotie des Maharajas Hari Singh. Als Indien am 15. August 1947 die Unabhängigkeit erlangte, saß Sheikh Abdullah als Führer der ,,National Con-

ference“ auf Befehl des Maharajas im Gefängnis. Mahatma Gandhi erzwang im September 1947 seine Freilassung.
Gemäß dem „Indian Independence Act“ von 1947 sollte sich auch Kashmir entweder für Indien oder für Pakistan entscheiden. Wie der Nizam von Hyderabad und der Nawab von Junagadh versuchte auch Hari Singh, die Entscheidung hinauszuzögern, offensichtlich mit der Vorstellung, zwischen Indien und Pakistan ein selbständiges Fürstentum Kashmir zu erreichen. Hari Singh hatte die Rechnung ohne den Wirt gemacht, ohne an die explosiven Kräfte im geteilten Subkontinent zu denken.
Das Unheil kam schnell. Am 22. Oktober 1947 fielen die Pathans, wilde Bergkrieger aus dem Grenzgebiet zwischen Pakistan und Afghanistan, in Kashmir ein. Die fanatischen muslimischen Stammessoldaten waren 300 Kilometer ungehindert durch pakistanisches Gebiet marschiert. Ihre Ausrüstung verriet die Herkunft aus der Islamischen Republik Pakistan, aus dem „Land der Reinen“. Der Siegeszug der Bergkrieger aus dem Nordwesten war furchtbar. Rauchende Ruinen, vergewaltigte Frauen, tote Kinder, verblutende Soldaten blieben zurück. Am 26. Oktober rief Hari Singh in höchster Not Delhi um Hilfe an, wobei er seinem Gesuch um Hilfe die formelle Anschlußerklärung an Indien („Accession“) beifügte. Sie wurde am 27. Oktober 1947 von der indischen Regierung angenommen, nachdem sich auch der nach Delhi geeilte Sheikh Abdullah im Namen der „National Conference“ für die Beitrittserklärung ausgesprochen hatte. Abdullah hatte also die volle Verantwortung für die Angliederung Kashmirs an Indien mit übernommen.
Und nun geschah, was im Interesse von Kashmir, seinen Beziehungen zu Indien und Pakistan, im Interesse einer ruhigen politischen Entwicklung nicht hätte geschehen sollen: Die indische Regierung erklärte den Anschluß von Kashmir als unter der Bedingung akzeptiert, daß, sobald Ruhe und Gesetz wiederhergestellt seien, das Volk von Kashmir über den Entschluß des Maharajas und Sheikh Abdullahs abstimmen sollte.
Später erklärte Nehru der Gesetzgebenden Versammlung dazu: „Wir waren ängstlich darum bemüht, nicht endgültig in einem Augenblick der Krise – ohne dem Volk von Kashmir die vollste Gelegenheit zu geben, abzustimmen – zu entscheiden. Und lassen Sie mich das hier ganz klarmachen, daß, wo es einen Streit um den Anschluß irgendeines Staates gab, die Entscheidung vom Volk gefällt werden müßte. Getreu dieser Politik haben wir das Wort ‚provisorisch‘ in die Anschlußerklärung von Kashmir eingefügt.“
Ohne die Hilfe der indischen Truppen, die noch am 27. Oktober 1947

nach Kashmir geflogen wurden, wäre das ,,Glückliche Tal" verloren gewesen. Es war fünf Minuten vor zwölf. Die wilden Pathans waren bis auf wenige Kilometer in die Nähe der Hauptstadt Srinagar vorgedrungen. Es gelang den indischen Soldaten wohl, die Pathans bis an den Rand des Kashmirtals zurückzudrängen, es gelang ihnen jedoch nicht, ganz Kashmir zu besetzen. Die Kämpfe zogen sich hin und verstärkten sich, als im Frühjahr 1948 auch reguläre Truppen Pakistans in Kashmir einfielen. Während der Wintermonate hatten sie den Ostteil Kashmirs, das Gilgit-Gebiet, bereits besetzt. Schon am 31. Dezember 1947 wandte sich Indien wegen des Eingreifens Pakistans an den Sicherheitsrat der Vereinten Nationen. Die Regierung von Neu-Delhi klagte Pakistan wegen Aggression an. Sie konnte beweisen, daß die grausamen Bergkrieger von pakistanischen Offizieren geführt worden waren und pakistanische Waffen getragen hatten.

Die Regierung aus Karachi antwortete, daß Indien und Hari Singh Kashmir mit Gewalt daran hinderten, in dem Land seiner Wahl, nämlich in Pakistan, aufzugehen. Die Kashmiri seien überzeugte, aber unterdrückte Muslims, sie hätten sich gegen ihre hinduistischen Unterdrücker erhoben, und die Stammesbrüder aus dem Norden wären nur ihren bedrohten Brüdern zu Hilfe geeilt. In Wirklichkeit sei Indien der Aggressor.

Den Vereinten Nationen gelang es nicht, den Streit zu schlichten. Was der Sicherheitsrat fertigbrachte, war die Einstellung der Feindseligkeiten am 1. Januar 1949. Sieben Monate später wurde die Demarkationslinie gezogen, die seither als De-facto-Grenze zwischen Indien und Pakistan in Kashmir gilt.

Indien behielt den schönsten und reichsten Teil des Gebietes – drei Viertel der Bevölkerung und zwei Drittel des gesamten Territoriums, nämlich Jammu, das zauberhafte Kashmirtal und die Grenzregion von Ladakh, die an Tibet grenzt. Für Pakistan blieb der felsige, unfruchtbare Streifen im Nordwesten, der von der Regierung in Karachi den Namen *Azad Kashmir* bekam.

Geographische Gegebenheiten, Lebensart und Religion schienen für Pakistan zu stimmen, für Nehru stand aber ganz etwas anderes auf dem Spiel: Kashmir, so spürte er, würde zum Testfall seiner Konzeption eines säkularen Indien werden, in dem sich alle auf indischem Boden Geborenen über Rasse, Kaste und religiöses Bekenntnis hinaus als Inder fühlen sollten.

Sich an die Erklärung Nehrus vom 2. November 1947 haltend: ,,Sobald Frieden, Gesetz und Ordnung in Kashmir wiederhergestellt sind, sind wir dazu bereit, daß eine Volksbefragung unter internationaler Aufsicht,

etwa der Vereinten Nationen, stattfinden soll", verlangte der Sicherheitsrat in zwei Beschlüssen vom 13. August 1948 und 15. Januar 1949 die Abhaltung eines Plebiszits in Kashmir und Jammu unter der Voraussetzung, daß beide Seiten ihre Truppen abgezogen hätten.
Über diesen Entschluß haben viele fruchtlose Debatten stattgefunden. Weder wollte Pakistan seine Truppen aus Kashmir zurückziehen, noch wollte es die von Indien verlangten Garantien für eine unbeeinflußte Durchführung einer Volksabstimmung geben.
In dem gefährlichen Ränkespiel um Kashmir spielte Sheikh Abdullah, seit langem von seinen begeisterten Anhängern *Sher-e-Kashmir* – „Löwe von Kashmir" – genannt, eine schillernde Rolle. Nach dem offiziellen vorläufigen, ein endgültiges Plebiszit voraussetzenden Anschluß Kashmirs an Indien wurde er 1948 Chefminister. Maharaja Hari Singh trat zugunsten seines Sohnes Dr. Karan Singh zurück. Karan erhielt von der indischen Regierung den Titel *Sadr-i-Riyasat,* was eine Stellung zwischen Gouverneur und Staatsoberhaupt bezeichnete. Kashmir wurde de facto zu einem Bundesland mit besonderen Vorrechten, wie sie in der 1950 proklamierten indischen Verfassung niedergelegt sind.
Gleichzeitig mit seinem Amtsantritt als Ministerpräsident ernannte die Zentralregierung Abdullah 1948 zum Mitglied der Verfassunggebenden Versammlung Indiens und zum Mitglied der indischen UN-Delegation. Mit klaren Worten distanzierte Abdullah sich 1948 vor dem Sicherheitsrat von Pakistan: „Ich habe mit meinen eigenen Augen gesehen", so rief er aus, „wie die pakistanische Regierung die Eroberer unterstützt, nicht nur, daß sie ihnen Versorgungsbasen gewährt, sondern sie gibt Waffen und Munition, sie führt und kontrolliert die einfallenden Eroberer. Der einzige Punkt, den der Sicherheitsrat zu diskutieren hat, ist, daß Pakistan seine internationalen Verpflichtungen einhält und keine Räuber, die von außen eindringen, unterstützen darf."
Jede Äußerung, die Sheikh Abdullah seit dem Oktober 1947 tat, war eine Bestätigung seines Entschlusses, Kashmir als integralen Teil der Indischen Union zu betrachten. So verkündete er ein Jahr später auf einer außerordentlichen Versammlung der „National Conference": „Unter diesen Umständen bestätigt die ‚National Conference' von Kashmir die provisorische Zugehörigkeit dieses Staates zu Indien. Sie verspricht ihre volle Unterstützung für den endgültigen Anschluß an Indien."
Wenige Tage später erklärte Sheikh Abdullah bei einer Volksversammlung während des muslimischen *Id*-Festes in Srinagar: „Die Entscheidung unserer ‚National Conference' war die logische Folge eines Jahres

der Leiden unseres friedliebenden Volkes durch die Truppen Pakistans. Das Versprechen, das ich Nehru im vorigen Jahr gegeben habe, daß Kashmir ein Teil Indiens sein soll, ist nun der Anfang zu einem ewigen Bund geworden."

Es war nur logisch, daß der Generalrat der „National Conference" am 27. Oktober 1950 unter seiner Führung beschloß, eine konstituierende Versammlung zu schaffen, um dem Land, das noch immer im Ausnahmezustand lebte, eine demokratische Ordnung zu geben. Vor der nach dieser Empfehlung ins Leben gerufenen konstituierenden Versammlung erklärte Sheikh Abdullah am 5. November 1951, daß sie zwei wichtige Aufgaben habe: 1. so schnell als möglich den Ausnahmezustand des Staates zu beenden und ihm eine demokratische Verfassung zu geben, 2. über die konstitutionellen Bindungen des Staates zu entscheiden. Er beleuchtete die drei Möglichkeiten: Anschluß an Pakistan, Unabhängigkeit oder Ratifizierung des Anschlusses an Indien. Indem er die beiden ersten als unrealistisch bezeichnete und ihre Annahme ausschloß, plädierte er für einen endgültigen Beitritt Kashmirs zur Indischen Union.

Im Gegensatz zu diesen verpflichtenden Äußerungen begann Sheikh Abdullah ab 1952 die Proklamierung der neuen Verfassung und die Ratifizierung der Abkommen mit Delhi zu verzögern. Was war geschehen? Welche Kräfte und Motive standen hinter seinem Schwanken? Warum zögerte er 1952, die von ihm noch 1951 empfohlenen Beschlüsse der konstituierenden Versammlung durchzuführen?

Stimmte es, was seine Gegner sagten, daß er sich unter dem Einfluß einiger Kollegen plötzlich für die Unabhängigkeit eines verstümmelten Staates erwärmte? Denn was anderes als ein unabhängiges Kashmirtal ohne Jammu und Ladakh konnte er erhoffen? Ohne Zweifel senkte diese Zeit des Verzögerns Unsicherheit in die Herzen der Kashmiri.

Jeder, der sich nicht von den emotionalen Reden des *Sher-e-Kashmir* blindlings hinreißen ließ, mußte sich fragen: „Was will Abdullah?" Niemand hat jemals erfahren, was wirklich hinter der hohen Stirne dieses Hünen aus dem „Glücklichen Tal" vorging. Träumte er davon, Groß-Mogul von Kashmir zu werden? Wenn das so sein sollte, wurde ihm mit seiner Verhaftung im August 1953 ein Strich durch die Rechnung gemacht. Sein Stellvertreter Bakshi Gulam Mohammed, der nach diesem undemokratischen Gewaltakt den Platz des Chefministers einnahm, beschuldigte den „Löwen" des Hochverrats. Der immer wieder verschobene Prozeß schleppte sich durch Jahre hin, bis er schließlich auf Einwirkung des schon todkranken Nehru hin abgebrochen wurde. Zuvor hatte Nehru bereits im Zuge des im Juli 1963 entstandenen „Kamaraj-Plans"

Bakshis zehnjährige Herrschaft beendet. Im April 1964 schließlich entließ die Regierung Abdullah aus der elfjährigen Haft. Der ,,Löwe von Kashmir“ eilte alsbald nach Delhi und tat, was ihn später nicht hindern sollte, das doppeldeutige Spiel mit der Selbstbestimmung der Kashmiri weiter zu betreiben: Er versöhnte sich mit seinem alten Kampfgefährten Nehru.

In Kashmir war inzwischen längst eingetreten, was die internationale Bedeutung des Bundesstaates als einer Drehscheibe im Spannungsfeld der Mächte unterstrich und Nehrus Konzeption rechtfertigte.

1954 schloß Pakistan mit den Vereinigten Staaten ein Militärhilfeabkommen ab und trat 1955 dem Bagdad-Pakt bei, jener Verteidigungsfront, die Großbritannien, Irak, Iran, Pakistan und die Türkei gebildet hatten. Nehru sagte daraufhin während einer Pressekonferenz (April 1955), die Weigerung Pakistans, seine Truppen aus Kashmir zurückzuziehen, und sein Beitritt zu einem der beiden großen Militärblöcke – vorrangig diese beiden Entscheidungen – hätten die Grundlagen völlig verändert. Kashmir sei nun ein Fall der nationalen Sicherheit der Indischen Union.

Was vielleicht in den ersten Stunden der Teilung des Subkontinents noch ohne irreparable Erschütterungen möglich gewesen wäre, nämlich Gebietsverschiebungen vorzunehmen, ging Jahre danach nicht mehr. Für Neu-Delhi war Kashmir zu einer Frage der Staatsräson geworden. Deshalb zögerte Nehru auch nicht, Kashmir – nach einem Beschluß der Regierung von Srinagar – am 26. Januar 1957 endgültig in die Indische Union aufzunehmen.

Die Pakistani gaben keine Ruhe. Weitere Versuche zwischen 1962 und 1963, die Kashmirfrage friedlich zu lösen, verliefen ergebnislos. Die Inder wären bereit gewesen, die Waffenstillstandslinie in Kashmir zur endgültigen Grenze zu machen, Pakistan aber hielt an seinen Forderungen fest, ganz Kashmir und dazu noch Teile von Jammu müßten von Indien an Pakistan abgetreten werden. Der Gipfel der Unvereinbarkeit war erreicht, als Pakistan am 2. März 1963 mit China ein Grenzabkommen abschloß, in dem Pakistan ein Gebiet von 2600 Quadratmeilen kaschmirischen Bodens an China abtrat.

Es ist kaum zu verstehen, daß Sheikh Abdullah nach seiner Freilassung diese politischen Realitäten nicht beachtete. Daß er weiter von Selbstbestimmung sprach, aber sich niemals klar äußerte, ob er Unabhängigkeit, Autonomie oder ein Kondominium von Pakistan und Indien über Kashmir meinte. Es klang gut, von einer Versöhnung zwischen Indien und Pakistan als seinem heißesten Anliegen zu sprechen – wo aber war ihre reale Basis? Wie stellte sich der Sheikh, wie stellte sich die freie Welt eine Verteidigung der nordwestlichen Himalayagebiete Indiens in Ladakh vor? Könnten die an ein Abkommen mit China gebundenen Pakistaner im Fall eines Kondominiums einen Durchmarsch über die einzige Straße von Indien nach Ladakh gewähren. Sie führt über Kashmir, und ihre Benutzung ist für Indien von ebenso vitaler Bedeutung wie der Luftweg über den Banihal-Paß, über Srinagar und Pahalgam. In Kashmir stehen aber noch andere als strategische Fragen zur Diskussion. Hier geht es um Dinge, die an den Bestand der Nation rühren.

Sheikh Abdullah sprach vom Frieden zwischen den einzelnen religiösen Gemeinschaften, den Hindus und Muslims, den Sikhs, den Christen und Buddhisten als von seinem Glaubensbekenntnis. Warum brachte er die religiöse Harmonie, durch die sich Kashmir immer auszeichnete, in Gefahr, indem er für eine Änderung des Status seines Landes plädierte? Sie konnte im Falle eines Anschlusses an Pakistan oder einer Unabhängigkeit nur eine neue Teilung zur Folge haben. Weder das buddhistische Ladakh noch das vorwiegend hinduistische Jammu hätten sich von Indien trennen und an Pakistan anschließen wollen.

Die Teilung wäre also mit nicht ausdenkbaren Auswirkungen auf den gesamten indischen Subkontinent entgegen allen Beteuerungen Abdullahs auf einer religiösen Basis erfolgt. Das hätte sicher blutige Folgen für die hinduistische Minderheit im Kashmirtal gehabt, die mit gleichen Reaktionen der Hindus im übrigen Indien beantwortet worden wären: mit einem neuen Brudermord. Das Schicksal des säkularen indischen Staates stand auf dem Spiel. Er wäre mitsamt Kashmir und Abdullah in den Abgrund gezogen worden. So ließen die Folgen religiöser Spannungen, die zur Teilung geführt hatten, die Inder nicht los. Abdullah und die Kashmiri waren nicht das einzige Problem, das Nehru während seines ganzen Lebens beschäftigen sollte. Er gab niemals auf. Das von ihm erträumte „Morgen“ erforderte seinen ganzen Einsatz.

Die indische Gesellschaft – Religionen und Sprachen, Erziehung

Mit seinem „rechts“stehenden Stellvertretenden Premier- und Innenminister Sardar Vallabhbhai Patel teilte der Sozialist Nehru die Entschlossenheit, Indiens Einheit zu schaffen und dessen Stabilität zu wahren. So verpaßte er keine Gelegenheit, um die Inder zu beschwören, Religion und Politik nicht miteinander zu verquicken: ,,Wir müssen uns ganz klar darüber sein, daß eine Verbindung von Religion und Politik eine sehr gefährliche Allianz ist."

Er dachte säkular und sah darin die Lebenschance der indischen Nation. In diesem Geist wurde der Entwurf der Verfassung begonnen, deren endgültige Formulierung fast drei Jahre in Anspruch nahm.

Nehru erinnerte die Inder daran, daß Demokratie seit Jahrhunderten die im Lande übliche Regierungsform war. Schon lange vor der Mogulherrschaft und der britischen Verwaltung waren solche Institutionen und Körperschaften üblich, deren Mitglieder gemeinsam regierten. Schon in vedischer Zeit, so schreibt Frank Moraes in seiner Nehru-Biographie, wurden die Bürger durch Wahlen zum *Samiti* – ,,Haus des Volkes" – berufen. Es galt neben *Sabha* – dem ,,Rat der Ältesten" – als höchste politische Institution. Das Gesetz, genannt *Dharma*, stand über allem, und der König, der *Raja*, wurde vom ,,Haus des Volkes" gewählt. Er verkörperte *Danda* – die Exekutive –, die über dem *Dharma* wacht. Aussprüche wie: *Janata Janardana* – Das Volk ist Gott – oder *Panchamukhi Parameshwara* – Die Stimme des Volkes ist die Stimme Gottes – hielten sich durch die Jahrhunderte im ganzen Land.

Es war eine alte und gute Sitte, daß fast alle Könige, selbst Despoten, auf die weisen Männer hörten, die traditionsgemäß bei Hof angestellt wurden. Aus der Stellung der ,,Hofräte" hat sich die Achtung und Verehrung für Gelehrte und Weise ergeben, die man noch heute in Indien beobachten kann. Selbst unter einfachen Menschen, zum Beispiel auf dem Land, war der Sinn für Demokratie stark entwickelt. Er kam stets im *Panchayat* – im Dorf-Rat – zum Ausdruck, der über ein geordnetes Gemeinschaftsleben wachte und alle Probleme unter sich und dann mit der Dorfgemeinde beriet und auch abstimmte. Dieses System hat sich bis in die Gegenwart erhalten.

Die Verfassung, die 395 Artikel und acht Anhänge enthält, wurde am 26. 11. 1949 von der Gesetzgebenden Versammlung verabschiedet, sie wurde nach altem britisch-indischen Modell gebildet. Etwa 250 Artikel stammen entweder wörtlich oder nur mit geringen Abänderungen aus dem ,,Government of India Act" von 1935. In der Übernahme einer parlamentarischen Regierungsform machte sich britischer Einfluß geltend. Die Idee eines Bundesstaates war nach amerikanischem Vorbild entstanden, ebenso hatten die USA bei dem Einfall, die bürgerlichen Grundrechte einzeln aufzuführen, Pate gestanden.

Die Verfassung, die Indien zu einer souveränen demokratischen Republik erklärt, sichert allen Bürgern, ,,unabhängig von ihrem Glauben, ihrer Zugehörigkeit zu einer Gemeinschaft, ihrem Geschlecht, soziale, wirtschaftliche und politische Gerechtigkeit zu – Gleichheit vor dem Gesetz, Gedankenfreiheit und Freiheit des Wortes, des Glaubens, der Überzeugung, der Religionsausübung, des Berufs und jeder Handlung, soweit sie mit Gesetz und öffentlicher Moral in Einklang steht."

Zu den wichtigsten Punkten der Verfassung gehörte das Verbot, die Kastenlosen, die Unberührbaren, zu benachteiligen, was damals etwa fünfzig Millionen Menschen – heute gibt es hundert Millionen Unberührbare – betraf, die rechtlos und elend außerhalb der eigentlichen indischen Gesellschaft lebten.

Man wird das indische Kastensystem niemals begreifen, wenn man nicht auch etwas über seine metaphysische und moralische Bedeutung weiß. Schon in den ,,Veden", den alten heiligen Schriften, heißt es, daß die vier Hauptkasten: die Brahmanen – Priester, Intellektuelle und Aristokraten –, *Kshatriyas* – Krieger –, *Vaishyas* – Geschäftsleute, Händler, Künstler und Kunsthandwerker – und *Shudras* – einfache Bauern, Arbeiter und Handlanger – einst der Stirne, dem Munde, den Armen und den Schenkeln des Urwesens Purusha entsprungen sein sollen. Über ihre metaphysische Einbettung gibt es also für einen überzeugten Hindu überhaupt keinen Zweifel. Zu diesen vier Hauptkasten kommen Tausende von Neben- und Unterkasten, und gerade sie spielen die Hauptrolle im Leben der Hindus. Es gibt nichts Ursacheloses, lehrt ihr höchst moralisches Gesetz: Ich bin, was ich war, und werde sein, was ich bin. Das heißt: Mein jetziges Leben ist eine Folge von Taten in meinem vergangenen Dasein, und mein zukünftiges wird ein Spiegelbild meines gegenwärtigen sein. Das ist, was die Inder unter *Karma* verstehen, Ausdruck einer Weltordnung, an die der Hindu glaubt. *Karma* ist Teil des *Dharma,* des ewigen Weltgesetzes, das den Makrokosmos ebenso wie den Mikrokosmos beherrscht.

Zahlreiche Probleme warfen durch die Jahrhunderte die Kastenlosen, die ,,Unberührbaren", auf, die – als ehemalige Sklaven zur niedrigsten Arbeit verdammt – aus der hinduistischen Gesellschaft ausgestoßen waren. Schon ihr Schatten galt als unrein und durfte nicht auf einen Kastenmenschen fallen. Erst Mahatma Gandhi, der sie *Harijans* – ,,Kinder Gottes" – nannte, begann, ihr Los zu erleichtern. Das Gesetz von 1950, das die Diskriminierung der Kastenlosen verbot, war einer der großen posthumen Erfolge des Mahatma.

Nehru selbst griff das Kastensystem an: ,,Mit der Entwicklung einer modernen Gesellschaft ist das Kastensystem völlig unvereinbar, reaktionär und eine Barriere gegen jeden Fortschritt. In seinem festgefügten Rahmen kann es keine Chance der Gleichheit geben, noch kann politische Demokratie und noch weniger wirtschaftliche Demokratie entstehen."

Bei einer anderen Gelegenheit sagte er: „In der modernen sozialen Organisation ist kein Platz mehr für die Kasten. Wenn Leistung das einzige Kriterium für jedermann wird, dann verlieren die Kasten ihre gegenwärtige unterscheidende Bedeutung. Das Kastenwesen war ein aristokratisches Prinzip. Seine Grundlagen müssen sich völlig ändern, weil es modernen Bedingungen und den demokratischen Idealen entgegengesetzt ist. Die funktionale Organisation sozialer Gruppen mag vielleicht in Indien fortbestehen, aber auch dies wird einem starken Wandel unterworfen sein, da die moderne Industrie neue Aufgabengebiete schafft und viele alte zum Verschwinden bringt. Der Geist unseres Zeitalters begünstigt die Chancengleichheit für jeden."

Man weiß heute, nach vielen bitteren Erfahrungen, daß Nehrus entschiedenem Angriff auf das Kastenwesen kein durchschlagender Erfolg beschieden war. Das heißt nicht, daß seine politischen Erben seinen Kampf für Gerechtigkeit und Gleichberechtigung nicht weiterführen. Auf allen Gebieten versucht auch die jetzige Regierung, den Mitgliedern der sogenannten „Scheduled Castes" ein menschenwürdiges Dasein zu verschaffen.

Nach dem Tod des Mahatma (1948) und dem Tod von Sardar Patel (1950) verfügte Nehru über fast uneingeschränkte Macht. Er war die absolute Autorität für Millionen von Indern; wo er erschien, jubelten ihm die Menschen zu. Seine rhetorische Begabung, sein starkes Charisma setzte er mit Erfolg für die ersten Wahlen des freien Indien ein. Sie fanden am 22. November 1951 statt und brachten der Kongreß-Partei einen triumphalen Sieg. Von 399 Sitzen in der *Lok Sabha* gewann die Partei Nehrus 364. Die Kommunisten, die Sozialisten, die extreme Hindu-Partei „Jana Sangh" und die K.M.P.P. („Kishan Mazdor Praja Party"), die „Volkspartei der Bauern und Arbeiter", zählten kaum.

Was der Kongreß-Partei den Erfolg brachte, lag auf der Hand: die Integration der Fürstenstaaten und der Flüchtlinge, die Verfassung und die allgemeinen Wahlen. Zwei weitere Schritte festigten Indiens politisches Ansehen in der Welt: sein Entschluß, im britischen Commonwealth zu bleiben und im Lande energisch gegen den kommunistischen Terror vorzugehen.

Die Entscheidung für das Commonwealth löste innenpolitisch manchen Widerstand aus. Man erinnerte Nehru an seine Versprechungen und

Forderungen aus der Zeit des Freiheitskampfes. Damals, im Jahre 1929, hatte er als Präsident der Tagung der Kongreß-Partei in Lahore leidenschaftlich für die absolute Unabhängigkeit Indiens außerhalb des Commonwealth plädiert. Fast 20 Jahre waren vergangen, als er am 27. April 1949 während einer Konferenz der Ministerpräsidenten aus allen Commonwealth-Ländern in London die Erklärung abgab, daß Indien als unabhängige Republik im Britischen Commonwealth der Nationen bleiben würde.

Zweifellos hatte Mountbattens Politik, hatte der britische Entschluß, Indien in die Freiheit zu entlassen, Nehrus Meinung geändert. Rückblikkend kann man seinen Schritt nur als einen Akt staatsmännischer Klugheit bezeichnen.

In einer Welt der Spannungen war es nicht leicht, ganz auf sich allein gestellt zu überleben. Das Commonwealth, diese lockere Verbindung der Nationen, beruhte nicht auf Zwang, sondern auf Konsensus. Es bot, wie Nehru seinen politischen Gegnern versicherte, eine Basis, auf der Indien seine internationalen Beziehungen festigen konnte. Indien sei ohnehin im wesentlichen an England gebunden, das auch die Waffen liefere, mit denen man das Land schützen müsse. Kurzum, die Übereinkunft liege im Interesse des eigenen Landes.

Dieser kühne Schritt und ein Gesetzeswerk von 1955/56, der „Hindu-Code", der den Status der indischen Frauen entscheidend ändern sollte, verschaffte Nehru Ansehen und Respekt. Allerdings konnte durch den „Hindu-Code" nur der Status der Hindu-Frauen neu geregelt werden. Die indischen Muslim-Frauen, die weiterhin der Rechtsprechung der muslimischen Geistlichkeit, der *Ulema*, unterstanden, blieben ohne Schutz des bürgerlichen Rechts. Noch immer konnte der Mann jederzeit einseitig die Scheidung *(talaq)* aussprechen. Zwar gibt das indische Zivilrecht auch der Frau eines Muslims das Recht, bei Gericht durchzusetzen, daß ihr Mann sie im Falle einer Trennung unterhalten muß, aber der säkulare indische Staat hütete sich, in das traditionelle Recht einzugreifen, und ließ den Dingen ihren Lauf.

Für die Hindu-Frauen aber geschah Entscheidendes, insbesondere durch die Verleihung des Eigentums- und Erbrechtes. Die Einehe wurde gesetzlich verankert, und die geschiedene Frau wie auch die Witwe besaßen ab nun Rechte, die Nehru, wie Giselher Wirsing in seinem Buch „Indien – Asiens gefährliche Jahre" schrieb, den orthodoxen Hindus im Parlament in heftigen Kämpfen abgetrotzt hatte.

Nach früherem Hindurecht war der Witwe – auch wenn sie noch im kindlichen Alter stand – eine zweite Heirat verboten. Die Engländer

hatten die grauenvolle Sitte der Witwenverbrennung schon lange unterdrückt und wurden dabei von der Kongreß-Partei unterstützt, aber noch bis in die fünfziger Jahre gab es vereinzelte Fälle von Selbstopferung in abgelegenen Dörfern. So kann man ermessen, wie tief der Einschnitt war, den der „Hindu-Code" brachte.
Das Gesetzeswerk, das mit einer über zweitausendjährigen Gewohnheit brach, welche die indische Frau zu einem rechtlosen Wesen machte, erfüllte Nehru mit Stolz. Der Schriftstellerin Taya Zinkin sagte der Ministerpräsident einmal: „Ich halte es für meinen größten Beitrag für Indien, daß ich den „Hindu-Code" zum Gesetz machen konnte. Es war nicht einfach, wie Sie wissen. Fast jedermann war dagegen. Ich mußte geduldig sein; ich mußte warten, bis die Opposition weicher wurde und bis ich das Gesetzeswerk Stück um Stück im Parlament durchbrachte. Ich glaube, die Frauen sind das wichtigste Element in jedem Land. Schließlich sind sie es, die die Männer aufziehen."
1950 ereigneten sich in Ostbengalen wiederum Zusammenstöße zwischen Hindus und Muslims. Bereits im März betrug die Zahl der neuen Flüchtlinge mehr als eine Million.
Nun geschah, was zu schweren Differenzen zwischen Nehru und seinem Stellvertreter Sardar Patel führen sollte: Patel stellte sich auf die Seite jener Fanatiker, die zehnfache Vergeltung für das Unrecht von 1947 verlangten. Für jeden Hindu, der aus Ostbengalen (Ostpakistan) vertrieben wurde, sollten zehn Muslims aus Indien verjagt werden. Das hätte nicht nur Indiens säkulare Regierungsform ad absurdum geführt, es wäre mit Sicherheit daraus ein Krieg mit Pakistan entstanden. Es war Nehru, der diese kurzsichtige Vergeltungspolitik verhinderte und schließlich mit Liaquat Ali Khan, dem pakistanischen Ministerpräsidenten, ein Abkommen abschloß, das den Flüchtlingen das Recht zusicherte, unter Geleitschutz an ihren Wohnort zurückzukehren, wo ihnen Entschädigung zugesichert wurde.
Zu den religiösen Schwierigkeiten kamen die Sprachenprobleme hinzu, die man nur verstehen kann, wenn man die komplizierten Strukturen des indischen Volkes kennt, die durch deutlich voneinander abgegrenzte Kulturkreise von Millionen Menschen mit jeweils einer eigenen Sprache bestimmt werden. Zu ihnen gehören unter anderem das *Bengali, Telugu, Tamil, Punjabi, Marathi* und *Gujerati*. Als die Briten Indien zur Kronkolonie machten, sahen sie sich vierzehn solcher Kulturen gegenüber, die durch die Kolonialverwaltung zum Teil auseinandergerissen und in andere Provinzen integriert wurden.
Indien hat niemals eine einzige Sprache besessen. Das Volk hatte schon

im vedischen Zeitalter nicht eine, sondern viele Sprachen. Jeder der verschiedenen arischen Stämme im Norden zum Beispiel sprach seinen eigenen arischen Dialekt, so wie es im Süden immer viele drawidische Sprachen gab. Im Laufe des Mittelalters erhielt die sprachliche Zersplitterung des Subkontinents ein noch schärferes Gepräge. Aber die einzelnen Gruppen vermochten keine einheitlichen Nationen zu bilden, weil die Grenzziehung der Feudalherren weder durch Sprache noch durch Kultur, sondern allein von machtpolitischen Erwägungen bestimmt war.

Besonders die muslimischen Dynastien, die nach früheren einzelnen Überfällen und Herrschaften islamischer Eroberer den Kontinent seit dem 13. Jahrhundert mit voller Stärke überlagerten, kümmerten sich wenig um die eigentliche Zusammengehörigkeit der Bevölkerung. An der Rücksichtslosigkeit dieser Muslims entzündete sich im späten Mittelalter zum ersten Male der lokal-regionale Patriotismus. Der Aufstand der Marathen gegen Kaiser Aurangzeb im 17. Jahrhundert war dafür nur ein Beispiel. Auch die englischen Kolonialherren haben sich bei der Grenzziehung ihrer Provinzen nicht von rassischen, kulturellen und sprachlichen Gegebenheiten bestimmen lassen.

Es war daher zu erwarten, daß der Rebellion im großen ein Aufstand im kleinen folgen mußte. War die Befreiung von der Fremdherrschaft erreicht, der gemeinsame drückende Ring gesprengt, konnte der Drang nach eigenständiger, den Sprachen und Rassen gemäßer Staatenbildung nicht ausbleiben. Nehru hat ihn aufgefangen und die Gliederung Indiens als Föderation nach linguistischen Grundsätzen immer als Programmpunkt der regierenden Kongreß-Partei beibehalten. Aber erst nach vielen blutigen und leidenschaftlichen Auseinandersetzungen kam es 1956 zu einer neuen politischen Struktur in Indien. Jahre der reiflichen Überlegung und Erwägung waren nötig, ehe die Landkarte dieses großen asiatischen Reiches geändert werden konnte. Während der schwierigen Vorbereitungszeit gab es Augenblicke, in denen es aussah, als würde Indien – kaum als einheitlicher und freier Staat geboren – unter der Wucht der Meinungsverschiedenheiten, im Feuer der kommunalen, der rassischen und sprachlichen Leidenschaften auseinanderfallen. Daß die Neugliederung trotz der Widerstände gelang, konnte Nehru als einen Erfolg buchen, für den man in der Geschichte kein gleichwertiges Beispiel hat. Eine echte Einigung Europas unter einer Zentralregierung mit einer Staatssprache und der Anerkennung eines Regierungschefs wäre dem vergleichbar. Dieser Staatsmann müßte allerdings eine Strahlkraft wie Nehru haben. Wenn man Europa als

Beispiel durchdenkt, versteht man, wie überzeugend ein Politiker als Mensch und Menschenführer gewesen sein muß, der eine solche Aufgabe löste.
Nach der Neuaufteilung von 1956 wurden aus den 16 Staaten der Indischen Union nunmehr 13 Bundesstaaten und sechs Bundesterritorien. Dazu kam Kashmir mit einem Sonderstatus.
Die Umverteilung war damit nicht zu Ende. Sie geht bis in unsere Tage weiter. Die Unruhen im Punjab, die in den 80er Jahren erneut ausbrachen, beruhen im wesentlichen auf dem Wunsch nach entsprechenden Maßnahmen. Im Jahre 1984 verzeichnete Indien: 22 Bundesstaaten und neun Bundesterritorien, in denen, Englisch und Sanskrit eingeschlossen, sechzehn Hauptsprachen und mehrere hundert Dialekte und Regionalsprachen gesprochen werden. Staatssprache ist *Hindi*, daneben blieb Englisch die zweite offizielle Amtssprache. Das war ein weiser Entschluß, denn die Sprachfanatiker zum Beispiel aus dem drawidischen Süden wünschen nicht, sich mit ihren Brüdern im Norden in *Hindi* zu unterhalten. Englisch ist der Kompromiß, der überall in Indien seine Gültigkeit hat.
Eine der vielen bitteren Hypotheken, die Nehru aus der Vergangenheit übernehmen mußte, war das Analphabetentum. Schreiben und lesen konnten 1931 nur 6,9 Prozent, 1957 waren es 20 Prozent, 1961 etwa 23 Prozent, 1971 29,4 Prozent und 1981 36,1 Prozent. Das galt für einen Durchschnitt des ganzen Landes. Zur Schule gingen 1981 etwa 67 Prozent. Der Plan von 1980–85 sieht eine allgemeine und überall bindend eingeführte Grundschulausbildung vor. Innerhalb von zehn Jahren müssen alle schulpflichtigen Kinder erfaßt und eingeschult sein. Damit wäre endlich erreicht, was in der Verfassung der unabhängigen Republik Indien, die am 26. Januar 1950 in Kraft trat, vorgesehen war: eine allgemeine Schulpflicht für Kinder bis zu vierzehn Jahren.

Wirtschaft und Landwirtschaft

Das Wort Teilung hat in Indien auch auf anderen Gebieten schicksalhafte Bedeutung. 1947 wurde der Subkontinent auch wirtschaftlich auseinandergerissen. Der beste Rohstoff Ostbengalens, die Jute, wurde in Ostpakistan produziert, während die Jutefabriken fast sämtlich im indischen Westbengalen, in Kalkutta, standen. Die Haupt-Baumwollgebiete fielen an Pakistan, während die Baumwollverarbeitung im wesentlichen in den Betrieben von Bombay und Ahmedabad stattfand. Der westliche

Teil des Punjab und damit Indiens ehemalige Kornkammer wurde Pakistan zugesprochen. Für Indien ergaben sich daraus nachhaltige Versorgungsschwierigkeiten, besonders, als zusätzlich Hunderttausende von Flüchtlingen ernährt werden mußten.
Die Verknappung auf allen Gebieten wurde verschärft durch Raffgier, Korruption und Schwarzmarkt. Empört rief Nehru aus: ,,Wir müssen Mittel und Wege finden, die Profitmacherei auf Kosten der Nation künftig zu verhindern!"
Der beste Weg schien ihm die Planwirtschaft zu sein, allerdings eine Planwirtschaft, die privaten Unternehmungen und der Privatinitiative erheblichen Spielraum ließ.
Seit seinem ersten Besuch, den er 1927 in der Sowjetunion machte, hatte sich Nehru mit der Idee nationaler Planwirtschaft beschäftigt. Was seine Vorstellungen von denen der Sowjets unterschied, war, daß alle Entscheidungen in gegenseitiger Übereinstimmung unter einer freien, demokratischen Regierung getroffen werden sollten.
Bereits 1938, als die Kongreß-Partei die Regierung der drei indischen Provinzen Bengalen, Punjab und Sindh kontrollierte, gelang es, ein Planungs-Komitee zu bilden, dem sowohl einige Fürstentümer, wie Hyderabad, Mysore, Baroda, Travancore und Bhopal, als auch Industrielle, Wirtschaftswissenschaftler und Arbeitnehmer angehörten.
Eine nach dem Krieg von den USA erbetene Kapitalhilfe sollte vom amerikanischen Kongreß nur unter der Bedingung bestimmter Zugeständnisse von indischer Seite gewählt werden, die Nehru um der Unabhängigkeit und Bewegungsfreiheit Indiens willen ablehnen mußte. Seine historische ,,dreiwöchige Entdeckungsreise", die er 1949 in die USA unternahm, hat sein Amerikabild entscheidend geprägt und sicher auch zu den sich über die Jahre hinweg verschlechternden Beziehungen beigetragen. Selbstverständlich übersah Nehru weder Amerikas Leistungen auf technischem Gebiet noch dessen wirklich praktizierte Demokratie. Im Zweiten Weltkrieg hatte er zudem den Eindruck gewonnen, als seien die Amerikaner die Freunde der Kolonialvölker, als hätten sie den großen ,,Wind of Change", der zur Freiheit vieler Staaten in Asien und Afrika führen sollte, wenn nicht inspiriert, so doch unterstützt. Um so größer war seine Enttäuschung über die Politik, die Amerika in diesen ersten Nachkriegsjahren in Asien betrieb. Auch stießen ihn, den feinsinnigen Brahmanen englischer Schulung, gewisse Manieren, die von den Amerikanern ihm gegenüber zutage traten, ab. Nehrus Biograph Michael Brecher erzählt von der Bemerkung eines Amerikaners während des Dinners zu Nehrus Ehren: ,,Wissen Sie, Herr Premierminister,

daß um diesen Tisch Leute sitzen, die zusammen ihre zwanzig Milliarden Dollar wert sind." Solche Entgleisungen konnten Nehru nur schockieren.

Auch sein größtes Anliegen – sofort zwei Millionen Tonnen Weizen für seine hungernden Inder zu bekommen – wurde nicht erfüllt. Das heißt – genauer gesagt –, der versprochene Weizen kam erst anderthalb Jahre später, zu spät – Tausende waren bereits verhungert.

1950 ernannte die Regierung des unabhängigen Indien eine Planungskommission, die den Auftrag erhielt, einen Bericht über die Bedürfnisse des Landes und die Mittel, z. B. seine Rohstoffquellen, zu erarbeiten.

Im ersten indischen Fünfjahresplan (1951–1956) stand die Landwirtschaft im Vordergrund. Zur besseren Verteilung wurden auch das Transport- und das Nachrichtenwesen gefördert. Der industriellen Entwicklung wurde nur ein geringer Platz in der Planung eingeräumt. Der Erfolg des ersten Planes war beachtlich. Das Nationaleinkommen stieg um 18 Prozent. Die Bevölkerung nahm allerdings um sechs Prozent zu. Fünf Millionen Tonnen wurden an Nahrungsmitteln über das Soll hinaus produziert. Das jährliche Pro-Kopf-Einkommen zeigte eine Steigerung um etwa sechs Dollar – es betrug am Ende des Plans 59,01 Dollar.

In den zweiten Fünfjahresplan fällt der Aufbau der großen staatsindustriellen Unternehmungen wie der drei Hüttenwerke in Bhilai mit russischer, in Durgapur mit englischer und in Rourkela mit bundesdeutscher Unterstützung sowie der riesigen staatseigenen Maschinenfabrik in Ranchi, die mit sowjetischer und tschechischer Hilfe erbaut wurde. Die Landwirtschaft war nur noch mit 17 Prozent an den Investitionen beteiligt.

Es war das erklärte Ziel des Planes, die indische Gesellschaft nach einem eigenen sozialistischen Modell umzuformen. Bereits im Frühjahr 1955 hatte Nehru die Zustimmung des Parlaments zu einem Verfassungszusatz eingeholt. Die Legislative wurde zu Enteignungen ermächtigt, die im öffentlichen Interesse lagen. Bald darauf erfolgte die erste gewichtige Verstaatlichung seit 1947: Die „Imperial Bank of India" wurde zur „State Bank of India".

Industrielle und Wirtschaftswissenschaftler waren empört – mit Sozialismus und Verstaatlichung hatten sie nichts im Sinn. Nehru ließ sich Zeit, ehe er 1958 sein Credo für den indischen Sozialismus verkündete: „Ich wünsche keinen staatlichen Sozialismus jener Art, in welchem der Staat allmächtig ist und praktisch jede Tätigkeit beherrscht. Politische Macht genügt . . . Ich würde daher Dezentralisation der Wirtschaft begrüßen.

Natürlich geht das nicht bei Eisen und Stahl und Lokomotiven und anderen Großindustrien dieser Art; aber man kann kleinere Industrien auf der Basis der Zusammenarbeit soweit wie möglich fördern. Darüber denke ich nicht die Spur dogmatisch. Wir müssen aus praktischer Erfahrung lernen und auf unsere Art vorangehen . . . Unter Sozialismus verstehe ich, daß jeder einzelne Staatsangehörige gleiche Fortschrittsmöglichkeiten haben soll."
Das Planziel, eine Gesamtinvestition von 68,3 Milliarden Rupien, wurde zwischen 1956 und 1961 nicht erreicht. Trotzdem hatte sich inzwischen die Maschinenindustrie gegenüber 1950 bereits verfünffacht, und die Industrieproduktion hatte während der beiden ersten Pläne jährlich um sieben Prozent zugenommen. Für den dritten Fünfjahresplan (1961–1966) wurde eine Gesamtinvestition von 104 Milliarden Rupien festgelegt. Nehru hat das Ende dieser Planzeit nicht mehr erlebt.
Die Kriege mit China (1962) und Pakistan (1965), die in diese Periode fielen, hatten für die Planung nicht unerhebliche Folgen. Der vierte Plan verschob sich auf 1969–1974. Er hatte eine stärkere Verselbständigung auf allen Gebieten zum Ziel, insbesondere im Hinblick auf Unsicherheiten bei Außenhandel und ausländischen Kapitalhilfen.
Inzwischen aber war eigentlich schon bis 1966 die indische Industrieproduktion um etwa 150 Prozent gestiegen – eine größere Wachstumsrate hatten die westlichen Industrieländer in ihrer Frühzeit auch nicht. Der fünfte Fünfjahresplan hatte eine jährliche Wachstumsrate des Nationaleinkommens um 5,5 Prozent zum Ziel – er schloß 1977/78. Und die Aufstellung des neuen Plans gelang erst 1980. Bis 1985, so hieß es, sollten das Pro-Kopf-Einkommen um 3,3 Prozent und das Sozialprodukt um 5,2 Prozent gesteigert werden. Nehru hätte allen Grund gehabt, mit der industriellen Entwicklung Indiens zufrieden zu sein.
Immer wieder ist auch die Frage gestellt worden: War Nehru ein Liberaler, der vom Marxismus beeinflußt wurde, oder ein Marxist, der sich zum Liberalismus bekannte? „Unter Sozialismus verstand Nehru sicherlich nicht totale Sozialisierung nach sowjetischem Muster", so Giselher Wirsing, „wie er überhaupt mit dem ihm angeborenen demokratischen Instinkt staatliche oder auch nur gesellschaftliche Zwangsmaßnahmen ablehnte. Sooft er auch Marx als eine Figur des 19. Jahrhunderts bezeichnete, die heute nur noch auf wenigen Gebieten Anregungen geben könne, so besaß er doch nur ungenaue Vorstellungen von den sozialen Wandlungen des modernen Kapitalismus. Nehru hatte jedenfalls eine tiefe Verachtung für die Kapitalisten Indiens. „Denken Sie", so sagte er einmal, „in unserem großen Indien zahlen nur 400 000 Men-

schen Steuern, und besonders die Reichen verstehen es, Steuerabgaben zu umgehen." Nehrus Hang zum Sozialismus mag sich durch diese groteske Situation verstärkt haben. Konfrontiert mit vielen indischen Sackgassen, suchte er Auswege.

Planung erschien Nehru das wichtigste Mittel für eine schnelle und durchgreifende Modernisierung Indiens. „Wir müssen 200 Jahre im Galoppschritt nachholen", sagte er immer wieder und erwies sich als der unablässig treibende Motor. Mit großem Schwung begann die indische Regierung 1952 mit der Sanierung des Dorfes, und zwar durch die „National Extension Services", die „Dorfgemeinschaftsprojekte". Das waren Pläne, die auf einer freiwilligen Zusammenarbeit zwischen der Dorfgemeinde, Landwirtschaftsexperten und Sozialarbeitern der Zentralregierung beruhten und vieles zu der „stillen Revolution" beitrugen, die sich seit Erlangung der Unabhängigkeit in Indien vollzog. Es war kein Zufall, daß zum Eröffnungstag der „Dorfgemeinschaftsprojekte" der 2. Oktober 1952 gewählt wurde – Mahatma Gandhis Geburtstag.

„Die Arbeit, mit der heute hier begonnen wurde", sagte Nehru vor einer Massenversammlung von Bauern, „kündigt die Revolution an, von der einige Menschen seit langer Zeit sprechen. Diese Revolution kennt weder Chaos noch Köpfeeinschlagen, sondern nur eine stetige Bemühung, die Armut auszumerzen. Dies ist nicht die Zeit, Reden zu halten. Wir müssen Indien durch unsere Arbeit groß machen." Als erster nahm Nehru einen Spaten in die Hand, um mit dem Bau einer Straße zu beginnen, die von den Dorfbewohnern selbst angelegt werden sollte.

Im Plan der Gemeinschaftsprojekte standen: der Bau von Straßen, Dämmen, Schulen, Gemeinschafts- und Krankenhäusern; die Kultivierung des bisher unbebauten Landes durch Anwendung neuer, von der Regierung zur Verfügung gestellter Maschinen und Düngemittel. Der Erziehung, der Erhaltung der Gesundheit, der Wasserversorgung und Elektrifizierung sollte besondere Aufmerksamkeit gewidmet werden. Nicht nur die indische Regierung stellte Mittel und Experten zur Verfügung, auch die Regierung der Vereinigten Staaten von Amerika und die „Ford Foundation" halfen mit Geld und Fachleuten.

„In ganz Indien", verkündete der Ministerpräsident, „gibt es nun Zentren menschlicher Tätigkeit, die wie Lampen ihr Licht in die sie umgebende Dunkelheit fallen lassen. Dieses Licht muß stärker und stärker werden, bis es das ganze Land erhellt."

Nehru hatte richtig gedacht und richtig gehandelt. Noch immer lebten 70 bis 80 Prozent aller Inder auf dem Dorf oder waren dort geboren. Was im Dorf geschah, würde in ganz Indien seinen Resonanzboden finden.

Das Dorf war immer die grundlegende soziale Einheit in Indien, die wichtigste Zelle des staatlichen Organismus – jede Regierung, die an einen durchgreifenden Fortschritt dachte, mußte mit der Entwicklung des Dorfes beginnen. Dorf- und Familiengemeinschaft bildeten die Grundlagen des Staates. Sie waren die Träger der alten Kultur. In ihnen hatten jahrtausendealte Sitten und Religionen ihre Verankerung. Sie mußten bereit sein für etwas, das Nehru als Ideal vorschwebte, ein ,,socialist pattern of society", wie es mit einer Resolution in der berühmten Kongreß-Sitzung von Avadi im Januar 1955 als verbindliche Maxime angenommen wurde. Was das bedeutete, wußte niemand so ganz genau. ,,Die meisten Kongreßpolitiker", schreibt Giselher Wirsing in seinem Indien-Buch, ,,waren entschlossen, einer konsequenten Sozialisierung der indischen Gesellschaft Widerstand entgegenzusetzen. Was Nehru selbst unter ,socialist pattern of society' verstand, hat er nie gründlich erklärt. Die Fünfjahrespläne beruhten auf einem gemischt-wirtschaftlichen System, das zwar den öffentlichen Sektor immer stärker bevorzugte, aber den privaten keineswegs beseitigte."
Als problematisch stellte sich die geplante Landreform heraus. Sie sollte es bis heute bleiben, obwohl sie gleich nach Erlangung der Unabhängigkeit von den maßgebenden Politikern als Instrument des wirtschaftlichen und sozialen Wandels gefordert worden war. Als ihre wichtigsten Ziele galten: soziale Gerechtigkeit und Erhöhung der landwirtschaftlichen Produktion. Da die gesetzlichen Maßnahmen zur Durchführung der Landreform Angelegenheit der einzelnen Landesregierungen waren, variierten sie je nach den örtlichen Bedingungen von Bundesstaat zu Bundesstaat. Die Zentralregierung vermochte ihre Vorstellungen nicht ohne weiteres überall im Lande zu verwirklichen. Was sie von einer Landreform erwartete, formulierte sie während des ersten Fünfjahresplans 1951–1956, der die landwirtschaftliche Produktion in den Vordergrund stellte:

1. Auflösung des Zwischenpachtsystems (des *Zamindar*-Systems)
2. Reform der Landpacht,
3. Einführung einer Obergrenze für den Grundbesitz
4. Flurbereinigung und
5. Schaffung von Produktionsgenossenschaften.

Das Zwischenpachtsystem war von den britischen Kolonialherren Ende des 18. Jahrhunderts eingeführt worden, um die Steuereinkünfte zu sichern. Gleichzeitig verschafften sich die Briten durch die Einsetzung der ehemaligen Steuerpächter und Steuereinnehmer – der *Zamindars* – als Grundherren Verbündete. Die Bauern, die ihrer Verpflichtung zur

Steuerzahlung nachkamen, erhielten den Status eines Erbpächters. Der Grundsteuerbetrag blieb fest, aber die *Zamindars* konnten die zu zahlende Pacht nach Belieben erhöhen. Die Auflösung dieses Wuchersystems, das über 40 Prozent der landwirtschaftlich genutzten Fläche herrschte, war ein erster Schritt zur indischen Landreform. Zwanzig Millionen Bauern waren nun dem Staat direkt zur Zahlung von Steuern und Pacht verpflichtet.
Die eigentliche Landreform erwies sich als weniger erfolgreich. Zwar waren Gesetze über die Beschränkung von Grundbesitz bis 1961 von fast allen Unionsstaaten erlassen worden, jedoch sollte es bis 1972 dauern, ehe erste entscheidende Schritte getan wurden. Die Gesetze waren von Staat zu Staat verschieden. Die Obergrenze des Grundbesitzes wurde nach der Qualität des Bodens festgesetzt. Die Frage, ob überhaupt der politische Wille zur Durchführung dieses Teils der Landreform bestand, war nicht unberechtigt. Wer die Landreformgesetze der einzelnen Staaten aufmerksam studierte, erkannte die Umgehungsmöglichkeiten, die bereits von den Gesetzgebern in sie eingebaut waren. Der Zeitraum, der zwischen der Verkündung des Gesetzes und seiner Wirksamkeit von einigen Landesregierungen eingeräumt worden war, ermöglichte es, den betroffenen Grundbesitz noch schnell und ganz legal unter Verwandten aufzuteilen. Es sollte noch lange dauern, ehe die ersten besitzlosen Landarbeiter ein Stück eigenes Land erhielten. So wurde das schöne Ziel soziale Gerechtigkeit immer wieder in die Ferne gerückt.
Daran änderte auch die Landschenkungsbewegung, die sogenannte *Bhoodan*-Bewegung von Vinoba Bhave, nicht viel. Bhave hatte bereits seit dem 17. Oktober 1940 von sich reden gemacht. Als Mitglied des Kongresses rief er zur individuellen *Satyagraha*-Bewegung, also zum gewaltlosen Widerstand des einzelnen, auf. Nach Erlangung der Unabhängigkeit begann seine Wanderschaft durch das Land. Bhave, ein Mann von starker moralischer Ausstrahlungskraft, versuchte, Großgrundbesitzer und reiche Bauern zur freiwilligen Schenkung von Land zu bewegen. Er lebte vor, was Gandhi gepredigt hatte: Askese und Hingabe an eine große Sache. Und er tat, was in Indien immer eine große Rolle gespielt hat: Er verließ Heim und Haus und wanderte hinaus in das Land, um – aufopfernd und auf eigenen Wohlstand verzichtend – neue Ideale zu verkünden. Sein Ruhm war größer als sein Erfolg.
Die Reichen schenkten zumeist, wenn sie überhaupt etwas gaben, wertloses Land. Besitz von Land ist in Indien das Symbol eines besseren Lebens. Wer würde so leicht freiwillig darauf verzichten? Zudem gehörte das Recht auf Besitz zu den Grundrechten der indischen Verfassung.

Land durfte nicht ohne Kompensation enteignet werden. Was tun? Gerade in der Kongreß-Partei gab es eine Menge Traditionalisten, die sich gegen jede Neuerung sträubten. Und die Grundbesitzer, die nicht in der Partei waren, verlangten ungeheure Abfindungssummen. Das war nicht der Sinn der „stillen Revolution". Verfassungsänderungen wurden notwendig, die aber ausbalanciert bleiben mußten, um nicht Rebellion in den eigenen Reihen hervorzurufen. Auch künftig durften Grundbesitzer nur auf juristischem Weg und mit einer angemessenen Summe als Entschädigung enteignet werden.

Nehru erkannte, daß der langsame Fortschritt, den er bei der Landreform erzielte, jener Preis war, den das Land für die Demokratie zahlen mußte. Er wußte, daß autoritäre Regime auf dem Gebiet der Nationalisierung und Enteignung schnellere Erfolge erzielen könnten – aber darum hatte er die Nation Indien nicht geschaffen. Immer wieder sprach er von seinen Zielen und den von ihm gewünschten Methoden, sie zu erreichen:

„Wir dürfen in Indien unsere Ziele nicht mit Gewalt erzwingen. Wir haben durch friedliche Mittel vieles erreicht, und es gibt keinen Grund, warum wir diese Methode ändern und plötzlich zu Gewaltakten übergehen sollten. Es gibt aber einen ganz besonderen Grund, der uns hindert, das zu tun. Ich bin überzeugt davon, daß jeder Versuch, unsere Ideale und Ziele mit Gewalt zu realisieren, jede Entwicklung verlangsamen und zum Anwachsen genau der Übelstände beitragen würde, die wir bekämpfen. Indien ist ein großes Land mit vielen Gegensätzen; wenn jemand nach dem Schwert greift, wird er sich unvermeidlicherweise dem Schwert eines anderen gegenüberfinden. Letzten Endes ist friedlicher Fortschritt die Methode jedes demokratischen Fortschritts."

Kampf um Goa

Verlor Nehru seine Glaubwürdigkeit und Indien seine Unschuld, als die indische Regierung am 17. Dezember 1961 ihrer Armee den Befehl gab, die portugiesische Kolonie Goa, den letzten fremdländischen Stützpunkt auf indischem Boden, zu besetzen? Die kampflose Rückeroberung dieses Stücks heimatlicher Erde löste im indischen Volk große Begeisterung aus. Für die Inder wurde damit ein endgültiger Strich unter die koloniale Vergangenheit gezogen. Niemand konnte Indien das Recht auf Goa absprechen. Diskutiert werden konnte nur über die Methode, die für einige besorgte Freunde Nehrus ebenso wie für seine Feinde im Widerspruch zur Gewaltlosigkeit und zu dem so oft proklamierten Wunsch zu stehen schien, alle Streitigkeiten und Meinungsverschiedenheiten in dieser Welt auf friedliche Weise zu lösen.

Seit Jahren hatte das Kolonialsystem in Goa die Beziehungen zwischen Indien und dem Westen gestört. So sagte mir der Gouverneur von Bombay: ,,Es wird gewisse Zwangsläufigkeiten in der Entwicklung um Goa geben. Um sie zu verstehen, müssen Sie sich die Mühe machen und im Buch unserer langen Geschichte zurückblättern."

Die Portugiesen haben das indische Goa zu Beginn des 16. Jahrhunderts mit Gewalt erobert. Bei der Einnahme des Territoriums wurden ungefähr 6000 Menschen massakriert. Darunter befanden sich Hindus und Christen. Die portugiesische Kolonialregierung war schon jahrhundertealt, als die Engländer ihre Herrschaft über Indien errichteten und die Portugiesen sozusagen unter britischem Schutz weiterwirtschaften ließen. Über 450 Jahre lang haben die Eroberer an diesem paradiesischen Fleckchen indischer Erde an der Westküste festgehalten, ohne daß sie etwas Nennenswertes zur industriellen Entwicklung des Landes beigetragen hätten. Die Eisenbahn ist von Indern gebaut worden, und zur Nutzbarmachung der wichtigen Erzminen haben neben den Indern Deutsche und Japaner beigesteuert. Im Bereich der Landwirtschaft und auf kulturellem Gebiet jedoch haben die Portugiesen Beachtliches geleistet. Das gilt besonders für die Verbreitung des Christentums, das in Kathedralen und kleinen Kirchen ein bedeutendes Erbe hinterließ.

Von 600 000 Goanern sind 60 Prozent Hindus und 40 Prozent Christen. Unter den über 14 Millionen Christen auf dem indischen Subkontinent bilden die christlichen Goaner eine nicht unwichtige Gruppe.

Seit dem Tage der Unabhängigkeit hat Indien die Freiheit Goas verlangt. Dieser Anspruch fand in mehreren Resolutionen der Vereinten Nationen seine Anerkennung. Immer wieder protestierte Nehru gegen diesen ,,Dorn im Fleisch". Und 14 Jahre lang hat er das mit friedlichen Mitteln getan. Den einzigen konstruktiven Vorschlag, den Portugal – im Jahre 1954 – machte, nämlich die Lage in der Kolonie durch neutrale Beobachter prüfen zu lassen, zog es bald darauf wieder zurück.

Indien sah damals keinen anderen Weg als den des passiven Widerstands und der friedlichen Demonstrationen. Nach der Art Gandhis zogen die in Indien lebenden Goaner in kleinen unbewaffneten Trupps nach Goa, um für die Freiheit zu demonstrieren. Die portugiesischen Machthaber reagierten mit unvorhergesehener Härte. Die Unbewaffneten wurden mit einem Kugelregen empfangen, unter dem viele ihr Leben ließen oder lebensgefährliche Verwundungen davontrugen.

Nachdem John F. Kennedy die Regierungsgeschäfte in den Vereinigten Staaten übernommen hatte, erklärte er sich bereit, freundschaftlich auf Portugal einzuwirken. Er fand in seinen Bemühungen lebhafte Unterstützung durch den Generalsekretär der Vereinten Nationen, den Birmesen U Thant. Die Portugiesen blieben hartnäckig. Sie gewährten keinerlei Selbstverwaltung und schlugen eine Volksabstimmung rundweg ab. Die unrealistische Haltung Portugals, die nach dem Abzug der Engländer besonders kraß anmutete, war kaum zu begreifen.
Für die Vereinigung der aktiven Kämpfer zur Befreiung Goas – *Azad Vimoshan Gomanata* – gab es nur ein Mittel dagegen: die Vertreibung der Portugiesen aus Indien bis Ende des Jahres 1961. Mit dem Gelöbnis „To do it or to die" begannen im Mai 1961 spannungsgeladene Monate. Neben dem Druck von innen sah sich Nehru in der Goa-Frage auch plötzlich einem Druck von afrikanischer Seite gegenüber. Nachdem die indische Regierung im Auftrag der UNO in Afrika gewirkt hatte, war in Indien ein „Indian Council for Africa" gebildet worden. Dieser Rat hielt im Herbst 1961 zuerst in Delhi und dann in Bombay ein „Seminar" über die Lage in Angola, Mozambique und Goa ab. Die Afrikaner zeigten sich aufs höchste empört und verlangten von Indien nicht nur Hilfe in Afrika, sondern auch die Abschaffung des Kolonialismus auf dem Subkontinent. Falls die Inder, so wurde betont, diesen „Dorn im Fleisch" der asiatisch-afrikanischen Welt nicht zu beseitigen vermöchten, würden die Afrikaner alles Vertrauen zu ihnen verlieren.
Zur Zeit des „Seminars" spitzte sich die Lage in Goa bedenklich zu. Sabotageakte, Unruhen und Gewaltmaßnahmen wechselten in immer schnellerem Rhythmus miteinander ab. Die Empörung erreichte ihren Siedepunkt, als der nationale Führer Viegas in einem Gefängnis starb. Nehru versuchte es noch einmal mit Vernunft. Er versprach Goa eine Autonomie, ähnlich derjenigen der ehemals französischen Besitzungen, damit es seine durch 450 Jahre portugiesischer Herrschaft herausgebildete Eigenart erhalten könne. Gleichzeitig warnte der indische Regierungschef die portugiesische Regierung: Nicht für immer könne er geduldig und abwartend zusehen. Wenn nichts geschähe, müsse er seine friedliche Haltung ändern. Die Portugiesen hörten nicht. Vielmehr beschossen sie am 17. November 1961 ein indisches Schiff, das täglich den gleichen Kurs nahm, und wenige Tage später ein Fischerboot, wobei ein Fischer getötet wurde. Die Zwischenfälle an der Landesgrenze häuften sich.
Goa erklärte am 29. November den Belagerungszustand. Die Sprengung aller wichtigen Brücken und Anlagen wurde vorbereitet. 30 Brücken

waren angeblich bereits in die Luft gegangen, als die indische Regierung zur Tat schritt. Die Sorge um die Erhaltung der noch erhaltenen Brücken und Bauten mag Nehrus langes Zaudern – das aus seiner Abneigung gegen alle militärischen Aktionen stammte – erklären. Dazu kamen Nachrichten, daß die Besatzung von Goa zur Kapitulation bereit sei, ja, man hatte an mehreren Stellen entlang der Grenze bereits die weißen Fahnen gehißt. Mit einem blutigen Kampf mußte also wohl kaum gerechnet werden.

Am frühen Morgen des 18. Dezember 1961 setzte sich die 17. Indische Division unter General Choudhuri in Bewegung. Die einzigen Hindernisse bildeten die zerstörten Brücken und die verminten Straßen. Diese Schwierigkeiten konnten schnell behoben werden. Nach 26 Stunden war ganz Goa kampflos in die Hände der Inder gefallen.

Trotzdem warf die Weltöffentlichkeit Nehru vor, er habe die traditionelle Politik der Gewaltlosigkeit verletzt und gegen den Geist Gandhis gehandelt. Was dem Mahatma als Ideal vorschwebte, wissen seine Anhänger in aller Welt. Nicht alle wissen, daß es auch für ihn Unterscheidungen und sogar Abweichungen vom einfachen Weg der Gewaltlosigkeit gab. Gerade über den Fall Goa hatte er schon am 2. August 1946 in einem offenen Brief an den Gouverneur der portugiesischen Kolonie geschrieben, daß ein freies Indien die Existenz eines von Fremden beherrschten Stützpunktes auf eigenem Boden nie hinnehmen könne und daß die unmenschliche Art der portugiesischen Verwaltung den Indern das Recht gebe, sich mit allen Mitteln gegen die Kolonisatoren und Unterdrücker zu wehren. Viele Inder glauben, daß Gandhi die Rückeroberung Goas gebilligt hätte, so wie er das Eingreifen in Kashmir guthieß.

Nehru hat zwar sehr viel von den Idealen der friedlichen Koexistenz und von Lösungen aller Schwierigkeiten ohne Waffengewalt gesprochen, aber sich niemals zur Gewaltlosigkeit um jeden Preis verpflichtet. Er war ein Pragmatiker und ein Staatsmann, der sehr wohl auch die Grenzen erkannte, die gewissen Idealen gesetzt werden können. Eine solche Grenzsituation war für ihn in Goa entstanden. Alle Mittel seiner friedlichen Koexistenz-Politik schienen erschöpft. Er mußte vorwärtsgehen, wenn die Ereignisse nicht über ihn hinwegrollen sollten.

Nehru – Star von Asien

Während sich die Innenpolitik – auch da, wo sie wie in Goa mit gewissen außenpolitischen Problemen verknüpft war – als ein äußerst mühsames Geschäft erwies, entwickelte sich Nehru zum Star ohnegleichen auf der Bühne der internationalen Politik.

Napoleon hat einmal gesagt, daß die geographische Lage eines Landes seine Außenpolitik bestimme. Vom Indien der 50er und 60er Jahre muß man sagen, daß die Vorstellungen eines Jawaharlal Nehru die Rolle Indiens in der Welt bestimmten.

Nehru verstand es, in den Indern den Sinn für die Größe ihrer Nation zu wecken. Da er Indien immer in den größeren Zusammenhang Asien einordnete, war es für ihn leicht, davon auch andere asiatische Nationen zu überzeugen, und nicht nur sie allein. Bald hatten sich alle um ihn geschart, die später mit dem Sammelnamen „Dritte Welt“ bezeichnet wurden. Ihre Probleme waren Indiens Probleme, gehörten zu dem großen Sorgenkind des indischen Premierministers. Als ihr bedeutender Anwalt sprach Nehru im November 1948 vor der Vollversammlung der Vereinten Nationen, die damals in Paris tagte:

„Als ein Repräsentant Asiens möchte ich sagen, daß wir Europa für seine Kultur und die bedeutenden Fortschritte in der menschlichen Zivilisation, die man ihm verdankt, ehren. Ich möchte aber auch sagen, daß die Welt größer ist als Europa und daß Sie ihre Probleme nicht lösen werden, solange Sie glauben, die Probleme der Welt seien hauptsächlich europäische Probleme. Weite Gebiete der heutigen Welt haben in der Vergangenheit kaum Anteil an der Fortentwicklung der Menschheit gehabt. Sie sind aber erwacht. Ihre Völker bewegen sich voran, und man kann sie nicht länger übersehen. Es ist eine einfache Tatsache, deren wir uns erinnern müssen. Solange Sie nicht das ganze Bild der heutigen Welt vor sich haben, werden Sie die Probleme nicht verstehen, um die es sich jetzt und in Zukunft handelt. Ich wage heute darauf zu bestehen, daß Asien in den Angelegenheiten der künftigen Welt zählt. Morgen wird es weit mehr zählen als heute.“

Nehru sah es als Indiens geschichtliche Aufgabe an, ein politisches Erwachen im gesamten Asien auszulösen. Indien war in die Freiheit vorangegangen, die anderen folgten: Ceylon und Birma 1948, Indonesien 1949. 1957 der Malaiische Bund, der sich 1963 mit Singapur, Sarawak und Sabah zur Föderation Malaysia vereinigte. 1965 trat Singapur aus der Föderation aus und wurde selbständig.

Nach dem Rückzug der britischen Kolonialherren aus weiten Teilen

Asiens konnten die Engländer auch ihre überragende Stellung in der arabischen Welt nicht halten. Der Aufstieg Amerikas und der Sowjetunion nach dem Zweiten Weltkrieg, der Anspruch auf Mitspracherecht in Gebieten der früheren Kolonialherren, das Vordringen Japans und Chinas beschleunigten den Niedergang des Kolonialismus englischer Prägung. Der wichtigste Faktor in diesem Prozeß aber war Indien. Es gehörte einst zu den „Kronjuwelen" Großbritanniens – sein Verlust signalisierte das Ende des britischen Übersee-Imperiums.

Nehru wollte, daß die asiatischen Länder aus der Erfahrung des indischen Freiheitskampfes die Lehre ziehen sollten, sich zusammenzuschließen. Nur einer eng zusammenarbeitenden Gruppe von gleichgesinnten Nationen würde es gelingen, Freiheit und Frieden zu wahren.

Schon kurz vor der Unabhängigkeit bemühte sich Nehru, die asiatischen Völker, die er zur „Asian Relations Conference", zu einer ersten gemeinsamen Beratung, nach Delhi eingeladen hatte, von seiner Idee, gemeinsam eine „Region des Friedens" zu schaffen, zu überzeugen. 1949 wurde auf einer nachfolgenden Konferenz in Delhi beschlossen, die Vereinten Nationen zu bewegen, von den Holländern die Unabhängigkeit Indonesiens zu verlangen.

Das Jahr 1950 brachte im Sinne von Nehrus Vorstellungen einen Erfolg. In Colombo wurde beschlossen, was am 1. Juli 1951 in Kraft trat: der „Colombo-Plan for Cooperative Economic Development in South and South-East Asia". Es war ein lockerer Rahmenplan zur Koordinierung und Förderung der technischen und wirtschaftlichen Entwicklung in Ceylon, Indien, Pakistan, Kambodscha, Laos, Südvietnam, Birma, Nepal, Indonesien, Philippinen, Thailand, Malaysia, Japan, Südkorea, Singapur und Afghanistan. Finanziell und technisch unterstützt wurde der Colombo-Plan durch die Mitgliedschaft Großbritanniens, des Australischen Bundes, Neuseelands, Kanadas und der Vereinigten Staaten.

Zweifellos war der Colombo-Plan ein erster Schritt auf dem Wege, der über die Bandung-Konferenz (1955) zur Gründung der „Bewegung der Blockfreien" (1961) führte. Was immer in diesen Jahren zur Einigung Asiens getan werden konnte, trug Nehrus Signatur. Indien nahm durch ihn eine Sonderstellung im Kontext der Mächte ein. Obwohl Nehru, wenn unmittelbar darauf angesprochen, jeden Anspruch auf indische Führerschaft weit von sich wies, sagte er 1949 vor dem „Overseas Press Club" in New York: „Indien bildet im heutigen Asien das Zentrum. Indiens führende Rolle mag anderen nicht so willkommen sein, obwohl es unsere Eitelkeit befriedigen könnte . . . Aber wir können den mannigfachen Verantwortlichkeiten, die unsere geographische Lage und Geschichte uns auferlegen, gar nicht ausweichen."

Jawaharlal Nehru gehörte zur Gründergeneration des modernen Asien, zu jenen Politikern, die mit der Befreiung von der Fremdherrschaft die Fundamente zu neuen Staatswesen legten. Nehru besaß ein unvorstellbares Charisma. Nur wenige Staatsmänner seiner Zeit konnten sich mit ihm messen. Aber auch ihm wurde die Frage gestellt, auf die eine Antwort schwerfiel: Freiheit – und was nun?

Zu den unbefriedigenden Beziehungen mit den Vereinigten Staaten von Amerika kamen jene außenpolitischen Probleme, die sich aus der geographischen Lage Indiens ergaben: China und die Sowjetunion, die beiden kommunistischen Weltmächte, standen an den Toren des Subkontinents. Es ist nicht uninteressant, in diesem Zusammenhang einen Blick auf die Geschichte der internationalen Beziehungen Indiens zu werfen.

Kontakte zwischen Rußland und dem indischen Subkontinent reichen bis ins 13. Jahrhundert zurück. Während der Zarenzeit gab es noch keine diplomatischen Beziehungen, wohl aber Verbindungen im wirtschaftlichen und kulturellen Bereich.

Rußland „entdeckte" den Subkontinent Mitte des 19. Jahrhunderts, unmittelbar nachdem Indien zur britischen Kronkolonie geworden war. Damals begann Rußland seine Blicke nach Osten zu wenden – sein Ziel waren vorerst gewisse zentralasiatische Gebiete, die es später dem Land einverleibte. Zunächst wurden die nomadischen Turkmenen geschlagen. Die Russen rückten vor, und bald lag nur noch Afghanistan zwischen den russischen Grenzen und denen des indischen Subkontinents. Die Spannungen, die infolgedessen zwischen dem Zarenhof und England entstanden, das seine wichtigste Kolonie, Indien, durch den russischen Drang nach Osten bedroht sah, konnten erst 1907 mit einem russisch-englischen Abkommen abgebaut werden.

Rußland war nach dem Krieg mit Japan (1904 bis 1905) so geschwächt, daß es unterschreiben mußte. Der Vertrag, praktisch eine Aufteilung in Interessensphären, wobei sich der eine verpflichtete, die Interessen des anderen zu respektieren, war für beide Seiten von Vorteil. Rußland und Britisch-Indien wurden zu beachtlichen Handelspartnern. Ein Wandel in den Beziehungen trat nach der kommunistischen Machtergreifung in Rußland ein.

Das 1947 unabhängig gewordene Indien war zunächst nicht von großem Interesse für die Sowjetunion. Daran änderte auch die Aufnahme diplomatischer Beziehungen nicht viel. Für die Russen blieb Indien mehr oder weniger im kapitalistischen Lager verankert.

Der wachsende Einfluß Amerikas in Asien, dokumentiert durch den ANZUS-Pakt von 1952 (Verteidigungsbündnis zwischen Australien, Neuseeland und den USA) – den ,,Pazifik-Pakt" –, den Bagdad-Pakt und die SEATO (South East Asia Treaty Organization) – den Südostasienpakt –, führte zu einer Umorientierung der sowjetischen Außenpolitik.

Bald nach Stalins Tod (1953) ergab sich ein stärkeres Engagement der Sowjetunion in der Dritten Welt. Für eine neue Indienpolitik Moskaus war die Stunde günstig. Durch die amerikanischen Waffenlieferungen an Indiens Erzfeind Pakistan traten Spannungen zwischen der Indischen Union und dem Westen, insbesondere aber zu den USA, ein, die bis in die 80er Jahre dauerten. Sie verschärften sich, nachdem die USA als Antwort auf die Besetzung Afghanistans durch die Sowjetrussen erneut modernste Waffen nach Pakistan lieferten. Wenn sich Moskau und Delhi zunächst auch nur auf den Austausch von Delegationen und Ausstellungen beschränkten, so wurden insgeheim weitergehende Verhandlungen geführt. Am 2. Dezember 1953 unterschrieben die beiden Staaten ein Handelsabkommen. Die Sowjetunion begann auf allen Klavieren zu spielen. Der Export von Wirtschaftsgütern bekam, wie der Kulturaustausch, eine politische Dominante. Sie trat 13 Monate später ganz klar zutage.

Gleich nachdem die indische Kongreß-Partei auf ihrem Parteitag in Avadi im Januar 1955 die Formierung einer ,,sozialistischen Gesellschaft" (a ,,socialist pattern of society") angekündigt hatte, ein System, in dem die ,,hauptsächlichen Produktionsmittel entweder im staatlichen Besitz oder unter staatlicher Kontrolle sein sollten", begannen Verhandlungen über sowjetische Entwicklungshilfe an Indien. Schon im Februar des gleichen Jahres wurde zwischen Moskau und Delhi das Abkommen über die Errichtung eines Eisen- und Stahlwerkes in Bhilai unterzeichnet. Die gewährte Summe belief sich auf 136 Millionen US-Dollar.

Der April 1955 brachte ein großes Ereignis, die Konferenz von Bandung, jene Begegnung der führenden Politiker aus 29 asiatischen und afrikanischen Nationen, die mehr als die Hälfte der Menschheit vertraten. Unter der Parole von Freiheit und Gleichheit bekannten sich alle zur friedlichen Koexistenz des Jawaharlal Nehru. Zweifellos wurde er mit seiner Idee der ,,Bündnislosigkeit" – des ,,Non-alignment" – zum geistigen Führer der Bandung-Gruppe und der aus ihr erwachsenen ,,Bewegung der Blockfreien Nationen", die zum ersten Mal 1961 in Belgrad tagte. Nehrus Ansehen in Moskau war inzwischen so gewachsen, daß er anläßlich seines Besuchs dort im Juni 1955 von Ministerpräsident Nikolaj Bulganin als einer der ,,hervorragendsten Führer im Kampf des indischen Volkes um seine Freiheit" apostrophiert wurde.

Vor allen Dingen rühmten die Sowjets Nehru wegen der fünf Prinzipien der friedlichen Koexistenz – *Panch Shila* –, die der Inder in Bandung postuliert hatte. Im damaligen Abschlußkommuniqué von Moskau fanden sie ihren Niederschlag: Man versicherte sich gegenseitig, diese Grundsätze – gegenseitige Anerkennung, kein Angriff, keine Einmischung, gegenseitige Achtung, friedliche Koexistenz – einzuhalten.
Oberflächlich betrachtet war es die These von der friedlichen Koexistenz, an der sich der Widerstand Chinas gegen die Sowjetunion und Indien entzündete. Da die These logischerweise auch friedliche Zusammenarbeit mit dem Westen beinhaltete, bezeichnete Peking sie als verräterisch und revisionistisch.
Chinas Haltung löste bei Nehru einen schweren Schock aus. Er hatte immer nach guten Beziehungen mit der Volksrepublik gestrebt. Noch 1954 waren er und Chou En-lai in Nangal im Punjab übereingekommen, die Beziehungen ihrer Länder zueinander nach den Prinzipien der friedlichen Koexistenz zu regeln. Nun sah er sich in der chinesischen Presse verhöhnt. Bald mußte er noch schlimmere Enttäuschungen hinnehmen als böse Worte. Ende der 50er Jahre kam es zu ständigen Grenzzwischenfällen im Westen des Himalaya, in Ladakh, dem ehemaligen Westtibet, das nach wechselvollem Schicksal Mitte des 19. Jahrhunderts dem indischen Staat Kashmir und Jammu einverleibt worden war, und an der sogenannten McMahon-Linie – im äußersten Nordosten Indiens, einem Gebiet, das heute Arunachal Pradesh heißt – Land der aufgehenden Sonne. Es ist das ehemalige NEFA (North East Frontier Agency).
Entgegen früheren Zusicherungen marschierten die Chinesen 1951 in Tibet ein, an dessen Neutralität Indien als angrenzendes Land ein vitales Interesse angemeldet hatte. In zusätzliche politische Bedrängnis geriet die indische Regierung 1959 durch die von der chinesischen Tibetpolitik ausgelöste Flucht des Dalai Lama nach Indien. Der Priesterkönig, höchste Autorität für die meisten Himalayabewohner und deswegen für China ein Faustpfand, wurde nun zu einem neuen Streitobjekt zwischen Delhi und Peking. 1959 wurde auch bekannt, was die indische Regierung und alle Inder nur als ungeheuerlich empfinden konnten, daß sich nämlich die Chinesen den östlichen Teil Ladakhs, den sogenannten Aksai Chin, angeeignet hatten. Man erfuhr, daß sie bereits 1957/58 durch dieses indische Gebiet eine Straße gebaut hatten, die Tibet mit Sinkiang verbinden sollte.
Vergeblich protestierten die Inder. Am 9. September 1959 behauptete Chou En-lai in einer persönlichen Note an Nehru, Indien halte widerrechtlich 37 500 Quadratkilometer in Ladakh besetzt. Den Vertrag über

dieses Gebiet, den Kashmir seinerzeit mit Tibet geschlossen habe, erkenne China nicht an.
Das gleiche gelte für die Gebiete östlich von Bhutan – gemeint war Arunachal Pradesh – wo nach Chinas Behauptung sogar 80 000 Quadratkilometer des 83 500 Quadratkilometer umfassenden Landes widerrechtlich von den Indern besetzt worden seien. Auch dieses umstrittene Territorium gehöre zu Tibet.
Am 12. September 1959 gab Nehru im Parlament folgende Erklärung ab: „Die Sprache und das Verhalten der chinesischen Volksrepublik gegenüber Indien zeugt, wenn ich mich milde ausdrücken soll, von der Arroganz eines Landes, das sich mächtig dünkt. Niemals wird sich Indien mit den von China erhobenen Ansprüchen auf neunzigtausend Quadratkilometer indischen Territoriums einverstanden erklären, was auch immer die Folgen sein werden ... Über diesen neuen Anspruch Chinas kann es weder Verhandlungen noch auch eine Vermittlung geben. Die McMahon-Linie entspricht im wesentlichen der Wasserscheide. Wir beharren darauf, daß sie die Grenze darstellt. Niemand kann erwarten, daß wir das Himalaya-Gebirge an China verschenken."
Vergeblich beriefen sich die Inder auf die am 22. April 1914 in Simla von britischen, tibetischen und chinesischen Unterhändlern unterschriebene Konvention, der eine Karte beigefügt worden war, auf der die jetzige Grenze eingezeichnet ist, die nach dem damaligen englischen Unterhändler McMahon benannt wurde. China antwortete am 2. Januar 1960, was es später noch einmal wiederholte: Es habe der Konvention von Simla niemals zugestimmt, denn sie sei ein imperialistischer Akt gegen die hilflosen Tibeter gewesen. Damit war die Eskalation des Konflikts vorgezeichnet.

Menons Versagen

Das gesamte Grenzgebiet wurde auf der indischen Seite bis zum Jahre 1959 völlig vernachlässigt. Nur so konnte der heimliche Bau der chinesischen Straße durch das indische Aksai-Chin-Gebiet erklärt werden. In Ladakh waren die Chinesen wie im nordöstlichen „Land der aufgehenden Sonne" topographisch begünstigt. Die vorgeschobenen Posten der Inder mußten mehrere Tage marschieren, um an die Grenzen zu gelangen. Der Weg durch Dschungel, Fels und Gletscher verlangte Geschick und Ausdauer kühner Bergsteiger.

Die Chinesen jedoch mußten kaum klettern. In Ladakh konnten sie ihre Versorgungslager bis etwa auf zwanzig Kilometer an die faktische Grenze heranschieben. Im Osten war die Lage noch günstiger. In Arunachal Pradesh verläuft die Grenze unmittelbar vor dem Steilabfall der Himalayaberge nach Süden. Jenseits der höchsten Gipfel im Norden dehnt sich die Hochebene der „Autonomen Region Tibet" der Volksrepublik China aus, auf der die Truppen und Versorgungsgüter sogar mit geländegängigen Wagen herbeigeschafft werden konnten. Von einer zusammenhängenden Front konnte aber auf beiden Seiten 1959 noch keine Rede sein. Das war für die Chinesen gleichgültig, für die Inder aber todgefährlich. Zwei nebeneinanderliegende Posten waren nicht selten durch siebentausend Meter hohe Berge voneinander getrennt. Die Kommunikationsschwierigkeiten zwischen den eigenen Leuten erleichterten die militärischen Operationen des Feindes.
Im Laufe der nächsten zwei Jahre zwischen 1959 und 1961 verstanden es die Chinesen, ihre Posten immer weiter vorzuschicken und durch neue zu ergänzen. „Wenn die Chinesen solche Posten errichten können, warum können wir das nicht tun?" fragte Nehru 1961 in einer Konferenz seine Generäle Kaul und Thapar und den Verteidigungsminister Krishna Menon, mit dem ihn ein besonderes – manche sagen: gefährliches – Freundschaftsverhältnis verband.

Krishna Menons Leben verlief anders als das aller anderen Kongreß-Führer. Er saß niemals im Gefängnis – er lebte im Londoner Exil. Mit Mahatma Gandhi, der viele vom Westen beeinflußte Inder, wie Nehru, erst zu wirklichen Nationalisten und Freiheitskämpfern machte, hatte Menon keine unmittelbare Beziehung. Als der 1897 geborene Menon mit 27 Jahren nach London kam, fühlte er sich sofort zum Marxismus hingezogen – er gehörte zu den Schülern des berühmten Harold Laski, der als Professor der „London School of Economics" zum Mentor vieler Afrikaner und Asiaten geworden ist, die später nicht nur als Freiheitskämpfer ihrer Länder, sondern auch als tüchtige Verwalter, Wirtschaftler, Diplomaten und Staatschefs der Dritten Welt wirkten.
Menon besaß kein Geld, aber einen scharfen Intellekt. Als Exil-Inder versuchte er, auf die britische Labour Party einzuwirken, in der er – richtig vorausschauend – einen Hebel für die Befreiung Indiens erkannte. Zwischen 1927 bis 1947 arbeitete er als Sekretär der „Indian League", die Propaganda für die Kongreß-Partei betrieb. Menons Verbindung zur Labour Party war so eng, daß er zweimal für das indische Unterhaus kandidierte. Beim zweiten Mal wurde seine Kandidatur durch

die Parteiführung zurückgezogen, da er sich zu sehr mit den englischen Kommunisten eingelassen hatte.
Menon verdiente sein Geld als literarischer Agent. Es war ein mühsames Leben, das sich kaum besserte, als er begann, die Pelican-Taschenbücher herauszugeben. Durch seine Tätigkeit im Verlagswesen kam er mit Nehru zusammen. Es gelang Menon, Nehrus erste Bücher in einem Londoner Verlag unterzubringen. Die beiden Männer wurden Freunde.
Nach der Erlangung der Unabhängigkeit ernannte Nehru seinen Freund, den manche für einen Mephisto, andere für einen zwar äußerst arroganten, aber genialen Interpreten des neuen Asien hielten, zum ersten ,,High Commissioner" (Hochkommissar) Indiens in Großbritannien. Die meisten Mitglieder der Kongreß-Partei waren dagegen. Ihre Argumente, Menon sei zu eng mit den Kommunisten liiert, störten Nehru nicht. Für ihn war Menon einer der wenigen Menschen, die ihn interessierten und die ihm intellektuell gewachsen waren. Die seltsame Freundschaft des Gentleman Nehru mit dem zwar intelligenten, aber oft rüpelhaften und zweifellos nicht von einer demokratischen Ideologie bestimmten Menon wirkte sich nicht selten unheilvoll auf die indische Politik aus.
Zur echten Gefahr für Indien wurde Menon, als Nehru ihn 1957 als Verteidigungsminister ins Kabinett berief.
Menons operative Befehle an die Armee waren von seiner wiederholt ausgesprochenen Überzeugung getragen, daß kommunistische Länder einer imperialistischen Intervention überhaupt nicht fähig seien. Für ihn gab es einen potentiellen Feind Indiens: Pakistan. Die Grenzen nach dem Westen mußten also vor allem geschützt und befestigt werden. Die Nordgrenze, die Grenze gegen Tibet, hielt er selbst dann noch für ungefährdet, als die Chinesen dort bedrohlich aufmarschierten. Mit einer raffinierten Suada konnte Menon Nehru immer wieder von der Harmlosigkeit der Chinesen überzeugen. So geschah es auch, daß Nehru noch 1961 bei einer Konferenz davon ausging, China habe nicht die Absicht, einen großen Krieg mit Indien zu beginnen. Er hielt die Besetzung für ein politisches Druckmittel, für die Anmeldung eines Anspruchs auf das besetzte Gebiet.
Und er meinte ernsthaft, Indien könne ungestraft das gleiche tun, das heißt eine Art Schachspiel mit den Chinesen beginnen. Das werde vielleicht die Chinesen irritieren.
Bis Ende 1961 waren 50 solche Posten in den unbewohnten Grenzgebieten von Ladakh und NEFA eingerichtet worden, womit Indien nichts anderes andeuten wollte, als daß es bereit sei, seine Rechte in seinen

eigenen Grenzgebieten zu wahren. Leider war mit diesen Operationen dank Krishna Menons überhaupt kein strategischer Plan verbunden, noch kümmerte sich der indische Verteidigungsminister um eine adäquate Bewaffnung. Das Angebot von US-Präsident John F. Kennedy, durch dessen Sonderbeauftragten Chester Bowles, den früheren amerikanischen Botschafter in Delhi, überbracht, die Vereinigten Staaten wollten angesichts der chinesischen Drohung Indien waffentechnisch helfen, lehnte Menon scharf ab.

Ob er das nur tat, weil die Amerikaner im Gegensatz zu den Sowjetrussen keine Rupien als Zahlungsmittel annehmen wollten, ist fraglich. Menon demonstrierte seine politischen Neigungen, wenn er überheblich wissen ließ, falls er überhaupt bereit sei, ausländische militärische Hilfe anzunehmen, sollte sie ausschließlich von der Sowjetunion kommen.

Welche Rolle spielten die Russen im Dreieck Moskau – Delhi – Peking? 1960 war es zum offenen Bruch zwischen der Sowjetunion und der Volksrepublik China gekommen, was die Annäherung zwischen Moskau und Delhi verstärkte. Sie wirkte sich wirtschaftlich für Indien aus.

Der sowjetische Partei- und Regierungschef Nikita Chruschtschow reiste nach Indien und versprach Hilfe für den dritten indischen Fünfjahresplan. 1960 kam es zu einem sehr umfangreichen sowjetisch-indischen Waffenabkommen. Es ging um acht der berühmten Transportflugzeuge für den Himalaya, der viermotorigen AN 12, um zwölf Mig 21, um Luftabwehrraketen, um Helikopter, um eine Beihilfe zum Bau einer Mig-Fabrik. Man sprach von Summen in Höhe von 500 Millionen Dollar.

So standen die Dinge, als die Grenzzwischenfälle im Himalayagebiet am 20. Oktober 1962 zum offenen Krieg zwischen China und Indien eskalierten, und zwar sowohl im Westen als auch im Osten. Die Chinesen waren erfolgreich. Zum größten Erstaunen aller Beobachter zogen sie sich nach ihren eindeutigen Siegen wieder auf ihre Ausgangsstellungen zurück. Sie hatten ihr Ziel erreicht: Nehru hatte nicht nur in der asiatischen Welt an Ansehen verloren. Der langjährige politische Wettlauf zwischen Indien und China um Einfluß in Asien endete mit einer schweren Demütigung Indiens.

Am 24. Oktober 1962 legte Nehru während einer Konferenz der Informationsminister aller indischen Länder in Delhi ein für diesen stolzen Politiker sensationelles Bekenntnis ab. Er sagte: „Wir Inder waren lange Zeit davon überzeugt, daß die moralische Kraft von gleicher Stärke sein kann wie militärische Mittel. Wir vermuteten auch bei anderen einen echten Willen zur friedlichen Koexistenz. Wir müssen heute annehmen, daß wir den Kontakt zu den Realitäten dieser Welt verloren hatten. Indien lebte in einer selbstgeschaffenen künstlichen Atmosphäre. Aus ihr sind wir durch einen tiefen Schock vertrieben worden – wir alle, die Regierung sowohl wie das Volk."

Der Sturz Menons im November 1962 konnte an der verfahrenen Situation nichts mehr ändern. Er selbst geriet immer mehr ins politische Abseits. „Seine" Sowjetunion hatte Indien im Augenblick der Not keine Hilfe geleistet. Sie nahm im indo-chinesischen Konflikt von 1962 eine abwartende Haltung ein. Warum? Die Chinesen hatten ihre militärische Aktion im Himalaya genau mit der Aktion Chruschtschows in Kuba synchronisiert. Chruschtschow begann mit den Vorbereitungen für den Ausbau Kubas zu einer Angriffsbasis im Karibischen Meer Anfang September 1962; zum gleichen Zeitpunkt erfolgte der erste chinesische Angriff in Kompaniestärke im NEFA-Gebiet. Chruschtschow waren die Hände gebunden. Als er scheinheilig behauptete, er habe von der Aktion der Chinesen nichts gewußt, belehrte ihn Mao Tse-tung am 2. November 1963 in einem sensationellen Artikel in der Pekinger Volkszeitung eines Besseren. Die chinesische Zeitung teilte mit genauen Daten mit, der Sowjetbotschafter in Peking sei zwölf Tage vor dem Großangriff im Himalaya von der chinesischen Regierung davon unterrichtet worden.

Die Inder konnte das nicht mehr überraschen – was immer die Pekinger Zeitungen jetzt schrieben, war nichts als eine Bestätigung der Informationen, die man in Delhi bereits im Oktober 1962 hatte. Danach erklärte Chruschtschow dem chinesischen Botschafter am 13. Oktober 1962 wörtlich:

„Die sowjetischen Informationen stimmen in der Frage der indischen Angriffsvorbereitungen mit den chinesischen überein. Wenn sich die Sowjetunion in der gleichen Lage wie China befände, würde sie sicherlich die gleichen Maßnahmen treffen. In der chinesisch-indischen Grenzfrage können wir keine neutrale Haltung einnehmen. Sollte China angegriffen werden, so wäre es Verrat, wenn wir uns neutral verhielten."

Das war der sowjetische Freibrief für einen chinesischen Angriff. Er begann genau sieben Tage später.

Die Chinesen schlugen zwei Fliegen mit einer Klappe. Alle Asiaten sollten verstehen, daß es in Indien nur eine einzige Großmacht gebe: China – und nicht noch etwa eine andere: Indien. Gleichzeitig sollte die Sowjetunion als unzuverlässiger Bundesgenosse diskreditiert werden.

Die Theorie, die Chinesen hätten sich zurückgezogen, weil sie ein Eingreifen Amerikas und Englands befürchteten, ist unglaubwürdig. Denn

Nehru hatte die beiden Großmächte erst am 19. November, einen Tag vor dem einseitig erklärten Waffenstillstand Chinas, unter dem Eindruck des Zusammenbruchs der östlichen Front um Waffenhilfe gebeten. Auch was danach geschah, hätte die Chinesen kaum an einem Vormarsch hindern können. Kennedy schickte den ehemaligen Gouverneur Averell Harriman mit einer dreißigköpfigen Militärdelegation nach Indien. Aus London eilte der britische Generalstabschef Richard Hull herbei. Eine umfassende Waffenlieferung wurde besprochen. Gleichzeitig erfolgten eingehende Stabsbesprechungen zwischen den Westmächten und Indien. Sie erwiesen sich nach Chinas Rückzug als überflüssig. Nicht überflüssig waren für die Inder gewisse Erkenntnisse. Neben dem enttäuschenden Verhalten der Sowjetunion wirkten auch die Reaktionen der blockfreien Staaten desillusionierend. Sie alle: Tito und Nasser, Frau Bandaranaike, Sukarno, Sekou Touré und Kwame Nkrumah, hatten nichts als ein paar schöne Worte für Indien übrig.

Das größte Unbehagen aber hatte das Verhalten der Sowjets bei den Indern ausgelöst. Chruschtschow versuchte, der indischen Verstimmung nach der Kubakrise entgegenzuwirken. Er nahm eine neuerliche Schwenkung in bezug auf den indisch-chinesischen Konflikt vor. Sie muß zwischen dem 6. und 9. November 1962 erfolgt sein. Jedenfalls konnte Nehru dem Parlament am 10. November mitteilen, was zwar militärisch keinen Nutzen mehr brachte, aber von hoher politischer Bedeutung war: er habe soeben von der Sowjetunion die Zusage erhalten, daß die vor einiger Zeit bestellten zwölf Mig-Überschallflugzeuge tatsächlich geliefert würden – wenn auch erst im Februar 1963.

Der Kamaraj-Plan – ein ,,demokratischer Staatsstreich"

Sommer und Herbst 1963 standen im Schatten der Ereignisse im Himalaya. Nehru war durch diese verlorene Schlacht, die er nicht nur als militärische, sondern auch als politische, moralische und persönliche Niederlage empfand, so tief getroffen, daß seine Gesundheit ernsthaft Schaden nahm. Obwohl er öffentlich in dieser Zeit niemals zur Frage der Nachfolge Stellung nahm, traf er große Vorbereitungen für eine reibungslose Wachablösung. Sie sollten als ,,Kamaraj-Plan" in die Geschichte eingehen.

K. A. Kamaraj, der mächtige Chefminister aus Madras, gehörte der Unterkaste der Nadar aus Tamil Nadu an. Er war ein Mann des Volkes und blieb es bis zu seinem Tod. Politisches Intrigenspiel lag ihm fern – aber er besaß einen sicheren Instinkt für Macht und klare Vorstellungen davon, wer sie ausüben sollte. Seine Legitimation war seine lange Verbundenheit mit der Kongreß-Partei. Während des Kampfes um die Unabhängigkeit verbrachte er – wie die anderen Freiheitskämpfer – längere Zeit in den Gefängnissen der Engländer. Sein großer politischer Widersacher war der Kongreß-Politiker C. Rajagopalachari (genannt Rajaji), der mit der Verachtung eines Brahmanen von hoher Bildung auf den bäuerlichen Kamaraj hinabblickte. Rajaji war von 1952–1954 Chefminister von Madras. Als er dieses Amt antrat, hatte er schon eine interessante politische Karriere hinter sich. Als Nachfolger Mountbattens war er 1948–1950 der erste indische Generalgouverneur, danach hatte er für kurze Zeit den Posten des Innenministers inne. Dann überwarf er sich mit der Kongreß-Partei und gründete seine eigene liberale, rechtsoppositionelle Partei, die „Swatantra". Seine Ablösung als Chefminister durch Kamaraj 1954 war ein erstes Zeichen einer sich wandelnden Zeit. Die Vorherrschaft der Brahmanen in Tamil Nadu schien gebrochen.

Wie hart der Kampf war, zeigte dann später – 1967 – die Wahlniederlage von Kamaraj, ein Sieg, den Rajaji, der Brahmane, mit Hilfe unterer Kasten – auch das war nicht ohne Bedeutung – erreicht hatte. 1963 jedoch war Kamaraj der mächtige Poltiker, mit dem Nehru nicht nur eine Regeneration der Kongreß-Partei anstrebte, sondern auch einen Plan durchführen wollte, der das Gleichgewicht der Kräfte auf innenpolitischem Gebiet wiederherstellen sollte. Durch die Niederlage im Himalaya war der linke Flügel der Kongreß-Partei im Kabinett ins Hintertreffen geraten. Der stärkste Repräsentant der Linken, der glücklose Verteidigungsminister Krishna Menon, hatte sein Amt niederlegen müssen. K. D. Malaviya, Minister für Bergwerke und Energie, ein Intimus von Menon, mußte – in einen Korruptionsfall verwickelt – im Juni 1963 das Kabinett verlassen. Der rechte Flügel, unter der Führung von Finanzminister Morarji Desai und Landwirtschaftsminister Sadashiv Kanhota Patil, triumphierte. Beide – traditionelle Hindus – wären potentielle Nachfolger gewesen, was Nehru verhindern wollte.

Mit Kamaraj entwarf der Premierminister im Juli 1963 einen für manchen Politiker folgenschweren Plan: Sämtliche Kabinettsmitglieder und Chefminister sollten zurücktreten, um sich der Parteiarbeit zu widmen. Dem Premierminister, den seine Freunde überzeugt hatten, daß er selbst nicht zurücktreten dürfe, sollte Gelegenheit zu einer durchgreifenden Reorganisation von Kabinett und Partei gegeben werden. Am 24.

August 1963 kam es zu dem Ereignis, das viele Beobachter einen ,,demokratischen Staatsstreich" Nehrus nennen sollten: Sechs Kabinettsmitglieder und sechs Chefminister traten zurück, darunter Kamaraj, Bakshi Gulam Mohammed, der Chefminister von Kashmir, dessen verfahrene Politik Nehru ändern wollte, und aus dem Kabinett Desai, Patil und Nehrus Vertrauter, Innenminister Lal Bahadur Shastri, dessen Ausscheiden wohl nur ein Feigenblatt für die wirklichen Gründe der Reorganisation sein sollte: vor allen Dingen, Desai den Weg zum Nachfolger zu versperren.

An Shastris Stelle im Innenministerium trat der bisherige Planungsminister Gulzari Lal Nanda, ein altes Kongreß- und Kabinettsmitglied, der als orthodoxer Hindu galt und sich nicht der besonderen Sympathie Nehrus rühmen konnte. Für die weitere Sicherung sorgte Kamaraj, der sich im September 1963 im südindischen Wallfahrtsort Tirupati mit einer Gruppe von älteren Kongreß-Politikern traf, die später von der Presse das ,,Syndikat" genannt werden sollte und diesen Namen in der Folge behielt. Dazu gehörten neben Kamaraj auch Atulya Ghosh, der langjährige Präsident der bengalischen Kongreß-Partei, Neelam Sanjiva Reddy, Führer der Kongreß-Partei von Andhra Pradesh, und S. Nijalingappa, Chefminister von Mysore.

Was damals von der Gruppe entschieden wurde, bestimmte das politische Bild Indiens für die nächsten Jahre. Kamaraj wurde Kongreß-Präsident. Einig war man sich auch, Desai um jeden Preis als Nachfolger Nehrus auszuschalten, und es kann als sicher gelten, daß damals schon der zurückgetretene Innenminister Lal Bahadur Shastri für den Posten des Ministerpräsidenten nach dem Tode Nehrus ausersehen wurde.

Kamaraj trat sein Amt im Januar 1964 auf der 68. Kongreß-Versammlung an, die in Bhubaneshwar stattfand. Einen Tag nach der Eröffnung des Parteitages erlitt Nehru einen Schlaganfall. Vierzehn Tage später wurde Shastri ins Kabinett zurückgerufen, als Minister ohne Portefeuille und nicht – wie viele geglaubt hatten – als stellvertretender Ministerpräsident, wodurch er weithin sichtbar zum Nachfolger bestimmt worden wäre. Aber gerade eine solche offizielle Vorausbestimmung wollte Nehru als guter Demokrat vermeiden; zudem kannte er seine Politiker und Parteifreunde und wußte, was bei einer spektakulären Weichenstellung geschehen könnte. ,,Wenn ich jemanden ausdrücklich als meinen Nachfolger bezeichnen würde", gab er einem amerikanischen Fernsehreporter kurz vor seinem Tode zur Antwort, ,,wäre es die sicherste Methode, daß der Betreffende nicht Premierminister wird. Jedermann wäre eifersüchtig und würde ihm Steine in den Weg legen."

Inzwischen hatte Lal Bahadur Shastri die tägliche Arbeit des erkrankten Premierministers übernommen, und jedermann, der mit Shastri zu tun hatte, war des Lobes voll, so schrieb der Amerikaner Welles Hangen in seinem vieldiskutierten, 1963 erschienenen Buch „After Nehru, who?“: „Lal Bahadur ist der erste ausgleichende Vermittler und Koordinator Indiens. Mehr als Nehru oder irgendein anderes Mitglied des Kabinetts arbeitet er daran, die oft widersprüchlichen Tätigkeiten der Zentralregierung zu harmonisieren. Shastri ist der außergewöhnliche indische Minister, der das Mittagessen mit seinem Bürostab einnimmt und sein Haus verläßt, um an der Straßenecke mit einem enttäuschten Bittsteller zu sprechen. Shastri ist ein wirklich bescheidener Mensch. Er verfiel niemals dem Übel, von dem so viele gebildete Inder befallen sind, sich überlegen zu fühlen – er ist wahrscheinlich in einem tieferen Sinn Gandhianer in seiner Haltung gegenüber der Welt als irgendein anderer seiner Kabinettskollegen, einschließlich Nehrus. Sein Ruf ist unbeschmutzt von Zwietracht oder Betrug. Er ist kein Ziel für politische Angriffe, nicht, weil er keine Feinde hat, sondern weil er – wie Duncan in Macbeth – ‚seine Fähigkeiten so bescheiden zur Schau trug und so klar in seinem Amt war, daß seine Tugenden für ihn sprechen wie Engel mit Posaunenstimmen‘. – Am 31. Dezember 1929 stand Shastri unter Tausenden erregter Kongreß-Enthusiasten, die ihre Zustimmung einem schönen, sehr beeindruckenden jungen Mann mit Cambridge-Akzent (Nehru) zubrüllten, der die absolute Unabhängigkeit verlangte. Lal Bahadur Shastri war in dieser schicksalsträchtigen Nacht 25 Jahre alt – er hätte zu dieser Zeit nicht davon träumen können, daß er eines Tages als der potentielle Nachfolger des Urhebers der Unabhängigkeitsresolution angesehen werden würde.“ Wer Shastri, der aus einfachen Verhältnissen stammte, begegnete, weiß, wie recht Hangen mit seiner Beurteilung hatte und wie gut Nehru beraten war, diesen Mann zum zweiten Mal in sein Kabinett, in seine Nähe, zu rufen.
Trotz des Schlaganfalls noch wachen Geistes, konnte Nehru in den letzten fünf Monaten vor seinem Tode täglich beobachten, mit welcher unaufdringlichen Sicherheit Shastri die Regierungsgeschäfte in die Hand nahm. Nehrus Haus war bestellt.

Das gestohlene Haar des Propheten

Was zu tun blieb, lag außerhalb der Sorgen um die Nachfolge. In den ersten Monaten des Jahres 1964 kam es zu religiösen Unruhen, die von

einem Ausmaß waren, wie Indien sie seit seiner Teilung nicht mehr erlebt hatte. Der Friede zwischen Hindus und Muslims, eines der größten Anliegen der indischen Staatsführung, war wieder aufs äußerste gefährdet. Die religiösen Unruhen, die in Kashmir ausbrachen, lösten über das Land hinweg Tragödien aus.
Der Anlaß für die Unruhen in der kaschmirischen Sommerhauptstadt Srinagar war der mysteriöse Diebstahl eines Haares des Propheten Mohammed, das seit Jahrhunderten als streng gehütete Reliquie in der Moschee Hazratbal am Dal-See in der Nähe der Landeshauptstadt aufbewahrt wird. Der Diebstahl wurde in den frühen Morgenstunden des 27. Dezember entdeckt. Am gleichen Tage schon formierten sich riesige Prozessionen von protestierenden Muslims. Die Stadt war voll von Gerüchten, die alsbald durch Radiosendungen aus dem benachbarten Pakistan genährt wurden. Am folgenden Tag kam es zu wilden Ausschreitungen, die zu einem fast vollständigen Zusammenbruch der gesamten Verwaltung führten. Radio Kashmir hatte die reichlich phantastische Parole verbreitet, die Reliquie sei von einem der Brüder des früheren Ministerpräsidenten von Kashmir, Bakshi Ghulam Mohammed, gestohlen worden. Die Anhänger Bakshis wiederum behaupteten, der Diebstahl gehe auf von Pakistan bezahlte Agenten zurück. Die indische Regierung entsandte zwar sofort eine Untersuchungskommission, konnte oder wollte aber nicht aufklären, wer den Diebstahl begangen hatte, wie auch nicht erklärt wurde, inwiefern dann am 6. Januar die verschwundene Reliquie plötzlich wieder auftauchte.
Die indische Presse, die spaltenlang über die Vorfälle in Kashmir berichtete, machte seltsamerweise nicht den Versuch, zu klären, wer nun eigentlich für den Diebstahl verantwortlich war, und ebenso hüllte sich der Chef des Geheimdienstes, der die Untersuchung in Srinagar persönlich führte, in Schweigen. Diese unglückliche Geheimnistuerei trug offensichtlich dazu bei, daß die Unruhen solche Ausmaße annehmen konnten. Man ließ den Gerüchten freien Lauf und scheute aus Gründen, die im dunkeln blieben, die Wahrheit.
Schon vom zweiten Tag ab war deutlich zu bemerken, daß die Unruhen eine politische Wendung nahmen, die mit dem Verlust der Reliquie wenig mehr zu tun hatte. Die Behauptung, daß die Familie Bakshi während der zehnjährigen Amtszeit Bakshi Sahibs erhebliche illegale Profite gemacht habe, war schon lange im Kashmirtal verbreitet. Die Unruhestifter hatten es nun sehr gezielt auf das Eigentum der Bakshi-Familie abgesehen. Zwei Kinos, die einem Bruder Bakshis gehörten, gingen in Flammen auf wie zahlreiche Häuser der Familie und ihrer engeren

Freunde. Bakshis Nachfolger, der als sein politischer Gefolgsmann galt, erwies sich als völlig machtlos. Bakshi selbst verließ Srinagar, wie ,,Hindustan Times" berichtete, mit einer ganzen Karawane von Lastwagen in der Nacht zum 3. Januar. Nach der Wiederauffindung der Reliquie kehrte er, dem es nie an persönlichem Mut gefehlt hat, nach Srinagar zurück, um dort öffentlich zu erklären, die ganze Affäre sei eine Verschwörung, um die Kongreß-Partei von Kashmir und ihn persönlich zu diskreditieren. Tatsächlich hatte sich während der Unruhen erwiesen, daß die Feinde des Bakshi-Klans nun zur großen Abrechnung über die Verhältnisse in Kashmir schreiten wollten – angeführt von dem Abgeordneten Sadiq, dessen Berufung zum Premierminister Bakshi im Sommer 1963 verhindert hatte, weil Sadiq kommunistischer Neigungen verdächtigt wurde.

Die gegen Bakshi gerichtete Bewegung verlangte die Absetzung der Regierung und die Einsetzung des Notstandsgesetzes, durch das dem Gouverneur – es war zu der Zeit der Sohn des Maharajas von Kashmir – die gesamte Regierungsgewalt übertragen werden sollte. Die Verhandlungen über die künftige Regierung in Kashmir setzten sich in Delhi den ganzen Januar hindurch fort und führten dann am 25. Januar zu neuen blutigen Ausschreitungen in Srinagar.

Diese Unruhen wären vermieden worden, wenn die Regierung sofort alle Zweifel behoben hätte, daß keine falsche Reliquie unterschoben worden sei. Ende Januar flog Minister Lal Bahadur Shastri nach Srinagar. Er erkannte sogleich, daß die Unruhe in Kashmir nur zu beheben war, wenn tatsächlich festgestellt wurde, daß die wiedergefundene Reliquie echt sei. Außerdem war es Shastri nicht verborgen geblieben, daß die Regierung in Delhi nunmehr mit dem unter dem islamischen Geistlichen Maulana Masudi gebildeten ,,Aktionskomitee der Bürgerschaft" in direkte Verhandlungen eintreten müsse. Shastri hatte sich wohl in der Zwischenzeit selbst davon überzeugt, daß die Reliquie echt sei. Er stimmte deswegen zu, daß sie am 3. Februar in aller Öffentlichkeit von siebzehn Mullahs auf ihre Echtheit überprüft wurde. Das war ein beträchtliches Risiko, da der Zweifel auch nur eines einzigen Geistlichen einen neuen Sturm im Kashmirtal hätte hervorrufen müssen. Ein Mullah nach dem anderen trat nun vor die Reliquie und prüfte das in einem Glasröhrchen aufbewahrte Haar. Das Ergebnis war günstig. Alle Mullahs stimmten darin überein, daß die echte Reliquie wieder aufgefunden worden war. Damit war also der Anlaß für die Unruhen in Kashmir beseitigt.

Trotzdem blieb vieles unklar. Es dauerte nochmals vierzehn Tage,

bis am 17. Februar Innenminister Nanda die Namen der drei Diebe nannte. Es handelte sich in erster Linie um den Wächter des Hazratbal-Schreines selbst, einen Mann namens Abdul Rahim Bande. Mit ihm wurden zwei weitere Männer verhaftet. Alle drei waren Muslims. Der Innenminister bezeichnete einen der Diebe, Quadir Butt, als eine wichtige Persönlichkeit, die enge Verbindungen nach Pakistan besessen habe. Das Parlament zeigte sich jedoch auch nach der Verhaftung der drei Diebe nicht befriedigt und wollte wissen, wer nun eigentlich hinter diesem Diebstahl gestanden habe. Der Innenminister vermied es, hierüber weitere Auskünfte zu geben. Nicht nur in Kashmir, sondern auch im übrigen Indien hielt sich daher das Gerücht, die Bakshi-Familie habe mit dem Diebstahl doch etwas zu tun gehabt. Das ,,Aktionskomitee der Bürgerschaft" erklärte ausdrücklich, die Verhaftung der drei Diebe sei nicht geeignet, Licht in das Dunkel zu bringen, da die wirklichen Schuldigen nicht gefaßt worden seien. So lag der Schluß nahe, daß die Reliquie, die unter ständiger Bewachung der Mullahs stand, gar nicht wirklich gestohlen worden war, sondern immer in der Moschee blieb und von den Wächtern nur beiseitegeräumt worden war, um Unruhe zu stiften.
Shastri mußte erneut mit den verschiedenen politischen Kräften in Kashmir verhandeln. Die Gegner Bakshis verlangten die Bildung einer neuen Regierung, in der die Bakshi-Gruppe nicht mehr vertreten sein dürfte. Dahinter verbargen sich zweifellos Strömungen, die, wenn nicht für den Anschluß Kashmirs an Pakistan, so doch für ein weitgehend unabhängiges Kashmir eintraten. Ein solcher Zwergstaat wäre jedoch niemals lebensfähig. Das schien auch die Meinung des geistlichen Führers des ,,Aktionskomitees", Maulana Masudi, zu sein, der Shastri dabei half, eine neue Regierung in Kashmir zu bilden.
Am 28. Februar übernahm G. M. Sadiq das Amt des Chefministers in Kashmir. Sadiq war innerhalb der ,,National-Konferenz" von Kashmir, wie die Kongreß-Partei dort genannt wird, der Sprecher der Opposition gegen Bakshi. Die Parteiführung blieb jedoch trotz aller Angriffe vorläufig in der Hand von Bakshi Ghulam Mohammed.
In Pakistan war der Diebstahl der Reliquie entweder als eine Intrige der Bakshi-Familie oder als ein gemeines Verbrechen der Hindus dargestellt worden. Es kam überall in Pakistan zu anti-indischen Demonstrationen, die dann Anfang Januar in Ostpakistan zu entsetzlichen Ausschreitungen gegen die dortige Hinduminderheit führten. Was sich in Dacca, der Hauptstadt des damaligen Ostpakistan, sowie in den Städten Narayanganj und Khulna wirklich ereignete, war aufgrund der sich widersprechenden Berichte schwer auszumachen. Jedenfalls brachten Hindu-

flüchtlinge aus der ostpakistanischen Stadt Khulna Anfang Januar Nachrichten von grauenvollen Ausschreitungen nach Kalkutta, die dann zu der schwersten Muslimverfolgung seit 1947 in der ewig unruhigen Hauptstadt Bengalens führten.
Nach Kashmir und Bengalen wurden in der zweiten Märzhälfte auch Bihar und Orissa von blutigen Unruhen ergriffen. Nach den schrecklichen Erfahrungen, die die Regierung Westbengalens bei den Unruhen in Kalkutta im Januar gemacht hatte, beschloß man, die Hinduflüchtlinge aus Ostpakistan nicht mehr in die gefährdete Millionenstadt zu bringen, sondern auf Nebenstrecken in die Auffanglager umzuleiten.
Voller Empörung berichtete der todkranke Nehru seinen Abgeordneten von dem Massaker in den betroffenen Provinzen. „Es ist äußerst skandalös und geradezu unvorstellbar, daß überhaupt jemand tun könnte, was unsere Menschen dort getan haben." Nehrus mutige und bewegende Rede provozierte Zwischenrufe – aber der Premierminister, obwohl körperlich gelähmt, ließ sich nicht beirren.

Freilassung von Sheikh Abdullah

Mit der Freilassung des „Löwen von Kashmir" hatte Nehru seine letzten Aktionen auf innen- und außenpolitischem Gebiet eingeleitet. Er hoffte, daß eine Verständigung mit Sheikh Abdullah den immer wieder aufflammenden religiösen Unruhen ein Ende bereiten würde und damit eine Verständigung mit Pakistan einleiten könnte. „Es gibt keine andere Möglichkeit für Indien und Pakistan, als in Frieden miteinander zu leben", beschwor er die Abgeordneten, „die Pakistaner sind ein anständiges Volk, aber wenn Sie die Menschen mit religiösen Parolen aufheizen, bleibt niemand anständig; die Aufgehetzten werden brutal, seien sie Hindus oder Muslims. Wir Inder denken, daß alles Böse in dieser Welt entweder von Pakistan oder von China kommt und daß wir niemals irgend etwas Unrechtes getan haben, was die Grenzverletzungen zwischen Indien und Pakistan angeht. So kann ich nur betonen, unsere Grenzverletzungen werden bei uns im Parlament nicht besprochen, die pakistanischen hingegen von unseren Abgeordneten hochgespielt."
Nehru ließ es nicht bei schönen Worten bewenden. Er hatte seine Einladung an den Sheikh unmittelbar nach dessen Freilassung mit Kurier in das „Glückliche Tal" gesandt, nun schickte er sein Flugzeug nach Srinagar, um den *Sher-e-Kashmir* abzuholen. Am 29. April traf Abdullah in Delhi ein.

Am Flugplatz wurde er von indischen Ministern und von Indira Gandhi begrüßt, die von ihrem Vater aus New York zurückberufen worden war, wo sie den indischen Pavillon der Weltausstellung eröffnet hatte. Der Sheikh war – eine seltene Ehre – zu Nehru als Hausgast eingeladen worden, und Indira Gandhi räumte ihm ihre eigenen Privatzimmer ein. Das Zusammentreffen der beiden Männer ist von Augenzeugen eindrucksvoll geschildert worden. Nehru, zart, krank, alt geworden, das kahle Haupt entblößt, wirkte entwaffnend auf den Freund von ehemals. Alle Bitterkeit schien verschwunden, und die ersten Stunden der Unterhaltung waren offenbar nur ganz persönlichen Erinnerungen gewidmet. In den folgenden Tagen begannen dann ernstere Verhandlungen, bei denen Abdullah zuerst nur mit Nehru, sodann aber auch mit den wichtigsten Ministern sprach, wie Nanda und Shastri, und mit Präsident Sarvapalli Radhakrishnan. Während dieser ganzen Zeit war die Rückkehr des Sheikhs das Hauptereignis der indischen Innenpolitik, über das die Zeitungen täglich unter großen Schlagzeilen in allen Einzelheiten berichteten.

Als der Sheikh gefragt wurde, wie er denn die Kashmirfrage für Pakistan, Indien und die Kashmiri zur allgemeinen Zufriedenheit lösen wolle, wich er einer klaren Antwort aus, behauptete, er könne nur mißverstanden werden, wenn er sich näher äußere. Es sei die Aufgabe der indischen Regierung und des Premierministers, einen Ausweg zu finden. Die langen Unterhaltungen mit Nehru und seinen Ministern, so freundschaftlich sie auch verlaufen waren, hatten also nur dazu geführt, daß Abdullah der indischen Regierung den Schwarzen Peter zuspielte. Und dies, nachdem insbesondere Innenminister Nanda dem Sheikh unmißverständlich klargemacht hatte, daß Indien niemals davon abgehen könne, Kashmir als einen integrierten Bestandteil der Indischen Union anzusehen.

Alle Fragen waren offen, als Abdullah am 13. Mai nach Srinagar zurückkehrte, um seine Anhänger und Gegner, die proindischen und propakistanischen Kreise, eine Woche lang zu beschwören, keine starre Haltung einzunehmen, sondern alle Möglichkeiten zu einer endgültigen Verständigung zwischen Indien und Pakistan offenzulassen, von der die Kashmiri profitieren würden. Er berichtete, er habe – noch während er mit Nehru verhandelte – eine Einladung vom pakistanischen Staatspräsidenten Ayub Khan erhalten, die ihm vom pakistanischen Hochkommissar in Delhi überreicht worden sei. Die Einladung enthielt die dringende Bitte, keiner Kashmirlösung ohne das Einverständnis der pakistanischen Regierung zuzustimmen. Es gelang Abdullah vor seiner Abreise nach Pakistan, alle Parteien und Gruppen, außer der reaktionären Hindupartei „Jana Sangh“, zu seiner Verhandlungsbereitschaft zu bekehren.

Auf dem Weg nach Pakistan machte Abdullah am 20. Mai noch einmal halt in Delhi. Dort traf er zum letzten Mal mit Nehru zusammen, der sich keinen Augenblick lang einer Täuschung über die Schlüsselstellung des Sheikh hingab. Solange das Kashmirproblem nicht gelöst war, konnte es zwischen Indien und Pakistan nicht die dauerhafte Verständigung geben, die Nehru erstrebte. Der indische Premierminister beauftragte daher Abdullah, neue Verhandlungen anzuregen. Unmittelbar nach seiner Ankunft in Karachi sprach der Sheikh mit Ayub Khan und verabredete für Mitte Juni ein Zusammentreffen mit Nehru. Sheikh Abdullah schien kurz vor seiner politischen Starrolle als Vermittler zwischen den feindlichen Brüdern zu stehen. Das Schicksal wollte es anders. Im pakistanischen Kashmir erreichte ihn die Nachricht vom Tode des großen Staatsmanns, mit dem sein Schicksal in guten und bösen Tagen so unlöslich verbunden gewesen war. Er eilte sofort nach Delhi zurück. Beim Anblick des Toten brach der *Sher-e-Kashmir* zusammen und begann haltlos zu weinen.

Rückblicke II – Letzte Begegnung mit Nehru

Im Mai 1964, wenige Tage nach Abdullahs historischem Besuch in Delhi, wurde ich zum letzten Mal von Nehru empfangen. Die Einladung des Premierministers zu einer Teestunde ins Tin-Murti-Haus zu kommen, erreichte mich in Gangtok. Ich befand mich seit Wochen auf einer Himalaya-Expedition, die von Ladakh über Lahaul und Spiti bis nach Sikkim und Bhutan führen sollte. Sofort änderte ich meine Reisepläne. Es blieben mir 48 Stunden, um die indische Hauptstadt zu erreichen. Es war Freitagabend. Samstag früh, kurz vor Sonnenaufgang, verließ ich die sikkimesische Hauptstadt. Mein Jeepfahrer raste nach Bagdogra, dem kleinen Flughafen am Fuß des Himalaya. In der Maschine nach Kalkutta war ein Platz reserviert. Am Abend hatte ich Anschluß an das Linienflugzeug nach Delhi.

Am Flughafen wartete Maharaja Ali Rajpur, Direktor der „External Publicity Division" im indischen Auswärtigen Amt. Er sollte mich am nächsten Tag ins Tin-Murti-Haus begleiten. Ich wußte natürlich von Nehrus schwerer Erkrankung und hatte deshalb nicht gewagt, um eine Audienz zu bitten. Würde mein Besuch nicht eine Zumutung sein? Die Einladung sei auf ausdrücklichen Wunsch des Ministerpräsidenten erfolgt, versicherte Ali Rajpur beruhigend.

Vor sieben Jahren hatte mich Nehru zum ersten Mal im Tin-Murti-Haus empfangen. An diesem Sonntag im Mai sollte der Dialog enden, der im März 1957 hier begonnen hatte. Ich war dem Premierminister einige Male in der Zwischenzeit begegnet – keines der Treffen hatte für mich das gleiche Gewicht wie die erste und die letzte Begegnung.

An diesem Nachmittag war der Tisch nicht im Garten gedeckt. Nehru erwartete mich oben im Salon. Als er mir langsam, mit schleppendem Gang, entgegenkam, erschrak ich. Die Lähmung war nicht zu übersehen. Er schritt, als ginge er an einem Abgrund entlang. Seine Schultern waren wie unter einer schweren Last gebeugt. Aber die Augen waren klar. Der edle Kopf zeigte ohne weißes Gandhi-Käppchen seine mächtige Wölbung. Vorsichtig setzte Nehru sich in den Sessel, der vor dem thailändischen Saiteninstrument stand, das ich schon öfter vorher bewundert hatte.

,,Sie sehen den Staatsmann, der Schiffbruch erlitt", sagte er mit einem melancholischen Lächeln.
Ich sah ihn fragend an.
,,Ja, so ist das", erklärte Nehru, ,,ich glaubte, daß der Kommunismus in China dank der jahrtausendealten Kultur einen humanen Kurs steuern würde, und hielt das in der Sowjetunion für unmöglich. Gerade das Gegenteil ereignete sich."
,,Glauben Sie nicht, daß Indien und China wieder zu freundschaftlichen Beziehungen kommen könnten?"
,,Das wird lange dauern, länger, als ich lebe."
,,Könnte Indien durch Bündnisse mit anderen Nationen einen gewissen Ausgleich schaffen?"
,,Es wird Sie wundern, daß ich trotz der Enttäuschung, die mir China bereitete, an der Politik der friedlichen Koexistenz und Bündnislosigkeit festhalte. Sehen Sie, ich glaube nicht an das Überleben einer Nation durch Bündnisse oder gar Waffengewalt. *Panch Shila* ist keine romantische Idee von mir – ihre Anwendung beruht auf einem nüchternen politischen Kalkül: auf dem Wunsch zu überleben. Das ist nur möglich in einer friedlichen Koexistenz mit anderen Gruppen und Staaten."
Es war Nehrus Stärke, das Einzelschicksal Indien gleichzeitig immer in einem größeren Zusammenhang zu sehen, den er allen Völkern, sie verpflichtend, bewußt machen wollte: eine interkontinentale Partnerschaft auf der Basis der Humanität.
,,Wie wollen Sie Ihre Ziele verwirklichen?" wagte ich zu fragen.
Nehru seufzte.
,,Ich bin nicht nur ein Premierminister, der sozusagen immer alles parat haben muß. Ich bin auch ein Mensch mit Zweifeln und Konflikten und habe oft wie jetzt das Schicksal um einen Fingerzeig bitten müssen. Sie werden in diesen Wochen immer wieder die Frage gehört haben: After Nehru – who? – Ich stelle mir eine ganz andere Frage: With Nehru – what?"
Nehru stand langsam auf, nahm meinen Arm und führte mich zu dem großen Fenster. Im Garten blühten trotz Trockenheit und Hitze noch immer Blumenbeete und Büsche. Hunderte von Blättern tanzten im heißen Sommerwind.
,,Alle Blätter fallen vom Baum auf die Erde zurück." Nehru zitierte Buddha. ,,Ananda", so fuhr er fort, ,,der Lieblingsschüler Buddhas, fragte seinen Lehrer einmal: Wie viele Blätter fallen im Wind. Wissen Sie, was Buddha antwortete?"

Ich wußte es nicht.
,,Unendlich viele Blätter fallen im Sommerwind, so viele, wie es Wahrheiten auf dieser Erde gibt."
Was sollte dieses Zitat? Andeuten, daß tausend Lösungen nach Nehru möglich sein könnten? Daß Wahrheit nicht ein absoluter Begriff sei – das hatte doch Buddha nicht gelehrt und Nehru sicher nicht gemeint.
,,Die Wahrheiten", erklärte er, ,,von denen Buddha zu seinem Schüler Ananda sprach, verstand er als die vielen Wege zur Wahrheit."
,,Welcher Wahrheit?"
,,Es gibt nur eine Wahrheit. Buddha nannte sie *Dharma,* das unleugbare, ewige Weltgesetz. Er verlangte nicht, etwas für wahr zu halten, wenn es sich nicht beweisen lasse. Was er predigte, war die Suche nach Wahrheit. Auf dieser Suche hatte er die für ihn einzige Wahrheit erkannt: die ,Große Erfahrung', sie bedeutet Erkenntnis durch Einsicht in das eigene Selbst, durch Meditation."
Ihr hatte sich Nehru verschrieben. Um mir das zu beweisen, hätte es nicht seiner Worte und dieser Geste der Ehrfurcht bedurft, mit der seine feinen Hände über die beiden goldenen Buddhastatuen glitten, zu denen er mich nun führte. Wir hatten den Salon verlassen und waren langsam in sein Studio gegangen. Dort standen die beiden Abbilder des Buddha – die größere Figur auf dem hohen Regal, die kleinere auf dem Schreibtisch.

Über 2500 Jahre waren vergangen, seit Prinz Siddharta Gautama, der Stifter des Buddhismus, im Norden des indischen Subkontinents geboren wurde. Seine Botschaft der Toleranz, des Mit-Leidens, der Vernunft und des Friedens hat über Asien hinaus die Welt bewegt.
,,Wie war es möglich", fragte ich Nehru, ,,daß die Lehre des Buddha in ihrem Ursprungsland Indien fast völlig verlosch, daß der wiedererwachende Hinduismus es fertigbrachte, sie fast ganz aufzusaugen?"
,,Vielleicht deshalb, weil die Menschen nicht ohne Götter leben können. Von Buddhas überragender Menschlichkeit und der Tiefe seiner Gedankenwelt ebenso geblendet wie erschreckt, vergotteten sie ihn ganz einfach, nahmen den größten Sohn Indiens in das Paradies ihrer vielen Götter auf. Im ,Mahayana' und im tibetischen Buddhismus hat er sich als ,Adi-Buddha', als einziger allumfassender Buddha, in unendlich vielen Buddha-Gestalten offenbart. Aber die Gedankenwelt des historischen Buddha Shakyamuni, des Religionsstifters, haben sie nicht töten können. Sie wurde zum wichtigen Träger fernöstlicher Kulturen. Die indische Lebensart verdankt dem Buddhismus starke Impulse, die indische Kunst

ihre schönsten Werke. Und vor allem eins: Der Buddhismus gehört nicht zur Historie – er ist lebendige Gegenwart. Auch da, wo sich Zweifel regen, kann niemand die gestaltende Kraft leugnen, mit der die Lehre Buddhas das religiöse und künstlerische Leben der Asiaten wiederbelebte, ja, es neuerdings auch mit politischen und sozialethischen Aspekten versieht. Sie werden in den nächsten Jahren sehr viel mehr darüber erfahren."

Nehrus Hinneigung zum Buddhismus war schon 1957 unverkennbar. Mit zunehmendem Alter hatte sie sich offensichtlich verstärkt, erhielt allerdings eine interessante Komponente aus anderen geistigen Bereichen.

Wie umfassend seine Kenntnisse waren, bewies Nehru mit jedem Wort. Die Vorstellungswelt der Europäer schien für ihn ein offenes Buch zu sein. Nehrus Fähigkeit, sie in einen Zusammenhang mit asiatischem Denken zu bringen, hat mich immer wieder fasziniert. Er besaß die Gabe zur Analyse der großen geistigen Entwicklungen unserer Zeit. Früher als andere erkannte er, daß der Mensch des Westens, der den Weg nach innen verfehlt hatte, durch seine eigenen Forschungen an einer geistesgeschichtlichen Wende angelangt war.

Wir standen lange vor dem kleinen goldenen Buddha, ehe Nehru nachdenklich sagte: „Was uns auf der Suche nach dem Ursprung des Lebens weitergebracht hat, ist die Kernphysik. Das Reich, das nicht von dieser Welt ist, hat sich aus einem Gegenstand des reinen Glaubens in einen Bereich verwandelt, den nüchterne Naturwissenschaftler wie Einstein, Hahn, Heisenberg und Weizsäcker aufgrund ihrer Forschungen als existent erkannt haben."

„Würden Sie diese grandiose Leistung der Atomphysik, die Revolutionierung des Denkens als einen Triumph des Glaubens bezeichnen, Herr Ministerpräsident?"

Nehru lächelte: „Aus abendländisch-christlicher Sicht ist das sicher richtig – ich allerdings würde sagen: ein Triumph des Geistes, wobei wir lange darüber diskutieren könnten, ob wir vielleicht nicht das gleiche meinen."

Die Beschäftigung mit der Atomphysik hatte zweifellos auch in Nehru eine Rückbesinnung auf uralte Glaubenswerte ausgelöst. Ihn als einen wesentlich westlich denkenden, agnostischen Intellektuellen einzuordnen, war zumindest zu diesem Zeitpunkt seines Lebens nicht mehr richtig. Seine Fähigkeit zur Meditation hatte indes nichts mit kindlicher Frömmigkeit, wohl aber mit der inzwischen auch durch die moderne Wissenschaft bestätigten Erkenntnis vom metaphysischen Ursprung des

Seienden zu tun. Die von der europäischen Wissenschaft ausgelöste Revolutionierung des Denkens ordnete er nach seinen asiatischen Vorstellungen ein. Im neuen Weltbild der Physik erkannte er eine uralte buddhistische Erfahrung: das intuitive Wissen vom Geist als einer Konstanten im ständigen Wandlungsprozeß von Energie und Stoff, von „mind and matter“.

Von der Vorrangstellung, die Nehru dem Geist einräumte, legte er noch im Januar 1964 während der Konferenz der Kongreß-Partei in Bhubaneshwar ein beredtes Zeugnis ab.

„Ich mußte darum kämpfen“, erzählte er mir, und noch einmal richtete sich die gebrechlich gewordene Gestalt angriffslustig auf, „aber ich habe mich durchgesetzt. Mein Anliegen wurde als letzter Punkt in die Parteiresolution aufgenommen: to insist on spiritual values.“

„Vorrangig auf geistigen Werten bestehen“ – ein herausforderndes Vermächtnis. Nehrus letzter Wille.

Oberflächlich betrachtet war Nehrus Rendezvous mit dem Geist kein Bekenntnis zu Gott. „Es gibt keine Zauberkräfte in dieser Welt, außer der gelegentlichen Magie menschlicher Persönlichkeit und des Menschengeistes“, schrieb er in seinem Buch „Die Summe meines Denkens“. Hat er sich selbst widersprochen, als er mir an diesem unvergeßlichen Sonntagnachmittag im Mai, wenige Tage vor seinem Ende, schon vom Tode gezeichnet, sagte: „Unser Leben ist vergänglich, aber etwas wird bleiben, etwas, das in uns ist vom Stoff der unsterblichen Götter.“

Ich hätte ihn gerne zu präziseren Äußerungen veranlaßt, deshalb fragte ich: „Herr Ministerpräsident, haben Sie nicht auch einmal geschrieben: Herr, obwohl ich auf Erden lebe, ein Erdenkind, / hat mich doch der Sternenhimmel gezeugt?“

Nehru lächelte melancholisch, seine Hand winkte ab, als wolle er sagen: Ich bin es müde, über all das Ungereimte in mir zu diskutieren.

Im Spannungsfeld zwischen asiatischer Tradition und moderner Verantwortung entstanden die Widersprüche im Wesen des ersten indischen Ministerpräsidenten – er war ein Asiate von hohem geistigen Rang mit einem im Europa des 20. Jahrhunderts geschulten Intellekt. Beides teilte er mit Tausenden von gebildeten Indern. Für die führende Schicht der indischen Intellektuellen gilt das noch heute. Es wird also noch lange legitim bleiben, von Nehru als einem verbindlichen Beispiel für das geistige Indien zu sprechen.

Zum Abschied schenkte mir der Ministerpräsident zwei Seiten, fotokopiert aus einem Manuskript von André Malraux, das wenige Jahre später als Buch unter dem Titel „Anti-Memoiren“ erscheinen sollte. Zwischen den Blättern lag, von Nehru offensichtlich vergessen, ein Papier, auf das er – vielleicht während eines Telefongesprächs oder im Verlauf einer Sitzung – gekritzelt hatte (s. Anhang, S. 487): Flüchtige Zeichnungen, verspielte Muster, Material für Tiefenpsychologen, Hieroglyphen der Phantasie, der Langeweile oder Zerstreutheit. Angestrichen im Malraux-Manuskript war ein Satz, den ich seit diesem Sonntag immer wieder und niemals ohne Bewegung gelesen habe: ,,Im Traum und weit von uns entfernt gehört Indien zum alten Orient unserer Seele."

Wenige Tage nach unserer Begegnung, Mitte Mai, flog Nehru nach Bombay zu einer Kongreß-Konferenz. Eindringlich versuchte er, den Partei-Mitgliedern ins Gewissen zu reden. Er sprach von der großen Gefahr anti-muslimischer Gefühle in Indien und von der dringenden Notwendigkeit einer neuen Initiative gegenüber Pakistan, Kashmir und China. Den Chinesen bot er zum wiederholten Male Verhandlungen auf vernünftiger Grundlage an.

Nehrus Tod

Nach Delhi zurückgekehrt, empfing Nehru den Präsidenten des Sudan und den Dalai Lama. Am 18. Mai gab er einem amerikanischen Fernsehreporter ein Interview, in dem er auf die Frage des Journalisten, ob er für einen Nachfolger gesorgt habe, antwortete, seine Zeit sei noch nicht abgelaufen.

Nachdem er am 23. Mai noch einmal mit Sheikh Abdullah verhandelt hatte, flog Nehru für ein langes Wochenende nach Dehra Dun, in die geliebten Berge. Auch dort gönnte er sich keine Ruhe. Er bearbeitete die Akten, telefonierte, empfing alte Freunde.

Am 26. Mai, Dienstagnachmittag, flog er nach Delhi zurück. Alles schien normal. Nehru verbrachte einen ruhigen Abend. Er empfing Shastri und schlug ihm scherzend vor, er solle für die bevorstehende Commonwealthkonferenz beim Schneider neue *Ashkan* (die hochgeschlossenen langen Röcke der indischen Nationaltracht) bestellen. Familie und Freunde wähnten Nehru auf dem Wege der Besserung.

In der Nacht klagte er über Schmerzen, aber verbot seiner Tochter Indira, den Arzt zu wecken. Die Schmerzen steigerten sich, Nehru wurde ohnmächtig. Ein Ärzteteam eilte herbei. Eine Operation an der Aorta wurde diskutiert, eine sofortige Bluttransfusion angeordnet. Das war nicht leicht, da Nehru zu einer seltenen Blutgruppe gehörte. Indira Gandhi gab ihr Blut für den Vater. Aber es war vergeblich. Nehru erlangte das Bewußtsein nicht mehr – um zwei Uhr am Nachmittag des 27. Mai 1964 wurde sein Tod bekanntgegeben. Die Nachricht löste in der ganzen Welt Betroffenheit und Trauer aus.

Nur 24 Stunden lag Nehru aufgebahrt im Tin-Murti-Haus. Der schöne Kopf ruhte ohne Gandhikäppchen auf einem weißen Kissen. Der Körper war mit der indischen Fahne und mit Blumen bedeckt.

Im Knopfloch des weißen Hemdes steckte – wie zu Nehrus Lebzeiten in seinem *Ashkan* – eine frische rote Rose.

Eine unübersehbare Menschenmenge hatte sich vor dem Haus im Garten versammelt. Tausende waren auf Fahrrädern und Ochsenkarren vom Lande gekommen. Männer, Frauen und Kinder drängten vorwärts, sich gegenseitig erdrückend, in tiefster Erregung weinend und schreiend, bis

sie endlich ergriffen und still vor der Bahre standen und die Blumen von den Feldern Indiens niederlegten.
Fast alle versuchten, mit scheuen, demütigen Gesten ein letztes Mal mit ihren Händen die Gestalt des Mannes zu berühren, der in ihnen den Glauben an Indien geweckt hatte.
In diesen Szenen wirkte die alte Hinduvorstellung vom *Darshan,* von der Überzeugung, daß man durch die Berührung mit einer großen Persönlichkeit, durch die Begegnung mit ihr, an Stärke gewinnt. Wer vermochte an diesem Morgen noch daran zu zweifeln, daß eine geradezu mystische, über den Tod hinausreichende Kommunikation das bäuerliche Indien und den einst in Cambridge erzogenen Brahmanensohn verband? Nehru ist sich dieser charismatischen Beziehung immer bewußt gewesen. Wie sehr ihn die Zuneigung der einfachen Leute bewegte, hat er durch ein Epitaph bewiesen, daß er sich selbst einige Jahre vor seinem Tode schrieb – es spricht davon, daß hier einer von den Flammen verzehrt worden sei, der ,,Indien und das indische Volk aus tiefstem Herzen liebte und zu dem dieses Volk nachsichtig war und ihm seine Liebe überströmend und in ganz ungewöhnlichem Maße gab''.
In seinem Testament vom 21. Juni 1954 hatte der Premierminister festgelegt, daß er keine religiöse Zeremonie bei seiner Einäscherung wünsche. Ein Rest seiner Asche sollte jedoch in den Ganges versenkt, der größere Teil über den weiten Feldern Indiens ausgestreut werden:
,,Mein Wunsch, daß eine Handvoll meiner Asche in Allahabad in den *Ganges* gestreut werde, hat keine religiöse Bedeutung, soweit es mich selbst angeht. Ich habe in dieser Hinsicht keine religiösen Empfindungen. Seit meiner Jugend fühle ich mich mit dem Ganges und dem Jumna verbunden; mit dem Älterwerden hat diese Anhänglichkeit nur noch zugenommen. Ich kenne den durch die Jahreszeiten bedingten Rhythmus der beiden Flüsse und habe oft über die Geschichte, die Mythen und die Tradition nachgedacht, wie sie uns die Volkslieder und die Erzählungen übermitteln, die zu einem unauflöslichen Teil der dahinziehenden Wasser geworden sind. Vor allem der Ganges ist einer der indischen Flüsse, der vom Volk verehrt wird und der die Erinnerungen an seine Hoffnungen und Ängste mit sich trägt; er ist verknüpft mit seinen Siegesgesängen, seinen Triumphen und seinen Niederlagen. Er ist ein *Symbol* von Indiens alter Kultur und Zivilisation – immerfort dahinziehend, immerfort wechselnd und doch immer derselbe Strom Ganges. Er erinnert mich an die schneebedeckten Gipfel und tiefen Täler des Himalaya, die ich so sehr liebte, und an die reichen und weiten Ebenen im Tiefland, in denen mein Leben und mein Werk sich erfüllten. Lächelnd und tan-

zend im morgendlichen Sonnenlicht und dunkel und geheimnisvoll in der abendlichen Dämmerung, ein schmaler, langsam und freundlich dahinfließender Strom im Winter, ein breites und reißendes Gewässer während des Monsuns, der zerstörenden Gewalt des Meeres vergleichbar – dies ist der Fluß, der für mich das Symbol und die Erinnerung an Indiens Vergangenheit, Gegenwart und Zukunft darstellt . . .
Ich bin stolz auf das große Erbe *unserer Vergangenheit* und bin mir bewußt, daß auch ich, wie wir alle, ein Glied in der ungebrochenen Kette bin, die weit zurückreicht in die Geschichte und die unvergleichliche Vergangenheit Indiens. Ich möchte diese Kette nicht unterbrechen. Denn sie ist mir teuer, und sie inspiriert mich. Und als ein Zeugnis dieses Wunsches und als eine letzte Huldigung an Indiens kulturelles Erbe bitte ich darum, daß eine Handvoll meiner Asche in Allahabad in den Ganges gestreut werde, damit der Strom sie zum großen Ozean hinabführe, der Indiens Küsten umspült.
Der größere Teil meiner Asche soll jedoch in einem Flugzeug hoch in die Luft geführt und von dort über die von den Bauern Indiens bearbeiteten *Felder* ausgestreut werden, so daß sie sich mit dem Staub und der Erde Indiens vermische und zu einem unauflöslichen Teil Indiens werde."
Indira Gandhi hat sich nicht an den letzten Willen ihres Vaters gehalten, wenigstens nicht, soweit es seinen Wunsch anging, ohne Zeremonien eingeäschert zu werden. Sie richtete alles so aus, wie es bei den Totenriten der Brahmanen aus Kashmir seit Jahrhunderten üblich war.
Indira muß wohl gewußt haben – was auch mir während meiner letzten Begegnung mit Nehru ganz klar geworden war –, daß sich in ihm so etwas wie eine Rückbesinnung auf alte Traditionen vollzogen hatte.
Was Cambridge für eine Weile überdeckt haben mag, ist in den letzten Lebensjahren Nehrus wieder deutlich hervorgetreten: seine Überzeugung, daß der blind gewordene Mensch spirituellen Werten verpflichtet sein muß, die ihn über sein Sein hinausheben.
Nahezu drei Millionen Menschen erwiesen am Donnerstagmorgen – am 28. Mai 1964 – Jawaharlal Nehru die letzte Ehre. Die sterblichen Überreste des Staatsmannes ruhten auf einer Geschützlafette, die von 60 Soldaten der Armee gezogen wurde. Voran schritten bei gedämpftem Trommelklang und zu den Klängen eines Trauermarsches Einheiten des Heeres, der Marine und der Luftwaffe. Über und über war die Lafette mit den Lieblingsblumen des Verstorbenen – mit Rosen und Jasmin – bedeckt. Den Zug führte der Jeep von General Area, Kommandeur von Delhi und Rajasthan. Hinter der Bahre fuhr Frau Gandhi in einem offenen Wagen mit ihrem jüngeren Sohn Sanjay; dem älteren – Rajiv – war

es nicht gelungen, rechtzeitig von Cambridge, wo er studierte, in Delhi einzutreffen. Eine Kavalkade von Wagen folgte mit den nächsten Verwandten und hohen Trauergästen. Der Trauerzug rückte langsam vorwärts – immer wieder mußte er anhalten, um den verzweifelten Indern, die unentwegt schrien: „Nehru lebt ewig!“, Gelegenheit zu geben, einen letzten Blick auf das stille Gesicht zu werfen. An einigen Punkten der Stadt standen die Trauernden in 60 Reihen gestaffelt. Eine solche gewaltige Menschenmenge war in Delhi seit der Beisetzung des Mahatma Gandhi nicht mehr gesehen worden.

Nur mühsam bahnte sich die Lafette einen Weg durch die Menge, die immer wieder versuchte, die Absperrungsketten zu sprengen. Es dauerte mehrere Stunden, ehe der Zug die etwa 14 Kilometer bis an die Ufer des heiligen Flusses Yamuna außerhalb der Stadtmauern von Alt-Delhi zurückgelegt hatte. Nahe der Stelle, wo 16 Jahre zuvor Mahatma Gandhi eingeäschert wurde, war auf einem anderthalb Meter hohen Steinpodium der Scheiterhaufen aus Sandelholz errichtet. Ein Chor in weißen Gewändern sang heilige Lieder, als die Bahre mit Nehrus Leichnam auf den Scheiterhaufen gehoben wurde.

Um 14 Uhr 37 Minuten warf der 18jährige Enkel Sanjay eine Fackel in das duftende Holz. Schnell wurde der Leichnam des Politikers, der seit 1947 Premierminister von Indien gewesen war, von Flammen umfangen. Die Trompeten der Armee ließen den letzten Gruß erklingen. Die Geschütze donnerten Salut. Ein großes Leben war zu Asche geworden. Würde seine Philosophie, die Religion von Politik trennte, Jawaharlal Nehru überleben?

Am Samstag, dem 7. Juni, wurde eine Urne mit der Asche des Verstorbenen dem indischen Verteidigungsminister Y. B. Chavan übergeben, in ein Flugzeug der indischen Luftwaffe getragen und auf einem Flug über ganz Indien ausgestreut. Ein Teil des Testaments war erfüllt.

Die zweite Urne mit den Überresten des Verstorbenen reiste nach einer feierlichen Zeremonie, begleitet von Indira Gandhi, ihren Söhnen Rajiv und Sanjay, dem interimistischen Ministerpräsidenten Nanda, einigen Verwandten und zahlreichen Kabinettsmitgliedern am Morgen des 7. Juni in einem Sonderzug nach Allahabad, der Heimatstadt Nehrus. Vor Abfahrt des Zuges schmückte Staatspräsident Radhakrishnan die Urne mit einer Rosengirlande. Alle, die im Zug mitfuhren, waren in weiße Gewänder gekleidet – weiß ist in Indien die Farbe der Trauer.

In Allahabad angekommen, trugen die beiden Enkel Nehrus die Urne auf ein mit Blumen geschmücktes Boot, das langsam auf den heiligen Fluß hinausfuhr. Über Bord des leise schaukelnden Schiffes streuten sie die Asche des Großvaters in den Ganges. Tausende stiegen nach der Zeremonie in die Fluten, um ihr rituelles Bad in dem Strom zu nehmen, der die Überreste ihres Panditji dem Indischen Ozean entgegentrug. Ob die Trauernden ahnten, was sie verloren? Pandit Nehru hinterließ seinen Erben, was er geschaffen hatte, zur sorgsamen Pflege: die Nation Indien. Er hatte für ihr Überleben gewisse Institutionen geschaffen, vor allen Dingen ein Rahmenwerk für eine funktionierende Regierung mit demokratischen Vorzeichen. Die Geschichte Indiens lehrte ihn, daß ein Fehlen von echten demokratischen Institutionen zur Katastrophe führen muß. Waren seine Nachfolger von gleichen Überzeugungen erfüllt? Würden sie seine Visionen von einer Welt von morgen in die Tat umsetzen können? Aber trotz allem, was Nehru geschaffen hatte, war Indien voll offener Probleme – die chinesisch-indische Grenzfrage war ungelöst – das gleiche galt für die Rebellion der Nagas im Osten, die bereits zehn Jahre dauerte. Die Preise stiegen, der religiöse Fanatismus führte zu unaufhörlichen blutigen Zusammenstößen. Nehrus neue Politik mit Kashmir und Pakistan hatte wenig Resonanz gefunden. Die Regierung schien nicht fähig, energisch durchzugreifen. Niemand konnte den Nachfolger um das Erbe beneiden.

Lal Bahadur Shastri – der Nachfolger

Bei der Wahl des Nachfolgers gab es keine größeren Schwierigkeiten. Zwar meldeten der amtierende Regierungschef, Innenminister Nanda, sowie Finanzminister Morarji Desai ihre Ansprüche auf das hohe Amt an, aber es gelang Kongreß-Präsident Kamaraj, sie zum Verzicht zu bewegen und den Kandidaten des ,,Working Committee", der obersten Kongreß-Führung, Lal Bahadur Shastri, durchzubringen.

Am Morgen des 2. Juni wurde Shastri von den Fraktionen der Kongreß-Partei in beiden Häusern (*Lok Sabha* und *Raj Sabha*) einstimmig zum Fraktionsvorsitzenden gewählt. Das war notwendig, denn nach indischer Gepflogenheit wird der Fraktionsvorsitzende der Mehrheitspartei automatisch Ministerpräsident. Nach der Wahl ernannte Präsident Radhakrishnan Shastri zum Nachfolger Nehrus.

Ministerpräsident Lal Bahadur Shastri hat sein Kabinett ohne sonderliche Schwierigkeiten sofort nach seiner Wahl gebildet. Es wurde am 9. Juni 1964 vom Präsidenten vereidigt. Insgesamt blieb das Team des letzten Kabinetts Nehru beieinander, doch gab es einzelne bezeichnende Veränderungen. Die wichtigste war wohl, daß Nehrus Tochter Indira Gandhi als Informationsminister in das Kabinett eintrat. Das war erstaunlich; viele Beobachter sind der Meinung gewesen, daß sie sich zumindest für das Außenministerium interessieren würde. Wenige wußten damals, daß sie zwei Tage nach der Einäscherung ihres Vaters dem amerikanischen Botschafter Chester Bowles, einem alten Freund der Nehrus und Indiens, voller Trauer über den Verlust dessen, was man wohl die Mitte ihres Lebens nennen mußte, sagte, sie möchte alles hinwerfen und für ein paar Monate nach England gehen, um mit ihren beiden Söhnen, die dort studierten, zusammen zu sein. Einer Tante offenbarte sie später, daß sie nach Rückkehr aus England einen Bungalow in Dehra Dun oder sonstwo am Fuße des Himalaya suchen wollte, um dort in aller Stille zu leben.

Einige Freunde versuchten, ihr den Rückzug aus dem politischen Leben auszureden. Zu ihnen gehörte Lal Bahadur Shastri, der Familie Nehru seit langem verbunden. Der neue Premierminister erklärte Indira, daß sie ihren Teil dazu beitragen müßte, das Werk Nehrus fortzuführen.

Für Shastri, den Mann der Mitte und des Ausgleichs, zählte neben der Reverenz für den Namen Nehru auch, daß Indira Gandhi gute Beziehungen zum linken Flügel der Kongreß-Partei unterhielt. Shastri wog dies dadurch auf, daß er den im August 1963 aus dem Kabinett ausgeschiedenen früheren Landwirtschaftsminister Sadashiv Kanhota Patil wieder in das Kabinett aufnahm und ihm das Eisenbahnministerium übertrug. Patil war neben dem ehemaligen Finanzminister Desai, der nicht wieder Minister wurde, die profilierteste Figur des rechten Flügels der Kongreß-Partei. Er stützte sich auf die mächtige Parteiorganisation in Bombay, die er seit seiner Zeit als Bürgermeister von Bombay (1949–1952) beherrschte. Diese beiden Ernennungen waren die einzigen von politischer Bedeutung. Daß Shastri sowohl den rechten wie den linken Flügel seiner Partei bedachte, zeigt, wie genau er die Mitte einzuhalten versuchte.

Lal Bahadur Shastri war ein genauer Planer. Die unscheinbare Gestalt des neuen Regierungschefs, der nur 1,55 Meter groß war, ließ keine Schlüsse auf seine Persönlichkeit zu. Shastri war ein Mann von starkem Willen und erheblicher Begabung, schwierige Situationen zu meistern. Der integre Politiker hatte das bereits als Schlichter zwischen der Zentralregierung und den einzelnen Staaten bewiesen. Er war ein Mann des Volkes und blieb es. Feierliches Zeremoniell zählte für ihn nicht. Seine Güte prägte sich im Umgang mit einfachen Menschen aus, er blieb zeitlebens einer der Ihren. Eine Zeitung schrieb über ihn: ,,Als Kind dieser Erde ist er so weit entfernt von Cambridge, wie er den Lehmhäusern der Dörfer Indiens nahe ist, er hat keinen Cambridge-Akzent, aber das macht ihn nicht ärmer – er ist nicht mit roten Rosen geschmückt, ruhelos und unduldsam, sondern ruhig, gefaßt und immer gut gelaunt.“ Niemand vermochte die Kritik zu überhören, der sich Nehru in den letzten Jahren vielfach ausgesetzt sah. Obwohl von den Massen angebetet, war er kein Mann des Volkes. Lal Bahadur Shastri ist es immer gewesen. Zwei große Probleme beherrschten seine kurze Regierungszeit: das Verhältnis zu Pakistan und die Sprachenfrage, deren Brisanz immer wieder zu blutigen Unruhen führte.

Shastris Bewährungsprobe kam in den Monaten der Spannungen und neuer Zusammenstöße mit Pakistan. Im Oktober 1964 unternahm er seine erste Auslandsreise, die ihn nach Kairo zur Konferenz der blockfreien Staaten führte. Auf dem Rückweg machte er halt in Karachi, wo ihm Staatspräsident Ayub Khan ein Essen gab. Shastri, der noch an den Nachwirkungen einer Herzattacke litt, sagte nicht viel. Sein unsicheres Auftreten hat wohl in dem Weltmann Ayub Khan den Gedanken reifen

lassen, diesen Mann könne man einschüchtern und von ihm – wenn nötig mit Gewalt – Zugeständnisse bekommen, die ein Nehru nie gewährt hätte.
Der Versuchsballon, den der Pakistaner losgehen ließ: der kurze Krieg im April 1965 zwischen Pakistan und Indien, im sogenannten Rann von Kutch, erwies sich als Folge einer Unterschätzung des indischen Premierministers und der indischen Armee. Das Streitobjekt, die Salzwüste (Rann) des ehemaligen Fürstentums Kutch, das heute zum indischen Bundesstaat Gujerat gehört, ist unkultivierbar und damit unbewohnbar, sollte sich nicht herausstellen, daß Bodenschätze – vielleicht Erdgas – unter dem öden Boden verborgen sind. Eine endgültige Grenzziehung hat in diesem wertlosen Landstreifen nicht stattgefunden. Zusammenstöße von indischen und pakistanischen Patrouillen gab es immer wieder. Kein Zwischenfall aber war so intensiv wie der vom April. Der britische Premierminister Harald Wilson schaltete sich sofort ein und erreichte einen Waffenstillstand. Shastri und Ayub flogen zur Unterzeichnung des Abkommens nach London. Beide Staatsmänner bezeichneten, in ihre Heimat zurückgekehrt, die Lösung als ehrenhaft.
Kein Inder konnte ahnen, daß die Pakistaner einen weitaus größeren Schlag vorbereiteten: die Invasion des indischen Teils von Kashmir. Ab 5. August wurden sieben- bis achttausend Soldaten und Offiziere über die Gebirge und Schluchten der Demarkationslinie in das Kashmirtal eingeschleust. Man plante, einen Volksaufstand in Srinagar zu organisieren, der sich an die Kundgebungen anschließen sollte, die für den 9. August vorgesehen waren, den Tag, an dem Sheikh Abdullah 1953 verhaftet wurde. Pakistan leugnete die Invasion – Indien berichtete, daß bereits 374 Pakistani und 118 Inder gefallen waren.
Um weitere Infiltrationen zu verhindern, begann die indische Armee nun ihrerseits, an 18 Punkten die Demarkationslinie zu überschreiten. Die Inder besetzten Berghöhen auf pakistanischer Seite, die eine Einsicht in den von Pakistan besetzten Teil Kashmirs gewährten.
Der pakistanische Gegenschlag erfolgte am 1. September. In einer Breite von zehn Kilometern überschritt eine pakistanische Division die Waffenstillstandslinie im Süden. Sie marschierte auf Jammu zu. Die Pakistaner wollten die einzige von Indien nach Kashmir führende Straße an ihrem Ausgangspunkt Jammu abschneiden. Am 3. September trat der Sicherheitsrat der Vereinten Nationen zusammen und verlangte die sofortige Einstellung der Kampfhandlungen. Indien sah sich der Gefahr eines Zweifrontenkrieges gegenüber.
Zugleich mit der pakistanischen Attacke war der chinesische Außenmi-

nister Tshen Yi nach Karachi zu Verhandlungen mit dem pakistanischen Außenminister Zulficar Ali Bhutto gekommen. Das Ziel war klar. Indien mußte damit rechnen, daß China Pakistan unterstützen würde. Die Lage änderte sich, als es den Indern südlich von Sialkot mit der Marschrichtung auf Lahore bei Phillora gelang, ein Gebiet von 450 Quadratkilometern zu besetzen und das gesamte Gebiet von Lahore mitsamt dem Kanal vor der Stadt in ihren Besitz zu bringen. Bei Sialkot und bei Phillora fanden die größten Panzerschlachten seit dem Zweiten Weltkrieg statt.
Der Sicherheitsrat verlangte die sofortige Einstellung der Kampfhandlungen. Am Tage des Waffenstillstandes vom 23. September konnte niemand von einem überwältigenden Sieg der Inder sprechen, sicher aber von ihrer strategischen und taktischen Überlegenheit auf dem Schlachtfeld. Indien hielt insgesamt 1850 Quadratkilometer im pakistanischen Gebiet besetzt, während Pakistan 525 Quadratkilometer auf indischem Boden eroberte. Interessanterweise gab es an der Grenze mit dem damaligen Ostpakistan überhaupt keine militärischen Zusammenstöße, was gewisse politische und militärische Rückschlüsse zuließ.
Die Volksrepublik China hatte Pakistan mit nichts anderem als mit schönen, aufmunternden Propagandareden unterstützt. Nachträglich erscheint das als vorausschauende Politik. In Asien zeigten sich angesichts des Kashmirkrieges und seiner Folgen neue weltpolitische Konstellationen. Das gemeinsame Interesse der beiden Supermächte USA und Sowjetrußland an asiatischen Problemen trat deutlich zutage. Beide suchten Frieden zu stiften. Die Befürchtung, China könne vielleicht durch Eingreifen in die Kriegshandlungen zum eigentlichen Gewinner werden, bestimmte das Verhalten der USA und der Sowjetunion. Beide wußten genau, daß die Zeit der Pax Britannica in Asien zu Ende gegangen war – nun handelte es sich darum, ob es in Zukunft zu einer Pax Americana oder Pax Sovietica kommen würde. Wieder verschenkten die Amerikaner eine Chance. Wie die Briten nahmen sie mehr oder weniger Partei für die Pakistaner. Größenverhältnisse spielten anscheinend keine Rolle. Die internationale Bedeutung Indiens wurde geflissentlich zugunsten einer Festlegung auf das antikommunistische Pakistan übersehen. Karachi erhoffte von dem Weitergang der Verhandlungen vor dem Sicherheitsrat einen Erfolg. Nachdem der pakistanische Außenminister Bhutto jedoch in einer Sitzung der hohen Behörde von den „indischen Hunden“ gesprochen hatte, schmolzen die Aussichten, das Kashmirproblem erneut international hochzuspielen, kläglich zusammen. Es blieb der pakistanischen Regierung nichts anderes übrig, als die Einladung des

sowjetischen Ministerpräsidenten Alexej Kossygin, zu Friedensverhandlungen mit Indien nach Taschkent zu kommen, anzunehmen.
Indien fühlte sich in einer Zwickmühle – ein gutes Verhältnis mit Moskau gehörte zu den Fixpunkten der indischen Außenpolitik. Moskau hatte das bis zu diesem Datum honoriert und immer dann ein Veto im Sicherheitsrat eingelegt, wenn zugunsten der Pakistaner entschieden werden sollte.
Allerdings konnte niemand übersehen, daß nach dem Sturz Nikita Chruschtschows im Jahre 1964 eine neue Phase in der sowjetischen Asienpolitik begonnen hatte. Shastri war für die Sowjets nicht der zuverlässige Partner wie Nehru. Moskau übte Zurückhaltung. Die Freundlichkeiten klangen gedämpfter. Während der Kampfhandlungen in Kashmir nahm die sowjetische Presse eine neutrale Haltung ein. Im April 1965 wurde Ayub Khan zum ersten Mal nach Moskau eingeladen, offensichtlich bestand der Plan, Pakistan aus der einseitigen Bindung an China zu lösen. Als Shastri im Mai 1965 in Moskau über Kashmir verhandelte, wurde das nicht im Abschlußkommuniqué erwähnt. Um die leichten Risse nicht spürbar zu machen, mußte auch Indien nach anfänglichem Zögern die Einladung nach Taschkent annehmen.
Shastri und Ayub Khan trafen mit großen Stäben am 4. Januar 1966 in der Sowjetunion ein, wo sie von Kossygin und Außenminister Andrej Gromyko empfangen wurden. Beide Parteien hatten je eine Villa zur Verfügung. Zwischen den beiden Häusern lag eine dritte Villa, in ihr fanden die Verhandlungen statt; sie waren schwierig und langwierig. Während einer ganzen Woche konnten Shastri und Ayub Khan nur zwei Stunden unter vier Augen miteinander konferieren. Die sowjetische Taktik führte zu Beratungen, die entweder von Kossygin allein mit Shastri oder mit Ayub Khan stattfanden. Die Schwierigkeiten schienen unüberwindlich. Ayub Khan verlangte umfassende Verhandlungen über Kashmir – die indische Delegation lehnte das kategorisch ab.
Als integraler Bestandteil der Indischen Union sei das Kashmirtal kein Verhandlungsgegenstand. Wichtig sei, was schon von Nehru vorgeschlagen wurde: die Unterzeichnung eines Nichtangriffspakts zwischen Indien und Pakistan. Shastri und seine Berater wollten den vom Sicherheitsrat verlangten Rückzug der beiderseitigen Streitkräfte auf die Ausgangsstellung vor dem 5. August 1965 von der Unterzeichnung eines solchen Nichtangriffspakts abhängig machen. Ayub Khan lehnte energisch ab – er würde nur in Verhandlungen einwilligen, wenn die Kashmirfrage als Ganzes aufgerollt würde. Die Konferenz drohte zu scheitern, als Kossygin zu stahlharten Methoden griff. Am 10. Januar zwang er – mit wel-

chen Mitteln auch immer – die beiden Delegationen, das Taschkent-Abkommen zu unterzeichnen. Der Kompromiß konnte beide Seiten kaum befriedigen – Shastri mußte dem Rückzug der Truppen ohne Nichtangriffspakt zustimmen, Ayub Khan sich damit abfinden, daß das Kashmirproblem nur als Diskussionsgegenstand im Kommuniqué erwähnt wurde, bei dem beide ihren Standpunkt dargelegt hätten.

Tatsächlich erreicht wurde in Taschkent nur der Rückzug, der laut Kommuniqué bis zum 25. Februar 1966 abgeschlossen sein sollte. Ein mageres Ergebnis, das in beiden Ländern heftige Reaktionen auslöste. In West-Pakistan kam es zu schlimmen Studentenunruhen, die zur Verhängung des Ausnahmezustandes führten. In Indien übte die Opposition harte Kritik: Die Armee habe den Krieg gewonnen, die Politiker aber hätten den Frieden verloren.

Es wäre in Indien wahrscheinlich auch zu Schlimmerem als zum verbalen Protest gekommen, wenn nicht wenige Stunden nach Unterzeichnung des Taschkent-Abkommens ein tragisches Ereignis die kritischen Stimmen verstummen ließ.

Kossygin hatte am 10. Januar abends alle Teilnehmer an der Konferenz und die nach Taschkent geeilten Journalisten zu einem großen Empfang eingeladen, bei dem nach den Augenzeugenberichten sowohl Ayub wie Shastri einen geradezu vergnügten Eindruck machten. Beide hatten wohl nach dem ungeheuren Druck der vergangenen Woche schließlich doch das Gefühl, daß es sich gelohnt hatte, sich gegenseitig einen Schritt entgegenzukommen. Shastri machte an diesem Abend einen gesunden und normalen Eindruck. Er und Ayub verabschiedeten sich voneinander in hindustanischer Sprache, wobei Shastri sagte: ,,Alles kam zu einem guten Ende.“ Und Ayub erwiderte: ,,Gott tut nur Gutes.“

Um elf Uhr abends Ortszeit hatte sich Shastri in seine Villa zurückgezogen. Um 1.20 Uhr (11. Januar) erwachte er durch einen schweren Hustenanfall und rief nach seinem Leibarzt Dr. Chug, der schon im nächsten Augenblick auch sowjetische Ärzte zu Hilfe rief.

Es war zu spät. Alle ärztliche Kunst versagte. Shastri erlag kurz nach dem Anfall einer Herzschwäche. Noch in der gleichen Stunde stand Kossygin, umringt von der fassungslosen indischen Delegation, an seinem Totenbett. Wenige Stunden später ereignete sich, was – auf einem Foto festgehalten – in der Weltpresse zu sehen war: Gemeinsam trugen Kossygin und Ayub Khan den Sarg in das Flugzeug, das den toten Ministerpräsidenten nach Delhi zurückbringen sollte. In der indischen Hauptstadt wiederholten sich am 11. und 12. Januar 1966 die bewegenden Szenen, die man im Mai 1964 beim Tode Nehrus erlebt hatte. Zu der feierlichen Einäscherung waren neben Kossygin, dem amerikanischen Vizepräsidenten Hubert Humphrey, Außenminister Dean Rusk und Lord Mountbatten die Vertreter aller wichtigen Länder erschienen. Die Bonner Bundesregierung entsandte Bundesminister Walter Scheel.

Shastri war die unermeßlich schwere Aufgabe zugefallen, das Erbe seines großen Vorgängers anzutreten. Am Tage seines Todes gab es innerhalb und außerhalb Indiens kaum abweichende Meinungen darüber, daß dieser bescheidene und gewiß nicht brillante Mann von ungewöhnlich kleiner Statur sich in hohem Maße bewährt hatte. Der Tod Shastris bekam dadurch eine besonders tragische Note, daß der Ministerpräsident gerade in den letzten Monaten seines Lebens die Zügel der Regierung fest in den Griff bekommen hatte. Sein entschlossenes Verhalten nach dem Ausbruch der Feindseligkeiten mit Pakistan hatten das Prestige Shastris im ganzen Lande, aber vor allem auch gegenüber den Chefministern und im eigenen Kabinett so gestärkt, daß er nun auch für unpopuläre Maßnahmen den Rücken frei hatte. Nur aufgrund dieser starken Stellung, die Shastri seit dem Herbst 1965 einnahm, konnte er sich auch die in Indien höchst unpopuläre Zurücknahme der Truppen in Kashmir auf die Ausgangsstellung leisten. Mit Recht wurde gesagt, die Geschichte hätte einen anderen Kurs genommen, wenn Shastri der Tod zufällig vierundzwanzig Stunden früher ereilt hätte. Kein anderer hätte dem Kompromiß von Taschkent zustimmen können als derjenige, der für sich in Anspruch nehmen durfte, die politischen Voraussetzungen für das Abkommen geschaffen zu haben.

Es war Shastri gelungen, die Spaltungstendenzen innerhalb der Kongreß-Partei, wenn nicht zu beseitigen, so doch jedenfalls wesentlich zu mildern. Im letzten Lebensabschnitt Nehrus wurde häufig vorausgesagt, die Kongreß-Partei werde sich bald nach seinem Tode in einen rechten und linken Flügel spalten und nicht mehr lange als Einheit fortbestehen. Diese Voraussage traf in der kurzen Regierungszeit Shastris nicht ein. Es stellte sich heraus, daß er als der Mann, der genau die Mittelposition einhalten konnte, beide Flügel eher fester zusammenzuschließen vermochte, wofür er allerdings in dem Kongreß-Präsidenten Kamaraj eine feste Stütze fand.

Dieser weise und überlegene Mann aus Südindien spielte auch nach dem plötzlichen Tode Shastris wieder eine wichtige Rolle. Von ihm – das war schon am 11. Januar klargeworden – würde es abhängen, wer nun die Nachfolge antreten würde. Abermals hatte Indien in einem kritischen Augenblick das Glück, einen Königsmacher zu besitzen, von dem jedermann wußte, daß er nichts für sich selbst wollte. Trotz seines großen

Prestiges zog Kongreß-Präsident Kamaraj nie in Betracht, selbst Ministerpräsident zu werden. Seine sich verschlechternde Gesundheit schloß dies ebenso aus wie die Tatsache, daß er weder Englisch noch *Hindi* sprach, sondern nur *Tamil*.

Indira Gandhi wird Ministerpräsident

Was im Juni 1964 verhältnismäßig leicht gewesen war – die Wahl eines Nachfolgers für Nehru –, galt im Januar 1966 nicht mehr. Während Shastri schon vor dem Tode Nehrus immer wieder als zukünftiger Ministerpräsident genannt worden war, gab es 1966 keinen Favoriten. Fünf Politiker standen mit zunächst ungefähr gleichen Chancen zur Auswahl: Als mögliche Kandidaten galten auf dem rechten Flügel seit jeher S. K. Patil, der in Bombay über viele Anhänger verfügte, derzeit Eisenbahnminister, und nach wie vor der frühere Finanzminister Morarji Desai. Mehr in der Mitte der ebenfalls aus Bombay stammende Verteidigungsminister Yeshwantrao Chavan, der durch den Krieg mit Pakistan stark an Prestige gewonnen hatte. Etwas weiter links stand Innenminister G. Nanda zur Verfügung, der als rangältester Minister ebenso wie nach Nehrus Tod die Interimsregierung führte, und schließlich, zunächst eher als Außenseiter, Indira Gandhi, die in das Kabinett Shastri als Informationsminister eingetreten war. Zu Lebzeiten ihres Vaters nicht selten als sein möglicher Nachfolger genannt, war sie nach dem Tode ihres Vaters zunächst eher etwas in den Hintergrund getreten.

Als sich dann zwei Tage nach Shastris Einäscherung das „Working Committee" der Kongreß-Partei am 14. Januar zur Wahl des Nachfolgers zusammenfand, hatte sich bereits herausgestellt, daß diesmal Einstimmigkeit nicht zu erzielen sein würde. Das Komitee tagte nur eine knappe Stunde und beschloß dann, die Wahl des Ministerpräsidenten der Gesamtfraktion der Kongreß-Partei zu übertragen, die für den 19. Januar einberufen wurde.

Drei Kandidaten fielen schon im Vorfeld aus: Nanda, Patil und Chavan. Desai bestand auf seiner Kandidatur. Da Kongreß-Präsident Kamaraj unbedingt verhindern wollte, daß der starre orthodoxe Hindu Desai, ein autokratischer Politiker alter Schule, an die Macht kam, gab er am 15. Januar, einige Tage vor der Sitzung, durch seine engsten Vertrauten die Parole aus, der einzig erfolgversprechende Gegenkadidat zu Desai könne nur Indira Gandhi sein. Bereits am folgenden Tag war die indische Presse überwiegend und fast wie im Sturm für diese Kandidatur gewonnen.

Am 16. Januar empfing Kamaraj die in Delhi versammelten Chefminister, von denen sich elf (von sechzehn) öffentlich für Indira Gandhi aussprachen. Indira hatte bisher nicht erkennen lassen, daß sie die Ambition hätte, Ministerpräsident zu werden. Nachdem Kamaraj in den Besprechungen mit den Chefministern eine günstige Stimmung für Indira festgestellt hatte, sandte er ihr eine Botschaft folgenden Inhalts:
„Bedenken Sie bitte, ich bin alt, und wenn Sie sich das nächste Mal selbst bewerben sollten, stehe ich vielleicht nicht mehr zur Hilfestellung zur Verfügung.“ Nach dem Erhalt dieser Botschaft sagte Frau Gandhi den sie bedrängenden Reportern, sie werde sich dem Wunsch von Kamaraj fügen. Das war in einem Augenblick, als für ihren Sieg eigentlich nur noch ihre eigene Zustimmung notwendig war.
In den frühen Morgenstunden des 19. Januar trat die Parlamentsfraktion zur Wahl zusammen. Nominiert wurden, wie vorauszusehen, Morarji Desai und Indira Gandhi. Das Ergebnis brachte eine Zweidrittelmehrheit für Frau Gandhi. Von 524 abgegebenen gültigen Stimmen erhielt sie 355, Desai brachte es mit 169 Stimmen auf 32 Prozent. Frau Gandhis Stimmenmehrheit betrug also 186. Desai zeigte sich insofern als schlechter Verlierer, als er bei seinem Glückwunsch Frau Gandhi seine Mitarbeit anbot, „soweit dies mein Selbstrespekt und die Interessen des Landes zulassen“. Indira nahm das Amt ohne ersichtliche Emotionen an. Es hatte sie keine Kraftanstrengung gekostet, Ministerpräsident zu werden. Nicht, als ob sie sich nicht der Schwere ihrer Aufgaben bewußt war, aber sie hatte, wie es ihrer stolzen Natur entsprach, keinen Ehrgeiz entwickeln müssen, um dorthin zu gelangen, wo sich ihr Leben im Guten wie im Bösen vollenden sollte. „Mit einer fast graziösen Bewegung“, so schrieb Giselher Wirsing in seinem Buch „Indien – Asiens gefährliche Jahre“, „ließ sie sich auf den Schild heben.“
Das bedeutete allerdings nicht, daß Indira sich jenen verpflichtet gefühlt hätte, die ihr diesen Weg ebneten: Kongreß-Präsident Kamaraj und dem „Syndikat“. Und sicher war sie nicht bereit, eine Marionette der alten Herren zu werden, was einige von ihnen erhofften; andere gingen sogar so weit, sie als „kleine, meinungslose Maus“ zu bezeichnen. Das sollten die leichtfertigen Schwätzer bald bitter bereuen. Ebenso gründlich irrten sich jene Politiker, die behaupteten, sie verdanke ihre Wahl allein dem Abglanz des Vaters. Hatten sie die letzten zehn Jahre geschlafen? Niemand leugnete, daß eine der mächtigsten Trumpfkarten Indiras war, eine Nehru zu sein, aber längst hatte sie eine eigene politische Persönlichkeit entwickelt, die zählte. Und man wußte bereits, daß es Fälle gab, wo sie sich gegen den Willen ihres Vaters durchgesetzt hatte.

Länger als ihr Vater oder irgendein anderes Kongreß-Mitglied hatte sie die Notwendigkeit einer Teilung des alten Staates Bombay auf linguistischer Basis vorausgesehen, wie sie dann im Mai 1960 mit der Bildung von Gujerat und Maharashtra erfolgte. Indira Gandhi war von 1938 an Mitglied der Kongreß-Partei. Seit sie 1955 in das ,,Working Committee", die oberste Führung der Kongreß-Partei, eintrat, spielte sie eine bedeutende Rolle in der Partei. Was ihr besondere Popularität verschaffte, war die Unterzeichnung eines Manifestes, mit dem die sogenannte ,,Ginger-Gruppe" im Januar 1959 die Kongreß-Partei heftig angriff, sie der Lethargie bezichtigte und ihr vollkommenes Versagen in bezug auf die Durchführung ihrer postulierten Politik vorwarf.

Am 2. Februar 1959, während sich Indira Gandhi auf einem dreitägigen Fußmarsch *(Padayatra)* durch den Wahlkreis ihres Vaters in Uttar Pradesh befand, erfuhr sie von ihrer einstimmigen Wahl zum Präsidenten der Kongreß-Partei. Damit saß sie auf dem Platz, den schon Großvater und Vater eingenommen hatten. Selbst ihre Feinde leugneten nicht, daß sie in diesem Amt erfolgreiche und wertvolle Arbeit leistete.

Ihre Präsidentschaft dauerte ein Jahr. Gerade in diese Zeit fiel ein Ereignis, das zu ihrem politischen Ruf beitragen sollte. In Kerala hatte die kommunistische Landesregierung den Bundesstaat an den Rand eines chaotischen Zusammenbruchs gebracht. Während Nehru noch zögerte, konnte Indira Staatspräsident Rajendra Prasad zur sofortigen Absetzung der Provinzregierung und zur Ausrufung von ,,President's Rule", ,,Präsidentenherrschaft", veranlassen, was entsprechend den Vorschriften der indischen Verfassung bedeutet, daß die Exekutive und Legislative bis zu Neuwahlen auf den Gouverneur des jeweiligen Bundeslandes als den Vertreter der Zentralregierung übergehen.

Ohne Indiras Energie wäre Kerala damals wahrscheinlich im absoluten Chaos versunken. 1959 – beim Ausbruch der tibetischen Revolte und der anschließenden Flucht des Dalai Lama – nahm sie einen kühneren und entschiedeneren Standpunkt ein als ihr Vater oder gar Krishna Menon. Für sie gab es gar keinen Zweifel: Der Priesterkönig aus Lhasa erhielt Asyl in Nordindien. Daß ihr leidenschaftliches Eintreten für den hohen Flüchtling später etwas gedämpfter wurde, hing mit den ungelösten Fragen zwischen Indien und China zusammen. Bis März 1959 aber sagte sie, auf mögliche unangenehme politische Konsequenzen aufmerksam gemacht: ,,Es gibt keinen Kompromiß gegen das eigene Herz."

Als es 1961 in Jubbulpore zu schweren Unruhen zwischen Hindus und Muslims kam, war sie vor jedem anderen Kongreß-Abgeordneten an Ort und Stelle, organisierte Hilfe, verband Verwundete. Unerschrocken ging sie den Demonstranten entgegen, versuchte, sie zu beruhigen. Diesem ,,Kind der indischen Revolution" fehlte es vor allem an einem nicht: an Mut. Indira sollte ihn bis zu ihrem bitteren Ende immer wieder beweisen. Als sie einmal in späteren Jahren versuchte, zu religiösen Fanatikern zu sprechen, traf sie ein Stein mitten ins Gesicht. Blutüberströmt sprach sie mit ruhiger, eindringlicher Stimme weiter. Nichts konnte sie aus der Fassung bringen, das heißt: soweit es Politik betraf.

Dreizehn Monate saß sie während des Freiheitskampfes wegen ihrer politischen Tätigkeit im Gefängnis. Immer wieder war sie zu Fuß über Land gepilgert, um dort, wo es keine fahrbaren Straßen gab, im entfernten, rückständigen Indien, die Menschen über Ideen und Pläne der Kongreß-Bewegung zu unterrichten, ihnen Trost zuzusprechen, ihnen, wo sie konnte, zu helfen. Den Namen ,,Mutter der Armen" hat Indira Gandhi nicht umsonst erhalten. Sie wollte Indien verschaffen, was ihm bis heute fehlt: soziale Gerechtigkeit. Eine Aufgabe von gigantischen Dimensionen. Wer dieses wichtige Anliegen, das zum Testament der Tochter Nehrus wurde, als Illusion abtat, verurteilte Millionen Menschen in Indien zur Hoffnungslosigkeit.

Auch nachdem Indira Gandhi vom Amt des Kongreß-Präsidenten zurückgetreten war, blieb ihre Rolle in der Partei wichtig. 1962 – vor den Wahlen – prüfte sie zusammen mit ihrem Vater und Lal Bahadur Shastri sämtliche Kandidaten der Kongreß-Partei auf ihre Tauglichkeit. Im siebenköpfigen Ausschuß, der sich nach den Wahlen mit den rebellischen Kongreß-Mitgliedern in den verschiedenen Provinzen zu befassen hatte, hielt sie die Schlüsselposition. Von vielen Wohlfahrtsorganisationen war sie Präsidentin oder Vizepräsidentin. Die Zahl ihrer Ämter schien täglich zu wachsen. Zur Routine auf innenpolitischem Gebiet kam eine differenzierte Kenntnis der Außenpolitik. Sie war die Schülerin ihres Vaters. Als sie nach Erlangung der Unabhängigkeit in sein Haus zog, um die Pflichten der 1936 verstorbenen Mutter als First Lady Indiens zu übernehmen und mehr noch Nehrus Vertraute und engste Mitarbeiterin zu werden, gewann sie Einblicke nicht nur in die indischen Verhältnisse, sondern in die internationale Lage, wie sie wohl kein anderer Mensch in Indien aufweisen konnte. Durch Nehru lernte sie fast alle bedeutenden Persönlichkeiten in Ost und West kennen, Staatsmänner, Könige, Präsidenten, Diplomaten, Wissenschaftler, Künstler und Wirtschaftler. Sie traf Albert Einstein und Bernard Shaw, Romain Rolland, Arnold Toynbee, André Malraux und Yehudi Menuhin. Sie begleitete Jacqueline Kennedy einige Wochen lang auf einer Reise durch Indien, begrüßte Lyndon B. Johnson, der noch als amerikanischer Vizepräsident nach

Neu-Delhi kam. Sie war es, die enge Verbindungen nicht nur zu Chruschtschow, sondern zu fast allen wichtigen Persönlichkeiten des Moskauer Politbüros herstellte. Im Honigmond der chinesisch-indischen Beziehungen unterhielt Indira Gandhi eine besonders herzliche Beziehung zu Chou En-lai. Was Nehru in ihr weckte, war das Verständnis für politische Zusammenhänge, die Fähigkeit, sich auch auf die Rolle des Partners einzustellen.

Als sie jetzt – 1966 – aus dem Schatten des Vaters hinaustrat, hatte Indira bereits erreicht, was sie fast unschlagbar machen sollte: den Status eines nicht nur überall in Indien anerkannten, sondern auch in der ganzen Welt bekannten gesamt-indischen Führers. Indira Gandhi war nicht nur die Tochter eines großen Vaters. Wenngleich sie niemals leugnete, in ihren politischen Vorstellungen weitgehend von Jawaharlal Nehru geprägt worden zu sein, hätte sie sich kaum mit der Rolle eines bloßen Nachfolgers zufriedengegeben. Was sie seit vielen Jahren besaß, zeigte sie nun ganz klar: ein eigenes und sehr eigenwilliges Profil. Sie liebte es nicht, als Frau apostrophiert zu werden. Vom 19. Januar 1966 an war sie der Ministerpräsident von Indien – Madame Prime Minister.

Unmittelbar nach ihrer Wahl mußte sich Frau Gandhi der schwierigen Aufgabe der Kabinettsbildung unterziehen. In endloser Reihe empfing sie in ihrem Hause in der Safdarjung Road die bisherigen Kabinettsmitglieder und viele andere Politiker, während Scharen von Reportern auf der Straße die Gesichter derer beobachteten, die das Haus nach der Audienz verließen. „Einige waren offensichtlich deprimiert, andere in Hochstimmung und wieder andere versuchten, tapfer die Gleichgültigen zu spielen", schrieb eine indische Zeitung.

Tatsächlich stand von vornherein fest, daß Frau Gandhi das Kabinett mit wenigen Ausnahmen unverändert lassen wollte. Auszuwechseln waren zunächst nur der seit langem amtsmüde Justizminister A. K. Sen und Ölminister Humayun Kabir, der früher Wissenschaftsminister gewesen war und das Rektorat einer Universität erstrebte.

Einen ernsten Kampf gab es jedoch um den Kopf von Innenminister Nanda, den Frau Gandhi durch den bisherigen Außenminister Swaran Singh ersetzen wollte, während sie das Außenministerium zunächst selber zu verwalten beabsichtigte. Nanda, annähernd 70 Jahre alt, war ein orthodoxer Hindu mit überaus starren Ansichten, dessen Einwirkung auf die innere Lage in Kashmir von flexibleren Kreisen Indiens seit Monaten als denkbar unglücklich angesehen wurde. Swaran Singh andererseits hatte sich unter Shastri als Außenminister nicht sonderlich zu profilieren vermocht. Frau Gandhi wollte Nanda als stellvertretenden Premiermini-

ster ohne Geschäftsbereich im Kabinett behalten. Sie mußte schließlich ihre Absichten fallenlassen, nachdem Nanda auf das heftigste sowohl bei Präsident Radhakrishnan als auch bei Kongreß-Präsident Kamaraj protestiert hatte und Indira Gandhi von beiden Seiten den Rat erhielt, es nicht zu einem offenen Zusammenstoß kommen zu lassen.
Neu ins Kabinett trat als Planungsminister Asoka Mehta ein, der damals noch zu den engeren Freunden von Frau Gandhi gehörte. Außer auf ihn konnte sich die Premierministerin auf Verteidigungsminister Chavan und auf Landwirtschaftsminister C. Subramaniam verlassen. Diese Gruppe wurde noch unterstützt durch den langjährigen indischen Botschafter in Washington, B. K. Nehru, der als engster Berater der Premierministerin für Außenpolitik und Verwaltungsfragen nach Delhi zurückkehrte.
Am 24. Januar 1966, nur dreizehn Tage nach dem Tod Shastris, leistete das neue Kabinett seinen Amtseid. Zum zweiten Mal in kurzer Zeit hatte die indische Demokratie eine Bewährungsprobe bestanden. Sie erwies sich als fähig, einen plötzlichen Wechsel im höchsten politischen Amt würdevoll und ohne unerträgliche Zerreißproben zu vollziehen. In kaum einem anderen Land der Dritten Welt war das bis dahin möglich gewesen.

Zwei Tage später, am 26. Januar 1966, hielt Indira Gandhi ihre erste Rede an die Nation:
„Vor sechsunddreißig Jahren, genau an diesem gleichen Tage, war meine Stimme eine von Tausenden, die das historische, das bewegende Gelöbnis für die Unabhängigkeit unseres Landes noch einmal wiederholten.
1947 ist dieses Gelöbnis eingelöst worden. Die Welt hatte akzeptiert, daß eine neue fortschrittsbereite Macht, basierend auf Demokratie und Säkularismus, entstanden war. In den siebzehn Jahren der Premierministerschaft Jawaharlal Nehrus wurde die Einheit dieses Landes mit seinen vielen Religionen und Sprachen Realität, und die Demokratie konnte Wurzeln fassen. Wir haben die ersten Schritte unternommen, um unserem Volk durch eine planvolle Ökonomie ein besseres Leben zu verschaffen. Indiens Stimme war immer schon tonangebend im Prozeß der Befreiung unterdrückter Völker, schenkte vielen Mut und Hoffnung. Sie wurde über seine Grenzen hinaus als eine Stimme des Friedens und der Vernunft gehört, die sich für Freundschaft und gutes Einvernehmen zwischen den Nationen einsetzte.
Während seiner kurzen, aber denkwürdigen Amtszeit als Ministerpräsident bereicherte Shastri Indiens Tradition auf seine Weise. Er hat unser Land geeint hinterlassen und uns ermutigt, unsere nationalen Zielset-

zungen weiterhin zu verfolgen. Erst gestern haben wir seine sterblichen Reste den heiligen Flüssen übergeben. Das ganze Land trauert ob dieses großen Verlusts. Ich selbst empfinde seine Abwesenheit besonders intensiv und ganz persönlich, denn ich habe über viele Jahre hin eng mit ihm zusammengearbeitet.

Mein eigener Weg zur Bewältigung der ungeheuren Probleme, mit denen wir konfrontiert sind, ist der der Demut. Ich lebe also in der Tradition, die Mahatma Gandhi und mein eigener Vater geschaffen haben, und mein persönlicher unerschütterlicher Glaube an das indische Volk gibt mir Kraft, Vertrauen und Zuversicht. Immer wieder hat Indien den Beweis unerschöpfbarer Lebensenergie geliefert. In den letzten Jahren, wie auch im vergangenen, hat es überzeugend den Mut und auch die Kraft bewiesen, neuen Herausforderungen zu begegnen.

Die kommenden Monate bieten eine Fülle von Schwierigkeiten. Der Regen ist ausgeblieben, und so herrscht in weiten Teilen des Landes schlimme Dürre. So hat die Landwirtschaft, die völlig von Witterungen und Niederschlägen abhängt, beträchtliche Einbußen erlitten. Die Wirtschaftshilfen vom Ausland und die Einnahmen aus dem Export sind nicht in der von uns erwarteten Höhe eingegangen. Der Devisenmangel hat unserer Industrieproduktion erheblich geschadet. Lassen wir uns aber nicht erschrecken oder gar entmutigen angesichts dieser unvorhergesehenen Schwierigkeiten.

Vor allem müssen wir die Lebensmittelbeschaffung in diesem Jahr der Teuerung für unser Volk sicherstellen. Das ist die allererste Pflicht der Regierung. Wir sollten dringlichst unsere Aufmerksamkeit der Steigerung und der gerechten Verteilung von Getreide widmen, ob es nun eingeführt oder im Lande selber produziert wird. Wir sind den Vereinigten Staaten dankbar für ihr mitfühlendes Verständnis und für rasche Hilfe.

Nur gesteigerte Produktion kann unsere Nahrungsprobleme lösen. Wir haben derzeit einen wohldurchdachten Plan ausgearbeitet, um mehr Wasser zu gewinnen, künstliche Düngemittel einzusetzen und vorteilhaftere Sorten von Saatgut zu verwenden, schließlich den Bauern auch technische und finanzielle Unterstützung zu gewähren. Nirgendwo ist Selbstvertrauen wichtiger als in der Landwirtschaft, und eine höhere Produktion soll nicht nur den heimischen Bedürfnissen gerecht werden, sondern auch dem Export zugute kommen. Wir müssen die Landwirtschaft beleben und dafür sorgen, daß das Einkommen der Landarbeiter steigt.

Unsere Strategie in Hinsicht auf wirtschaftlichen Fortschritt zielt vor allem auf eine rasche Expansion der Industrie, der Energieversorgung und des Verkehrswesens im öffentlichen Sektor. Innerhalb unserer Planung besteht kein Widerspruch zwischen dem öffentlichen und dem privaten Sektor. In unserem gemischten Wirtschaftssystem haben Privatunternehmen beachtliche Erfolge erzielt und Hilfe und Unterstützung von seiten der Regierung bekommen. Wir sollten dies weiterhin beibehalten und fördern.

Jüngste Ereignisse haben uns genötigt, die äußersten Möglichkeiten technologischer Unabhängigkeit zu erforschen. Wir verfügen über eine Unzahl von talentierten Wissenschaftlern, Ingenieuren und Technikern. Wir müssen uns ihr Können besser zunutze machen. Wenn sie die Gelegenheit hatten, so haben unsere Wissenschaftler und Ingenieure gezeigt, daß sie hervorragende Leistungen zu erbringen vermögen. Beachten Sie das Beispiel von Dr. Homi Bhabha und die Leistungen des Atom-Energiezentrums. Der Weg, den Dr. Bhabha eingeschlagen hat, sollte nachhaltig anregend wirken.

Unser Programm wirtschaftlicher und sozialer Entwicklung ist in unsere Pläne einbezogen. Der dritte Fünfjahresplan ist bald erfüllt. Wir befinden uns im Übergang zum vierten.

Inzwischen ist ein Einjahresplan für 1966–67 aufgestellt worden, für das erste Jahr des vierten Fünfjahresplanes. Dieser enthält bereits die Hauptpunkte des Fünfjahresplanes.

In der wirtschaftlichen Entwicklung wie auch auf anderen Gebieten staatlichen Handelns besteht eine erhebliche Kluft zwischen Absicht und Tat. Wir müssen neue organisatorische Modelle und moderne Instrumente und Techniken des Managements und der Verwaltung einführen.

Unserem Erbe entsprechend haben wir eine Politik des Friedens und der Freundschaft mit allen Nationen verfolgt und uns trotzdem das Recht zu unabhängiger Meinungsbildung erhalten. Die Prinzipien, die maßgebend für unsere Außenpolitik waren, stehen im Einklang mit den Traditionen unseres Landes, mit unserem nationalen Interesse, mit unserer Ehre und unseren Wertvorstellungen. Und das soll auch weiterhin so bleiben.

Frieden ist unser Ziel, aber ich bin mir auch voll der Verantwortung der Regierung bewußt, die Freiheit und territoriale Integrität unseres Landes zu bewahren. Frieden wollen wir, weil ein anderer Krieg geführt werden muß – der Krieg gegen Armut, gegen Krankheit und Unwissenheit. Wir haben die Verpflichtung, die Hoffnungen, die wir unserem Volke gemacht haben, in bezug auf Arbeit, Ernährung, Kleidung, Gesundheit und Erziehung, zu erfüllen. Die schwachen, die unterprivile-

gierten Menschen in unserem Lande – all die, die besonderer sozialer Fürsorge bedürfen, haben mich immer beschäftigt und werden mir stets gegenwärtig sein.
Die Jugend braucht größere Chancen. Die jungen Menschen Indiens müssen erkennen, daß sie morgen von ihrem Lande zurückbekommen, was sie ihm heute geben. Die Nation erwartet von ihnen, daß sie mitdenken und mit aufbauen helfen. Wissenschaft und Kunst, Überlegung und Tatkraft kommen ihnen zugute. Es gilt Grenzen zu überwinden, neue Horizonte und neue Ziele zu eröffnen. Ungeachtet der Verschiedenheiten unserer Religionen, unserer Sprachen, unserer Staaten – wir sind eine Nation, sind ein Volk. Laßt uns alle – Bauern, Arbeiter, Lehrer und Studenten, Wissenschaftler und Technologen, Industrielle, Geschäftsleute, Politiker und Beamte – unsere besten Kräfte einsetzen. Laßt uns tatkräftig und fleißig sein, tolerant und diszipliniert, denn Toleranz und Disziplin sind die eigentlichen Grundlagen der Demokratie. Die dynamische und fortschrittlich orientierte Gesellschaft, die gerechte soziale Ordnung, die wir schaffen wollen, können nur durch gemeinsame harte Arbeit gefördert und gefestigt werden.
Heute verpflichte ich mich erneut den Idealen der Gründer unserer Nation – der Demokratie und der Säkularisierung, einer vorausplanenden Wirtschaftspolitik und einem sozialen Fortschritt, dem Frieden und der Freundschaft unter den Nationen.
Bürger Indiens, laßt uns an unserem Vertrauen in die Zukunft festhalten. Laßt uns die Fähigkeit zur Selbstbestimmung unseres Schicksals bekräftigen. Wir sind Verbündete in einem mächtigen Kampf. Laßt uns dessen würdig sein und würdig unseres großen Landes. *Jai Hind!* (Es lebe Indien!)

Rückblicke III – Begegnung mit Indira Gandhi

Nachdem die Feiern zum Tag der Republik am 26. Januar 1966 vorüber waren, ließ ich die Ministerpräsidentin um ein Gespräch bitten. Ihre Antwort kam umgehend. Und so sollte es von nun an zwischen uns bleiben. Wann immer ich mich an Indira Gandhi wandte, sie antwortete ohne Verzug. Da die Premierministerin ganz offen über politische Probleme sprach, entstand ein Gedankenaustausch, der unersetzbar wurde. Er hielt in kritischen Zeiten an und überdauerte Meinungsverschiedenheiten, wie sie sich zum Beispiel aus dem Notstand und anderen problematischen Entscheidungen ergaben. Indira Gandhi konnte zuhören, auch, wo sie nicht zustimmte. Viele ihrer Gegner behaupteten, sie vertrüge keine Kritik – ich habe ganz andere Erfahrungen gemacht. Sie begannen an jenem Januartag, an dem ich sie nach drei Jahren wiedersah. Ich wartete in dem winzigen Salon des kleinen Privathauses, das sie der eleganten, pompösen Residenz am Tin-Murti-Marg vorgezogen hat. An der Wand hing ein großes Bild von Nehru, auf dem Tischchen unter der Farbfotografie stand in einer gläsernen Vase ein Strauß frischer roter Rosen. Einige alte Plastiken schmückten die niedrigen Regale. Draußen bellte ein Hund. Ein Diener brachte Zitronensaft. Ich erinnerte mich an unsere erste Begegnung vor zehn Jahren im Hotel „Vier Jahreszeiten" in Hamburg. Sie begleitete ihren Vater, der 1956 zu einem Staatsbesuch in die Bundesrepublik gekommen war. Mit ihnen reisten auch Rajiv und Sanjay – Indiras Söhne. In einem Exklusivinterview, das ich damals mit ihr machen konnte, sagte sie verzweifelt: „Sie können sich nicht vorstellen, wie es in Indien wirklich ist: Ein winzig kleiner Kreis von Menschen – ja, eigentlich nur mein Vater und ich – muß eine Masse, die wie ein zäher Teig ist, in einem riesigen Becken in Bewegung setzen."

Diese Meinung vertrat sie 1966 nicht mehr. Ihre Arbeit in der Partei hatte sie gelehrt, daß es immerhin Tausende von opferwilligen Indern gab, die gegen die Bürokratie kämpften und sich wirklich für eine moderne Entwicklung des Landes einsetzten. Um sicherzugehen, fragte ich sie: „Ein Sechstel der Weltbevölkerung lebt in Indien, die Probleme dieser Menschen sind Ihre Probleme, wie schafft es ein einziger Mensch, diese Last zu tragen?"

„Es ist wirklich eine schwere Bürde, aber ich glaube, sie wird vom Volk mitgetragen. Eine Person oder eine Regierung kann eine Richtung weisen, aber das Volk selbst muß dann die Arbeit tun."
Indira Gandhi war fast lautlos in den Raum geschlüpft – nichts als das leise Rascheln ihres seidenen *Saris* begleitete sie. Mit einer leichten Handbewegung hatte sie die Sekretärin aus dem Zimmer gewiesen. Wir blieben allein. Sie saß mir gegenüber auf dem kleinen Sofa, und wieder stellte ich mit Erstaunen fest, wie viel attraktiver sie in Wirklichkeit aussah als auf fast allen Fotos, die ich von ihr kannte, von den Karikaturen in den Tageszeitungen ganz zu schweigen. Gewiß, ihr langes schmales Gesicht mit den Zügen einer Römerin oder einer Rajputenprinzessin verriet Ernst, Energie und Disziplin, in manchen Augenblicken sogar Unduldsamkeit und Strenge gegen sich selbst, aber hatte es wirklich, wie der Amerikaner Welles Hangen schreibt, etwas „abschreckend Königliches"? Wo immer ich sie auftreten sah, geschah das ohne königlichen Pomp, so, als käme sie zufällig vorbei. Sie besaß die große Gabe, sich unter einfachen Menschen zu bewegen, als gehöre sie zu ihnen. *Bharat Mata* – Mutter Indiens. Nicht sie oder ihre Public-Relations-Fachleute legten ihr diesen Beinamen zu, er kam aus einem Volk, dessen große Hoffnung sie war.
Fast schien es, als wollte sie sich nicht erlauben, was anderen Frauen selbstverständlich ist: Sie trug keinen Schmuck, kein Make-up, für die Dienststunden wählte sie einen einfachen *Sari* aus Baumwolle. Man war versucht zu glauben, was ihre Anhänger behaupteten: Solange Indien leide, wolle Indira nicht glänzen. Mehr als innenpolitische Taktik war hier menschlicher Takt im Spiel – ein Sinn für das Angemessene und Mögliche.
Im Gegensatz zu fast allen Inderinnen, die ihre glatten Haare zu einem schweren Knoten am Hinterkopf aufbinden, trug Indira leichtgewelltes kurzgeschnittenes Haar. Ihre dunklen Augen, über denen die Brauen sich in einem originellen Schwung wölbten, waren nachdenklich, verrieten aber auch Melancholie. Wenn sie sich von ihrem Partner angesprochen fühlte, vermochte sie ihn durch ein fast mädchenhaftes Lachen zu entwaffnen. War sie amüsiert, zuckte etwas wie kindliche oder auch verschmitzte Heiterkeit um ihre Mundwinkel. Langweilte oder ärgerte sie sich, reagierte sie wie der Vater mit eisigem Schweigen. Sie konnte sich in einer Weise zurückziehen und unbeteiligt erscheinen, daß ihre jeweiligen Gesprächspartner sie voller Wut verließen und von Hochmut und Arroganz, ja sogar von Demütigung durch sie sprachen. Ich wußte von solchen Fällen. Es waren zumeist Journalisten, von denen sie Fang-

fragen erwartete, oder solche, die sie zuvor – nach ihrer Meinung – unsachlich kritisiert hatten. Sie machte es gewiß weder Freunden noch Feinden leicht, sie zu verstehen. Sie war nicht „easy-going" – wie die Engländer sagen –, nicht leicht zu haben, nicht einfach zu durchschauen. Wie sollte sie auch? Leben und Politik hatten sie gelehrt, auf der Hut zu sein, auf Distanz zu gehen.

„Wann begannen Sie, sich für Politik zu interessieren, und seit wann dachten Sie an eine politische Laufbahn?" fragte ich sie.

„Das sind zwei ganz verschiedene Dinge. Es gab keine Zeit, in der ich mich nicht für Politik interessierte. Aber ich habe sie nie als Karriere angesehen. Selbst heute ist Politik für mich nicht etwa ein Mittel, um Karriere zu machen. Aber es gibt Zeiten im Leben einer Nation, die verlangen, daß etwas getan wird; als wir noch nicht unabhängig waren, mußten wir uns einfach für den Freiheitskampf engagieren, durften nicht abseits der Politik leben. Was hat sich heute für uns geändert? Solange im Lande kein Friede herrscht, solange sich die Gesellschaft nicht geändert hat, solange wir um einen Platz in der modernen Welt kämpfen, sind wir zur Politik verurteilt."

„Was steht als dringendstes Problem zur Lösung an?"

„Das dringendste ist auch das wichtigste Problem: die tiefe Armut zu beseitigen und den wirtschaftlichen Rückstand aufzuholen. Dieses Problem ist eng verknüpft mit Aberglauben, alten Arbeitsmethoden und den traditionellen Verhaltensweisen in unserer Gesellschaft. Solange man diese nicht beseitigt, werden wir unser Ziel nicht erreichen: soziale Gerechtigkeit."

„Können Sie diese Aufgabe mit demokratischen Mitteln bewältigen – oder sollte es Indien auf einem anderen Weg versuchen?"

„Ich fühle mich der Demokratie zutiefst verpflichtet – schon allein, weil ohne die volle Unterstützung des Volkes nichts getan und vollendet werden kann. Und wie könnte man die Unterstützung des Volkes anders erreichen, als daß es angesprochen und mitbeteiligt würde? Ich glaube wirklich, etwas Menschenwürdiges, Humanes, kann man nur durch die Demokratie erreichen."

„Wie aber wollen Sie eine Demokratie bewahren, die einerseits so offensichtlich von der Armut und andererseits durch den geistigen Einfluß des Kommunismus, des Maoismus, bedrängt wird. Glauben Sie, daß der Kampf um die indische Demokratie leicht ist?"

„Nichts ist leicht, was sich wirklich lohnt – der Druck wird nicht nur von diesen beiden Seiten ausgeübt. Der Maoismus spielt übrigens hier nur eine sehr kleine Rolle – der größte Druck entsteht durch den Status quo, durch die Kräfte, die keine Änderung der Gesellschaft wollen. Die Angst vor Veränderungen, vor allem Neuen aber ist das größte Hindernis für eine notwendige Entwicklung. Wer sich mit Indien beschäftigt, wird zugeben, daß wir ohne erhebliche soziale Änderungen die Probleme nicht lösen können."

„Auch bei Ihnen wird sich mit der modernen Entwicklung das Gesetz der höheren Erwartung breitmachen. Überall streben die aus der alten Tradition gelösten Menschen nach mehr materiellen Gütern. Wird es möglich sein, diese Bedürfnisse mit den großen Werten in Einklang zu bringen, die wir mit der indischen Kultur verbinden?"

„Ich glaube, Sie sehen Indien ein wenig zu idealistisch. Die indische Gesellschaft war nie weniger materialistisch als jede andere Gesellschaft auch. Aber es stimmt sicher, daß gleichzeitig ein großes Reservoir an traditionellen geistigen Kräften vorhanden ist – und damit der Wunsch, das Moderne zu relativieren. Mit der technologischen Entwicklung entstehen Organisationsformen, die das Individuum unterdrücken könnten. Wir müssen das verhindern. Es gehört zu den grundsätzlichen Ideen der Inder, dem einzelnen Menschen den ihm zukommenden Platz zu geben, das heißt seine Würde zu wahren."

„Glauben Sie, daß die alten Werte und Vorstellungen Indiens ein Hindernis für den Fortschritt sind?"

„Manche Werte sind zeitlos, und sie haben Indien gestärkt, sie können für jede Gesellschaft auch heute noch ebenso nützlich sein. Manche sind belanglos, und andere, wie zum Beispiel die Intoleranz gegenüber anderen Religionen, haben sich sicher schädlich für unsere Einheit und unseren Fortschritt ausgewirkt."

„Indien wurde von zwei großen Religionen und Kulturen geprägt, vom Hinduismus und vom Islam. Wie kam es zu dieser gefährlichen Spannung zwischen den Hindus und den Muslims und damit zur Spaltung des Subkontinents?"

„Gewisse Spannungen gab es immer, denn der Islam kam als die Religion der Eroberer. Das erweckte Widerstand und gewisse Rachegefühle. Aber später zur Zeit Akbars und anderer assimilierte sich der Islam, und die Menschen lebten in Harmonie. Zur Zeit der Engländer, vielleicht auch schon vorher, da bin ich nicht sicher, flackerte der Streit wieder auf, es gab Aufstände – vielleicht wurden die streitenden Parteien durch unsere damaligen Herrscher auch nicht gerade entmutigt. Dann entstanden die sogenannten Kommunal-Parteien, sowohl auf islamischer wie auf hinduistischer Seite. Unglücklicherweise waren die Parteien mehr am Kampf gegeneinander als am Kampf gegen die

Engländer interessiert. Beides löste viel Bitterkeit aus. Ich glaube, diese Geisteshaltung führte zur Spaltung. Natürlich haben meine Partei und ihre großen Führer wie Mahatma Gandhi und mein Vater Pandit Nehru und viele andere immer wieder dagegen gekämpft. Sie predigten Toleranz und friedliche Koexistenz. Hätte man uns nur uns selbst überlassen, vielleicht wäre die Einheit zu halten gewesen, aber das war natürlich nicht im Interesse der Engländer. So kam es zur Teilung Indiens. Und leider gibt es hier noch immer Leute, die diese religiösen Spaltungstendenzen, die Gift für das Land sind, unterstützen."

„Wie stehen Sie zur Religion?"

„Es kommt darauf an, was Sie unter Religion verstehen. Religion – das bedeutet bestimmte Werte, aber auch ein bestimmtes Ritual. Ich glaube an die Werte, nicht aber an das Ritual. In unserer Religion ist die Basis so breit, sie ist für Toleranz – nicht nur gegenüber Menschen, sondern gegenüber allen Lebewesen. Wir fühlen uns weitgehend als Teil des Kosmos, das Göttliche ist also in jedem einzelnen."

„Welche Ihrer Erfahrungen halten Sie für entscheidend, und welche Menschen haben Sie am stärksten beeinflußt?"

„Mein Leben verlief voller Aufregung, voller starker Anteilnahme und Verstrickung in meine Umwelt – es wäre schwierig, da einzelne Dinge herauszulösen. Lassen Sie mich bitte heute nicht von meiner Kindheit sprechen, von den schlimmen Erlebnissen während des Freiheitskampfes. Andere Erfahrungen haben die Erinnerung an meine Kindheit überlagert – sie waren interessant, auch schön und nützlich.

Ich denke an die vielen Begegnungen mit prominenten Menschen, während ich im Hause meines Vaters lebte. Trotzdem beeindruckten mich letzten Endes die einfachen Menschen mehr, vielleicht weil ihr Einfluß leiser und darum eindringlicher war. Ich glaube, dem Einfluß großer, berühmter Persönlichkeiten setzt man von vornherein stärkeren Widerstand entgegen. Mich haben meine Lehrer und auch meine Kinder mehr beeinflußt als alle Prominenz. Das soll gewiß nicht heißen, daß unter der Prominenz nicht auch Menschen waren, die zu wichtigen Erfahrungen für mich wurden. Jede Begegnung verändert uns. Nur so, aufgeschlossen allem Neuen gegenüber, allen Veränderungen in der Welt, bleibt man lebendig – wenn man diesen Prozeß abstoppt, lebt man nicht mehr wirklich."

Indira sprach ohne Pathos – aber ihre Stimme vibrierte. Die schlanken Hände strichen ruhelos über den blauen *Sari*. Für ein paar Sekunden schloß sie die Augen. Wollte sie sich den Bildern verschließen, die immer wieder aus dem Gedächtnis auftauchten, den Erinnerungen an die Einsamkeit der kleinen Indu (Indu – Mond), wie der Vater sie einst zärtlich genannt hatte?

Indira Gandhi – Stationen ihres Lebens

Es ist mehr als eine Binsenweisheit, festzustellen, daß Jugend und frühe Kindheit tiefe Spuren im Wesen der Indira Gandhi hinterließen. Ein Rückblick kann vielleicht zum Verständnis dieser ungewöhnlichen Frau beitragen, die von der internationalen Presse bald bejubelt, bald verdammt wurde, aber wenig sachliche Beurteilung erfuhr. Von frühester Kindheit an mußte sie in vielen Abschnitten ihres Lebens mit sich allein fertig werden. Nicht, als hätte sie Liebe und Wärme entbehren müssen, im Gegenteil, Großvater Motilal Nehru, in dessen Haus „Anand Bhavan" in Allahabad sie aufwuchs, ihr Vater Jawaharlal und ihre Mutter Kamala überschütteten sie geradezu mit Zuneigung und verwöhnten sie. Aber um so schmerzlicher mußte sie das Alleinsein empfinden, das Zurückbleiben im großen und eleganten „Anand Bhavan", zu dem sie immer wieder verurteilt wurde, wenn die Polizisten der britischen Kolonialherren die Türen aufstießen und Vater, Großvater, Mutter und andere Familienmitglieder verhafteten. Und das geschah in regelmäßigen Abständen. Nehru verbrachte insgesamt zwölf Jahre hinter Gittern. Ein so sensibles Kind wie Indira konnte davon nicht unberührt bleiben. Sie war vier Jahre alt, als Motilal und Jawaharlal zum ersten Mal wegen antibritischer Aktivität eingesperrt wurden – und nicht viel älter, als sie zusehen mußte, wie rauhe Soldatenhände alles ergriffen und beschlagnahmten, was sie liebte: Bilder, Porzellan, Silber, Teppiche, kostbare Möbel. Und niemand war da, ihr beizustehen. Ihr wütender Protest: „Ihr könnt das doch nicht wegnehmen, das gehört doch alles uns!", verhallte ungehört in dem leeren Haus.

Seit dieser Zeit wußte Indira etwas von der Hilflosigkeit eines Menschen vor der zupackenden Gewalt und war auf der Hut. Manche ihrer späteren, für viele Menschen unverständlichen Ausbrüche gegen den amerikanischen Nachrichtendienst CIA oder andere internationale Eindringlinge, ja, gegen die eigene und die ausländische Presse mögen hier ihre verborgene tiefere Ursache haben.

An frühen Erfahrungen mit Macht und Gewalt hat es Indira nicht gefehlt. Mit fünf Jahren sah sie, wie ihr Vater, einen Protestmarsch gegen die Engländer durch Allahabad anführend, von der berittenen Polizei der Fremden mit Stockschlägen traktiert wurde, aber, wenn auch blutüberströmt, aufrecht und wortlos weiterschritt, getreu den Forderungen Gandhis nach passivem Widerstand und gewaltloser Abwehr.

Wen wundert es, daß sie mit ihren Puppen bald danach ein neues Spiel begann: Freiheitskämpfer gegen britische Polizei. Typisch für sie war, daß schließlich die guten, mit nichts als mit einer Flagge demonstrierenden Puppen, die Gandhis Unabhängigkeitskämpfer symbolisierten, gegen die bewaffneten bösen Polizisten siegten. Frühzeitig entwickelte Indira den Glauben an den unausbleiblichen Triumph des eigenen Willens – und an die Notwendigkeit, in gewissen Situationen keine Kompromisse schließen zu dürfen.

Ihre erste Feuerprobe bestand sie mit fünf Jahren. Die Nehrus hatten beschlossen, nicht nur, wie der Mahatma verlangte, englische Waren zu boykottieren, sondern alles, was sie an britischen Gütern besaßen, zu verbrennen. Von diesem Feuer, das im Hofe von „Anand Bhavan" loderte und alle europäischen Gegenstände des Hauses zerstörte, sprach die ganze Nation. Wenige Tage nachdem die fressenden Flammen das weiße Haus in ein glühendes Rot getaucht hatten, lehnte die kleine Indira ein Kleid ab, das ihr ein Freund des Vaters aus England mitgebracht hatte. Der unvernünftige Mann machte seinem Ärger Luft und erklärte ihr ironisch, wenn sie so fanatisch sei, müsse sie auch ihre Lieblingspuppe wegwerfen, da die ebenfalls aus England stamme. Das unglückliche Kind geriet in einen schlimmen Konflikt. Es liebte die Puppe mehr als alle anderen Spielsachen, aber es war gleichzeitig ganz erfüllt vom Kampfwillen gegen alles Britische. Und sie opferte die Lieblingspuppe, warf sie in ein Feuer, das sie selbst auf dem Dach von „Anand Bhavan" entzündet hatte. Nach mehr als sechzig Jahren hatte sie den Zwischenfall noch nicht vergessen. „Ich erinnere mich genau, was ich fühlte", sagte sie einmal zu mir, „mir war es damals, als ermordete ich jemanden – seither hasse ich es, ein Streichholz zu entzünden."

Eigenartig genug – aber charakteristisch: Die Frau, die mir das mit leiser Stimme und ohne Pathos erzählte, suchte kein Mitleid, und vielleicht warb sie – in einen sie abschirmenden Stolz gehüllt (manche nannten ihn Arroganz oder Hochmut) – nicht einmal um Verständnis. Von ihrer Kindheit sprach sie immer wieder mit den gleichen Worten: „Alle meine Spiele waren politischer Natur, für mich war die Politik einfach da. Sie gehörte zu meinem Leben."

Indira Nehru wurde am 19. November 1917, an einem sonnigen Sommertag, im „Anand Bhavan", dem Haus ihres Großvaters Motilal Nehru

in Allahabad, geboren. 1917 war nicht nur das Jahr der russichen Revolution, sondern auch das Jahr, in dem sich Motilal mehr und mehr unter dem Einfluß seines Sohnes Jawaharlal der Freiheitsbewegung des Mahatma Gandhi anschloß.
Schon über die ersten Lebensjahre der kleinen Indira fielen die dunkelsten Schatten des Freiheitskampfes, so sehr Eltern und Großeltern sie auch abzuschirmen versuchten. Kaum zweieinhalb Jahre, war sie der Mittelpunkt, um den sich das ganze Leben im „Anand Bhavan" drehte. Die Eltern hatten ihr den Zweitnamen „Pryadarshini" – „entzückend anzusehen" – gegeben. Jedermann im Hause war mit ihr beschäftigt. Das Kind, das mit tapsenden Schritten hinter blauen und gelben Schmetterlingen und summenden Bienen herlief, hatte eine Atmosphäre des Friedens geschaffen. Sie wurde jäh durch die grauenvolle Botschaft aus Amritsar gestört: durch die Nachricht vom Mord an Hunderten von indischen Frauen, Männern und Kindern, den der englische General Reginald Dyer angeordnet hatte.
Noch konnte das Kind nicht begreifen, was geschah, aber es spürte die Unruhe und dann den Schmerz, wieder einmal alleingelassen zu werden. Wie sollte die Familie der Kleinen erklären, was sie zu erneuter Aktivität der Kongreß-Bewegung aus dem Hause trieb?
„Immer wenn die Not am größten war", erinnerte sich Indira, „war auf geheimnisvolle Weise plötzlich Mahatma Gandhi da." Der Mahatma schloß die kleine Indira ins Herz. Sie verkörperte seine Hoffnung auf ein neues Indien, und er teilte die Meinung der Dichterin Sarojini Naidu, die zu Indiras Geburt an die Eltern schrieb, das Kind symbolisiere die „neue Seele Indiens". Indira erinnerte sich nicht mehr, wann Gandhi zum ersten Mal in das elegante „Anand Bhavan" kam – für sie gehörte der gütige Mann mit den nackten Schultern und dem Lendenschurz zu ihrem Leben wie Vater, Großeltern und Mutter. „*Bapu*" – wie Gandhi zärtlich genannt wurde – „war immer da", erzählte sie mir, „er war einer von uns."
Ganz selbstverständlich wurde er neben dem Vater zu ihrem politischen Lehrer. Zu einem Ratgeber, der ihr eine Welt öffnete, die sich erheblich von der des reichen, den Luxus liebenden, sie mit Geschenken verwöhnenden Großvaters Motilal unterschied. Durch den Mahatma lernte Indira einfach und asketisch zu leben, sie lernte, zu dienen. Und er lehrte sie auch, zu meditieren, sich zurückzuziehen, um die Kräfte zu bilden, die wirken.
Mit sieben Jahren stürzte sich Indira mit Eifer auf die Spinnrad-Bewegung des Mahatma Gandhi. Der Vater der Nation machte *Charkha*, das

Spinnrad, nicht nur zu einem Symbol des freien Indien, das später in der Staatsflagge erscheint, sondern auch zu einer höchst wirksamen wirtschaftlichen Waffe gegen die britischen Kolonialherren. Jede indische Familie, die zu spinnen begann, konnte genügend Material für den eigenen Bedarf herstellen. Es gab bald keinen nationalbewußten Inder mehr, der etwas anderes trug als auf seiner eigenen *Charkha* gesponnene indische Baumwolle. Durch den indischen Boykott englischer Textilien mußten mehrere Fabriken in Manchester ihre Tore schließen.

Mathatma Gandhi ging es um mehr als um wirtschaftliche Maßnahmen. Mit der Arbeit am Spinnrad erzielte er eine tiefe psychologische Wirkung – er gab den Indern das Gefühl, dabeizusein, aktiv mitzuwirken in einem Kampf, dessen Ende nicht vorauszusehen war. Durch die gleiche Arbeit wurde das Volk zu einer Gemeinschaft. Unermüdlich unternahmen die Mitglieder der Bewegung, zu der die ganze Nehru-Familie gehörte, Feldzüge für das Spinnrad bis in die fernsten Dörfer. Die zarte, aber zähe kleine Indira bestand darauf, die Eltern auf diesen anstrengenden Reisen begleiten zu dürfen. Das Spinnrad, längst zum Symbol eines politischen Credos geworden, hatte sie ganz in seinen Bann gezogen. Noch ahnte sie nicht, daß Spinnen mehr war als ein Bekenntnis, daß sie mit ihrer kleinen *Charkha* vielmehr ein Instrument in Händen hielt, das sie auf den mystischen Kreislauf Indiens einzustimmen vermochte. Mit fast religiöser Hingabe spann sie täglich viele Stunden, und stolz trug sie später als Braut den Baumwollsari, den Nehru ihr im Gefängnis gesponnen hatte. Von dort schrieb der Vater zu ihrem dreizehnten Geburtstag: „Tue niemals etwas im geheimen oder etwas, das Du trachten mußt, vor den Augen anderer zu verbergen. Denn der Wunsch, etwas zu verbergen, bedeutet, daß Du Furcht hast, und Furcht ist etwas Schlechtes und Deiner ganz und gar unwürdig. Sei tapfer, dann ergibt sich alles andere von selbst. Wenn Du die hier dargelegten Maximen zur Richtschnur Deines Lebens machst, wirst Du zu einem Kind des Lichts heranwachsen, furchtlos, heiter und unerschütterlich, was immer auch kommen mag. – Leb wohl, mein Kleines! Mögest Du zu einem tapferen Freiheitssoldaten im Dienste Indiens heranwachsen!“

Als Jawaharlal Nehru das schrieb, war Indira bereits seit einem Jahr furchtlos politisch aktiv. Zwei Ereignisse hatten sie dazu bewogen: die Erklärung von Lahore, wo sich Nehru und andere Parteimitglieder zur absoluten Unabhängigkeit von der britischen Krone bekannten, und Gandhis Appell zum letzten endgültigen Kampf. Wie Millionen Inder, so wurde die zwölfjährige Indira aufs neue von seinem Aufruf hingerissen. Sie verlangte Aufnahme in die Kongreß-Partei, wurde jedoch zurückgewiesen mit dem Vermerk, sie müsse warten, bis sie achtzehn Jahre sei. ,,Nein zu einer Nehru zu sagen", schrieb Indiras Biograph Krishan Bhatia, ,,ist der sicherste Weg, sie zu reizen, nun gerade den verbotenen Pfad zu betreten."

Indira gründete ihre eigene Freiheitsorganisation – die ,,Vanar Sena" – die ,,Affenbrigade". Ihre Vorbilder waren Märchenfiguren aus dem indischen Epos ,,Ramayana". Hanuman, der Affenkönig, hilft König Rama, Königin Sita zu retten, die von dem Dämonenkönig Ravanna nach Lanka (Ceylon) entführt wurde. Mit seiner Affenarmee – *Vanar Sena* – baut Hanuman eine Brücke über das Meer. Rama benutzt diese Straße aus Tierleibern, um mit seiner Armee nach Ceylon zu ziehen und Sita zu retten.

Das Unmögliche möglich zu machen, sich für eine gerechte Sache, wie die Affen des Hanuman es taten, einzusetzen, war die Losung, unter der Indira über tausend Mädchen und Jungen im ,,Anand Bhavan" versammelte. ,,Wir haben gute Arbeit geleistet", berichtete sie später stolz, ,,wir überbrachten heimlich Nachrichten von Familie zu Familie, von einem Kongreß-Mitglied zum anderen. Wir waren zu klein, um in Verdacht zu geraten. So konnten wir ungestört spionieren. Niemand beachtete ein paar Kinder, die um eine Polizeistation herumtollten und dabei nicht selten Gesprächsfetzen auffingen, die für die Freiheitskämpfer wichtig waren, zum Beispiel, welche Aktionen und Verhaftungen geplant waren."

Sie verschwieg die eigenen Aktionen. Ihr Biograph Bhatia aber wußte von ihnen und berichtete über sie. Indira gründete die ,,Monkey Brigade", die ,,Affenbrigade", als ihr Großvater gerade seine zweite Amtsperiode als Kongreß-Präsident beendet hatte und ihr Vater dessen Nachfolge antrat. Im ,,Anand Bhavan" fanden zu dieser Zeit viele Geheimsitzungen statt, wurden Protokolle und Dokumente verfertigt, die unter keinen Umständen in die Hände der Engländer fallen durften. Eines Tages, kurz bevor die Dokumente ausgebreitet werden sollten, um über sie zu beraten, erfolgte eine überraschende Hausdurchsuchung. Das ganze ,,Anand Bhavan" war schon von Polizisten umstellt, als es Indira gelang, die Papiere im Kofferraum des Autos zu verstecken, mit dem sie wenige Minuten später versuchte, das scharf bewachte Haus zu verlassen. Dem sie anhaltenden Polizisten am Tor jammerte sie, auf ihre Schulbücher weisend, vor, sie würde zu spät kommen und vom Lehrer bestraft werden, wenn er nicht sofort den Weg freigäbe. Der verdutzte Uniformierte ließ Kind und Auto unkontrolliert passieren.

Konnten solche Geschehnisse ohne Wirkung auf die Entwicklung der jungen Indira bleiben? Wurde nicht vielleicht in der Erlebniswelt des Kindes vieles angelegt, was später das Wirken der Politikerin bestimmte: zuzupacken, wo es offensichtlich keinen Weg mehr gab, durch Worte zu überzeugen.

Zu den unvergeßlichen Episoden dieser Kindheit gehört auch eine Geschichte, die Indiras Tante Krishna dem Biographen Bhatia schildert. Krishna fand Indira eines Tages im ,,Anand Bhavan", die linke Hand auf eine Säule gestützt, die rechte wie zu einem imaginären Publikum erhoben. Krishna hörte Indira erregt und beschwörend murmeln. Als Krishna fragte, was sie täte, antwortete Indira mit blitzenden Augen: ,,Ich übe mich darin, Johanna von Orleans zu werden." Schon als Siebenjährige hatte sie sich so in das Leben der Jungfrau vertieft, daß sie sich schließlich in ihren Träumen und Spielen mit dieser identifizierte.

Geschichte als historische Bestimmung zu verstehen, der sich keiner entziehen kann, das lehrte Nehru seine Tochter. Die langen täglichen Gespräche mit dem Vater waren Indiras eigentliche Universität. Wenn der Vater verhaftet wurde, so hinterließ er ihr Bücher, die sie eifrig studierte, und schrieb ihr die Briefe aus den verschiedenen Gefängnissen, die später in Buchform unter dem Titel ,,Weltgeschichtliche Betrachtungen" berühmt wurden.

Diese erstaunlichen Dokumente des Wissens und der Weisheit haben Indira weitgehend gebildet. Nehru lehrte sie, die Welt und vor allen Dingen Indien zu verstehen.

Aus der Schule Nehrus wurde Indira erst mit seinem Tode entlassen. Der schöpferische Austausch mit dem Vater war die Konstante in ihrem Leben. Im übrigen war ihre Erziehung einem unruhigen Wanderleben ausgesetzt. Es lag nicht an ihr, daß sie so oft die Schule wechseln mußte. Nehru war – besorgt, daß die englischen Schulen in Indien eine ,,Miß Muff" aus Indira machen würden – ständig auf der Suche nach einer adäquaten Erziehung, nach einer neuen Schule.

Indira sollte das alte Erbe pflegen und sich gleichzeitig die Erkenntnisse der modernen Zeit zunutze machen. Die meisten Schulen, die sie besuchte, gaben ihr nichts. Erst nach ihrem Abitur gelangte sie zu einem Lehrer, der großen Einfluß auf sie gewann – dem indischen Nobelpreisträger, Philosophen und Dichter Rabindranath Tagore.

In ganz Indien wurde der Bengale Tagore als Seher und Heiliger verehrt, *Gurudev* – als ,,Gott in der Form eines Lehrers".

In Shantiniketan, in seinem Heim, richtete er 1921 eine Hochschule ein, die heute zu den bekanntesten Universitäten Indiens gehört. Das Außergewöhnliche von Shantiniketan ist die Atmosphäre des Friedens und der

Harmonie. Universität und Wohnhäuser für Studenten liegen in einem stillen Park, in den der Lärm des Alltags nicht eindringen kann. Tagore hatte diese friedliche Zuflucht geschaffen, um den Menschen als Ganzen zu einer Ganzheit zu erziehen. Er fügte Fächer in den Lehrplan ein, die auf anderen Universitäten unbekannt waren, wie Musik, klassischen indischen Tanz, Malerei und alle Arten von Kunsthandwerk.
„Das war eine ganz andere Welt", sagte Indira mir später in einem Gespräch, „so friedlich, eine Welt, in der Kunst und Musik eine Rolle spielten, Dinge, die ich vorher gar nicht gekannt hatte. Für mein Leben ergaben sich daraus völlig neue Dimensionen." – Das Wichtigste in der Erziehung von Shantiniketan aber waren die persönlichen Begegnungen zwischen dem Dichter und seinen Studenten. Die Stunden mit Tagore gehörten zu Indiras glücklichsten Erinnerungen: „Wir saßen fast jeden Abend mit ihm zusammen, hockten am Boden zu seinen Füßen, diskutierten unsere Probleme, hörten ihn laut lesen oder Gedichte rezitieren, oft beobachteten wir ihn auch nur schweigend, sahen ihm zu, wie er malte. An Tagore war alles Harmonie, und er strömte sie aus."
Indira fand Frieden in Shantiniketan, und zwar im Einklang mit Tagore. Was sich zwischen ihr und dem 73jährigen Dichter abspielte, versteht nur, wer etwas von der jahrtausendealten Hindutradition des *Gurus* weiß, um den sich in einem *Ashram*, einem Ort der Stille, die Schüler sammeln, die ihn als Meister und Lehrer anerkennen.
Die Weisheit des *Gurus* bestimmt das Wissen des Schülers. Voll eingeweiht wird nur der Auserwählte. In dieser Tradition liegen die elitären Elemente der brahmanischen Erziehung. Indiens wirkliche Aristokratie ist eine Aristokratie des Geistes. Wie Nehru versuchte auch Tagore, die junge Indira in diese Welt einzuführen.
Indiras Aufenthalt in Shantiniketan wurde durch die Nachricht von der tödlichen Krankheit der Mutter unterbrochen. Indira mußte von einer Stunde auf die andere nach Hause eilen. Da Nehru wieder im Gefängnis saß und nicht gewillt war, für seine Freiheit ein Papier zu unterzeichnen, mit dem er sich zur politischen Abstinenz verpflichtete, mußte Indira die lungenkranke Kamala in die Schweiz begleiten und später nach Badenweiler, wo sie im Februar 1936 im Beisein des inzwischen aus der Haft entlassenen Nehru starb.
Shantiniketan hinterließ schwärmerische Erinnerungen im Leben der Indira Gandhi – alljährlich wurden sie wieder virulent, wenn sie als Präsident der Tagore-Universität im weiten Park unter dem bunten Festzelt das traditionelle Lorbeerblatt den Studenten und Studentinnen überreichte, die ihr Examen bestanden hatten. Der große Lehrer war tot,

was er sie lehrte, blieb in ihr lebendig, auch wenn sie seinem Ruf nicht folgen konnte. Er hätte sie gern als Wissenschaftlerin oder als Künstlerin gesehen – vielleicht sogar als Tänzerin –, denn unter seiner Leitung hatte sich Indira in wenigen Monaten im klassischen *Manipur* so entwickelt, daß er sie am liebsten auf eine Bühne gestellt hätte.

Als Indira 1937 in Oxford Verwaltungswissenschaften, Geschichte und Anthropologie zu studieren begann, war ihr Weg schon vorgezeichnet. Krieg und Krankheit hinderten sie daran, ihre Studien mit einem Examen zu beenden. Das hieß aber nicht – wie ihr erbitterter Gegner, der pakistanische Ministerpräsident Bhutto, behauptete –, daß ihre so sorgfältige vom Vater begonnene und bis zu seinem Tode weitergeführte Ausbildung etwa unvollkommen gewesen wäre. Indira hat durch Nehru die beste Schulung für ihren Beruf bekommen, die sich ein Politiker wünschen kann. Es fehlte weder an Theorie noch an Praxis – an Begegnungen mit der großen Vergangenheit, mit der Geschichte und der Gegenwart. Und doch in gewisser Hinsicht war es auch ein Verzicht auf eine eigene, vom Vater abgelöste Entwicklung. War sie sich dessen bewußt? Wollte sie es gar?

„Indira weiß, was sie will, und setzt sich auf jeden Fall durch", betonten die Freunde, kritisierten die Feinde. Nur eine kurze Zeit in ihrem Leben schien sie zu schwanken, war es, als geriete sie in den Willensbereich eines anderen. Es war der Parse Feroze Gandhi, der bereits neun Jahre lang um sie geworben hatte, als sie ihn 1942 trotz der Einwände ihrer Familie heiratete. Obwohl weltoffen und dem Säkularismus verschrieben, hatte der Brahmane Nehru gegen den Parsen Feroze Gandhi Bedenken. Die Parsen verehren als Anhänger der Lehre Zoroasters (Zarathustra) das Feuer. Sie gehören zu einer anderen als der hinduistischen Kultur. Nehru ging es aber im wesentlichen um etwas anderes. Er ahnte Schwierigkeiten voraus, weil Indira und der 1912 geborene Journalist Feroze Gandhi aus Kreisen stammten, die sich nur schwer miteinander in Einklang bringen ließen. Wie recht er hatte, zeigte der Verlauf der Ehe, zu der er schließlich doch unter Indiras vehementer Entschlossenheit seinen Segen gab.

Was Nehru an Konfliktstoffen zwischen den beiden jungen Menschen voraussah, wurde eine Zeitlang durch gemeinsame Interessen, gemeinsamen politischen Kampf und gemeinsamen Gefängnisaufenthalt ausgeschaltet. 1944 wurde der erste Sohn Rajiv geboren, der 40 Jahre später – nach einer erfolgreichen Karriere als Pilot bei „Indian Airlines" und einer kurzen Zeit im politischen Leben – zum Nachfolger seiner ermordeten Mutter wurde. Rajivs italienische Frau Sonia gebar ihm zwei, von

Indira zärtlich geliebte Kinder, den Sohn Rahul und die Tochter Priyanka.

1946, als Nehru nach Delhi übersiedelte, um dort seinen Platz in der Interimsregierung einzunehmen, ernannte er Feroze Gandhi zum Direktor der von ihm gegründeten Zeitung „National Herald", die in Lucknow erschien. Indira zog mit Feroze dorthin, und wenige Wochen später wurde der zweite Sohn Sanjay geboren, dessen Name später in Verbindung mit der Konstruktion eines Kleinwagens und seiner verzögerten Herstellung genannt wurde und die Presse und Opposition zu heftiger Kritik herausforderte:

Indiras Gegner behaupteten, Sanjay würde niemals die Möglichkeit bekommen haben, eine eigene Fabrik zu eröffnen, wäre er nicht der Sohn der Ministerpräsidentin, das gleiche gelte für Kredite und Anleihen. Im übrigen – so die Opposition – käme der Wagen niemals auf den Markt. Schließlich machte Khushwant Singh, Chefredakteur der „Illustrated Weekly", dem politischen Zweikampf ein Ende. Er begab sich im Mai 1975 in die Maruti-Kleinwagen-Fabrik – und siehe da, die ersten Wagen waren bereits fertig. Seit 1983 wird der Maruti gemeinsam mit einer japanischen Firma in Serie hergestellt.

Noch tief in Nehrus Gedankenwelt verankert, wurde es Indira schwer, sich nicht täglich mit dem Vater austauschen zu können. Die Frage, die sich vom Beginn ihrer Ehe an stellte, ob sie weiter politisch tätig sein oder eine gute Hausfrau werden sollte, war wohl nur eine rhetorische – besonders nachdem sich durch Zufall herausstellte, daß sie die Fähigkeit besaß, mit ihren Worten große Ansammlungen von Menschen zu fesseln. Eigentlich hätte ihr Vater, inzwischen zum ersten Ministerpräsidenten des unabhängigen Indien ernannt, in Lucknow sprechen müssen, aber er sagte wegen anderer Verpflichtungen ab, und Indira mußte an seiner Stelle eine Wahlrede halten. Der Funke sprang über – die Menge klatschte ihr Beifall. Indira hatte den Weg betreten, auf dem es keine Umkehr gibt. Warum sie das getan hatte, wollte ihr Biograph Krishan Bhatia wissen. Die Antwort verriet einen typisch indischen Fatalismus, zu dem sie sich allerdings nur indirekt bekannte: „Ein guter Inder würde sagen, es stand eben nicht in meinen Sternen, eine kleine Hausfrau zu sein."

Feroze unterstützte sie. Als kluger Mann erkannte er, daß sie nicht zu halten war. Und er glaubte wohl, daß es nicht gerecht gewesen wäre, sie an ihrer Karriere zu hindern. Indira selbst meint allerdings, es seien andere Gründe im Spiel gewesen – Feroze habe Angst vor ihrer Intensität gehabt und ihre Ablenkung von ihm in gewisser Hinsicht begrüßt:

,,Er wollte mich auf jeden Fall beschäftigt wissen.“ Später, 1959, als Indira zur Kongreß-Präsidentin gewählt wurde, mögen ihm Zweifel über seine eigene Haltung gekommen sein, aber nun war es zu spät. Wichtige Entscheidungen konnten nicht mehr rückgängig gemacht werden, sie waren schon in dem Augenblick gefallen, in dem sich Indira Gandhi entschloß, zu ihrem Vater nach Delhi zu ziehen, um in seinem Haus als Ratgeberin, Betreuerin und Hausfrau zu wirken.

Gewiß, Feroze folgte ihr 1952 als Abgeordneter von Rae Bareli nach Delhi – und er lebte zunächst auch mit ihr im Tin-Murti-Haus, aber stets mit einem leichten Widerwillen. Er haßte offizielle Dinners und Empfänge und fand das Gesellschaftsleben schließlich so unerträglich, daß er in das ihm zustehende einfache kleine Haus eines indischen Abgeordneten zog.

Nehru und Feroze fühlten sich irritiert, sobald sie zusammentrafen. Feroze war stolz und liebte es nicht, die zweite Geige zu spielen, und erster Konzertmeister konnte in Nehrus Haus nur der indische Premierminister selbst sein. Im Gegensatz zur brahmanisch-englischen Attitüde Nehrus, die mit trockenem und leisem Witz verbunden war, gab sich Feroze eher bäuerlich, jovial mit polterndem Humor. Selbst sehr empfindlich, konnte er oft recht verletzend werden und die Grenzen überschreiten, die einzuhalten dem britisch erzogenen Nehru selbstverständlich war. Zwei Welten waren durch diese Ehe zusammengetroffen, die, wie Nehru schon vor der Hochzeit gefürchtet hatte, sich nicht decken würden.

No personal comment – keine Bemerkungen, die das Persönliche betreffen, das war eigentlich immer Indiras Haltung. Es muß eine besondere Stunde gewesen sein, als sie auf die Frage einer Journalistin, ob ihre Ehe unglücklich gewesen sei, antwortete: ,,Alles ist relativ. Konflikte und Unglück sind nicht immer die schlimmsten Dinge, die sich ereignen können. Es ist die ganze Erfahrung, die einer machen muß, um ihn zu dem zu machen, was er ist – je umfassender die Erfahrung, um so stärker wird die eigene Persönlichkeit.“

An der Stärke ihrer Persönlichkeit gemessen, müssen die Lebenserfahrungen der indischen Ministerpräsidentin dramatisch gewesen ein. Und es hätte kaum ihrer Worte bedurft, um sie auch in jenem Bereich zu vermuten, den Indira stets abschirmte: in ihrer Beziehung zum männlichen Partner. Was Feroze Gandhi und sie anging, waren Glück und Unglück keine Konstanten. Einen kurzen Sommer lang schien das Einvernehmen aus frühester Zeit wiederhergestellt. Die beiden verbrachten einen harmonischen Urlaub in Kashmir, ehe Feroze wenige Monate später, im September 1960, starb. Einmal wieder mußte sich Indira mit etwas Unabänderlichem auseinandersetzen, wurde ihr genommen, was sie vielleicht doch halten wollte. Änderte das ihre Auffassung von Glück? „Ich glaube“, erklärte sie nach Ferozes Tod, „Geben ist das, was glücklich macht.“

Über 17 Jahre lang übte sich Indira Gandhi im Tin-Murti-Haus im Geben – aber dort, in der Nähe des Vaters, erhielt sie täglich Gegengaben: Verständnis, Wissen, Weisheit und Anschauungsunterricht in politischer Strategie. Nur Außenstehende sahen in ihrer Zeit mit dem Vater ein abgeleitetes Leben. In Wirklichkeit hatte sie längst neben Nehru die Statur entwickelt, die später die Welt überraschen sollte.

Die ersten Jahre der Regierung Gandhi

Niemand wußte, wie ernst es Indira Gandhi damit war, als sie nach dem Tod des Vaters im Mai 1964 äußerte, sie wolle der Politik entsagen. Ihre Gegner meinten natürlich, das sei nichts als listige Strategie gewesen. Selbst die Freunde wußten nicht, warum Indira zögerte. Gewiß, die Schwere des Amtes war offensichtlich – aber Indira war nicht der Mensch, der schweren Aufgaben auswich. Ihr war klar, daß sie unter einem anderen Stern als ihr Vater antrat. Nehru wurde nach Erlangung der Freiheit noch durch den Willen von Millionen getragen, die gemeinsam gegen etwas gekämpft hatten. Dieser Gemeinschaftsgeist hielt im Grunde bis zu seinem Tode an, Indira aber konnte nicht mehr mit ihm rechnen. Sie mußte das Volk für Ziele programmieren, die unspektakulärer, nüchterner waren als die mit einer Glorie umgebene Unabhängigkeit. Politische Höhenflüge, wie Nehru sie zum Beispiel mit der Konferenz von Bandung unternahm, auf der sich 1955 die zwei Drittel der Menschheit repräsentierenden asiatischen und afrikanischen Staaten zu einer Gerechtigkeit und internationale Anerkennung fordernden Gruppe zusammenschlossen, waren ihr weitgehend verwehrt.

Grauer Alltag innenpolitischer Probleme

Sie mußte mit dem grauen Alltag innen- und außenpolitischer Probleme fertigwerden. Mit einer internationaler Presse, die sich am bedrückenden Elend des Landes festsaugte und nur wenig anerkennende Worte für die Entwicklung des unabhängigen Indien fand. Das war nicht gerecht. Es gab nicht nur die Slums von Kalkutta. Zwischen 1955 und 1966 stieg das indische Industrieprodukt um 150 Prozent. Eine größere Wachstumsrate konnten die alten Industrieländer in ihrer Frühzeit auch nicht aufweisen. Mehr als 100 000 mittlere und kleine Unternehmen wurden in diesen Jahren gegründet. Die Stahlproduktion wurde versechsfacht, die Kohleproduktion verdoppelt, die Papierherstellung verfünffacht, die Aluminiumproduktion verfünfzehnfacht. Das jährliche Einkommen pro Kopf stieg von 220 auf 325 Rupien, es war zeitweise höher als in China. Das

Straßennetz wurde vervierfacht. Mit 33 Milliarden Kilowatt erzeugte Indien schon 1966 fünfmal soviel Strom wie 1951. Längst wurde der Grundstein zu einer beachtlichen Atomindustrie gelegt. Ihre Kapazität war bereits größer als die von Schweden. Die Anlage von Kleinbetrieben innerhalb eines Industriekomplexes wie Okla zeigte deutlich, daß Planung auch unter einer liberalen Demokratie möglich war.
Wenn trotzdem nicht alles so recht vorwärtsgehen wollte, so lag das vor allen Dingen an der ungeheuren Bevölkerungsexplosion, die man seit Jahren vergeblich mit der Familienplanung einzudämmen versuchte; es lag am Ausbleiben des Monsunregens, an Mißernten, an Hungerkatastrophen, wie Frau Gandhi sie in ihrem ersten Regierungsjahr erlebte. Die Hungersnot von 1966, die durch eine Dürrekatastrophe im Jahre 1965 entstanden war, führte zu Hilfsmaßnahmen aus vielen Ländern der Erde. Wirklich Entscheidendes allerdings geschah nur von den Vereinigten Staaten.

Besuch in den USA

Im März reiste die Premierministerin nach Washington, um über die Beziehungen zwischen Indien und den USA zu sprechen. Anläßlich eines Banketts, das ihr vom Präsidenten Lyndon B. Johnson gegeben wurde, zeichnete Indira in ihrer Tischrede ein eindrucksvolles Bild von Indien:
„Ihre Worte, Herr Präsident, haben mich außerordentlich bewegt. Sie haben von Indien und seiner Vielfältigkeit gesprochen. Wir, die wir dort leben, sind uns ihrer natürlich zutiefst bewußt, zugleich aber wissen wir auch um die grundsätzliche Einheit, die alle unsere Völkerschaften miteinander verbindet.
Sie haben einige Worte meines Vaters zitiert. Ich möchte etwas von dem wiederholen, was Sie sagten. Sie sagten, Herr Präsident, daß die Wirklichkeit nur selten mit dem, was man sich erträumt, auch übereinstimmt, aber nur die Träume sind es, die die Ziele adeln. In den Vereinigten Staaten haben Sie Ihre Träume teilweise verwirklicht. Aber noch immer – und das mit Recht – suchen Sie nach Wegen, um dem amerikanischen Volk ein besseres und sinnvolleres Leben zu ermöglichen. Sie haben die Idee von der ‚großen Gemeinschaft' genannt. In Indien haben wir Träume, die Ihnen, die Sie hier versammelt sind, lächerlich erscheinen mögen, weil sie so simpel sind – Nahrungsmittel, bisher kaum ausreichend, um die Menschen vor dem Hungertode zu bewahren, Unterkünfte, um vor Wind und Wetter zu schützen, Medikamente und ein

Schulwesen, um das Vertrauen und die Hoffnung von nahezu 500 Millionen Menschen zu stärken. Aber alles im Leben ist relativ. In meinem Lande gibt es ein altes Sprichwort. Jemand sagte: ‚Ich habe darüber geklagt, daß ich keine Schuhe besitze, bis ich einen Mann traf, der keine Füße mehr hatte.‘

Mahatma Gandhi sagte einmal, und mein Vater hat es des öfteren wiederholt, daß wir in Indien zuallererst uns darum bemühen müssen, die Tränen der Menschen zu trocknen. Das ist selbstverständlich eine große Aufgabe, und ich zweifle, ob ihre Erfüllung in irgendeinem Lande möglich ist. Und dennoch versuchen wir es seit achtzehn langen Jahren. Zwei Jahrhunderte der Unterwerfung können nicht so leicht überwunden werden. Es braucht Zeit, und es bedarf der Arbeit, und es bedarf des Mutes. Indien ist in einem Wandel begriffen . . . Nirgendwo sonst in der Welt sind die Gegensätze so ausgeprägt. Da gibt es nicht nur verschiedene Entwicklungsstufen in den einzelnen Staaten, sondern auch innerhalb eines jeden Staates existieren mehrere Jahrhunderte nebeneinander. Wir haben die größten Bewässerungsanlagen der Welt, und dennoch halten Familien in Teilen unseres Staates Rajasthan in der Wüste das Wasser als eine Kostbarkeit unter Schloß und Riegel. Vor einem Monat noch, auf einer Reise durch die Grenzgebiete, habe ich selbst erfahren, wie hart es ist, die Meilen von Brunnen zu Brunnen zählen zu müssen.

Immer noch wirbeln zwölf Millionen oder mehr Ochsenkarren den Staub unserer Landstraßen auf. In anderen Teilen Indiens hingegen errichten wir drei Atomkraftwerke.

Die durchschnittlichen Landwirtschaftserträge sind niedrig. Gleichzeitig gibt es Gebiete, in denen die Zuckerrohrernten sich durchaus mit denen von Hawaii oder Java vergleichen lassen.

Ein Drittel aller Analphabeten der Welt lebt in Indien. Doch sind wir dabei, das Analphabetentum zu bekämpfen. In unserem Staat Maharashtra bemüht sich ein Dorf nach dem anderen, das Analphabetentum auszurotten. Eltern lernen von Kindern, so daß die Ehre des Dorfes gewahrt bleibt. In Madras haben sich Leute zusammengeschlossen, um ihre Schulen zu verbessern. Sie haben dafür 100 Millionen Rupien investiert, abgesehen von den Geldern, die die Regierung bereits zur Verfügung gestellt hatte. Im Punjab fertigen kleine Werkstätten Drehbänke und Pumpen an, was das Leben auf dem Lande revolutioniert hat.

Die Widersprüche, die Konflikte in Indien sind Legion. Die Rückständigkeit, die man allerorten antraf, war herzzerreißend. Aber Veränderungen zeichnen sich in zunehmendem Maße ab.

Indien ist ganz entschieden auf dem Weg nach vorn. Die Vereinigten

Staaten haben wertvolle Hilfe in unserem Kampf gegen Armut, Hunger, Unwissenheit und Krankheit geleistet. Wir sind dankbar für diesen Freundschaftsbeweis. Aber wir wissen auch, daß unsere ‚große Gemeinschaft' nur sicher bestehen kann auf der Grundlage unserer eigenen Leistungen. Und wir sind entschlossen, diese Leistungen zu erbringen. Wir sind es unseren Freunden und im besonderen Maße uns selber schuldig.

Dennoch glaube ich, um Ihre eigenen Worte anzuführen, daß es von größter Wichtigkeit ist, unsere beiden Länder, was Geist und Mut anbetrifft, einander näherzubringen. Ich begrüße Ihre Absicht, einen Indien-Amerika-Fonds zu begründen, der dieser Beziehung eine konkrete Form geben soll.

Unsere heutige Welt bietet die Möglichkeit, eine Verständigung zwischen den Völkern herzustellen. Die jungen Männer und Frauen Ihres Friedenskorps sind wohlbekannt und wohlgelitten in unserem Land. Jede Anstrengung, diese Partnerschaft von Mensch zu Mensch zu unterstützen und zu erweitern, ist willkommen.

Die Freundschaft mit Amerika ist nichts Neues für uns. Alle, die wir in Indien am Freiheitskampf beteiligt waren, wissen aus den frühen Tagen um Ihren eigenen Kampf hier. Uns sind die Worte Ihrer großen Männer und Ihrer früheren Präsidenten auch gelehrt worden. Zudem waren wir allein durch die Freundschaft und das Verständnis, das Präsident Roosevelt uns während der schwersten Tage unseres Unabhängigkeitskampfes bewiesen hat, miteinander verbunden. Ich zweifle nicht, daß der freundschaftliche Rat, den er der britischen Regierung gegeben hat, unseren Freiheitskampf erleichtert hat.

Aber wiederum muß ich betonen, daß die wichtigsten Anstrengungen wir selbst zu leisten haben. Gerade heute wollen wir unsere Last selbst tragen, und das tun wir auch, aber ein gewisses Maß an Hilfe von Freunden, die es für wert erachten, uns diese Last zu erleichtern, ist stets willkommen. Indiens heutige Probleme sind seine eigenen Probleme, aber sie sind zugleich auch Weltprobleme. Ein stabiles, vereinigtes und demokratisches Indien kann einem großen Zwecke dienlich sein. Wenn Indien versagt, bedeutete das auch ein Versagen des demokratischen Systems. Es wäre gleichbedeutend mit der Entwertung vieler Ideale, die Ihnen und mir teuer sind. Darum, Herr Präsident, begrüße ich Ihre Worte und dieses Zusammentreffen mit Ihnen."

Die Reise nach Washington war Indira Gandhis erster außenpolitischer Erfolg. Nicht nur, daß Präsident Johnson wesentlich erhöhten Weizenlieferungen zur Linderung der indischen Hungersnot zugestimmt hatte, er

versprach, die Vereinigten Staaten würden in Zusammenarbeit mit der Weltbank auch in Zukunft alles Erdenkliche tun, um den Lebensstandard Indiens zu heben. Indira Gandhi fand bei ihrer Pressekonferenz in New York Worte, die man nicht unbedingt hätte erwarten können. So sagte sie: „Indien sucht die Freundschaft der Vereinigten Staaten nicht etwa nur wegen der Hilfe und der Nahrungsmittellieferungen, die die USA so großzügig gewährt haben, sondern wegen der weitgehenden Gemeinsamkeiten der Ideale in beiden Ländern."
Damit waren Worte gefallen, die den Auffassungen des linken Flügels der Kongreß-Partei in bemerkenswerter Weise entgegenstanden. So mußte Frau Gandhi nach ihrer Rückkehr erfahren, daß sich einige ihrer alten linken Freunde, wie Krishna Menon, nunmehr ihren Kritikern zugesellt hatten. Auf der anderen Seite gewann sie neue Freunde, die mit Befriedigung feststellen konnten, daß die Vorbehalte, die Frau Gandhi früher gegenüber den USA gezeigt hatte, bei ihrem ersten offiziellen Auftreten in Washington wie weggewischt waren. Indira ließ deutlich erkennen, daß ihr an einem ausbalancierten Verhältnis Indiens zu den Vereinigten Staaten und der Sowjetunion gelegen war. Nur so, das wußte sie, könnte Indien über Südasien hinaus eine Rolle von Weltgeltung spielen.

Die Sikhs

Am 9. März 1966 traf Indira Gandhi eine innenpolitische Entscheidung, deren Tragweite sie erst in den 80er Jahren übersehen konnte. Was ihr Vater während seiner ganzen Regierungszeit energisch abgelehnt hatte, gewährte sie: die Teilung des Bundeslandes Punjab in einen vorwiegend *Punjabi* sprechenden Sikh-Staat – „Punjabi Subha" – und den neu zu gründenden Staat Haryana. Die schwierige Operation fand am 1. November statt. Indira setzte sich gegen viele warnende Stimmen durch. Sie wollte ein Problem aus der Welt schaffen, das die indische Innenpolitik seit der Gründung des unabhängigen Indien belastete. Die Religionsgemeinschaft der Sikhs war bei der neuen Aufteilung Indiens, die 1956 nach sprachlichen Gesichtspunkten erfolgte, nicht berücksichtigt worden. Das geschah, weil *Punjabi* – wenn auch in der Verfassung als eigene Sprache anerkannt – in Wahrheit nur ein vom *Hindi* abgeleiteter Dialekt war, den jeder des *Hindi* Mächtigen leicht verstand. Den Einwand, daß *Punjabi* im heiligen Buch, im „Granth Sahib", in einer eigenen, wenn auch altertümlichen Schrift, dem *Gurmukhi*, geschrieben werde und daher die Teilung rechtfertige, ließ Nehru nicht gelten, er wußte genau, daß die Sikhs ihren Wunsch nach einem eigenen Staat nur zum Schein sprachlich begründeten, in Wirklichkeit wollten sie ihre religiöse Gemeinschaft zu einem eigenen Staatswesen erheben, und das ging gegen die Verfassung und die säkularen Prinzipien Nehrus. Er lehnte ab. Indiras Entschluß, anders zu handeln, war nicht nur die Folge von ständigen Unruhen, sie wollte die Sikh-Soldaten und Sikh-Offiziere ehren, die mit großer Tapferkeit im Krieg mit Pakistan gekämpft hatten.

Die Sikhs, die zwanzig Prozent der indischen Armee stellten, hielten andererseits allein damit ein Druckmittel gegen Indira in Händen, das einige der bärtigen Turbanträger schon damals weidlich ausnutzten. Unzufriedenheit oder gar Rebellion in der Armee, die bis heute ein unpolitisches Instrument von großer Stabilität blieb, wollte Indira nicht riskieren. So schuf sie am 1. November 1966 für die Gebiete mit Sikh-Mehrheit die Provinz „Punjabi Subha“ und kreierte mit „Haryana“ einen neuen von einer Hindu-Majorität bewohnten Bundesstaat. Die von Le Corbusier erbaute Kapitale Chandigarh blieb vorerst Hauptstadt der beiden Staaten.

Der Punjab gehört zu den reichsten Bundesstaaten der Indischen Union. Von den vorzüglich angebauten Feldern seiner Bauern kommen 75 Prozent des Getreides, das Indien zur Ernährung seiner Menschen benötigt. Was den Punjab aber so spektakulär macht, sind seine Bewohner, die Sikhs. Diese bärtigen hochgewachsenen Turbanträger werden in Europa häufig für die Inder schlechthin gehalten. In Wahrheit stellen sie nur 2,44 Prozent der gesamten Bevölkerung Indiens, und ihre Provinz umfaßt nur ein Sechzigstel des indischen Territoriums. Die Rolle, die sie in der Geschichte Indiens vom 16. Jahrhundert bis heute spielten, war dramatisch. Sie begann mit dem Gründer der Sikh-Religion, *Guru* Nanak, der 1469 in einem kleinen Ort südwestlich von Lahore geboren wurde. Nanak, später *Guru*, Lehrer oder Meister genannt, war ein bedeutender sozialer Reformer, der nach einer Synthese zwischen Hinduismus und Islam suchte. Er lehnte vor allen Dingen den religiösen Fanatismus der Muslims ab, den die Sikhs unter der Mogulherrschaft am eigenen Leibe zu spüren bekamen. Vor Gott, so lehrte Nanak, sind alle Menschen gleich. Ganz selbstverständlich war es deshalb für ihn, *Purdah*, das Leben der Frau hinter Schleiern und Gittern, wie es bei den Anhängern Mohammeds üblich war, abzuschaffen und die Sikh-Mädchen als gleichberechtigte Wesen in Freiheit erziehen zu lassen. Logischerweise ergab sich aus der Vorstellung von der Würde des Menschen als eines unteilbaren Gutes, an dem alle Menschen nach Gottes Willen teilhaben, auch die Ablehnung des Kastensystems der Hindus. Das blieb kein Lippenbekenntnis. Nanak ließ in allen Tempeln *Langar* – Freiküchen – einrichten, wo jeden Tag Tausende von Menschen kostenlos essen konnten. Und was das Wichtigste war: Sie saßen, gleich, welcher Kaste, Rasse oder Religion, an einem Tisch, eine Zumutung für einen Hindu, der nur innerhalb seiner eigenen Kaste essen, trinken, arbeiten und heiraten durfte.

Es gab noch andere wichtige, revolutionäre soziale Veränderungen. Jeder Sikh wurde verpflichtet, auch praktische Arbeit zu leisten, den Tempel zu reinigen, einen Besen in die Hand zu nehmen, zu wischen, zu kochen, zu spülen, Tätigkeiten, die ein Kastenhindu als unwürdig ablehnte. Die Überwindung solcher Vorurteile bildete die Grundlage für eine gesunde Gesellschaft. Weil sie Handarbeit nicht ablehnten, begannen die Sikhs, in handwerklichen und technischen Berufen zu dominieren. Vorarbeiter, Meister und Ingenieure bildeten bald einen gesunden Mittelstand. Seit jeher waren die Punjabis tüchtige Bauern, aber auch erfolgreiche Geschäftsleute und überaus tapfere Soldaten. Eine gewisse, vielleicht gespielte Naivität hat die Hindus nicht selten gereizt, Witze über sie zu machen. Die glänzenden Leistungen der Sikhs auf allen Gebieten führten aber alle Behauptungen ad absurdum, die Turbanträger seien ein wenig dümmlich. Sie gehören vielmehr zu den außergewöhnlichen Gemeinschaften auf dem Subkontinent, und das hat ohne Zweifel mit ihrer Religion, dem Sikhismus, etwas zu tun. Nanak verurteilte neben dem Kastenwesen auch die Vielgötterei und den Aberglauben der Hindus, aber er bewahrte in seiner Religion ihren Glauben an *Karma* und Wiedergeburt. Nur daß *Karma*, jene schicksalhafte Verflechtung, nach der jeder Mensch aufgrund seiner guten oder bösen Taten wiedergeboren wird, seine fatalistische Aussichtslosigkeit bei den Sikhs nicht behielt. Das *Karma*, unter dem ein Sikh antrat, war schon in jenem Augenblick ausgelöscht, wenn der Gläubige Schutz beim *Guru* suchte. Zehn große *Gurus* bestimmten die Religion der Sikhs und einen großen Teil ihrer Geschichte.

Die neun *Gurus*, die Nanak folgten, galten als seine Reinkarnationen. *Guru* Angad, der zweite Lehrer, machte die *Punjabi*-Schrift, das *Gurmukhi*, volkstümlich, als er in ihr die Hymnen des Nanak und Nanaks Lebensgeschichte niederschrieb. *Guru* Amardas (1552–1574) setzte die Sozialreformen Nanaks fort. Er nahm sich besonders der Frauenfrage an, kämpfte wie der erste *Guru* gegen *Purdah*, Verschleierung und Witwenverbrennung *(Sati)*. *Guru* Ramdas (1574–1581) gründete das erste Zentrum der Sikhs in Amritsar, sein Sohn, *Guru* Arjuna, errichtete den

ersten Tempel an jener Stelle, wo später der ,,Goldene Tempel" erbaut wurde. Arjuna sammelte die Hymnen und Reden von *Guru* Nanak und seinen Nachfolgern, faßte sie mitsamt den Hymnen von Hindu- und Muslimweisen zu dem Buch der Bücher, zum ,,Granth Sahib" zusammen.
Der Mogulkaiser Jahangir, der die Sikhs ausrotten wollte, ließ *Guru* Arjuna zu Tode foltern. Mit Jahangirs Untat begann eine lange Leidenszeit der Sikhs, in der die Sikhs zu einer militanten Gemeinschaft wurden. Arjunas Nachfolger Hargobind, Har Rai, Har Krishna, Tegh Bahadur waren in ununterbrochene Kämpfe mit den Soldaten der Mogulkaiser verwickelt. Kaiser Aurangzeb tötete Tegh Bahadur und ließ seinen Körper in vier Teile zerlegen und an den vier Toren des Forts von Delhi aufhängen. Wen wundert es, daß der zehnte und letzte der *Gurus*, Gobind Singh, die Sikhs zu einer militanten Sekte zusammenschmolz? Am 13. April 1699 versammelte er seine Anhänger in Anandpur, dem berühmten Tempel nahe dem heutigen Bhakra-Nangal-Damm gelegen. Fünf von ihnen, Mitglieder einer militanten Bruderschaft, die er die ,,Punj Piyaras" – die ,,Fünf Geliebten" – nannte, taufte er und gab ihnen den Titel *Khalsa* – die Reinen. Zu ihrem Namen erhielten sie den Beinamen *Singh* – der Löwe. Sie mußten einen Eid ablegen, der danach für alle Sikhs gelten sollte, die fünf ,,Ks" zu beachten: *Kirpan*, einen Dolch, *Kara*, einen eisernen Armreifen, *Kangha*, einen Kamm, *Kachha*, kurze Unterhosen, und *Kesh*, ungeschnittene Haare und einen aufgewickelten Bart, unter dem Turban zu tragen. *Guru* Gobind Singh, der 1708 ermordet wurde, sagte seinen Getreuen unmittelbar vor seinem Tode, daß er der letzte *Guru* der Sikhs sei und sie statt seiner künftig das ,,Granth Sahib" verehren sollten. Was das bedeutet, kann nur jemand ermessen, der einmal den ,,Goldenen Tempel" von Amritsar besucht hat:
Der bläuliche Rauch orientalischer Räucherkerzen umweht die gläubigen Priester, die barfuß über den Marmorsteg zum Heiligtum gehen.
Die goldenen Zwiebelkuppeln, die Erker und Türmchen spiegeln sich im künstlichen See, der himmlischen Nektar symbolisieren will. Wer in ihm badet, sagen die Gläubigen, wird rein und glücklich. ,,Die Wahrheit ist groß", lehrte Nanak, ,,aber noch größer ist ein wahrhaftes Leben." – ,,Wahrhaft" war für ihn so unvereinbar mit der Vielgötterei der Hindus wie mit der Intoleranz der Muslims. Nanak verurteilte Aberglauben und Fanatismus, weil sie nach seiner Auffassung den Menschen daran hinderten, sich als freies und selbstbewußtes Wesen zu verwirklichen. In der Askese erkannte der erste *Guru* keinen Weg zu Gott. Erlösung, das Ziel aller religiösen Bemühungen, hatte für ihn nichts mit Abkehr von irdi-

schem Glück zu tun. Befreiung war nicht erst nach dem Tode möglich. Sein Gott hat anderes mit den Menschen im Sinn: ,,Jene, auf die er mit Gnade sieht und denen er die Gnade der Bescheidenheit schenkt, erhalten die Erlösung bereits hier und sind glücklich danach!"

Wie Mohammed, der Prophet, verlangten die *Gurus* von den Gläubigen: ,,Du sollst dir kein Bild machen. Es gibt keine figürliche Darstellung, Gott ist die unsichtbare Kraft und das Licht, das im Menschen leuchtet."

,,Es gibt nur einen einzigen Gott", verkündet das ,,Granth Sahib", das als Gottes Stellvertreter angebetet wird. Das heilige Buch ruht auf kostbaren Tüchern, die von Tausenden von Blumen geschmückt sind, neben einem geweihten Schwert in der Mitte des Tempels, der als einer der schönsten Bauwerke Indiens gilt. Seine Wände sind über und über mit Ornamenten aus Jade, Lapislazuli, Achat, Onyx, Karneol und Perlmutter ausgefüllt.

Die persischen Einflüsse in Muster von Rosetten, Sternen, Girlanden und abstrahierten Blumen sind unverkennbar. Vor dem Buch sitzt ein weißbärtiger Sikh mit blauem Turban – er liest mit lauter Stimme: ,,Er ist die Wahrheit und der Schöpfer, er ist ohne Furcht und ohne Haß, ungeboren, unsterblich und allgegenwärtig! Die Dich anbeten, allmächtiger Gott, können Deine Größe so wenig ermessen, wie die Flüsse die Weite des Ozeans kennen, in den ihre Wasser münden. Deine Liebe allein kann uns helfen, den Weg zu Dir zu finden."

Pausenlos werden die großen Trommeln geschlagen, werden die gemeinsamen Gebete gemurmelt, die Hymnen der Sikhs gesungen. An jedem Abend findet die Zeremonie der feierlichen Zurruhebettung des ,,Granth Sahib" statt. Die in Seidentücher gewickelte und mit Levkojen und Jasmin bedeckte heilige Schrift wird auf einen beweglichen Altar gelegt und von dem höchsten Priester durch ein Spalier von Gläubigen und Wächtern aus dem Allerheiligsten über einen Platz zum gegenüberliegenden ,,Akal Takht", dem Sitz der höchsten Sikhautorität, getragen, dem zweitwichtigsten Heiligtum auf diesem Gelände. Im Dunkel des Schreins verbringt das ,,Buch der Bücher" die Nacht, behütet von der bewaffneten Tempelgarde. Morgens tragen Priester das ,,Granth Sahib" in den ,,Goldenen Tempel" zurück, wo ,,Gott nicht aufgestellt werden darf".

Und wieder beginnt und endet ein Tag mit dem heiligen Wort, das die Priester – vom dumpfen Trommelschlag begleitet – skandieren: ,,Er ist die Wahrheit und der Schöpfer, er ist ohne Furcht und ohne Haß, ungeboren, unsterblich und allgegenwärtig." Über dem Gitter, das die heilige Schrift vor jeder Berührung schützt, lassen die Gläubigen orangefarbene

Levkojen und betäubenden Jasmin, aber auch ihre Silbermünzen und Geldscheine als Opfer fallen. Die gläubigen Sikhs spenden nicht nur für ihre Priester und den Unterhalt der Tempel, der *Gurdwaras*, sie opfern Geld für die freien Kirchen, für Schulen, für die Herbergen am heiligen Ort, für Hospitäler und Versammlungsgebäude. Sie gelten als mildtätig, ihre dramatische Vergangenheit hat sie gelehrt, sich untereinander solidarisch zu verhalten. Immer wieder aber wurde in ihnen der Geist der Rebellion lebendig, er ist ein Teil ihres Charakters, der sich im Kampf gegen Eroberer und Unterdrücker bildete. Immer wieder haben die Punjabis sich in ihrer Geschichte fremder Eindringlinge und Armeen erwehren müssen. Sie alle, Perser, Kushanen, Hunnen, Araber, Mongolen und Engländer, versuchten, über das Fünfstromland in das Herz des Subkontinents vorzudringen, und es waren die Punjabis, die ihnen mit der Waffe in der Hand entgegentraten.
In den schweren Kämpfen, die sie gegen die Mogulherrscher führten, bis es ihnen 1761 gelang, einen Sikh-Staat mit der Hauptstadt Lahore zu gründen, lernten die Sikhs, daß nur eisernes Zusammenhalten zum Ziel führen kann. Mit den Engländern haben sie blutige Kriege geführt. In den beiden letzten Jahrzehnten der britischen Herrschaft erstand den Engländern in der Gestalt des Master Tara Singh ein erbitterter Feind. Der anerkannte Führer der Sikh-Gemeinschaft gehörte zu den Vätern der Sikh-Partei ,,Akali Dal" (Partei des Einen), die 1919 nach der Tragödie von Amritsar entstand, wo General Dyer 1500 Sikhs zusammenschießen ließ. Noch nicht genug der Greuel. Das Jahr 1947 brachte den Sikhs mit der Teilung des Subkontinents in Pakistan und in *Bharat*, die Indische Union, besonderes Unglück. Sie verloren die Hälfte ihrer Heimat mit der Hauptstadt Lahore an Pakistan. Tausende ließen ihr Leben, andere büßten nur Haus, Hof und Geschäfte ein, und unübersehbare Massen flohen vom Tag der Teilung, vom 15. August 1947 an, mit nichts als einem Bündel unter dem Arm in den Osten, in das indische Punjab. Master Tara Singh und seine Anhänger wollten hier auf indischem Territorium einen eigenen Sikh-Staat gründen.
Als die Zentralregierung von Neu-Delhi ihre Zustimmung versagte, kam es zu ständigen Unruhen. Im Sommer 1961 drohte Tara Singh mit einem ,,Fasten bis zum Tode". Als er nach 48 Tagen den Hungerstreik abbrach und überdies bekannt wurde, er habe es mit dem Fasten nicht ganz ernst genommen, verlor er jeden Einfluß.
Sein Nachfolger Fateh Singh führte den Kampf um die Autonomie der Sikhs mit gleicher Erbitterung weiter – neu waren separatistische Parolen, die Nehrus Widerstand nur noch stärker machten. Shastri sah sich im

Herbst 1965 verstärkter Agitation gegenüber. Der Krieg mit Pakistan brachte vorübergehend Ruhe an der Sikh-Front. Kaum hatte Indira Gandhi ihr Amt angetreten, drohte Fateh Singh, sich nach seinem Fasten am *Baisakhi*-Fest (Neujahr), zu dem Hunderttausende in Amritsar erwartet wurden, öffentlich zu verbrennen. Der ,,point of no return" schien erreicht, als Indira Gandhi der Teilung zustimmte.

Als besonders schwierig erwies sich eine Entscheidung über das Schicksal der Stadt Chandigarh, der neuen Landeshauptstadt Punjabs, die nach der Erlangung der Unabhängigkeit geplant und gebaut wurde und von der Nehru sagte: ,,Laßt diese neue Stadt, symbolisch für die Freiheit Indiens, unbeengt von den Traditionen der Vergangenheit, ein Ausdruck des Glaubens der Nation an die Zukunft sein."
Die ersten Entwürfe wurden von dem amerikanischen Architekten Albert Mayer und seinem Assistenten Matthew Novicki gemacht. Als Novicki 1950 tödlich verunglückte, wurde der weltberühmte französisch-schweizerische Architekt Le Corbusier zusammen mit Pierre Jeanneret, Jane Drew, Maxwell Fry und bekannten indischen Architekten mit der Planung der Stadt beauftragt, die – am Fuße des Himalaya gelegen – die verlorene Kapitale Lahore, die nach der Teilung nun zu Pakistan gehörte, ersetzen sollte.
Le Corbusier ging davon aus, daß der Charakter einer Stadt von ihrem alle Bewohner angehenden Bezugspunkt abhängt: von einer Kathedrale, einem Palast, einer Burg. Er krönte seine Stadt mit dem ,,Kapitol". Auf einem künstlichen Hügel an der Nordspitze des Geländes im Schatten der Himalaya-Berge gelegen, sollte der kapitolinische Berg bald das ,,Sekretariat", den Sitz der Regierung, das Parlamentsgebäude, den Obersten Gerichtshof und ein ,,Museum des Wissens" umfassen.
Was Le Corbusier mit Schwung in seine Pläne zeichnete – kühne Monumente, als Intervalle zwischen die großen Verwaltungsbauten gestellt – dokumentiert die Gedankenwelt des außergewöhnlichen Architekten: der ,,Turm des Schattens", der zeigt, daß ein architektonisches Spiel mit der Sonne schließlich zur Senkung der Temperaturen führen kann; der ,,Weg der Sonne", die das Leben des Menschen bestimmt; der ,,Modulor", eine dem menschlichen Körper nachgebildete Stahlgestalt, deren humane Maße – anders als der ,,goldene Schnitt" – den Menschen zum Mittelpunkt aller Dinge, zum Leben bewegenden Wandlungsfaktor, macht; das ,,Denkmal der Märtyrer", Glorifizierung des Kampfes um die Unabhängigkeit. Und dann auf vielen Skizzen immer wieder das alles überragende gigantische Monument, mit ein paar genialen Strichen hin-

geworfen: ,,die offene Hand" die gegen den Himmel erhobene steinerne Rechte, die nichts anderes darstellen sollte als die doppelte Herausforderung menschlicher Beziehungen: ,,offen zu empfangen, offen zu geben". Nicht, als hätte sich Le Corbusier im Höhenflug verloren. Seine in Sektoren geplante Stadt ging von Überlegungen aus, die zu sozialen Veränderungen führten. Der französische Architekt brachte Weitläufigkeit, wo Enge gewesen war. Wenn es ihm auch nicht vollkommen gelang, das Klassensystem zu überwinden, so geschah doch sehr Wesentliches:
Was Privileg der Reichen gewesen war, wurde nun auch für Ärmere erreichbar. Zum ersten Mal in der jüngsten Geschichte Indiens konnten sich auch Bürger geringen Einkommens eine Vier- bis Fünfzimmerwohnung mit Veranda, rauchloser Küche, sanitären Anlagen, Waschräumen mit fließendem Wasser und einen Vorgarten leisten. Im Prinzip sind alle Häuser gleich konzipiert. Sie unterscheiden sich nur durch die Qualität des Materials, die Raffinesse der Fertigung. Es war die Bauweise, die eine vollkommene Demokratisierung, eine Überwindung der Klassenunterschiede, wie Le Corbusier sie anstrebte, verhinderte. Seine Vorstellungen von sozialer Gerechtigkeit versuchte er auf andere Weise durchzusetzen. Er veranlaßte die Festsetzung der Mieten, die heute noch gilt: Jeder, ob arm oder reich, muß zehn Prozent des Einkommens für seine Wohnung zahlen.
Der einheitliche Baustil verrät den Wunsch nach Angleichung. Alle Häuser haben die für Chandigarh charakteristischen Sonnenblenden, riesige Sonnenbrecher, die – wo der Monsun sie nicht ausgewaschen hat – in blendendem Weiß auf dem roten Sandstein stehen, jenem sanftfarbenen warmen Material, das schon Akbar der Große für die erste der geplanten indischen Städte, für Fatehpur Sikri verwandte. Daß sich neben dem Sandstein auch der Beton durchsetzte, hat ebenso viel Kritik hervorgerufen wie die gigantischen Ausmaße des neuzeitlichen, beinahe kubischen Blocks, mit dem Le Corbusier seine Ideen verwirklichte.
In der ersten Phase wurden 30 Sektoren gebaut. Jeder Sektor – von Le Corbusier als Herz der Planung bezeichnet – ist eine Einheit in sich selbst. Er besitzt ein Einkaufszentrum, das von jedem Haus in zehnminütigem Fußmarsch erreicht werden kann, Schulen, Krankenhäuser, Kirchen, Moscheen und Tempel, Spielplätze, Freizeitzentren, Grünanlagen. Je nach Größe hat ein Sektor, in dem übrigens Menschen aller Kasten und Klassen wohnen, 3000 bis 20 000 Einwohner.
Was die in der Intimität eines Innenhofs traditionell auf engem Raum zusammenlebenden indischen Dorfbewohner anfangs beunruhigte und sogar frustrierte, waren die großzügige Verschwendung von Raum zwischen

den einzelnen Bauten und Vierteln, der Gigantismus vieler Bauten, die scheinbar unendliche Leere, die fast totenstillen Straßen, der weite Weg zu dem, was Herz und Motor der Stadt sein sollte: zum „Kapitol". Es herrschte Kälte und Distanz, wo Wärme und Nähe sein sollte. Inzwischen ist Chandigarh zusammengewachsen – seine Bindeglieder sind Bäume und Büsche, Teiche, Parks und Seen.
In Le Corbusiers Traumvorstellungen von Chandigarh verbanden sich Schönheit mit sozialer Gerechtigkeit, Hygiene mit Vitalität, Dynamik mit Form, das Leben des Menschen mit dem Lauf der Sonne, die der Franzose für den „Meister" der modernen Architektur hielt.
Wie war es möglich, daß seine Pläne durch das Entstehen und Anwachsen von Slums gestört wurden? Hatte die Regierung nicht vorsorglich die Kleinindustrie, weit vom Zentrum der Stadt entfernt, im Südosten geplant? Waren mittlere Betriebe wie die „Punjab Tractor Factory" (3000 Arbeiter) nicht sogar gezwungen worden, sich 15 bis 20 Kilometer entfernt von der Stadt anzusiedeln? Über die Ursachen befragt, verfaßte der indische Soziologe Professor Victor S. d'Souza eine eingehende Studie über Slums und Armut, die gewöhnlich Hand in Hand gehen und zu jeder Stadt gehören, wobei nicht jeder Slumbewohner arm sein muß. Chandigarhs Slums sind nach Meinung des Gelehrten die Folge eines ungewöhnlichen Zustroms von Bewohnern der naheliegenden Dörfer, deren niedriger Lebensstandard dringend nach einer mit dem „Kapitol" koordinierten Entwicklung verlangt. Indira Gandhi hat immer wieder auf die Notwendigkeit einer solchen Koordination hingewiesen, damit Chandigarh endgültig die ihm aufgetragene Rolle spielen könnte: „Symbol für die Freiheit Indiens und den Glauben an die Zukunft der Nation zu sein".

Innenpolitische Zündstoffe

Angesichts der schwierigen Lage des indischen Exports entschloß sich Indira Gandhi auf dringende Empfehlung der Weltbank, am 6. Juni 1966 die Abwertung der Rupie bekanntzugeben. Die Abwertung betrug 36,5 Prozent. Man hoffte, daß Indien künftig wettbewerbsfähiger sein würde. Das war ein Irrtum – tatsächlich verringerte sich der Export nach dieser Maßnahme – die indische Wirtschaft erlebte statt Aufschwung eine Rezession. Ergänzende Verordnungen waren versäumt oder durch die Bürokratie verzögert worden.
Innenpolitisch löste die Abwertung eine Krise aus. Das Vertrauensver-

Das südliche Tor von Fatehpursikri, der Stadt Akbar des Großen in der Nähe von Agra (S. 257).

Familienfoto aus glücklichen Zeiten: Sonia und Rajiv Gandhi mit ihren Kindern Rahul und Priyanka. In der Mitte ein kleiner Freund (links oben).

Indira Gandhi im Kreis von Rajasthanis (links unten).

Jayaprakash Narayan, der große Gegner von Ministerpräsidentin Indira Gandhi (rechts oben).

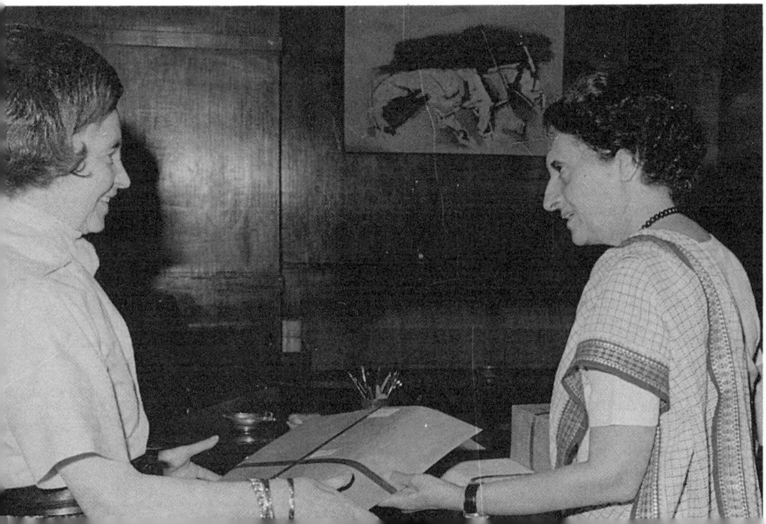

Jawaharlal Nehru und Gisela Bonn mit dem Panda Bhima im Garten spielend (rechts Mitte).

P. N. Haksar, der Grandseigneur der indischen Diplomatie und Politik (rechts außen).

Indira Gandhi verleiht der Autorin den „Award of the International Women's Year" (rechts unten).

Buddha-Skulpturen an einem der berühmten Höhlentempel von Ajanta (S. 260 links).

Der aus dem Felsen geschnittene Kailasa Tempel von Ellora (S. 261 oben).

Die Höhlentempel von Ajanta (S. 261 unten).

Szene vom Lakshmana Tempel in Khajuraho: König und Tänzerinnen (links oben).

Der Kandariya-Mahadeva Tempel – das schönste Bauwerk der Khajuraho-Gruppe (links unten).

Die Liebenden – Skulpturen in Khajuraho (rechts).

Ruhestunde in der Moschee (links).

Modernes Bombay (rechts oben).

Polizist regelt den morgendlichen Verkehr in Neu-Delhi (rechts Mitte).

Regierungsgebäude in Neu-Delhi (rechts außen).

Maskentänze im Kloster Hemis, Ladakh (links oben).

Ladakhi-Frauen mit den typischen Flügelhauben (oben Mitte).

Rituelle Musik der Lamas im Hemis-Kloster (daneben).

Im hohen Himalaya: Blick auf Leh, die Hauptstadt von Ladakh (unten).

Frau mit Kind vom Stamm der Apa Tani aus Arunachal Pradesh (S. 268/269).

Chinesische Fischernetze an den Küsten von Kerala (links).

Blick in das Kashmirtal: Reisfelder im Himalaya (rechts oben).

Gebet am Freitag in der Hasratbal-Moschee bei Srinagar (rechts unten).

Jawaharlal Nehru im Mai 1964, wenige Tage vor seinem Tode aufgenommen (S. 272).

hältnis zwischen Kameraj, der sich für die Aufrechterhaltung der Rupien-Parität ausgesprochen hatte, und Frau Gandhi war gestört. Er war nicht informiert worden und fühlte sich übergangen. Die Mißstimmung wurde so groß, daß sich Indira im Spätherbst 1967 nicht mehr für eine Wiederwahl von Kameraj als Kongreß-Präsident einsetzte und er das Amt an den Chefminister von Mysore, S. Nijalingappa, abtreten mußte. Selbstverständlich lagen in Wahrheit tiefere Gründe für die Kluft vor, die sich zwischen den Kongreß-Mitgliedern auftat.

Mit Indira betrat eine Generation die politische Bühne Indiens, die zwar den Freiheitskampf noch miterlebt und in englischen Gefängnissen gesessen hatte, aber bereits stärker als durch den Kampf um die Unabhängigkeit von der Wandlung Asiens, von den technologischen Entwicklungen der Nachkriegszeit, ergriffen war, ohne schon besonders geformt worden zu sein – es war ein Leben zwischen zwei Generationen an der Schwelle zweier Zeitalter, die sich durch ungewöhnliche Entwicklungen mehr voneinander unterschieden, als es im allgemeinen bei sich ablösenden Epochen der Fall ist. Trotz der eigenen Problematik des Übergangs, des Dazwischenseins, war die Anforderung eindeutig. Die Aufgabe Indiras hieß, die Jugend zu formieren und zu motivieren, aus ihr eine Avantgarde, ein neues Indien, zu machen. Das war nicht leicht. Die Phalanx der Gründergeneration stand ihr gegenüber und verlangte Bewahrung der alten Traditionen und ihren Anteil an der Macht, die sie nicht mit avantgardistischen Elementen zu teilen gedachte.

Im Januar war Indira noch gezwungen worden, nachzugeben und nicht nur Innenminister Nanda, sondern auch andere ihr nicht genehme Politiker im Kabinett zu behalten. Dadurch ergaben sich bei der Vertretung ihrer Regierungspolitik gegenüber dem Parlament dauernd Widersprüche, die ihre Gegner als Schwäche auslegten. Schließlich wurde angesichts der beunruhigenden Streiks und Demonstrationen, der Unruhen in den einzelnen Staaten sogar die Frage erhoben, ob sie der übermächtigen Aufgabe der Erhaltung der Einheit der Nation und Entwicklung des Staates gewachsen wäre.

Einen ersten entschiedenen Schlag gegen die nach ihrer Meinung reaktionäre Phalanx tat sie im November 1966 mit der Entlassung des Kameraj-Vertrauten Innenminister Nanda. Es ging um das Verbot der Schlachtung der Kühe, für das sich die Hindu-Partei „Jana Sangh" („Volkspartei") mit zahlreichen Demonstrationen im Herbst 1966 eingesetzt hatte. Ein Komitee zum Schutz der heiligen Kuh verlangte von Nanda, das Verbot der Schlachtung zum Bundesgesetz zu machen. Nanda, selbst Schutzherr einer Vereinigung von heiligen Männern, von

Sadhus, drückte seine Sympathie aus, mußte aber darauf hinweisen, daß ein solches Gesetz Sache der einzelnen Bundesländer sei, von denen jene mit Muslim-Mehrheit sich wohl gehütet hätten, das Schlachten der Kühe zu verbieten, da Rindfleisch zu den wichtigen Nahrungsmitteln der Anhänger Mohammeds gehört. Daraufhin kündigten die *Sadhus* eine Demonstration für den 6. November an, bei der es zu wilden Ausschreitungen kam. Mehr als hunderttausend Menschen, angeführt von nackten *Sadhus,* versuchten, das Parlament zu stürmen. Zum ersten Mal in der Geschichte des freien Indien mußte die Polizei von der Schußwaffe Gebrauch machen. Es gab Tote und Verwundete. Nanda hatte als Innenminister vollkommen versagt. Indira erzwang gegen den Widerstand des „Syndikats" seinen Rücktritt. Der erste Sieg über die reaktionäre Phalanx war gelungen.
Schlimmer als die Auseinandersetzungen mit den Ewiggestrigen war die Konfrontation mit der studentischen Jugend. Eine nicht mehr abreißende Kette von Unruhen, die bis zu Aufständen, bei denen es Tote gab, eskalierten, hielten Universität und Regierung in Atem.
Die Überfüllung der Universitäten – vor allen Dingen mit ganz unqualifizierten jungen Menschen – hatte zu einem Prozeß der Entfremdung geführt, für den es keinen Vergleich gab. Die Masse der Studenten kam aus Familien, für die Bücher und Wissen „Schwarze Kunst" war. Sie lebten ein unreflektiertes Leben, eingeschlossen in den Kreis der Magie. Die Unterrichtsmethoden waren damals nicht geeignet, das kausale Denken zu wecken. Man lernte auswendig, das war die beste Methode, ein Examen zu bestehen. Nicht ein denkender Mensch mit Wissen und Kenntnissen war das Resultat der damaligen Erziehung, sondern der Papagei. Vor das Problem gestellt, damit im Leben zu bestehen, kam es in den jungen Menschen zu Frustrationen, die sich in Revolten Ausdruck verschafften. Sie wirkten wie Wetterleuchten, demgegenüber die Regierung machtlos war, die im Februar 1967 Wahlen abhalten mußte.
Zum vierten Mal seit der Erlangung der Unabhängigkeit gingen die stimmberechtigten Bürger zu den Urnen. Daß die Wahlen, wie vorgesehen, seit 1947 in ununterbrochener Reihenfolge stattfinden konnten, bewies einen beachtlichen Sinn für Demokratie. Dreimal hatte die Kongreß-Partei eine Zweidrittelmehrheit erlangt – dieses Mal erlebte sie eine Niederlage. Sie verlor zwar nicht die Majorität, aber die Zweidrittelmehrheit. Die Wähler hatten der Partei, die mit so viel rivalisierenden Gruppen, wie zum Beispiel dem Bangla-Kongreß in Westbengalen, auftrat, eine Quittung erteilt. Die Bevölkerung war offensichtlich verärgert über die unfruchtbaren Zänkereien in der Kongreß-Partei, die seit zehn

Jahren offen zutage traten. Für die Niederlage waren außerdem die Wahlabsprachen der Opposition in vielen Bundesländern entscheidend. Ernst zu nehmen hatte die Regierung selbstverständlich auch die regionalen Parteien, die sich in vielen Provinzen durchsetzten und Regierungen gebildet hatten, die in Opposition zur Zentrale standen. Es war an der Zeit, über das Verhältnis von Bund und Ländern nachzudenken – auch als die Kongreß-Partei unter Nehru und Shastri noch das ganze Indien von der Zentrale aus beherrschte, hatte es Schwierigkeiten gegeben, die sich in dem Vorwurf artikulierten, Delhi benachteilige bald dieses, bald jenes Land. Die Gegensätze konnten jedoch zumeist überbrückt werden, da zu dieser Zeit noch der Appell an die Parteidisziplin zog.

Artikel 257 der Verfassung legt fest, daß die Exekutive der Bundesländer derjenigen der Union nachgeordnet sein soll: „Die Exekutive der Union ist bevollmächtigt, einem Staat Direktiven zu geben, wie es der Regierung von Indien angemessen erscheint." Die Zentralregierung ist verantwortlich für Eisenbahnen, Nationalstraßen (national highways), die Zivilluftfahrt, die Nachrichtenübermittlung jeder Art, für die großen Häfen und die Schiffahrt, für Ernährung, Verteidigung, Finanz- und Außenpolitik. Die Autonomie der einzelnen Bundesländer bezog sich immer auf die Landwirtschaft, Bewässerung, Erziehung, Gesundheit, Förderung der Kleinindustrie und auf Provinzstraßen. Der Bund behielt sich das Recht der Koordinierung von höheren Institutionen der Wissenschaft und Forschung vor, und er besaß auch da Vollmachten, wo er Vorhaben der Länder mitfinanzierte. Das gravierende Vorrecht der Zentralregierung blieb, daß sie nach Artikel 365 der Verfassung „President's Rule" – „Präsidentenherrschaft" – für anwendbar erklären konnte, wenn eine Landesregierung sich als unfähig erwies, Ruhe und Ordnung zu wahren, oder wenn ein Land überhaupt keine Regierung zustande bringt. In diesem Augenblick übernimmt der Gouverneur bis zu Neuwahlen als Vertreter des Präsidenten die Regierung.

Als Folge der Wahlniederlage von 1967 ergab sich auch die Notwendigkeit, eine Analyse der wichtigsten Oppositionsparteien vorzunehmen.

Der bedeutendste, das heißt der bestorganisierte Gegner war die von einem emotionalen Hindu-Nationalismus lebende „Jana Sangh", die 1980 in der von Vajpayee neugegründeten BJP, der „Bharatiya-Janata-Party" („Indische Volkspartei"), aufging. Als Mitbegründer der „Jana Sangh" war A. B. Vajpayee seit dem Februar 1968 ihr Präsident gewesen. Die Entstehung der „Jana Sangh" ist eng mit dem Heraufkommen einer indischen Mittelklasse verbunden, die sich auf eine Reformbewegung des Hinduismus stützte, deren Vater Ram Mohan Roy war, der um 1830 den „Brahmo Samaj", eine Gottesgesellschaft, gründete, die Rückbesinnung auf die alten Traditionen des Hinduglaubens verlangte. Auf Roy folgte der *Swami* Dayananda, der Vater des Arya Samaj, der mit dem Ruf „Zurück zu den Vätern!" sogar soweit ging, sich die Rückführung der indischen Muslims, die nichts als „Zwangskonvertiten aus der Mogulzeit" seien, zum Hinduismus zum Ziel zu setzen. Diese Absurdität wurde zur Lieblingsidee der „Jana Sangh", deren unmittelbare Vorläufer zwei in den zwanziger Jahren entstandene Bewegungen waren, die sich in scharfem Gegensatz zu den von der britischen Demokratie beeinflußten Ideen der Kongreß-Partei befanden: die „Hindu-Mahasabha"-Partei und die RSS, die militante, 1925 von Dr. K. B. Hedgewar gegründete „Rashtriya Swayamsevak Sangh". Beide Bewegungen waren davon überzeugt, daß Muslims und Christen in Indien wenig zu suchen hätten.

Nachdem feststand, daß der Mörder Mahatma Gandhis, Nathuram Vinayak Godse, aus den Reihen der „Hindu Mahasabha" stammte, verschwand die Partei, von der Masse der Inder verurteilt, fast ganz von der politischen Bühne. Nicht so die militante RSS, deren Aktionen wie die eines Geheimbundes kaum zu durchschauen sind. Es wurde immer wieder behauptet, was die „Jana Sangh" stets leugnete, die Kerntruppe der RSS und die Führungsgruppe der „Jana Sangh" seien ein und dasselbe. Was immer gestimmt haben mag, die „Jana Sangh" war stets wie die RSS auf einen Hindu-Nationalismus eingeschworen: „Was immer die Religionen Indiens sein mögen", sagte einer ihrer Präsidenten, Professor Balraj Madhok, „Indien hat eine einzige Kultur, die ihre Wurzeln in den ‚Vedas' besitzt. Das Geschwätz von einer zusammengesetzten Kultur ist falsch, unrealistisch und gefährlich. Die indische Kultur ist eine Einheit."

„Jana Sangh" in ihrer damaligen Ausrichtung war eine Gefahr für den säkularen Staat. Mit Sorge mußte die Regierung beobachten, daß sie mit 9,4 Prozent der Stimmen die zweitstärkste Partei bei den Wahlen von 1967 geworden war. In der Sprachenfrage nahm die „Jana Sangh" einen extremen Standpunkt ein. Sie wollte um jeden Preis das *Hindi* als Nationalsprache durchsetzen. Die „Jana Sangh" war außer der kommunistischen die einzige Partei Indiens, die nicht auf die Kongreß-Partei zurückging.

Gegenspieler der „Jana Sangh" sind auf der linken Seite die Kommunisten, die in Indien nur eine geringe Rolle spielen. Der Stimmenanteil war immer unter zehn Prozent. „Der Kommunismus ist in Indien eine fremd-

artige, intellektuelle Bewegung geblieben", schreibt Dietmar Rothermund in seinem Buch „5mal Indien". „Dort, wo kommunistische Politiker in Indien Erfolge verbuchen konnten, gelang ihnen das nicht, weil, sondern obwohl sie Kommunisten waren."
Die Tatsache, daß die Kommunisten keine Chance hatten, auf Bundesebene zu siegen, hat nicht verhindert, daß sie in einzelnen Ländern wie Kerala und Westbengalen an die Macht gelangten. Gerade in Westbengalen verließen sie die Rolle des intellektuellen Debattierers, um massive Unruhe zu schaffen – es gelang einer Gruppe junger Terroristen, sich in einen Bauernaufstand nahe dem Dorf Naxalbari zu mischen und dort eine Bewegung ins Leben zu rufen, deren Anhänger sich Naxaliten nannten. Sie stifteten in den 70er Jahren erhebliche Unruhen – aber was schon vorher den Intellektuellen mit Worten nicht gelungen war, gelang auch ihnen nicht – die Massen im Sinne der Weltrevolution zu mobilisieren. Der Kommunismus blieb im Grunde in Indien eine Angelegenheit der Intellektuellen. Seit der Gründung der KPI – der Kommunistischen Partei Indiens – in den zwanziger Jahren hat sich ihr prozentualer Anteil an Wählern kaum geändert. Das blieb auch so, als sich die Partei 1964 in einen Moskau-(KPI) und einen Peking-Flügel (KPI-M) spaltete.
Die liberale Rechtspartei „Swatantra" („Freiheit") – politische Heimat vieler Intellektueller, Großindustrieller und Fürstenfamilien, und die sozialistischen Parteien waren Abkömmlinge der Kongreß-Partei. Die Sozialisten spalteten sich schon 1948 von der Mutterpartei ab. Die Liberalen taten diesen Schritt 1959 nach dem Parteitag in Nagpur. Dort hatten die Abgeordneten die Forderung einer umfassenden Bodenreform wieder auf die Tagesordnung gesetzt und hatten außerdem beschlossen, die indische Landwirtschaft in Produktionsgemeinschaften zu verwandeln.
Eine Gefahr für die Kongreß-Partei konnten beide – Liberale und Sozialisten – niemals werden. Den Sozialisten waren die Hände gebunden. Ein die Kongreß-Partei bedrohendes Bündnis mit den Kommunisten konnten sie niemals schließen. Das verbot ihnen die Vergangenheit; während die Sozialisten sich fanatisch am Freiheitskampf beteiligt hatten, arbeiteten die Kommunisten auf Moskaus Befehl mit den Briten zusammen. Für die nationalen Sozialisten Indiens gab es keine Möglichkeit des Zusammengehens – auch nicht aus wahltaktischen Gründen. Die regionalen Parteien spielten eine erhebliche Rolle, aber noch wurden sie nicht zur Gefahr, die Indiens Einheit bedrohte. Die Wahlergebnisse von 1967 zeigten Indira Gandhi deutlich, was das Volk von der herrschenden Partei dachte; sie zeigten ihr auch, daß die alte, unter sich

verzankte und intrigante Garde abtreten mußte, ehe sie die Partei wieder populär machen konnte.
Ihre Entschlossenheit, sich durchzusetzen, bewies sie im Mai 1967 bei der Wahl von Vizepräsident Zakir Husain zum Staatspräsidenten. Die Opposition – unterstützt von einigen alten Kongreß-Abgeordneten – schlug den Richter vom Bundesgerichtshof, Subha Rao, vor, um den scheidenden Sarvapalli Radhakrishnan zu ersetzen. Indira wollte es anders. Mit Zakir Husain wurde zum ersten Mal ein Muslim Staatspräsident.
Die Situation blieb weiterhin gespannt. Indira analysierte nüchtern, daß der Rückschlag für die Kongreß-Partei seine Ursache in der Zerrissenheit der Partei hatte, die – ohne Programm und ohne klare Linie – ein durch eigene Schuld geteiltes Haus darstellte. Auf der nächsten Kongreß-Sitzung in Faridabad in der Nähe von Delhi im April 1969 kritisierte Parteipräsident Nijalingappa öffentlich die Tätigkeit der staatlichen Betriebe. Indira konterte mit einer gepfefferten Rede über den Sinn sozialer Verantwortung, die sie vor Industriellen und Mitgliedern der indischen Industrie- und Handelskammer hielt. Aber sie hoffte vergeblich, ihre Politik der sozialen Wandlung durchsetzen zu können. Die Chance, die Führung der Kongreß-Partei mit jüngeren, ihr ergebenen Politikern zu besetzen, war trotz der Wahlniederlage fast aller älteren Politiker vertan worden. Anfangs vermochte Indira, die jetzt mit der Unterstützung ihres Finanzministers Desai rechnen konnte, Einfluß auf die Kongreß-Organisation zu nehmen. Das sollte sich schnell ändern.
Auf der Tagung des ,,All India Congress Committee" (AICC) Anfang Juni 1969, an der 550 Parteidelegierte teilnahmen, setzten sich die alten Parteibosse wieder ganz fest in den Sattel, so, als sei in den letzten Jahren überhaupt nichts geschehen. Ein Vorstoß mit heftiger Kritik an der Parteiführung durch die sogenannten Jungtürken wurde zurückgewiesen. Alle fünf Sitze des einflußreichen Gremiums, das über die Aufstellung der Kandidaten bei den Landes- und Bundeswahlen zu beschließen hat – das ,,Congress Central Election Committee" –, wurden mit den alten Parteiführern besetzt. Über von Indira und den Jungtürken gewünschte Reformen wurde nicht mehr gesprochen. Es war klar, daß Nijalingappa keinen Finger gegen sein ,,Syndikat" rühren würde. Das für Indira bedrückende Problem der Stagnierung blieb bestehen, ebenso die ,,ad calendras graecas" aufgeschobene Antwort auf die dringende Frage, wie sich die nachwachsende politische Generation politisch profilieren könnte.
Frau Gandhi versuchte, dem ,,Syndikat" ein Team von jüngeren Mitar-

beitern entgegenzustellen, wozu der frühere Landwirtschaftsminister Subramaniam, Innenminister Chavan und der Mitte Februar 1969 zum Außenminister ernannte Dinesh Singh vor allem zu rechnen waren. Dieses Team zerfiel aber schnell. Subramaniam verlor bei den Wahlen und kehrte nach Madras zurück. Chavan, ursprünglich Frau Gandhis stärkste Stütze, wurde mehr und mehr zu ihrem heimlichen Rivalen. Man munkelte, daß dieser vorsichtige Taktiker längst auch seine Fäden zum „Syndikat" gesponnen habe. Auf der Kongreß-Sitzung im April in Faridabad waren die Gegensätze hart aufeinandergeprallt. In den folgenden Monaten verdichteten sich die Gerüchte, eine Palastrevolution sei im Herbst oder Winter nicht mehr ausgeschlossen. Man sprach davon, Desai werde allenfalls eine Übergangsregierung bilden, bis Chavan die endgültige Nachfolge von Frau Gandhi antreten könne.

Das alles war ein Spiel mit verdeckten Karten. Da aber in Delhi nichts verborgen bleibt, darf angenommen werden, daß die Ministerpräsidentin über diese Gerüchte sehr genau Bescheid wußte. Sie wußte auch, daß ihre Gegner als Vorspiel zu ihrem Sturz einen Vertrauensmann des „Syndikats" als Nachfolger für den am 3. Mai 1969 plötzlich verstorbenen Staatspräsidenten Zakir Husain durchsetzen wollten. Als solcher bot sich Neelam Sanjiva Reddy, der Parlamentspräsident, an, den Indira Gandhi in ihr zweites Kabinett nicht mehr aufgenommen hatte. Eine bedrohliche Zuspitzung für die Ministerpräsidentin war für den Herbst zu erwarten. Ihr wirkte Indira nicht nur mit der Auswahl des Präsidenten entgegen, sie traf ihre Gegner noch mit einer anderen Entscheidung.

Am 10. Juli 1969 wurde in Bangalore von der noch in Delhi weilenden Ministerpräsidentin in die Verhandlungen des erweiterten Parteivorstandes jenes Memorandum eingebracht, das wie eine Bombe einschlagen mußte. Desai als der verantwortliche Finanzminister, der 1967 durchgesetzt hatte, daß die Großbanken nicht verstaatlicht, sondern unter scharfe Kontrolle gestellt wurden, war jedenfalls in keiner Weise davon unterrichtet, daß die Premierministerin nunmehr auf die Seite der linken Minorität getreten war, die seit langem die Verstaatlichung der Banken verlangte.

Um die Mittagsstunde des 16. Juli sandte Indira ihrem Stellvertreter Desai einen versiegelten Brief, auf dem vermerkt war: „Nur persönlich zu öffnen." Er enthielt die Mitteilung, Frau Gandhi habe sich entschlossen, das Finanzministerium selbst zu übernehmen. Sie bat jedoch Desai, als Stellvertretender Ministerpräsident im Kabinett zu verbleiben. Keinerlei Aussprache zwischen Frau Gandhi und Desai hatte vorher stattgefunden. Da Desai in Bangalore der Verstaatlichung der Banken zugestimmt hatte, gab es auch keinen ersichtlichen formalen Grund für diese abrupte Entlassung. Sie konnte nur als offene Kampfansage an den konservativen Flügel und als Bestätigung dafür gewertet werden, daß Frau Gandhi sich nunmehr endgültig mit der linken Minorität innerhalb der Partei identifizierte.

Drei Tage lang versuchte Kongreß-Präsident Nijalingappa und mit ihm das „Syndikat", Frau Gandhi zu bewegen, ihren Entschluß zurückzunehmen. Desai hatte sofort auch seinen Rücktritt als Stellvertretender Ministerpräsident erklärt und Frau Gandhis Angebot, einen anderen Kabinettsposten zu übernehmen, mit den Worten abgelehnt: „Man läßt sich nicht ins Gesicht schlagen und dann etwas Besseres anbieten." Es kam schließlich noch zu einer frostigen Aussprache zwischen Indira und Desai, die an den Standpunkten nichts zu ändern vermochte. Am 19. Juli beendete Frau Gandhi alle weiteren Vermittlungsversuche damit, daß sie den noch amtierenden Präsidenten Vazahagiri Venkata Giri veranlaßte, das Rücktrittsgesuch Desais anzunehmen.

Kurz darauf eröffnete sie eine Kabinettssitzung, an der nun Desai schon nicht mehr teilnahm und in der ein Gesetzentwurf über die Verstaatlichung der 14 größten Privatbanken beschlossen wurde.

Die Premierministerin hatte damit ihre Karten aufgedeckt. Über ihre gesellschaftspolitischen Absichten konnte es keinen Zweifel mehr geben. Mit der Verstaatlichung der Banken siedelte sich Indira Gandhi links von der Mitte an. Sie wurde zur Wortführerin der jungen progressiven Generation. Einige ihrer Gegner nannten sie seither bald eine Kommunistin, bald eine Faschistin. Weder das eine noch das andere traf zu. Indira Gandhi war nicht so leicht in eine der üblichen Schablonen zu pressen. Um sie richtig einzuordnen, bedurfte es differenzierterer Analysen. Ihren politischen Standort hat sie einmal selbst mit dem Konzept vom indischen Sozialismus so umrissen: „Ich zögere nicht zu erklären, daß ich keine doktrinäre Sozialistin bin. Ich habe meine eigene Version vom Sozialismus und meine eigenen Vorstellungen, wie Indien und eine der sozialen Gerechtigkeit verpflichtete Gesellschaft aussehen sollte. Mein Prozeß ist langsamer, aber ein sicherer Weg, diesem Ziel nahezukommen."

Es gibt Beobachter der indischen Szene, die glauben, daß bei der Vorstellung vom indischen Sozialismus Ratgeber einwirkten, die sich an Moskau orientierten. Indiras umstrittene Freundschaft mit der Sowjetunion war sicher nicht nur eine Folge schlechter Beziehungen zu den Vereinigten Staaten, zu Pakistan und zur Volksrepublik China. Aber alle drei Staaten tragen ein gut Teil Verantwortung für diese Entwicklung.

Nach der Bankenverstaatlichung am 19. Juli 1969 hatte Frau Gandhi zwar einen großen Vorsprung vor dem „Syndikat“ gewonnen, aber sie konnte sich ihrer Sache noch immer nicht sicher sein. Die indische Verfassung gibt zwar dem Staatspräsidenten nur wenig Möglichkeiten direkter politischer Einwirkung, er hat jedoch bei der Wahl des Ministerpräsidenten und im Falle einer Parlamentsauflösung Vorrechte, die sich entscheidend auswirken können. Frau Gandhi mußte daher bei einem etwaigen Einzug Reddys in das Präsidentenpalais nach wie vor große Gefahr wittern. Das „Syndikat“ hätte dann seinen Vertrauensmann an der höchsten Stelle gehabt.
Als sich die für den 16. August festgesetzten Präsidentenwahlen näherten, verlangte Kongreß-Präsident Nijalingappa von Frau Gandhi, sie solle nunmehr öffentlich für Reddy als den erkorenen Parteikandidaten eintreten, damit die Mehrheit der Kongreß-Partei innerhalb der Wahlkörperschaft einheitlich abstimme. Entgegen ihrem vorherigen Versprechen weigerte sich Frau Gandhi, Reddy zu unterstützen. Sie ließ unmißverständlich wissen, daß Vizepräsident V. V. Giri, der seit dem Tod von Zakir Husain amtierender Präsident war, ihr Kandidat sei, obwohl dieser nunmehr auch von den Kommunisten unterstützt wurde.
In der Woche vor den Präsidentenwahlen verschärfte sich die Spannung zwischen den beiden Kongreß-Flügeln erneut so stark, daß ein Auseinanderfallen der Partei abermals unvermeidlich schien. Es bildete sich eine Gruppe von Abgeordneten, die schon vor den Präsidentenwahlen verlangten, Frau Gandhi müsse wegen eines schweren Verstoßes gegen die Parteidisziplin zur Rechenschaft gezogen werden. Nijalingappa schickte einen Brief in das Ministerpräsidium, in dem er mit ernsten Wortem um Auskunft bat, weshalb sich Frau Gandhi geweigert hatte, für Reddy einzutreten. Dieser Brief ist nie beantwortet worden.
Die Premierministerin setzte sich durch. V. V. Giri wurde am 16. August 1969 zum Staatspräsidenten gewählt.
Ohne Zweifel hatte ihr energisches Auftreten sowohl in der Hauptstadt Delhi, in der es zu großen Kundgebungen für Indira Gandhi und Giri kam, wie draußen im Lande ein riesiges Echo erzielt. Indira scheute vor demagogischen Wendungen nun nicht mehr zurück.
In der zweiten Oktoberhälfte stieg die Erbitterung allmählich bis zum Siedepunkt. Beide Seiten beschuldigten sich in der Öffentlichkeit des Verrates an den Prinzipien der Kongreß-Partei. In Wirklichkeit spielten aber ideologische Unterschiede kaum eine Rolle. Der offene Machtkampf war erneut entbrannt.
Es kam zu einem Briefwechsel zwischen Indira Gandhi und dem Präsi-

denten der Kongreß-Partei, den die Presse veröffentlichte. Damit waren alle Wege zu einer Versöhnung abgeschnitten. Nijalingappa schrieb an die Ministerpräsidentin, sie habe unverzeihliche Akte der Disziplinlosigkeit begangen und sich der Verletzung der Parteiverfassung in vielen Fällen schuldig gemacht. Sie habe einen Personenkult zugelassen, den keine Demokratie dulden könne. Sie habe die Männer der Parteiorganisation als Reaktionäre bezeichnet, obwohl noch in Bangalore alle Beschlüsse einstimmig gefaßt worden seien. Dies seien aber die gleichen Männer, die ihr 1966, und dann nochmals nach den Wahlen von 1967, zum Amt des Premierministers verholfen hätten. „Sie scheinen die persönliche Loyalität zu Ihnen als Test für die Loyalität zur Kongreß-Partei und zu Indien aufzufassen. Wer Ihnen huldigt, gilt als progressiv. Diejenigen aber, die nicht bereit sind, Ihnen zuzugestehen, daß Sie sowohl die Politik wie die Kandidaten allein bestimmen, gelten als reaktionär und unloyal. Die Regierung hat den Rundfunk und ihren Einfluß auf die Presse dazu benutzt, um uns zu Reaktionären zu stempeln. Das alles macht den Eindruck, daß es bei Ihnen für niemanden in der Partei oder in der Regierung einen Platz geben kann, der auch nur geringfügig von Ihren persönlichen Ansichten, Ihren Vorlieben und Antipathien abweicht. So ist alles für diejenigen erlaubt, die sich dem Personenkult unterwerfen, selbst wenn sie Gesetze verletzt haben."

In dem ebenfalls veröffentlichten Antwortbrief Frau Gandhis, der eine ganze Zeitungsseite ausmachte, versuchte die Ministerpräsidentin, die Vorwürfe im einzelnen zu widerlegen und zu beweisen, daß es der Kongreß-Präsident gewesen sei, der illegal gehandelt habe. Dieser lange Brief schloß mit den folgenden Sätzen:

„Die Regierung kann nicht allein ein radikales Programm durchführen. Sie muß vielmehr durch die Partei gestützt werden, hinter der das ganze Volk stehen sollte. Das ist zweifellos nicht der Fall, dadurch sind wir arbeitsunfähig geworden und haben den Kontakt zum Volk verloren. Die daraus entstandene Spannung ist unerträglich geworden."

Indira Gandhis Ausschluß aus der Kongreß-Partei

Am 12. November 1969 hat der Parteivorstand – anwesend waren elf seiner Mitglieder – Frau Gandhi wegen grober Disziplinlosigkeit aus der Kongreß-Partei ausgeschlossen und gleichzeitig an die Parlamentsfraktion die Aufforderung gerichtet, einen neuen Führer zu wählen,

was gleichbedeutend war mit der Aufforderung, Frau Gandhi als Premierminister abzusetzen.
Als drei Tage später die Parlamentsfraktionen der Kongreß-Partei beider Häuser zusammentraten, stellte sich heraus, daß die Minderheit die Mehrheit ausgestoßen hatte. Von 432 Abgeordneten beider Häuser sprachen sich 330 für Indira Gandhi aus. Sie hatte damit eine weit größere Mehrheit erzielt, als man in den Wochen der endgültigen Zuspitzung des Konflikts erwartet hatte. Am nächsten Tag, dem 16. November, formierte sich die Minderheit als Oppositionspartei, die den Titel ,,Kongreß-Organisation" annahm. Von den 282 Kongreß-Abgeordneten des Unterhauses ließen sich 65 Abgeordnete in die neue Oppositionspartei einschreiben. Die oppositionelle ,,Kongreß-Organisation" wurde damit zur stärksten Oppositionspartei im Unterhaus und gleichzeitig auch zur einzigen Oppositionspartei, die diesen Titel offiziell führen darf, weil die Verfahrensvorschriften des indischen Parlaments verlangen, daß eine offizielle Oppositionspartei mindestens zehn Prozent der Abgeordneten haben muß. Keine der Oppositionsparteien hatte bisher diese Zahl erreicht.
Zum Führer der oppositionellen Kongreß-Partei, der ,,Kongreß-Organisation", wurde der ehemalige Finanzminister Desai gewählt. Zwischen den beiden nun entstandenen Kongreß-Parteien war natürlich sofort strittig, welche Gruppe die legale war, der sowohl das Parteivermögen wie vor allem das Recht zustand, das berühmte Wahlsymbol der beiden Ochsen für sich zu beanspruchen. Darüber mußte der Oberste Gerichtshof entscheiden, an den sich beide Kongreß-Parteien wandten.
Indira Gandhi ertrug den Status eines Minderheitenkabinetts, dem sie seit November 1969 vorstand, ohne sonderliche Schwierigkeiten. Infolge der stillschweigenden Duldung ihrer Regierung durch einige Linksparteien und Unabhängige wurde sie nicht ein einziges Mal bei einer Abstimmung im Parlament geschlagen. Trotzdem war es ein mißlicher Zustand. Im Dezember 1970 entschied sie sich, das Parlament vorzeitig aufzulösen und das Volk unter dem Wahlslogan *Garibi hatao* – die Armut beseitigen – zu befragen, ob es sich ihrer Führung weiterhin anvertrauen wolle.

Rückblicke IV – Filmen mit Indira und der große Wahlsieg

Die gesamtindischen Wahlen sollten im März 1971 stattfinden. Nachdem dieser Beschluß gefallen war, erhielt ich ein Telegramm aus Delhi, das mir Grünlicht gab für meinen geplanten Fernsehfilm „Indira Gandhi, eine Frau und ihr Kontinent". Hinter Indiras Einwilligung glaubte ich die Fürsprache meines Freundes P. N. Haksar zu erkennen, der 1967 Staatssekretär und persönlicher Berater Indira Gandhis geworden war. Die steile Karriere des Diplomaten, dem ich meine ersten und – wie ich heute noch glaube – entscheidenden Begegnungen mit Indien verdanke, hatte ihn vom Posten des Leiters der Informationsabteilung im Auswärtigen Amt zum Amt des Hochkommissars nach Nigeria geführt, wo wir uns 1963 wiedertrafen. Für kurze Zeit war er Botschafter in Wien, um dann als stellvertretender Hochkommissar nach London berufen zu werden. Von dort holte ihn Indira Gandhi in ihre unmittelbare Nähe. Haksar galt bald als die „graue Eminenz" in der indischen Regierung. Selbst außenstehende Beobachter ahnten, daß die kühle Regierungschefin in dem temperamentvollen, jedoch nie gemäßigte Ziele aus dem Auge verlierenden Berater eine Art heimlichen Ministerpräsidenten besaß, der es ihr erleichterte, Entschlüsse zu fassen. Die bedeutende südindische Zeitung „Der Hindu" bezeichnete ihn einmal als den „Feldmarschall des Civil Service" (Staatsdienstes). Er war der Meisterplaner, der sich völlig im Hintergrund hielt und öffentlich nie in Erscheinung trat. Ich durfte ihn jederzeit in seinem Büro hinter den roten Sandsteinmauern des „Sekretariats" auf dem „Kapitol" in Neu-Delhi besuchen. Was wir besprachen – das verstand sich ohne Worte –, war mit äußerster Diskretion zu behandeln – es würde auch später niemals veröffentlicht werden. Der Einblick in die indische Politik, den ich durch Haksar erhielt, läßt sich in vollem Umfang also nicht beschreiben. Alle wichtigen Entscheidungen waren von 1967 an von Haksar vorbereitet worden. Er plante 1969 das Vorgehen von Frau Gandhi bei den schweren Auseinandersetzungen innerhalb der Kongreß-Partei, die zur Teilung führten. Ich saß in den entscheidenden Novembertagen immer wieder in seinem Büro und erinnere mich sehr wohl, daß der heiße Draht, durch den sein rotes

Telefon direkt mit dem Apparat des Premierministers verbunden war, unaufhörlich benutzt wurde. Haksar argumentierte immer mit Ruhe und Überlegenheit. In Delhi wußte in politischen Kreisen jedermann, welche überaus einflußreiche Rolle dieser abwägende Diplomat spielte. Er bemühte sich stets, periphere Fragen zurückzudrängen und Raum für die wirklich großen Konzeptionen und Entscheidungen zu schaffen.

Seine Neider versuchten, eine Verleumdungskampagne gegen ihn zu inszenieren. Da sein untadeliges, integres Privatleben keine Angriffspunkte bot, wichen die Verleumder auf weltanschauliche Gebiete aus. Sie nannten ihn einen Kommunisten. Es störte ihn nicht, er wußte es besser, wir sprachen manchmal darüber. Nach Gewesenem habe ich nie gefragt. Sollte er etwa in seiner Jugend – wie zahlreiche junge Menschen in aller Welt – kommunistische Neigungen gehabt haben, so waren sie dem Staatssekretär längst vergangen. „Nur in einem Punkt stolperte Haksar", schrieb „The Hindu" einmal über ihn, „er ließ es gegen seine bessere Überzeugung zu, daß er ständig von den Ministern und den höchsten Beamten belagert wurde. Sie stahlen ihm seine Zeit, indem sie von ihm so gut wie in allen wichtigeren Fragen Rat einholten. Bei Haksar konnten sie am ehesten in Erfahrung bringen, welche Vorstellungen der Premierminister zu bestimmten Problemen hatte, bevor sie ihre eigenen Ideen zu Papier brachten. Das führte schließlich dazu, daß Haksar zum allmächtigen Berater für alle wurde, wodurch sich die Breite seiner Tätigkeit ins Ungemessene erweiterte."

Für mich gab es keinen Zweifel, daß er in meinem Film über Indira mitwirken mußte. Er lehnte ab. Ich versuchte, ihn umzustimmen und davon zu überzeugen, daß für mich mehr auf dem Spiel stand als eine gelungene Reportage. Der Staatssekretär war für mich zur Schlüsselfigur geworden. Und schon damals wurde mir klar, daß meine Beziehungen zu Indira durch meine Freundschaft mit Haksar, dem sie – über politische Zusammenarbeit hinaus – bis in die kritischen siebziger Jahre auch menschlich verbunden blieb, einen besonderen Aspekt bekommen hatten, den ich gerne in den Film übersetzt hätte. Ich glaubte damals, das Phänomen Indira Gandhi ohne Darstellung seines Gegenpols Haksar nicht richtig in den Griff zu bekommen. Der Staatssekretär ahnte sehr wohl, was ich mir vorstellte, und dennoch bestand er auf seinem Entschluß. „Verstehen Sie mich bitte", schrieb er mir nach Stuttgart, „und streichen Sie mich aus Ihrem Drehbuch. Fügen Sie statt dessen Ihrem Indienbild etwas anderes hinzu: Rourkela."

Kaum in Delhi angekommen, schickte mich Haksar also wieder auf die Reise, dieses Mal nicht, um das uralte, sondern um das gegenwärtige, das moderne Indien zu entdecken.

Wer einmal offenen Auges durch Nordindien gereist ist, kennt den Grad der Herausforderung und der Bewährung. In dem etwa 2000 Kilometer umfassenden Bereich zwischen der kühn gebauten Stadt Chandigarh im Punjab und dem in deutsch-indischer Zusammenarbeit erstellten Stahlwerk Rourkela wird etwas von der Dynamik des indischen Fortschritts spürbar. Das heißt nicht, die Augen zu verschließen vor der Kehrseite der Medaille, vor Millionen von ungelösten Problemen, etwa vor dem Elend des Lieblingskindes internationaler Berichterstattung: vor Kalkutta. Die westbengalische Hauptstadt, über die mein Weg nach Rourkela führte, ist das indische Golgatha, die Kreuzigungsstätte des 20. Jahrhunderts, ein Ort des Grauens, an dem sich unzählbare arme, arbeitslose, kranke, hungrige und dem tiefen Aberglauben verfallene Menschen zu erschreckenden Massen akkumulieren. Nirgendwo präsentiert sich das Doppelgesicht des indischen Volkes ergreifender als hier am heiligen Hooghly, einem Mündungsarm des Ganges. Daß Kalkutta beides zugleich ist: Inkarnation des Leidens wie Stätte eines ungewöhnlich lebendigen Geistes, politisches und künstlerisches Zentrum, von dem Impulse über das ganze Land ausgehen, wird zumeist ebenso verschwiegen wie die Tatsache, daß im weiteren Einzugsbereich der bengalischen Kapitale drei große Stahlwerke – das Hüttenwerk der Russen in Bhilai, das „deutsche" Rourkela und das „britische" Durgapur – erbaut wurden.

Wer eine Nachtfahrt von 450 Kilometern durch den Bundesstaat Orissa nicht scheut, steigt an der Howrah-Station in einen Schlafwagen, um in Rourkela aufzuwachen und den in deutsch-indischer Zusammenarbeit erbauten „Tempel des 20. Jahrhunderts", das modernste Hüttenwerk Asiens, in Augenschein zu nehmen. Ganz in indische Hände übergegangen, bezeugt das Stahlwerk den Willen Indiens, im industriellen Zeitalter auf eigene Weise zu bestehen. Daß in Rourkela jährlich 1,8 Millionen Tonnen Stahl produziert werden, daß hier 1975 der Durchbruch von der Selbstversorgung zum Export gelingen sollte, befriedigt den nationalen Stolz. Was erfahrenen indischen Planern vorschwebte, war nicht eine Kopie des Westens, sondern die Adaptierung und Transformierung westlicher Methoden, deutlicher gesagt: eine Modernisierung ohne Identitätsverlust.

An der Schwelle zweier Zeitalter war die neugeborene Indische Union in das Spannungsfeld zwischen asiatischer Tradition und moderner Verantwortung geraten. Das hatte eine Herausforderung von tieferen als nur technischen und wirtschaftlichen Dimensionen zur Folge. Niemand hatte das besser erkannt als Nehru. Der in England erzogene Brahmanensohn wußte sehr wohl, daß Indien keine eigenständige Zukunft haben würde, bräche es mit der Vergangenheit. Er suchte nach einer Synthese. ,,Wir wollen versuchen", so betonte Nehru immer wieder, ,,Kultur und Technik zu einem Gebilde zu verweben, das alles bewahrt, was den spirituellen Reichtum des Landes ausmacht." War das mehr als die schöne Illusion eines Intellektuellen für Intellektuelle?
Was aber sollte ein *Adivasi* mit ihr beginnen, ein Eingeborener aus Orissa, der Dschungelleben und Steinzeit hinter sich ließ, um ohne längere Ausbildung an eine moderne Maschine gestellt zu werden? Die Diskrepanz zwischen Anspruch und Verwirklichung trat hier klar zutage. Sie wurde jedoch ausgeglichen durch eine Entwicklung, die Rourkela überhöht und beispielhaft macht. Der einfache, vom geistigen Phänomen einer Synthese zwischen Tradition und Moderne unberührte Mensch geriet in den Sog einer sozialen Wandlung, die sich aus den unerbittlichen Gesetzen der Maschinenwelt ergab. Sie erzwang eine Humanisierung menschlicher Beziehungen. Der als Brahmane geborene Ingenieur mußte Schulter an Schulter mit dem ,,Unberührbaren" arbeiten, der *Kshatriya* mit dem *Shudra,* der Aristokrat mit dem ehemaligen Slumbewohner. Die strengen Vorschriften, die Angehörige verschiedener Kasten voneinander distanzierten, verloren ihre Verbindlichkeit. Mit der Verpflichtung im Hüttenwerk und der Annahme der für alle gültigen Arbeitsbedingungen akzeptierten die Inder mit Rourkela das Prinzip Wandlung. Ein wichtiger Schritt auf dem Wege der Veränderung der Kastengesellschaft war getan. Nach vielen Schwierigkeiten und Zerreißproben wurde Rourkela zum Inbegriff der Welt von morgen. ,,Sagen wir besser", meinte Haksar, ,,zu einem ersten Schritt, den wir in die Welt von morgen gewagt haben."
,,Indien ist also eine exportierende Industrienation geworden?"
,,Gewiß", antwortete Haksar, ,,aber wesentlicher als diese Tatsache an sich ist der Einfluß, den sie auf unsere geistige Entwicklung und unsere soziale Struktur hatte. Was unsere gesellschaftliche Wandlung immer wieder zurückwirft, ist nicht ein Mangel an technischen Fähigkeiten, sondern die Unfähigkeit zur Adaption. Es sind die auf veralteten Traditionen beharrenden Kräfte, die sich an unserem Verhalten gegenüber Minderheiten, Andersgläubigen und Kastenlosen artikulieren. Sie kön-

nen beide Aspekte unseres Lebens am besten beobachten, wenn Sie noch andere Werke und moderne Institutionen besuchen."
Für diese Studien blieb in den Wochen vor der Wahl keine Zeit. Wir mußten mit unserem Film beginnen.

Geschwaderkommandant Mukherjee wurde ungeduldig. Seine Air-Force-Maschine mit dem indischen Hoheitszeichen war startbereit. Aber der Kontrollturm von Panagrah gab ihm kein Grünlicht. Ich hörte die Stimme vom Turm: „Warten Sie." – „Ich kann nicht warten", war die Antwort, „ich habe eine ‚VIP' (‚very important person', ‚sehr wichtige Person') an Bord." Der Mann in der Kontrollstation ließ sich nicht beirren. „Vor Ihnen startet auch eine VIP", antwortete er gelassen, „der Gouverneur von Bihar." Ich schaute aus dem Cockpitfenster auf die Landebahn. Eine kleine Privatmaschine der „Hindustan Steels" tänzelte mit angelassenen Propellern vor unserem Jet, der gewöhnlich den indischen Präsidenten fliegt. Der Geschwaderkommandant verlangte noch einmal: „Lassen Sie mich sofort starten, ich muß in zwanzig Minuten in Kalkutta sein, ich fliege den Ministerpräsidenten von Indien." – „Sie fliegen, wenn ich Ihnen Starterlaubnis gebe." – „Ich mache Sie für jede Minute Verspätung verantwortlich." – „Bitte, das können Sie", klang es gelassen zurück. Der Kontrollchef ließ sich nicht aus der Ruhe bringen, unbeeindruckt von Rang und Namen gab er seine Anweisungen – zwischen Himmel und Erde hat jeder die gleichen Rechte und Pflichten.
Die Frau in dem kleinen Sonderabteil der Präsidentenmaschine schien keine Ahnung von dem Kampf zwischen Cockpit und Tower zu haben. Sorgfältig studierte sie ihre Akten: die Telegramme der indischen Botschafter aus aller Welt, die Listen der Kandidaten ihrer Partei – der „neuen" Kongreß-Partei. Es war der 1. Februar 1971. Fünf Wochen und drei Tage später würde Indira Gandhi mit ihrem sensationellen Wahlerfolg Geschichte gemacht haben.
Auf diesem Flug in das vom linkskommunistischen Terror bedrohte Bengalen waren wir – das Team vom Ersten Deutschen Fernsehen (ARD) – außer dem Korrespondenten von „Newsweek" die einzigen Ausländer. Vergeblich bemühten sich englische, kanadische, amerikanische, französische und russische Fernsehstationen um die Teilnahme. Indira Gandhi und ihre Berater hielten ein mir vor vielen Monaten gegebenes Versprechen: Wir durften als einziges Team der Welt ein Porträt der Ministerpräsidentin drehen. Wir filmten nicht nur auf dieser Reise, sondern auch später in Delhi, im Bungalow von Frau Gandhi und im Tin-Murti-Haus, der einstigen Residenz ihres Vaters Nehru.

Steil stieg der russische Jet in den sich rotfärbenden Abendhimmel. Die Sicherheit des Piloten, der in den letzten Tagen immer wieder seine artistische Flugkunst durch Dreipunktlandungen unter Beweis gestellt hatte, teilte sich den Fluggästen mit, den Beamten und Angestellten aus dem Büro des Premierministers. Nach 48 Stunden intensiven Wahlkampfes herrschte eine entspannte, fast fröhliche Stimmung. Immer wieder hatten wir auf irgendeinem kleinen Militärflughafen die Maschine verlassen, waren in Landrover, Personenwagen und Jeeps geklettert, um in langer Kolonne, eingehüllt in Staub und Sand, von Dorf zu Dorf zu fahren. Ohne Zeichen von Müdigkeit hatte die grazile Frau, der bald zwei Drittel der indischen Bürger das Schicksal der Nation aufbürden sollten, bis zu zwölfmal am Tage gesprochen, das Programm ihrer Partei vor den Wählern erläutert. Sie hat ihnen niemals wie ihre Gegner das Paradies auf Erden zugesagt, aber versprochen, den schweren Weg zu gehen, der schließlich zur Überwindung der großen Plagen Indiens: der Armut, der Ungleichheit, der Unwissenheit, der Krankheiten und des Aberglaubens, der landwirtschaftlichen und industriellen Unterentwicklung, führen sollte.
„Ist das nicht zu viel für eine Frau?" fragte ich sie, als sie zwischen zwei Stationen unseres rasenden, Tausende von Kilometern umfassenden Fluges auch noch Zeit für ein Gespräch unter vier Augen fand. „Gewiß ist es nicht einfach", entgegnete sie, offensichtlich verärgert, „aber warum erwähnen Sie ‚die Frau', glauben Sie etwa", so fuhr sie spöttisch fort, „es wäre für einen Mann leichter?"
Solche Reaktionen konnte jeder erleben, der Indira daran zu erinnern versuchte, daß sie nicht nur Premierminister, sondern auch ein weibliches Wesen sei, das nach menschlichem Ermessen nicht unbegrenzt belastbar sein würde. Merkwürdigerweise war sie es. Sie stand ihren Mann, getragen von der Zuneigung einer Millionen umfassenden Anhängerschaft.
Die Leute, die wir unterwegs trafen, wurden nicht müde, von Indira zu sprechen. Seit Nehru Indien in die Unabhängigkeit führte, hatte es eine solche Fama nicht gegeben, wurde Wirklichkeit nicht so von Legende und mystischer Verehrung überwuchert. Glaubten die vielen Männer und Frauen, die Indiras Hände berührten, ihren *Sari*saum und ihre Füße küßten, wirklich, daß ihre Ministerpräsidentin, wie mir eine alte Bäuerin versicherte, eine Reinkarnation der Saraswathi, der Göttin der Weisheit, oder von Lakshmi, der alten Hindugottheit des Glücks, sei? Glaubten sie an die magische Kraft ihres Idols, die durch Berührung oder durch Begegnung auf sie übergehen könnte?
Gleiche Vorstellungen vom *Darshan,* der magischen Kraftübertragung,

bewegten offensichtlich auch jene Hunderttausende, die zur Wahlversammlung nach Karagpur gekommen waren. Es dämmerte, als wir auf dem kleinen Militärflughafen etwa zwanzig Kilometer vor der Stadt landeten. Man hatte uns das bengalische Industriezentrum als eine Zentrale des linken Kommunismus beschrieben. Es hätte kaum der bestätigenden Worte bedurft: Unübersehbar waren die mit grellroter Farbe gemalten Hammer und Sichel an Hausmauern und auf der betonierten Straße. Ich erwartete, daß wir mit Steinen und kommunistischen Parolen empfangen würden. Das Gegenteil war der Fall. Die Fahrt vom Flughafen zur Stadt wurde zu einer Via triumphalis.

Zwischen 200000 und 400000 Menschen bildeten zu beiden Seiten der Straße bis tief in die angrenzenden Felder und Viertel eine lebendige Mauer: Frauen in roten, gelben, blauen und grünen *Saris,* Männer in weißem *Dhoti*, Säuglinge, Schulkinder und Teenager – eine unzählbare Menge – schwenkten Papierfähnchen mit dem neuen Symbol der Indira-Kongreß-Partei, der Kuh, die ein kleines Kälbchen beleckt. Unter Hammer und Sichel riefen die Bengalen, in deren Staat seit Monaten politische Morde zur Tagesordnung gehörten, ihrer demokratischen Ministerpräsidentin zu: ,,Indira Gandhi *zindabad* – Indiraji hoch! – *Jai Hind*, es lebe Indien!"

Keine Stimme erhob sich gegen sie, als sie auf dem großen Platz, vom drei Meter hohen Podest aus, von ihrer Politik sprach, vom Sozialismus, vom Säkularismus, von einer Demokratie, die sich gegen Reaktion, Kommunismus, Terror und Gewalt richtete. Die Menge brach in Begeisterungsstürme aus, als sie die extreme Rechte – die ,,Jana Sangh" – angriff. Dieser Augenblick war Indiras Rendezvous mit der Geschichte. Nur wenige erkannten ihren großen Triumph. Der Angriff auf die Rechte brachte ihr gleichzeitig, wenn auch nicht den vollständigen, so doch einen entscheidenden Erfolg über die extreme Linke: Die Bengalen, deren kommunistische Führer Indira Gandhis und die bestehende soziale Ordnung Indiens mit Vernichtung bedrohten, jubelten ihr zu.

Der Abend sollte nicht ohne Folgen bleiben. Kongreß-Partei und CPI(M) – die linkskommunistische marxistische Partei Indiens – lieferten sich im Staate Bengalen ein Kopf-an Kopf-Rennen. Indiras Partei konnte ihre Sitze um 50 vermehren – sie erhielt 105. Die CPI(M) errang nur wenige Sitze mehr. Die Zeichen standen für beide auf Koalition.

,,Ich glaube, Sie werden die absolute Mehrheit gewinnen", sagte ich ihr auf dem Rückflug von Karagpur nach Kalkutta. Geschwaderkommandant Mukherjee, ein Sohn dieses faszinierenden und zugleich gemarterten, terrorisierten und unglücklichen Bengalens, zog eine Schleife über

den rauchenden Schloten der Stadt. Im Mondlicht warfen die Fabriken lange Schatten. Am Horizont stand noch immer das brennende Rot der versunkenen Sonne.
,,Nichts läßt sich prophezeien", sagte Indira, ,,aber alles, was wir an physischer und geistiger Kraft besitzen, werden wir einsetzen. Wir müssen uns selbst wandeln, wenn wir Indien verändern wollen. Diese Wandlung muß viel tiefer gehen als das, was eine wirtschaftliche Entwicklung an Veränderungen bringen kann."
Indira Gandhi war nicht die erste Aristokratin in der Geschichte, die sich zum Sozialismus bekannte, zur Vision von einer modernen, gemeinschaftlich regierten und gerechten Welt, wie sie wohl auch Kennedy vorgeschwebt haben mag. Ganz offensichtlich identifizierte sie sich mit den romantischen Vorstellungen ihres Vaters, der sich während seines Studiums in Cambridge vom evolutionären Sozialismus der ,,Fabian Society" faszinieren ließ. Wie Nehru lehnte Indira den Klassenkampfgedanken des Marxismus ab. Von einem entfremdeten Proletariat konnte in Indien keine Rede sein. Nicht die Klassen-, die Kastengesellschaft war das Problem, zu dessen Lösung eigene Wege gefunden werden mußten.
Nicht Revolution, sondern Evolution stand zur Debatte. Indiras Persönlichkeit wurde ebenso wie die ihres Vaters von einem ungebrochenen Verhältnis zur großen indischen Vergangenheit und ganz klaren Vorstellungen von einer notwendigen Anpassung an das Atomzeitalter bestimmt. Wie Nehru wollte sie zwischen Tradition und Fortschritt vermitteln, Übergänge schaffen, die eine Bewahrung der zeitlosen Werte alter indischer Kultur garantieren, aber die Inder gleichzeitig aus mystischer Verstrikkung lösen und vom Aberglauben befreien sollten. Sie wollte ihr Volk für das 20. und 21. Jahrhundert programmieren, ohne ihm seine Identität zu nehmen. ,,Geschichte kann nicht durch Imitation gemacht werden", sagte sie mir, ,,unsere Wandlung muß aus unseren eigenen geistigen Fähigkeiten kommen."

Wir drehten den zweiten Teil unseres Films für das Fernsehen am 8. März 1971, ehe die ersten Resultate der Wahl und bald darauf die Nachricht ihres großen Sieges über die Leuchttafeln in Delhi liefen. Die Wahlkampagne lag hinter ihr – Zehntausende von Kilometern, viele hundert Wahlversammlungen, unzählige Reden –, aber die Anstrengungen hatten kaum Spuren hinterlassen. Ihr reizvolles Gesicht war gelöst und heiter. Sicher stimmte das, was sie dann am 17. März bei ihrer Rede vor den Kongreß-Mitgliedern sagte: ,,Wir zweifelten nicht einen Augenblick, daß wir eine sehr große Majorität gewinnen würden."

Indiras Wahlsieg damit zu erklären, daß es keine Alternative gegeben habe, war oberflächlich. Bei dieser Entscheidung, die ihr eine Zweidrittelmehrheit brachte, ging es um die Auswirkung eines schwer auszulotenden Charismas und einer Fama, die sie schlichthin zur „Mutter Indiens“, zur „Mutter der Armen“, gemacht hatte. Selbstverständlich waren Aufmärsche, Freudentänze, Jubelgeschrei und Massentaumel keine wirklichen Beweise für Zuneigung und Vertrauen, aber vielleicht waren es die Tränen der Armen, die wir filmten, die Erwartungen und Hoffnungen von Millionen Elenden und Diskriminierten, die in dieser Frau ihre letzte Hoffnung sahen.

Die 1971 zum dritten Mal wiedergewählte Ministerpräsidentin von Indien machte sich nichts vor. Ihr Wahlsieg löste die wirtschaftlichen und sozialen Probleme des Landes nicht, er autorisierte sie jedoch zu einer von jeder Rücksichtnahme auf andere Parteien und Gruppen befreiten Innen- und Außenpolitik. So war mit der absoluten Mehrheit nicht nur die Macht, sondern auch die Verantwortung gewachsen. Die Schwere der Aufgabe konnte niemand leugnen. Indiras Rivale Morarji Desai umriß sie mit dürren Worten: „Wir haben sie mit Blumen bekränzt, in Wahrheit haben wir ihr eine Dornenkrone aufs Haupt gedrückt.“

Was würde geschehen, wenn die hochgespannten Hoffnungen der Wähler unerfüllt bleiben müßten? Indira wußte schon damals, daß aus ihrer Krönung leicht Kreuzigung werden könnte. Das machte sie nicht einen Augenblick lang sentimental. Selbstmitleid kannte sie nicht. Selbstvertrauen und Selbstsicherheit aber gehörten zum Erbe der brahmanischen Nehrus.

Mit der Wahlparole: „Indira is you“ – „Du bist Indira“ –, die auf allen Plakaten gestanden hatte, war es der Premierministerin gelungen, daß sich Millionen Inder mit ihr identifizierten. 1971 stand sie auf dem Gipfel ihrer Macht, deren Ausübung ihr, wie Khushwant Singh später schrieb, das „doppeldeutige Kompliment: Kaiserin von Indien“ einbrachte. In seinem Buch „Indira Gandhi returns“ hat Singh seine Bemerkung ausführlich erläutert: „Mrs. Gandhi benutzte ihre große Mehrheit, um ihre Partei und das Land nach Herzenslust zu verändern. Sie entließ Kabinettsminister, übernahm selbst das Innen- und Informations-Ministerium, das Ministerium für Planung und das Ministerium für Atomenergie, sie feuerte vier Chefminister, die sie nicht so bedingungslos unterstützt hatten, wie sie das wünschte. In aller Eile brachte sie Zusatzklauseln zur Verfassung durch, unter anderem eine Ergänzung, die dem Parlament das Recht gab, die Grundrechte zu verändern. Sie schuf neue Staaten: Himachal Pradesh, Meghalaya, Tripura und Aru-

nachal Pradesh. Sie spielte nicht die konventionelle Rolle eines Premierministers in einer Demokratie: nämlich als Erster unter Gleichrangigen zu handeln. Sie thronte über einer Masse von unbeschreibbar Zweitrangigen. Gerüchte, daß neu ernannte Minister ihre Favoriten seien, denen sie besonders vertraute, brachte sie mit einer majestätischen Schwingung ihres Stocks zum Schweigen. Sie schnitt alle bis auf die ihnen eigene Minigröße zurück. Sie behandelte sie wie eine Schulmeisterin eine Klasse mit eigensinnigen Kindern. Sie konnte das, weil ihre Minister und Parteifreunde in den vorangegangenen Monaten, während sie an Statur gewann, an politischem Ansehen verloren hatten."
Zweifellos zeigten ihre Entschlüsse schon damals autokratische Züge; wer sie kritisierte, vergaß allzuoft die Dimension der Probleme, die sie zu bewältigen hatte. „In Indien", sagte sie mir einmal, „ist alles überdimensional – das Land und die Bevölkerung, die Armut ist riesig, und der Reichtum ist unmeßbar groß. Der Abstand zwischen jenen, die noch gewissermaßen im Steinzeitalter leben, und den Indern, die sich bereits im Atomzeitalter bewegen, ist kaum vorstellbar. Unsere Aufgabe wird sein, Entfernungen zu überwinden, Abgründe zu schließen, Ungleichheiten auszugleichen." Mit Palaver war da sicher nichts zu erreichen. Wer wollte hier Richter sein?
Was Kamera und Tonband aufzeichnen konnten, war das Bild einer Frau, die sich durch ein starkes Pflichtgefühl und bedrängende Aufgaben herausgefordert fühlte, einen Platz einzunehmen, den sie eigentlich nicht wollte. Hätte sie sich im Ernst ein anderes Leben vorstellen können?
Am Nachmittag des 8. März fragte ich sie vor der Kamera: „Welche Interessen haben Sie außerhalb der Politik, oder was waren Ihre Interessen?"
„Waren oder sind – das ist bei mir das gleiche, nichts hat sich geändert. Ich bin tief interessiert an so vielen Dingen, ich liebe Bücher, und ich liebe Menschen. Mein Interesse für Politik kommt, glaube ich, aus meinem Interesse für Menschen. Ich interessiere mich zum Beispiel für Anthropologie, für die Erhaltung der Natur, für Kunst und Musik. Ich interessiere mich für das Leben, und all dies ist ein Teil davon – man kann nicht einfach einen Teil herauslösen."

Die Uhr läuft niemals zurück. Es hat keinen Sinn, darüber nachzudenken, ob für Indira eine andere Karriere in Frage gekommen wäre. Sie nahm ein Amt auf sich, das sie nach ihren eigenen Worten nicht wünschte. Und selbst wenn es anders gewesen sein sollte, wenn sie mit jeder Faser ihres Wesens das Amt des Ministerpräsidenten erstrebt hätte, wäre das schon a priori schlecht gewesen? Wie stellten sich die Kritiker Indiras denn eigentlich einen Regierungschef dieser gewaltigen Land- und Menschenmasse Indien vor? Wie konnte die Union denn anders regiert werden als durch einen Politiker, der offensichtlich berufen war und seine Berufung auch wünschte? „Das Amt an sich zählt für mich nicht", betonte Indira immer wieder, „was zählt, ist, wie ich meine Aufgabe – in welchem Amt auch immer – erfülle."

Während unten im Garten und draußen auf der Straße die Menschen noch immer Indiras Sieg bejubelten, tanzten und schrien, verbrachten wir eine unvergeßliche Stunde mit der Premierministerin im Tin-Murti-Haus, im Studio des Vaters, der ihr Lehrmeister und bester Freund gewesen ist. Gewöhnlich können Besucher den Arbeitsraum des Verstorbenen nur durch die verschlossenen Glasfenster betrachten. Der Museumsdirektor öffnete die Tür für uns, und wir gingen von Bild zu Bild, standen vor den Fotos der Menschen, die Indira am meisten beeinflußt haben: Mahatma Gandhi, Rabindranath Tagore, ihre Mutter Kamala, der Großvater Motilal und Jawaharlal Nehru, der einmal aus dem Gefängnis von Naini an die kleine Tochter geschrieben hatte: „Geschichte zu lesen, ist gut, besser ist es jedoch, mitzuhelfen, Geschichte zu machen."

Indira hat Geschichte gemacht. Anders und dramatischer, als der Vater es wollte. Nehru legte das Fundament, auf dem Indira bauen sollte. Für sie bedeutete das die Ablösung einer großen Vergangenheit, die Transformierung einer traditionell religiösen Gesellschaft in eine säkulare Gemeinschaft. Nicht mehr Transzendenzerfahrung, sondern wissenschaftliche Erkenntnis sollte nun als Quintessenz des Lebens gelten. Die Programmierung Indiens für das 20. Jahrhundert bedeutete von Anfang an Konfrontation mit den Traditionalisten, mit den sicher nicht unbedeutenden Gestalten aus der Gründerzeit. 1966, bei ihrer ersten Wahl zum Ministerpräsidenten, war sie noch abhängig von den altgedienten Landesfürsten der Kongreß-Partei. Ihre zweite Wahl – 1967 – brachte einen schweren Rückschlag für die Partei und die Entfremdung zwischen den alten Mitgliedern und ihr. 1969 leitete sie mit der dramatischen Spaltung ihrer Partei in die „alte" und die „neue" Kongreß-Partei eine historische Wende ein. Durch ihren Bruch mit den Traditionalisten und die vernichtende Wahlniederlage, die sie ihnen im März 1971 bereitete, erzwang sie die Wachablösung, den Generationswechsel, den Nehru heimlich gewünscht haben mag.

„Habt keine Angst vor Größe, einige sind groß geboren, manche vollbringen Großes, und anderen wird Größe aufgezwungen." Der Indira-

Biograph Ahmad Abbas zitiert Shakespeare, um die ungewöhnliche Herausforderung der Tochter Nehrus zu charakterisieren. Mit dem Vater teilte sie eine Erkenntnis, die sie seit jeher bewegt haben mag: Der Preis für das hohe Amt war Einsamkeit, war der Verzicht auf Sicherheit und privates Glück.

Wie zu Nehrus Lebzeiten ließ Indira jeden Morgen frische Rosen auf den Schreibtisch des Vaters stellen – neben den kleinen goldenen Buddha, dessen Lächeln Weisheit ist. Hier fand sie am 27. Mai 1964 das Blatt mit dem berühmten Vers von Robert Frost. Nehru hatte die Worte des englischen Dichters in den letzten Stunden vor seinem Tod auf das Papier gekritzelt. Kaum merkbar zitterte Indiras Hand, als sie das Blatt mit den Schriftzügen des Vaters für ein paar Sekunden aufhob. Hätte sie nicht längst das gleiche schreiben können:

„The woods are lovely dark and deep,
But I have promises to keep,
And miles to go before I sleep,
And miles to go before I sleep."

„Die Wälder sind so lieblich dunkel und tief,
Aber ich muß Versprechen halten
und Meilen gehen, bevor ich schlafen kann,
Und Meilen gehen, bevor ich schlafen kann."

Die bengalische Tragödie

Indira Gandhi sollte sich ihres Wahlerfolges nicht lange erfreuen. Im Nachbarstaat Pakistan trugen sich Dinge zu, deren katastrophale Auswirkungen auf Indien nicht ausbleiben konnten. Die Teilung des Subkontinents von 1947 entließ die Islamische Republik Pakistan in das Unglück einer neuen Teilung, in eine Nation, deren Westregion von der Ostregion durch ein 2000 Kilometer langes indisches Territorium getrennt war. Die herrschende Schicht der Westpakistaner zog aus der ihr gestellten politischen Aufgabe nicht die richtigen Konsequenzen. Sie behandelten die bengalischen Ostpakistaner, obwohl sie bevölkerungsmäßig die Mehrheit darstellten, wie eine ungeliebte Minderheit.

Nicht nur die räumlichen Entfernungen trennten Ost und West – es waren zwei Rassen mit zwei voneinander völlig verschiedenen Kulturen, die aufeinanderprallten. Die gemeinsame Religion, der Islam, hatte sich nicht als ausreichendes Bindemittel erwiesen. Der „cultural clash“ war unvermeidbar geworden. Die hellhäutigen Westpakistaner, die ihrer geistigen und soziologischen Struktur nach zum Mittleren Orient neigen, vermochten die braunhäutigen, an der Schwelle zur buddhistischen Kultur zwischen Süd- und Südostasien lebenden Ostbengalen nicht zu integrieren. Eine gemeinsame, die Gemeinschaft zusammenhaltende Sprache gab es nicht. Um die Erhaltung des *Bengali* des Ostens gegenüber dem *Urdu* der Westpakistaner entstanden blutige Unruhen. Emotionen eskalierten im Laufe der Jahre zu Aggressionen. Was hatte der im März 1969 an die Macht gekommene Staatspräsident, der ehemalige Generalstabschef Yahya Khan, im Sinn, als er im Dezember 1970 zum ersten Mal in der Geschichte Pakistans allgemeine Wahlen abhalten ließ? Wollte er der bengalischen Bewegung den Wind aus den Segeln nehmen? Im Westen ging die Volkspartei des ehrgeizigen Politikers und ehemaligen Außenministers Zulficar Ali Bhutto als relativer Sieger aus den Wahlen hervor. Sie gewann von 144 westpakistanischen Sitzen 84. Die Bengalen wählten fast einstimmig die „Awami-Liga“ des Volksführers Sheikh Mujibur Rahman, der erst kurz zuvor aus der Haft entlassen worden war. Sie erhielt 167 von 169 Sitzen. Nach demokratischen Spielregeln wäre Mujib Ministerpräsident von Gesamt-Pakistan geworden.

Aber das wollte weder er noch Zulficar Ali Bhutto. Sheikh Mujib strebte eine Autonomie an, die de facto auf Teilung hinauslief. Staatspräsident Yahya Khan wehrte sich mit allen Mitteln, während Bhutto eine ambivalente Haltung einnahm, die sich nur aus seinem Ehrgeiz erklären ließ, die erste Geige im Staat spielen zu wollen, notfalls in einem geteilten Staat, wenn es nicht gelingen sollte, Ostpakistan gleichzuschalten.
Yahya Khan berief die Nationalversammlung für den 3. März 1971 nach Dacca. Bhutto und seine 84 Abgeordneten weigerten sich zu kommen. Die Bengalen fühlten sich um ihren Wahlsieg betrogen. In ganz Ostpakistan brachen schwere Unruhen aus. Über eine halbe Million Bengalen demonstrierten in Dacca für ihre Autonomie. Noch sprach niemand von Unabhängigkeit – aber die meisten wollten den endgültigen Abfall.
Mitte März kam Yahya Khan zu Verhandlungen mit Mujib nach Dacca. Einige Tage später traf auch Bhutto ein, der alle Forderungen Mujibs nach Autonomie ablehnte. Ob Yahya die Verhandlungen nur führte, um der Armee Zeit zur Vorbereitung des großen Schlags zu ermöglichen, steht in keiner Akte. Am 24. März verließ Yahya Ostpakistan. In der Nacht vom 25. auf den 26. März erfolgte der Generalangriff der pakistanischen Armee, mit dem sie versuchte, den Aufstand der Bengalen zu unterdrücken, um die Nation, von der Mohammed Ali Jinnah geträumt hatte, zu retten. Niemand vermochte die Toten zu zählen, man sprach von Hunderttausenden, ja von einer Million. Sheikh Mujibur Rahman wurde erneut verhaftet und nach Westpakistan gebracht; dort drohte ihm ein Hochverratsprozeß, ohne Hoffnung auf Gerechtigkeit oder Gnade.
Eine Massenflucht nach Indien, ins Bruderland Westbengalen, setzte ein. Bereits im Mai sprach man von vier Millionen Flüchtlingen. Täglich kamen neue hinzu. Anfang August wurden acht Millionen Flüchtlinge gemeldet. Bald sollten es zehn Millionen sein. Zehn Millionen gepeinigte, hungernde, halbnackte, den indischen Westbengalen unmittelbar verwandte Ostbengalen erreichten Indien. Die 600 Millionen Rupien, die von der indischen Regierung im Mai für die Flüchtlinge zur Verfügung gestellt wurden, waren bereits im August aufgebraucht. Die ausländische Flüchtlingshilfe, die nach einer Aufstellung der Vereinten Nationen im Hochsommer 150 Millionen Dollar betrug, konnte die Bürde Indiens zwar etwas vermindern, doch blieb noch immer eine so schwere Last, daß sämtliche Pläne der indischen Regierung zunichte gemacht schienen.
Das bedeutete eine große Gefahr für die Glaubwürdigkeit Indira Gandhis. Sie hatte den Wahlkampf mit dem Versprechen geführt, die Armut

Indiens energisch zu bekämpfen. Nun mußten die Mittel, die für Entwicklungsvorhaben in der Landwirtschaft und in der Produktionsmittelindustrie vorgesehen waren, den Lagerverwaltungen zur Verfügung gestellt werden. Vergeblich appellierte Indira an Pakistan, in Bengalen Frieden und Ordnung herzustellen, damit die Flüchtlinge zurückkehren könnten. Für Indien waren sie weder moralisch noch politisch, noch finanziell oder soziologisch zu verkraften.

Die Beziehungen zu Pakistan waren bereits zum Zerreißen gespannt, als bekannt wurde, daß die indische Regierung den ostbengalischen Freiheitskämpfern auf indischem Boden Schutz und Unterstützung gewährte. Hier hakte der pakistanische Präsident Yahya Khan ein. Da er sich der – wenn auch passiven – Rückendeckung der Chinesen und einer gewissen Duldung von amerikanischer Seite sicher war, erklärte er Anfang August 1971: „Wenn von Indien kommende bengalische Partisanen ein Stück des pakistanischen Territoriums besetzen sollten, würden wir das als eine indische Aggression ansehen. Wir würden dann unsererseits Indien angreifen. Ein totaler Krieg mit Indien steht bevor."

Damit war die große Stunde für Moskau gekommen. Der sowjetrussische Staatspräsident Nicolai Podgorny hatte zwar schon im April die pakistanische Regierung dringend um Mäßigung in Ostpakistan ersucht – hielt sich aber dann auffallend zurück, bis der Sicherheitsberater des amerikanischen Präsidenten, Henry Kissinger, im Juli 1971 seine sensationelle Reise nach Peking machte, von der er als Ergebnis den Termin für einen Besuch Präsident Richard Nixons in China mitbrachte. Moskau gab sofort seine Politik des Gleichgewichts zwischen Indien und Pakistan auf, um mit einer eindeutig proindischen Politik ein Gegengewicht gegen eine mögliche amerikanisch-chinesische Zusammenarbeit zu schaffen. Der Subkontinent war in den Sog der Politik der Weltmächte geraten.

Wenige Tage nach Yahya Khans Drohung erklärte sich Indira Gandhi bereit, die schon lange mit der Sowjetunion geführten Verhandlungen zu einem schnellen Abschluß zu bringen. Es ging um den am 9. August 1971 zwischen Moskau und Delhi abgeschlossenen Vertrag über „Freundschaft und Zusammenarbeit". Sollte dieser Vertrag, wenigstens von indischer Seite aus gesehen, vor allen Dingen als Abschreckung gegenüber Pakistan wirken, so bedeutete er doch gleichzeitig eine entscheidende Wende der indischen Außenpolitik. Obwohl im Artikel IV des Vertrages ausdrücklich steht, die Sowjetunion achte die Politik des „Non-alignments", konnte man wohl kaum noch von Bündnislosigkeit sprechen.

Damals argumentierte Indira mir gegenüber, daß Indien nach wie vor

,,non-aligned" sei und bleiben wolle; der Vertrag über Freundschaft und Zusammenarbeit verpflichte nämlich nicht – und das sei das Wesentliche – zu militärischem Beistand.
In der Tat wird in Artikel IV des Vertrages nur von Konsultativverpflichtungen gesprochen: ,,Sollte eine der beiden Seiten zum Ziel eines Überfalls werden oder sollte ihr ein Überfall drohen, so werden die vertragschließenden Teile unverzüglich gegenseitige Konsultationen mit der Absicht aufnehmen, diese Gefahr zu beseitigen und entsprechende wirksame Maßnahmen zur Gewährleistung des Friedens und der Sicherheit ihrer Länder zu ergreifen."
Hier wäre es im Ernstfall auf die Interpretation angekommen. Zum Glück für Indien und den Weltfrieden ereignete sich ein solcher Ernstfall in den spannungsgeladenen Wochen nach Abschluß des Vertrages zwischen Delhi und Moskau nicht.
Um das Ausmaß der Tragödie zu ermessen, in die Indien verwickelt wurde, verbrachte ich Anfang Dezember 1971 einen Tag und eine Nacht an den bengalischen Flüssen Shamati und Padma, dort, wo sich die Ostbengalen auf der Flucht vor einer fanatischen Volksmiliz in die Ströme stürzten, deren Westufer Rettung und Zuflucht bedeuteten. Millionen waren seit Wochen durch diese Wasser gewatet, hatten mit einer letzten verzweifelten Anstrengung noch einmal ihr Leben riskiert, gegen die Strömung gekämpft, um in Tripura, in Meghalaya, in Assam und Westbengalen um Asyl zu bitten.
Ich werde die lange Straße niemals vergessen, den vom Monsun verschlammten Weg, über den sich eine endlose Schlange von Menschen wälzte. Der sengenden Sonne ausgesetzt, zog sie dahin – unmeßbar sich dehnend bis an die Ränder des Horizonts dieses weiten, schattenlosen Landstrichs von Westbengalen. Alle waren beladen mit Bündeln, mit letzten Habseligkeiten, mit Decken, Töpfen, Spirituskochern, Flaschen und Sturmlaternen. Frauen schleppten schwitzend ihre Kinder – Männer die Alten und Schwachen, die Verwundeten, Geschändeten, Gequälten und Zusammengebrochenen. Via dolorosa.
Die nassen Lumpen klebten an den Schenkeln, auf Brusttüchern und Hemden zeichneten sich die hervorstehenden Rippen ab – kaum hatten die abgemagerten Menschen noch Kraft, sich bis in die kleine Dorfschule, die indische Aufnahmestation, zu schleppen. Manche brachen auf dem letzten Kilometer in die Freiheit zusammen.
Jeder wurde registriert – Name, Alter, Beruf, Heimatort. Wie Millionen vor ihnen mußten sie Rede und Antwort stehen: ,,Warum haben Sie Ihr Land, Ihr Dorf, Ihr Haus verlassen?"

,,Ich habe kein Haus mehr", sagte Nur el Din, ein junger Lehrer aus der Nähe von Jessore, ,,unser ganzes Dorf wurde am 26. November von den *Razakars* (einer Muslim-Brigade) niedergebrannt. Aneinandergefesselt trieben die rasenden Volkspolizisten alle Männer unserer Gemeinde auf den Marktplatz. Es wurde dunkel. Mehrere Schüsse peitschten über uns hinweg. Zwei meiner Freunde, selber noch unverwundet, sanken mit ihren erschossenen Kameraden, an die sie gefesselt waren, zu Boden – unsere Reihe schwankte hin und her wie im Sturm."
Das Gesicht des Mannes blieb bewegungslos, erstarrt wie die Maske eines Toten. Er war in einer Nacht einen vielfachen Tod gestorben. Das Erfahrene hatte ihn bis zur Selbstaufgabe isoliert, einsam gemacht. Mir vielen Worte von Aldous Huxley ein: ,,Die Märtyrer schreiten Hand in Hand in die Arena; gekreuzigt werden sie allein."
,,Was warfen die Soldaten Ihnen vor?" – ,,Nichts", antwortete Nur el Din, ,,als unsere Liebe zu Bengalen, zu unserer Sprache, als unsere Treue zu den gewählten Vertretern des Volkes."
,,Waren Sie für ein unabhängiges Bangladesh?" – ,,Nein", entgegnete Nur el Din, ,,damals noch nicht. Als wir am 7. Dezember 1970 unsere Stimme der ,Awami-Liga' gaben, verlangten wir nichts als Autonomie innerhalb eines geeinten Pakistan."
,,Das stimmt nicht", korrigierte ihn ein anderer Freischärler, der stolz verkündete, er sei zum Sturm auf Dacca bestimmt; ,,wir wollten viel mehr. Westpakistan hat bei uns verspielt, wir kämpfen um ein freies, unabhängiges Bangladesh. Unsere Flüchtlinge werden nur in einen Freistaat Bengalen zurückkehren."
Bangladesh – goldenes Land der Bengalen – die letzte Hoffnung von Millionen, der einzige Gedanke, der Bewegung in die erstarrten, apathischen Gesichter brachte, einen kleinen Glanz in die Augen, die nicht mehr weinen konnten, weil das, was sie sahen, ,,beyond of tears" war, jenseits von Tränen, schlimmer als alles, was man mit Schmerzen abreagieren und Tränen wegwischen kann. Wer die ostbengalische Passion überlebte, würde nie wieder werden können, was er vorher gewesen war. Er wußte, was es heißt, verflucht zu sein wie Kain.
Aber es wäre ungerecht, in der ostbengalischen Tragödie nicht auch die Tragik Pakistans zu erkennen. Die Vision des islamischen Dichters Mohammed Iqbal von einem eigenen Staat der Muslims auf dem indischen Subkontinent, die Ali Jinnah mit der Schaffung der Islamischen Republik 1947 verwirklichte, wurde 1971 – nach 24 Jahren – wieder zerstört. Iqbal, der geistige Vater der islamischen Nation, hatte auch das vorausgeahnt. Schon 1910 schrieb er in sein Tagebuch: ,,Nationen werden in

den Herzen der Dichter geboren, sie entstehen und vergehen unter den Händen der Politiker." Das Pakistan von 1971 stand vor der Zerstörung seiner staatlichen Einheit, es sah sich mit dem Verlust seiner Gründungsidentität konfrontiert.
So begann der zweite Akt der Tragödie. „Das Land wurde" – wie es in Jesaias, Kapitel 24, heißt – „entheiligt von seinen Einwohnern, denn sie übertreten das Gesetz und ändern die Gebote und lassen fahren den ewigen Bund. Darum frißt der Fluch das Land; denn sie verschulden's, die darin wohnen. Siehe, der Herr macht das Land leer und wüst und wirft um, was darin ist, und zerstreut seine Einwohner."
Es mag der indischen Presse vorgeworfen werden, daß sie in der ersten Erregung Haß und Angst der Ostpakistaner schürte. An der Ursache der großen bengalischen Passion waren die Inder jedoch unschuldig. Die Leiden der Bengalen mehrten ihre eigenen Sorgen. Für zehn Millionen Flüchtlinge – 82 Staaten in den Vereinten Nationen haben weniger Einwohner – gab es in Indien keine Integrationsmöglichkeit. Indien konnte sie weder ernähren noch unterbringen, noch in einen regulären Arbeitsprozeß einordnen. Indien konnte nur eines tun: ihre Rückkehr in ein rechtlich geordnetes Ostbengalen verlangen, das heißt, auf der Freilassung Sheikh Mujiburs und der Einsetzung der gewählten Volksvertreter beharren. Der Appell an die Weltmächte, die indischen Forderungen nach dieser politischen Lösung zu unterstützen, verhallte ungehört.

Bengalisches Tagebuch

Als die ersten Bomben auf indische Städte fielen, schlug die indische Ministerpräsidentin zurück.
Was zwischen dem 3. Dezember 1971 und dem 13. Februar 1972 geschah, schrieb ich in mein „Bengalisches Tagebuch":

New Delhi, 3. Dezember 1971, 17.40 Uhr
Als ich vor dem Hotel „Intercontinental" ankam, heulten die Sirenen. Alle Lichter erloschen. Im völligen Dunkel tastete ich mich zum Friseur im Erdgeschoß. Eine Dame telefonierte nach Hause, man solle die Vorhänge schließen und nur ja keine Lampen anknipsen. Die Anordnung war überflüssig. Das Elektrizitätswerk von Delhi hatte den gesamten Strom abgeschaltet. Diplomatenfrauen saßen mit Lockenwicklern und nassen Haaren unter Hauben, aus denen kein Laut mehr kam. Die Sirenen gehörten nicht etwa zu einer militärischen Übung, aus dem unheimlichen Spiel der letzten

Tage war Ernst geworden. Die pakistanische Luftwaffe hatte um 17.30 Uhr die indische Westgrenze überflogen und die Städte Agra, Amritsar und Pathankot mit Bomben belegt. Noch gewöhnt an eine friedliche Ordnung, an das selbstverständliche Funktionieren des Luxushotels, harrte ich einige Zeit mit einigen Damen beim Friseur aus, ehe ich begriff, daß alles, was geschehen würde, unwiderruflich war. Die Korrektur eines tragischen Kapitels der indischen Geschichte hatte begonnen.

Am 4. Dezember 1971 erkannte Indien die in der Nähe von Kalkutta residierende ostbengalische Exilregierung und damit Bangladesh völkerrechtlich an. Die indische Armee überschritt die Grenzen des ehemaligen Ost-Pakistan. Gemeinsam mit den *Mukti Bahini*, den bengalischen Freiheitskämpfern, hatte sich Indien unverrückbare Ziele gesetzt: die Unabhängigkeit der Bengalen, die Wiederherstellung der Ordnung und die Rückführung von zehn Millionen Flüchtlingen.

10. Dezember, New Delhi
Lange Gespräche mit Indira Gandhis wichtigen Beratern, mit T. N. Kaul, dem Staatssekretär für Auswärtige Angelegenheiten im Außenministerium, mit P. N. Haksar, der inzwischen zum „Principal Secretary to the Prime Minister", zu einer Art Oberstaatssekretär, ernannt worden war. Diese Ernennung erfolgte nach dem 4. September 1971, nach Haksars 58. Geburtstag, mit dem er das in Indien übliche Pensionsalter erreichte. Da Indira auf seine Dienste nicht verzichten wollte, wurde das Amt geschaffen, das es bisher nicht gab. Mir wurde während unserer Unterhaltungen klar, daß die Anerkennung von Bangladesh ein wichtiges Problem für die deutsch-indischen Beziehungen geworden war. Im Namen der Ministerpräsidentin bat mich Haksar an diesem Morgen, mit dem Chef der Vertretung von Bangladesh, Humayan Rasheed Choudhury, Kontakt aufzunehmen. Haksar telefoniert persönlich und trifft die Verabredung für mich.

11. Dezember, New Delhi
Erstes Gespräch mit Humayan Rasheed Choudhury, dem Chef der Bangladesh-Mission. Choudhurys Absprung von der pakistanischen Hochkommission, in der er bis zum 4. Oktober 1971 als Gesandter tätig war, trägt die Zeichen einer menschlichen Tragödie. Sein Schicksal erscheint mir symptomatisch für die psychologische Situation der ostbengalischen Intellektuellen. Choudhury gehört nämlich keineswegs zu den Millionen von frustrierten Ostbengalen, die dank einer unerklärlichen westpakistanischen Politik zu den „underdogs" in der Islamischen Republik geworden

waren, sondern zu jener privilegierten Schicht des pakistanischen Außenministeriums, der nicht nur eine glänzende Ausbildung – Kalkutta, Aligarh-Universität, London Institute of World Affairs, Flechter's School of Law and Diplomacy (Massachusetts), britischer Foreign Service – zuteil wurde, sondern auch eine glänzende Karriere offenstand. Selbst noch in dem Augenblick, wo dem Auswärtigen Amt in Islamabad gewisse Zweifel über Choudhury gekommen sein müssen, bot man ihm den Posten eines Botschafters in Ungarn an. Möglicherweise war das ein Versuchsballon – würde Choudhury aus Indien weggehen, konnte man in Pakistan seiner sicher sein. Humayan Rasheed Choudhury verließ Indien nicht. Er beantwortete das Angebot mit seinem Absprung. „Nach dem, was in meiner Heimat geschehen war, gab es nur diesen einen Weg", sagte er, „nichts anderes blieb mir übrig, wenn ich nicht alle Selbstachtung verlieren wollte." Die ganze politische Aktivität des Botschafters von Bangladesh richtete sich auf die Anerkennung seines Landes durch andere Nationen. Choudhury war den ganzen Tag unterwegs, er eilte von Botschaft zu Botschaft. Um Zeit für eine Verlängerung unseres Gesprächs zu finden, begleitete ich ihn bis zur bulgarischen Botschaft.

Auf der Fahrt dorthin sprach er vom Wunsch seines Volkes, die Bundesrepublik möge Bangladesh bald anerkennen: „Die DDR steht kurz davor", sagte Choudhury, „wäre es nicht schön, es käme zuvor ein Zeichen aus Westdeutschland, das als Reverenz vor Freiheit und Gerechtigkeit, Menschenwürde und Humanität gedeutet werden würde?"

Ich riet ihm, mit der Botschaft der Bundesrepublik Kontakt aufzunehmen. Noch am gleichen Tage entdeckte ich seinen Wagen im Hof der deutschen Vertretung.

11. Dezember, New Delhi – abends

Wieder langes Gespräch mit Botschafter Diehl – er sieht die Lage vollkommen klar. Bangladesh ist eine Realität.

12. Dezember, New Delhi

Lunch in der Residenz des Botschafters. Der amerikanische Botschafter Keating sitzt neben mir. Er ist entsetzt über die Maßnahmen seiner Regierung, die gerade den Flugzeugträger Enterprise in den Golf von Bengalen entsandt hatte, angeblich, um notfalls ihre in Ostbengalen lebenden Staatsbürger zu retten. In Wirklichkeit war das eine Demonstration der amerikanischen Machtpolitik, die zu gefährlichen Zwischenfällen etwa im Sinne von Artikel IV des indisch-sowjetischen Vertrages hätte eskalieren können. Schon geisterten Worte wie dritter Weltkrieg durch die politischen

Kreise von Delhi. In der internationalen Gerüchte-Küche begann es zu kochen.
Keating bittet mich im Laufe unseres Gesprächs, Frau Gandhi möglichst noch am gleichen Tage zu sagen, daß er mit der Politik Washingtons nicht einverstanden sei und das auch seinem Ministerium, dem State Department, zur Kenntnis gebracht habe. Sofort nach dem Essen rief ich meinen Freund Haksar an und bat um eine Unterredung mit Frau Gandhi. Sie fand eine Stunde später statt. Als ich ihr Keatings Botschaft überbracht hatte, lächelte sie und sagte: ,,Oh Keating, poor darling.“

13. Dezember, New Delhi
Von der Front dramatische Berichte. Das Briefing der Inder ist vorzüglich, klar und offen, ohne Beschönigungen. Joint Secretary External Publicity Division S. K. Singh ist ein brillanter Regierungssprecher. Täglich stehen überdies Staatssekretäre aus den einschlägigen Ministerien und Generäle den inländischen und ausländischen Journalisten im Presse- und Informationsamt Rede und Antwort. An der Westfront tobt eine heftige Panzerschlacht. Die Inder melden auch erhebliche indische Verluste.

15. Dezember, morgens 8.00 Uhr, New Delhi
*Ein Bote bringt mir ein Couvert mit dem roten Siegel des Premierministers in die Residenz des Botschafters. Der Umschlag enthält eine Kopie des Briefes, den Indira Gandhi an diesem Morgen an den amerikanischen Präsidenten Richard Nixon schrieb (*Übersetzung s. Anhang S. 473*).*

Indira Gandhi an Nixon – ein Brief-Dokument

New Delhi, December 15, 1971

Dear Mr. President,
I am writing at a moment of deep anguish at the unhappy turn which the relations between our two countries have taken.
I am setting aside all pride, prejudice and passion and trying, as calmly as I can, to analyse once again the origins of the tragedy which is being enacted.
There are moments in history when brooding tragedy and its dark shadows can be lightened by recalling great moments of the past. One such great moment which has inspired millions of people to die for liberty was the Declaration of Independence by the United States of

America. That Declaration stated that whenever any form of Government becomes destructive of man's inalienable rights to life, liberty and pursuit of happiness, it was the right of the people to alter or abolish it.

All unprejudiced persons objectively surveying the grim events in Bangla-desh since March 25 have recognised the revolt of 75 million people, a people who were forced to the conclusion that neither their life, nor their liberty, to say nothing of the possibility of the pursuit of happiness, was available to them. The World Press, Radio and Television have faithfully recorded the story. The most perceptive of American scholars who are knowledgeable about the affairs of this sub-continent revealed the anatomy of East Bengal's frustrations.

The tragic war, which is continuing, could have been averted if during the nine months prior to Pakistan attack on us on December 3, the great leaders of the world had paid some attention to the fact of revolt, tried to see the reality of the situation and searched for a genuine basis for reconciliation. I wrote letters along these lines. I undertook a tour in quest of peace at a time when it was extremely difficult to leave the country in the hope of presenting to some of the leaders of the world the situation as I saw it. It was heart-breaking to find that while there was sympathy for the poor refugees, the disease itself was ignored.

War could also have been avoided if the power, influence and authority of all the States, and above all of the United States, had got Sheikh Mujibur Rahman released. Instead, we were told that a civilian administration was being installed. Everyone knows that this civilian administration was a farce; today the farce has turned into a tragedy.

Lip service was paid to the need for a political solution, but not a single worthwhile step was taken to bring this about. Instead, the rulers of West Pakistan went ahead holding farcical elections to seats which had been arbitrarily declared vacant.

There was not even a whisper that anyone from the outside world had tried to have contact with Mujibur Rahman. Our earnest plea that Sheikh Mujibur Rahman should be released, or that, even if he were to be kept under detention, contact with him might be established, was not considered practical on the ground that the U.S. could not urge policies which might lead to the overthrow of President Yahya Khan. While the United States recognised that Mujib was a core factor in the situation and that unquestionably in the long run Pakistan must acquiesce in the direction of greater autonomy for East Pakistan, arguments were advanced to demonstrate the fragility of the situation and of Yahya Khan's difficulty.

Mr. President, may I ask you in all sincerity: Was the release or even secret negotiations with a single human being, namely, Sheikh Mujibur Rahman, more disastrous than the waging of a war?
The fact of the matter is that the rulers of West Pakistan got away with the impression that they could do what they liked because no one, not even the United States, would choose to take a public position that while Pakistan's integrity was certainly sacrosanct, human rights, liberty were no less so and that there was a necessary interconnection between the inviolability of States and the contentment of their people.
Mr. President, despite the continued defiance by the rulers of Pakistan of the most elementary facts of life, we would still have tried our hardest to restrain the mounting pressure as we had for nine long months, and war could have been prevented had the rulers of Pakistan not launched a massive attack on us by bombing our airfields in Amritsar, Pathankot, Srinagar, Avantipur, Uttarlai, Jodhpur, Ambala and Agra in the broad day light on December 3, 1971 at a time when I was away in Calcutta, my colleague, the Defence Minister, was in Patna and was due to leave further for Bangalore in the South and another senior colleague of mine, the Finance Minister, was in Bombay. The fact that this initiative was taken at this particular time of our absence from the Capital showed perfidious intentions. In the face of this, could we simply sit back trusting that the rulers of Pakistan or those who were advising them had peaceful, constructive and reasonable intent?
We are asked what we want. We seek nothing for ourselves. We do not want any territory of what was East Pakistan and now constitutes Bangladesh. We do not want any territory of West Pakistan. We do want lasting peace with Pakistan. But will Pakistan give up its ceaseless and yet pointless agitation of the last 24 years over Kashmir? Are they willing to give up their hate campaign and posture of perpetual hostility towards India? How many times in the last 24 years have my father and I offered a Pact of Non-aggression to Pakistan? It is matter of recorded history that each time such offer was made, Pakistan rejected it out of hand.
We are deeply hurt by the innuendos and insinuations that it was we who have precipitated the crisis and have in any way thwarted the emergence of solutions. I do not really know who is responsible for this calumny. During my visit to the United States, United Kingdom, France, Germany, Austria and Belgium, the point I emphasised, publicly as well as privately, was the immediate need for a political settlement. We waited nine months for it. When Dr. Kissinger came in August 1971, I had emphasised to him the importance of seeking an early political settle-

ment. But we have not received, even to this day, the barest framework of a settlement which would take into account the facts as they are and not as we imagine them to be.
Be that as it may, it is my earnest and sincere hope that with all the knowledge and deep understanding of human affairs you, as President of the United States and reflecting the will, the aspirations and idealism of the great American people, will at least let me know where precisely we have gone wrong before your representatives or spokesmen deal with us with such harshness of language.
With regards and best wishes,

Yours sincerely,
Indira Gandhi

15. Dezember, New Delhi
Die Sensation kommt am Mittag: die Nachricht von der bedingungslosen Kapitulation der pakistanischen Armee in Ostbengalen. 93 000 pakistanische Soldaten sind in indische Kriegsgefangenschaft geraten. Die indische Armee hatte die vier Divisionen Pakistans in genau zwei Wochen zur Kapitulation gezwungen. Es war ein Blitzkrieg, der zwar den größeren Teil der Weltöffentlichkeit überraschte, nicht aber die Kenner der indischen Armee, die in den letzten Jahren einen hohen Ausbildungsstand erreicht hatte. Es war ein Krieg, dessen bemerkenswerte Taktik und fast klassische Strategie nicht einen Augenblick lang die schmerzlichen Gegebenheiten vergessen ließ, unter denen er geführt wurde. Auf beiden Seiten standen Generäle, die einst gemeinsam die Kriegsschulen von Dehra Dun und Sandhurst besucht hatten: Ein echter tragischer Bruderkrieg. Für Indira Gandhi war es selbstverständlich, daß der Ausgang dieses Krieges nicht mit militärischen Siegesparaden und Feuerwerk gefeiert wurde.

16. Dezember
Im indischen Parlament in New Delhi. Alle Abgeordneten, von der extremen Rechten bis zur äußersten Linken, einschließlich des alten Krishna Menon, erhoben sich von ihren Sitzen, als Indira Gandhi das Haus betrat. Sie blieben stehen, als sie folgendes Statement abgab: „I have an announcement to make. The West Pakistan forces have unconditionally surrendered in Bangladesh. This House and the entire nation rejoice in this historic event. We hail the people of Bangladesh in their hour of triumph. We hail the brave young men and boys of the Mukti Bahini for their valour and dedication. We are proud of our own Army, Navy, Air Force

and the Border Security Force, who have so magnificently demonstrated their quality and capacity. Our objectives were limited – to assist the gallant people of Bangladesh and their Mukti Bahini to liberate their country from a reign of terror and to resist aggression on our own land. Indian Armed Forces will not remain in Bangladesh any longer than is necessary.
We hope and trust that the father of this new nation, Sheikh Mujibur Rahman, will take his rightful place among his own people and lead Bangladesh to peace, progress and prosperity. The time has come when they can together look forward to a meaningful future in their Shonar Bangla. They have our good wishes.
The triumph is not theirs alone. All nations who value the human spirit, will recognise it as a significant milestone in man's quest for liberty."
Niemand im Parlament weiß zu dieser Stunde, ob Mujib noch unter den Lebenden weilt. Davon hängt alles weitere ab.

17. Dezember, New Delhi
Vor mir liegen die indischen Zeitungen mit ganzseitigen Anzeigen der Solanbrauerei. In ihnen steht nur ein Satz: „Der Vater hatte Visionen, die Tochter macht Geschichte." Ohne Zweifel, der Public-Relation-Chef der Solanbrauerei artikulierte ein allindisches Gefühl. Kein indischer Politiker würde im Augenblick daran denken, der Tochter Nehrus den Rang streitig machen zu wollen. Wenn sie den Frieden für Bangladesh, das heißt seine Stabilisierung und Anerkennung, so eindeutig erreichen kann, wie sie den Krieg gegen Pakistan gewonnen hat, muß sie um das Amt des Ministerpräsidenten in den nächsten Jahren kaum noch kämpfen. Ihre politische Zukunft scheint gesichert. Selbst ihren Gegnern fällt es zur Zeit schwer, ihre staatsmännischen Erfolge in Zweifel zu ziehen.

Der bekannte Sikhschriftsteller Khushwant Singh schrieb über Indiras Blitzkrieg im Osten: „In der Geschichte Indiens war dieser Krieg der gerechteste, ein Krieg, in welchem das Recht über das Unrecht triumphierte." Das Schicksal der Bengalen war für die Tochter Nehrus nach ihren Worten vor allem ein „moral case". Soweit das die Weltpresse übersehen hat, rief ihre Reaktion in Delhi Enttäuschung und Bitterkeit hervor. Wenn hier auch niemand ernsthaft die Möglichkeit bestritt, daß die Regierung Gandhi neben der Unterstützung der Bengalen ein zweites im Auge gehabt haben könnte: nämlich den Pakistanern als Antwort auf den Angriffskrieg von 1965 eine machtpolitische Lektion zu erteilen.

17. Dezember, New Delhi
Heftige Demonstrationen von Studenten und Arbeitern vor der scharf bewachten US-Botschaft in Delhi. Die USA-Politik ist kaum mehr verständlich. Das Vorgehen gegen Indien in den Vereinten Nationen, der Stopp der Entwicklungshilfe, die Entsendung der Siebenten Flotte in die Bucht von Bengalen, hat die pro-indische Haltung Moskaus geradezu verklärt und unter 550 Millionen Indern und 75 Millionen Ostbengalen ein überwältigendes Gefühl der Dankbarkeit gegenüber der Sowjetunion ausgelöst. Wieder einmal hatte sich gezeigt, wie wenig selbst einsichtige Diplomaten ihre Regierung beeinflussen können, wenn machtpolitische Interessen im Spiel sind. Die verständnisvolle Haltung des amerikanischen Botschafters Keating in New Delhi erinnert an jene des USA-Botschafters Byrode in Kairo, der zwischen 1954 und 1956 vergeblich versuchte, Dulles von seiner Politik gegen Gamal Abdel Nasser abzuhalten, weil er voraussah, was später geschah: die Abwendung Ägyptens von der westlichen Welt, der unmittelbar der Einzug der Sowjets an die Ufer des Nils folgte.
Nicht, als ob ich annähme, die Russen könnten sich so leicht am Ganges oder am Brahmaputra niederlassen – aber es gibt keinen Zweifel, daß ihre Indien-Politik die Außenpolitik New Delhis auf lange Zeit beeinflussen wird. Freilich sorgten die Russen auch für erhebliche Dämpfer der Dezember-Hochstimmung. Sie zögerten mit der Anerkennung von Bangladesh. Man munkelte, daß sie die Ernennung von drei moskaufreundlichen Ministern in Bangladesh zur Bedingung gemacht hätten. Was immer es war: auch Moskau treibt in diesem Teil Asiens eine eigensüchtige Machtpolitik. Es will um jeden Preis dem steigenden Einfluß Chinas in diesem Teil der Welt entgegenwirken. Waren die Amerikaner von allen Göttern verlassen, als sie sich in diesem großen asiatischen Poker gegen Indien stellten? Hatten sie vergessen, unter welchem Gesetz sie in Asien angetreten waren?

18. Dezember, New Delhi
Langes Gespräch mit Staatssekretär Haksar, von dem damals viele politische Beobachter behaupteten, er habe in der Erkenntnis, daß mit den militärischen Machthabern in Pakistan keine Verständigung zu erzielen sei, den Plan entworfen, der schließlich zum Unvermeidlichen führte: zur Unabhängigkeit der Ostbengalen in ihrem Staat Bangladesh. Mit Bitterkeit kommentierte der Inder die von Amerika aus verbreitete Meinung, Indien habe den Krieg provoziert, um für Pakistan fatale territoriale Korrekturen auf dem Subkontinent vorzunehmen. Wer so argumentiere, habe ein kurzes Gedächtnis. Die politische Korrektur einer falschen Entschei-

dung aus dem Jahre 1947 – nämlich aus zwei, etwa 2000 km voneinander entfernt liegenden Landesteilen eine Nation machen zu wollen, deren Menschen durch nichts als durch eine gemeinsame Religion miteinander verbunden schienen, entspringe nicht indischer Planung. Man solle sich hüten, Ursache und Wirkung falsch zu interpretieren. Nicht die angebliche „indische Invasion" habe Pakistan zerbrochen, sondern der blutige Bürgerkrieg in Ostbengalen. Der Lippendienst, den die Amerikaner Pakistan erwiesen haben, sei ein Teil ihrer falsch verstandenen „Balance of power". Sie hätten nichts im Sinn, als die Islamische Republik gegen den allzu starken Einfluß des Kommunismus, sei er nun russischer oder, was wegen Nixons Pekingreise heruntergespielt worden sei, chinesischer Prägung, zu stützen.

18. Dezember, New Delhi, abends
Gespräch mit H. Z. Fazit: Nicht nur die Chinesen, die offen und lauthals Islamabad, heimlich jedoch gewisse subversive Kräfte in Bengalen unterstützten, auch die Amerikaner treiben ein Doppelspiel in Asien. Wo Rußland mit der Anerkennung von Bangladesh zögerte und Amerika fehlte, liegt Europas Chance. Die Karten in Asien werden neu gemischt – Europa könnte mit einer effektiven Entwicklungspolitik Trumpf anmelden.

20. Dezember, New Delhi
In der Bangladesh-Mission. „Wann werden Sie – ich meine die Bundesrepublik – Bangladesh anerkennen?" fragte Choudhury ungeduldig, „und wann werden Sie endlich nach Dacca fliegen – alles ist für Sie vorbereitet – Interviews, Begegnungen, die Familie meines Bruders wird sich ein Vergnügen daraus machen, Sie als Gast bei sich zu sehen." – „Ich warte, bis die Provisorische Regierung von Bangladesh nach Dacca übersiedelt", antwortete ich.

22. Dezember, New Delhi
Heute ist die Bangladesh-Regierung aus dem Grenzort Mujibnagar nach Dacca übergesiedelt. Ich bestelle meine Flugkarte nach Kalkutta.

28. Dezember, Kalkutta
Vor dem alten Gebäude der ehemaligen Pakistanischen Hochkommission am Park Circus, in dem heute die Bangladesh-Mission untergebracht ist, drängten sich die Menschen, schreiend, schimpfend, bittend. Bengalische Mütter hielten jammernd ihre Babys hoch. Männerfäuste trommelten vergeblich auf die eiserne Türe. Der Torwächter blieb unerbittlich. Von Zeit

zu Zeit öffnete er eine kleine Luke und brüllte: ,,Hier kommt niemand mehr rein, basta." Empfehlungen, die ich vom indischen Außenministerium und vom Verteidigungsministerium vorweisen konnte, machten keinen Eindruck. Der Mann sprach nur bengalisch, nicht englisch. Es nützte mir nicht viel, daß ich schließlich durch einen Trick doch hineinschlüpfte und im Büro des für mich zuständigen Ersten Sekretärs landete. Was hier geschah, läßt sich nur psychologisch erklären. Hier war jemand unvermutet in eine Position geraten, der er sichtlich nicht gewachsen war. Zu unserer unerfreulichen Begegnung wäre es kaum gekommen, wenn nicht der Visazwang für Bangladesh nach meinem Abflug aus Delhi bekannt geworden wäre. Von meinem Empfehlungsschreiben, das mir Humayan Rasheed Choudhury mitgegeben hatte, nahm der Erste Sekretär aus Kalkutta keine Notiz, auch nicht davon, daß ich Gast der indischen Armee war. Die machte nun Ernst mit ihrer Einladung und stellte mir ihrerseits eine Aufenthaltsgenehmigung für Bangladesh aus. Um es gleich vorwegzunehmen, was der Erste Sekretär anrichtete, haben viele alte und neue Freunde in Dacca mit ihrer Gastfreundschaft, Hilfsbereitschaft und Herzlichkeit wieder gutgemacht.

29. Dezember, Kalkutta, vier Uhr morgens, Dum-Dum-Airport
Um fünf Uhr besteigen wir die Carribou der indischen Luftwaffe. Schnell nimmt der Pilot Kurs auf Dacca. Der Flug über Bangladesh, über das Land, das viele Journalisten als vom Krieg verwüstet geschildert haben, war für mich die erste Überraschung: Die Dörfer lagen still und friedlich da. So weit ich sehen konnte, waren sämtliche Felder bestellt. Zwischen frisch gesetzten Reispflanzen spiegelte sich die Sonne im Wasser, auf den Flüssen segelten Fischerboote. Über der schwer umkämpften Stadt Jessore stand der Rauch, der abends und morgens in diesen Gegenden aus den offenen Küchen aufzusteigen pflegt. Das Leben schien sich wieder zu normalisieren.
Die Landepiste des Flughafens von Dacca war schon repariert. In großer Eile waren alle Bombenlöcher zugeschüttet worden. Und wenn noch etwas an die sinnlosen Zerstörungen der letzten Wochen erinnerte, dann waren es die fünfzehn pakistanischen Sabres, die auf Befehl von Yahya Khans Generälen vor der Kapitulation in die Luft gesprengt wurden.
Die Airport Avenue, die vom Flughafen schnurgerade zum Hotel Intercontinental führt, bot das gewohnte Bild: buntbemalte Rikshas mit Papierblumen geschmückt, Fahrräder, Scooters, kleine Basare, spielende Kinder, Männer und Frauen, die vor ihren Häusern sitzen, als wäre schon wirklicher Frieden. Händler, die nichts mehr vermissen als jene ausländi-

schen Waren, mit denen hier früher ein schwunghafter Schwarzhandel getrieben wurde. Überall Bilder des Vaters der Nation: Sheikh Mujibur Rahman. Auf jedem Haus, an jeder Laterne weht die Fahne von Bangladesh: das goldene Bengalenland im roten Kreis auf grünem Grund.
Viele Bezirke von Dacca sind noch für Zivile gesperrt, zum Beispiel der Innenhof der Universität. Dort liegen jene Studenten und Professoren, die den Aufstand nicht überlebten. Indische Soldaten halten die Totenwache. Bewegungslos standen wohl an die hundert Menschen vor der leergebrannten Jaganathall. Eine Mauer ist unter der Wucht der eindringenden Panzer niedergestürzt. ,,Worte reichen nicht aus, um zu beschreiben, was hier geschehen ist. Sie hätten das mit uns erleben müssen." Professor Rahman und seine Frau fahren mich mit ihrem kleinen Toyota durch die Straßen von Dacca bis an die Grenze der Altstadt. Das letzte Stück gehen wir zu Fuß. Rikshas klingeln ungeduldig. Männer ziehen kleine Karren schwer beladen mit Holz und Stein – überall wird gehämmert und betoniert. Bangladesh hat mit seinem Wiederaufbau begonnen. ,,Bombenschäden sind bei gutem Willen schnell zu reparieren", rief die Frau des Arztes, ,,welche Mittel aber verschreiben Sie gegen die tiefen unsichtbaren Wunden, die der Bürgerkrieg in den Herzen von Millionen Menschen hinterlassen hat? Nicht jeder konnte sich innerlich befreien, indem er zur Waffe griff wie die Mukti Bahini."
Bei der Erwähnung des Namens der Freiheitskämpfer leuchteten die Augen von Frau Rahman. Mir wurde klar: Die zur großen Leidenschaft und überschwenglichen Begeisterung fähigen Bengalen besaßen mit den Mukti Bahini eine neue Legende. Nicht von ungefähr wählten die jugendlichen Patrioten den Namen ,,Mukti" für ihre Truppe. ,,Mukti" bedeutet viel mehr als ,,Freiheit". Es hat den gleichen Sinn wie das Sanskritwort: Moksha – Erlösung; Rettung, Befreiung der Seele. Spielten die jungen Bengalen nicht mit allzu großen und klingenden Worten? Durften ihre politischen Aktionen mit einem religiösen Begriff überhöht werden? Konnte Bangladesh, konnte irgendein Staat jemals Mukti sein? Der Alltag der Nation würde sie eines anderen belehren.

8. Januar, auf dem Rückflug nach Delhi
Wir hören, daß Sheikh Mujib von Präsident Bhutto freigelassen wurde und sich auf dem Flug zu einem unbekannten Ziel befindet. Die indischen Zeitungen sind voll von Nachrichten über den Bangladesh-Außenminister Abdus Zamad und die Ankunft des Außenministers Winzer aus der DDR. Winzer kam mit der Absicht, mit der Anerkennung für Bangladesh die Anerkennung der DDR durch Indien zu erreichen.

9. Januar
Große Unruhe, wohin flog Sheikh Mujib? Endlich die erlösende Nachricht, er ist in London und wird am 10. Januar, 8.00 Uhr morgens, auf dem Palam-Airport erwartet, wo er eine Zwischenlandung auf dem Heimflug nach Dacca machen will.

10. Januar, New Delhi
Pünktlich um 8 Uhr setzte die Maschine der Royal Air Force auf dem Militärflughafen von Neu Delhi auf. Präsident Giri, Ministerpräsidentin Indira Gandhi, die Außenminister von Indien und Bangladesh sowie ihre Mitarbeiter begaben sich von der festlich geschmückten Präsidentenloge an die Rolltreppe der britischen Comet. Zahllose Menschen kamen mit Blumengirlanden, schwenkten bunte Sträuße und die Fahne von Bangladesh. 21 Salutschüsse ertönten, als der Bengalenführer Sheikh Mujibur Rahman das Flugzeug verließ. Neun Monate Einzelhaft unter ständiger Todesdrohung sind nicht ohne Spuren an dem Banga Bandhu, dem „Führer der Bengalen", vorübergegangen. Er ist magerer geworden. Kaum konnte er seine Erregung verbergen, als er von der tiefen Dankbarkeit gegenüber seinem besten Freund Indien und seiner „großartigen Ministerpräsidentin" Indira Gandhi sprach. „Ich komme aus der Dunkelheit ins Licht", rief er mit bewegter Stimme, „aus der Verzweiflung in die Hoffnung, ich kehre nach Bangladesh zurück, in das Land meiner Träume, in den Sonnenschein eines Lächelns von Millionen Menschen."

12. Januar, New Delhi
In der Bangladesh-Mission. Ich versuche, Choudhury zu erklären, daß die Reise des DDR-Außenministers nach Dacca sicher nicht ohne Folgen auf die Haltung der Bundesrepublik bleiben könnte. Er insistiert, daß es noch immer Zeit sei für die Bundesrepublik, Bangladesh zuerst anzuerkennen und damit einen großen politischen Vorsprung in diesem Teil Asiens zu erringen.

16. Januar, New Delhi
Von Indira Gandhi zur Vorführung meines Films: „Indira Gandhi – eine Frau und ein Kontinent" und zum anschließenden Abendessen in ihrem Haus eingeladen.
Bei Tisch sagt der indische Botschafter in Polen, Natwant Singh: „Wir sind über die Bundesrepublik enttäuscht. Warum honorieren Sie nicht den Freiheitskampf für Demokratie und Recht? Warum erkennen Sie Bangladesh nicht an?" Ich teilte ihm meine Ansicht über die Reise und die

Absichten des DDR-Außenministers mit und betonte, daß wir seine Anwesenheit in diesem Augenblick entscheidender Verhandlungen zwischen der Bundesrepublik und der DDR als denkbar unglücklich empfunden hätten. Einer der Tischrunde meinte daraufhin: „Winzer ist wie vom Himmel gefallen, unerwartet und uneingeladen."
Indira Gandhi spricht mit Wärme von ihrem Besuch im November 1971 in Bonn. Sichtlich fühlt sie sich mit Bundeskanzler Brandt ganz in Übereinstimmung. Interessant erzählt sie auch von ihrem Besuch in Wien, wo sie mit Bundeskanzler Kreisky „Fidelio" besuchte und in Beethovens Oper Sheikh Mujibs Schicksal entdeckte. Der drohende Mord im Gefängnis hatte sie tief berührt.

18. Januar
Langes Gespräch mit Choudhury über die Aussichten einer Anerkennung Bangladeshs durch die Bundesrepublik. Ich verspreche ihm, nochmals mit Botschafter Diehl und Staatssekretär Frank zu sprechen, der am 19. Januar zu den deutsch-indischen Konsultationen in Delhi eintrifft.

19. Januar
Choudhury fliegt nach Dacca.

20. Januar
Anruf des deutschen Gesandten, wann Choudhury zurückkommt.

21. Januar
Während des Dinners in der Botschaft der Bundesrepublik intensives Gespräch mit Staatssekretär Frank über die Bedeutung von Bangladesh, auch in bezug auf die deutsch-indischen Beziehungen. Problem für ihn: Ist Bangladesh stabil? Sind die verantwortlichen Politiker dafür eine Garantie? Staatssekretär Frank beschließt, Choudhury in Delhi zu empfangen. Es ist 24 Uhr 45.

21. auf 22. Januar – 1.00 Uhr nachts
Ich telefoniere mit dem Regierungssprecher aus dem Auswärtigen Amt, Staatssekretär S. K. Singh. Er will es übernehmen, Choudhury in Dacca zu benachrichtigen. Das Treffen mit Staatssekretär Frank ist für Sonntagmorgen, 10.00 Uhr, im Ashoka-Hotel vorgesehen. Pünktlich trifft Choudhury ein. Seine Rückreise vollzieht sich unter dramatischen Umständen. Die Nachricht, daß der Staatssekretär ihn empfangen wollte, habe ihn mitten in einem Gespräch mit Sheikh Mujib erreicht. Der Sheikh sei faszi-

niert gewesen und habe seine sofortige Abreise angeordnet. ,,Ich warte auf den Westen", habe er immer wieder betont.
Choudhury erzählte, seine Rückreise sei nicht einfach gewesen, da kein planmäßiges Flugzeug von Dacca nach Kalkutta geflogen sei. Zwei Stunden lang hätten die Regierungsgeschäfte geruht. Alle seien bemüht gewesen, den Helikopter zu chartern, mit dem er dann schließlich nach Kalkutta gekommen sei, um dort ein planmäßiges Flugzeug zu erreichen. Staatssekretär Frank läßt sich ausführlich über Bangladesh berichten, er versicherte Choudhury, daß er seinen Einfluß für eine positive Entscheidung ausüben werde.

25. Januar
Heute erkennt die Sowjetunion Bangladesh an. Ich habe damit zwei Flaschen Whisky an einen indischen Freund verloren. Wir hatten gewettet. Ich war der Meinung, daß die Sowjets nicht so bald ihre Entscheidung mitteilen würden.

27. Januar, New Delhi
Die Nachricht vom Entschluß des Bundeskabinetts, Bangladesh anzuerkennen, sickert durch. Um Mitternacht ruft Choudhury an: ,,Wann wird es veröffentlicht?" Ich kann ihm nur antworten, was er schon von Staatssekretär Frank hörte, daß die Bundesrepublik sich verpflichtet habe, mit der Ankündigung auf die anderen EWG-Partner zu warten. Der Schritt soll gemeinsam erfolgen.

30. Januar, New Delhi
Der Sunday Standard veröffentlicht meinen Artikel: ,,Humayan Rasheed Choudhury – ein bengalisches Schicksal" unter der geänderten Überschrift: ,,I shall work for a reconciliation with Pakistan" – ,,Ich werde für eine Versöhnung mit Pakistan arbeiten."
Der Chef der Bangladesh-Mission legt gegen diese Titeländerung und das, was sie unterschwellig suggerieren soll, scharfen Protest ein.
Der Weg zum Frieden auf dem indischen Subkontinent ist lang. Große Anstrengungen werden notwendig sein, um vergessen zu machen, was geschah.

31. Januar
Sheikh Mujibs Regierung besteht ihre erste große Bewährungsprobe. Zehntausende von Mukti Bahini folgten dem Appell ihres Banga Bandhu, des Ministerpräsidenten Sheikh Mujibur Rahman. In einer feierlichen Zeremonie legten sie die Waffen nieder.

Diese Schwarmgeister stellen Gefahren für die junge Demokratie dar, die nach Mujibs Worten ihren Platz unter den gesitteten Völkern der Welt einnehmen will.

4. Februar
Die Bundesrepublik Deutschland hat zugleich mit Großbritannien und anderen westlichen Ländern Bangladesh anerkannt.

5. Februar
Der Sheikh hat schon in den ersten vier Wochen seiner Regierung gezeigt, daß er nicht nur schöne Worte machen, sondern auch staatsmännisch handeln kann. Er hat bewiesen, daß der Aufstand von 75 Millionen Bengalen zur Realität eines echten Staates geworden ist. 36 Länder, darunter die Bundesrepublik und Großbritannien, haben das mit der völkerrechtlichen Anerkennung honoriert und damit zur Stabilisierung der demokratischen Kräfte in Asien beigetragen.
Sheikh Mujib warnt immer wieder vor der vergeltenden Gewalt und fordert, Leben und Eigentum der Minderheiten, vor allen Dingen der 1,5 Millionen muslimischen Biharis, zu schonen, die nach der Teilung des Subkontinents aus Indien hierher emigrierten, sich aber niemals assimilierten. Die Bengalen behaupten, die Biharis hätten nach dem militärischen Schlag der westpakistanischen Armee mit Terror und Mord begonnen. Die Biharis behaupten das Gegenteil. Die Wahrheit wird niemand herausfinden. Der Sheikh weiß, wie schwer es ist, keine Rache zu üben, aber er weiß, was er an Selbstverleugnung und Disziplinierung verlangen muß, wenn sein Staat überleben soll. Er hat zur Versöhnung aufgerufen und das Recht zur Rache an die legalen Gerichtshöfe verwiesen. Wird er sich durchsetzen können? Das ist auch für ihn eine Frage auf Leben oder Tod. Er hat nicht verhindern können, daß es in den Vororten Mohammedpur und Mirpur zu blutigen Zwischenfällen zwischen den Biharis und den bengalischen Freiheitskämpfern kam, als die indischen Truppen dort abzogen. Am liebsten würde er diese gefährdete Minderheit gegen die 500 000 Bengalen austauschen, die noch immer in Westpakistan leben. Er weiß, daß kein Bengale vergessen kann, daß die meisten Biharis, wahrscheinlich in der panischen Angst, zu überleben, gemeinsame Sache mit der westpakistanischen Armee gegen die Bengalen machten. Er weiß, daß in den Mukti Bahini ein Feuer brennt, das sich auch nach dem Waffengang artikulieren will und artikulieren muß. Es einzudämmen und unter Kontrolle zu halten, ohne es zu löschen, wird Mujibs größte Aufgabe werden.

6. Februar, New Delhi

Allen politischen Beobachtern ist eines klar: Mit der neuentstandenen Nation Bangladesh hat sich die größte Veränderung auf dem Subkontinent seit dem Jahre 1947 vollzogen. An die Stelle der beiden Nachfolgestaaten von Britisch-Indien trat nunmehr eine Dreiteilung, die erhebliche Rückwirkungen auf ganz Asien haben mußte. Die indische Armee war eine große Sorge los – im Fall neuer Verwicklungen mit Pakistan mußte sie nicht mehr mit einem Zweifrontenkrieg rechnen. Im Osten grenzte die Union jetzt an einen befreundeten Staat. Durch die pakistanische Niederlage war nicht nur der Subkontinent, sondern waren auch China und die USA betroffen. Sie hatten auf das falsche Pferd gesetzt und damit eine bedeutende Einbuße an Ansehen in Asien erlitten, während sich die Sowjetunion im indischen Erfolg sonnen konnte. Ihr Freundschaftsvertrag mit Delhi hatte sich ausgezahlt. Ein weiterer Schritt zur geplanten Einkreisung Chinas war gelungen. Die Chancen, neue Stützpunkte im Indischen Ozean zu erlangen, schienen stärker. Allerdings sorgte die Wendung in den amerikanisch-chinesischen Beziehungen dafür, daß auch Moskaus Bäume nicht in den Himmel wuchsen.

Die Sowjetunion, die im März 1969 am Ussuri versucht hatte, China in die Knie zu zwingen, konnte nicht mehr erwarten, daß die USA in einem ähnlichen Fall oder gar bei Ausbruch eines Krieges Gewehr bei Fuß stehen würden. Das Klima zwischen Peking und Washington hatte sich bereits durch die Ankündigung des Peking-Besuchs von Nixon so verändert, daß Moskau nicht mehr freie Hand besaß. China und USA würden von nun an eine pragmatische Politik betreiben. Sie würden zusammengehen, wo die Sowjets auf ein Gegeneinander gehofft hatten. Das Dreieck Moskau – Peking – Washington war keine feststehende Größe mehr. Es würde bei jeder Aktion neu zu bestimmen sein. Um so mehr galt es, in den Zwischenregionen festen Fuß zu fassen. Davon war Indien betroffen. Die russische Umarmung, was die indische Regierung keineswegs wünschte, schien stärker zu werden. Das Gleichgewicht, was New Delhi bisher zwischen Moskau und Washington halten konnte, bestand nicht mehr – auch Indien sah sich im Dreiersog. Im Augenblick aber war es der große Star. Indira Gandhi hatte Indien ins internationale Spiel gebracht als ein Phänomen, mit dem die Weltmächte in Zukunft ebenso würden rechnen müssen wie mit dem chinesischen Phänomen. Künftig würde es diesseits und jenseits des Himalaya zwei Mächte geben, die zählten: das demokratische Indien und sein Gegenspieler: das kommunistische China. Bangladesh war so etwas wie das Zünglein an der Waage, eine Karte in diesem großen asiatischen Poker – würde China sie spielen? Und Indien den Gegenzug tun?

Wäre es ein Duell von Ideologien und Weltanschauungen? New Delhi schien voll von politischen Spekulationen. Vorerst aber waren andere dringende Fragen zu lösen. Es mußte ein Friede zwischen Pakistan, Indien und Bangladesh herbeigeführt werden.

13. Februar
Dacca meldet die Verhaftung von zehntausend Personen, die der Kollaboration mit der westpakistanischen Armee verdächtigt sind. Ein neues tragisches Kapitel für Ostbengalen hat begonnen.

Frieden mit Pakistan – das Abkommen von Simla

Der Beginn des Jahres 1972 stand für Indien zunächst unter dem Schatten von Präsident Nixons Besuch in Peking, der vom 11. bis 28. Februar stattfand und zu den wichtigsten Nachkriegsereignissen gerechnet werden mußte.
Die von Mao selbst herbeigeführte Wendung ergab sich zunächst so gut wie ausschließlich aus der militärischen Bedrohung Chinas durch die Sowjetunion. Chou En-lai hat amerikanischen Besuchern im Sommer 1971 mit aller Offenheit gesagt, der permanente Aufmarsch von einer Million sowjetischer Soldaten an der chinesischen Nordgrenze und die in der Äußeren Mongolei errichteten Raketenbasen müsse China als unmittelbare Bedrohung auffassen. Eine Fortsetzung der Politik der totalen Abschließung wurde also für China gefährlich. Für die Amerikaner aber mußte der Gedanke faszinierend sein, dem sterilen Dialog mit Moskau, hinter dem sich eine beständige Expansion der sowjetischen Macht vollzog, eine neue Kombination im Kräftesystem entgegenzusetzen.
Das Dreieck Washington – Peking – Moskau, dessen Punkte nun keine Konstanten, sondern politisch taktierende Zentren darstellten, die stets auf der Hut voreinander agierten, bedeutete einen erheblichen Unsicherheitsfaktor für Indien. In Delhi wurde daher Nixons Reise mit unverhohlener Besorgnis beobachtet.
Wichtiger aber als politische Balanceakte mit Peking war im Augenblick ein Friede mit Pakistan. Ende April vereinbarten Indien und Pakistan fest, Bhutto solle Ende Mai oder Anfang Juni zu Friedensgesprächen mit Indira Gandhi nach Delhi kommen. Zum Erstaunen des indischen Partners wurde dann aber ohne vorherige Fühlungnahme mit Delhi plötzlich Mitte Mai in Rawalpindi angekündigt, Bhutto begebe sich Ende des

Monats auf eine Reise in zwölf islamische Länder. Dabei war dem Präsidenten Pakistans wohl bekannt, daß Frau Gandhi für Mitte Juni bereits auf eine Europareise festgelegt war, bei der sie Skandinavien und Osteuropa besuchen wollte. Die Friedensgespräche wurden schließlich für den 28. Juni in Simla, der Hauptstadt von Himachal Pradesh, festgesetzt. Bhutto erschien mit einer Delegation von sechzig Personen.
Die schwierigen Verhandlungen, die auf indischer Seite in der Hauptsache von P. N. Haksar und D. P. Dhar geführt wurden, kamen in den frühen Morgenstunden des 3. Juli 1972 durch das sogenannte Simla-Abkommen zum Abschluß. Es stellte einen echten Kompromiß zwischen den beiden Standpunkten dar. In den ersten sechs Punkten des Abkommens versprachen sich beide Staaten, die territoriale Integrität des anderen zu achten und die nationale Einheit und politische Unabhängigkeit gegenseitig zu respektieren sowie sich jeder Drohung mit Gewalt zu enthalten. Damit hatte Bhutto den einst schon von Nehru gegenüber Ayub Khan geäußerten Wunsch eines feierlichen Nichtangriffspakts erfüllt – eine Forderung, die er in den ersten Verhandlungstagen von mancherlei Bedingungen abhängig machte, die Pakistan zunächst zurückstellen mußte.
Im zweiten Teil des Abkommens versprachen sich beide Staaten, sobald als möglich normale Beziehungen auf dem Gebiete des Verkehrs, der Post, des Handels und der Freizügigkeit herzustellen.
Im dritten Teil schließlich machte Indien ein entscheidendes Zugeständnis. Die indischen und pakistanischen Streitkräfte sollten dreißig Tage nach der Ratifizierung des Abkommens vom Gebiet des anderen Staates zurückgezogen werden. Indien hatte 9470 Quadratkilometer pakistanischen, Pakistan jedoch nur 203 Quadratkilometer indischen Gebiets besetzt. Hier lag also der Vorteil eindeutig auf seiten Pakistans.
Bhutto konnte jedoch nicht erreichen, daß auch in Kashmir die bis Anfang Dezember 1971 bestehende Waffenstillstandslinie wieder hergestellt wurde. In Jammu und Kashmir sollte nach wie vor die erst seit dem 17. Dezember 1971 bestehende Waffenstillstandslinie gelten, was bedeutete, daß Indien im Besitz von 780 Quadratkilometern in Kashmir bleiben würde, die bis zum Beginn des Dezember-Krieges pakistanischer Hoheit unterstanden. Es handelte sich dabei fast ausschließlich um ein kaum bewohntes Gebirgsgebiet. Die indische Armee hatte hier die schon 1965 einmal eroberten Gebirgskämme erneut besetzt, die Ministerpräsident Shastri zum Unwillen des indischen Generalstabs in dem Vertrag von Taschkent wieder aufgeben mußte. Es stand von vornherein fest, daß die indische Regierung diesmal zu einem Rückzug an dieser strate-

gisch entscheidenden Stelle ohne ein endgültiges Abkommen über Kashmir nicht bereit sein würde.
Die Frage der Kriegsgefangenen, die endgültige Lösung des Kashmirproblems und die Wiederaufnahme diplomatischer Beziehungen wurden im Schlußabschnitt des Abkommens nur erwähnt. Sie blieben einer weiteren Zusammenkunft der beiden Regierungen vorbehalten. Mit anderen Worten: Die Repatriierung der Kriegsgefangenen konnte erst nach der Anerkennung Bangladeshs durch Pakistan erfolgen.
Die endgültige Regelung zwischen den drei Staaten ließ jedoch bis zum 9. April 1974 auf sich warten. Was 1972 geschah, war aber wichtig genug.

Überraschenderweise erwies sich die Ratifizierung des Abkommens von Simla in Indien als schwierig. Die orthodoxe Partei „Jana Sangh", die bei den letzten Wahlen einen großen Teil ihrer Sitze verloren hatte, benutzte die Gelegenheit zur Agitation, schrie „Verrat!" und versuchte, durch Demonstrationen in den von Indien besetzten Gebieten Pakistans Unruhe zu stiften, nachdem schon Anfang Juli einige hundert „Jana-Sangh"-Demonstranten Frau Gandhi bei ihrer Rückkehr nach Delhi mit schwarzen Fahnen empfangen hatten.
Ein außenpolitischer Vertrag bedarf nach der indischen Verfassung nicht der Zustimmung durch das Parlament. Rein rechtlich war also nichts dagegen einzuwenden, daß der Präsident Indiens das Abkommen von Simla unmittelbar vor der Parlamentsdebatte bereits ratifizierte. Geschickt war diese Wahl des Datums jedoch sicherlich nicht, weil sie der Opposition im Parlament die Möglichkeit bot, Lärm zu machen und erneut zu behaupten, Indien befände sich auf dem Weg zu einer Diktatur. Auch das Parlament stimmte jedoch – wie zu erwarten – dem Vertrag zu. Abgesehen von dieser Episode war sicher die überwältigende Mehrheit des indischen Volkes mit dem in Simla Erreichten zufrieden. Frau Gandhi erklärte anläßlich der Ratifizierung, man dürfe nicht übersehen, daß es nicht einfach für die Pakistani sei, eine Haltung aufzugeben, die sie fünfundzwanzig Jahre hindurch eingenommen hatten. „Von unserer Seite aus sollten wir alles unterlassen, was der neuen Atmosphäre der Freundschaft abträglich sein könnte."
Für die künftige Stellung Indiens in Asien war es zweifellos von entscheidender Bedeutung, daß Frau Gandhi und ihre Berater ein Abkommen mit Pakistan ohne jede Hilfe von dritter Seite erreichen konnten. Sofort nach dem Waffenstillstand im Dezember hatte Indira Gandhi klargemacht, daß sich Taschkent nicht noch einmal wiederholen könne, daß

man also keine Vermittler haben wolle. In Simla haben die Pakistani während der ersten Verhandlungstage immer wieder versucht, die Vereinten Nationen als Schlichtungsinstanz einzuschalten. Dies gerade wollten die Inder unter allen Umständen vermeiden. Mit der Anerkennung der Souveränität und Integrität Pakistans konnte Indien zugleich auch das noch immer in Washington genährte Mißtrauen, die indische Regierung strebe eine Vernichtung auch des westlichen Pakistan an, zerstreuen. In Wirklichkeit war dieses Mißtrauen niemals durch die Tatsachen gerechtfertigt. Für Indira Gandhi war die Existenz Pakistans immer ein „fait accompli".

Die Regierung Gandhi nach der Wahl von 1971

Wirtschaft und Landwirtschaft, Kampf gegen Räuberbanden, Pressepolitik, Verstaatlichung des Getreidegroßhandels

In Indien trat nach der Konferenz von Simla die Innenpolitik gebieterisch in den Vordergrund. Von größter Bedeutung war die Frage, wie die Union in den nächsten Jahren die vollständige Unabhängigkeit von ausländischer Hilfe erreichen könnte.

Die Entwicklungshilfe war in fast allen Entwicklungsländern in eine ernsthafte Krise geraten. Die großen Kredite, die als Kapitalhilfe in die sogenannte Dritte Welt flossen, waren viel zu kurzfristig gegeben. Der Amortisations- und Zinsendienst riß so große Löcher in die ohnehin kärglichen Deviseneinnahmen der Entwicklungsländer, daß langfristige Umschuldungen unvermeidlich wurden, wenn es nicht in einigen Fällen zu Zahlungseinstellungen mit katastrophalen Folgen für das künftige Investitionsklima kommen sollte. Indien hätte 1972 etwa 30 Prozent seiner Deviseneinnahmen aus dem Export für Rückzahlungen aufwenden müssen. Die Kapitalhilfe der Bundesrepublik Deutschland in der in den letzten Jahren üblichen Höhe wäre dadurch vollständig aufgefressen worden.

Als in der zweiten Hälfte der fünfziger Jahre das Problem der Entwicklungshilfe akut wurde, beurteilte man die Möglichkeiten der Empfängerländer, den Abstand zu den Industrienationen aufzuholen, noch viel zu optimistisch. Aber selbst Walt W. Rostow, der außenpolitische Berater Kennedys und Johnsons, hatte in seiner maßgebenden Studie zur Entwicklungspolitik die Periode des „take off" auf etwa vierzig Jahre berechnet. Entwicklungskredite hätten, wäre man realistisch vorgegangen, etwa einen solchen Zeitraum umfassen müssen. Dafür aber gab es in den westlichen Demokratien damals kaum Möglichkeiten der parlamentarischen Zustimmung.

Diese Krise der Entwicklungshilfe verschärfte sich nun dadurch, daß der Anteil der Entwicklungsländer am Welthandel laufend zurückging. Er betrug 1950 noch 30 Prozent, sank bis 1960 auf 21,3 Prozent und bis

1970 nochmals auf 17,6 Prozent. Die Gründe waren bekannt. Die Preise für Rohstoffe, die noch immer den größten Teil der Devisenerlöse der Entwicklungsländer bringen, gingen beständig zurück, und zahlreiche Rohstoffe wurden zudem durch die Entwicklung von Kunststoffen in ihrem Absatz noch weiter eingeschränkt. Die Preise für industrielle Güter, die die Entwicklungsländer für ihren Aufbau benötigen, unterlagen dagegen dem inflationistischen Prozeß in den Industrieländern und stiegen steil an. Diese Schere zwischen den Rohstoffpreisen und den Preisen für industrielle Erzeugnisse (Terms of trade) wirkte sich in sämtlichen Entwicklungsländern katastrophal aus. Im großen und ganzen waren die Industrieländer nicht bereit, den Entwicklungsländern wenigstens durch radikalen Abbau der Zollmauern entgegenzukommen und insbesondere jenen Ländern der Dritten Welt, die bereits Fertigwaren exportierten, annehmbare Bedingungen zu schaffen. Die dritte UNCTAD-Konferenz (Weltwirtschaftskonferenz) in Santiago erzielte auf diesem Gebiet kaum Fortschritte.
Im Falle Indiens kam noch erschwerend hinzu, daß die Verschlechterung der außenpolitischen Beziehungen zu den Vereinigten Staaten auch wirtschaftliche Folgen hatte. Die USA waren im abgelaufenen Jahrzehnt mit Abstand die wichtigsten Geldgeber Indiens. Inzwischen war durch die störrische Haltung des amerikanischen Senats die Entwicklungshilfe der USA ganz allgemein auf ein Minimum gesunken, und Indien im besonderen konnte kaum noch mit amerikanischen Leistungen im bisherigen Umfang rechnen. Eine langfristige Umschuldung wurde dringend nötig.

Ein Krebsübel der indischen Wirtschaft waren Schwarzhandel, Schmuggel und Schwarzgeld. Die Finanzpolitik des Landes trug weitgehend die Schuld an dieser Entwicklung. Die Regierung versuchte, Abhilfe zu schaffen. Ein Expertenausschuß unter Vorsitz von K. N. Wanchod, einem früheren Richter beim Obersten Gericht, wurde eingesetzt, um die Lage zu prüfen. Als erstes schlug der Ausschuß eine Reduzierung des bisherigen Höchstsatzes der Einkommensteuer vor, die einschließlich des Zuschlages nicht weniger als 97,75 Prozent betrug. Die Experten empfahlen eine Herabsetzung auf 75 Prozent. Sie gingen von der realistischen Feststellung aus, daß ein derart hoher Steuersatz in der Praxis soweit wie möglich umgangen würde. Mit Hinsicht auf die umfangreichen Steuerhinterziehungen wiesen sie darauf hin, es sei leichter, 25 Rupien zu verbergen, als 1000 Rupien zu verdienen. Nicht mehr als 25 Rupien blieben nämlich beim bisherigen Steuersatz von maximal 97,5 Prozent übrig, wenn die erwähnten 1000 Rupien offiziell versteuert wur-

den. Die Folge war: das Geschäft unter dem Ladentisch. Dem Arzt wurde sein Honorar in die Hand gedrückt, der Hauskäufer setzte nur einen Teil der Kaufsumme in den Vertrag, alles übrige wechselte in bar den Besitzer.
Der Wanchod-Ausschuß schätzte, daß 1968/1969 nicht weniger als 14 Milliarden Rupien schwarz im Umlauf gewesen waren. Diese Summe dürfte sich im Laufe der Jahre eher erhöht als verringert haben. Als Gründe für soviel schwarzes Geld nannte der Ausschuß folgende: 1. hohe Sätze bei der direkten Steuer; 2. ein Wirtschaftssystem des Mangels, folglich Kontrollen und Lizenzen, die umgangen werden; 3. Spenden an politische Parteien; 4. korrupte Methoden bei Wirtschaft und Behörden; 5. steuerlich festgelegte Höchstbeträge bei Geschäftsaufwendungen; 6. hohe Raten bei der Umsatzsteuer und anderen Abgaben; 7. wirkungslose Steuergesetze, insbesondere, was ihre Verschärfung betraf; 8. allgemeines Nachlassen der Moral.
Die angespannte Wirtschaftslage verhinderte weitere Triumphe für die Kongreß-Partei von Indira Gandhi nicht. Die Landtagswahlen, die Mitte März 1972 in sechzehn Bundesländern und zwei Unionsterritorien abgehalten wurden, brachten der Premierministerin wieder einen überwältigenden Sieg. Von insgesamt 2722 Landtagssitzen, die zur Wahl standen, gewann der Kongreß 1923, also etwa 71 Prozent aller Stimmen.
Indira nutzte ihren Erfolg zu einer Aufräumaktion in zwei Gebieten, die seit Jahr und Tag vom Terror bedroht waren. In Westbengalen konnte die kommunistische Naxalitenbewegung zerschlagen werden. In Mittelindien war ein Großangriff auf die Dacoits erfolgreich, jene Räuberbanden, die seit Hunderten von Jahren von ihrem Banditentum leben. Seit jeher gab es in den untersten Kasten Räuber, Banditen und Diebe, deren abseitiges Leben sich vom Großvater auf den Vater und Enkel fortsetzte. Selbst in den Großstädten tummelten sich noch solche Diebeskasten, die schwer von der Polizei zu fassen waren. 1971 waren in Indien von diesen Räuberbanden 285 Morde, 352 Entführungen und 213 Raubüberfälle begangen worden, die meisten in einem verhältnismäßig kleinen Gebiet, dem Chambaltal im Bundesland Madhya Pradesh. Die Bevölkerung dieses Tals stand von jeher unter dem Terror der Räuberkasten. Große Polizeiaktionen, bei denen manchmal bis zu zweitausend Mann beteiligt waren, hatten meist nur geringen Erfolg. Die von den Räubern terrorisierte Bevölkerung weigerte sich aus Angst vor späteren Repressalien, Informationen zu geben. Informanten wurden häufig von den Räubern mit dem Tode bestraft.
Die Wendung trat ein, als dem berühmten Bandenchef Madho Singh

klargemacht werden konnte, daß er und seine Leute in Wirklichkeit ein Objekt der Ausbeutung der Hehler geworden waren. Für ein Gewehr, das 100 Rupien wert war, mußten die Banditen bis zu 10000 Rupien an ihre Mittelsmänner zahlen, die ihnen auch das Raubgut zu lächerlichen Preisen abzunehmen pflegten. Madho Singh und mit ihm über 300 Banditen ergaben sich der indischen Polizei. Die Regierung stellte daraufhin einen großen Betrag für die Rehabilitierung des Chambaltales zur Verfügung. Die Bauern, die sich in den vergangenen Jahren kaum noch getraut hatten, auf die Felder zu gehen, atmeten auf.

Weniger glücklich operierte die Regierung auf dem Gebiet der Pressepolitik. Im Mai 1972 war ein erheblicher Streit mit den führenden indischen Zeitungen entstanden. Durch eine Verordnung der Regierung wurde die Auflagensteigerung der großen Blätter mit über 100000 Exemplaren auf fünf Prozent und die der kleineren auf zehn Prozent begrenzt. Die Maßnahme wurde damit begründet, es stünden nicht genügend Devisen für die Einfuhr von Zeitungspapier zur Verfügung. Die Entgegnung der Presse, Bangladesh, das über eine große Papierindustrie verfüge, wäre gerne bereit, das Papier gegen Rupien zu liefern, hatte keine Wirkung. Verleger und Journalisten vermuteten einen Versuch, das Verlagsgeschäft der großen Zeitungen, die nur von Anzeigen leben und daher Papier benötigen, unrentabel zu machen, so daß schließlich eine Regierungsbeteiligung in offener oder indirekter Form notwendig würde. Eine dirigierte Presse wäre für die großen indischen Zeitungen, die einen hohen Standard erreicht hatten, ganz unerträglich gewesen. Die Verleger der zumeist englisch-sprachigen großen Blätter gingen vor Gericht. Es sprach für die Unabhängigkeit und Integrität der Justiz des freien, demokratischen Indien, daß der Oberste Gerichtshof Ende Oktober in einem bemerkenswerten Urteil die gesamten über die indische Presse und die Zeitungsverlage verhängten Kontrollen und Einschränkungen als verfassungswidrig aufhob.
Nach etwa zweijährigen Verhandlungen der Zentralregierung mit den Länderregierungen wurde Ende Juli 1972 eine endgültige Regelung über die Durchführung der noch immer anstehenden Bodenreform erzielt: Das Maximum für bewässertes Land, das zwei Ernten im Jahr ergab, sollte für eine Familie mit drei Kindern zwischen zehn und achtzehn „acres“ liegen, also zwischen vier und etwa sechs Hektar. Bei nicht bewässertem Land lagen die Maße zwischen achtzehn und vierundfünfzig „acres“. Die Kontroverse über aus privaten Mitteln bewässertes Land wurde dahin entschieden, daß der Grundbesitzer das Maximum um

fünfundzwanzig Prozent überschreiten durfte, wenn er eigene Aufwendungen für die Bewässerung nachweisen konnte. Plantagen für Tee, Kaffee, Gummi und andere landwirtschaftliche Industrieprodukte waren von dieser Regelung ausgenommen. Obstgüter, die es zumeist nur an den Abhängen des Himalaya gibt, durften das Maß von vierundfünfzig „acres" nicht überschreiten. Gewisse Ausnahmen, so vor allem für soziale Einrichtungen, waren möglich, bedurften aber der Zustimmung des Landwirtschaftsministeriums. Ferner sollten die obersten Grenzen in Wüstengebieten und in Regionen, die häufig durch Trockenheit heimgesucht wurden, von den Landesregierungen gesondert festgesetzt werden.

Die Regelung trat mit dem 1. Januar 1973 in Kraft. Es wurden jedoch keine Verkäufe anerkannt, die nach dem 24. Januar 1971 getätigt worden waren. Das sich bei der Bodenreform ergebende Überschußland sollte vor allem an landlose Tagelöhner aufgeteilt werden. Niemand nahm an, daß durch die Bodenreform der Bedarf an Land für die Tagelöhner auch nur einigermaßen befriedigt werden konnte. Es ließ sich auch noch nicht voraussehen, wieviel Land für Landlose tatsächlich durch die neue Gesetzgebung, die noch der Zustimmung des Parlaments bedurfte, gewonnen werden konnte. Die Durchführung des neuen Landgesetzes forderte eine gewaltige Anstrengung von der Verwaltung, weil sich in Tausenden von Fällen Streitigkeiten darüber ergaben, welches Land vom einzelnen Grundstück abgetrennt werden sollte. Die Kritik verschiedener Chefminister richtete sich vor allem dagegen, daß besonders tüchtige Bauern durch die Bodenreform gewissermaßen bestraft werden sollten. Auf der anderen Seite konnten die Methoden der „Grünen Revolution" gerade auch von kleineren Bauern mit Erfolg angewandt werden. Das entscheidende Problem der Reform war nunmehr, zu verhindern, daß die weitere Aufteilung des Bodens zu einem drastischen Rückgang der Produktion führen würde.

Nicht die Bodenreform führte 1973 zu einem drastischen Rückgang der Produktion, sondern der unerwartet schlechte Monsun im Sommer 1972. Die Ernährung war erneut bedroht. Der Plan, den Getreidegroßhandel zu verstaatlichen, wurde am 1. April verwirklicht.

Wie vorauszusehen, spannte dies die ohnehin schon schwierige Versorgungslage noch weiter an. Das Allheilmittel der Verstaatlichung, dem man sich in Indien mehr und mehr verschrieb, traf hier auf den empfindlichsten Punkt. Eine Woche zuvor waren die Getreidehändler, die bisher schlecht und recht die Versorgung übernommen hatten, in einen Streik getreten, der an den Beschlüssen natürlich nichts mehr zu ändern ver-

mochte. Immerhin wollte die Millionenarmee der Getreidehändler damit noch einmal deutlich machen, was geschehen würde, wenn sie endgültig ausgeschaltet wären.
Wie nicht anders zu erwarten, legten viele dieser Großhändler geheime Lager an. Zugleich mit der Verstaatlichung des Getreidehandels begann sich ein „grauer Markt" zu entwickeln, der in den meisten Bundesländern schon bald alle üblen Erscheinungen des Schwarzmarkts aufwies.

Indira Gandhi mußte diese Krise ohne ihren besten Berater überstehen. P. N. Haksar, der sechs Jahre lang weitgehend für die Innen- und Außenpolitik des Landes verantwortlich zeichnete, trat Mitte Januar 1973 aus gesundheitlichen Gründen zurück. Vergeblich versuchte Frau Gandhi, ihn zu halten. Sie wußte genau, daß ein Mann vom Format Haksars wohl nicht so leicht noch einmal gefunden werden könnte. Das Angebot, ihn zum Minister zu ernennen, lehnte er ab. Gerüchte wollten wissen, daß er vielleicht noch einmal an die Spitze der indischen Hochkommission in London treten werde; mir schien das nicht sehr wahrscheinlich. Haksar hatte sich offensichtlich unter der übergroßen Bürde so aufgezehrt, daß er sich jedenfalls für absehbare Zeit neuen großen Aufgaben entziehen wollte. „Lassen Sie mich gehen", sagte er mir, als ich ihn bedrängte zu bleiben, „I am tired – ich bin müde."

Entspannung im Verhältnis zu den USA

War es noch seine Handschrift, die manche Beobachter hinter einem Artikel über die indische Außenpolitik erkennen wollten, der – von Indira gezeichnet – im Oktober 1972 in der repräsentativen amerikanischen Zeitschrift „Foreign Affairs" erschienen war:
„Unsere Beziehungen mit den Vereinigten Staaten hatten einen guten Start. Damals zeigten sowohl das amerikanische Volk wie seine Regierung erhebliche Sympathie für die Kolonialvölker und deren Kampf um Unabhängigkeit. Insbesondere galt dies für Indien. Diese Phase dauerte jedoch nicht lange. Als die Vereinigten Staaten eine dominierende Position in der Welt errangen, traten die Aufmerksamkeit und der Respekt für die nationale Unabhängigkeit Indiens in den Hintergrund. Alles wurde ausschließlich im Zusammenhang der Eindämmung des Kommunismus gesehen, zunächst der Eindämmung der Sowjetunion, später auch Chinas, und später wieder der Sowjetunion. Fieberhaft wurden militärische Blöcke zusammengeschweißt und ein ganzes Netz von Basen errichtet, das sich weit über die Ozeane und Kontinente erstreckte. Die

logische und praktische Konsequenz dieser Politik war es, die Welt in zwei entgegengesetzte Lager einzuteilen und zu erwarten, jedes Land müsse dem einen oder anderen angehören – vorzugsweise natürlich dem westlichen Block.

Ein soeben erst frei gewordenes Volk, das eifersüchtig über seine Unabhängigkeit wachen wollte, konnte sich mit dieser Konzeption nicht anfreunden. Wir konnten uns auch von dem, was rings um uns geschah, nicht isolieren. Einander folgende amerikanische Regierungen übersahen die Tatsache, daß Indien seine Probleme und seine auswärtigen Beziehungen aus seiner eigenen Perspektive sehen muß. Sie bestanden darauf, unsere Politik des Non-alignment als Neutralismus zu interpretieren, und sie glaubten, daß dabei den Russen insgeheim ein Vorteil eingeräumt werde. So wurde die unabhängige indische Politik mit Mißbehagen betrachtet. Dies mußte auch die zweiseitigen Beziehungen zwischen Indien und den USA berühren. Obwohl die Stimmungen wechselten, war unser Verhältnis insgesamt doch während einer langen Periode unerfreulich.

Wir glauben jedoch nicht an eine dauernde Entfremdung. Wir bewundern die großen Erfolge des amerikanischen Volkes. Zahlreiche Amerikaner haben im vorigen Jahr Bangladesh und Indien ihre Sympathie ausgedrückt und uns unterstützt. Auch sind wir dankbar für die Hilfe der Vereinigten Staaten auf vielen Gebieten unserer Entwicklung. Wir sind durchaus bereit, ernstlich daran zu arbeiten, den gegenseitigen Standpunkt gründlicher zu verstehen und damit die Beziehungen zu verbessern.

Die internationale Szene hat sich erheblich verändert. Werden nach den Besuchen Präsident Nixons in Peking und Moskau Kommunismus und Anti-Kommunismus nicht länger die letzten Kriterien politischer und moralischer Werte sein? Wird friedliche Koexistenz, für die Indien seit Jahren eintrat, die internationalen Beziehungen stärker beherrschen? Was die Motive immer sein mögen, die Weisheit dieser neuen Versuche kann nicht bezweifelt werden. Wir können jedoch nicht sicher sein, ob diese flexibleren Beziehungen (zwischen den Großmächten) auch tatsächlich eine stabilere Weltordnung heraufführen werden. Koexistenz schließt noch nicht politische Handlungen aus, die der Freiheit und den Interessen dritter Länder entgegengesetzt sind. So hat zum Beispiel die koordinierte Aktion Chinas und der Vereinigten Staaten im Sicherheitsrat die sofortige Wiederherstellung des Friedens in Bangladesh verhindert. Abkommen, die der Doktrin des Gleichgewichts der Kräfte entsprechen oder Einflußsphären abgrenzen, müssen die Spannung vermehren und weitere Instabilität erzeugen. Keine Nation aber wird sich mit einer Rolle der Unterwerfung abfinden.“

Dieser Artikel von Indira Gandhi ist, wie man hören konnte, auch im Weißen Haus sehr aufmerksam gelesen worden. Kurz nach seiner Veröffentlichung gab es erste Anzeichen für den Wunsch nach Entspannung auf amerikanischer Seite. Im November sandte Präsident Nixon ein besonders herzliches Glückwunschtelegramm zu Indira Gandhis Geburtstag. Kurz darauf wurde der neue amerikanische Botschafter in Delhi ernannt. Die Wahl fiel auf einen Außenseiter: Patrick Moynihan, einen liberalen Reformer, der schon unter Kennedy eine Rolle spielte und in den ersten Jahren der Präsidentschaft Nixons einen Sonderauftrag für Standort- und Umweltfragen hatte. Moynihan war eine eigenwillige Persönlichkeit. Er würde sicherlich nicht auf ausgetretenen Wegen wandeln.

Noch wichtiger war die Entscheidung Washingtons, sich den Empfehlungen der Weltbank in der Schuldenfrage anzuschließen. Die Vereinigten Staaten erklärten sich zur Umschuldung von 200 Millionen Dollar bereit. Insgesamt sollten vom „Aid-to-India-Club“ 700 Millionen Dollar umgeschuldet werden. Diese ersten Zeichen einer Entspannung wurden auch in Indien positiv beantwortet. Man nahm an, daß sich das Klima nach dem Eintreffen des neuen Botschafters bald verbessern würde.

Während sich der Himmel über den indisch-amerikanischen Beziehungen langsam ein wenig zu klären begann, verschlimmerte sich der Gesamtzustand Indiens während des Sommers sichtlich. In zahlreichen Provinzen kam es zu langanhaltenden politischen Krisen, durch die Indiras Autorität und Ansehen in Mitleidenschaft gezogen wurden. Die Nahrungsmittelknappheit, die in weiten Gebieten des Landes herrschte, hatte sich zu beängstigenden Ausmaßen gesteigert und zu verstärktem Schmuggel und Schwarzhandel geführt.

Breschnew in Indien

Die innenpolitische Situation in Indien war also nicht rosig, als sich der sowjetische Parteichef Leonid Breschnew im November 1973 zu einem Staatsbesuch in Neu-Delhi einfand. Der im August 1971 zwischen Indien und der Sowjetunion abgeschlossene Pakt über „Freundschaft und Zusammenarbeit“ genügte dem Kremlgewaltigen nicht. Zum wiederholten Mal trug er Indira seine Lieblingsidee vor: ein „System der Kollektiven Sicherheit für Asien“.

In der russischen Asienpolitik spielte Indien seit 1966, seit Ministerpräsident Alexei Kossygin im sowjetasiatischen Taschkent als Schlichter zwischen Indien und Pakistan erfolgreich war, eine besondere Rolle; sie hatte mit den Träumen von einer Pax Sovietica in Asien zu tun. Eine neue Asienpolitik der Sowjets begann sich jedoch erst 1969, drei Monate nach dem russisch-chinesischen Zwischenfall am Ussuri, abzuzeichnen. Den Sowjets war klargeworden, daß China auf unabsehbare Zeit der große Gegenspieler Moskaus in Asien sein würde. Breschnew entwarf ein Konzept, das den russischen Einfluß vom Indischen Ozean bis in den nördlichen Pazifik sichern sollte. Im Juni 1969 formulierte Parteichef Breschnew auf dem internationalen Kongreß der kommunistischen Parteien in Moskau zum erstenmal seine Vorstellungen, die er nun in Neu-Delhi wiederholte.

Mit seinem „System der Kollektiven Sicherheit für Asien“ – in der Idee dem Abkommen von Helsinki, der „Konferenz für Sicherheit und Zusammenarbeit in Europa“ (KSZE) vergleichbar – wollte die Sowjetunion jene Teile Asiens, die noch nicht unter chinesischen Einfluß geraten waren, an sich binden. Indien war die Rolle des stärksten Partners zugedacht. Die deutlich antichinesische Zielrichtung der russischen Pläne war nicht zu übersehen. Indira Gandhi lehnte ab – der sowjetische Plan entspräche nicht der von Indien verfolgten Politik der Bündnislosigkeit – er störe zudem Indiens Bemühungen, mit China möglichst wieder normale Beziehungen zu erreichen.

Indira Ghandhis feste Haltung war um so bemerkenswerter, als die Inder von der Sowjetunion inzwischen reichlich mit schweren Waffen und Rüstungsgütern beliefert worden waren – allein zwischen 1965 bis 1970 mit Kampfflugzeugen, Raketen und Panzern im Werte von über 700 Millionen Dollar. Indira wollte beweisen, daß trotz des Freundschaftsvertrages von 1971 und trotz aller Waffenlieferungen Indien auch weiterhin eine Politik des Non-alignment betreiben wolle. Ihre strikte Ablehnung eines Sicherheitspaktes verhinderte nicht den Abschluß eines sehr entscheidenden neuen Wirtschaftsvertrages zwischen Moskau und Delhi, der anläßlich des sowjetischen Staatsbesuchs von 1973 unterzeichnet wurde. Mit einer Dauer von fünfzehn Jahren sollte er als Ergänzung des 1971 abgeschlossenen Vertrages über „Freundschaft und Zusammenarbeit“ gelten. Der indischen Regierung wurden weitreichende wirtschaftliche Hilfe und technologische Zusammenarbeit zugestanden. Der politische Aspekt war nicht zu übersehen. Er sicherte den Sowjets über die wirtschaftliche Zusammenarbeit hinaus einen starken Einfluß auf Indien. Trotzdem erreichten sie nicht ihr Ziel, die Zustim-

mung Indiras zum kollektiven Sicherheitspakt für Asien. Auch dann nicht, als Indira, innenpolitisch unter Druck geraten, im Juni 1976 zu einem sechstägigen Besuch nach Moskau reiste.
Damals hatte bereits eine gewisse Wende in der indischen Außenpolitik eingesetzt. Wollte Indien nicht allen außenpolitischen Spielraum verlieren, so überlegte man in Delhi, bedurften die ,,besonderen" Verbindungen mit der Sowjetunion ebenso einer vorsichtigen Korrektur wie die schlechten Beziehungen zu China und zu den Vereinigten Staaten.

Ölkrise und Atombombe

Der Krieg im Nahen Osten, der im Oktober 1973 ausbrach, warf seine Schatten über die ganze Welt. Der arabische Entschluß, die Ölproduktion um 25 Prozent zu drosseln, griff tief in die Wirtschaft der asiatischen Gesellschaften ein und führte fast überall zu verschärften Krisen, weil die Vorräte meist geringer waren als in Europa. Indien und ähnlich alle asiatischen Staaten mit starker Muslimbevölkerung galten den Arabern zwar als ,,befreundete Nationen", was aber in der Praxis nur wenig an der Unterbrechung der Öllieferungen und gar nichts an den Preissteigerungen änderte.
In Indien wirkten sich insbesondere die Preiserhöhungen katastrophal aus. Ursprünglich sollten 1973/1974 vier Milliarden Rupien für den Kauf von Rohöl und Ölprodukten ausgegeben werden. Im Spätherbst stiegen die Ausgaben auf fünf Milliarden Rupien – eine Summe, die im mageren indischen Devisenhaushalt nicht mehr unterzubringen war. Die Zusage der Saudiarabier, die Lieferungen nach Indien nicht zu unterbrechen, konnte einschneidende Sparmaßnahmen nicht überflüssig machen. Die Rückwirkungen auf die gesamte Industrie waren noch unabsehbar. Die Regierung erwog, das Benzin zu rationieren. Frau Gandhi hatte noch kurz vor der Krise den Grundstein zu einer neuen großen Ölraffinerie in Mathura gelegt. Diesem symbolischen Akt folgte alsbald ein zweiter: Indira fuhr mit einem Einspänner zum Parlament und benutzte künftig bis zu ihrem Tod nur noch einen indischen Kleinwagen. Niemand wagte darüber zu spotten. Selbst ihre Gegner konnten nicht leugnen, daß dieser Entschluß im Einklang mit ihrer äußerst bescheidenen Lebensweise stand. Sie war persönlich ganz anspruchslos.
Vergeblich bemühte sich die ,,Islamische Konferenz", die im Februar 1974 in Lahore stattfand, entscheidende Konzessionen für die Entwick-

lungsländer zu erhalten. Was den Mitgliedern der „Islamischen Konferenz“ hingegen gelang, war die Anerkennung von Bangladesh durch Pakistan. Die feierliche Besiegelung des Dreierabkommens zwischen Indien, Pakistan und Bangladesh fand dann im Mai in Neu-Delhi statt. Das eröffnete neue Perspektiven für die indische Außenpolitik, die jahrelang auf Pakistan fixiert war, was immer das Verhältnis zu den Supermächten trübte, die Pakistan mit Waffen oder sonstigen kriegswichtigen Gütern belieferten. Gestört wurde die Verbesserung des Klimas zwischen Neu-Delhi und Islamabad durch die Zündung einer indischen Atombombe am 18. Mai 1974 in der Provinz Rajasthan. Die politische Wirkung dieser unterirdischen Explosion war zweischneidig. Im Lande rief der Atomversuch großen Enthusiasmus hervor, besonders als klar wurde, daß die Atombombe wissenschaftlich und technisch ausschließlich ein indisches Werk war, unbestreitbar ein Beweis für den hohen Stand indischer Atomwissenschaft. Außenpolitisch diente der Versuch den Indern zunächst nicht. In Japan, Europa und Amerika gab es scharfe Kritik. Stimmen wurden laut, die Entwicklungshilfe für ein Land, das sich solche Extravaganzen leiste, einzuschränken. Die Beteuerung, Indien werde auch künftig die Atomkraft ausschließlich zu friedlichen Zwecken nutzen, fand man nirgends in der Welt überzeugend. Natürlich konnte niemand dem Land mit der zweitgrößten Bevölkerung der Welt das Recht bestreiten, dem „Atomklub“ (Klub der Atommächte) beizutreten. Das „Aid-to-India-Konsortium“, das Mitte Juni in Paris zusammentrat, ließ sich daher auch nicht in seinem Entschluß beirren, Indien für das laufende Jahr einen Kredit von 1,4 Milliarden Dollar einzuräumen, darunter 800 Millionen nicht-zweckgebundene Mittel und 600 Millionen für bestimmte Projekte. Der Atomtest wurde auf der Sitzung des Konsortiums nebenbei erwähnt, und die indische Version wurde akzeptiert.

Aufhebung der Verstaatlichung des Getreidegroßhandels

Die innenpolitisch positive Wirkung, die mit dem Atomtest verbunden war, verstärkte sich durch die entschlossene Haltung, die Indira Gandhi im Eisenbahnerstreik bewies, der das ganze Land lahmzulegen drohte. Der Eisenbahngewerkschaftsführer Georges Fernandez hatte mit der Lähmung der Regierung Gandhi gerechnet und mit einem gewissen Verfall der Autorität von Indira Gandhi. Er irrte sich. Die Premierministerin

ließ sich nicht erpressen. Der ausgerufene Streik mußte am 20. Mai 1974 abgebrochen werden. Wie schon so oft vorher reagierte Indira – vor eine schwierige Situation gestellt – mit Mut und Umsicht.
Wenige Wochen vorher, Ende März, hatte sie ebenfalls eine sehr spektakuläre Entscheidung getroffen. Fast genau ein Jahr nachdem am 1. April 1973 die Verstaatlichung des Getreidegroßhandels in Indien in Kraft getreten war, mußte die Regierung dieses umstrittene Gesetz wieder aufheben. Harte Kämpfe waren dem vorausgegangen. Der linke Flügel der Kongreß-Partei und die Kommunisten versuchten unter Aufbietung aller nur möglicher Propaganda, die Aufhebung des Weizenmonopols zu verhindern. Auf der anderen Seite teilten im Februar und März die meisten Chefminister der Bundesländer der Zentralregierung mit, sie verfügten nach wie vor nicht über einen ausreichenden Apparat zur Aufbringung des Weizens bei den Bauern. Ein totaler Zusammenbruch des Verteilungssystems war zu befürchten, nachdem in den „Fair-price-shops" auch nach der guten Ernte des vergangenen Sommers so wenig Weizen zur Verfügung stand, daß erneut in vielen Städten eine Hungersnot drohte, da das Getreide auf dem Schwarzmarkt verschwand. Unter dem Druck dieser Tatsachen entschloß sich Indira Gandhi Ende März zur Revision dieser verhängnisvollen Getreidepolitik.

Zusammenarbeit mit Iran

Um die wirtschaftlichen Schwierigkeiten auszugleichen, trat die Regierung bereits im Februar 1974 mit Iran in Verhandlungen ein. Ende April besuchte Indira Gandhi den Schah von Persien und die iranische Regierung in Teheran. Fünfzehn Jahre waren vergangen, seit ihr Vater einen ersten Staatsbesuch in Teheran abgestattet hatte. Die Beziehungen zwischen Indien und Iran waren seit 1971/1972 erheblich gespannt, weil der Schah sich uneingeschränkt an die Seite Pakistans gestellt hatte und die Loslösung Ost-Pakistans als ein Ereignis ansah, das das Gleichgewicht in Asien ungünstig beeinflußte. In einem Interview mit „Newsweek" hatte er sich im Sommer 1972 sehr kritisch über die Entwicklung auf dem indischen Subkontinent geäußert. Der indische Außenminister Swaran Singh erreichte im Sommer 1973 mit einem Besuch in Teheran einen gewissen Stimmungsumschwung.
Mit der Ölkrise begann dann im Herbst ein neuer Abschnitt der indisch-iranischen Beziehungen, der von erheblicher Bedeutung für die asiatische Gesamtsituation zu werden versprach.

Insgesamt wollte Iran nach den vorläufigen Absprachen, die Anfang Mai in Teheran getroffen wurden, Indien etwa mit einer Milliarde Dollar unterstützen. Durch die Lieferung von Eisenerz, Roheisen und Aluminium sollte jedoch Indien in die Lage versetzt werden, diese Kredite aus eigener Kraft zurückzahlen zu können. Erstmals bahnte sich damit zwischen zwei asiatischen Ländern, die sich beide im Zwischenstadium zur Hochindustrialisierung befanden, eine enge Kooperation an. Sowohl für Europa wie für Nordamerika war dies eine sehr bedeutsame Entwicklung. Der Spitzenreiter der sogenannten Vierten Welt, worunter man neuerdings die Ölstaaten verstand, trat hiermit in Funktionen ein, die bisher ausschließlich den Industrienationen des Westens und allenfalls Japan vorbehalten blieben.

Das Gefühl, nicht mehr ausschließlich vom Westen abhängig zu sein, muß eine unerwartete psychologische Wirkung gehabt haben. Fast gleichzeitig setzte eine Entwicklung ein, die von der amerikanischen Zeitschrift „Time" nach der Ermordung Indiras analysiert wurde. Indien, so schrieb das Blatt, sei unter Indira Gandhi zur siebtgrößten Industrienation der Welt geworden.

Kissinger in Delhi

Kluge Politiker unter den Amerikanern waren sich wohl schon damals der wirtschaftlichen Möglichkeiten Indiens und der politischen Auswirkungen bewußt. Das „State Department" reagierte. Bereits im Oktober 1974 trat mit dem Besuch des damaligen amerikanischen Außenministers Henry Kissinger in Neu-Delhi eine Verbesserung des politischen Klimas ein, das seit dem indisch-pakistanischen Krieg von 1971 immer wieder getrübt worden war. Beide Seiten sprachen nun von einem reiferen („more mature") Verhältnis zueinander. Kissinger stellte die Frage, ob die indische Atomexplosion vom Mai 1974 schließlich nicht doch zu einer Atombewaffnung führen werde. Die Inder betonten zum wiederholten Mal, daß sie Atomenergie nur zu friedlichen Zwecken entwickeln wollten. Mochte sich Kissinger auch damit zufriedengeben, so blieb doch die amerikanische Sorge, ob Indien seine erhebliche nukleare Technologie nicht etwa dritten Ländern, wie den ölproduzierenden arabischen Staaten, zugänglich machen würde. Vergeblich versuchte Kissinger, Frau Gandhi für ein internationales Abkommen zur Einschränkung des Exports nuklearer Technologie zu gewinnen – auch konnte er die Inder nicht zur Unterzeichnung des Atomwaffensperrvertrags bewegen.

Für die indische Seite war eine Zusicherung der Amerikaner wichtig, daß sie Pakistan nicht erneut mit modernen Waffen versorgen würden. Kissinger sagte dazu auf einer Pressekonferenz, er habe den indischen Führern bereits früher die Versicherung gegeben, die Vereinigten Staaten würden einen Rüstungswettlauf auf dem Subkontinent keinesfalls begünstigen. Das war gewiß eine ziemlich unverbindliche Auskunft.
Ein anderer Punkt, über den keine Einigung erzielt werden konnte, war der amerikanische Flotten- und Luftwaffenstützpunkt auf der Insel Diego Garcia im Indischen Ozean. Die Amerikaner hielten an diesem Stützpunkt fest, während Indien Mitte November eine Konferenz unter dem Protektorat des kommunistisch gesteuerten Weltfriedenrats abhielt, an der sich Organisationen aus Afrika, Asien und Australien zum Protest gegen den amerikanischen Stützpunkt vereinigten.
Trotz dieser Negativpunkte wurde beim Kissinger-Besuch eine ganze Reihe von Fragen positiv gelöst. Ausdrücklich erkannte Kissinger eine Führungsrolle Indiens auf dem Subkontinent an. Er sprach von Indiens ,,special leadership in South Asia and world affairs". Ferner wurde ein Abkommen zur Bildung einer ,,Gemischten Kommission" geschlossen, die in jedem Jahr die Beziehungen zwischen beiden Ländern unter Leitung der Außenminister überprüfen sollte. Man beschloß, die wirtschaftlichen und kulturellen Beziehungen, die erheblich geschrumpft waren, wieder zu beleben.

Haksar wird Planungschef

Das schicksalsschwere Jahr 1975 kündigte sich mit drei Ereignissen an, von denen eines besonders wichtig war. Es gelang Indira Gandhi, P. N. Haksar wieder zur Mitarbeit zu gewinnen, und zwar für das Amt des Planungschefs. Der ehemalige Staatssekretär beim Ministerpräsidenten überragte an Format die Spitzen der Bürokratie um mehr als Haupteslänge. Offiziell trat er im Januar 1973 aus gesundheitlichen Gründen zurück – die wahren Ursachen verriet er nicht –, seine Freunde wissen, daß es um ,,principles" ging. Hätte Haksar sich entschlossen, was Anhänger und Verleger vorschlugen, seine Memoiren zu schreiben, es wäre ein schonungsloses historisches Dokument entstanden. Angeborene Noblesse verbot ihm eine solche ,,Verteidigungsschrift". Statt dessen legte er später zwei interessante Bücher vor: ,,Warnungen" und ,,Reflexionen über unsere Zeit". Nirgendwo aber war je eine Andeutung zu finden, warum er sich 1973 mit Frau Gandhi überwarf. Gerüchte gab

es viele: Er habe Kritik am jüngsten Sohn, an Sanjay Gandhi, geübt und sei ein scharfer Gegner des Plans gewesen, den Getreidehandel zu verstaatlichen.
Die Freunde Indiens atmeten auf, daß ein Mann von solcher Integrität wieder zu den Beratern der Premierministerin gehören würde. Ausdrücklich aber hatte er sich eines ausbedungen: Er würde nur das Amt des Planungschefs übernehmen, aber nicht ins Kabinett eintreten. Freunde wußten, daß er nicht Minister in einem Kabinett werden wollte, wo Politiker saßen, die er nicht für untadelig hielt. Haksar übernahm keine leichte Aufgabe: Die Planungskommission der indischen Regierung befand sich seit Jahren in einer Krise. Den Vorsitz führte von jeher der Ministerpräsident selbst. Der stellvertretende Vorsitzende war üblicherweise der Planungschef. Das Amt war bis 1975 von D. P. Dhar wahrgenommen worden, der zeitweise zu den engsten Vertrauten Indira Gandhis gerechnet wurde.
Er gehörte zu den indischen Politikern, die die Wirtschaft Indiens weitgehend nach sowjetischem Vorbild umformen wollten. Ihm wurde nachgesagt, er habe sogar zeitweise Indiens Beitritt zum „Comecon“, zur Wirtschaftsorganisation der Ostblockstaaten, geplant. Der fünfte Fünfjahresplan, der schon im Herbst 1973 in Gang gesetzt werden sollte, konnte nie in Kraft treten. Äußerer Anlaß war die Erhöhung des Ölpreises, die alle Kalkulationen durcheinanderbrachte. De facto hatte Indien in den letzten fünf Jahren ohne weitsichtige Planung auskommen müssen. Man konnte sich nur von Jahr zu Jahr weiterhelfen. Unter D. P. Dhar bestand wenig Hoffnung, aus diesem Zustand beständiger Aushilfen herauszukommen.
Haksar trat mit wesentlich anderen Vorstellungen an die indische Planung heran als seine Vorgänger. Er erkannte, daß der Entwicklung der Landwirtschaft eine wesentlich höhere Priorität eingeräumt werden mußte, als dies im letzten Jahrzehnt der Fall gewesen war, in dem man sich über kurzfristige Erfolge der „Grünen Revolution“ täuschte. Er ging davon aus, daß das eigentliche Planungsziel nicht irreale Wachstumszahlen sein dürften, sondern die Lösung der großen sozialen Fragen von der Ernährung bis zur Erziehung, vom Gesundheitswesen bis zur Familienplanung, vom Anwachsen der Städte bis zur Bodenreform. Auf allen diesen Gebieten traf der Planungschef auf bürokratische Widerstände. Sein Erfolg hing vom Willen der Politiker ab, neue und frische Ideen in die Wirklichkeit umzusetzen.
Die Ernennung Haksars eröffnete neue Chancen für Indien.

Abdullah wieder Chefminister von Kashmir

Als innenpolitische Sternstunde Indiras mußte die Abmachung mit Sheikh Abdullah gelten, die ihn nunmehr als Chefminister von Kashmir nach Srinagar zurückbrachte. Damit wurde ein Unrecht nach 22 Jahren wiedergutgemacht, das die indische Innenpolitik belastete und zugleich Pakistan die Möglichkeit zu immerwährender politischer Intervention in Kashmir verschafft hatte. Der 1953 unter dem Verdacht des Hochverrats verhaftete und 1964 von Nehru nach zehnjähriger Haft begnadigte Abdullah hatte noch einmal über ein Jahrzehnt gebraucht, um seinen Fall endgültig zu klären. Über den Kompromiß mit Indira war nicht weniger als drei Jahre verhandelt worden. Das neue Abkommen sah vor, daß der Artikel 370 der indischen Verfassung unverändert bestehen blieb, in dem Kashmir eine Reihe von autonomen Rechten zugesichert wurde. Dieser Artikel 370 war zwar nie außer Kraft gesetzt, de facto aber seit 1953 nicht mehr beachtet worden. Die von Abdullah neu gebildete Landesregierung wurde durch das neue Abkommen autorisiert, über vierzig Gesetze, deren Gültigkeit auch auf Kashmir ausgedehnt worden war, zu überprüfen.

Als Gegengabe verzichtete Sheikh Abdullah endgültig auf eine Volksabstimmung über die Zugehörigkeit Kashmirs und erkannte damit unwiderruflich an, daß Kashmir ein integrierter Bestandteil der Indischen Union war. Er erklärte sich sogar bereit, für seine Partei den Namen ,,Plebiscite Front" abzulegen, weil er nach dem Verzicht auf eine Volksabstimmung sinnlos geworden war. Der bisherige Führer der ,,Plebiscite Front", Afzal Beg, wurde im neuen Kabinett Abdullahs mit dem Finanz- und dem Landwirtschaftsministerium betraut. Vor einer Massenversammlung in Srinagar erklärte Beg, die langen Jahre der Abwesenheit und des Kampfes Sheikh Abdullahs hätten sich schließlich doch gelohnt, weil die neue Landesregierung nunmehr in der Lage sei, alle Gesetze noch einmal zu überprüfen, die seit 1953 für Kashmir als gültig erklärt worden waren.

In Pakistan rief die Wiedereinsetzung Abdullahs, auf den die Pakistani lange Zeit große Hoffnungen gesetzt hatten, ärgerlichen Protest hervor. Der Sheikh wurde des Verrats bezichtigt, obwohl er schon seit vielen Jahren keinen Zweifel daran gelassen hatte, daß er die Vereinigung Kashmirs mit Indien für ein definitives Ereignis hielt.

Sheikh Abdullah hätte die jetzt gefundene Lösung schon vor vielen Jahren haben können. Er spielte nach dem Ende seiner Gefangenschaft noch lange Zeit mit dem Gedanken eines unabhängigen Staates Kashmir, der sowohl mit Indien wie mit Pakistan Garantieverträge abschließen sollte. Erst der für Pakistan unglückliche Ausgang des indisch-pakistanischen Krieges von 1971 belehrte Abdullah, daß er an Pakistan keine wirkliche Stütze mehr finden konnte. Da er inzwischen siebzig Jahre alt geworden war, stellte sich auch die persönliche Frage, ob er die letzte Chance ausschlagen sollte, noch für einige Jahre Landesfürst in Kashmir zu werden.

Neuer Ärger mit den USA

Kaum waren die Probleme mit Kashmir geregelt, gab es wieder Ärger mit den USA. Die amerikanische Regierung hob Ende Februar 1975 das seit annähernd einem Jahrzehnt bestehende Waffenembargo gegen Indien und Pakistan auf. Es war im Oktober 1965 nach dem Angriff Pakistans auf Indien verhängt worden und blieb generell in Kraft, auch wenn gelegentlich die Lieferung von Ersatzteilen an Pakistan erlaubt wurde. Pakistan hat seine Kriegsverluste an Waffen von 1971 teils in China, teils in Frankreich wettzumachen versucht. Gewisse Lieferungen dürften auch über den Umweg Iran nach Pakistan gelangt sein. Indien war im letzten Jahrzehnt fast ausschließlich auf sowjetische Waffenlieferungen angewiesen, deren Wert auf mehrere Milliarden Rupien geschätzt wird. Genaue Zahlen würden unbekannt bleiben. Obwohl auch Indien die Aufhebung des Embargos zum Waffenkauf in den USA hätte nutzen können, faßte man in Neu-Delhi die amerikanische Maßnahme als eine einseitige Bevorzugung Pakistans auf. Es hagelte Proteste, und selbst Persönlichkeiten in hochverantwortlicher Stellung ließen den Verdacht durchblicken, die Amerikaner wollten mit dieser Maßnahme Pakistan zu einem neuen Krieg mit Indien aufstacheln.
Für den ausländischen Beobachter war es schwierig, der indischen Argumentation zu folgen.
Der neue amerikanische Botschafter in Indien, William Saxbe – zuletzt Justizminister der USA –, setzte der Kontroverse eine fast komische Note auf. Saxbe, soeben erst in Delhi angekommen, gab der „Washington Post" eine der seltsamsten Erklärungen ab, die je von einem Botschafter bei seinem Amtsantritt zu hören war: „Wir haben in den letzten 27 Jahren gelernt, daß uns Indien nicht nahesteht und daß es wahrscheinlich niemals anders sein wird. Das Günstigste, was man erwarten kann, ist mürrischer Respekt, und das wäre in diesen Tagen schon ein gutes Zeichen . . . Meine grundsätzliche Rolle sehe ich nicht darin, die

Beziehungen zwischen unseren beiden Regierungen zu verbessern. Ich bin hier, um die Regierung der Vereinigten Staaten zu vertreten. Ich glaube an unsere Kultur und unsere Politik. Wenn die Inder sie akzeptabel finden, ist das großartig. In jedem Falle bin ich aber hier. Unser Interesse an Indien beschränkt sich auf humanitäre und kulturelle Fragen, aber auch auf diesen Gebieten werden wir nicht mehr tun, als die Inder es wünschen . . . Was die Waffenlieferungen an Pakistan angeht, so geht es darum eigentlich gar nicht. Hier sind andere Dinge involviert. Die Gesamthaltung Indiens bleibt immer die gleiche, was uns angeht. Ich kann daher sehr gut verstehen, wenn man sich in Washington sagt: ‚It's hell if you do, and hell if you don't.'"
Mister Saxbe fügte hinzu, er wolle als Botschafter ein bescheidenes Profil zeigen, und der künftige Meisterdiplomat schloß mit der Bemerkung: „Zu Hause muß man notwendigerweise klar und deutlich reden, aber hier draußen nicht, das wäre meiner Aufgabe abträglich."
Saxbes Äußerungen standen auch auf den Frontseiten amerikanischer Zeitungen und wurden in Indien naturgemäß riesig herausgestellt, weil es noch kaum einen Diplomaten gegeben haben dürfte, der sich mit derartigen Bemerkungen in sein Amt einführte. Das Verblüffende war jedoch, daß die Inder zwar ironisch, aber gar nicht so beleidigt reagierten, wie man hätte annehmen müssen. In den Zeitungen fanden sich Zuschriften, es sei doch ganz gut, wenn einer einmal unverblümt die Wahrheit rede. Trotz der kritischen Stimmung Amerika gegenüber hörte ich sogar im Hause von Frau Gandhi fröhliches Gelächter über Mr. Saxbe.

1975 – Indiens gefährliches Jahr

Bald gab es für Indira Gandhi nichts mehr zu lachen – die innenpolitische Situation verschlimmerte sich von Tag zu Tag. Ohne Zweifel hatte die Regierung an Autorität verloren. Der hochgeachtete Chefredakteur der „Hindustan Times", George Verghese, analysierte die Situation in einem Artikel, den er im April veröffentlichte:
„Seit der Unabhängigkeit war unser Land noch niemals in einer solch tiefen und umfassenden Krise. Die entscheidende Herausforderung Indiens ist die Armut. Die gegenwärtige Wirtschaftskrise hat ihre Wurzeln jedoch in einer politischen Krise, die entstanden ist, weil es an dem Willen gebricht, das Richtige zu tun. Der Kern der politischen Krise ist wiederum eine moralische Krise: der Zusammenbruch der moralischen Autorität.
Kaum zwei Jahre sind seit den gewaltigen Erfolgen Indira Gandhis vergangen. In merkwürdiger Weise war sie wie gelähmt, war sie nicht willens, wirklich zu führen, schien sie fast erschrocken über ihre eigene überwältigende Majorität im Parlament. Inzwischen stiegen die Preise und stiegen zugleich der Mangel wie auch die Korruption und das Schwarzgeld. Es kam zu einer wirtschaftlichen Stagnation. Die Unentschiedenheit an der Spitze führte zu Zynismus, Disziplinlosigkeit, zu Wut und Ausbrüchen der Gewalt. Es gibt deutliche Zeichen der Desintegration und ein sich allmählich entwickelndes Chaos."
Demonstrationen, wilde Streiks, Studentenunruhen gehörten zum indischen Alltag. Jeden Morgen wälzten sich riesige Umzüge mit schreienden Frauen und Männern durch die Straßen von Neu-Delhi. Sie blokkierten den Verkehr, setzten sich mitten auf die Plätze oder auf Eisenbahnschienen. Junge Burschen warfen parkende Wagen um, zertrümmerten Fensterscheiben, stürmten Lebensmittelläden. Die Anführer der wilden Prozessionen riefen zu *Gherao* auf, zu Aktionen, mit denen die Leute daran gehindert wurden, ihren Wohnort zu verlassen oder irgendwohin zu gelangen. Wenn es auch noch nicht zur Bildung revolutionärer Eliten gekommen war, hatte die Unzufriedenheit der Massen, angestachelt durch frustrierte Intellektuelle, eine Bewegung ausgelöst, die schließlich zum Sturz von Indira führen sollte.

Jayaprakash Narayan – der große Gegenspieler

Was niemand erwartet hatte, trat ein: Die Premierministerin wurde durch einen Gegenspieler von fast legendärem Ruhm herausgefordert, von Jayaprakash Narayan, einem alten Gandhianer, aus jenem Holz geschnitzt, das manche Inder eines Tages veranlaßt, allem zu entsagen, durch das Land zu wandern, um dem Volk eine neue Botschaft zu verkünden. Narayan, von seinen Anhängern vergöttert und der „Messias der Armen" genannt, predigte die „Revolution der Herzen". Sein Ziel blieb die mit demokratischen Mitteln durchgeführte und von sozialistischen Ideen, von moralischen und ethischen Werten getragene sozioökonomische Revolution.

Jayaprakash Narayan – von seinen Freunden mit zärtlichem Unterton J. P. angeredet – wurde am 11. Oktober 1902 in Sitabdiana, einem Dorf in Nordindien, geboren. Sein Vater war ein kleiner Regierungsbeamter mit starken intellektuellen Interessen. Zur aufgeklärten *Kayashta*-Kaste gehörend, war es für die Familie selbstverständlich, eine gute Bibliothek zu halten, Zeitungen und Zeitschriften zu abonnieren. Nach einem glänzenden Abitur erhielt J. P. ein Stipendium an der Patna-Universität. Es war die Zeit, in der Gandhi seine *Satyagraha*-Bewegung gegründet hatte, die – wörtlich übersetzt, wie mir Narayan einmal sagte – nicht „ziviler Ungehorsam", sondern „in der Wahrheit leben" bedeute.

Gandhi gab die Richtlinien: den Gegner nicht mit Gewalt besiegen, sondern durch ein rechtes Leben überzeugen. Dazu gehörte selbstverständlich die Ablehnung jeder Zusammenarbeit mit den Kolonialherren. J. P. konnte dem Appell des Mahatma nicht widerstehen. Er verließ das britisch ausgerichtete College, um nie wieder dorthin zurückzukehren. Später setzte er seine naturwissenschaftlichen Studien an der Hindu-Universität von Benares fort. 1922 erhielt er ein Stipendium, das ihn nach Amerika führte. An der Universität von Kalifornien studierte er Mathematik, Maschinenbau und Biologie. Die steigenden Lebenshaltungskosten zwangen ihn zu Gelegenheitsarbeit, zunächst für vier Dollar in der Woche zehn Stunden täglich bei einem Winzer. Als er Arbeit und Studium in Kalifornien nicht mehr miteinander in Einklang bringen konnte, siedelte er nach Iowa über. Aber auch hier mußte er weiter dazuverdienen, als Tellerwäscher, Möbelpolierer und Schneeschaufler. Während seines achtjährigen Amerika-Aufenthalts studierte er außerdem noch an den Universitäten von Chikago, in Wisconsin und in Ohio, wo er sein Doktor-Examen mit Auszeichnung bestand.

Während er sich in früher Jugend hauptsächlich für Naturwissenschaften und Literatur interessiert hatte, wandte er sich schon in Wisconsin der Soziologie zu. Seine damaligen Neigungen zum Marxismus und zum leninistischen Sozialismus leugnete er nicht. Der kommunistische indische Theoretiker M. N. Roy beeinflußte ihn so sehr, daß J. P. begann, sich von Gandhis Ideen zu distanzieren. Aber seine Frau, Prabhavati, die sich während seiner Abwesenheit Gandhi angeschlossen hatte und als dessen ,,Tochter" mit anderen im *Ashram* des Mahatma lebte, führte die beiden Männer wieder zusammen.

Aus Amerika zurückgekehrt, wollte Narayan Professor für Soziologie an der Universität Benares werden; Nehru aber überzeugte ihn 1931 davon, in der Kongreß-Partei den Arbeitsausschuß zu leiten. Jahrelang war J. P. in der Arbeiterbewegung tätig, zuletzt als Präsident der ,,All India"-Eisenbahnergewerkschaft, des Angestellten-Verbandes und der Post- und Telegraphenarbeiter-Gewerkschaft.

Von der Kommunistischen Partei wegen ihrer Ablehnung der nationalen indischen Freiheitsbewegung zutiefst enttäuscht, wandte er sich entschieden der *Satyagraha*-Bewegung Gandhis zu. Bald befand er sich wegen Agitation gegen die Briten im Nasik-Gefängnis in Gesellschaft zweier führender Sozialisten: Achyut Patwardhan und Minoo Masani. Durch sie wurden die sozialistischen Neigungen von J. P. erneut inspiriert und aktiviert. Kaum aus dem Gefängnis entlassen, gründete er gemeinsam mit Acharya Narendar Deva die ,,All-India Congress Socialist Party", also eine Partei innerhalb der Kongreß-Partei. In seinem Manifest ,,Warum Sozialismus?" legte er sein politisches und ideologisches Glaubensbekenntnis ab: Er wollte die Welt, aber insbesondere die indische Gesellschaft verändern. Freiheitsdrang und hohe sittliche Wertvorstellungen machten aus ihm einen unversöhnlichen Gegner des Totalitarismus in all seinen Formen, einschließlich von Kommunismus und Faschismus. Aber wenn er auch längst über seine früheren engen Beziehungen zum Marxismus und Leninismus hinausgewachsen war, seine Gefühle für die Unterdrückten, die Ärmsten unter den Armen, hatten sich nicht geändert.

Er kämpfte gegen Ungerechtigkeit und Ungleichheit. Die Überwindung sozialer Mißstände wollte er mit einer ,,Stillen Revolution" (,,Silent Revolution") erreichen, mit einer Bodenreform und der Verstaatlichung der Rohstoffquellen und der Schwerindustrie. Dem Staat wollte Narayan keine übermächtige Hand zugestehen. Er wußte, daß der Staat mit seiner Bürokratie nicht in der Lage war, schnelle und tiefgehende Wandlungen herbeizuführen. Mahatma Gandhis Ideal eines Systems, das die Regierungstätigkeit verminderte, um die Aktivität der Gemeinschaft zu stärken, wurde sein eigenes Anliegen. Er propagierte eine Form von Demokratie, die nicht zur Entfremdung und Atomisierung des Menschen führen würde. Als Ideal schwebte ihm eine in Gütergemeinschaft lebende Gesellschaft vor, die nach dem Vorbild des *Panchayat*, des indischen Dorfrats, gebildet werden und innerhalb des Rahmens einer ,,parteilosen Demokratie" funktionieren sollte.

Bei dieser idealistischen Traumvorstellung hatte die Philosophie des radikalen Humanismus Pate gestanden, wie sie ihm einst in Amerika der Denker M. N. Roy vortrug. J. P. wollte die schöne Theorie bei der Entwicklung des Dorfes in die Praxis umsetzen. Ihm ging es darum, neben einer behutsamen Entwicklung von Klein- und Heimindustrie die Tradition des Hinduismus zu bewahren, eine geistige Bastion gegen ,,die universelle Flut des Materialismus" und die übermäßige Technisierung, die zur seelischen Erstarrung des Menschen führen mußte, zu errichten.

In der seit 1942 existierenden ,,Quit-India"-Bewegung wurde er zu einem legendären Helden. Sein Glaubensbekenntnis, die Gewaltlosigkeit, mußte wegen der notwendigen Repressalien gegen die britischen Grausamkeiten außer Kraft gesetzt werden. Gandhis ,,stille, friedliche Revolution" erschien ihm plötzlich ein ungeeignetes Mittel zu sein, um zum Ziel zu kommen. Nachdem es ihm gelungen war, aus dem Gefängnis von Hazaribagh auszubrechen, ging Narayan als Guerillakämpfer in den Untergrund. Zu seiner Tätigkeit gehörte das Unterbrechen von Telefonleitungen, die Sprengung von Eisenbahnlinien. Zeitweise leitete er von Nepal aus einen Geheimsender. Bald wurde er zum gejagtesten Mann im Land. Die Briten hatten eine Belohnung von 10000 Rupien auf seinen Kopf gesetzt. Im September 1943 geriet J. P. wieder in britische Gefangenschaft, und erst nachdem alle anderen Freiheitskämpfer befreit waren, durfte er am 10. April 1946 seine Zelle verlassen.

Gleich nach der Unabhängigkeit bot Nehru ihm an, dem Kabinett beizutreten. Narayan knüpfte seine Zustimmung an Bedingungen, die mit seinem Programm zusammenhingen, das für Nehru unannehmbar war. Narayan lehnte ab. Später trat er der ,,Praja Socialist Party" bei. Unermüdlich arbeitete er an der sozialen, kulturellen und wirtschaftlichen Entwicklung der indischen Dörfer.

1952 entsagte Narayan der Politik, um sich ganz der *Sarvodaya*-Bewegung und der *Bhoodan*-Bewegung des Vinoba Bhave zu widmen. Hier fand er die Tätigkeit, mit der er sich identifizieren konnte. In einem Essay ,,Vom Sozialismus zur Sarvodaya-Bewegung" schrieb er: ,,Ich habe mich aus der Partei- und Machtpolitik zurückgezogen, nicht etwa,

weil ich frustriert wäre, sondern weil ich erkannte, daß die Politik nicht die Güter bringen kann, die ich als die höchsten ansehe: Gleichheit, Freiheit, Brüderlichkeit, Frieden – wer für ‚alle das Gute' will, wie Sarvodaya, kann das nicht mit machtpolitischen Mitteln erreichen."
Jahrelang wanderte J. P. durch das Land, um Äcker und Wiesengrundstücke für die Armen zu erbetteln. Die Einwohner von vielen tausend Dörfern erklärten unter seinem Einfluß ihren Besitz zum Gemeinschaftseigentum. Opfern, so meinte Narayan, mache die Menschen besser.

1956 erhob Narayan seine Stimme gegen die sowjetische Intervention in Ungarn. Drei Jahre später stellte er sich auf die Seite des von den Chinesen überrannten Tibets und des Dalai Lama. 1971 brachte er seine Sympathie den Ostbengalen entgegen, die unter dem Terror der pakistanischen Armeen litten. Von dieser Zeit an war es klar, daß er auf die politische Bühne zurückgekehrt war und hier eine große Rolle spielen würde. Am 9. Dezember 1972 rief er die Jugend des Landes auf, die Demokratie zu retten, die unter der Regierung Gandhi durch Korruption, Geldgier, Falschheit und Lügenhaftigkeit, Gewalt und Terror ausgehöhlt worden sei. „Es ist Zeit zu handeln", rief er, „hier und jetzt! Welche Aktionen in Gang gesetzt werden sollen, möchte ich der Jugend überlassen; mein Wunsch ist, daß alles, was geschieht, mit friedlichen demokratischen Mitteln geschieht."
Seine Worte zündeten – die Studentenunruhen von Gujerat und Bihar machten Skandal und Geschichte. Als gegen friedliche Demonstranten die Polizei eingesetzt wurde, Schüsse fielen und junge Menschen getötet wurden, schwor Narayan auf einer Massenversammlung in Patna: „Ich werde die gegenwärtige Situation ändern, weil meine Geduld erschöpft ist."
Im April 1974 gründete Narayan in Delhi eine neue Organisation, die sich „Citizens for Democracy" („Jana Tantra Sama") nannte und dafür plädierte, alle diejenigen zusammenzuführen, die demokratische Ideale auf allen Ebenen, im sozialen, politischen und wirtschaftlichen Leben hochhielten. Er wetterte gegen Verwestlichung und Korruption, pries das einfache Leben im Sinne Mahatma Gandhis, eine Lebensweise, die der alten Hindu-Tradition entsprechen sollte.
Unermüdlich reiste der Prophet der „Stillen Revolution" durch das Land, um nun mit leidenschaftlichen Worten zur totalen Revolution gegen die Regierung Gandhi aufzurufen. Hunderttausende versammelten sich, wo immer er sprach oder eine Demonstration gegen die Regierung ankündigte.

Bundesgenossen hatte Narayan in der „alten“ Kongreß-Partei gefunden. Vor allen Dingen aber im 80jährigen Morarji Desai, der im April 1975 durch einen Hungerstreik Neuwahlen im Staat Gujerat erzwang und durch ein Wahlbündnis mit der extremen Rechten Indiras Kongreß-Partei im Juni eine Niederlage bereitete. Bei der Analyse der Wahlergebnisse übersahen allerdings die meisten, daß Indiras „neue“ Kongreß-Partei noch immer 75 Sitze gegen 56 Sitze der „alten“ Kongreß-Partei hielt. Nur die Koalition mit den rechten Parteien änderte die Mehrheitsverhältnisse der „neuen“ Kongreß-Partei.

Indira angeklagt

Gleichzeitig mit der Wahlniederlage kam das unverständliche Urteil des Richters Lal Sinha von Allahabad, das Indira Gandhi am 12. Juni wegen angeblich korrupter Wahlpraktiken für sechs Jahre die Fähigkeit absprach, öffentliche Ämter zu bekleiden. Was war geschehen? Das Appellationsgericht des Bundeslandes Uttar Pradesh hatte über eine vor vier Jahren erhobene Klage des bei den Wahlen von 1971 unterlegenen Gegenkandidaten Indiras zu entscheiden, der behauptete, sie habe den Staatsapparat für Parteizwecke mißbraucht. Richter Sinha stellte in seinem Urteil fest, die lokalen Behörden hätten durch den Aufbau von Tribünen und Lautsprecheranlagen der Kandidatur Gandhi über Gebühr geholfen. Ferner sei ihr Sekretär H. Kapoor noch Staatsangestellter gewesen, als er zu ihrem Wahlmanager ernannt wurde. Tatsächlich ist Kapoor am 14. Januar 1971 – zwei Monate vor den Wahlen – aus dem Staatsdienst entlassen worden. Da er aber schon eine Woche vorher im Wahlkreis aufgetaucht war, schloß Richter Sinha, dies sei ein Fall von Korruption. Das Urteil erweckte den Verdacht erheblicher Beschränktheit und Parteilichkeit. Man konnte „London Times“ nur zustimmen, wonach der Spruch Sinhas den Grundsatz der „Verhältnismäßigkeit der rechtlichen Mittel“ in grober Weise verletze.

Indira Gandhi wich nicht zurück. Sie appellierte gegen das Urteil beim Obersten Gerichtshof, der sie nach der endgültigen Berufungsverhandlung am 7. November 1975 vom Vorwurf der Wahlkorruption freisprach und ihre Wahl von 1971 für gültig erklärte.

Zwischen dem 12. Juni und dem 7. November jedoch lagen Wochen, in denen sich der Spruch von Allahabad politisch verheerend auswirkte. Insbesondere galt das für die Tage bis zum 25. Juni. Die Worte „Wahlschwindel“ und „Wahlkorruption“ standen im Raum, und Narayan verstand, mit ihnen zu operieren. Er bestand auf Indiras Rücktritt. Sie selbst schien damals selbst daran gedacht zu haben, bis zur Entscheidung des Obersten Gerichtshofs über ihre Berufung zurückzutreten. Nach Informationen aus ihrem ,,Office“ spielte sie mit dem Gedanken, den Verteidigungsminister Swaran Singh zeitweilig an ihre Stelle treten zu lassen. Swaran Singh, bewährt seit Jahrzehnten in zahlreichen Ministerposten, war es zuzutrauen, daß er die Rolle eines Platzhalters ohne eigene Ambitionen übernehmen würde. Hier aber stieß Indira Gandhi auf Widerstand in ihrer nächsten Umgebung.

,,Die Idee, Frau Gandhi könne ihre eigene Dynastie errichten“, schrieb die ,,Far Eastern Economic Review“ in ihrer Nummer vom 11. Juli 1975, ,,wurde von Landwirtschaftsminister Jagjivan Ram durchkreuzt. Als die bei weitem mächtigste Persönlichkeit in Indiras Kabinett konnte er auf mindestens hundert Abgeordnete zählen, die wie er selbst Kastenlose *(Harijans)* sind, dazu noch auf zahlreiche andere Sympathisanten in beiden Häusern. Ram gab zu verstehen, daß er Frau Gandhi gegenüber totale Loyalität üben werde, daß das aber nicht unbedingt für einen von ihr gewählten Nachfolger zutreffe. Nach seiner Ansicht müsse im Falle des Rücktritts des Premierministers die Parlamentsfraktion den Nachfolger wählen – und da konnte Ram sicher sein, daß er gewählt werden würde. Dieser bedrohliche innerparteiliche Konflikt wurde durch einen Kompromiß gelöst: Ram selbst erklärte sich bereit (gemeinsam mit Außenminister Chavan), eine Resolution der Parlamentsfraktion auszuarbeiten, in der Frau Gandhi das unverbrüchliche Vertrauen der Fraktion ausgesprochen und sie gebeten wurde, im Amt zu bleiben.“

Am folgenden Tag bereits beschloß die Kongreß-Fraktion einmütig, die von Ram und Chavan vorbereitete Resolution, in der es hieß, ,,her continued leadership as Prime Minister is indispensable for the nation“. Von den Abgeordneten der Kongreß-Fraktionen beider Häuser waren 541 anwesend. Es gab keine abweichenden Stimmen, aber die Zeitungen notierten, daß einige Abgeordnete, die sogenannten Jungtürken, nicht erschienen waren, von denen vermutet wurde, daß sie einen Rücktritt Frau Gandhis für zweckmäßiger gehalten hätten.

In Patna, der Hauptstadt Bihars, meldete sich Jayaprakash Narayan, der symbolische Führer der Opposition, zu Wort und erklärte, die Resolution der Kongreß-Fraktion für Indira Gandhi sei eine ,,schamlose politische Unanständigkeit“. Es handle sich einfach darum, daß auch Frau Gandhi dem Gesetz gehorchen müsse. Er erinnerte daran, daß vor einigen Jahren der Abgeordnete D. P. Mishra durch Spruch des Obersten Gerichtshofs seines Mandats für sechs Jahre verlustig ging, weil er 250

Rupien mehr für seine Wahlen ausgegeben habe, als erlaubt war. ,,Was für Mishra galt, muß auch für Frau Gandhi gelten.“ Die Opposition begann sich darauf zu versteifen, Indira Gandhi sei illegal im Amt. In den indischen Zeitungen wurden nunmehr Dutzende von Briefen für und gegen diese Argumente veröffentlicht. Die politische Temperatur stieg weiter.

Am Freitag, 20. Juni, hatte die Kongreß-Partei vor dem ,,India Gate“ in Neu-Delhi eine der größten Massenversammlungen der indischen Geschichte auf die Beine gebracht. Nach den Bildern müssen es viele Hunderttausende gewesen sein, angeblich annähernd eine Million Menschen. Indira Gandhi sprach eine Stunde in *Hindi* und Englisch und sagte unter anderem:

,,Innerhalb und außerhalb des Landes gibt es Kräfte, die mich liquidieren möchten. Aber selbst wenn ich vernichtet würde, wird es Kräfte geben, die meine Botschaft weitertragen. Meine Familie war immer für die Unabhängigkeit der Justiz. Wie könnte ich also etwas gegen das Urteil sagen? Aber die Opposition streut jede Art von Lügen in diesem Zusammenhang aus. So wurde behauptet, meine Anhänger hätten ein Bild von Richter Sinha verbrannt. Ich ließ das untersuchen, aber es war nicht eine Spur von Wahrheit an der Behauptung.“ Der Ton blieb die ganze Rede hindurch hoch emotional.

Das gleiche war bei der Opposition der Fall, deren Führer die Massenveranstaltung Frau Gandhis ,,einen Festzug der Macht und Korruption“ nannten.

Narayan hielt am 21. Juli auf dem größten Platz Kalkuttas – dem ,,Maidan“ – eine gewaltige Massenversammlung ab, auf der er erneut zur totalen Revolution aufforderte. Die Versammlung in Kalkutta war für Frau Gandhis Lager ein neues Alarmzeichen. Zum ersten Mal war die Massenbewegung Narayans auch in Bengalen erfolgreich. Bisher beschränkte sie sich auf Nordindien. Jetzt drang sie in die Metropole des Ostens vor. Der Chefminister von Westbengalen, S. S. Ray, flog mit alarmierenden Nachrichten nach Delhi. Er drängte Frau Gandhi zu Aktionen gegen die wachsende Gefahr.

,,Stürzen oder Sterben“

Am nächsten Tag fand eine neue Massenversammlung der Opposition auf dem Ramlila-Platz statt, an dem Ort, wo Nehru so oft gesprochen hatte. Unter stürmischem Beifall der erregten Massen rief Desai ins

Mikrophon: ,,Wir werden unsere Pflicht tun. Wir werden entweder diese korrupte Regierung stürzen, oder wir werden sterben."
Am 23. Juni hielt Frau Gandhi nicht weniger als sechs Ansprachen vor verschiedenen, meist großen Delegationen vor ihrem Haus. Die Spannung wurde immer unerträglicher – man erwartete den Spruch des Obersten Richters für den nächsten Tag. Es handelte sich darum, ob Frau Gandhi weiterhin als Premierminister amtieren könne. Inzwischen tagten ihre Gegner in Desais Haus. Sie verhandelten darüber, ob sich ihre Parteien zu einer einzigen Oppositionspartei zusammenschließen sollten. Wichtiger aber war ihnen der Beschluß, daß über ganz Indien eine riesige und nicht mehr aufhörende Propagandawelle gegen Indira Gandhi ins Rollen gebracht werden sollte.
,,Auf der einen Seite herrscht Hysterie, auf der anderen Paranoia", schrieb der Herausgeber der ,,Times of India", Sham Lal, in einem Leitartikel am 24. Juni. ,,Ein Dämon treibt beide Seiten immer tiefer in die Neurose. Es ist Unsinn, wenn beide Seiten glauben, sie dienten der Demokratie, indem sie das Volk in den Wahnsinn treiben. Was sie tun, ist vielmehr ein tödlicher Schlag gegen die Demokratie. Keine Demokratie kann solche Spannungen aushalten."
Kaum war die Zeitung auf dem Markt erschienen, veröffentlichte das Oberste Gericht das Urteil über Indira Gandhi. Tausende hatten sich auf dem Platz vor dem Ort des Rechts versammelt. Der Spruch war salomonisch – und schien beiden Seiten Recht zu geben: Einerseits, so entschied Richter Iyer, dürfe Frau Gandhi weiterhin bis zur Entscheidung des Obersten Gerichts über ihre Berufung das Amt des Premierministers ausüben, auch dürfe sie an den Parlamentssitzungen teilnehmen, andererseits dürfe sie aber im Parlament nicht mit abstimmen, und ihr Gehalt als Abgeordnete müsse bis zur endgültigen Entscheidung ruhen.
Beide Seiten lasen aus dem Urteil, was sie lesen wollten. Die Kongreß-Partei erklärte, damit sei die Position des Premierministers bestätigt. Die Opposition dagegen erklärte, die Tatsache, daß Frau Gandhi nicht im Parlament abstimmen dürfe, mache sie als Premierminister untragbar.
Die im Hause Desais versammelten Oppositionsführer ließen verlauten: ,,Unsere Verfassung läßt nicht zu, daß ein Abgeordneter mit derart eingeschränkten Rechten Minister oder gar Premierminister bleibt. In ähnlichen Fällen mußte der Betreffende zurücktreten, auch wenn Berufung eingelegt war. Das hat Frau Gandhi selbst von dem Abgeordneten Dr. Chenna Reddy nach einem entsprechenden Urteil verlangt. Das Stigma der Korruption, das der Richter Sinha ausgesprochen hat, ist nicht beseitigt."

So graute der 25. Juni heran, der Tag der Entscheidung. Vor Frau Gandhis Haus hatten sich abermals zahlreiche Delegationen versammelt, zu denen sie mit bitteren Worten über Jayaprakash Narayan sprach: ,,Da sitzen manche Leute in komfortablen, luftgekühlten Häusern und reden von ‚totaler Revolution' und verlangen, unsere Soldaten, unsere mutigen Soldaten, sollten die Befehle verweigern. Was diese Leute eigentlich wollen, haben sie noch nie gesagt, aber sie machen jeden Aufbau in diesem Land unmöglich."

Eine Kabinettssitzung und eine beabsichtigte Reise Frau Gandhis nach Kashmir wurden abgesagt. Niemand konnte ahnen, daß in diesen Stunden die letzten Vorbereitungen für die Beendigung der bisherigen indischen Demokratie getroffen wurden. Besser gesagt, niemand konnte das wissen, aber jedermann spürte, daß so oder so eine Entladung bevorstand.

Im Lager der Opposition geschah zweierlei: In den frühen Morgenstunden war eine neue Massenversammlung auf dem Ramlila-Platz – diesmal mit Jayaprakash Narayan als Hauptredner – einberufen worden. Obwohl das nur durch Mundpropaganda möglich war, machten sich Hunderttausende auf den Weg. Zugleich beschloß die Oppositionsführung, daß vier Tage später – am 29. Juni – eine Woche hindurch eine riesige Welle von Kundgebungen ganz Indien überfluten solle, begleitet von Streiks und gewaltlosen Umzügen in allen Provinzhauptstädten. Auch dies geschah in aller Offenheit und wurde von dem ehemaligen Planungsminister Asoka Mehta der Presse in Desais Haus mitgeteilt, ehe die Massenveranstaltung am Ramlila-Platz begann.

Daß es der Opposition gelungen war, binnen weniger Stunden Hunderttausende auf die Beine zu bringen, war ein neues Alarmzeichen. Tatsächlich schienen sich jetzt Frau Gandhis Anhänger und Gegner ungefähr die Waage zu halten. Als Jayaprakash Narayan die Bühne betrat, toste der Beifall. Der alte Herr sprach jedoch zunächst in fast akademischem Ton über die juristischen Folgen des Urteils von Richter Iyer. ,,Es vermindert nicht, sondern verstärkt die Notwendigkeit des Rücktritts von Frau Gandhi. Moralisch und ethisch entspricht dies politischem Anstand."

Dann aber kamen die entscheidenden Sätze: ,,Die Armee, die Polizei und die Beamten dürfen keinem Befehl gehorchen, den sie für illegal halten. Im ‚Army Act' ist festgelegt, die Streitkräfte müssen die demokratische Verfassung schützen. Die Armee muß jeden Versuch einer illegalen Verfassungsänderung unterbinden. Ich sage dies in vollem Bewußtsein, daß mich Innenminister B. Reddy des Hochverrats anklagen kann. Ich bin auf einen Hochverratsprozeß gefaßt. Ich habe von unserem Land niemals etwas für mich selbst verlangt." Sodann sprach er die Studenten an und fragte, ob sie bereit seien, für die Freiheit ins Gefängnis zu wandern. Die donnernde Antwort lautete: „Ja!" – Als nächstes – und jetzt mit erhobener Stimme – sagte Narayan: „Wir dürfen auch nicht mehr mit der Regierung kooperieren und keine Steuern mehr zahlen. Das mag ernste Konsequenzen haben. Ihr müßt darauf gefaßt sein."

Notstand

In der gleichen Nacht schlug Indira Gandhi zu. Beobachter der indischen Szene haben oft behauptet, sie sei der einzige Mann in der Regierung gewesen. Das stimmte natürlich nicht. Selbstverständlich verlangte ihr Amt manchmal einsame Entschlüsse, aber sie faßte sie selten, ohne sich vorher lange mit ihren Ministern und ihren Staatssekretären beraten zu haben. Eine Ausnahme war die folgenschwere Entscheidung, am 26. Juni den Notstand auszurufen, mit dem die Grundrechte durch den Staatspräsidenten außer Kraft gesetzt und die Oppositionsführer verhaftet wurden. Hand in Hand damit ging die Einführung der Pressezensur, die scharfe Kritik in der gesamten westlichen Presse hervorrief. Daß die gefährlichen Agitationen der indischen Opposition dabei fast gänzlich aus den Augen verloren wurden, war gewiß nicht richtig, aber erklärbar. Man maß die Folgen des Notstandes – Vorbeugehaft, Einschränkung der Presse- und Bewegungsfreiheit – an Indiras eigenen Worten, mit denen sie sich immer wieder zu Demokratie und Liberalismus bekannt hatte. Indira Gandhi – gestern noch von der englischen Presse als „mächtigste Frau der Welt" gefeiert – wurde nun des persönlichen Machthungers, der Diktatur verdächtigt.
Ich schrieb ihr einen langen besorgten Brief. Sie reagierte mit einem Telegramm:
„1. Die Atmosphäre der Gewalt wurde ständig stärker. Die Oppositionsparteien hatten ein Störprogramm mit Streiks und Sit-ins vom 29. dieses Monats an geplant. Jayaprakash Narayan besonders versuchte wiederum, Arbeiter, Polizei und Armee dazu anzustiften, den Befehlen nicht mehr zu gehorchen. RSS (die paramilitärische Organisation der rechtsradikalen Partei ‚Jana Sangh') hatte geplant, Verbindungen und Transportwesen zu unterbrechen und heimlich mit Gemeindeverwaltungen zu konspirieren. Zur Vorbereitung waren einige RSS und andere

Extremisten bereits im Untergrund verschwunden. Ich habe meine Zweifel, ob irgendeine Regierung das Anwachsen solcher Bewegungen toleriert hätte, wie wir es getan haben. Haß- und Verleumdungskampagnen waren geradezu hysterisch geworden, und das Ziel der Opposition war es, die Zentralregierung zum Stillstand zu bringen und Anarchie zu schaffen. Wie Sie wissen, haben die Zeitungen vorsätzlich und provokativ solche Elemente ermutigt. Es wurde nötig, solchen zerstörerischen Aktivitäten zuvorzukommen. Darum haben wir den Notstand erklärt im Einklang mit unserer Verfassung.

2. Die Zahl der verhafteten Personen beträgt etwa 900, von denen zwei Drittel asoziale Elemente und ein Drittel Politiker sind, die meisten von ihnen sind linke oder rechte Extremisten, deren Ideologie Gewalt ist und die, obwohl sie nicht an Demokratie glauben, aus den demokratischen Freiheiten Vorteile für ihre eigenen Zwecke schlagen. Politische Führer sind nicht im Gefängnis – sie leben in Haft in komfortablen Häusern.

3. Die allgemeine öffentliche Reaktion ist gut. Die meisten Leute sagen, solche Maßnahmen hätten schon früher ergriffen werden sollen. Im ganzen Land herrscht Ruhe. Versuche, Streiks und Demonstrationen zu organisieren, schlugen fehl, außer in vier Städten in Gujerat, wo sie durch die Regierung der Vereinigten Front (der Oppositionsregierung aus einer gemeinsamen Front von mehreren Oppositionsparteien) selber gefördert wurden, und sogar dort waren sie nur teilweise erfolgreich.

4. Sie wissen, was sich im Parlament und außerhalb des Parlaments ereignet hat. Freiheit wurde durch eine Minderheit als Zügellosigkeit interpretiert, und die Demokratie war im Begriff, zu entgleisen. Unsere Maßnahmen sollen dazu dienen, zu normaler demokratischer Arbeitsweise zurückzukehren."

Als ich Frau Gandhi im Herbst 1976 wiedersah, fragte ich sie: „Wäre es nicht besser gewesen, so zu handeln, wie Ihr Vater es einmal vorschlug, nämlich die Probleme der Demokratie mit noch mehr Demokratie zu lösen?"

Sie schwieg nur wenige Sekunden, ehe sie mit klarer und ruhiger Stimme antwortete: „Ich habe mich entschlossen, für März 1977 Wahlen ausschreiben zu lassen."

Am nächsten Tag flog ich mit dem neuernannten „Joint Secretary" der „External Publicity Division", A. D. N. Haksar – wir Freunde nannten ihn Sheel –, in Richtung Osten. Das Ziel war Arunachal Pradesh – das „Land der aufgehenden Sonne".

„Was Sie wohl immer bei den Himalayabewohnern wollen", hatte mich Indira lächelnd gefragt. Das war ganz einfach zu beantworten. Nicht nur die Zuneigung trieb mich dorthin, sondern auch das Interesse an einer Minderheitenpolitik, die Indira im Sinne ihres Vaters weiterführte und die sehr viel über die Nehrus und ihre Fähigkeit aussagte, vor den weitgefächerten Problemen der Indischen Union nicht zurückzuschrecken, sondern sich intensiv mit ihrer Lösung zu beschäftigen.

Indiens Stämme

Im Land der aufgehenden Sonne

Über den reißenden Ranga schaukeln Hängebrücken aus Bambus und Rohrgeflecht. Sie werfen Schatten, die wie loses Strickgespinst wirken. Kaum haftet ihr Bild im Fluß, dessen ungestüme Wasser sich aus seinen Himalayaquellen füllen. Man muß zwischen den Bambusstäben balancieren können und schwindelfrei sein, um das andere Ufer zu erreichen. Dort verschwinden die letzten Bambusbögen des schwankenden „Luftweges“ im Dschungel – hinter wilden Kakteen, Lianen, Schirmakazien und dichten Bananenbüschen. Auf den breiten, wie gelackt glänzenden Blättern stehen noch die Tautropfen der Nacht. Im undurchdringlichen Gestrüpp versteckt, trillert der melancholische Regenpfeifer.
Der Übergang aus den Teegärten im Tal in die subtropische Wildnis auf Hügeln und Bergen vollzieht sich fast unbemerkt. Grün vermählt sich dem Grün. Die Farbe dominiert, Formen werden kaum wahrgenommen.
Auf 1600 Meter Höhe beginnen Kiefernwälder. In ihnen verliert man sich wie in dunklen Domen mit ineinandergeschachtelten Gängen. Wo sie enden, dehnen sich alpine Wiesen aus – stehen Alpenrosen und Enzian, schmiegen sich Moose und kleine Nelken in das zerklüftete Gestein. Am Horizont der höchsten Täler türmen sich die Schneeriesen auf, über die der Wind weiße Wolken aus Tibet treibt.
Arunachal Pradesh hat viele Gesichter – aber nur wenige Menschen haben sie jemals gesehen. Das „Land der aufgehenden Sonne“ im äußersten Nordosten Indiens, an den Südhängen des Himalaya gelegen, gehört zu den sogenannten „protected areas“ der Indischen Union. Einreisen darf man dort nur mit einem auch für Inder sehr schwer zu erlangenden „Permit“.
Ohne den lila Stempel des Innenministeriums kann man nicht einmal eine Flugkarte nach Lilabari lösen, dem kleinen Ort an der Grenze zwischen Assam und Arunachal Pradesh, der unser erstes Ziel auf dem „Vorstoß ins Innere“ sein soll. Daß wir die Erlaubnis erhielten, in Lilabari zu landen und von dort aus auf eine abenteuerliche Expedition zu

gehen, verdankten wir keinem Wunder, sondern der Fürsprache von Indira Gandhi.

Arunachal Pradesh, das bis 1972 als NEFA – als ,,North East Frontier Agency" – von Assam aus mitverwaltet wurde, ist heute als selbständiges Unions-Territorium praktisch für Ausländer verboten. Mit gutem Grund. Immer wieder kam es in der jüngsten Vergangenheit in diesem Gebiet, das von Bhutan, Tibet und Birma begrenzt wird, zu dramatischen Ereignissen, die Vorsicht gebieten.

Der letzte schwere Zwischenfall lag allerdings schon fast vierzehn Jahre zurück. Damals, im Oktober 1962, fand hier das große Duell zwischen Indien und China statt, das bis heute noch nicht entschieden wurde – das Ringen von Demokratie und Kommunismus um die Vorherrschaft in Asien.

Für Historiker kam das nicht überraschend. Wer chinesische Geschichte kennt, weiß etwas von der chinesischen Vorstellung, ein ,,Reich der Mitte" zu sein, dessen Kultur zu den benachbarten Völkern, zu den ,,Barbaren", getragen werden muß. Die Chinesen haben ein ausgeprägtes Selbst- und Geschichtsbewußtsein. Sie wissen, daß ihre großen Zeiten immer diejenigen gewesen sind, in denen ihre Herrschaft über die eigenen Grenzen hinausreichte, daß sie mächtig waren, wenn sie als Oberlehnsherren ihren Nachbarn Tribute auferlegten und sie gleichzeitig als Puffer gegen andere Völker benutzten. Die Chinesen wissen aber auch etwas von ihrer Gefährdung in der Vergangenheit. Immer wieder sind im Lauf der Jahrhunderte nomadische Völker aus Zentralasien in China eingefallen. Die Große Mauer hielt den Stürmen nur selten stand. So mischten sich Sicherheitsbedürfnis und Sendungsbewußtsein in die aggressive Politik aus Peking. Sie erhielt in jüngster Zeit mit der Suche nach neuem ,,Lebensraum" ein weiteres Ingredienz. Gegen das Anwachsen der Bevölkerung und ihrem damit verbundenen Drang, sich auszudehnen, gibt es kein Mittel. Zur Auswanderung bieten sich die verhältnismäßig leeren Räume des zentralasiatischen Hochlands an.

Ohne Zweifel hatte Mao im chinesischen Volk ein neues Selbstbewußtsein und einen neuen Ehrgeiz geweckt. China rieb sich am steigenden sowjetischen Einfluß in Asien und an einem Indien, das – wirtschaftlich erstarkt – sich politisch mit der Sowjetunion verbunden hatte.

Die umstrittene Grenzziehung im Himalaya wurde zum Vorwand. In Wahrheit ging es 1962 um weitreichendere Dinge – um Chinas Ansehen in der gesamten asiatischen Welt. Mit Indiens Niederlage sollte auch Moskau getroffen werden.

Der Streit um die Himalaya-Grenzen ist durch Situationen entstanden,

die nicht von den gegenwärtigen Machthabern geschaffen wurden. Es waren vielmehr Briten aus der Kolonialzeit und Chinesen der Mandschu-Dynastie, die um das höchste Gebirge und seine anschließenden Täler rangen, ohne daß sie versuchten, die Probleme, die sich mit einer endgültigen Grenzziehung verbanden, zu lösen.
Was die Chinesen in Frage stellen, ist für die Inder eine natürliche, durch eine lange Geschichte sanktionierte Grenze. Es geht um etwa 3500 Kilometer, an denen Indien, China und Tibet zusammenstoßen. Diese lange Linie teilt man am besten in drei Abschnitte ein, den westlichen, den mittleren und den östlichen Teil.
Im Westen handelt es sich um die Grenze zwischen Kashmir, Sinkiang und Tibet. Sie beginnt am Karakorum-Paß im extremen Norden von Kashmir und dehnt sich bis zur spiti-tibetischen Grenze nördlich von der Stelle aus, wo der Fluß Sutlej sich seinen Weg durch die Berge bahnt. Der Mittelsektor reicht vom Sutlej bis Nepal – in diesem Gebiet stoßen Punjab, Himachal Pradesh und Uttar Pradesh mit Tibet zusammen. Der Ostsektor umfaßt Arunachal Pradesh, das sich – doppelt so groß wie die Schweiz – mit 83500 Quadratkilometern zwischen Bhutan und Birma hinzieht.
Wie man aus dem indisch-chinesischen Notenwechsel aus der Zeit vor dem Himalaya-Krieg von 1962 weiß, verlangten die Chinesen nicht nur kleine Korrekturen, sondern weite Gebiete südlich der augenblicklichen Grenze.
Wenn zur Zeit auch Ruhe im nordöstlichen Grenzgebiet Indiens herrscht, so haben die Chinesen ihre Ansprüche auf den Himalayakamm und die damit verbundene Korrektur der „McMahon-Linie“ nicht aufgegeben.
Die nach dem britischen Chefdelegierten Sir Henry McMahon benannte Grenze wurde auf der Konferenz von Simla, die 1913/14 stattfand, zwischen den Vertretern Tibets und Britisch-Indiens ausgehandelt, durch einen Notenaustausch am 25. März 1914 bestätigt und durch die „Simla Convention“, die auch der autorisierte chinesische Vertreter am 17. April 1914 paraphierte, sanktioniert.
Die „McMahon-Linie“ war keine neue Grenze. Sie schloß ein Gebiet ab, das seit vorgeschichtlicher Zeit von indischen Herrschern verwaltet wurde. Lange vor Christi Geburt ereigneten sich hier Dinge, die später in den Sanskrit-Epen „Mahabharata“ und „Ramayana“ festgehalten wurden. Kein internationales Gericht könnte Indiens Gewohnheitsrecht hier bestreiten.
Während die Inder auf Tradition, faktische Verwaltungsmacht und Ver-

träge hinweisen, behaupten die Chinesen, die gesamte Grenze sei niemals wirklich festgelegt worden und daher illegal. Das ,,Simla-Abkommen" des McMahon sei ein imperialistischer Trick gewesen.

Ihren – das heißt Tibets – Anspruch auf die Himalayagebiete – nach Mao sind Ladakh, Nepal, Sikkim, Bhutan und NEFA (Arunachal Pradesh) die fünf Finger an Tibets großer Hand – begründen sie mit der rassischen und kulturellen Verwandtschaft der Völker diesseits und jenseits des Himalaya. Ihr eigenes Recht auf Tibet leiten sie aus den Eroberungen ab, die der Mandschu-Kaiser K'Ang Hsi im 18. Jahrhundert machte. Kaiser K'Ang Hsi war weniger daran interessiert, Territorium zu erobern, als vielmehr daran, den tibetisch-buddhistischen Klerus zu gewinnen, der großen Einfluß auf die mongolischen Stämme besaß. Der chinesische Herrscher verstand es, seine Intervention als Hilfsaktion für den Dalai Lama zu tarnen, der damals vor den aus Ost-Turkestan einfallenden Dzungar fliehen mußte. 1720 brachten Mandschu-Streitkräfte den Dalai Lama feierlich nach Lhasa zurück.

Von 1720 bis 1912 übten die Chinesen mit Hilfe tibetischer Repräsentanten eine indirekte Kontrolle über Tibet aus. Bis zum Beginn des 20. Jahrhunderts versuchten die Chinesen jedoch niemals, sich Tibet durch direkte Verwaltung einzuverleiben. Es genügte ihnen, daß der Dalai Lama und sein Klerus auf ihrer Seite standen und daß die tibetische Regierung pünktlich ihre Tribute zahlte.

Im Laufe des 19. Jahrhunderts gelang es Tibet und seinen chinesischen Repräsentanten in Lhasa, Einfluß auf Sikkim und Bhutan zu gewinnen. Das gleiche gilt für Ladakh, bevor es 1834 von den Dogras erobert und zu Kashmir geschlagen wurde. Alle diese drei Himalayastaaten wie schließlich auch Nepal gerieten in das Tributsystem der Mandschus. Ihre Abhängigkeit von China bestand in der Verpflichtung, in gewissen Abständen Tribut-Missionen nach Peking zu entsenden.

Ende des 19. Jahrhunderts versuchten die englischen Kolonialherren Indiens, durch neue Abkommen mit den Himalayaländern den chinesischen Einfluß endgültig auszuschließen und die anglo-indische Stellung eindeutig festzulegen.

Wie überall in der Welt fallen auch hier die politischen Grenzen nicht immer mit den ethnischen zusammen. Für viele Menschengruppen hat die Geschichte anders als nach dem Verwandtschaftsgrad entschieden. Zweifellos haben die Tibeter mit kleineren Völkerwanderungen auch immer wieder nach Grenzverlegungen gestrebt – einen vergleichbaren Prozeß der mehr oder weniger friedlichen ,,Einwanderung" können wir bis zum Beginn der menschlichen Geschichte überall in der Welt zurückverfolgen. Im Himalaya ist es keineswegs so, daß der Antrieb zu Bevölkerungsverschiebungen nur von Norden gekommen ist. In den letzten zweihundert Jahren konnten erhebliche Einwanderungen bei den verschiedenen Bergvölkern festgestellt werden, die von Süden kamen – aus der indischen Ebene – und von Nepal.

Alle Betrachtungen über Himalayagrenzen und Himalayavölker aber schweben im luftleeren Raum, wenn man nicht erkennt, daß China hier Machtpolitik betreibt mit dem Ziel, das „Reich der Mitte" zur eigenen Sicherheit und zum „Wohle der Nachbarn" auszudehnen, während Indien – selbstverständlich nicht ohne realpolitische und strategische Pläne – vor allem sein uraltes kulturelles Erbe verteidigt. Es hat im Himalaya tiefe Wurzeln.

Seit Menschengedenken war die eisige Kette des Himalaya Barriere und natürliche Grenze zwischen Tibet und dem indischen Subkontinent. Daß die Schneeriesen nicht unüberwindbar sind, haben immer wieder kühne Bergsteiger und Eroberer und die Handelskarawanen bewiesen, die Salz, Wolle, Moschus, Reis und Seide auf ihren Maultieren und Yaks durch die einsame Bergwelt beförderten.

Im Sommer werden die Pässe zu geöffneten Toren, zu Brücken, über die Nomaden und Abenteurer, Mönche und Magier, heiratslustige Prinzen und Prinzessinnen, Soldaten und Troß, Weise und Künstler zogen. Ihr wesentliches Gepäck war die Botschaft fremder Kulturen.

Vieles hat der Himalaya bewahrt, was in der Ebene verlorenging oder zerstört wurde: alte Glaubensvorstellungen und Kunstformen, Tänze und Lieder, traditionelle Sitten und Zeremonien. Sie haben in der einsamen Bergwelt ein Refugium gefunden.

Der Himalaya – nicht nur ein Durchgangsland, sondern eine neue Heimat für jene, die vor raubenden Söldnerheeren in die Welt des ewigen Schnees flohen. Immer wieder drangen Eroberer, Bilderstürmer und Tempelzerstörer über den Khyberpaß aus Zentralasien nach Indien, ritten auf ihren flinken Pferden den Indus und den heiligen Ganges entlang, legten Brände, vergewaltigten Frauen und Mädchen und töteten deren Männer. Und immer wieder bot der Himalaya Zuflucht. Er bewahrte das indische Erbe.

Sie alle, Eroberer und Eroberte, Sieger und Flüchtende, Religionsstifter und Lehrer, Wandermönche, Heilige und Weise, haben auf ihre Art Geschichte gemacht. Aber größer als alle Geschichte ist die Legende, die den Himalaya zum Sitz der Hindugötter, zum Wohnort des Schöpfers, zur Heimat aller indischen Kulturen, macht. Im Himalaya ist die Welt

der Hindus entstanden. Gott Shiva erschuf sie vom Berg Kailasa aus mit seinem kosmischen Tanz.
Der Himalaya als Quelle des Seins: Ganges, Indus, Brahmaputra und ihre vielen Nebenflüsse, die hier entspringen – ohne sie könnte Indien nicht leben. Wie sie die indische Erde zum Blühen bringen, erweckt der tanzende Gott die träge Materie mit seinem Rhythmus – Symbol der unzerstörbaren, kosmischen Kraft – zum Leben.
Im Himalaya wurde Siddharta Gautama Buddha und mit ihm eine der schönsten Kulturen – die buddhistische – geboren. In ihrer mystischen Verbindung mit den Göttern und Dämonen der Urreligionen dieser Berge wurde sie zur Lehre der Mönche, der Lamas, zum Lamaismus. Er manifestiert sich nicht nur in geheimnisvollen Zeremonien, in Maskentänzen und bizarren Opfern, sondern auch in der tiefsinnigen Kunst des Tantrismus.
Die Lehre des ,,erleuchteten" Buddha hat sich wie der Glaube an Götter und Geister, wie jede Stammeskultur in der eisigen Bergwelt, wie in einer riesigen Gefriertrommel unversehrt erhalten.
Weite Gebiete und viele Stämme warten noch auf Erforschung. Das gilt auch für Arunachal Pradesh. Das umstrittene ,,Land der aufgehenden Sonne" ist nicht einfach zu erreichen. Man muß in Kalkutta übernachten. Dort beginnt unser Abenteuer an einem Märzmorgen um sechs Uhr.
Die Nacht hat keine Abkühlung gebracht. Das Pflaster dampft Hitze und Feuchtigkeit aus. Kein Wind weht aus der Bucht von Bengalen. Das Thermometer zeigt 39 Grad. Mit Mühe schleppen wir unsere Reisetaschen und Kameras über den Flughafen. Die Gepäckträger müssen aus Sicherheitsgründen zurückbleiben.
An der Rolltreppe der kleinen ,,Fokker-Friendship" fragt ein Polizeioffizier nach unserem ,,Permit". Außer uns fliegen nur zwei Inder – offensichtlich Verwaltungsbeamte.
Die kleine zweimotorige Maschine wird mühelos vom Aufwind emporgetragen. Vergeblich kämpfen die Sonnenstrahlen gegen den Schleier aus Hitze, Rauch und Wolken. Der Himmel verharrt in gelblichem, tropischem Dunst. Unter uns bleibt Kalkutta zurück, die Hauptstadt von Westbengalen, mit Millionen Menschen, deren Armut Millionen ungelöster Probleme schafft. Der Bruderstaat Bangladesh hat es nicht besser. Man sieht es ohne Fernglas – unten laufen Menschen wie Ameisen über verödetes Land. Ihre Dörfer sind vernichtet – die Felder wie abrasiert von der alljährlichen Flut.
Auch im benachbarten Assam haben Unwetter gewütet. Taifune und

Monsunregen zerstörten weite Waldgebiete, Riesenstämme liegen wie Streichhölzer geknickt. Dschungelbrände haben das Blattwerk ausgetrocknet, gebräunt. Aber an den Rändern der Katastrophenregion stehen die Teeplantagen unversehrt im Schatten der breiten Akazien. Die prallen Blüten der Korallenbäume, der „Flammen des Waldes“, leuchten im brennenden Rot. Der majestätische Brahmaputra, durch den Zustrom aus seinen Himalayaquellen breit wie ein See, durchzieht die fruchtbare Ebene, in der man erfolgreich nach Erdöl bohrt.
Als die Maschine nach vierstündigem Flug zur Landung ansetzt, beginnt sie von Luftloch zu Luftloch zu tanzen. Ihr Schatten berührt die Zweige der Kokosnußpalmen, die sich im Wind der Motoren biegen. Sand wirbelt nach allen Seiten. Das kleine Flugzeug hoppelt über die staubige Piste von Lilabari. Noch sind wir im Staate Assam. Arunachal Pradesh beginnt erst zwei Kilometer hinter dem Flugplatz.
Die strategische Bedeutung der Region ist unverkennbar. Seit dem Überfall von 1962 sind die Inder wachsam. Ihre Soldaten stehen in ständiger Alarmbereitschaft an der 1000 Kilometer langen Grenze nach Tibet. Tag und Nacht durchstreifen Patrouillen der berühmten „Assam Rifles“ das Land. Die Offiziere dieser indischen Elitetruppe wissen, um was es geht. Indiens Friede hängt vom Frieden im Himalaya ab. Wer die Wasserscheide des höchsten Gebirges beherrscht, hält den Subkontinent unter Kontrolle. Und trotzdem gelten die scharfen Einreisebestimmungen nicht nur einer möglichen militärischen Spionage. Was die Inder abhält, Fremde nach Arunachal reisen zu lassen, ist ihre Sorge, die harmonische Entwicklung und Integrierung der Eingeborenen könnten durch Neugierde und Taktlosigkeit von Touristen gefährdet werden.
52 Millionen Menschen – sieben Prozent der indischen Bevölkerung – sind sogenannte Eingeborene. Sie leben über das ganze Land verstreut in 255 Stämmen, die man nach ihren Wohngebieten in drei Zonen einteilen kann: in die nordöstliche Zone – sie besteht aus der Sub-Himalaya-Region und den Berg- und Hügellandschaften östlich des Tista-Tals und des Jamsamuna-Padma-Abschnitts des Brahmaputra. Hier wohnen Stämme wie die *Gurung, Limbu, Lepcha, Aka, Dafla, Apa Tani, Abor-Miri, Mishmi, Singpho, Mikir, Rabha, Kachari, Garo, Khasi, Naga, Kuki, Lushai, Chakma* und andere.
In der zentralen Zone zwischen dem Ganges und dem Krishna-Fluß leben die *Santal, Munda, Oraon, Ho, Bhumji, Kharia, Birhor, Bhuiyan, Juang, Kandh, Savara, Gond, Baiga, Bhil, Koli.*
Die südliche Zone, die sich vom Krishna-Fluß zum „Cap Comerin“

ausdehnt, wird von den *Chenchu, Kota, Kurumba, Badga, Toda, Kadar, Malayan, Muthuvan, Urali, Kanikkar* und anderen bewohnt.
Zu diesen Hauptgebieten kommt eine kleine, isolierte Anzahl von Eingeborenen auf den Andamam- und Nikobar-Inseln in der Bucht von Bengalen, die anthropologisch interessant sind.
Jeder Stamm Indiens hat eine eigene Sprache oder zumindest einen eigenen Dialekt. Sprachen und Dialekte gehören drei großen Sprachgruppen an: der drawidischen, der austrischen und der sino-tibetischen. Verschieden wie die Sprachen sind die Kulturen dieser vielen Menschengruppen, ihre Religionen und sozialen Strukturen. Man findet Sammler, Jäger, Nomaden, Halbnomaden und Seßhafte. Einige gehen noch nackt, andere tragen farbenprächtige Kleider, bizarren Kopfputz und bunten Schmuck. Verbreitet sind Animismus und Schamanentum, Lamaismus und der Glaube an Götter, Geister und Dämonen. Unter den vielen Stämmen gibt es Matriarchate und Patriarchate, Endogamie und Exogamie. Allen gemeinsam aber ist eines – sie leben wie vor zweitausend Jahren. Wer nur einige Stämme besucht hat, weiß, was Zivilisationsgefälle bedeutet, er weiß, daß Indien kein Land, sondern ein Subkontinent ist, auf dem Steinzeit- und Atomzeitalter hart und unvermittelt aufeinanderprallen. Vom eleganten Hochhaus in Bombay, den himmelstürmenden Wolkenkratzern der „Air India", des Sheraton-Hotels und der „Bank of America" bis zur Bambushütte der *Apa Tanis* in den fruchtbaren Hochtälern des südlichen Himalaya ist ein weiter Weg. Probleme sind zu meistern, von denen die Europäer und einige ihrer vorlauten Repräsentanten, die flinken Reporter der Illustrierten- und Sensationspresse, keine Ahnung haben. Hier könnten sie eine asiatische Herausforderung mit weltweiter Relevanz studieren, nämlich, wie eine Regierung mit dem Problem ihrer Minderheiten fertig wird.
Schon die englischen Kolonialherren erkannten, daß die Eingeborenen-Gebiete ihre speziellen Probleme hatten, die man nur mit einer besonderen Verwaltung lösen kann. Während sie aber im Nordwesten Indiens diese Erkenntnis in praktische Politik umsetzten, zu der sie durch den steigenden und merkbaren russischen Einfluß auf Zentralasien gezwungen waren, ließen sie die Dinge im Nordosten des Subkontinents – im damaligen NEFA – mehr oder weniger schleifen. Sie hatten manche Gründe. Das Terrain war fast unzugänglich. Es gab außer Fußpfaden keine Straßen durch den dichten Dschungel. Die Stämme, durch Gebirgszüge und tiefe Täler getrennt, lieferten sich bittere Fehden, deren Schlichtung die Briten für politisch unklug hielten. Boten sie doch eine gewisse Garantie gegen Einigungsbestrebungen, die – erfolgreich –

der Kolonialherrschaft hätten gefährlich werden können. So hielt man die Eingeborenen an der nordöstlichen Grenze des Subkontinents wie in einem Museum oder – vielleicht besser gesagt – wie in einem Zoo. Von moderner Erziehung war keine Rede. Eine Herausforderung von außen fürchteten die Briten nicht. Sie hielten NEFA praktisch für uneinnehmbar.

Türmten sich denn an der Grenze nicht die Siebentausender des Himalaya auf? Und war die dahinter liegende Hochebene von Tibet nicht ein gewaltiger Sperrgürtel gegen jeden Angriff? Die Briten rechneten ebensowenig wie Nehru mit der kalten Einverleibung Tibets durch die Chinesen, mit den alten Ansprüchen Pekings und seiner neuen offensiven Politik, deren sozialer Appell eine Herausforderung an die rückständigen Stämme war.

Nicht erst in diesem Augenblick begann das unabhängige Indien über seine Stammespolitik nachzudenken, aber nun griff es zu Maßnahmen, mit denen eine neue Ära einsetzte. Die Rede, die Nehru im Juni 1952 bei der Eröffnungssitzung der Konferenz der „Scheduled Tribes" and „Scheduled Areas" (der rückständigen Stämme und Gebiete) in Delhi hielt, wurde zum Signal. Künftig sollten neben Verwaltungsbeamten, Anthropologen, Ethnologen, Soziologen, Psychologen auch Vergleichende Religions- und Sprachwissenschaftler berufen werden, um Indiens neue Aufgabe einer Lösung näherzuführen: die Integrierung seiner Stämme und damit die endgültige Bildung der Nation Indien.

Nehru hatte ganz bestimmte Vorstellungen von der Art der zu entsendenden Persönlichkeiten:

„Wir sollten überall vorsichtig sein mit der Ernennung von Beamten", rief er zu Beginn der Konferenz aus, „aber doppelt vorsichtig, wenn wir sie in Stammesregionen ernennen. Ein Beamter für Eingeborene sollte nicht nur ein Mann sein, der ein Examen bestanden oder Erfahrung in Routinearbeit hat. Er muß ein Mann voller Enthusiasmus sein, dessen Geist und mehr noch dessen Herz die Probleme versteht, mit denen fertig zu werden seine Pflicht ist. Er muß nicht dorthin gehen, um eben ein paar Stunden pro Tag in einem Büro zu sitzen und für den Rest des Tages und überhaupt sein Schicksal zu verfluchen, das ihn an einen so abgelegenen Ort verschlagen hat. Ein solcher Typ ist absolut nutzlos. Dann wäre es viel besser, einen vollkommen unausgebildeten Mann zu senden, der keine Examina bestanden hat, wenn er nur zu diesem Volk mit Freundschaft und Zuneigung geht und mit ihnen lebt, als wäre er einer von ihnen. Solch ein Mann wird bessere Resultate erzielen als der brillanteste Intellektuelle, der kein menschliches Verständnis für das

Problem hat. Ein Beamter, der zu den Stämmen geht, muß sein Leben mit dem Stammesvolk teilen. Er muß bereit sein, ihre Hütten zu betreten, mit ihnen zu reden, zu essen und zu rauchen. Er darf sich nicht überlegen oder als etwas anderes empfinden. Nur dann kann er Vertrauen und Achtung gewinnen und so in die Lage versetzt werden, sie zu beraten."

Nehru hat niemals ein Hehl aus seiner Zuneigung für die Stämme gemacht. Er liebte ihre Lieder und Tänze – ihr ungebrochenes und ungeteiltes Leben. Und er verglich es immer wieder mit dem Leben der Menschen in sogenannten zivilisierten Gegenden. „Ich bin nicht so sicher", sagte er einmal, „welche Lebensweise besser ist. Ich bin ganz sicher, daß in vieler Hinsicht die ihre besser ist. Deshalb erscheint es mir maßlos überheblich, wenn wir uns ihnen mit einer Miene der Überlegenheit nähern und ihnen erzählen, was sie zu tun oder nicht zu tun haben. Es besteht überhaupt kein Grund, aus ihnen eine zweitrangige Kopie von uns selbst zu machen."

Nehru hatte sich mit drei Schulen auseinanderzusetzen, die sich in Indien mit dem Stammesproblem beschäftigen. Die erste verlangt, die Stämme zu erhalten, wie sie sind, allen Kontakt mit ihnen zu unterbinden, da solche Kontakte in der Vergangenheit dazu benutzt worden seien, die Eingeborenen sich selbst zu entfremden.

Wer das verlangte, dachte in den Dimensionen eines vergangenen Jahrhunderts, aber den Prozeß der Akkulturation kann man nicht aufhalten. In der Zeit von Satelliten und Jets, von Fernsehen und Radio kann man keine Barriere zwischen Stammes- und Nicht-Stammeskulturen errichten.

Die zweite indische Schule verlangt das extreme Gegenteil, die vollständige Assimilierung der Stämme, das heißt das Aufgehen ihrer Kultur in einer gesamtindischen. Diese Schule übersah die wirkliche indische Geschichte – trotz aller interkulturellen Kontakte und Verschmelzungen war Indien niemals eine homogene Gesellschaft. Die indische Kultur hat viele selbständige Träger – „sie ist wie ein Garten, der aus vielen Blumen besteht", so charakterisierte sie der frühere Gouverneur von Assam, Jairamdas Daulatram.

Die dritte Schule plädierte für Integration. Sie will, daß die Stammesvölker ihre Identität und ihre Kultur bewahren und doch ein integraler Teil der indischen Nation werden. Dieser Schule wußte sich Nehru verbunden:

„Das Problem der Stammesgebiete ist, die Leute fühlen zu lassen, daß sie die absolute Freiheit haben, ihr eigenes Leben zu leben und sich

gemäß ihren Wünschen und ihren Fähigkeiten zu entwickeln. Indien sollte für sie nicht nur eine beschützende, sondern eine befreiende Kraft werden. Die Konzeption, sie zu beherrschen und ihnen Sitten und Gebräuche aufzwingen zu wollen, mit denen sie nicht vertraut sind, wird sie entfremden und unsere Grenzprobleme schwieriger machen. Wir müssen sie mit Vertrauen erfüllen und sie fühlen lassen, daß sie eins sind mit Indien, daß sie ein Teil Indiens sind und einen ehrenvollen Platz darin einnehmen. Das kann nur geschehen, wenn wir ihnen erlauben, ihre eigenen kulturellen Züge und Gewohnheiten zu bewahren, und wir es ihnen überlassen, sich ihrer eigenen Linie gemäß ohne Zwang von außen zu entwickeln.
Nehrus Worte sind auf guten Boden gefallen. Die Beamten, die unter indischen Stammesvölkern arbeiten, sind aus besonderem Holz. Die Entwicklung von Arunachal Pradesh bietet den besten Beweis. Bis zum kleinsten Distrikt ist die Verwaltung eine lautlos ineinandergreifende Organisation.

In Lilabari erwartet uns Mr. Senapathy an der Maschine. Er ist für die Versorgung jener Stämme verantwortlich, die man nicht über den Landweg erreichen kann. Täglich starten kleine Flugzeuge oder Helikopter, um Nahrungsmittel, Kleidung und Medikamente mit Fallschirmen an den Punkten abzuwerfen, die Senapathy mit roten Fähnchen auf einer großen Landkarte in seinem Büro eingezeichnet hat. Gelbe Striche deuten Dschungelpfade und Kletterwege in die einsamen Bergregionen an. Überall dorthin müssen die jungen Verwaltungsbeamten zu Fuß marschieren. Tagelange Kletterpartien bringen sie zu den entfernten Stämmen, die sie mit Nachrichten versorgen und über die Maßnahmen der Regierung unterrichten.
Seit kurzem hat die Regierung von Arunachal Pradesh ihren Sitz in der provisorischen Hauptstadt Itanagar. Die eigentliche Kapitale der Region wird noch dreißig Kilometer von hier entfernt auf einem noch höheren vielhügeligen Gelände gebaut. Zur Zeit bemühen sich viele Architekten um die reizvolle Aufgabe der Planung.
Auf den Vorbergen des Himalaya erbaut, liegt Itanagar drei Stunden vom Flughafen Lilabari und zweihundert Kilometer von der tibetischen Grenze entfernt mitten im Urwald. Der Weg nach Itanagar führt durch Teegärten und dichten Dschungel, an steilen Abgründen vorbei. Die Straße ist asphaltiert – aber Fahrzeuge begegnen uns nicht, wir bleiben allein. Die Zivilisation hat hier das Paradies noch nicht überwältigt.
Durch dichtes Geäst, Zweige und Blätter und ineinanderverschlungene

Baumwurzeln blicken wir in die Tiefe. Rotblau gefiederte Paradiesvögel wiegen sich auf den glänzenden Blättern der wilden Bananenbäume. Jenseits des Ranga steigen die blauen Berge empor. Die Wälder brennen, und das Feuer kracht im dürren Holz wie das Knattern von Maschinengewehren. Nach alter Buschsitte werden Bäume und tropisches Unterholz mit Flammen niedergelegt, um Terrain für die Kultivierung zu gewinnen. Wo gestern noch Urwald war, schmiegen sich heute Terrassen mit Reis bepflanzt halbmondförmig in die Abhänge.

Itanagar kündigt sich mit einem Tor aus Bambus und Rohrgeflecht an. Dahinter öffnet sich die hügelige Dschungellandschaft zu einer breiten Straße mit Nebengassen, die nach einer Weile wieder im Urwald verlaufen. Aber überall, wo die Bäume gefallen sind, stehen kleine Häuser, Bungalows, deren Architektur dem Stil der eingeborenen Bambushütten nachempfunden ist.

Diese Stadt ist die Schöpfung von zwei Männern, die hier auf besondere Weise Geschichte machten: von Gouverneur Raja und seinem Staatssekretär Rashid Jussuf Ali. Beide haben eine lange Erfahrung mit Eingeborenen und mit Dschungel- und Wüstengebieten. Für ihren Kampf gegen den Urwald gibt es aber auch in ihrem abenteuerlichen Leben kaum einen Vergleich. Bäume von mehreren Metern Umfang – hoch wie Dome – wurden gefällt, Festungen aus Lianen und Luftwurzeln, tropischen Riesenblättern und knorrigen Zweigen niedergebrannt, Felsen gesprengt, um das romantische Hochtal in Baugelände zu verwandeln. Raja und Rashid haben den Platz ausgewählt – es mußte Niemandsland sein. Besitz von Eingeborenen darf nicht angetastet werden – kultiviertes Land ist heilig.

In achtzehn Monaten standen nicht nur die Verwaltungsgebäude, das Krankenhaus und die Wohneinheiten, die wie japanische Teehäuschen aussehen, es waren auch der ,,Boulevard" und die Seitenwege angelegt. Bis 1947, dem Jahr der indischen Unabhängigkeit, gab es in diesem gefährdeten Grenzgebiet nur 168 Kilometer Straßen – heute verfügt das Land über 4000 Kilometer. Alle Distrikte und viele Unterdistrikte sind durch Allwetter-Wege verbunden. Inzwischen haben die indischen Pioniere auch die neue Straße asphaltiert, die in kühnen Kurven aus der Ebene bis nach Itanagar führt.

,,Das war *just fun*", wehrte Rashid unser Lob ab, ,,glauben Sie mir, wirklich, ein Riesenspaß." Kein Wort von der übermenschlichen Anstrengung, keine Klage über die Einsamkeit, die man lieben muß, um sie zu ertragen.

Itanagar illustriert die harte Wirklichkeit dieses Dschungellebens, den

Kampf gegen Naturgewalten, gegen Monsungewitter, Orkane und Fluten und gegen eine Pflanzenwelt, die wie gigantisches Unkraut in wenigen Monaten meterhoch sprießt. Mit Absitzen von Bürostunden ist dem nicht beizukommen. Eine Fünftagewoche existiert in Itanagar nicht.
Am Nachmittag zeigte uns Rashid die Besonderheiten seiner Stadt: die Bäckerei – eine hohe Bambushütte mit Lehmofen, Tisch und Regal, ein Sack Mehl, ein irdener Topf mit Hefe. Zwei grazile Mädchen aus Assam – Mandelaugen und braune Haut. Ihre schlanken Hände formen Brote und kleines Gebäck. Die Schule, das Post- und Telegrafenamt, die Tankstelle und Reparaturwerkstatt, das Kaufhaus, Schreinerei, Kino und Weberei – alles in anderthalb Jahren gebaut – *‚just fun'*.
In den Bäumen hängt schon der Dunst der tropischen Dämmerung, als wir im kleinen Haus von Rashid Tee trinken. Was der Hausherr über Kunst und Religion der Eingeborenen erzählt, erklärt unabsichtlich seinen Erfolg: „Alles, was sie gestalten, hat seinen Ursprung in ihren religiösen Vorstellungen, in ihrer allumfassenden Liebe, in Träumen und Ängsten, in ihrer Hingabe an alles, was über sie hinausreicht, Religion – metaphysische Rückverbindung – ist die Triebkraft hinter allen Äußerungen, hinter Tänzen und Liedern, Bildern und Bauten. Sie manifestiert sich in der Symbolik der Webmuster, die man noch nicht wirklich studiert und analysiert hat."
Als Rashid Decken und Gewänder von Eingeborenen sorgfältig vor uns ausbreitet, als er Gravierungen an Töpfen deutet und geheimnisvolle Zeichnungen enträtselt, wird mir ganz klar: Er ist in dieses Leben wie in eine zweite Haut geschlüpft, hat Anker geworfen, Dinge angepackt, die weit über den Verwaltungsauftrag hinausreichen. Daß er in zweiter Ehe ein schönes *Naga*-Mädchen heiratete, ist nicht erstaunlich – die persönliche Bindung gehört zu seiner nahtlosen Verschmelzung mit Arunachal Pradesh und diesen Menschen, die eine ungebrochene Beziehung zu jener unsichtbaren, hinter den Dingen wirkenden Welt bewahrten, in der nach ihrem Glauben Menschen und Götter, Lebende und Tote wieder eine Familie werden.
Fast alle 400000 Eingeborenen von Arunachal Pradesh erkennen in ihrer Doppelgottheit: Sonne – Mond das weibliche und männliche Prinzip der gleichen, unzerstörbaren Lebenskraft, aus der Himmel und Erde geschaffen wurden. Vor der Teilung des ewigen Wesens in zwei Erscheinungen, wie sie sich in der Menschheit widerspiegeln, existierte nur das eine, in dem alle Dualität aufgehoben wird – der ewige Geist. Er ist die Heimat der Toten. Die *Apa Tanis* und andere Stämme nen-

nen sie: *Nelli* – das Jenseits, in dem sich schließlich alle Gestorbenen und Lebenden, Dämonen und Götter wieder vereinen.
„Der Tod nicht als Vernichter, sondern als Verwandler", erklärt Rashid, „als Übergang, der aus der Raum-Zeit-Bindung ins Universum zurückführt, in die ursprüngliche Einheit, in die metaphysische Ewigkeit. Das ist es, was die Leute hier glauben. Wer gibt uns das Recht, sie Heiden zu nennen?"
Eng mit der Religion der Stämme ist ihr soziales Ethos verbunden – der Glaube, daß jeder als Teil der gleichen Kraft Anspruch auf eine gerechte demokratische Ordnung hat. Die meisten Stämme von Arunachal Pradesh zeichnen sich durch eine eigene Verwaltung aus, die nach diesen Prinzipien aufgebaut ist. Im Umgang mit anderen fallen die Stammesvölker durch ihre Großzügigkeit, ihre Fähigkeit zur Freundschaft und durch eine uneingeschränkte Gastlichkeit auf.

Zu Gast bei den Apa Tanis

Wir haben sie bei den *Apa Tanis* erlebt, die einen der siebzig Stämme dieser Himalayaregion bilden. Um sie zu erreichen, müssen wir von Itanagar aus hinunter bis zu den Teegärten fahren und von dort durch eine andere Schlucht des Subansiri-Distrikts wieder hinauf bis zur Höhe von 1524 Metern. Dort öffnet sich das Hochtal der *Apa Tanis,* die schöne „Reis-Schale", die sich über 65 Quadratkilometer ausbreitet.
Beschirmt von Bergen, die bis zu 2500 Metern ansteigen, liegen die nassen Felder in geschwungenen Terrassen. An ihren Rändern blühen Mandelbäume, gelbe Primeln, Veilchen und wilde Beeren. Weiden und Birken spiegeln sich im Wasser – der Bambus biegt sich im frischen Bergwind. Die langgestreckten Hütten stehen auf Pfählen dichtgedrängt in den Dörfern. Hier wohnen die zehntausend *Apa Tanis,* der Stamm, den die Anthropologen C. von Fürer-Haimendorf („Glückliche Barbaren") und Ursula Graham Bowers („Verborgenes Land") berühmt machten. Obwohl mehr als zwanzig Jahre vergangen sind, seit Fürer-Haimendorf hier forschte, haben die Einwohner der „Reis-Schale" den österreichischen Wissenschaftler nicht vergessen. Vergnügt rufen uns ein paar alte *Apa Tanis* entgegen: „Salaam, Fürer-Haimendorf, salaam, Madame." Meinem Mann schütteln sie herzlich die Hand.
Der Ursprung der *Apa Tanis* verliert sich in der Legende. Wie ihre Nachbarn, die *Daflas, Sulungs, Miris, Tagins* und *Bangrus,* glauben sie an einen mythischen ersten Menschen, den *Abo Tani,* der ihr Urahne

gewesen sein soll. Es scheint, daß seine Heimat der hohe östliche Himalaya war. Leiten die Chinesen aus solchen Legenden ihre Ansprüche auf Arunachal Pradesh ab?

Das Aussehen der *Apa Tanis* jedenfalls läßt keine Rückschlüsse auf absolute Verwandtschaft mit tibetischen Völkern zu. Viele *Apa Tanis* sind sichtlich keine Mongoliden. Sie unterscheiden sich durch ihre langen, regelmäßigen Gesichtszüge von ihren Nachbarn. Ihre Nasen sind eng und oft leicht gebogen. Ihre lebhaften Augen sind verhältnismäßig groß und tiefliegend. Hätten sie nicht eine braune Haut, könnten viele von ihnen als Europide gelten. Bis heute gibt es keine wissenschaftlichen Erklärungen für die Besonderheit dieser *Apa Tanis,* die, umgeben von mongoliden Stämmen, in ihrem von Bergen nach allen Seiten hin abgeschlossenen Tal wie in einer Nußschale leben.

Ihre Kleidung gleicht der der benachbarten *Daflas.* Sie tragen einen Helm aus Rohr – ihr Haar ist zu einem Knoten auf der Stirne gewunden – die Strähnen werden durch einen kleinen ziselierten Dolch aus Messing gehalten. Der rote Gürtel aus Rohrgeflecht, der ihr graues Gewand schmückt, läuft hinten in einen buschigen Schwanz aus. Manche Beobachter behaupten, er habe ihnen als tragbarer Sitz gedient, andere vermuten eine geheimnisvolle Symbolik, die Stärke verleiht. Das gilt auch für die vielen Ringe und Ketten aus rotem Rohrgeflecht. Die Dorfältesten sind an ihren knallroten Gewändern zu erkennen. Die Frauen tragen Nasenpflöcke – runde Holzplättchen zu beiden Seiten in die Nasenflügel eingelegt.

Männer und Frauen tätowieren ihre Gesichter: die Männer nur am Kinn durch einen senkrechten und einen waagerechten blauen Strich, bei den Frauen beginnt die Zeichnung mit breiten blauen Strichen, die vom oberen Ende der Stirn zur Nasenspitze führen und von der Unterlippe bis zum Ende des Kinns.

Auch die Kleider der Frauen sind aus grauem Wollstoff, ihre Röcke laufen in breiten blauen Bordüren aus. Die Jacken schmückt man mit hübschen Mustern. Frauen und Mädchen binden ihr Haar zu einem Knoten auf dem Kopf. Sie tragen viele Ketten aus bunten Kügelchen um ihren Hals.

Die meisten Eingeborenen Indiens haben eine intensive Stammeserziehung hinter sich. Jungen und Mädchen werden frühzeitig von der Familie getrennt und in besonderen Schlafhäusern untergebracht. Diese sind dem „Heiligen Busch“ der Afrikaner vergleichbar. Die jungen Menschen werden hier in Stammesgeschichte unterrichtet, über Stammessitten und Traditionen aufgeklärt. Sie lernen die alten Lieder und Tänze,

und spezielle Lehrer bilden sie für bestimmte Gemeinschaftsaufgaben aus. Die geschlossenen und kontrollierten Schlafhäuser behüten die jungen Menschen auch vor allzu früher sexueller Freiheit. Sie stärken ihren Sinn für die Endogamie ihres Stammes.
Viele Stämme, ob sie nun Schlafhäuser unterhalten oder nicht, erlauben vorehelichen Geschlechtsverkehr, halten aber strikt an der ehelichen Treue fest.
Aus manchen Gebieten, wie zum Beispiel von Pasighat, wird berichtet, daß diese Schlafhäusersysteme unter dem Einfluß der modernen lokalen Schulen zusammenbrechen. Schulbuben und Schlafhausjungen stehen oft in Opposition zueinander. Die indischen Verwaltungsbeamten versuchen das zu ändern und aus Rivalen Verbündete zu machen. Denn das Verschwinden der Schlafgemeinschaften würde eine Schwächung der Stammeserziehung bedeuten, einen Niedergang der Stammeskunst und der gesamten Stammeskultur. Es würde auch den Verlust eines Gemeinschaftssinnes nach sich ziehen, der die *Apa Tanis* auszeichnet.
Die höchste Autorität neben dem Priester der *Apa Tanis* ist ihr Dorfrat, eine Art Ältestenversammlung, zu der auch fähige junge Männer Zutritt haben. Es ist der sogenannte *Buliang,* dessen Mitglieder nach ihren Fähigkeiten und nach ihrem Charakter ausgewählt werden.
Die Sitzungen des *Buliang* finden auf einer Plattform statt, die *Lapang* heißt. Fürer-Haimendorf erkannte in ihr das sichtbare Symbol des Zusammenhalts jedes Clans. Es gibt viele andere Symbole der Einheit. Die bemerkenswertesten sind die Feste, mit denen jede Jahreszeit, Aussaat und Ernte gefeiert werden.
Es finden aber auch andere Zeremonien von Bedeutung im Stamme statt, zum Beispiel *Un-Pedo* und *Padu-Laru,* zu denen wohlhabende Familien angehalten sind, um ihren Mitbürgern Freude zu machen. Das heißt, die betroffene Familie muß zumindest fünf oder sechs *Mithuns* schlachten, Riesenkühe, die halb domestiziert zwischen Dschungel und Hof schlendern und als Währung gelten, mit der man insbesondere den Brautpreis bezahlt, aber auch die Götter und Dämonen besänftigt, denen man die *Mithuns* opfert. Alle Einwohner eines Dorfs bekommen ihren Anteil am Fleisch der halbheiligen Kuh.
Wir hatten Glück. Als wir im Dorf Talang ankamen, war dort gerade *Mloko*, das Fest der Aussaat, im Gang. Es ist charakterisiert durch einen Sport, den es nur hier gibt: *Bobo.* An etwa zwanzig Meter hohe Bambuspfähle knüpft man ein langes Rohrseil. An ihm schwingen Männer und Jungen bis zur Höhe der Pfähle hinauf – im Schwung vollführen sie akrobatische Bewegungen. Je länger das Fest dauert, um so tollkühner

schwingen sich die Männer empor, sie geraten außer sich, schwingen gewissermaßen über sich selbst hinaus, werden eins mit einem fremden Rhythmus, den sie mit dem Göttlichen identifizieren. Zuerst machten nur einige Jungen diese tollkühne Übung. Später versuchten sich auch die Dorfältesten – Männer von fünfzig Jahren –, die mit ihren roten Röcken weithin sichtbar bis zur höchsten Höhe schwangen.
Vor dem *Nago,* dem Dorfschrein, einem kleinen hüttenähnlichen Aufbau aus Hölzern, Bambusstäben, Blattwerk und aufgehäuften Steinen, zelebrierte der *Nyubub,* der Shamane.
Über und über mit den glückverheißenden *Kauri*-Muscheln, mit Ketten und Armbändern geschmückt, wedelte er mit einem Tierschweif zum monotonen Klang seiner Stimme. Er beschwört Geister und Götter. Der Distriktkommissar übersetzt:
,,Du bist der Größte von allen, du bist über allen, du siehst alles. Du siehst die verlorenen und die gestohlenen Dinge. In der Nacht bewachst du die Welt der Toten. Am Tag, nachdem du ein Festmahl eingenommen hast, steigst du aus der Unterwelt auf. Du kommst in deinen schönsten Kleidern mit prächtigen Ornamenten und einem glänzenden Zepter in der Hand. Du siehst nach allen Seiten – du weißt alles.“
Rashid hatte recht – wie konnte man sie Heiden nennen? Offensichtlich beten die *Apa Tanis* einen Gott an, der über allen anderen steht.
Der Priester warf Reiskörner über den Schrein und besprenkelte ihn mit Reisbier. Am Abend wurde ein *Mithun* vor dem *Nago* geopfert, mitten im Dorf, gegenüber der Hütte des Ältesten im *Buliang*.
Der würdige Alte hatte uns zum Fest in sein Haus geladen. Wir kletterten über die Holztreppe in den Pfahlbau. Die fensterlose Bambushütte wirkte wie ein langgestreckter Hausgang. In der Mitte brannte ein offenes Feuer. Ein an der Decke befestigter Kupferkessel schaukelte in den Flammen. Das flackernde Licht tanzte auf den Gesichtern der Dorfältesten, der Frauen und Kinder, die auf den niedrigen Sitzkissen saßen und uns freundlich bestaunten.
Die Mahlzeit wurde vom Sohn des Hausherrn auf frischen Blättern serviert: geröstetes Schweinefleisch, Reis mit Curry und Chilly, in Bambusrohr gestockte Eier. Ein junges hübsches Mädchen, blau tätowiert, kredenzte Reisbier in Bambusrohren. Die Männer rauchten ihren Tabak aus kleinen gebogenen und ziselierten Messingpfeifen . . . Der Priester trat ein und schwang den Wedel über unsere Köpfe – ,,Er verjagt die Dämonen“, flüsterte der Distriktkommissar, ,,eine große Ehre für Sie.“
Eine Weile verstummte das Gesumm der vielen Stimmen – alle hörten

auf das Gemurmel des Shamanen – er beschwor die guten Geister, unseren Weg zu schützen.

Wer sind diese freundlich lächelnden Stammesleute? Beschreibungen ihrer Feste, ihrer Hochzeits- und Totenriten sagen nur wenig über ihre Psyche aus. Was denken die Alten von der Erziehung der Jungen, die mit den Rajas und Rashids kam? Werden die *Apa Tanis* Tradition und Moderne in sich ausbalancieren, so wie die Schüler Nehrus es wollen?

„Ich weiß nicht", antwortet mir der Sohn des Hauses, der in westlicher Kleidung neben uns saß, „ich habe in Kalkutta und Delhi studiert und gelebt, und nun bin ich eine ‚Homo duplex'. Ich habe zwei Gesichter, und ich lebe zwei Leben, die sich nicht decken – hier bin ich entfremdet und dort ein Fremder."

Takar ist einer von den vierzig Millionen Stammesleuten, für die Indien seine besten Kräfte und große finanzielle Mittel mobilisiert. Der Zwiespalt des jungen *Apa Tani* ist sicher nicht untypisch. Er zeigt die Schwierigkeiten der indischen Entwicklungspolitiker. Es genügt eben nicht, die Anzahl der Schulen zu verhundertfachen, wie das in Arunachal Pradesh geschah. 1947 gab es nur zwei – 1975 allein in diesem Gebiet, das Beispiel ist für viele andere, schon 700 Schulen. Was aber sagen diese stattlichen Ziffern über die Krisen des geistigen Wachstums aus, die in der modernen Schulung ihren Ursprung haben? Frustration ist der Preis der meisten Akkulturationen.

Rashid Jussuf Ali weiß, daß es leichter ist, eine harmonische Synthese zwischen Tradition und Moderne zu predigen als durchzuführen. „Imitation ist noch keine Verwandlung", sagte er uns, „und Nachahmung führt nicht selten zur Parodie. Es ist sinnlos und widerspricht auch dem säkularen Geist der Nation Indien, nun aus den Eingeborenen – wovor schon Nehru warnte – eine zweitrangige Kopie unserer selbst machen zu wollen. Da muß uns schon etwas Besseres einfallen. Nebenbei bemerkt, Nehru hat richtig beobachtet: In vieler Hinsicht ist ihre Lebensweise der unseren überlegen. Aber auch wenn das nicht so wäre, hätten wir kein Recht, sie nach unserem Bild umzumodeln. Das betrifft übrigens auch andere Minderheiten. Es gilt auf nationalem und internationalem Feld und geht alle Länder an, die mit Minderheiten zu tun haben. ‚Es würde mehr Freiheit in der Welt herrschen', sagte Nehru schon 1952 auf der Konferenz für die ‚Scheduled Tribes' in Neu-Delhi, ‚wenn die Völker davon Abstand nähmen, anderen Menschen ihre Lebensweise aufzuzwingen.'"

Den letzten Abend in Arunachal verbringen wir im Hauptquartier der „Assam Rifles" im Garten des Brigadiers. Glühwürmchen schwärmen zu

Hunderten aus, tanzen über den tropischen Trompetenbäumen. Es duftet nach Jasmin. Am Nachthimmel das rote Blinklicht eines indischen Aufklärers, der nach Norden fliegt. Und irgendwo in der Ferne das aufreizende Trommeln eines Stammes, der im Rhythmus reflektierte Pulsschlag dieser noch immer verschlossenen und geheimnisvollen Welt. Über die bewaldeten Hügel steigt der Mond. Sein Licht ist so stark, daß ich den Titel des Buches lesen kann, das mir Rashid zum Abschied schenkt: ,,A Philosophy for NEFA", ein Fahrplan durch die Seele der Eingeborenen. Ist das vielleicht der Schlüssel zum Erfolg dieser Pioniere im Dschungel, daß sie es nicht genug sein lassen mit der technischen Entwicklung, sondern sich mit dem Unwägbaren beschäftigen, mit dem Transzendenten, das keine Einzwängung in materielle Kategorien verträgt und doch als wichtigste Komponente der Eingeborenen von Arunachal begriffen werden muß, die ihre Identität um keinen Preis verlieren dürfen? Denn nur in Harmonie mit sich selbst werden sie zu einem kreativen Element und, was gegenüber der latenten chinesischen Herausforderung im Himalaya für die Zentralregierung von vitalem Interesse ist: zu einem beständigen und verläßlichen Teil der Nation Indien. Im Flugzeug nach Delhi fand ich in der ,,Philosophy of NEFA" einen kleinen Zettel, auf den Rashid Jusuf Ali zwei Sätze geschrieben hatte:

,,What has been written in ink, can be swept away –
What is written in the heart – stays to remain."

,,Was mit Tinte geschrieben ist, kann man wegwischen –
Was in das Herz geschrieben wird, steht da, um zu bleiben."

Rückblicke V – Interview mit Sanjay Gandhi, Indiens „Kronprinz"

Seit Indira Gandhi am 26. Juni 1975 den Notstand ausgerufen hatte, spielte ihr jüngerer Sohn, Sanjay – 29 Jahre alt –, eine nicht unerhebliche Rolle in der indischen Innenpolitik. Er tat das im Namen des Nationalrates des „Youth Congress", der Jugendorganisation der regierenden Kongreß-Partei. Sanjay Gandhi war weder Abgeordneter, noch bekleidete er ein offizielles Amt, jedoch wurden ihm, wo immer er hinkam, offizielle Empfänge bereitet und ungewöhnliche Ehrungen zuteil. Aber selbst da, wo die offizielle Versammlungs-Maschinerie nicht in Gang gesetzt wurde, zog er die Massen an. Hunderttausende liefen hinter ihm her – er hatte etwas von einem Rattenfänger von Hameln. Nur Gandhiji, Nehru, Indira und J. P. (Jayaprakash Narayan), so erzählte der Schriftsteller Khushwant Singh, haben je solche Massen mobilisiert, wie es auf mysteriöse Weise auch Sanjay fertigbrachte.

Viele Beobachter der indischen Szene nannten ihn den „Kronprinzen" von Indien, den seine Mutter, besorgt um den Erhalt der „Dynastie" Nehru/Gandhi, ungebührlich protegiere – viele sahen in ihm den künftigen Ministerpräsidenten des Landes. Schon hatte sich – von enthusiastischem Beifall ebenso wie von heftiger Kritik begleitet – die Legendenbildung seiner bemächtigt. Wirkliches vermischte sich mit Erdachtem. Gerüchte und Mutmaßungen wurden nicht untermauert. Nach Ansicht offizieller indischer Stellen hatten sie längst das Maß des Erträglichen überschritten. Ein faires Mittel zur Wahrheitsfindung schien mir eine unmittelbare Begegnung, ein Gespräch, zu sein. Ich fragte Indira, ob sie das vermitteln könnte. Sie bat mich, selbst bei Sanjay anzurufen, da sie sich nicht gerne in die Angelegenheiten der Söhne einmische.

Sanjay willigte sofort ein – ich war ihm ein paarmal im Hause der Mutter begegnet. Auf mich hatte er immer einen wohlerzogenen, eher scheuen Eindruck gemacht. Ich kannte natürlich die schlimmen Gerüchte, insbesondere über seine Rolle in der Familienplanung. Sein Fünf-Punkte-Programm: Pflanze einen Baum, plane deine Familie – sorge für die Erziehung, säubere die Slums und rehabilitiere ihre Bewohner, heirate ohne *Dowry* (das heißt ohne die Steuer, die alle Brauteltern zahlen

müssen), hätte sicher Zustimmung gefunden, wenn nicht die Methoden der Durchführung Widerspruch hervorgerufen hätten. Sanjay, so sagten seine Anhänger, ist ein Macher, wenn er sagt: es wird getan, dann ist das so. Er kannte vor allen Dingen eines nicht: Furcht. Ohne mit der Wimper zu zucken, ging er jeder Gefahr entgegen. Schon als Kind war er nüchtern, praktisch und geschäftstüchtig. Mohammed Yunus, ein alter Freund des Hauses, fragte, was er sich zu seinem fünften Geburtstag wünsche, einen Wagen, ein Rad oder ein Flugzeug? „Bitte gib mir einfach anstatt der Dinge das Geld dafür“, antwortete Sanjay.
Der junge Mann, der da im blütenweißen *Kurta* (langärmeliges Baumwollhemd) vor mir saß, lächelte nicht einen Augenblick, als ich ihn daran erinnerte, noch verlor er ein Wort. Er schien nicht geneigt zu sein, über sich selbst zu sprechen. Seine dunklen, von einer großen Brille bedeckten Augen fixierten mich, ohne eine Bewegung zu zeigen. Das Gesicht verriet Zurückhaltung und Verschlossenheit. Ich war auf ein schwieriges und vielleicht unergiebiges Gespräch vorbereitet. Um einen Zugang zu diesem so vieldiskutierten jungen Mann zu gewinnen, hatte ich versucht, mir Informationen über ihn zu verschaffen, mit Leuten zu sprechen, die ihn gut kannten und das, was sie mit ihm erlebten, richtig einordnen konnten. Zu meinen Quellen gehörte Khushwant Singh, der in seiner Zeitschrift „The Illustrated Weekly“ ausführlich über Sanjay berichtete.
Der Enkel Nehrus wurde am 14. Dezember 1946 um 9.27 Uhr in Delhi geboren. Nach alter indischer Sitte erstellten zwei Astrologen – S. K. Kelkar und Maharaj Shamdas Udasi – je ein Horoskop für ihn. Während Udasi nur Gutes in den Sternen las – „Der Mensch, der unter diesem Zeichen geboren wurde, hat das Zeug zu einer weltpolitischen Figur. Eine einzige Leistung wird ihn international bekanntmachen“ –, waren Kelkars Gestirne skeptischer: „In der ersten Hälfte des Jahres 1978 sollte er nur vorsichtige Schritte tun, in der zweiten Hälfte kann er sein Aktionsfeld erweitern. 1980 jedoch ist ein sehr kritisches Jahr – er muß auf seine Gesundheit und seine persönliche Sicherheit achten.“
Feroze und Indira Gandhi wählten einen Namen aus dem indischen Heldenepos „Mahabharata“ für ihren Sohn: Sanjay. Zur Zeit seiner Geburt lebten seine Eltern mit Großvater Jawaharlal Nehru zusammen in der York Road 17. Als Sanjay zwei Jahre alt war, kam Vimla Sindhi als Hausdame in die Familie. Es war die gleiche Vimla, die mich 1957 im Tin-Murti-Haus empfing.
Bevor Khushwant Singh seinen Artikel schrieb, schickte er seine Freundin Chandni Luthra zu Vimla, mit der Bitte, sie möge etwas von ihren beiden Zöglingen Rajiv und Sanjay erzählen.

Die beiden Jungen waren stets zu Streichen aufgelegt. Einmal, als Vimla ein Mittagsschläfchen im Ferienhaus in Kashmir hielt, hatten die beiden einen ganzen Pullover aufgezogen, an dem sie gerade strickte und den Faden von einem bis zum anderen Ende des großen Grundstücks gespannt. Rajiv und Sanjay beichteten erst, nachdem Mrs. Gandhi sie eingehend verhört hatte. Sie wollten nur sehen, gestanden die Jungen, ob die kleine fette Vimi so weit gehen konnte, wie ihr Garn reichte. Ein anderes Mal, während des *Holi*-Festes (hinduistisches Frühlingsfest), das bei den Nehrus immer groß gefeiert wurde, rief Sanjay Vimla zum Teich, angeblich, um ihr etwas zu zeigen. Bevor sie wußte, was geschah, lag sie schon im Wasser und wurde – wie beim *Holi* üblich – mit bunten Farben bespritzt.
Vimla kannte auch andere Geschichten, solche, die von der Gutherzigkeit der Kinder und einem gewissen frühen Verantwortungsbewußtsein berichteten. „Einmal bat mich Frau Gandhi, die Jungen im Zug nach Allahabad zu begleiten", erinnerte sich Vimla, „die Vorstellung, mit den beiden allein zu reisen, versetzte mich in Panik. ‚Wovor hast Du denn Angst, Vimi?' fragte Sanjay, ‚ich werde die Fahrkarten kaufen, und Rajiv wird das Gepäck in den Zug tragen.' So geschah es, sie arrangierten alles, ich konnte es mir gemütlich machen. Wir reisten übrigens immer dritter Klasse, Mrs. Gandhi wollte nicht, daß die Jungen zu sehr verwöhnt würden. Die beiden wurden streng erzogen. Sie durften niemals auf Parties gehen, selbst nicht auf ein Fest, das im Hause stattfand. Beide lernten als Kinder nach einem Kochbuch ‚Do-it-yourself', das ihre Mutter ihnen gekauft hatte, kochen. Nachdem die Familie in die offizielle Residenz des Premierministers am Tin-Murti-Marg übersiedelte, wurden die Angestellten oft eingeladen, um das zu essen, was die Jungen gekocht hatten."

Elisabeth Gauba, eine gebürtige Deutsche, in deren Kindergarten Rajiv und Sanjay etwa drei Jahre verbrachten, beurteilte Sanjay nicht so liebenswürdig: „Ein durchschnittlicher Junge mit einem starken Selbstbewußtsein, der es nicht für nötig hielt, zu beweisen, wer er war, was er konnte." Frau Gauba glaubte, daß Sanjay Tiere mehr liebte als Menschen – mit ihnen sei er sehr mitleidig gewesen. Sie war nicht der Meinung, daß die Brüder sich sehr nahestanden. „Überraschenderweise", fügte sie hinzu, „war es immer Rajiv, der in all unseren Spielen die Rolle des Anführers übernahm."
„Wenn es irgend etwas gab, dem Sanjay nicht widerstehen konnte, dann war es ein Wagen, eine ‚Maschine'", sagte sein Freund Adil, „er fuhr

verwegen, sauste mit dem Jeep durch Gräben, über gepflügte Felder und felsige Hügel. Sein Zimmer glich einer Werkstatt, einmal versuchte er sogar, einen Helikopter zu konstruieren. Vergeblich." – „Alle meine anderen Freunde waren langweilig im Vergleich zu Sanjay", fuhr Adil fort, „er war heiter und witzig. Manche mochten ihn nicht, weil er herb, ja grob sein konnte, aber er war kein Snob. Obwohl er doch eher im Luxus aufwuchs, lebte er einfach. Er hatte keine Laster – er trank und rauchte nicht." Adil meinte, daß die Familie nicht streng gewesen war, wenigstens nicht mit Sanjay. „Jedermann fürchtete ihn", sagte er wörtlich, „nur Rajiv konnte ihn zurechtweisen, was er auch immer getan hat."

Wer in der Biographie des jungen Gandhi zurückblättert, entdeckt Abenteuerlust, unberechenbare Spontaneität, aber auch Entschlossenheit und Mut. Vielleicht einen Mut, der an Tollkühnheit grenzte. Adil hatte das Gefühl, daß Sanjay sich immer nur so lange für eine Sache interessierte, wie es Probleme zu lösen gab – hatte er sie beseitigt, überließ er anderen, an dem betreffenden Objekt weiterzuarbeiten.

Es war schwer, ihn zu beschenken. Er schien sich niemals etwas zu wünschen. Erhielt er ein Geschenk, so war es nicht sicher, daß er es nicht dem nächsten gab, der es bewunderte. Er habe nur zwei Schwächen, hieß es, den von ihm konstruierten Wagen *Maruti* und seine Frau Maneka, die er am 30. September 1974 heiratete.

Um seine Träume von Motoren zu verwirklichen, studierte er zuerst Maschinenbau im nordenglischen Croux in der Nähe von Manchester. Danach ging er drei Jahre in die Lehre bei Rolls-Royce, um zu lernen, wonach ihm seit Kindheit der Sinn stand, sein eigenes Auto – *Maruti* – den Sohn des Windgottes – zu fabrizieren.

„Haben Sie dieses Ziel jetzt aufgegeben?" fragte ich ihn.

„Nein – keineswegs."

„Seit wann interessieren Sie sich für Politik?"

„Während der Kampagne für die allgemeinen Wahlen 1971 habe ich mich zum ersten Mal aktiv auf politischem Gebiet betätigt."

„Welches politische Ziel verfolgen Sie für sich persönlich und für Ihr Land?"

„Ich kann nicht behaupten, daß ich ein ausgesprochenes politisches Ziel hätte."

„Aber jeder Mensch hat doch ein Ziel und eine Vorstellung von seinem eigenen Leben."

„Nein, ich habe ein Konzept von dem, was ich gerne tun würde, aber das muß nicht notwendigerweise auch ein Ziel sein."

„Erklären Sie mir das bitte –"
„Sehen Sie, ein Ziel ist etwas, was Sie erreichen wollen, ein Konzept ist ein Ideal, das Sie nicht unbedingt erreichen müssen."
„Das stimmt, aber das kann Ihnen auch mit Ihrem Ziel passieren. Aber was ist denn Ihr Konzept?"
„Ich möchte, daß sich Indien schneller entwickelt, besonders auf dörflicher Ebene. Und das, weil ich fühle, daß unsere Städte wahre Höllen werden würden, wenn wir dem westlichen Entwicklungsmodell folgten, das sich in der Hauptsache auf die Städte konzentriert – unsere Bevölkerung ist zu groß dazu."
„Aber wir haben in der Bundesrepublik ähnliche Probleme."
„Aber in einem verkleinerten Maßstab. Unsere Probleme müssen Sie sich als die eines zehnfach vergrößerten Deutschland vorstellen."
„Bei uns wird es problematisch, daß die Menschen nicht mehr auf dem Lande arbeiten wollen, was nötig wäre –"
„Ich glaube nicht, daß es bei uns notwendig ist, daß alle, die der Stadt fernbleiben, als Bauern auf dem Lande arbeiten. Wir müssen unsere Entwicklung auf unsere Weise vorantreiben, das heißt, den Menschen Erleichterungen und Möglichkeiten auf den Dörfern schaffen, so daß keiner mehr glauben kann, daß er irgendwas gewinnen kann, wenn er in die Stadt zieht. Er soll erkennen, daß das Dorf seine Vorteile ebenso hat wie die Stadt, und er sollte beide ruhig gegeneinander abwägen. Wir müssen da eine ganz genuine Entwicklung anstreben."
„Wollen Sie auf der landwirtschaftlichen Linie die dörfliche Entwicklung weiterhin fördern? Oder wollen Sie auch die Kleinindustrie in die Dörfer bringen?"
„Sehen Sie, es kommt darauf an, was Sie unter Kleinindustrie verstehen. Einige Industrien entwickeln Rauch, die sollten keinen Platz in den Dörfern finden. Aber selbstverständlich kann das Dorf im Prinzip gewisse Industrien aufbauen, sie müssen nicht unbedingt klein sein, aber sie dürfen keine Umweltverschmutzung hervorrufen. Nur solche Industrien passen in die Atmosphäre eines Dorfes. Sobald sie mit der Umweltverschmutzung beginnen, ist der Vorteil, auf dem Lande zu leben, dahin."
„Wie steht es mit der Erziehung auf dem Lande. Haben Sie in allen Dörfern Schulen?"
„Natürlich, aber das Problem ist, daß die Qualität der Erziehung zu wünschen übrigläßt, und so ergibt sich wiederum das Problem, daß einer, der wohlhabend ist, seine Kinder zur Ausbildung in die Stadt schickt."

„Das werden Sie wahrscheinlich nicht verhindern können. Der Trend in die Stadt wird sich in dieser übertechnisierten Welt nicht verhindern lassen."
„Ich glaube nicht, daß er unumgänglich ist, aber schon bei dieser Frage erkennen Sie den Unterschied zwischen Konzept und Ziel."
„Haben Sie viele Mitarbeiter, die Sie und Ihr Konzept unterstützen?"
„Ich glaube, es gibt eine sehr große Zahl von Menschen, die bereit sind, mitzuarbeiten, und das auch schon tun."
„Handelt es sich dabei mehr um Leute aus dem Jugend-Kongreß?"
„Menschen, die wirklich mitwirken wollen, finden Sie überall."
„Ich will Sie nicht auf Ihre Bemerkung festnageln, über die in der Presse ausführlich berichtet wurde: Es ist nun die Zeit der jungen Leute. Aber ich möchte Sie doch danach fragen. Sie erinnern sich, vor einigen Monaten schon haben Sie gesagt: Es ist Zeit für eine Wachablösung, für einen Wechsel – was meinten Sie damit?"
„Nein, nein, das habe ich nicht gesagt! Was ich sagte, war, daß sehr oft ältere Menschen die jüngeren nicht hochkommen lassen."
„Aber das stimmt doch für die ganze Welt, das ist doch kein indisches Unikum."
„Das weiß ich auch. Ich sagte auch nicht, daß es typisch indisch sei. Ich habe ganz einfach festgestellt, daß die Älteren es immer wieder versuchen, die Jüngeren vom Emporkommen abzuhalten. Und in Wahrheit veranlaßt das den Zusammenprall, und das Ergebnis ist, daß die Jungen versuchen, dagegen anzurennen, und wo sie nicht durchbrechen können, gibt es Rebellion."
„Glauben Sie, daß eine parlamentarische Demokratie die einzig mögliche Regierungsform für Indien ist?"
„Das hängt davon ab, was Sie meinen. Sehen Sie, ich glaube nicht, daß die parlamentarische Demokratie ein vollkommenes System ist, aber es ist weniger unvollkommen als andere."
„Das hat schon Winston Churchill vor Ihnen gesagt. Und es stimmt. Wenn Sie also Demokratie wollen, müssen Sie auch die Opposition dulden und sich mit der extremen Rechten und der Linken auseinandersetzen."
„Darüber bin ich mir im klaren."
„Was nun Ihre Familienplanung angeht: Finden Sie, Sie sollten Familienplanung durch Gesetz erreichen oder indem Sie die Menschen überzeugen?"
„Sehen Sie, Sie können ein Gesetz machen, aber das heißt nicht, daß irgendeiner tun wird, was Sie wünschen. Ich glaube nicht, daß man ein solches Gesetz anwenden kann."
„Sie könnten es mit Gewalt durchsetzen."

„Ich glaube nicht, daß wir den Apparat dazu haben, und ich glaube auch nicht, daß irgendein anderes Land in der Welt ihn hätte."
„Meinen Sie also, Sie sollten versuchen, die Menschen zu überzeugen?"
„Es bleibt gar keine andere Wahl. Ich glaube, es ist der einzige Weg."
„Durch Erziehung?"
„Ja, durch Erziehung und durch gewisse Anreize und Nachteile."
„Was bedeutet das?"
„Anreize würde zum Beispiel das folgende heißen: Wenn einer sich sterilisieren läßt, der nur zwei Kinder oder ein Kind hat, geben wir ihm sofort eine Wohnung, was wichtig für ihn ist, weil wir Wohnungsknappheit haben. Man gibt ihm mehr Chancen für sein berufliches Fortkommen, eröffnet ihm die Möglichkeiten, den Platz zu erhalten, den er wünscht. Und wenn er einen ganz bestimmten Beruf ergreifen will, gibt man ihm den Vorrang für diesen Beruf. Und Nachteile – das wäre gerade das Gegenteil."
„Hm . . ."
„Wenn jemand zu viele Kinder hat, gibt man ihm kein Haus und keine Möglichkeiten, beruflich vorwärtszukommen."
„Hm . . ."
„Wenn er zu Ihnen kommt, um eine Arbeit zu erhalten, so setzen Sie ihn hinter alle anderen, die weniger Kinder haben. Das sind alles Dinge, die man nicht als Zwangsmaßnahmen beschreiben kann, aber gleichzeitig drängen sie den Betroffenen."
„Wirklich? Sie zwingen ihm aber doch gewisse Entscheidungen auf: Wenn er weiß, daß er keinen Arbeitsplatz bekommt, keine Wohnung, keine freie Erziehung für seine Kinder, steht er doch natürlich unter Zwang, er muß tun, was Sie wollen. Glauben Sie im Ernst, daß der als Individualist bekannte Inder eine solche Einmischung in seine Intimsphäre dulden wird?"
Sanjay antwortete nicht. Sein Gesicht blieb regungslos. Es dauerte einige Minuten, bis er weitersprach, als hätte ich die entscheidende Frage nicht gestellt. In referierendem Ton fuhr er fort:
„Da gibt es auch noch andere Dinge, wie kostenlose medizinische Versorgung. Nur die, die entweder zwei Kinder haben oder mehr als zwei und sich dann sterilisieren lassen, werden unentgeltlich medizinisch betreut, die anderen nicht."
„Haben Sie schon einigen Erfolg mit Ihrer Familienplanung zu verzeichnen?"
„Aber sicher. In den ersten sechs Monaten dieses Jahres hatten wir 3,7 Millionen Fälle."

„Aber die wirklichen Resultate wird man viel später sehen. Sie haben jetzt noch immer eine Geburtenzuwachsrate von 3,5 Prozent."
„Nein, nein, jetzt haben wir zwei!"
„Zur Pressezensur in Indien möchte ich feststellen, daß Ihre Presse hier früher eine ganz ausgezeichnete war. Stimmen Sie nicht mit mir überein?"
„Nein, überhaupt nicht."
„Sie schätzen die Presse nicht?"
„Nein."
„Warum denn nicht? Teilen Sie nicht meine Meinung, daß Ihre Journalisten hier immer auf einem hohen Niveau standen?"
„Nein, überhaupt nicht."
„Auf einem hohen intellektuellen Niveau."
„Nein, überhaupt nicht."
„Aber Herr Gandhi!"
Sanjay schaute mich trotzig an, die Unterlippe vorgeschoben. Unser Gespräch war ihm offensichtlich lästig. Ich würde nichts mehr von ihm erfahren. So blieb auch mir nicht viel mehr als Mutmaßung. Wie sah seine Welt aus, für die er nach seinen eigenen Worten Konzepte ohne Ziele entwarf? Ahnte er etwas von der Gewalt des Strudels, in den er nach dem Sturz seiner Mutter – im März 1977 – geraten sollte?

Rückkehr nach Bandung

Inzwischen versuchte die Opposition sich zu formieren. Indira Gandhi sah gelassen zu. Sie ließ sich nicht beeindrucken. Während der letzten Monate konnte sie erneut beweisen, wo ihre unumstrittene Stärke lag: auf dem Gebiet der Außenpolitik.
Mit der Ermordung von Sheikh Mujibur Rahman im August 1975 zeigte sich offen, was gleich nach dem Sieg über Pakistan begonnen hatte: eine Verschlechterung der Beziehungen zwischen Indien und Bangladesh. Kaum war Sheikh Mujibur Rahman mit Indiens Hilfe in sein Vaterland zurückgekehrt, sah man die Mauern von Dacca vollgeschmiert mit den Worten: „Inder raus!" Da es, wie jeder wußte, keine Inder in Bangladesh gab, waren die Aufrufe ein klarer Beweis für antiindische Gefühle. Wieder einmal schien sich eine alte Erfahrung zu bewahrheiten: wie schwer es ist, seinen Wohltäter zu lieben.
Die Inder begannen sich zu fragen, ob Indira richtig gehandelt hatte, sich für die Unabhängigkeit dieses offensichtlich undankbaren Nachbarn einzusetzen. Solange Sheikh Mujib lebte, ließ sie sich auf keine Diskussionen über dieses heikle Thema ein – aber daß die Verstimmungen ihre Wirkung auf sie nicht verfehlten, verstand sich ohne ausdrückliche Erklärung. Im Mai 1976 schien das herangereift, was sie lange überlegt haben mußte: eine Normalisierung der Beziehungen zwischen Indien und Pakistan.
Am 11. Mai begab sich eine indische Delegation unter Leitung des Staatssekretärs im Auswärtigen Amt, Jagat Mehta, nach Rawalpindi. Nach mehrtägigen intensiven Verhandlungen gaben die indischen und pakistanischen Unterhändler in einer gemeinsamen Erklärung bekannt, daß sie übereinkamen, die diplomatischen Beziehungen zueinander wiederaufzunehmen. Die Beziehungen waren am 6. Dezember 1971 abgebrochen worden, nachdem Indien Bangladesh anerkannt hatte und sich auf die Seite der um ihre Unabhängigkeit ringenden Ostbengalen gestellt hatte und pakistanische Bombenflugzeuge Amritsar angriffen.
In Islamabad konnten über die Wiederaufnahme diplomatischer Beziehungen hinaus auch andere Übereinkommen getroffen werden – zum Beispiel die Wiederherstellung des Luft-, Schienen- und Straßenver-

kehrs. Ab 15. Juli sollte überdies auch wieder der Handel zwischen Privatleuten beider Länder gestattet werden. Er wurde bis dahin nur von staatlichen Stellen abgewickelt.
Von gleichrangiger, wenn nicht größerer Bedeutung war eine Entscheidung, die schon Mitte April fiel und die geeignet schien, die asiatische Szene erneut zu verändern. Vier Monate vor der Gipfelkonferenz, zu der Frau Bandaranaike, die Ministerpräsidentin von Ceylon, die blockfreien Länder nach Colombo eingeladen hatte, schlug die indische Ministerpräsidentin der Volksrepublik China vor, mit dem Austausch von Botschaftern die seit fünfzehn Jahren gestörten Beziehungen zwischen Delhi und Peking wieder zu normalisieren. Optimisten vermeinten einen Hauch des Geistes von Bandung zu spüren. Die Erinnerung an jene Konferenz von 1955, auf der sich Vertreter von 29 afrikanischen und asiatischen Staaten – einig in der Forderung nach Gleichberechtigung, Unabhängigkeit und Anerkennung – zur friedlichen Koexistenz und zur Bündnislosigkeit bekannten, war unumgänglich, um den Botschafteraustausch in den richtigen Dimensionen zu sehen. Die beiden großen Rivalen um die Führung der Bandung-Staaten, die 1955 in der west-javanischen Stadt etwa Zweidrittel der Menschheit repräsentierten, waren der chinesische Ministerpräsident Chou En-lai und der indische Regierungschef Jawaharlal Nehru. Mit ihrem Auftreten dokumentierten sie gleichzeitig, was bis heute anhält: das Ringen ihrer Länder um die Vormachtstellung im asiatischen Raum. In diesem Ringen spielen seit Jahren die Vereinigten Staaten, aber vor allen Dingen die Sowjetunion, eine nicht geringe Rolle. Und gerade das – die Einmischung von Dritten in die subkontinentalen Angelegenheiten – wollte Nehru verhindern, als er seine Staatsphilosophie, die auf den uralten fünf buddhistischen Prinzipien von *Panch Shila* beruht, in die Bündnislosigkeit seiner Außenpolitik umsetzte.
In Bandung machte sie Schlagzeilen. Mit der Aufnahme von *Panch Shila* in die Resolution der Konferenz wurde Nehru zum Superstar und Indien für Millionen Asiaten zum Land der Länder. Noch schien es, als könnte das geheime Ringen um Macht und Einfluß in Asien zwischen Delhi und Peking mit den Prinzipien von *Panch Shila* eingedämmt werden. Das Jahr 1962 zeigte, daß die Inder ihren Traumvorstellungen erlegen waren. Der chinesische Angriff im Himalaya hinterließ ein Trauma in Indira, das nicht ohne Einfluß auf ihre Beziehungen zur Sowjetunion blieb. Der Freundschaftsvertrag von 1971 war eine der Konsequenzen, die Peking stören mußte. Belastend für die Regierung Gandhi blieb nach wie vor der Zwang, jährlich ein Drittel des Staats-

budgets für Rüstung und Armee aufzuwenden. Grund genug für beide Seiten, um über ihre gegenseitigen Beziehungen nachzudenken.
Als Indira Gandhi im Juni mit dem 55jährigen Unterstaatssekretär K. R. Narayanan einen Kenner der asiatischen Szene und hervorragenden Karrierediplomaten nach Peking entsandte, war das mehr als eine diplomatische Formalität. Nicht, als hätte sie damit die chinesischen Forderungen nach Grenzverschiebungen im Himalaya anerkannt, sie wollte aber, was zum wiederholten Mal geschah, ausdrücken, daß Indien zur Verständigung mit dem großen Partner und damit zu einer entscheidenden Korrektur der asiatischen Szene bereit war.
Warum zögerten die Chinesen so lange, ehe sie diese Chance ergriffen? Mußte eine Normalisierung der Beziehungen zu Indien angesichts der chinesisch-russischen Spannungen nicht längst im Interesse Pekings liegen? War ihnen Indien nach der Niederlage von 1962 nicht mehr wichtig genug gewesen, und sahen sie jetzt in einem wirtschaftlich aufblühenden Indien, das sich immer stärker mit der Sowjetunion zu verbinden schien, einen interessanten Gesprächspartner? Hatten sie gar entdeckt, daß die Sowjets ihr wahres Ziel in Indien noch nicht erreicht hatten, nämlich die Zustimmung Indiras zum Abschluß eines kollektiven asiatischen Sicherheitspakts unter sowjetischem Patronat? Wollten sie das für immer blokkieren?
Die Chinesen denken in weiten Zeiträumen und planen geduldig auf lange Sicht. Die ersten Zeichen der indischen Politik der Äquidistanz waren ihnen nicht entgangen. Aufmerksam nahmen sie neben Freundschaftsbeteuerungen auch die mitunter heftige Kritik der Inder gegenüber Moskau zur Kenntnis, die vor allen Dingen der Präsenz sowjetischer Flottenverbände im Indischen Ozean galt.
Die Inder machten den Chinesen die Rückkehr zur Normalität leicht. Delhi hatte immer eine zustimmende Haltung in bezug auf Chinas Eintritt in die Vereinten Nationen eingenommen. Selbst in Zeiten stärkster Spannung plädierte die indische Regierung für Chinas Aufnahme – niemals unterschrieb Delhi die Theorie von zwei chinesischen Staaten. Aber das waren 1976 keine Neuigkeiten für Peking. Es müssen andere Überlegungen gewesen sein, die zur Normalisierung mit Indien führten. Vielleicht war es der Wille, im Hinblick auf die „Colombo-Konferenz" der „Blockfreien" asiatische Solidarität zu demonstrieren und so erneut zu versuchen, sich in seine asiatische Führungsrolle zu katapultieren, um die Chou En-lai schon 1955 in Bandung rang? „Primus inter pares" zwischen Indus und Insulinde werden, Partner, der sich ungeschoren im Duell der Supermächte um Asien behaupten könnte? Zweifellos reichte

die Entsendung Narayanans im Juni weit über eine bilaterale politische Geste hinaus. Sie hatte weltpolitischen Rang.

Gute Beziehungen zur Volksrepublik China würden den Spielraum der Sowjetunion in Indien sehr einschränken, was für Peking und Washington gleichermaßen interessant war.

Indiras Sturz und der Bankrott der Opposition

Der außenpolitische Glanz reichte nicht aus, um eine für Indira Gandhi verhängnisvolle innenpolitische Entwicklung zu verhüten.
Allen Kassandrarufen zum Trotz bekannte sich die indische Ministerpräsidentin nach rund 19 Monaten des politischen Ausnahmezustands nachdrücklich zur parlamentarischen Demokratie. Am 18. Januar 1977 geschah, was sie mir bereits im Oktober 1976 gesagt hatte: Sie rief ihre über 320 Millionen stimmberechtigten Landsleute dazu auf, in der zweiten Märzhälfte die *Lok Sabha,* das Unterhaus, zu wählen. Kurz vor dieser überraschenden Ankündigung hatte sie die letzten der prominenten Oppositionsführer, darunter ihren einstigen Vizepremier Morarji Desai, auf freien Fuß setzen lassen.
Die sogleich erhobene Forderung von seiten der Opposition, alle Notstandsgesetze für null und nichtig zu erklären, lehnte Frau Gandhi zwar ab; um gleichwohl einen fairen und freien Wahlkampf zu garantieren, hob sie Pressezensur wie Versammlungsverbot auf. Es schien zunächst kein Zweifel daran zu bestehen, daß die regierende Kongreß-Partei dank ihres weitverzweigten Organisationsnetzes im allgemeinen und einer verbesserten Wirtschaftslage im besonderen erneut mit einer Zweidrittelmehrheit in das 542 Abgeordnete zählende Unterhaus zurückkehren werde. Dann aber trat eine Reihe von Überraschungen ein, mit denen die Kongreß-Führung offenbar nicht gerechnet hatte und die ihre anfängliche Zuversicht in Ungewißheit umschlagen ließ.
Hatten Indira Gandhi und ihre Anhänger auf die in der Vergangenheit sprichwörtliche Zerstrittenheit der Opposition gebaut, so mußten sie erfahren, daß die allen Regierungsgegnern gemeinsame Erfahrung politischer Haft zu einem bindenden Element wurde. Mit Hilfe des parteilosen Oppositionsführers Jayaprakash Narayan brachte es Morarji Desai in wenigen Tagen zustande, die vier wichtigsten Oppositionsparteien – die hinduistisch-nationalistische „Jana Sangh", die liberal-konservative „Bharatiya Lok Dal", den sogenannten Oppositions-Kongreß sowie die Sozialistische Partei – in einer Wahlallianz unter dem Namen „Janata Party" (Volkspartei) zu vereinen. Dieses Bündnis wurde obendrein von den „Jungtürken" um den früheren Kongreß-Abgeordneten Chandra

Shekhar unterstützt, die zu Beginn des Ausnahmezustands gleichfalls verhaftet und aus der Regierungspartei ausgeschlossen worden waren. Einen regelrechten Schock freilich erlitt die Kongreß-Partei, als Landwirtschaftsminister Jagjivan Ram, das dienstälteste Kabinettsmitglied überhaupt, am 2. Februar der Regierung wie der Partei den Rücken kehrte und Frau Gandhi beschuldigte, ,,despotischen Tendenzen" Vorschub geleistet zu haben. Ram gründete einen ,,Kongreß für die Demokratie", der sich alsbald der ,,Janata-Party" anschloß.

Nach der ersten Spaltung der Kongreß-Partei im November 1969 folgte nun nach sieben Jahren, drei Monaten und 17 Tagen die zweite schwere Parteikrise. Sie hatte nicht nur innenpolitische Ursachen, sondern auch psychische Gründe. In Indien vollzog sich seit Jahren ein Prozeß, der durch eine langsame, sehr peinliche Wachablösung und eine aufstrebende Jugend bestimmt wurde. ,,Die Alten müssen den Jungen Platz machen", hatte mir Sanjay Gandhi im Oktober gesagt. Was Ram mit seinem Rücktritt und der Gründung einer neuen Partei mit alten Vorzeichen – nämlich den Idealen der Gründerzeit des unabhängigen Indien – demonstrierte, war das letzte Aufbegehren der Gründergeneration gegen diese dritte Generation in Freiheit, die – ante portas – die zweite bedrohte, deren Repräsentantin Indira Gandhi als Mittler zwischen den Traditionalisten und den Progressisten bereits ihren Platz in der Geschichte eingenommen hatte.

Es half Indira nichts, daß sie den ,,Jugend-Kongreß" ihres Sohnes Sanjay enttäuschen mußte, sie konnte den Jungen keine Wahlkreise geben, weil sie glaubte, wieder auf die alte Parteigarde zurückgreifen zu müssen, um zu verhindern, daß dem Beispiel ihres Landwirtschaftsministers weitere Kongreß-Veteranen folgen würden. Entgegen allen Erwartungen verlor sie die Wahlen mit 153 gegen 297 Stimmen der ,,Janata". In den Straßen brüllten die Menschen: ,,Indira ist vom Sturm weggefegt worden, es lebe die ,Janata'." Es waren die gleichen Männer und Frauen, die Indira 1971 zugejubelt hatten. Und es würden dieselben sein, die 1980 ihre Rückkehr an die Macht begeistert feiern sollten.

Die ,,Janata", die von Jayaprakash Narayan, Morarji Desai, Jagjivan Ram und Atil Behari Vajpayee aus fünf Parteien – von der extremen Rechten über die Mitte bis zur Linken – und einer kleinen Splittergruppe gegründete Allianz trat Indiras Nachfolge an. Den Posten des Premierministers übernahm der 81jährige Morarji Desai, der damit das Ziel erreichte, das er seit Jahrzehnten angestrebt hatte. Auf dem innenpolitischen Programm standen die Wiederherstellung demokratischer Verhältnisse und die Reparatur aller Schäden aus dem Notstand, neben all

den Aufgaben, die jeder indischen Regierung bis zu diesem Tag gestellt worden waren.
Die Außenpolitik der ,,Janata" vollzog sich im Schatten Indiras. Was die Beziehungen zur Sowjetunion anging, so erfuhren sie auch nach dem Sturz von Indira Gandhi keine substantielle Änderung. Zwar sagte der neue Ministerpräsident Morarji Desai bei seinem Regierungsantritt am 20. März 1977 vor der Presse, das Leitmotiv seiner Außenpolitik sei die Rückkehr zu einem echten ,,Non-alignment", zu einer ,,echten Bündnislosigkeit", was unter Umständen eine Korrektur gewisser Verträge erfordere. Desai bestritt später mir gegenüber, daß er damit die Sowjetunion gemeint habe. Die Presse hätte ihn falsch zitiert. In der Tat ließ Desais Verhalten gegenüber der Sowjetunion keinen Schluß auf eine spektakuläre Änderung der indischen Außenpolitik zu. Desai sprach die Wahrheit, als er anläßlich seines zwischen dem 21. und 26. Oktober stattfindenden Staatsbesuches in Moskau sagte, er sei gekommen, um die traditionelle Freundschaft zwischen Indien und der Sowjetunion weiter zu festigen.
Mit Amerika konnte Desai das Verhältnis entkrampfen. Eine wesentliche Änderung gelang jedoch auch hier nicht. Wie einst Indira Gandhi lehnte Desai energisch eine Unterwerfung der indischen Nuklearindustrie unter internationale Kontrolle ab, solange nicht auch die Supermächte zu einer solchen Kontrolle bereit wären. Für eine weitere Lieferung von angereichertem Uran aus den USA wollte auch die Regierung Desai in einem notwendigen neuen Abkommen keine politischen Garantien geben, sie betonte aber ausdrücklich, daß Indiens Atomkraft nicht zur Herstellung von Bomben benutzt werde.
Die jahrelangen Bemühungen Indiens um eine Détente mit der Volksrepublik China waren nicht ohne Erfolg geblieben. Die entscheidenden Schritte wurden allerdings bereits 1976 unter der Regierung Gandhi mit der im Juni erfolgten Entsendung von Narayanan nach Peking getan. Der chinesische Botschafter überreichte im September 1976 sein Beglaubigungsschreiben in Neu-Delhi.
Desai mußte eine schwere Trübung des indisch-chinesischen Frühlings hinnehmen. Als die Chinesen am 17. Februar 1979 Vietnam angriffen, schrieb der Leitartikler der ,,Times of India" von einem absichtlichen, kalkulierten und unerträglichen Affront gegenüber Indien. Wollten die Chinesen mit einem Seitenhieb auf Delhi und Moskau demonstrieren, daß sie keine ,,Papiertiger" sind, sondern willens und fähig, notfalls Waffen einzusetzen, um ihre politischen Ziele zu erreichen? Den Zeitpunkt der chinesischen ,,Strafaktion" mußten die Inder als besondere Ohrfeige

empfinden, befand sich doch gerade der indische Außenminister Vajpayee in China, um Gespräche über die weitere Verbesserung der Beziehungen zu führen. Mußten die Inder nicht glauben, man habe sie an ihre Niederlage vom Oktober 1962 im Himalaya erinnern und damit demütigen wollen? Jedenfalls brach der indische Außenminister seine Reise ab, was de facto ein Scheitern seiner Mission signalisierte.
Die Sowjets witterten Morgenwind. Sie ergriffen die günstige Gelegenheit beim Schopf und entsandten am 9. März 1979 Ministerpräsident Kossygin nach Delhi. Was er nicht sagen wollte, schrieb die sowjetische Presse: Sie erinnerte daran, daß China nach wie vor Tausende von Quadratkilometern indischen Territoriums besetzt halte und daß die von den Chinesen gebaute Karakorumverbindungsstraße nach Pakistan durch ein von den Indern beanspruchtes Territorium führe.
Kossygin ließ es nicht bei Freundschaftsbeteuerungen und schönen Reden bewenden, er bot vielmehr einen neuen Vertrag über „Zusammenarbeit in Wirtschaft und Handel, Wissenschaft und Technik" an, der am 14. März unterzeichnet wurde. Gerüchteweise verlautete, Moskau habe als Gegenleistung eine Bekräftigung der Konsultationsklausel verlangt, wie sie im bilateralen Freundschaftsvertrag von 1971 für den Fall einer „militärischen Bedrohung" formuliert ist. Würde Moskau, der bedeutende Waffenlieferant und Handelspartner, der mehr als zehn Prozent des indischen Exportvolumens absorbierte, das wirklich gefordert haben, wäre es in Indien schwergefallen, sich zu wehren. Und die Sowjetunion hätte eine weitere Runde gegen China im Kampf um Asien gewonnen.

Niemand konnte bestreiten, daß die „Janata" außenpolitisch auf Indiras Pfaden wandelte. Die Erfolge auf internationalem Gebiet reichten jedoch nicht aus, um das, was in der Innenpolitik geschah, zu verkleistern. Diese wurde weitgehend vom Haß auf Indira bestimmt. Besondere Kritik galt Sanjay Gandhi, dem die „Janata"-Regierung – wie seiner Mutter und seiner Frau – den Paß wegnahm. Am 10. Juni wurde ein Haftbefehl gegen Sanjay, den Enkel Nehrus, erlassen. Er blieb jedoch gegen Kaution auf freiem Fuß. Ein ehemaliger Richter wurde beauftragt, die „Aktionen" der Familie Gandhi zu untersuchen, insbesondere die Vorgänge um die Autofabrik Maruti. Die von Sanjay mitbegründete Firma habe – so lautete die Anklage, trotz langer Vorbereitungen und großer Kapitalinvestitionen bis dahin noch nicht mit der Serienproduktion begonnen. Man bezichtigte Sanjay undurchschaubarer Praktiken. Wegen der angeblichen Zerstörung eines Anti-Indira-Films von Amrit

Nahaba wurde ihm am 7. August der erste Prozeß gemacht. Weitere sollten folgen. Eine scharfe Pressefehde befaßte sich mit der Zwangssterilisierung und der zwangsweisen Beseitigung der Slums im Zusammenhang mit dem Notstand.
Gegen Indira setzte von allen Seiten eine heftige Kampagne ein. Im Juli 1978 befragte ich den damaligen Ministerpräsidenten Morarji Desai, ob es stimme, daß sich Indira Gandhi gegen Gesetz und Verfassung vergangen habe. ,,Aber natürlich tat sie das", antwortete er. ,,Der Notstand wurde nicht korrekt verhängt, aber das müssen wir prüfen und beweisen. Sollte sich aufgrund unserer Gesetze kein klarer Fall gegen sie ergeben, dann kann es auch keine Festnahme geben. Wir möchten keine hitzige Aktion unternehmen, die als rachsüchtig bezeichnet werden könnte. Das hat sie gemacht, als sie uns festnahm – und das war ganz und gar undemokratisch, und wir unterscheiden uns ja von Mrs. Gandhi gerade dadurch, daß wir dem Land die Demokratie zurückbrachten." Was Desai in Wahrheit über den ,,Fall" dachte, wurde durch seine Worte kaum kaschiert.
Offensichtlich wollte Desai – besserer Einsicht folgend und politisch kalkulierend – aus Indira keine Märtyrerin machen. Daß er wenige Monate später, am 19. Dezember 1978, unter dem Druck seines Vizepremiers, Charan Singh, ihrer Verhaftung im Plenarsaal zustimmte, war ein kapitaler politischer Fehler. Er war um so fataler, als gerade sechs Wochen vergangen waren, seit Indira Gandhi bei einer Nachwahl im südindischen Chikmagalur haushoch gegen Industrieminister Fernandes gewonnen hatte. Die Abgeordneten störte das wenig. Sie verurteilten Indira wegen ,,Verletzung der Vorschriften des Parlaments" zu einer Gefängnisstrafe bis zum Ende der Sitzungsperiode und sprachen ihr gleichzeitig das Abgeordnetenmandat ab.
Da die Sitzungsperiode ohnedies wenige Tage später zu Ende ging, wurden Urteil und Haft zur Farce. Die riesigen Demonstrationen, mit denen Indira nach ihrer Freilassung gefeiert wurde, waren als Signal nicht mehr herunterzuspielen. Die politische Instinktlosigkeit der Regierung erwies sich als Bumerang für die ,,Janata". Die Wende war da und wurde von allen, auch von den Gegnern, notiert. Die Opposition trug selbst einen erheblichen Teil Schuld. Einig im Willen gegen Indira, war die von Jayaprakash Narayan erzwungene Gruppierung der heterogenen Parteien an die Macht gelangt. Aber dann kam das große Dilemma: Sie hatten versäumt, sich auf ein gemeinsames positives Programm zu einigen – es genügte nicht, gegen etwas zu sein, man mußte auch gemeinsam für etwas eintreten. Die demokratischen Ideale der ,,Janata" verblaßten in

häßlichen Intrigen und Kämpfen miteinander. Ein erbärmliches Schauspiel bot sich den verdutzten Wählern. Bevor die „Janata" im Sommer auseinanderfiel, machte Jayaprakash Narayan, der – ohne ein Amt zu übernehmen – die große Autorität der Opposition geblieben war, letzte Anstrengungen, die Streithähne zu versöhnen. Vergeblich. Seine Kraft reichte nicht mehr aus, die zerstrittenen Regierungsmitglieder zur Vernunft zu bringen und die große Wandlung der Gesellschaft durchzuführen, von der er geträumt hatte. Es blieb dem ruhelosen Rebellen nichts, als resigniert festzustellen: „Der frische grüne Garten, den ich in meinem Alter anlegte, wurde durch Parteienstreitigkeiten und durch die Lust an der Macht verwüstet."

Was „Eingeweihte" seit März 1977 gewußt haben wollen, geschah im Juli 1979: der Sturz der „Janata"-Regierung und ihres 84jährigen Ministerpräsidenten Morarji Desai. Mit ihm trat wieder ein Teil der alten Garde, die Indien in die Unabhängigkeit geführt hatte, von der politischen Bühne ab.

Der Schwanengesang war nicht schön. Ein mißliches Gezänk zwischen Persönlichkeiten und Parteien verhinderte eine neue stabile Regierung. Der Hunger nach Macht lockerte alle Bande frommer politischer Scheu. Nach dem Sturz Desais meldeten seine beiden Stellvertreter Charan Singh und Jagjivan Ram – ebenso wie er selbst – ihren Anspruch auf Regierungsbildung an. Desai, wie Charan Singh, der von der Allianz absprang, um seine „Janata-S" zu gründen, behaupteten, sie hätten 279 Abgeordnete hinter sich. Wer mit zwei malnehmen kann, weiß, daß zumindest einer der beiden alten Herren nicht bei der Wahrheit blieb. 279 und 279 sind 558. Das indische Unterhaus aber hatte zur Zeit seiner Auflösung nur 535 Abgeordnete. (Insgesamt hat es 544 Abgeordnete, von denen zwei vom Präsidenten nominiert werden. Der Parlamentspräsident (Speaker) und sein Stellvertreter legen bei der Amtsübernahme ihre Parteizugehörigkeit ab. Fünf Sitze waren vakant.) Und jedermann wußte, daß Singh davon nur 92 hinter sich hatte. Was bewog den indischen Präsidenten Reddy, den streitbaren Bauernführer mit der Regierungsbildung zu beauftragen? Es konnte doch unmöglich nur die Behauptung Singhs gewesen sein, entgegen jedem Augenschein eine regierungsfähige Koalition zustande bringen zu können? Wurden beim höchsten Entschluß ungelöste soziale Probleme der Indischen Union spektakulär? Die Alternative hätte nämlich Jagjivan Ram geheißen, der als das inoffizielle Oberhaupt der Kastenlosen galt. Hatte Indien aber schon die demokratische Reife erlangt, die einen Unberührbaren als Regierungschef tolerieren würde? Rams Ernennung hätte eine geistige

Revolution von unvorstellbarem Ausmaß annonciert. Daß diese Zeit noch nicht gekommen ist, zeigte der Auftrag an Singh. Am 28. Juli wurde er als fünfter Ministerpräsident des unabhängigen Indien auf das höchste Regierungsamt vereidigt. Der Triumph des ehrgeizigen Bauernführers dauerte nicht lange – am 20. August, kurz bevor sich Singh auf Wunsch des Präsidenten einer Vertrauensabstimmung im Parlament stellen sollte, trat er zurück.

Was sich ereignet hatte, war schier unglaublich: Charan Singh, der einst den Rivalen Desai und dessen Minister als ,,impotente Kerle" bezeichnet hatte, weil sie Indira nicht den Prozeß machten, in dem sie wegen Amtsmißbrauchs verurteilt werden sollte, scheute sich nicht, seine Abgesandten eben zu jener Indira zu schicken, um zu erkunden, ob sie nicht mitspielen wollte, um ihn regierungsfähig zu machen. Madame muß ihm wohl eine sibyllinische Antwort gegeben haben, so vielleicht, wie es einst die Orakel von Delphi und Siwa taten, dem Gläubigen und Hoffnungsvollen alle spekulativen Möglichkeiten offenlassend. Singh – hungrig nach Macht – wagte seinen ,,Ritt über den Bodensee", aber er erreichte das rettende Land nicht.

Nach Singhs Sturz geschah das Unvermeidliche – Jagjivan Ram meldete mit seinem Anspruch auf die Regierungsbildung auch den Anspruch von hundert Millionen Kastenloser auf Anerkennung, soziale Gerechtigkeit und Gleichberechtigung an. Daß der Präsident, anstatt Ram zu beauftragen, das Parlament auflöste und Neuwahlen anordnete, bezeichnete Ram als undemokratisch und gegen die Verfassung gerichtet. Der enttäuschte Politiker erklärte: ,,Das Land wird dem Präsidenten die undemokratische Auflösung der *Lok Sabha* niemals verzeihen." Ram sprach für die große Masse der Unglücklichen und Leidenden, die ihm ihre Sympathie in Massendemonstrationen gegen den Präsidenten bewiesen. Ob Ram nun über 205, 210 oder 230 Sitze, wie manche Beobachter behaupten, verfügte, war gleichgültig. Die Mehrheit sind 268 – der Schlüssel zur Macht lag wiederum bei Indira Gandhi. Der alte Fuchs Ram, der übrigens immer ein glänzender Verwaltungsbeamter und erfolgreicher Minister war, scheute sich ebensowenig wie sein Rivale Singh, bei Indira zu antichambrieren. Er bot ihr heimlich Mitarbeit und Übertritt an. Vergeblich – die ehemalige Premierministerin, von Jagjivan Ram vor zweieinhalb Jahren im letzten Augenblick schnöde verlassen, nahm Rache. Sie zeigte ihm die kalte Schulter.

Die Propheten Meinungsmacher traten in Aktion. Bereits im August veröffentlichte die angesehene, gegen die Kongreß-Partei eingestellte Zeitschrift ,,India Today" eine Umfrage, in der 64 Prozent aller Befrag-

ten erklärten, sie hätten sich unter Frau Gandhis Regime wohler gefühlt als unter dem der nachfolgenden „Janata“-Regierung. 48 Prozent sagten, sie würden Indira im Dezember wieder wählen.
Die amerikanische Zeitschrift „Time“, gewöhnlich sehr gut unterrichtet, meinte Anfang September: „Weniger als drei Jahre nachdem sie durch das indische Volk aus dem Amt hinweggefegt wurde, könnte Mrs. Gandhi noch einmal die ‚Tochter der Nation‘ werden, Nachfolger ihres Vaters Jawaharlal Nehru und Haupt einer politischen Dynastie, die Indiens Schicksal mehr als 40 Jahre lang bestimmte.“ Was hatte Indira selbst dazu zu sagen?

Rückblicke VI – Vor der Rückkehr an die Macht: Interview mit Indira Gandhi im Dezember 1979

Es war 19 Uhr, als ich am 16. Dezember 1979 in der Akbar Road 24 ankam. Im Hauptquartier der Kongreß-Partei drängten sich die Menschen, die Indira wenigstens sehen wollten. Mühsam bahnte ich mir einen Weg durch die Massen bis zum Gebäude. Dort standen die Reporter mit ihren Kameras, ließen die Scheinwerfer leuchten, blitzten und fragten: „Wird Indira zurückkommen? Welche Chancen hat die Kongreß-Partei, was denken Sie, was meint Madame selbst?" – „Kein Kommentar", antwortete ich und versuchte, ins Haus zu schlüpfen. Die Journalisten und Kameraleute folgten, umringten mich, wiederholten ihre Fragen. Im Vorraum saßen einige Botschafter. Für sie war anscheinend die Entscheidung bereits gefallen.

Indira erwartete mich. Ihr Gesicht war schmal geworden. Wochen eines anstrengenden Wahlkampfes lagen hinter ihr. Und draußen warteten Hunderte mit ihren Anliegen, mit den Berichten aus der Provinz.

„Go ahead", sagte sie lächelnd, „was wollen Sie wissen?"

„Frau Gandhi, es gibt Leute, die Ihr starkes Engagement in der Parteipolitik für persönlichen Ehrgeiz halten . . ."

„So?" meinte sie, noch immer lächelnd, „aber ich habe Ihnen doch schon so oft erklärt, daß Politik für mich kein Mittel ist, um Karriere zu machen. Mein Vater und Mahatma Gandhi haben mich gelehrt, daß man eine Sache um ihrer selbst willen tun muß – ich habe nichts anderes gelernt und erfahren."

Ich wagte es, zu diesem Thema noch eine weitere Bemerkung zu machen: „Sie haben mir in den letzten zwei Jahren mehrmals gesagt, sie wollten nicht wieder Premierminister werden. Wer die Wahlpropaganda Ihrer Partei betrachtet, muß anderer Meinung sein. Ich denke an die Plakate, auf denen steht: ‚Indira is India, India is Indira' – ‚Indira ist Indien – Indien ist Indira', oder ‚Indira – Indien braucht Dich'. Liegt zwischen Ihren Worten und der Wahlkampagne nicht ein erheblicher Widerspruch?"

Indira wurde nicht ungeduldig. Ihre Stimme blieb ruhig: „Es stimmt zwar, daß ich gesagt habe, Premierminister wolle ich nicht mehr werden, das hieß aber nicht, daß ich nicht mit aller Kraft den Sieg für meine

Partei anstrebe. Lassen Sie mich zur Klärung meiner Haltung eines sagen: Indiens Zukunft ist mein Schicksal und – wenn es mein Schicksal will – meine Aufgabe."

„Eine gigantische Aufgabe, Hunderte von Problemen, wo würden Sie beginnen?"

„Auch das haben wir schon oft besprochen. Wir müssen uns einem Indien angepaßten Sozialismus verschreiben – endlich allen gleiche Chancen eröffnen, die Dorf-, Heim- und Kleinindustrie entwickeln, die Landwirtschaft modernisieren, das Erziehungssystem verbessern, soziale Einrichtungen, die industrielle Produktion vorwärtstreiben, Ruhe und Ordnung gemäß bestehender Gesetze wiederherstellen."

„Und wie wollen Sie das Hauptübel Indiens, die Armut, endgültig überwinden?"

„Wir werden hundert Jahre brauchen", erklärte sie, ihre Stirne zwischen den geschwungenen Augenbrauen zu zwei steilen Falten zusammengezogen.

„Kann Indien hundert Jahre warten? Werden sich da nicht doch Helfer einfinden, die meinen, es ginge schneller mit einer Diktatur als mit der Demokratie?"

„Ich habe Ihnen schon einmal – es war 1971 vor der Kamera – gesagt, daß ich mich der Demokratie zutiefst verpflichtet fühle."

„Es gibt Leute, die Sie diktatorischer Neigungen bezichtigen."

„Sollten Sie mit Ihrer Bemerkung auf den Notstand anspielen, den ich 1975 wegen des undemokratischen Verhaltens der Opposition ausrief, so möchte ich antworten, daß er eine durch unsere Verfassung legitimierte Aktion war. Und bedenken Sie bitte, daß ich selbst und nicht meine Nachfolger den Notstand und was mit ihm zusammenhing, korrigierte, als ich für den März 1977 Wahlen ausschrieb, durch die ich mein Amt verlor. Niemand kann doch bestreiten, daß die Wahl ein demokratischer Vorgang war. Auf diesem Weg wollen wir weitergehen, so wie wir es eindeutig in dem im Dezember veröffentlichten Manifest von Kongreß-I festgelegt haben: Die Partei ist gegen Pressezensur, sie ist gegen jeden Zwang oder gegen jede Form von Benachteiligung im Zusammenhang mit der Familienplanung. Die Partei unterstreicht von neuem ihren Glauben an die Unabhängigkeit der Justiz als einer notwendigen Komponente der Demokratie."

„Sie würden also nicht wieder einen Notstand ausrufen?"

„Nein, und nicht nur deshalb nein, weil heute durch Zusatzartikel zur Verfassung das nicht mehr ginge, was damals im Rahmen der Gesetze möglich war. Ich glaube heute, man kann Krisensituationen auch anders meistern."

„Wie denn?“
„Nun, wir haben ja schließlich Gesetze. Allerdings in bezug auf die Sicherheit im Lande scheinen sie außer Kraft gesetzt worden zu sein. Verbrechen, Diebstahl, Vergewaltigung und Mord gehören zur Tagesordnung.“
„Wollen Sie auf außenpolitischem Gebiet dem Vorbild Ihres Vaters folgen?“
„Ja, ich glaube nach wie vor, daß Indien dem Weltfrieden am besten dienen kann, wenn es ‚non-aligned‘, bündnisfrei, bleibt.“
„Blieben Sie wirklich bündnisfrei – im August 1971 schlossen Sie doch einen Vertrag mit der Sowjetunion?“
„Das war ein freundschaftliches Übereinkommen, das uns zu nichts verpflichtete, insbesondere nicht zu militärischem Beistand.“
„Aber kann man in Anbetracht des entscheidenden Anteils, den die Sowjets an der indischen Aufrüstung haben, im Ernst von ‚Non-alignment‘ sprechen?“
„Jede Nation muß Waffen dort kaufen, wo man willens ist, welche zu verkaufen.“
„Aber solche Geschäfte binden.“
„Die Sowjets haben niemals versucht, diese von Ihnen als Bindung bezeichnete Vereinbarung politisch auszunutzen. Ja, sie haben im Gegenteil das Entscheidende akzeptiert: meine Ablehnung ihres Wunsches nach einem kollektiven asiatischen Sicherheitspakt. Nicht die Regierung Desai hat dagegen das erste Veto angemeldet, es war meine Regierung. Die europäische Presse, die mich so heftig als moskauhörig attackierte, hat das geflissentlich übersehen.“
„Aber waren Sie denn nicht manchmal zu erstaunlichen, für die Sowjetunion angenehmen Entscheidungen bereit, wie z. B. zur Anerkennung des von nahezu allen nationalgesinnten Kambodschanern abgelehnten vietnamhörigen und moskautreuen Revolutionsregimes von Kambodscha?“
„Der Fall ist komplex. Glauben Sie denn etwa, daß die von China unterstützte Schreckensregierung des Pol Pot von irgendeinem kambodschanischen Nationalisten gewollt wurde? Aber wenden wir uns doch anderen, weniger komplizierten außenpolitischen Problemen zu, zum Beispiel der Verständigung mit den ASEAN-Ländern, mit Nepal und mit Bhutan. Ich habe außerdem die Aussöhnung mit Pakistan betrieben und die Normalisierung unserer Beziehungen mit China eingeleitet. Ich habe nach allen Richtungen hin entscheidende Schritte getan.“
„Auch gegenüber Amerika?“

„Die USA sind ein Spezialfall – sie denken nicht differenziert. Die Amerikaner leben im Grunde in den alten Vorstellungen des sogenannten Ost-West-Konflikts, wenn Sie so wollen: des Kalten Krieges. Wenn wir gute Beziehungen zur Sowjetunion unterhalten, verdächtigen sie uns des Kommunismus. Nichts aber – das wissen Sie doch von Ihren Reisen durch unser Land – liegt dem indischen Volk ferner. Wozu also ein solch propagandistischer Unsinn? Die besonderen und akuten Spannungen jedoch zwischen uns und den Vereinigten Staaten resultierten aus der Weigerung der amerikanischen Regierung, uns mit angereichertem Uran zu beliefern. Aber lassen Sie uns abwarten, ob da vielleicht eine Änderung eintritt. Der Vorwand jedenfalls war lächerlich: Wir wollen Uran nicht, um Atombomben herzustellen: wir müssen, wie übrigens auch Europa, daran denken, das Erdöl zu ersetzen, Nuklear-Energie zu produzieren, damit wir wirtschaftlich überleben können."

„Teilen Sie diese Auffassung nicht mit Ihren politischen Gegnern?"

„Ich habe niemals bestritten, daß es auch unter meinen Gegnern Patrioten gibt. Die greife ich nicht an, sondern nur jene alten Herren, die durch ihre persönlichen Querelen die ‚Janata' regierungsunfähig und Indien zu einer Karikatur machten."

„Würden Sie, gesetzt den Fall, Sie hätten die Möglichkeit, an Ihren Gegnern Rache nehmen?"

„Rubbish – Unsinn! Wollte ich Rache nehmen, träte der gleiche Zustand ein wie unter Desai: Ein Gefühl der Rechtsunsicherheit würde sich verbreiten und damit eine gewisse Inhumanität. Wir hätten wieder keine Stabilität. Was wir brauchen, ist – auf eine einfache Formel gebracht: forgive and forget – vergeben und vergessen."

„Das ist ja eine christliche Maxime –"

„Es drückt nur die grundsätzliche Einheit aller Religionen aus."

„Welche Pläne haben Sie mit Ihrem von so vielen Seiten heftig kritisierten Sohn Sanjay?"

„Gar keine. Er muß seinen Weg selbst gehen. Schließlich hat er sich ordnungsgemäß zur Wahl aufstellen lassen. Man sollte die Entscheidung der Wähler akzeptieren, so ist das doch in einer Demokratie."

Die Finger der schmalen Hände trommelten auf der Tischplatte, zupften an den Akten, spielten mit der Telefonschnur. War die unübersehbare Nervosität, die sich am Ende unseres Gesprächs auch in dem leichten Zucken der Augenlider wieder bemerkbar machte, ein Zeichen der Unruhe, mit der diese Frau zu welchem Ziel auch immer drängte?

Die Tür öffnete sich leise. Der persönliche Sekretär der Parteipräsidentin erschien, hinter ihm tauchte der Botschafter von Algerien auf. Indira

entschuldigte sich liebenswürdig, daß sie ihn wegen unseres Gesprächs so lange warten ließ. ,,Aber glauben Sie mir, Exzellenz, es war unvermeidbar."
Der Botschafter kam nicht zum Zuge. Hinter ihm drängten die Journalisten in den Raum. Das Geblitze nahm kein Ende. Indira mußte sich zu einer unvorbereiteten Pressekonferenz entschließen. Ihre Antworten waren schlagfertig und witzig bis zum Sarkasmus.
Wer ihr Leben nicht kannte, würde kaum glauben können, daß diese Frau einmal ein sehr schüchternes und scheues Mädchen gewesen ist. Illusionen und Träumen hatte sie in langen und harten politischen Kämpfen abgeschworen. Die Frau ohne verspielte Kindheit stand auf nüchternem Grund – eine kühle Strategin im politischen Spannungsfeld. Nur wenige kannten die andere Indira, die zwar eine zärtliche Mutter und Großmutter war, im Grunde jedoch ihr ganzes Leben lang eine ,,very lonely person" blieb, ein einsamer, ganz auf sich allein gestellter Mensch.
Über die Presse, der Indira im allgemeinen sehr ablehnend gegenüberstand, mußte sie sich in den Wochen und Monaten vor der Wahl nicht beklagen. In dem Kapitel ,,Der Grund – warum" seines Buches ,,Indira Gandhi returns" schrieb Khushwant Singh 1979: ,,Wie meine Kollegen aus dem Journalismus habe ich eine Menge Männer und Frauen interviewt, die die Geschichte unseres Landes lenken. Indira Gandhi habe ich öfter gesehen, seit sie nicht mehr Premierminister war, als vorher, und vielleicht kenne ich sie ein wenig besser als andere meiner Berufskollegen. Ich habe sie an der Macht gesehen, als sie die Macht verloren hatte. Und nun, da sie wieder auf dem Wege zur Macht ist, fühle ich mich in meiner Überzeugung bestärkt, daß sie mehr zu sagen hat als irgendeiner von denen, die je den Sitz des Ministerpräsidenten erstrebten. Ich habe viele von den Aspiranten interviewt, ich habe auch mit ausländischen Spitzenpolitikern gesprochen. All diese Begegnungen haben mich in meiner Meinung bestärkt, daß von den Indern allein Indira Gandhi die Statur einer führenden internationalen Persönlichkeit hat."
Einst kritische Journalisten wie Kumud Khanna von der ,,Times of India" schrieben plötzlich Artikel mit der Überschrift ,,Why we need Indira" – ,,Warum wir Indira brauchen".
Wo andere versagt hatten, war die Tochter Nehrus wieder zur Hoffnung geworden. Hunderttausende von Armen und Geplagten bevölkerten ihre Wahlversammlungen. Was die Massen ergriffen hatte, ließ sich nicht nur mit nüchternen Argumenten analysieren. Stimmte es gar, was so viele Journalisten und Politiker aus dem Ausland behaupteten, für die

Masse des indischen Volkes sei es völlig gleichgültig, ob das Land autoritär oder demokratisch regiert würde? So kann nur einer sprechen, der Indien nicht kennt. Das demokratische Selbstverständnis ist tief in den Traditionen des indischen Dorfes verwurzelt – im *Panchayat*, der alle Probleme intensiv diskutiert und seine Entscheidungen gemeinsam fällt.

1977 erteilten die Bauern Indira eine harte Lektion. Sie reagierten mit einem Nein auf die Politik der Familienplanung, auf einen Zwang, der auf ihr ureigenes, privates Leben ausgeübt werden sollte. Bei den Wahlen vom 6. Januar 1980 handelte es sich um ein ganz anderes Problem. Übereinstimmend schrieben die Kommentatoren der großen indischen Zeitungen, daß es bei diesen Wahlen nicht um einen Wettkampf zwischen verschiedenen Programmen gegangen sei, sondern um die Entscheidung zwischen Personen. Nicht das Credo also, das Charisma war entscheidend. Und hier stoßen wir auf die unwägbaren Hintergründe des Phänomens Indira Gandhi.

Wenn die Wähler jetzt wieder der Tochter Nehrus ihre Stimme gaben, so geschah das nicht nur aus Enttäuschung über die „Janata", über die leeren Versprechungen, über das anhaltende Elend, das Gangstertum, über Inflation, politische und religiöse Unruhen, hier war etwas in Gang gekommen, was Journalisten und Wahlmanager gleichermaßen artikulierten: „Indira – Indien braucht Dich."

Sie triumphierte nicht nur, weil ihre Gegner schwach waren. Für ihren Sieg gab es andere Gründe. Imponderabilien, die man nicht mit der Elle messen konnte. Die Klugen unter Indiras Gegnern wußten das ebenso wie ihre Freunde. Sie besaß, was ihre Feinde nicht besaßen: das Charisma, die Ausstrahlung eines gesamtindischen Führers, das hieß, sie wurde im kontroversen Indien fast überall akzeptiert. Jedermann kannte sie und traute ihr zu, daß sie bewahren konnte, was ihr Vater Jawaharlal Nehru geschaffen hatte: die Einheit der Nation.

Die Wahl vom 6. Januar 1980 war ein erneutes Votum für die Integrität des säkularen Staates, zu dem sich die Inder aller Rassen, Kasten und Religionen am 15. August 1947 bekannt hatten.

1980 – Triumph und Tragik

Afghanistan und die Supermächte

Indira Gandhis Rückkehr auf den Sessel des Ministerpräsidenten von Indien fiel in eine dramatische Periode asiatischer Geschichte. Als sie am 14. Januar 1980 zum viertenmal in ihrer politischen Laufbahn auf das hohe Amt vereidigt wurde, waren gerade 19 Tage seit dem Einmarsch sowjetischer Truppen nach Afghanistan vergangen. Was wollten die Russen? Durchgänge über Belutschistan oder Pakistan erzwingen, um alte zaristische Träume von eisfreien Häfen – etwa am Persischen Golf oder am Arabischen Meer – zu verwirklichen? War das Ziel eine Kontrolle der Transportwege für das „schwarze Gold", von dem die westliche Welt noch immer abhing? Mit Afghanistan wurde ein Sprungbrett erobert, eine wichtige Ausgangsstellung zur Durchsetzung eines globalen sowjetischen Konzepts, in dem Indien eine Schlüsselposition zugedacht war. Das Ringen um Einfluß in Asien hatte eine imperialistische Dimension bekommen, von der auch Indien sich betroffen fühlen mußte. Die Sowjets machten mit ihrem Einmarsch in Afghanistan den ersten ernsthaften Versuch, das internationale Kräfteverhältnis zugunsten des sozialistischen Weltsystems zu verändern.
Mit dem Vormarsch der Sowjets zum Khyberpaß, diesem historischen Tor nach Südasien, rückte Indien in den Brennpunkt weltpolitischer Erwägungen, die erhebliche Probleme für die indische Außenpolitik brachten. Sie betrafen nicht nur Indiens Beziehungen zur Sowjetunion, deren Armeen nun an den Grenzen des Subkontinents standen, sondern auch sein Verhältnis zu Pakistan, zu China und zu den Vereinigten Staaten von Amerika, deren neue Asienpolitik Indira äußerst irritierte. Handelte es sich doch für die Amerikaner im wesentlichen wieder darum, mit den Nachbarn Indiens militärisch zusammenzuarbeiten, um die sowjetische Expansion einzudämmen, das heißt, wiederum neue, hochmoderne Waffen an Pakistan zu liefern.
Zum Einmarsch der Sowjets in Afghanistan kamen zunächst widersprüchliche Äußerungen aus Delhi. Indien schien das Argument der UdSSR, man habe die Truppen auf Ersuchen der afghanischen Regie-

rung entsandt, bedingungslos zu akzeptieren. Bei der am 10. Januar beginnenden Afghanistan-Debatte in der UN-Vollversammlung, die den Einmarsch mit 104 Stimmen bei 18 Enthaltungen verurteilte, enthielt sich der indische Delegierte auf Anweisung der soeben wieder zur Ministerpräsidentin ernannten Indira Gandhi der Stimme. Am 16. Januar besuchte Großbritanniens Außenminister Lord Carrington Neu-Delhi, in der Hoffnung, Frau Gandhi ein deutliches Wort gegen die russische Invasion zu entlocken, um damit die Meinung in der Dritten Welt und im Lager der ,,Blockfreien" zu beeinflussen, für die Indira Gandhi nach wie vor eine erhebliche Autorität war. Zwar sagte die indische Premierministerin am gleichen Tag nach ihrem Gespräch mit Lord Carrington: ,,Ich glaube nicht, daß ein Land das Recht hat, in ein anderes einzudringen", aber gleichzeitig vertrat sie auch wieder die offizielle sowjetische Version, daß die afghanische Regierung um die Entsendung der Truppen gebeten habe. Dazu konnte man nur fragen, welche Regierung denn eigentlich? Die des gleich nach dem Einmarsch zum Tode verurteilten und hingerichteten Hafizullah Amin?
Die Kette von prominenten Besuchern in Indien riß in den kommenden Wochen nicht ab. Stets kam es zu ähnlichen Verlautbarungen oder Kommuniqués. Nach dem französischen Staatspräsidenten Valéry Giscard d'Estaing und dem österreichischen Bundeskanzler Bruno Kreisky traf am 30. Januar als Sonderbeauftragter des amerikanischen Präsidenten Clark Clifford in Neu-Delhi ein. Am Tage vor Cliffords Ankunft erklärte Indira Gandhi noch einmal: ,,Was in Afghanistan geschah, ist eine innere Angelegenheit dieses Landes."
In ihrer Rede vor dem Parlament am gleichen Tage wiederholte sie, daß Indien gegen jede bewaffnete Intervention sei. Kein Land dürfe in ein anderes einmarschieren. ,,Alle unsere Anstrengungen", so betonte sie, ,,sind auf einen schnellen Rückzug der sowjetischen Truppen aus Afghanistan gerichtet. Aber", so fuhr sie fort, ,,wir wollen keinen einseitigen Standpunkt gegenüber der Situation einnehmen. Es gibt einen unleugbaren Aufmarsch im Indischen Ozean und eine ganze Armada von Kriegsschiffen im Arabischen Meer. Pakistan steht im Begriff, eine militärische Basis zu werden. Die pakistanische Regierung hat von Amerika Milliarden Dollar an militärischer Hilfe verlangt, einige hundert Millionen wurden bereits gewährt. Andere Staaten sollen überredet werden, dazu beizutragen, aus Pakistan ein Waffenarsenal zu machen. Wir können nur zutiefst verstört sein über die Reaktion mancher Staaten gegenüber dieser Entwicklung. Die afghanische Krise hat die Gefahr nahe an unser Land gebracht."

Wie aus Delhi zu hören war, sah Frau Gandhi die Gefahr für Indien nicht so sehr im sowjetischen Einmarsch nach Afghanistan als vielmehr in der bedrohlichen Entwicklung einer Achse USA–Pakistan–China.
Am 12. Februar kam der sowjetrussische Außenminister Andrej Gromyko zu einem zweitägigen Besuch nach Delhi. Er sah sich zu seinem Mißvergnügen einer Indira Gandhi gegenüber, die ihre Meinung revidiert hatte. Sie verlangte, daß die UdSSR mit dem Abzug ihrer Truppen aus Afghanistan zur Verminderung der Spannungen in diesem Gebiet beitragen solle. Es gelang ihr nicht, mit ihren Argumenten den Sowjetrussen zu überzeugen. Gromyko dachte gar nicht daran, Frau Gandhi auch nur den geringsten außenpolitischen Triumph zu verschaffen. Der sowjetische Außenminister wurde nicht weniger enttäuscht. Hatte Frau Gandhi gehofft, die Politik der Sowjets durch diplomatische Bemühungen zu beeinflussen, so strebte Gromyko vergeblich danach, Frau Gandhis Zustimmung zum afghanischen Abenteuer zu erreichen und durch eine spektakuläre Demonstration sowjetisch-indischer Freundschaft das Vertrauen im Lager der ,,Blockfreien" und in der gesamten Dritten Welt zurückzugewinnen. Kaum verhüllte das einsilbige Kommuniqué zum Abschluß der Besprechungen in Delhi Differenzen und Verstimmung: ,,Die Gespräche, die in einer Atmosphäre von gegenseitigem Vertrauen und Herzlichkeit stattfanden, beschäftigten sich mit der internationalen Situation einschließlich der Entwicklungen in der Region und darüber hinaus."
Bei dem Treffen der Außenminister Indiens und Jugoslawiens, das Ende Februar 1980 in Neu-Delhi stattfand, trat Indiens außenpolitische Linie noch klarer zutage. Beide Seiten sprachen sich deutlich für ein ,,unabhängiges und blockfreies" Afghanistan aus. In politischen Kreisen Indiens wurde seither der sowjetrussische Einmarsch immer wieder scharf verurteilt und der Abzug der Sowjettruppen verlangt. Indira selbst nahm Ende Februar bei einer Rede in der Provinz dazu Stellung: ,,Wir haben der Sowjetunion klar gesagt, daß wir nicht glücklich über die Anwesenheit ihrer Truppen in Afghanistan sind."
Der Hinweis war deutlich. Gewiß wurden Gefahren, die von sowjetischer Seite drohten, manchmal von den Indern relativiert, übersehen wurden sie niemals. ,,Bedenken Sie doch bitte, die Russen stehen am Khyberpaß", sagte Indira mir kurz nach ihrer Wiederwahl, ,,wer Landkarten zu lesen versteht, weiß, was das bedeutet." Im Ernst konnte doch kein vernünftiger Mensch glauben, daß der Ministerpräsident des freien und demokratischen Indien mit einem Einmarsch sowjetischer Truppen in Afghanistan einverstanden gewesen wäre. Es erschien Indira Gandhi

nur nicht klug, möglichen Folgen von Verwicklungen am Khyberpaß mit anderen als diplomatischen Mitteln entgegenzuwirken.
Wie lange diplomatische, strategische und wirtschaftliche Erwägungen Indien das Gesetz des Handelns gegenüber Moskau diktieren würden, war nicht abzusehen. Das hing sicher ganz wesentlich auch von Indiens Beziehungen zu den Vereinigten Staaten von Amerika und zur Volksrepublik China ab, aber auch von einer Entwicklung, die Henry Kissinger einmal die „Macht der Kleinen" genannt hatte, jener Länder, die trotz gewisser militärischer und wirtschaftlicher Abhängigkeiten versuchten, ihren eigenen Weg zu gehen, und sich daher wie Indien in keine Schablone pressen lassen wollten. Gewiß war die Sowjetunion ein bedeutender, wenn nicht der bedeutendste Waffenlieferant, das hatte jedoch Indien ebensowenig erpreßbar gemacht, wie die Wirtschaftsbeziehungen beeinflußt. Die Sowjetunion absorbierte schon zehn Prozent des indischen Exportvolumens, ehe Ministerpräsident Alexei Kossygin am 14. März 1979 den neuen Vertrag über „Zusammenarbeit in Wirtschaft, Handel, Wissenschaft und Technik" mit der indischen Regierung abschloß. Damals hieß der Premierminister noch Morarji Desai, der trotz großer Worte beim Regierungsantritt im März 1977 die Beziehungen zu Moskau nicht wesentlich zu ändern vermochte.
Die indische Tageszeitung „Times of India", für ihre ausgeglichenen Kommentare bekannt, schrieb am 17. Januar, was wir als indische Realität zur Kenntnis nehmen sollten: „Haben wir denn eine andere Wahl, als unsere Sicherheit von der Sowjetunion abhängig zu machen, was immer das Risiko sein mag? Nur jene Inder, die entweder von ihrem Antikommunismus oder Antisowjetismus geblendet oder völlig sorglos hinsichtlich der Verteidigungsbedürfnisse ihres Landes sind oder die Ereignisse um uns herum ignorieren, können ihre Augen vor dieser Notwendigkeit verschließen – als ob dieses Land eine Politik verfolgen könnte, die seine Sicherheitserfordernisse außer acht läßt."
Der Leitartikel der „Times of India" reflektierte Indiens und Indiras Dilemma.
Indira wußte ganz genau, um was es ging, auch wenn sie nicht ständig davon sprach. Afghanistan hatte für Indien seinen historischen Stellenwert behalten. Einst Brücke für die Eroberer, die – wie Alexander der Große, Dschingis Khan und Timur, die Griechen und Perser, die Araber, Mongolen und Briten – nach Osten, nach Indien, zogen, blieb Afghanistan ein wichtiges Tor nach Asien.
Wer Afghanistan beherrscht, kann Iran und Pakistan bedrohen, den Ring um China enger ziehen und Indien in den Griff bekommen. „Wir

können davon nicht unberührt bleiben", sagte die indische Ministerpräsidentin wenige Wochen nach ihrer Amtsübernahme bei einem offiziellen Essen, „es müssen Bedingungen geschaffen werden, welche die Länder unserer Region in die Lage versetzen, ihre Unabhängigkeit und Bündnislosigkeit zu bewahren und frei zu bleiben – von jeder Einmischung von außen."
Trotz solcher Worte waren Freundschaft und Zusammenarbeit mit der Sowjetunion für die Regierung Gandhi nicht diskutierbar. Sie wären es selbst dann nicht gewesen, wenn sich eine entscheidende Wendung in den indisch-amerikanischen Beziehungen ergeben hätte. Um solche Planspiele ging es für Indira Gandhi gar nicht. Sie wollte nicht das Entweder-Oder. Sie wollte, was notabene bereits ihre Vorgänger wollten, das Sowohl-als-Auch. Es hatte wenig Sinn, Noten wie „prokommunistisch" oder „prowestlich" zu verteilen. Indira Gandhi war vor allem proindisch. Sie versuchte, eine pragmatische Politik zwischen den Supermächten Sowjetrußland, Amerika und China zu betreiben.
In guten Beziehungen zur Volksrepublik China, die sie seit Jahren angestrebt hatte, erkannte Indira ein Mittel, zur Sowjetunion auf eine gewisse Distanz zu gehen und das Auf und Ab in den Beziehungen mit Amerika durch einen Ausgleich zu beenden.
Die „Balance of power" als Instrument einer ausgeglichenen Politik war keine so schlechte Konzeption. Stabile Verhältnisse auf der großen asiatischen Drehscheibe Indien, so haben alle bedeutenden indischen Politiker immer wieder versichert, können nur erreicht werden, wenn die Beziehungen zu allen Großmächten gut sind. Diese herzustellen, sah Indira Gandhi als die entscheidende außenpolitische Aufgabe ihrer Regierung an.
Die Voraussetzungen zu deren Lösung hatte sie selbst geschaffen: Indiens hochrangige Stellung innerhalb der internationalen Staatengemeinschaften.

Problem Assam

Indira hatte ihren Wahlkampf unter der Parole geführt: „Für eine funktionierende Regierung." Mit diesem Slogan blieb sie auch siegreich in den im März folgenden Landtagswahlen der wichtigsten Provinzen. Es war nicht schwer gewesen, die von der „Janata" enttäuschten Wähler zu gewinnen. Was diese Regierung an guten Ideen und Programmen vorgestellt hatte – Zurück zum Dorf, Förderung der ländlichen Kleinindustrie

und des Handwerks, Bewässerungs- und Arbeitsbeschaffungs-Pläne, Eindämmung der Inflation –, alles hatte sie durch ihr Gezänk untereinander in dreißig Monaten verspielt. Sie hinterließ auch noch andere Probleme, einen stärkeren religiösen Fanatismus, ein gesteigertes Denken in Gruppen („communalism"). Besonders schwierig erwies sich die Situation in Assam, die sich bis zu Indiras Tod kaum bessern sollte.
Assam ist mit seinen Erdölvorkommen – die Indische Union bestreitet einen großen Teil ihres Verbrauchs aus Assam-Erdöl – mit Abstand der wichtigste unter den als „die sieben kranken Schwestern" bekannten nordostindischen Grenzstaaten. Zu diesen wirtschaftlich unterentwickelten Provinzen gehören außerdem noch Manipur, Tripura, Nagaland, Mizoram, Meghalaya und Arunachal Pradesh. Ihr gemeinsames Staatsgebiet grenzt an Birma, China, Bhutan und Bangladesh und ist mit der übrigen Union nur durch einen schmalen Landstreifen, den „Korridor von Siliguri", verbunden. Die in diesem strategisch exponierten Grenzgebiet beheimateten Menschen gehören ethnologisch zur tibeto-birmesischen Völkerfamilie, und unter ihren Stämmen hat es seit jeher linksnationalistische separatistische Kräfte gegeben, deren blutige Rebellionen die indische Regierung wiederholt zum Einsatz der Streitkräfte zwangen.
Gefährliche Dimensionen gewann dieser Dauerkonflikt, als 1979 die Studenten in Assam eine Agitationskampagne gegen die sogenannte „Ausländer-Invasion" begannen. Angeblich ist ein Viertel der 20 Millionen Menschen zählenden Bevölkerung von Assam erst nach der indischen Unabhängigkeit aus den Nachbarländern eingewandert. Die fünf Millionen „Zugereisten", die den Einheimischen an wirtschaftlicher Tüchtigkeit und an politischer Raffinesse überlegen sind, stammen sowohl aus dem früheren Ostpakistan und jetzigen Bangladesh als auch aus der indischen Provinz Westbengalen. Alle nach 1951 eingewanderten Neubürger Assams sollten nach dem Willen der rebellierenden Studenten sofort repatriiert werden, weil ihre Präsenz eine wirtschaftliche, kulturelle und politische Überfremdung bedeute und die Gefahr heraufbeschwöre, daß die Assamesen einmal zu einer unterdrückten Minderheit in ihrer angestammten Heimat degradiert würden.
Aus der Studentenkampagne von 1979 wurde in den folgenden Jahren eine assamesische Volkserhebung, die sich mit leidenschaftlichem Fanatismus unterschiedslos gegen Muslims und Hindus richtete. Ihre Wurzel ist ein antibengalischer Nationalismus, der immer mehr in einen antiindischen Separatismus auszuarten droht. Als in einer Serie von Demonstrationen bei Zusammenstößen zwischen Militär, Polizei und Assam-Natio-

nalisten viele hundert Menschen getötet wurden und die Studenten monatelang den Abtransport des assamesischen Erdöls blockierten, verhängte die indische Regierung 1982 das Notstandsrecht und stellte die Provinz unter „President's Rule".
Während der Wahlen, die von der indischen Regierung für den Februar 1983 ausgeschrieben worden waren, kam es zu einem furchtbaren Blutbad zwischen Eingeborenen und den zugewanderten Muslims, deren Wahlbeteiligung die Eingeborenen und die einheimischen Hindus verhindern wollten.
Was die Aufständischen verlangten, war eine Ausweisung der Zugewanderten, der Fremden. Das jedoch könnte keine indische Regierung zulassen, es sei denn, sie nähme eine Verfassungsänderung vor. Nach der geltenden indischen Verfassung darf jeder indische Bürger sich niederlassen, wo er will.
Mit der Verfassung verteidigte die indische Regierung in Assam die nationalstaatliche Einheit der Union.

Sanjay Gandhis Tod

Die Tragödie vom 23. Juni 1980 hinterließ in Indira Wunden, die nicht mehr heilten: An diesem Tag stürzte ihr Sohn Sanjay mit seiner kleinen roten Sportmaschine über Neu-Delhi ab – in den Tod: Wie fast an jedem Morgen teilte der junge Gandhi seiner Mutter auch an diesem Montag mit, daß er eine Stunde lang fliegen wolle. Er verließ die gemeinsame Residenz um 7.30 Uhr und fuhr zum Hause von Madhav Rao Scindia, des früheren Maharaja von Gwalior, der mit ihm starten wollte. Der Maharaja hatte verschlafen – das rettete sein Leben. Nach kurzem Aufenthalt im Hause des Freundes fuhr Sanjay zum Safdarjung-Flughafen, wo auch der Delhi-Flugklub stationiert ist. Er suchte den dort wohnenden Chef des Klubs, Flugkapitän Subhash Saxena, auf, der gerade seinen Morgentee einnahm. Nein, eigentlich wollte Saxena nicht fliegen. Daß Sanjay ihn überreden konnte, wurde zu seinem Schicksal.
Die beiden jungen Männer gingen über den Flugplatz zur rotfarbenen Pitts-II-A-Maschine. Dort stand gerade Fluglehrer Shamim, der die beiden überzeugen wollte, nicht den gefährlichen Zweisitzer, sondern eine „Pushpak" zu nehmen – aber Sanjay sagte: „Ich muß heute diesen roten Vogel nehmen, es ist Pitts Tag."
Ohne noch viel Worte zu machen, gingen die beiden an Bord. Saxena übernahm den Frontsitz. Sanjay saß hinten und unterhielt die Verbin-

dung mit dem Kontrollturm. Um 7.58 Uhr hob die Maschine von der Landepiste ab. Ungeduldig, wie Sanjay Gandhi immer in seinem Leben gewesen ist, soll er nicht die erforderlichen 2000 Meter emporgestiegen sein, bevor er mit seinen Spiralen und Sturzflügen begann. Nach dem dritten Looping setzte die Pitts-II-A zum viertenmal zu einer Sturzspirale an. Um 8.10 Uhr sahen die Beamten des Kontrollturms die Maschine hinter dem Ashoka-Hotel, nicht weit entfernt vom Diplomatenviertel, abtrudeln. Als sie nicht wieder auftauchte, ließen die Lotsen am Kontrollstand die Sirenen aufheulen. Wenige Sekunden später stürzte der Fahrer von Sanjay Gandhi in den Wagen und raste zur vermuteten Absturzstelle. Um 8.20 Uhr erreichte er den Ort der Katastrophe.
Die Maschine war, Bäume mitreißend, in der Nähe vom ,,Willingdon Crescent" abgestürzt und am Boden zerschmettert, ganz in der Nähe des Hauses, in dem Indira Gandhi mit der ganzen Familie nach ihrem Sturz 1977 Zuflucht gefunden hatte. Indira, sofort benachrichtigt, stürzte zur Unglücksstelle. Es blieb ihr nichts, als mit dem sterbenden Sohn und seinem Flugkameraden in einer Ambulanz ins Lohia-Krankenhaus zu rasen, wo nur noch der Tod der zerschmetterten beiden jungen Menschen festgestellt werden konnte.
Es dauerte bis 1.45 Uhr, ehe man die zerstörten Körper bandagiert hatte und ihren Angehörigen übergab. Sanjays Leichnam, ganz mit Rosen überdeckt, wurde auf einem Polizeiwagen zum Hause seiner Mutter gebracht und dort aufgebahrt. Indira hielt die ganze Nacht Totenwache. Der blumengeschmückte Tote blieb bis zum anderen Nachmittag im Hause, dann wurde er zur Verbrennungsstelle in der Nähe der Gedenkstätte für seinen Großvater Jawaharlal Nehru gefahren.
Ein Leben war zu Ende gegangen, ehe es zur vollen Blüte kam – eine politische Karriere beendet, ohne daß sie zur erwarteten Spitze gelangt wäre. Es hatte wenig Sinn zurückzublicken – was immer Sanjay Gandhi an politischen Fehlern beging, in bezug auf Familienplanung, auf Sanierung der Slums, die Entwicklung der letzten Monate stand zu seinen Gunsten. Er hatte Fehler eingesehen und sich zu ihnen bekannt, und offensichtlich hatte ihm ein großer Teil seiner früheren Gegner verziehen.
Wichtiger als das Gewicht seiner eigenen Person war die Rolle, die Sanjay für das politische Comeback seiner Mutter gespielt hatte. Er baute die Kader auf, die ihre Rückkehr garantierten. Er hielt die 108 jungen Abgeordneten an der Kandare, um gegebenenfalls Indira im Galopp zu unterstützen. Sanjays Elan waren die Siege bei den Nachwahlen in acht von neun Bundesstaaten zu verdanken.

Wer würde seinen Platz einnehmen? Hatte Indira noch den Impetus, sich da einzumischen? Nach allen Erfahrungen, die sie nach ihrem Sturz und nach ihrer Wiederwahl machen mußte, war sie mißtrauisch geworden. Die gleichen Politiker und ,,Freunde", die sie 1977 verließen, hatten 1980 wieder an ihre Türe geklopft. Die Zahl der Bewerber um ihre Gunst war Legion. Sanjay gehörte zu den wenigen, denen sie noch vertraut hatte. Und war der ,,Kronprinz" nicht überhaupt die Motivation für ihre Rückkehr ins politische Leben gewesen? Hatte seine Zukunft, die ohne ihre charismatische Persönlichkeit wahrscheinlich nicht aussichtsreich gewesen wäre, sie nicht bewogen, das Amt noch einmal zu erobern? Wer so argumentierte, kannte Indira nicht, wußte nicht, daß der ,,Dienst an Indien", den ihr Vater und Mahatma Gandhi sie gelehrt hatten, ihr Handeln vor allen anderen Erwägungen motivierte. Der Blick zurück war müßig. Es galt, an die Zukunft zu denken. Würde der Schmerz um Sanjay sie entscheidend lähmen?
,,Sie wächst an jedem Schmerz", sagte mir einer ihrer Freunde. Am Schmerz um Sanjay zu wachsen – hieß das nicht, Übermenschliches von Indira Gandhi zu verlangen? Und doch bewies die Premierministerin, daß sie die Kraft dazu hatte. Mit bewundernswerter Haltung tröstete sie die junge Witwe Maneka und viele weinende Trauergäste. Aber vor den Urnen mit der Asche ihres Sohnes, der ihre große Hoffnung gewesen war, verlor sie die Fassung. Nun bedurfte sie selbst des Trostes, und es entstand das ergreifende Foto, das durch die Weltpresse ging: Um die gebrochene Mutter legte Rajiv – der Nachfolger – seinen Arm.

Breschnew in Delhi

Der politische Alltag nahm keine Rücksicht auf die Trauer der Mutter. In der zweiten Jahreshälfte wurde das Land von Unruhen und Erschütterungen beherrscht, die bis ins ferne Himalayaland Ladakh reichten.
In den Bundesstaaten Karnataka, Tamil Nadu, Gujerat, Andhra Pradesh und Maharashtra kam es zu einer Reihe von Streiks und Protestaktionen der Bauern, die unter Einsatz von Schußwaffen unterdrückt wurden. Die zum großen Teil spontane und unpolitische Bewegung hatte im wesentlichen eine Erhöhung der staatlich garantierten Mindestpreise für landwirtschaftliche Produkte und eine Verringerung der Unsicherheit in den Marktbedingungen zum Ziel. Sie war in vieler Hinsicht ein Zeichen des Fortschritts der indischen Landwirtschaft, eine Folge des Übergangs von der Plan- zur Marktwirtschaft. Trotzdem stand die Regierung dem neuen

Phänomen mit unverhüllter Sorge gegenüber, zum einen, weil sich nun ein neuer – und zugleich der wichtigste – Sektor der Wirtschaft – der ,,prosperierende" Teil der Landwirtschaft – in die Ränge der Unzufriedenen einreihte; zum anderen, weil die Unruhe in der Landbevölkerung zu neuen Aktionen einlud. So verlor die Opposition – ungeachtet ihrer Zerstrittenheit – denn auch keine Zeit mit dem Versuch, die Proteste der Landwirte unter ihr Banner zu bringen. Sie organisierte einen ,,langen Marsch" von Tausenden von Bauern.

Zu dieser Zeit meldete sich der sowjetische Präsident und Parteivorsitzende Leonid Breschnew in Delhi an. Sein Besuch erfolgte zwischen dem 8. und 12. Dezember 1980, also fast ein Jahr nach dem Einmarsch der Sowjets in Afghanistan. Die Invasion war bereits Thema einiger Konsultationen zwischen hochrangigen indischen und sowjetischen Politikern gewesen. Breschnew hatte sich ohne Zweifel in den Kopf gesetzt, das indische Mißbehagen am afghanischen Abenteuer zu beseitigen.

Was auch immer Indira hinter verschlossenen Türen und unter vier Augen zu Breschnew gesagt haben mag, es unterschied sich gewiß nicht von der offiziellen Meinung der indischen Regierung. Der indische Staatspräsident sprach sie auf dem Staatsbankett zu Ehren des Russen unverhohlen aus: Indien, so betonte Reddy, sei ganz entschieden gegen jede Art der Intervention durch ausländische Kräfte in die inneren Angelegenheiten dieser Region.

Breschnew konterte mit einem bombastisch vorgetragenen Fünf-Punkte-Programm für eine Entmilitarisierung des Indischen Ozeans, ein etwas plumper Versuch, ein Äquivalent für den von ihm gewünschten asiatischen Sicherheitspakt zu schaffen, den Indira Gandhi nicht wollte.

Der kühlen Atmosphäre während des Dinners folgte am anderen Morgen ein Zwischenfall, der nicht zur Verbesserung der Stimmung beitrug:

Als der Kremlchef zum Flughafen fuhr, sah er anstelle fröhlich winkender Kinder zu beiden Seiten der Straße erregte Demonstranten, die ihn mit lauten Protestschreien einen ,,Henker" und ,,russischen Hitler" schimpften.

Als die blau-weiße ,,Iljuschin" mit dem enttäuschten Breschnew von der indischen Piste abhob, sprach der Generalsekretär der oppositionellen ,,Janata-Party" aus, was so viele Inder gedacht haben mögen: ,,Die Reise war ein Desaster."

Für Amerika und die Westeuropäer aber war sie ein Zeichen, das außenpolitisch hätte genutzt werden sollen.

Eile war geboten. Denn wie aus Neu-Delhi verlautete, versuchten die Sowjets eifrig, auf dem Umweg über die Wirtschaft wieder einzuholen, was sie an politischem Boden in Indien durch die Afghanistan-Aktion verloren hatten. Sie boten modernste Waffen, Erdöl, Kampfflugzeuge und Munition an und versprachen, auch angereichertes Uranium zu senden, für den Fall, daß die USA nicht mehr liefern würden. Das Entscheidende für die Inder war, daß sie in Rupien bezahlen durften und so ihre Devisen für die notwendigen Ölimporte aufsparen konnten. Eine neue Anleihe in Höhe von 7,8 Milliarden Dollar wurde von Breschnew zugesagt, außerdem waren die beiden Regierungen übereingekommen, den gegenseitigen Handel bis 1985 auf ein Volumen von 11,33 Milliarden Dollar zu steigern. Hatte „der Westen" im Ernst geglaubt, daß Politik und Wirtschaft fein säuberlich zu trennen wären, erteilten die Sowjetrussen ihm im Dezember 1980 wieder eine gründliche Lektion, und das in einem Augenblick, wo die Regierung Gandhi ernsthafte Erwägungen anstellte, die Einseitigkeit der Belieferung der indischen Armee mit sowjetrussischen Waffen durch eine Ausweitung ihres Handels mit den Westmächten auszugleichen.

1981–1984 Dramatische Jahre

Indiras politische Lähmung

Die Spannungen zwischen den verschiedenen Bevölkerungsgruppen, zwischen Hindus und Muslims, Brahmanen und *Harijans,* die sich während der Jahre 1977 bis 1980 verschärft hatten, entluden sich immer wieder in blutigen Zusammenstößen. Zu keiner Stunde aber hatte sich das säkulare Indien so herausgefordert gefühlt wie durch Ereignisse, die das Jahr 1980 überschatteten und die Politiker auch noch im folgenden Jahr beschäftigen sollten. Es handelte sich um den Übertritt von einigen tausend *Harijans* in eine andere Religionsgemeinschaft. In Gujerat suchten die ,,Kinder Gottes", wie Mahatma Gandhi einst die Unglücklichsten der Unglücklichen, die Unberührbaren, nannte, Schutz in der Gemeinschaft der Buddhisten. Und in Tamil Nadu, im Süden der Union, ereignete sich in verschiedenen Gebieten eine Massenkonversion zum Islam, bei der sich die Betroffenen allen Riten unterwarfen, sogar der Beschneidung.

Das Bekenntnis zu Buddha, der Frieden und Toleranz predigte, rief die indischen Politiker offensichtlich nicht so auf den Plan wie das Aufnahmegesuch in die Gemeinde der Anhänger Allahs. Kein vernünftiger Inder würde leugnen, daß die Konversion von einem Glauben zum anderen eine ganz private Sache ist. Was die Regierung aufbrachte, war, daß man darüber sprach, die Übertritte seien nach der Übergabe von 500 Rupien an jeden einzelnen erzielt worden. Lassen sich soziale Gerechtigkeit und persönliches Glück, läßt sich gesellschaftliche Integrierung erkaufen?, so fragte mich der zuständige Minister.

Nicht, was die Armen bewog, zählte für die Regierung, sie wollte wissen, wer die Drahtzieher hinter den bezahlten Übertritten zu Allahs Lehre waren. Gab es subversive Kräfte, die von einer islamischen Erhebung in Indien träumten, die vielleicht Teil der finsteren fundamentalistischen Revolution eines Ayatollah Khomeini wäre?

Die Frage blieb offen. Die Kastenunruhen dauerten an. Sie eskalierten Anfang 1981 in Gujerat zu blutigen Demonstrationen. Diese schlimmen Reaktionen, ausgelöst durch die verlangten Reservierungen von Ar-

beitsplätzen für Unberührbare, wurden zum Menetekel für die säkulare Gesellschaft der Union. Die indische Regierung geriet ins Kreuzfeuer der Opposition: Indira Gandhi sei von erheblichem Mittelmaß umgeben, von glanzlosen Unions-Ministern, unfähigen Landeschefs, korrupten Beamten. In einem Leitartikel der „Times of India“ vom 29. April schrieb Girilal Jain, Indiras Toleranz diesen Beamten und Politikern gegenüber sei aus ihrem Wunsch zu erklären, vor allem die Stabilität der brüchig gewordenen Partei und damit ihrer Regierung zu sichern.
Die Behauptungen des in Neu-Delhi akkreditierten australischen Hochkommissars Gordon Upton, der in einem der Öffentlichkeit bekanntgewordenen Bericht an seine Regierung schrieb, es sei angesichts der Untätigkeit von Frau Gandhi an manchen Stellen von einer Machtübernahme durch das indische Militär gesprochen worden, entbehrten jeder Grundlage. Sie wären hypothetisches Salongeschwätz.
Die indische Armee würde ihre Tradition leugnen, ließe sie sich auf ein politisches Abenteuer ein. Auch technisch wäre eine geschlossene Rebellion – und nur sie hätte zum Erfolg führen können – kaum denkbar gewesen: Die indische Armee war seit jeher in viele Regimenter mit eigenen Befehlszentralen eingeteilt. Offen blieb eine andere Frage: Was würden die Befehlshaber tun, falls Indira sie riefe?
Eine solche Situation stand nicht zur Diskussion. Wäre Indira in Gefahr gewesen, hätte niemand sie besser retten können als der amerikanische Präsident Ronald Reagan und der pakistanische Präsident Zia-ul-Haq. Was die beiden Staatsmänner besprachen, nämlich Pakistan erneut zu bewaffnen und ihm auf dem Gebiet der Nuklear-Energie nichts mehr in den Weg zu stellen bei gleichzeitiger Ankündigung einer wahrscheinlich vorzeitigen Beendigung der Lieferung des Indien 1963 für 30 Jahre vertraglich zugesicherten angereicherten Urans, heizte die nationalen Gefühle in Indien zugunsten Indiras auf.
Und doch hörte die Kritik an ihr nicht auf. Die Politiker vermißten politische Debatten über die vitalen Probleme des Landes, über Außen- und Innenpolitik. Viele klagten Indira der Führungslosigkeit an, behaupteten, sie sei ohne Aktivität, politisch wie gelähmt.
Halbwahrheiten gehörten auch dieses Mal wieder zur Demagogie. Was als Lähmung erschien, hat einiges mit Indiras neuem Regierungsstil zu tun. Die Zeit des politischen Höhenfluges war vorbei. 1971 hatte sie unter dem Motto „Soziale Gerechtigkeit in einem sozialistischen Indien“ einen überwältigenden Wahlsieg errungen. Nach dem 14. Januar 1980, nach Indiras Rückkehr in das Amt des Ministerpräsidenten, war vom indischen Sozialismus nicht mehr viel die Rede. Es schien, als hätte

Indira Gandhi aus der bitteren Lektion der Jahre zwischen 1971 und 1975 zumindest gelernt, nicht lauthals für utopische Ideen zu kämpfen, sich nicht mit radikalen Attributen zu versehen, kurz, der Ideologie abzuschwören, um sich desto intensiver einem nicht spektakulären Management zu widmen. Sie hatte entdeckt, daß gutes Management und Stabilität miteinander verbunden sind und daß es besser für sie und Indien war, auf Stabilität hinzuarbeiten, als durch verführerische Ideologien zu wirken.

Natürlich brachte kühles politisches Management keine Publicity. Die Person verschwand in einer Anonymität, die leicht auch als Lethargie ausgelegt werden konnte. Und wer wollte leugnen, daß die Trauer um Sanjay nach außen hin als Lähmung erscheinen mußte. Durch seinen Tod tief getroffen, hatte sie sich seit dem 23. Juni noch mehr als üblich in ihre „loneliness" zurückgezogen. Ihre Trauer wurde durch die Sorge um ihren älteren, überlebenden Sohn Rajiv verstärkt. Der erfolgreiche Pilot der „Indian Airlines" bereitete ihr schlaflose Nächte, das heißt: sein Dienst. Jedesmal wenn er zu einem Flug startete, geriet sie in Panik. Im Sessel sitzend wartete sie auf seine Rückkehr. Nachdem sie ihren Berater Sanjay verloren hatte, war ihr ältester Sohn der einzige Mensch, dem sie vertraute. Ihn zu verlieren, hätte für sie bedeutet: alles zu verlieren.

Rajiv Gandhi

Rajiv Gandhi wurde am 20. August 1944 in Bombay geboren. Er besuchte in Neu-Delhi eine deutsche Privatschule, dessen Rektorin sich gerne an ihn erinnerte: „Er war sehr bescheiden und schüchtern – und ich glaube, er stand seiner Mutter näher als Sanjay. Er war sieben Jahre, als ich ihn den Bräutigam eines hübschen Mädchens in dem Stück ‚Indien war einst ein Garten' spielen ließ. Er machte das mit einem unaufdringlichen natürlichen Charme. Seine zeichnerische Begabung war unverkennbar, Rajiv malte besonders gerne Flugzeuge, um die er blaue Streifen zog. ‚Das ist der Luft-Fluß, in dem mein Flugzeug schwimmt', pflegte er zu sagen."

Aber noch war es zu früh, für Prognosen und die Deutung kindlicher Träume. Der elfjährige Rajiv wurde zur weiteren Ausbildung auf das berühmte Dun-College im nordindischen Dehra Dun geschickt. 1960 bestand er dort sein Abitur. In Cambridge studierte er Maschinenbau. Er selbst bezeichnet sich als einen nicht besonders guten Studenten. Was ihn schon damals in den ersten Universitätsjahren lockte, war das Fliegen.

Die ersten Flugstunden erhielt er in England. Nach Indien zurückgekehrt, vollendete er seine Ausbildung und fand sofort als blutjunger Pilot eine Anstellung bei den staatlichen „Indian Airlines". Nach Aussagen von Generaldirektor Mehta erwies er sich als äußerst fähiger, mutiger, zuverlässiger und besonnener Pilot.
Sein vorgesetzter Kommandeur bestätigte das Urteil des Chefs der Fluggesellschaft: „Rajiv ist genau und kühl. Er reagiert auf schwierige Situationen mit großer Zuverlässigkeit. Während eines Nachtflugs von Delhi nach Nagpur gerieten wir in ein schweres Gewitter – wir waren vollkommen von Wolken umgeben. Kein Meter Sicht. Nur gefährliche Blitze – krachendes Donnern, Rajiv führte die Maschine so geschickt und ruhig, daß keiner der Passagiere auch nur eine Minute in Panik geriet."
Rajiv lebte während seiner Dienstzeit gewissermaßen inkognito. Den Namen Gandhi benutzte er nie. Er war „Captain Rajiv".
Niemals ließ er einen Menschen wissen oder gar fühlen, daß er der Sohn einer der mächtigsten Frauen der Welt war. Seine Kameraden von damals loben noch heute seine Bescheidenheit und die außerordentliche Höflichkeit, mit der er allen Menschen begegnete. Unpünktlichkeit kannte Rajiv Gandhi nicht. Das Fliegen war für ihn Denken und Tun, war sein Leben, in dem sich mehr vollzog als die genaue Auslotung einer Position zwischen Himmel und Erde. Er liebte die Stille, den Blick in die Nacht, die Stunden des Schweigens während des Fluges. Der Zwang zu klaren und schnellen Entscheidungen machte ihn zu einem Menschen, der mit den geschwätzigen und prahlerischen Politikern wenig gemein hatte. Endlose Debatten um nichts empfand er als lästige Zeitvergeudung. Wenn eine Gesellschaft ihm unerträglich wurde, verschwand er im Cockpit. Die Pilotenkabine war seine Zuflucht.
Die Journalisten begannen, die beiden Söhne der Premierministerin miteinander zu vergleichen. „Die beiden Brüder waren durch Stil und Haltung wie zwei Pole voneinander entfernt. Während Sanjay die Macht liebte und mit einem Kopfnicken Berühmtheiten schuf und stürzte, bewahrte Rajiv immer seine freundliche Zurückhaltung", schrieb Balwant Gargi in der bekannten indischen Illustrierten „The Illustrated Weekly".
Schnell erreichte Rajiv den Rang eines „Captain" der „Avro-748" und machte noch 1981 sein Examen als Co-Pilot auf der Boeing 737. Mehta sagte ihm eine große Karriere in der Luftfahrt voraus.
Das Schicksal wollte es anders. Vergeblich versuchte er, seiner Mutter anhand von Statistiken zu erklären, daß Autofahren viel gefährlicher sei als Fliegen. Sie war keinem Argument zugänglich. Der Absturz Sanjays

hatte sie zu tief getroffen. Sie würde so etwas zum zweitenmal nicht überleben. Ob Indira den Sohn beschwor, die Fluggesellschaft zu verlassen und für immer den Dienst zu quittieren, was sie immer bestritt, ist unwichtig, die Spannung, in der sie lebte und die auf Außenstehende wie Lähmung gewirkt haben mag, teilte sich mit.
Auf Rajiv, der so eng mit seiner Mutter zusammenlebte, konnte das nicht ohne Einfluß bleiben. Nach langen Monaten des Zögerns und Nachdenkens tat er den entscheidenden Schritt. Am 11. Mai 1981 kündigte er an, was unvermeidlich geworden war: seinen Eintritt in die Kongreß-Partei und seinen Entschluß, bei den Nachwahlen in Amethi zu kandidieren, im Wahlkreis seines Vaters Feroze Gandhi, wo 1980 sein verstorbener Bruder Triumphe feierte.
Der Einstieg in die Politik fiel dem eher zurückhaltenden Sohn von Indira Gandhi nicht leicht. Als ich ihn kurz vor seinem Entschluß fragte, warum er diesen Schritt tun wolle, da er sich doch nicht sonderlich für Politik interessiere, antwortete er: ,,Aber was soll ich denn machen, wenn Mummy mich braucht?"

Rajiv war natürlich kein Neuling auf dem weltpolitischen Parkett. Das Leben mit den beiden ,,Superstars", seinem Großvater Jawaharlal Nehru und seiner Mutter Indira Gandhi, hatte ihn schon einiges gelehrt. Im Hause des Großvaters atmete er ,,Rosenduft und Politik" und lernte den Überdruck kennen, unter dem seine beiden Bezugspersonen lebten – ob nun Krieg war, Streiks das tägliche Dasein lähmten, Siege gefeiert wurden oder blutige Zusammenstöße zwischen den Angehörigen verschiedener Kasten Nehru und Indira bis zur Raserei trieben, immer war politischer Wirbel im Haus. Als Rajiv älter wurde, hat er mit seiner ruhigen, aber bestimmten Art ein wenig für Gleichgewicht und Entspannung in der Familie gesorgt.
Warum er sich mit dieser ,,Vorbildung" denn nicht doch früher für ein politisches Leben entschieden habe, fragte ich ihn. Er sei zu vielen Politikern begegnet, die er nur als korrupt, unfähig und unmoralisch und abstoßend bezeichnen könne, antwortete Rajiv Gandhi. ,,The Illustrated Weekly" schildert einen Fall, der Rajiv besonders angewidert haben muß: Auf einer Wahlversammlung, die Indira – von Rajiv begleitet – in Uttar Pradesh abhielt, verglich der dortige Chefminister V. P. Singh Rajiv mit Gott Krishna: ,,Wie die *Pandavas* in der ,Mahabharata', die um nichts anderes flehten als um Lord Krishna, bitten wir Sie, Madam, nur um Rajiv Gandhi."
Für solche plumpen Anbiederungen hatte Rajiv nur Verachtung; ähnli-

che Vorfälle hielten ihn lange davon ab, die politische Bühne zu betreten.
Aber schon sein erster politischer Auftritt war ein Erfolg. Aus dem eleganten ,,Captain Rajiv" mit den gutgeschnittenen schwarzen Hosen, dem schneeweißen Hemd mit den drei goldenen Riegeln auf den schwarzen Epauletten war ein nach der Tradition in handgesponnene *Churidas* (enge Hosen) und *Kurta* gekleideter Inder geworden. Die Flugkapitänmütze hatte er gegen das weiße Gandhikäppchen ausgetauscht. Einige alte Männer in Amethi glaubten, in ihm seinen Vater Feroze wiederzuerkennen – sie begrüßten ihn mit Tränen in den Augen. ,,Wenn die Leute ihn während seiner Wahlkampagne baten", schreibt Gargi, ,,eine Versammlung zu eröffnen oder einen Grundstein zu legen, wehrte Rajiv lächelnd ab: ,,Ich bin ein ganz gewöhnlicher Mann. Ein Kandidat. Ohne irgendeine Position."
Er wurde nicht müde, über staubige Straßen von Ort zu Ort zu ziehen und wohl zwanzig- bis dreißigmal im Laufe eines Tages zu sprechen. Seine Reden waren kurz, klar, einfach. Er ging von Haus zu Haus, nahm sich Zeit für die Ärmsten der Armen. Er sprach leise: ,,Ich bin nicht gekommen, um Sie um Stimmen zu bitten, ich möchte Freundschaft mit Ihnen schließen." Und die Dorfbewohner boten ihm an, was sie hatten: Milch und Früchte. Sie sprachen von ihren Sorgen, und Rajiv hörte sie aufmerksam an. ,,Ich möchte wirklich die Menschen hier kennenlernen", sagte er, ,,und etwas von ihren Sorgen hören. Ich kann viel von ihnen lernen; im Lande zu reisen, ist ein Erziehungsprozeß für mich."
,,Rajiv hatte darum gebeten, ihn allein zu lassen. Er ließ Polizisten, Abgeordnete und Minister höflich auffordern, zu Hause zu bleiben. Es war eine Aura von *Shanti*, von Frieden, die Rajivs erste Wahlkampagne umgab. Während der ganzen Zeit benutzte er für sich und seine Mitarbeiter nur ein Fahrzeug", erzählte Autor Gargi. ,,Solange er in Amethi war, wohnte er im Haus eines Freundes. Auch für seine Wähler durften keine Fahrzeuge bereitgestellt werden. Wer immer ihn beobachten konnte, stimmte mit dem Rechtsanwalt überein, der die Kampagne überwachte: Rajiv Gandhi machte absolut klar, daß wichtiger als gewinnen oder verlieren für ihn war, was der Anstand ihm gebot: Fair play. Er hat einen sauberen Wahlkampf geführt und erhielt den höchsten Prozentsatz an Stimmen, den jemals ein Politiker in Indien erhielt."

Rajiv stellte sich selbst eine besondere Aufgabe: die Umwandlung und Entwicklung des ,,Youth Congress" (Jugend-Kongreß), der zur Zeit der ,,Janata"-Regierung, zwischen 1977–1979, aufgebaut worden war. Die

jungen Menschen, die niemals vorher in einer regierenden Partei gewesen waren, kannten nur Opposition. Widerstand war ihr ,,Alter ego". Rajiv mußte aus der Kampfgruppe eine Friedenstruppe machen, es galt, sie in die Gesellschaft einzuordnen. Niemand durfte verlorengehen.
In dreiwöchigen Ausbildungskursen werden die jungen Menschen für die Sozialarbeit auf dem Land vorbereitet. Neben der Geschichte des Landes und der Kongreß-Partei studieren sie Entwicklungsprogramme für das indische Dorf. Dann werden sie als Freiwillige aufs Land geschickt, um ihrerseits Kurse abzuhalten. Um ihren Horizont über den eigenen Distrikt hinaus zu erweitern, arbeiten die Jugendlichen in anderen, weit entlegenen Teilen der Union. Als ,,Koordinator", Jugendleiter oder Dorfarbeiter in allen Gebieten des Landes gleich oder ähnlich ausgebildet, entsteht eine neue Jugendgemeinschaft, deren Ziel nicht Widerstand gegen die Regierung, sondern Aufbau des Landes ist. Sie haben alle einen Beruf; die politische Arbeit leisten sie nebenher in einem Freiwilligen Jahr mit ganz geringer Bezahlung. Dem in der Stille und mit Präzision arbeitenden Rajiv Gandhi ist es gelungen, in den jungen Menschen eine echte Hingabe für diese Aufgabe zu wecken. Selbst ein Beispiel an Einsatz und Integrität – das Volk nennt ihn ,,Mr. Clean" (Herr Saubermann) –, ist Rajiv zum Vorbild einer neuen Generation junger Politiker geworden, die langsam heranreifen sollen, um dann zu korrigieren, was falsch gemacht worden ist.
Ihren Idealen verpflichtet, werden diese jungen Menschen, wie Gandhi hofft, dem Verfall der Partei entgegenwirken. Denen, die er auswählen läßt – sie haben einen schwierigen Charakter- und Intelligenztest zu bestehen –, bescheinigt er Begabung und Einsatzbereitschaft.
Es ist nicht leicht, der Sohn einer vieldiskutierten, weltbekannten Mutter und Enkel eines Mannes von geradezu legendärem Ruhm zu sein. Rajiv spricht immer voller Verehrung von Jawaharlal Nehru und von seiner Mutter Indira. Beide haben sein Leben sicher mitbestimmt, aber seine Entwicklung nicht überschattet oder gar behindert. Nicht Protektion machte ihn zu einem erfolgreichen Piloten, sondern die eigene Leistung. Er weiß, daß für eine politische Laufbahn andere Gesetze gelten. Er würde nicht bestreiten, daß die Öffnung der politischen Bühne durch seinen großen Namen erleichtert wurde, aber er weiß auch, daß jeder, einmal oben angelangt, alleine spielen, auf höchster politischer Ebene agieren muß, wie im Cockpit. Wer Rajiv Gandhi kennt, weiß, daß er die Pilotenlaufbahn nicht von ungefähr wählte. Er folgte einer inneren Berufung, und es war diese Berufung, die 1981 seinen Übertritt in die Politik so problematisch zu machen schien.

Niemand weiß, was damals in dem jungen Gandhi wirklich vorging. Ich akzeptierte seinen Entschluß als Verpflichtung seiner Mutter gegenüber, als nichts anderes. Ich habe mich geirrt. In unserem Gespräch vom 1. Mai 1984 korrigierte er mich. Zwar bezeichnete er seinen Entschluß noch immer als Verpflichtung, aber nicht etwa gegenüber den Traditionen der Familie Nehru/Gandhi, sondern gegenüber der Partei und seinem Land, in dem, wie er sagte, so viel zu tun sei, daß ein verantwortungsbewußter Inder kaum die „Hände in den Schoß" legen dürfe.

Innerhalb von drei Jahren hatte Rajiv Gandhi zweifellos eine starke Wandlung durchgemacht und politisches Profil entwickelt. Das Volk begann mit ihm zu rechnen. Selbst die Opposition attestierte ihm politische Begabung und – was mehr war – Noblesse und Integrität.

Rajiv versucht, Familienleben und politische Tätigkeit zu koordinieren. Seine freie Zeit verbringt er mit Lesen, Reiten, Scheibenschießen und Schwimmen. Er glaubt nicht an Astrologie und mystische Rituale. Yoga betreibt er nicht. Er liebt die Bilder des indischen Malers Husain, die „blaue Periode" von Picasso und Filme von Fellini. Seine italienische Frau Sonia, der Sohn Rahul und die Tochter Priyanka füllen sein Leben aus. Er mag das Rampenlicht nicht sonderlich, aber von Kindheit an daran gewöhnt, stört es ihn auch nicht.

Interviews gibt er selten. Ich hatte Glück. Er empfing mich in der Safdarjung Road I im winzigen Salon der bescheidenen offiziellen Residenz, in dem mich auch seine Mutter bis dahin gewöhnlich empfangen hatte. Eine Atmosphäre von Frieden und Ruhe erfüllte den Raum. Wenn man von der abtrünnigen Schwiegertochter Indiras, Rajivs Schwägerin Maneka Gandhi, Sanjays Witwe, absieht, hat die Familie, die seit Jahren zusammenlebte, immer harmoniert. Rajiv erlaubte mir, unser Gespräch auf Tonband aufzunehmen, bei früheren Unterhaltungen hatte er mich gebeten, darauf zu verzichten.

Ich weiß nicht, warum – mir schien die Aussage jetzt so klar wie zuvor. Ohne auch nur einen Augenblick pathetisch zu werden, bekannte sich Rajiv in aller Bescheidenheit zu einer Aufgabe, die nicht nur Integrität, sondern auch Intelligenz, Mut und politischen Verstand verlangt, zu einer Verjüngung und Säuberung der Partei durch den „Jugend-Kongreß". Aber er sagte, von mir befragt, auch einiges zur Person, was ihn vielleicht besser charakterisiert als viele Worte über ihn: Auf meine Frage, ob er den Verzicht auf den geliebten Beruf des Piloten verwunden habe, antwortete er: „Über das, was Fliegen in meinem Leben bedeutet hat und noch immer bedeutet, kann ich nicht spekulieren – Fliegen ist untrennbar mit mir verbunden – vielleicht konnte ich etwas von dem,

was die Führung eines Flugzeugs verlangt, auf meine politische Tätigkeit übertragen."
„Sie sehen also demnach ihre beiden Berufe in einem gewissen Zusammenhang?"
„Wie könnte es anders sein?"
„Ihre Abneigung gegen Politik und Politiker existiert also nicht mehr?"
„Ich kann vielleicht nicht behaupten, daß ich Politik liebe, aber auch nicht, daß ich sie nicht mag. Politik ist für mich zur Herausforderung geworden. Ich habe sie angenommen, wie die Aufgabe, ein Flugzeug, unter welch schwierigen Umständen auch immer, zu führen."
„Als Sie die politische Bühne betraten, Herr Gandhi, sagten Sie, es herrsche Armut in bezug auf politische Führungskräfte. Was wollten Sie damit sagen, meinten Sie die Kongreß-Partei, oder dachten Sie auch an andere Parteien?"
„Ich meinte das ganze Land."
„Glauben Sie denn wirklich nicht, daß es irgendwo im verborgenen junge Menschen gibt . . ."
„Aber sie trauen sich nicht vor, treten nicht in Erscheinung."
„Auch nicht unter den Jugendlichen, die Sie jetzt im ‚Jugend-Kongreß' ausbilden?"
„Was wir damit nicht korrigieren können, ist das Fehlen einer oder zweier Generationen wirklicher politischer Führungskräfte in der mittleren und älteren Generation."
„Wie erklären Sie das – sind die bedeutenden Führer der Gründergeneration zu alt?"
„Ich weiß nicht, es ist sehr schwierig, das zu erklären."
„Aber es gab doch zur Zeit Ihres Großvaters Jawaharlal Nehru ganze Gruppen hervorragender politischer Führer in Indien?"
„Ja natürlich, – aber da liegt vielleicht auch der Grund; diese heutige Generation stand vielleicht zu sehr im Schatten der alten überragenden Führer."
„Es ist immer verfrüht, einen Politiker zu beurteilen, bevor er ins volle Rampenlicht tritt – weil Politiker gewöhnlich erst durch die Herausforderung zu dem werden, was sie wirklich sind. Das kann jeden Tag wieder geschehen – und Ihre Meinung, daß keine neuen politischen Führungspersönlichkeiten da sind, ad absurdum führen. Aber wie dem auch immer sei, wir befinden uns in einer kritischen Phase der indischen Geschichte, glauben Sie, daß die Gefahr eines Auseinanderfallens der Indischen Union besteht?"
„Ich glaube, daß wir einige Dinge falsch gemacht haben."

„Was meinen Sie damit?“
„Wir haben keine ausreichende Koordination zwischen der Zentralregierung und den einzelnen Landesregierungen gehabt. Die Verwaltungen, die Ausbildungssysteme, sie existieren alle isoliert voneinander. Wir müssen wieder zurückgreifen auf den IAS, den zentralen ‚Administrative Service‘ und den ‚Provincial Civil Service‘, also auf den zentralen Verwaltungsdienst und die entsprechende zivile Verwaltung in den Provinzen – so daß es wieder genug Beamte gibt, die von Staat zu Staat gehen können und Meinungen und Erfahrungen austauschen.“
„Das wird viel Geld kosten.“
„Natürlich, aber es ist unerläßlich. Wir haben übrigens sehr viel Glück gehabt, daß wir uns so viele Jahre lang – bis zum letzten Aufstand der Sikhs – keine Sorgen um die innere Sicherheit machen mußten. Ich glaube, kein anderes Land hat in unserer Zeit solch ein Glück gehabt.“
„Ich habe gehört, daß die Regierung nicht ausreichende Nachrichten über die Aktivitäten der rebellischen Sikhs besaß. Aber die Briten besaßen doch einen vorzüglichen Abwehr- und Spionagedienst – haben sie nichts hinterlassen?“
„Wissen Sie, was sich ereignet hat? Mr. Desai – Chef der Oppositionsregierung von 1977–1979 – hat alle derartigen Dienste aufgelöst. Wir haben erst wieder vor vier Jahren mit ihrem Aufbau begonnen.“
„Warum hat Mr. Desai einen solchen Schritt getan?“
„Er behauptete, Nachrichtendienste seien etwas Unmoralisches – ja er benutzte das Wort ‚unmoralisch‘ und tat dann etwas Ungeheuerliches – er erhielt die Liste der Informanten und Agenten, die nur ihm und den höchsten Regierungsbeamten zugänglich war, und veröffentlichte sie – so wurde alles öffentlich bekannt, alle Namen, alle Aktionen, und somit der Dienst zerstört.“
„Sie haben Probleme mit Ihren Nachbarn, die unmittelbaren Einfluß auf innenpolitische Entscheidungen haben könnten, z. B. die Spannungen mit Pakistan. Glauben Sie wirklich, daß Pakistan einen neuen Krieg mit Indien beabsichtigt?“
„Anders kann ich mir die Anhäufung so vieler moderner Waffen nicht erklären.“
„Vielleicht zur Abwehr der Russen.“
„Die Waffen, die Pakistan erworben hat, sind in Afghanistan nicht einsetzbar.“
„Im Ernst wird ja auch keiner glauben, daß die Pakistaner einen Krieg gegen die Sowjets wagen würden.“
„Sie könnten schon daran denken, ihre Grenzen zu schützen, zu halten.

Aber der Typ von Waffen, die sie erhalten haben, könnte nur gegen uns eingesetzt werden. Es sind Waffen, wie man sie in der Ebene einsetzt, nicht im Gebirge."
„Welches Ziel könnten die Pakistaner mit einem Angriff auf Indien verfolgen? Ein Krieg wäre doch sehr kurzsichtig."
„Aber sie haben es ja früher schon getan."
„Aber sie gewannen nicht."
„Trotzdem taten sie es wieder."
„Und gewannen nicht. Ist das nicht eine Lektion?"
„Aber sie haben daraus nichts gelernt."
„Und Nepal und Sikkim?"
„Keine Probleme."
„Und Bhutan?"
„Mit Bhutan unterhalten wir sehr gute Beziehungen."
„Ich schätze den König, der ein äußerst reifer junger Mensch ist."
„Ich bin ganz Ihrer Meinung."
„Sind Sie auch der Auffassung, daß er sich der Notwendigkeit guter Beziehungen mit Indien bewußt ist?"
„Davon bin ich überzeugt."
„Ich hörte, daß Ihre Frau, Sonia Gandhi, sich jetzt auch etwas auf politischem Gebiet betätigt. Womit beschäftigt sie sich genau gesagt?"
„Nicht mit Politik im eigentlichen Sinn. Wir haben verschiedene Sozialprogramme. Wir lehren die Frauen auf dem Land nähen, flechten, Schreibmaschine schreiben, Säfte in Flaschen füllen, Früchte konservieren."
„Um ihnen die Chance zu geben, Geld zu verdienen?"
„Ja. Wir geben ihnen auch die Möglichkeit, Anleihen bei der Bank aufzunehmen, um dann eine kleine Heimindustrie aufzubauen. Dann haben wir medizinische Teams, die mit einem Arzt im Lande umherreisen, damit auch die entferntesten Orte medizinisch versorgt werden können. Wir errichten Camps, z. B. für Augenoperationen, für Geburten, zur Heilung aller Arten von Krankheiten."
„Wie sehen Sie das Problem mit Ihrer Schwägerin Maneka Gandhi?"
„Ich sehe in ihr wirklich kein ernsthaftes Problem."
„Wie würden Sie Manekas Verhalten bezeichnen?"
„Sie bewegt sich auf einem sehr niedrigen Niveau, und wir möchten uns dazu wirklich nicht äußern."

„Operation Vorwärts“ – Indiras 20-Punkte-Programm

Der Wahlsieg Rajivs, der seinen verstorbenen Bruder sogar um 100000 Stimmen überrundete, verfehlte seine stimulierende Wirkung auf Indira Gandhi nicht. Am 14. Januar 1982 verkündete die indische Premierministerin eine Wandlung und Erweiterung ihres 20-Punkte-Programms (s. Anhang, S. 479), das zum erstenmal während des Notstandes 1975 erlassen worden war. In das neue, gekürzte Programm wurden die fünf Punkte aufgenommen, die der tödlich verunglückte Sanjay in der Krisenzeit von 1975 zum Programm seiner Jugendbewegung gemacht hatte.

Das Programm vom 14. Januar forderte eine Aktivierung und Modernisierung aller Lebensbereiche, von der Landwirtschaft bis zur Industrie, von der Erziehung bis zur Arbeit in öffentlichen Betrieben, in Fabriken und Ministerien. Besonderes Interesse erregte Punkt 18: „Liberalisierung bei Investierungen und bei der Entwicklung der Industrie, damit zeit- und termingerecht produziert werden kann. Alle Unterstützung ist dem Handwerk zu gewähren, der Handweberei, der Klein- und Dorfindustrie – es muß für Verbesserung der Technologie auf dem Dorf gesorgt werden.“ Ebenso wichtig war Punkt 20: „Verbesserung der Arbeit in öffentlichen Betrieben. Anstreben stärkerer Effizienz durch Auswertung aller Kapazitäten und durch die Entwicklung der kreativen Kräfte aus eigenen Quellen.“

Mit den 20 Punkten gab Indira Gandhi dem Volk ein zusätzliches Motto. Zu dem schon bestehenden nationalen Slogan „Nur die Wahrheit siegt“ – sollen die Inder ab sofort ein neues Wort zum Symbol ihres täglichen Lebens machen: „Es ist die Mühsal, die harte Arbeit, die Plackerei, die den Sieg davonträgt.“

Gut unterrichtete Beobachter erkannten schon damals hinter vielen Vorschlägen und Forderungen den Einfluß von Rajiv, der zum qualifizierten Berater der Mutter aufgerückt war, sich aber stets taktvoll im Hintergrund hielt.

Nachdem sie das 20-Punkte-Programm verkündet und das Jahr 1982 als „Jahr der Produktivität“ bezeichnet hatte, machte die Ministerpräsidentin eine weitere Anstrengung, um der verfilzten Bürokratie am Ganges zu Leibe zu rücken. Im Februar rief sie höchste Funktionäre der Regierung zu sich und erklärte, was sie von ihnen erwarte – eine klare und entschiedene „Operation Vorwärts“, die solle in den nächsten drei Jahren der Wirtschaft auf die Beine helfen.

Das 20-Punkte-Programm sei dabei als das „Herzstück“ des sechsten

Fünfjahresplanes zu behandeln, eine Verhinderung seiner Anwendung und Durchführung würde nicht gestattet.

Scharf kritisierte die Premierministerin die staatlichen Unternehmungen und deren Management. Sie ordnete an, daß die betreffenden Staatssekretäre Berichte über die Rentabilität der bekannten Werke vorlegen sollten und über die Faktoren, die zu Produktionsmängeln geführt hätten.

Wenn es nötig sei, sollten Gesetzesänderungen oder sonstige wirksame Regelungen vorgeschlagen werden. Die Ausgabe von Lizenzen müsse überprüft werden. Jedes zuständige Ministerium solle Jahresziele setzen und den Managern vorschreiben, diese zu erreichen.

Von den Beamten verlange sie, nicht ständig über das Pensionsalter hinaus im Amt zu bleiben, sei es nun im Ausland oder zu Hause.

Die Premierministerin kritisierte die teure Anzeigenkampagne zugunsten des 20-Punkte-Programms, sie untersagte, ihre Photographie bei solchen Propagandafeldzügen zu benutzen.

Im Februar veröffentlichte die Zentralregierung eine Liste von lebenswichtigen Diensten, die nicht unbestraft bestreikt werden dürfen. Die Regierung reagierte damit auf ein Urteil des Obersten Gerichtshofs, nachdem eine Person gemäß dem ,,National Security Act" (NSA) wegen Bestreikung lebenswichtiger Betriebe nur dann verhaftet beziehungsweise bestraft werden kann, wenn eine solche Bestreikung lange vorher öffentlich als Straftat deklariert worden ist. Diese Notifizierung war jetzt erfolgt. Mit ihr wurden folgende Dienste als lebenswichtig und daher als unbestreikbar bezeichnet:

1. Post-, Telegrafen- und Telefondienst.
2. Eisenbahnverkehr oder jeder andere Transportdienst, der Personen oder Güter durch Flugzeuge oder andere Verkehrsmittel zu Lande und zu Wasser befördert.
3. Flughäfen gemäß dem ,,International Airports Authority Act" von 1971.
4. Häfen.
5. Zolldienste.
6. Militärische Dienste, Einrichtungen, Institutionen, die der Verteidigung dienen.
7. Rüstungsbetriebe.
8. Einrichtungen, von denen die Sicherheit eines Betriebes und seiner Angestellten abhängt. Industrien mit Terminarbeiten.
9. Einrichtungen, die mit dem Einkauf, der Lagerung und Verteilung von Getreide zu tun haben.

10. Strom- und Wasserversorgung, Krankenhäuser und Apotheken.
11. Banken.
12. Betriebe, die mit der Produktion und Verteilung von Kohle, Energie, Stahl oder Düngemitteln zu tun haben.
13. Raffinerien und Ölfelder, Betriebe, die mit der Produktion von Erdöl und Erdölprodukten beschäftigt sind.
14. Münzprägungsbetriebe und Wertpapierdruckereien.
15. Institutionen, die für Parlamentswahlen arbeiten.
16. Alle Einrichtungen in Verbindung mit Angelegenheiten der Union oder der einzelnen Staaten, die unter den aufgeführten Kategorien nicht spezifiziert wurden.

Was immer die Opposition der Ministerpräsidentin vorwarf, sie konnte nicht leugnen, daß in den letzten zwei Jahren, seit dem Sturz der ,,Janata"-Regierung, erhebliche wirtschaftliche Fortschritte gemacht wurden. Dazu gehörte eine Wachstumsrate von vier Prozent für die Zeit vom 31. März 1981 bis zum 31. März 1982. Die Getreideproduktion wuchs von 109 Millionen Tonnen im Jahr 1979 auf 133 Millionen 1981. Die Kohleproduktion stieg um 11,1 Prozent auf 75,26 Millionen Tonnen. Die meisten Industrien meldeten für 1981/82 ein Wachstum um zehn bis fünfundzwanzig Prozent. Weltbankpräsident Clausen zeigte sich beeindruckt von der Entwicklung des Landes. Indien nahm nach offiziellen Angaben den zehnten Platz in der Reihe der Industrienationen ein, 1984 rückte es, wie ,,Time" schrieb, sogar auf den siebten Platz.
Gegen diese Zahlen zu argumentieren, war sehr schwer. Die Opposition versuchte es daher mit heftigen Angriffen auf die Innenpolitik. Indira sei nach wie vor unentschlossen, so sagten ihre Gegner, zum Beispiel bei der Regelung regionaler, kommunaler und separatistischer Probleme. Schlug sie aber zu – wie beim Generalstreik im Januar –, klagte man sie autoritärer Züge an.
Das Wort autoritär sollte aus dem Vokabular nicht mehr verschwinden. Schließlich wurde es bei einem Ereignis angewandt, wo es kaum etwas zu suchen hatte.

Maneka Gandhi

Während Rajiv Gandhi immer mehr an politischer Statur gewann, versuchte seine Schwägerin Maneka, Unheil zu stiften. Von nicht unerheblichem Ehrgeiz bewegt, hatte Sanjays Witwe, sehr zum Verdruß von

Indira, seit ungefähr einem Jahr versucht, politisch zu wirken. Dabei war sie in die Nähe der Opposition geraten. Man erzählte, daß sie Mitglieder der RSS, der militanten Organisation der „Bharatya-Janata-Party", heimlich im Hause der Schwiegermutter empfangen habe, wahrlich eine Geschmacklosigkeit sondergleichen. Als gar Gerüchte aufkamen, Maneka wolle ihre Zeitschrift „Surya" an einen Anhänger der RSS verkaufen, stellte Indira sie zur Rede.

„Das stimmt überhaupt nicht, Mummy", log Maneka der Schwiegermutter frech ins Gesicht, um hinter ihrem Rücken weiter politisch mit den Feinden der Regierung im Gespräch zu bleiben. Der Gedanke, daß sie das politische Erbe ihres Mannes als Kongreß-Jugendführer und Thronanwärter Indiens antreten könnte, spukte seit dem Tode Sanjays in ihrem Köpfchen. Das von Sanjay mobilisierte Jungvolk der Partei war – auf der Suche nach einem neuen Idol – an sie herangetreten. Aber da stand schon Rajiv „ante portas", den Maneka mit ihrem Haß verfolgte, seit er erste Erfolge bei der Umgestaltung des Jugend-Kongresses aufweisen konnte.

Maneka scheute nicht davor zurück, ihre Schwiegermutter auf unverantwortliche Weise herauszufordern. Inzwischen war der März 1982 gekommen, Indira Gandhi flog zur feierlichen Eröffnung des spektakulären „Festival of India" nach London. Maneka nutzte die Gelegenheit, um etwas zu tun, was ihr die Premierministerin nachdrücklich untersagt hatte: Sie fuhr zu einem Treffen junger Sanjay-Anhänger nach Lucknow, obwohl Indira die Veranstaltung als „parteifeindlich" gebrandmarkt hatte und den Veranstalter, einen Landtagsabgeordneten und ehemals engsten Freund von Sanjay Gandhi, aus der Partei ausschloß. Maneka ließ sich nicht beirren. Sie nahm ihren hübschen Sohn Feroze Varun, fuhr los und ließ sich bemitleiden und feiern. Heuchlerisch sagte sie in ihrer Ansprache auch ein paar nette Worte über ihre Schwiegermutter, die sich „mit Geschick der Lösung der Probleme Indiens" widme. Nun war es Indira aber genug. Aus London zurückgekehrt, gab sie noch auf dem Flugplatz eine geharnischte Erklärung ab, in der sie die Veranstaltung in Lucknow nebst Maneka scharf verurteilte und verlauten ließ, was in Lucknow im Namen ihres toten Sohnes geschehen sei, zerstöre in Wahrheit sein Vermächtnis.

Was sich dann in Safdarjung Road 1 abspielte, muß dramatisch gewesen sein – jedenfalls verließ Maneka nebst Varun noch in der gleichen Nacht das Haus, in dem sie sechs Jahre gewohnt hatte – ohne sich offensichtlich einzuleben. Die Presse weidete sich am Familienskandal, der sich in einem keineswegs zimperlichen Briefwechsel fortsetzte. Maneka bezichtigte die Schwiegermutter der Lüge, beklagte sich über Demütigungen und geistige Mißhandlungen, über ein Martyrium, „wie es kein menschliches Wesen hätte ertragen können".

Wer die Familie kennt, weiß, daß solche Behauptungen barer Unsinn waren. Maneka müssen wohl selbst Zweifel an ihrer Fairneß gekommen sein. Anfang und Ende ihres handgeschriebenen Abschiedsbriefes schienen darauf hinzudeuten: „Liebe Mummy", so begann er und endete: „Mein Sohn wird immer zuerst Dein Enkel bleiben, und auch, wenn Du mich nicht mehr siehst, wird er Dich besuchen kommen. Ich bleibe Deine Schwiegertochter Maneka."

Diese scheinheiligen Worte konnte die Familie nicht über Manekas wahre Absichten hinwegtäuschen. Sie meinte es ernst mit ihren politischen Zielen und wäre nur zu gern eine ernsthafte Rivalin für Indira und Rajiv geworden. Am 3. April 1983 tat sie den ersten Schritt: Sie gründete die Partei RSM, die „Rashtriya Sanjay Manch", mit Parteifahne, Programm und Manifest. Einstimmig wurde sie zur Präsidentin gewählt. Vor großen Worten scheute sie nicht zurück: Sie sei die „einzige nationale Alternative" zu Indira Gandhis Regierung, in der es, so meinte Maneka großtuerisch, keine Person gäbe, die nicht unter dem Verdacht steht, korrupt zu sein. Ihr Programm unterschied sich nicht wesentlich von dem der Regierung: Förderung der Jugend, der Arbeitslosen, der *Harijans* und der Privatwirtschaft. Bestrafung von Schwarzhändlern und Schmugglern, Ausmerzung von Schwarzgeld, Dezentralisierung der Regierung, Stärkung regionaler und kommunaler Körperschaften.

Selbstverständlich war das Makulatur. Was dahinterstand, wurde bald offenbar: Maneka gab ihre Absicht bekannt, bei den nächsten Parlamentswahlen in Amethi, dem Wahlkreis von Rajiv, wieder zu kandidieren. Sie setzte alle Verführungskünste, alle Oppositionsgehilfen, die für sie bettelnde Stimme ihres kleinen Sohnes ein. Umsonst. In Wahrheit war sie bereits 1982 durch den Wahlsieg Rajivs von der politischen Bühne gefegt worden.

Außenpolitische Kurskorrektur

Der Ärger mit Maneka war von wichtigen außenpolitischen Ereignissen überdeckt worden. Schon 1981 war während des Nord-Süd-Gipfeltreffens im mexikanischen Cancun zwischen Indira Gandhi und Präsident Ronald Reagan eingeleitet worden, was 1982 zum Staatsbesuch der

indischen Ministerpräsidentin in den USA führen sollte: eine Besserung der Beziehungen zwischen den beiden Nationen.
Sie begann, als Reagan, ein geschickter Taktiker, sofort öffentlich wissen ließ, daß seine Berater ihn nicht richtig über die indische Ministerpräsidentin unterrichtet hätten – sie sei nicht der „menschenfressende Dämon", als den man sie dargestellt habe.
Diese Einsichten verfehlten auch an höchster Stelle ihre Wirkung nicht. Zwar vermied man in Cancun, über die wichtigen und heiklen Probleme zwischen den beiden Ländern zu sprechen. Indira berührte nicht einmal, was sie am meisten bedrückte: das ausstehende angereicherte Uran für Tarapur und die Lieferung von Waffen an Pakistan, zu denen vor allen Dingen das hochmoderne Kampfflugzeug F-16 gehört. Die Atmosphäre zwischen den beiden Politikern hatte sich so gebessert, daß es zur Einladung nach Amerika und zur Annahme dieser Einladung kam.
Mutmaßungen traten auf, als die Reise, die ursprünglich nach dem für Juni geplanten Besuch in die Sowjetunion stattfinden sollte, verschoben wurde. An der Gutwetterlage änderte das nichts. Die Verhandlungen gingen hinter den Kulissen weiter. Was dort geschah, war ein Kabinettstück klassischer Geheimdiplomatie. Ohne Wissen des indischen Außenministeriums und der indischen Botschaft in Washington – so hörte man im nachhinein aus politischen Kreisen in beiden Hauptstädten – hatte ein enger Vertrauter Frau Gandhis über den amerikanischen Vizepräsidenten George Bush versucht, einen neuen Kontakt zu Ronald Reagan herzustellen. Der Erfolg blieb nicht aus. Der Besuch der Sowjetunion wurde auf September verschoben, die Reise in die Staaten endgültig auf Juni festgelegt. Girilal Jain von der „Times of India" beeilte sich in einem Leitartikel vom 19. Mai zu versichern, daß man hinter der Zeiteinteilung keine politische Absicht erkennen dürfte.
Wirklich nicht? Wurde kein Versuch gemacht, Indiens Außenpolitik mit neuen Akzenten zu versehen? Wer weiß, daß die Sowjets seit Anfang 1980 versuchten, Indira für eine Reise nach Moskau zu erwärmen, und daß die indische Premierministerin jedoch, obwohl sie inzwischen mehrere Male Europa besuchte, nicht einmal einen kurzen Zwischenaufenthalt in der Sowjetunion einlegte, mußte das „Timing" als Zeichen einer politischen Korrektur nehmen, die, wenn auch nichts anderes, ein ausgewogenes Gleichgewicht im Spannungsfeld zwischen den Supermächten erstrebte.
Über die Stärke der proamerikanischen Lobby in Indien gibt es nichts zu spekulieren. Sie ist seit der Unabhängigkeit gewachsen und hat sogar jene unglückselige amerikanische Politik überdauert, die Mitte der fünf-

ziger Jahre zur Aufrüstung Pakistans und zur Unterstützung des pakistanischen Standpunkts in der Kashmir-Frage führte. Unermüdlich versuchten die indischen Pro-Amerikaner, Nehru zu zwingen, das prosowjetische ,,Ungleichgewicht" seiner Außenpolitik zu revidieren. Es blieb Indira vorbehalten, diese Kurskorrektur vorzunehmen.

Fast elf Jahre lang waren seit ihrem letzten Besuch in den USA vergangen, als die indische Ministerpräsidentin am 26. Juli 1982 nach Washington aufbrach. Das Treffen mit Richard Nixon 1971 am Vorabend des Krieges zwischen Indien und Pakistan um Bangladesh ging als ein totales Fiasko in die Annalen der Gipfel-Diplomatie ein. Von der Begegnung mit dem gegenwärtigen US-Präsidenten Ronald Reagan berichtete die internationale Presse als von einem großen und glanzvollen Ereignis. Zum Dinner im Weißen Haus spielte ein ganzes Symphonie-Orchester unter Zubis Metha auf, um Indira zu ehren. Was auch immer an Meinungsverschiedenheiten erörtert wurde, die verständnisvolle freundschaftliche Atmosphäre konnte niemand leugnen, und alle waren sich über den politischen Stellenwert dieser Begegnung einig.

Indira Gandhi wußte, warum sie die Zäune zwischen Indien und den USA niederlegen wollte, nicht nur, weil die ,,Balance of power" nur möglich ist, wenn man mit allen Staaten gute Beziehungen unterhält. Frau Gandhi verfolgte noch andere Ziele. Indien hatte sich inzwischen technisch so vervollkommnet, daß die Sowjetunion nicht soviel zu helfen vermochte wie das über alle Maßen hochentwickelte Amerika. Das deutlich gezeigte Interesse an amerikanischen Waffen erstaunte daher nicht. Die indische Liste, gegen die Amerika nichts einzuwenden hatte, schloß vor allen Dingen das Kampfflugzeug Northrop F5G, Haubitzen und modernste Anti-Panzer-Waffen ein.

Zudem gebrauchte Indien die Unterstützung der USA, sollten sich nicht unnötige Schwierigkeiten bei der Nutzbarmachung des 5,7-Milliarden-Dollar-Sonderkredits ergeben, der den Indern im November 1981 vom Internationalen Währungsfonds (IMF) gewährt wurde. Auf der Tagesordnung der Washingtoner Juli-Gespräche stand auch die Lösung des Problems der amerikanischen Lieferungen des angereicherten Urans für das indische Atomkraftwerk Tarapur. Das Problem wurde gelöst, Frankreich übernahm im Herbst 1982 die amerikanischen Verpflichtungen, nuklearen Brennstoff für Tarapur zu liefern.

Den nachfolgenden Besuch in Moskau, der am 20. September begann, hatte Indira sechs Jahre vor sich hergeschoben. Trotz aller offensichtlichen politischen Wandlung versuchten die Sowjets, ihn zu einer offiziellen Bestätigung der ,,traditionellen Freundschaft" hochzustilisieren. Es wurden nicht nur schöne Worte, sondern auch handfeste Angebote gemacht: Beteiligung am Aufbau des geplanten neuen Stahlwerks in Orissa (Kapazität: 1,5 Millionen Tonnen pro Jahr), Bau eines Aluminium-Werks in Andhra Pradesh, Abnahme von jährlich 500 Millionen Meter indischer Stoffe im Wert von etwa 1,3 Milliarden DM. Zum spektakulärsten der Lockvögel wurde die Offerte des sowjetischen Ministerpräsidenten Tichonow, in Indien ein 1000-Megawatt-Atomkraftwerk zur Überwindung der ständigen Energieprobleme aufzubauen. Doppelt so groß wie das mit Hilfe der Amerikaner errichtete Tarapur bei Bombay, wäre das sowjetrussische das größte atomgetriebene Kraftwerk in Indien. Anstatt in lauten Jubel auszubrechen, erbaten sich die Inder Bedenkzeit, um das Angebot auf seine technischen, wirtschaftlichen und finanziellen Aspekte hin zu prüfen.

In dieser Haltung der Inder trat die Erkenntnis, die zu den Gesprächen in Washington geführt hatte, noch einmal klar zutage. Mit ihrer wachsenden technologischen Reife war die indische Wirtschaft auf dem besten Wege, dem Niveau der sowjetischen Partner zu entwachsen. Die von der Sowjetunion mit Sorge betrachtete Liberalisierung der indischen Wirtschaft würde sich auch mit solch reizvollen Geschenken wie dem, einen indischen Kosmonauten mit einem sowjetischen Team ins All zu schießen, nicht aufhalten lassen. Nichts konnte darüber hinwegtäuschen, daß Delhi gegenüber Moskau auf eine gewisse Distanz gegangen war. Indira Gandhi ließ sich trotz aller überschwenglichen Gastfreundschaft nicht davon abbringen – wenn auch hinter verschlossenen Türen –, noch einmal ihre Besorgnis über die andauernde Besetzung Afghanistans durch die sowjetischen Truppen vorzubringen.

Staats- und Parteichef Leonid Breschnew zog alle Register. In seiner Tischrede beim Galadiner schlug er vor, was Indira wie Musik in den Ohren klingen sollte, die führenden Politiker des Nordatlantikpakts und des Warschauer Paks sollten eine Erklärung abgeben, ihre Einflußgebiete nicht auf Asien, Afrika und Lateinamerika auszudehnen. Zudem forderte der sowjetische Politiker, was Indira ständig verlangte: aus dem Indischen Ozean eine Zone des Friedens zu machen.

Der Indische Ozean – eine „Zone des Friedens“?

Noch vor zehn Jahren war diese Weltgegend kein wichtiges Thema. Die amerikanischen und sowjetischen Kriegsschiffe, die durch die weiten Gewässer des Ozeans patrouillierten, erregten die Gemüter der Anrainerstaaten Tansania, Mozambique, Mauritius, Madagaskar, Seychellen und Indien noch nicht.

Das änderte sich mit den zunehmenden Spannungen zwischen den Supermächten. Als erster „Staatsmann" erhob Indira Gandhi ihre Stimme. Sie verlangte, den Indischen Ozean zu einer Zone des Friedens zu erklären, alle militärischen Basen aufzulösen und die auf dem Seewege zwischen Mauritius und Indien gelegene und mittlerweile zum Streitobjekt gewordene Insel Diego Garcia dem Eigentümer Mauritius zurückzugeben.

Die 1843 Quadratmeter große Insel Mauritius hat eine bewegte, auch für Indien relevante Geschichte. Im 10. Jahrhundert landeten die Araber hier, im 15. Jahrhundert die Malaien. Als wirklicher Entdecker aber gilt der Portugiese Pedro de Mascarenhas, der zwischen 1507 und 1512 bis hierher vordrang. Von 1598 bis 1710 hielten Holländer die Insel besetzt und benannten sie nach „Moritz von Nassau". 1715 nahmen die Franzosen sie unter dem Namen „Isle de France" in Besitz, 1810 wurde sie britische Kolonie, 1968 unabhängig.

Aber schon 1965 ereignete sich, was zum Hauptthema bei Indiras Gesprächen in Port Louis, der Hauptstadt des Inselstaates, wurde: Als Preis für die künftige Unabhängigkeit trennten die Engländer Diego Garcia von Mauritius ab und verpachteten es auf 50 Jahre an die Amerikaner.

In den strategischen Plänen des Pentagon spielte Diego Garcia seither eine hervorragende Rolle. Die 1200 Bewohner der Insel mußten in die Hauptstadt von Mauritius, nach Port Louis, umgesiedelt werden, wo sie seither die Slums bewohnen. Wen wundert es, daß sie als Hefe in der linken Opposition wirkten und beim Regierungswechsel vom 12. Juni 1982 mitmischten, durch den die linksextremistische „Mauritian Militant Movement" (MMM) des Paul Berenger zusammen mit der „Mauritian Socialist Party" an die Macht kam. Das war ein weiteres Warnsignal für die um Demokratie in der Dritten Welt besorgten Amerikaner. Nicht nur die Umsiedlung der Inselbewohner hat den Trend nach links in Mauritius ausgelöst, es war selbstverständlich auch der gigantische militärische Ausbau der „Base Diego Garcia".

Die USA steckten bisher eine Milliarde Dollar in die Verlängerungen der Flugpisten und in den Ausbau des Hafens, der zu gegebener Zeit Flugzeugträger der im Mittelmeer stationierten 6. Flotte und der im Pazifik kreisenden 7. Flotte aufnehmen muß. Das Atoll liegt spinnengleich in einem riesigen Verteidigungsnetz, das die USA vom Golf über das Meer bis vor den indischen Subkontinent gespannt haben. Die Hoff-

nung, daß die Besetzung der menschenleeren Insel kein Anlaß zur Auslösung nationalistischer Emotionen in diesen Ländern der Dritten Welt werden würde, hat sich als irrig erwiesen – das Gegenteil geschah.
Der Wortführer für eine neue Ordnung war Indira Gandhi. Für sie stand im Indischen Ozean das Prinzip der Bündnislosigkeit mitsamt dem Konzept der „Balance of power" auf dem Spiel. Nicht ohne Grund befürchtete sie hier ein verstecktes Duell der Supermächte. Schon haben die Sowjets zum Ausgleich für die amerikanische „Base Diego Garcia" von Madagaskar gefordert, ihnen Antseranana, das frühere Diego Suarez, als militärischen Stützpunkt zu überlassen. Das Prinzip Zug um Zug birgt große Gefahren. Die wechselseitige Steigerung der Forderung nach Einfluß hätte zu Eskalationen der Spannungen zwischen den USA und der Sowjetunion führen können, zu Situationen, wo Kontrolle nicht mehr möglich ist.
Mauritius ist in den Super-Planspielen von hoher Bedeutung. Indira hat immer den Dialog mit dem Inselstaat gesucht und sicher nicht nur, weil zwei Drittel der Bevölkerung Nachkommen indischer Einwanderer sind. Die Beziehungen, die Neu-Delhi mit dem früheren Regierungschef Sir Seewoosajur Ramgoolam unterhielt, schufen Probleme mit den anderen ozeanischen Staaten. Sie kritisierten die Haltung Ramgoolams. Dieser hatte zwar zunächst auch vor der OAE (der „Organisation für Afrikanische Einheit") die Rückgabe von Diego Garcia verlangt, sich später aber mit einer finanziellen Unterstützung für die Umsiedler zufriedengegeben und danach sogar die amerikanische militärische Präsenz in Diego Garcia als Bollwerk gegen den Kommunismus willkommen geheißen.
Indira Gandhi konnte im heute linkssozialistischen Mauritius die politischen Klippen geschickt umschiffen – die versprochene Wirtschaftshilfe von 100 Millionen Rupien und 150000 Tonnen Rohöl tat das ihre. Vor allem aber zeigten die Machthaber einen Pragmatismus in internationalen Fragen, der frei von Ideologien schien. So wurde Entwicklungen der Weg geebnet, über die nachzudenken alle Mühe lohnte. Eine neue Achse war entstanden: Sie führt von der Ostküste Afrikas, vom sozialistischen Tansania und von Mozambique über die Inselstaaten Mauritius, Madagaskar, Seychellen und das umstrittene Atoll Diego Garcia nach Indien.
Mit Indiras Besuch wurde die Absicht deutlich, aus den geographischen Gegebenheiten eine neue politische Konzeption zu entwickeln, das heißt, sich zu einer politischen Einheit zusammenzuschließen. Indien war dabei eine Schlüsselrolle zugefallen, besser ausgedrückt, es beanspruchte sie und hat wohl als einziger Ozeananrainer die Macht, sie zu überneh-

men. Das rief die Gegner Indiras gleich wieder auf den Plan. Roland Tyrrell von der „Far Eastern Economic Review“ nannte sie gar mit ironischem Unterton „the Lady of the Lake“ – „die Herrin des Meeres“.

Die Asiad

Im November 1982 glätteten sich die außenpolitischen Wogen, die mit den Problemen des Ozeans entstanden waren. Indien sorgte für angenehme Schlagzeilen. Die neunte „Asiad“, die neunte asiatische Olympiade, die – mit einem „Asiad Cultural Festival“ gekoppelt – zwischen dem 19. November und dem 4. Dezember in Neu-Delhi stattfand, rückte die indische Hauptstadt – durch den Bau von zehn supereleganten Fünf-Sterne-Hotels, von zwei Riesen-Stadien, neuen breiten Straßen, einer Schnellbahn rund um Delhi und durch eine große Reinigungsaktion auf Hochglanz geputzt – ins internationale Rampenlicht. Kultur und Sport wurden im Glanz und Gloria von Spielen, Aufmärschen, Ehrungen und Empfängen als wichtige Brücken zwischen den Völkern interpretiert. Dank der von jedermann gepriesenen Regie der Inder blieben sie es für Tage der „Hoch-Zeit“, aber auch noch in der „Nachzeit“ der „Asiad“.

Der Versuch, die Spiele zu stören, wurde weithin sichtbar mit der Stürmung des Parlaments am 11. Oktober durch die bärtigen Sikhs der militanten Gruppe der „Akali-Dal“-Partei, die schon seit Monaten wieder agierte und, wie so oft schon vorher, nach ihrem eigenen unabhängigen Sikh-Staat „Khalistan“, dem „Land der Reinen“, verlangte. Es genügte den Fanatikern aus dem Punjab nicht, daß im Juli 1982 einer ihrer Glaubensbrüder, Innenminister Giani Zail Singh, zum Präsidenten der Indischen Union gewählt worden war. Das Feuer loderte im Punjab schon lichterloh. Es gelang den Behörden noch einmal, es vor den Toren Neu-Delhis einzudämmen und die „Asiad“ erfolgreich zu schützen.

Störversuche – allerdings nur verbaler Art – kamen auch von den Anhängern der ehemaligen „Janata“-Partei. Die Oppositionsregierung hatte kurz vor ihrem ruhmlosen Abgang die Durchführung der Spiele als einen Luxus abgelehnt, den sich das Land nicht leisten könnte. Bedenken wurden nun täglich wiederholt und öffentlich diskutiert. Wer an die Millionen Inder dachte, die unter dem Existenzminimum dahinvegetierten, konnte sich der Argumentation kaum verschließen. Zukunftsplaner jedoch müssen über den Tag hinausdenken. Innenpolitische Probleme dürfen Entwicklungen von Weltrang nicht verhindern. Es ging in Delhi im Winter 1982 um mehr als um goldene Medaillen für Sportler und Luxussuiten für Staatsgäste, auf dem Spiel standen das politische Image, das Ansehen und die Stellung Indiens in der asiatischen Welt.

Die siebente Gipfelkonferenz der Blockfreien

Wie stark Indiens Ansehen in Asien und darüber hinaus in der Dritten und Vierten Welt unter der ,,Nehru-Dynastie" geworden war, zeigte sich deutlich während der siebten Gipfelkonferenz der blockfreien Staaten, die zwischen dem 7. und 11. März 1983 in Neu-Delhi unter dem Vorsitz von Indira Gandhi stattfand. Was hier korrigiert werden sollte, war vom starken Impetus der indischen Premierministerin getragen und wurde von ihr mit diplomatischem Geschick auf eine schlichte Formel gebracht. Die hieß: Zusammenarbeit mit den Industrienationen anstelle von Konfrontationen. In ihren Reden forderte Indira Gandhi eine Rückkehr zu den Idealen und Prinzipien, mit der einst die Bewegung der Blockfreien 1961 in Belgrad von Nehru, Nasser und Tito ins Leben gerufen worden war. Die Ideale der Bündnislosigkeit, als die fünf Grundsätze der friedlichen Koexistenz 1955 auf der Bandung-Konferenz von Nehru postuliert, schienen verblaßt.

Das Ziel, als Dritte Welt zwischen den durch den Kalten Krieg verfeindeten Supermächten eine unabhängige Politik zu betreiben, war ins Zwielicht geraten. Zwischen Belgrad (1961) und Delhi (1983) lagen die Gipfel von Kairo (1964), Lusaka (1970), Algier (1973), Colombo (1976) und Havanna (1979). Die Zahl der Mitglieder war von 25 Ländern auf 101 gewachsen. Das Groteske entstand: Mit zunehmender Mitgliederzahl nahmen die Ideale ab, zeigten einige ,,Blockfreie" Tendenzen, die alles andere als die laut gepriesene Äquidistanz zu allen Supermächten bewiesen. Schließlich kam es soweit, daß Fidel Castro, damals Führer der Blockfreien, auf der sechsten Gipfelkonferenz 1979 in Havanna lauthals verkünden konnte, die Sowjetunion sei der ,,natürliche Verbündete" der Bewegung. Indira konterte scharf: ,,Ich kenne keine natürlichen Verbündeten, keine natürlichen Freunde oder natürlichen Feinde." Mit ihr als der Vorsitzenden bis zur achten Gipfelkonferenz kehrte die Bewegung zum ursprünglichen Kurs der Mitte zurück.

Aufstand der Tamilen

Ende Juli 1983 geriet die ohnehin durch die blutigen Unruhen im Punjab geplagte Regierung Gandhi in eine neue Krise. Das Feuer wurde zwar nicht im Lande entzündet, aber es schlug über seine Grenzen, nachdem es in Sri Lanka ausgebrochen war. Auf der ,,Insel der Götter" kam es in diesem Sommer zu den wahrscheinlich blutigsten bürgerkriegsartigen Unruhen in der Geschichte der Republik.

Das Morden zwischen den buddhistischen Singhalesen und den hinduistischen Tamilen warf erneut die Frage nach der Repatriierung jener 600 000 Tamilen auf, zu der sich die indische Regierung in zwei Abkommen mit Sri Lanka bereit erklärt hatte. Es handelte sich um den größeren Teil jener Tamilen, die im 19. Jahrhundert von den britischen Kolonialherren als Plantagenarbeiter in Südindien angeworben und auf die Insel gebracht wurden. Eine Integration in die singhalesische Mehrheit war nicht gelungen. Im Gegenteil, die Extremisten unter den srilankischen Tamilen, die in der Partei ,,TULF" (,,Tamil United Liberation Front") zusammengeschlossen sind und hauptsächlich im Norden der Insel um die Stadt Jaffna leben, verlangten einen unabhängigen Tamilenstaat. Eine Forderung, die den 42 Millionen Tamilen des südindischen Bundesstaats Tamil Nadu wie Musik in den Ohren klang.

Radikale Politiker wie der oppositionelle Abgeordnete Subramaniam Swami forderten sogar die Entsendung indischer ,,Evakuierungstruppen" zum Schutz der tamilischen Brüder.

In Sri Lanka kam es zu antiindischen Ausschreitungen auch gegen Nichttamilen. Die Spannung in Tamil Nadu wuchs in gefährlicher Weise. Frau Gandhi entsandte Außenminister Rao nach Colombo. Das alles geschah nur wenige Tage vor dem Treffen der sieben südasiatischen Außenminister, die am 1. und 2. August in Delhi berieten, auf welchem Wege nun die endgültige politische und wirtschaftliche Zusammenarbeit der in der ,,Organisation für regionale Zusammenarbeit in Südasien" (SARC) vereinten Länder: Bangladesh, Bhutan, Indien, die Malediven, Nepal, Pakistan und Sri Lanka, erfolgen sollte.

Indien hütete sich, Sri Lanka zu verstimmen. Und es stand nicht allein mit seiner Besorgnis, daß sich hier eine Lage entwickeln könnte, die alle Sicherheit an der Südflanke des Kontinents in Frage stellte. Die Auffassung einiger srilankischer Regierungsvertreter, es handle sich bei den Unabhängigkeitswünschen der extremistischen Tamilen um einen Fall, den man mit der Agitation für einen unabhängigen Sikh-Staat ,,Khalistan" in Indien vergleichen müsse, teilte die indische Regierung nicht,

wenngleich auch bei den Sikhs nur eine verschwindend kleine extremistische Minderheit einen eigenen Staat beanspruchte.
Was immer in Colombo und Delhi diskutiert wurde, machte die ungelösten Probleme der Indischen Union deutlich. Wen erstaunte es, im Laufe des Jahres immer wieder zu hören, daß Indira Gandhi die führenden Funktionäre ihrer Partei aufgefordert habe, endlich auch ihre eigene Kraft zum Wohl der Kongreß-Partei einzusetzen, denn sie sei es müde, die ganze Last allein zu tragen.
Frau Gandhi, so schrieb die ,,Far Eastern Economic Review", hätte gute Gründe, zornig zu sein. Ihre Parteifreunde neigten dazu, sie in jeder Wahlschlacht als letzte Waffe einzusetzen.
Die Überbeanspruchung merkte ihr keiner an. Sie kam morgens als erste ins Büro und verließ es am Abend als letzte. Die Schwierigkeiten des vergangenen Jahres hatten ihren Kampfgeist herausgefordert. Was auch immer ihre Erfahrungen gewesen sein mochten, sie hatten sie selbstbewußter, jünger, agiler gemacht. Es war, als habe sie einfach Jahre und mit ihnen das gewisse, seit 1980 wiederholt festgestellte Zögern abgestreift. Die kleine Sorgenfalte zwischen den Augenbrauen konnte den Eindruck der Ausgeglichenheit kaum mindern. Der Kolumnist Janardan Thakur, ein alter Kritiker der Premierministerin, sah sie während der Sitzungsperiode im Parlament und schrieb: ,,Das war eine ganz andere Frau Gandhi, die da hereinschritt, viel lebhafter und munterer, als man sie seit langem gesehen hat, vibrierend von Energie, so als hätte sie plötzlich eine alte Haut abgestreift und einen neuen Dynamo in sich eingebaut."
Neue Konzepte wurden entworfen, Pläne realisiert. Im September 1983 lud Indira Gandhi anläßlich der UN-Vollversammlung einige Staatschefs zu einem Mini-Gipfel in New-York ein. Zum ersten Mal äußerte sich die indische Premierministerin ausführlicher zu wichtigen internationalen Fragen: zum atomaren Wettrüsten, das ihrer Ansicht nach, wenn es nicht eingedämmt werden könne, unweigerlich zum Krieg und damit zu einer weltweiten Katastrophe führen müsse. Ausführlich sprach sie auch über die Ost-West-Spannungen, über das Patt im Nord-Süddialog und über die Notwendigkeit einer intensiveren Süd-Süd-Zusammenarbeit.
Die Kritik, ihre Ausführungen hätten die internationale Szene in Wirklichkeit nicht verändert, war voreilig, Indira mit Nehru zu vergleichen, ungerecht. Für ihn war es leichter gewesen, Ruhm zu erlangen. Als er die Initiative ergriff, um 1955 die erste Afro-asiatische Konferenz in Bandung und 1961 in Belgrad das erste Gipfeltreffen der bündnisfreien Länder zu organisieren, konnte er mit der Unterstützung bedeutender

Persönlichkeiten, wie Tito, Nasser, Sukarno und U Nu, rechnen. Indira stand weitgehend allein. Aber ihr Rückhalt war ein Indien, das trotz aller Schwierigkeiten als eine der stabilsten Gesellschaften in der Dritten Welt gilt, eine bedeutende Industrienation, ein internationaler Handelspartner, dem man vertrauen kann, der pünktlich zahlt.

Der Glanz der ,,CHOGM", der Konferenz der Regierungschefs und Staatsoberhäupter des Commonwealth, die im November 1983 in Anwesenheit von Königin Elizabeth von England in Neu-Delhi stattfand, veranlaßte einige Beobachter der indischen Szene, von 1983 als dem Jahr der Indira Gandhi zu sprechen. Der Ruhm verblaßte schnell, als mit Beginn des Jahres 1984 der Aufruhr im Bundesland Punjab, das bereits seit dem 7. Oktober 1983 unter ,,Präsidentenherrschaft" stand, zum blutigen Terror eskalierte.

Drama im Punjab

Es wäre verfehlt, das letzte Drama im Punjab als Identifikationsneurose der Sikhs abzutun, wiewohl der Wunsch nach Selbstbehauptung im Volk der bärtigen Turbanträger in ihrer ganzen dramatischen Geschichte immer sehr stark gewesen ist und sicher auch eine gewichtige Rolle in der letzten Auseinandersetzung mit der indischen Zentralregierung spielte. Was objektiv stimmt: Daß ungewöhnlich viele Sikhs hervorragende Posten in Indien innehaben, daß sie innerhalb der Union zu den Reichen und Privilegierten gehören, wird aus der subjektiven Sicht der Fanatiker nicht anerkannt. Der Anteil von 16 Prozent an den Staatsämtern genügt ihnen nicht, obwohl sie nach ihrem Bevölkerungsanteil – 16,6 Millionen – nur Anspruch auf 2,44 Prozent hätten. Die Engländer, deren Kolonialarmee nicht gerade ruhmreich gegen die tapferen Krieger aus dem Punjab kämpfte, kapitulierten. Anstatt sie zu unterwerfen, machten sie die Turbanträger zu ihren Schoßkindern. Sie räumten ihnen 40 Prozent aller hohen Stellungen ein. Das unabhängige Indien, gleiches Recht für alle proklamierend, mußte das korrigieren.

Als ein schlauer Sikh-Unterhändler der Premierministerin im Frühjahr 1984 vorschlug, die leidige Frage einer prozentualen Beteiligung doch ganz einfach nach Verdienst und Tüchtigkeit jedes einzelnen zu lösen, soll sie geantwortet haben: ,,Dann wären ja alle guten Posten in den Händen von Sikhs." Ob das nun eine wahre Geschichte oder Legende ist, spielt keine Rolle. Daß sie in Delhi die Runde machte, zeigt, welchen Stellenwert die Sikhs im Denken der Inder einnehmen.

Nein, unterschätzt werden die Sikhs sicher nicht. Sie zu überschätzen, wäre ebenso falsch. Auch ihr letzter Aufstand konnte die Einheit Indiens nicht sprengen. Ganz abgesehen davon, daß die Masse der Sikhs, die schweigende Mehrheit der Gemäßigten, das auch gar nicht will.
Die Gruppe derjenigen Sikhs, die ,,Khalistan" verlangt, das ,,Land der Reinen", einen separaten Sikh-Staat, ist verhältnismäßig klein. Gefährlich war, daß die Todesschützen der ,,Khalistaner" nach jedem Mord Zuflucht bei ihrem geistigen Mentor, dem Khomeini-ähnlichen Sant Jarneil Singh Bhindranwale, im ,,Goldenen Tempel" von Amritsar, dem größten Heiligtum der Sikhs, fanden. Was hinderte die Zentralregierung bis zum 6. Juni 1984 daran, den entheiligten Tempel zu stürmen, die Verbrecher zu verhaften und dem grausigen Spuk ein Ende zu bereiten? Schwäche, behauptete die Opposition, taktische Stärke, meinten die Anhänger der indischen Ministerpräsidentin. Ehe sie der Armee den Befehl zum Angriff auf den ,,Goldenen Tempel" gab, sagte Rajiv Gandhi auf eine Forderung nach Aktionen im Punjab: ,,Meine Mutter weiß ihre Karten zur rechten Zeit zu spielen."
War der richtige Augenblick am 2. Juni gekommen, als die Sikhs, von deren Feldern 75 Prozent des gesamten indischen Getreideverbrauchs stammen, mit einer totalen Blockade der lebenswichtigen Getreidelieferungen aus dem Punjab drohten? Konnte der militärische Schlag die Revolte aus dem Tempel endgültig beenden? Der Einsatz war unvermeidlich, aber bedenklich hoch. Der Tod des Rädelsführers Bhindranwale barg alle Risiken einer neuen Sikh-Legende in sich. Sie hätte den simplen Dorfprediger und blutrünstigen Fanatiker zum elften *Guru* des Sikhismus überhöhen können.
Was wollten die Terroristen? Oder wollten sie gar nicht, wollten vielleicht andere? Waren sie gar der Arm von Hintermännern, die Indira Gandhi im Nachbarland vermutete? Der Beweis wäre noch anzutreten. Dementis konnten indes Mutmaßungen nicht unterdrücken. Wäre ein unabhängiges Land Punjab, so überlegten politische Kreise in Delhi, nicht ein willkommener Puffer zwischen Pakistan und Indien? Eines aber stand für alle Beobachter fest, die Terroristen bildeten sich nicht selbst aus, noch sammelten sie ihre logistischen Erfahrungen im ,,Goldenen Tempel". Bhindranwale war nicht ihr militärischer Lehrmeister.
Mit dem Tode Bhindranwales war das Sikh-Problem nicht gelöst. Neue Spannungen mit Neu-Delhi entstanden durch den Entschluß, mit *Kar Sewa*, mit freiwilliger Arbeit, wie sie bei den Sikhs üblich ist, um ihre Tempel zu reparieren und zu erhalten, beim beschädigten ,,Akal Takht", dem Sitz der höchsten religiösen Autorität der Sikhs auf dem Gelände

des ,,Goldenen Tempels", zu beginnen. Aus dem ,,Akal Takht" kam der Befehl des Oberpriesters Jathedar Kirpal Singh, die *Kar Sewa* des Baba Santa Singh, des Führers der *Nihang*-Sekte ,,Budha Dal", nicht zu unterstützen, da er von Neu-Delhi beauftragt sei. Trotz alleroberster Verdammnis begann Baba Santa Singh mit vier anderen hohen Sikh-Priestern am 1. August mit *Kar Sewa* am ,,Akal Takht". Unter Absingen alter Hymnen legte jeder der fünf Priester einen Ziegel nieder. Jeder vernünftige Mensch fragte sich, was die Agitation der höchsten Priester um Jathedar Kirpal Singh bedeuten sollte? Gab es Kräfte, die keine Restauration durch *Kar Sewa*, die überhaupt keine Wiederherstellung wollten, wäre ihnen ein zerstörter Tempel als Memento willkommen gewesen?In einem vier Seiten langen Brief vom 13. 9. an mich bestätigte Indira Gandhi meine Vermutung.

Die schnelle und gründliche Reparatur des von einer goldenen Kuppel überwölbten ,,Akal Takht" war ein großer Erfolg für die Regierung Gandhi, der um so stärker wirkte, als die Premierministerin am 29. September fast gleichzeitig mit der Beendigung der Reparaturarbeiten den Abzug der letzten Einheiten der Armee aus dem ,,Goldenen Tempel" anordnete, die dort im Juni zur Bekämpfung der Terroristen eingesetzt worden waren. Ein Hoffnungsstrahl kam aus dem ,,Akal Takht" – die Verlautbarungen der Priester klangen gemäßigter. Eine politische Lösung schien sich anzubahnen, wenn auch der Terrorismus noch kein endgültiges Ende gefunden hatte.

Die Unruhen schwelten nicht nur im Punjab weiter – das Jahr 1984 drohte zum Jahr des Schreckens zu werden. In vielen anderen Teilen des Landes kam es zu Demonstrationen, Streiks und Terrorakten. Grauenerregende Zusammenstöße zwischen religiösen Gruppen bei Bombay und in Südindien, politische Intrigen in Kashmir, blutiger Terror in Assam. Die Probleme wuchsen ins Überdimensionale. Aus den innenpolitischen Schwierigkeiten im Punjab entstanden neue Spannungen zwischen Indien und Pakistan, sie steigerten sich nicht nur durch den Verdacht der Inder, Pakistan mische im Punjab mit, sondern auch wegen der erneuten amerikanischen Waffenlieferungen an den pakistanischen Nachbarn.

Die Sowjetunion bietet Hilfe an

Die Sowjets machten sich das indische Unbehagen zunutze, sie verstärkten ihre politischen Anstrengungen, offerierten von neuem Hilfe – auf militärischem Gebiet, versteht sich.

Anfang März 1984 reiste der sowjetische Verteidigungsminister Dimitrij Ustinow mit einer 55 Mann starken Delegation nach Delhi – es wurden spektakuläre Abkommen geschlossen. Die Sowjets wollten wohl der von den Indern geäußerten Absicht, demnächst mehr Waffen in Westeuropa zu kaufen, durch lockende Angebote zuvorkommen. Zusätzlich zur Lieferung modernster Waffen und der Zusage, die einheimische Produktion sowjetischer Waffen fortzusetzen, erklärten sich die Sowjets bereit, gemeinsam mit den Indern Waffensysteme zu entwickeln, die speziell auf indische Bedürfnisse zugeschnitten sein sollten. „Eine feste Umarmung" nannte Salamat Ali, der Indien-Korrespondent der „Far Eastern Economic Review", das neue Abkommen vom 10. März 1984, das die Lieferung moderner Kampfflugzeuge, eines elektronischen Überwachungssystems für Schiffe der indischen Kriegsmarine und andere militärische Ausrüstungsgegenstände vorsah.

Die Hindu-Welle

Große Probleme für Indira Gandhi schufen auch gewisse Landesfürsten, die den leidenschaftlichen Wunsch ihrer Anhänger nach regionaler Identität, nach mehr Autonomie benutzten, um ihre wahren Ziele zu kaschieren, nämlich die Zentralregierung zu stürzen und womöglich selbst den Posten des Ministerpräsidenten von Indien einzunehmen. Chefminister Ramakrishna Hegde von Karnataka hätte zweifellos das entsprechende politische Format. Der Landeschef von Andhra Pradesh glaubte, es zu besitzen.

Was sich in Andhra Pradesh mit dem Sieg der regionalen Partei „Telugu Desam" und der Wahl des ehemaligen Filmschauspielers N. T. Rama Rao zum Chef der Landesregierung ereignete, reicht allerdings weit über das Streben nach Provinz-Autonomie und persönliche Zielsetzung hinaus; es betrifft Tendenzen in der gesamten Union, die man nicht auf die leichte Schulter nehmen sollte.

Rama Rao, der seine Karriere mit der Darstellung von Hindugöttern machte, symbolisiert, was heute erhöhte Relevanz in Indien besitzt: eine Rückbesinnung auf die Grundwerte des Glaubens. Nicht von ungefähr wurde die Traumwelt des Films in der Vorstellung der Anhänger Raos zur Wirklichkeit. Das Volk begann, seinen Filmhelden mit Shiva und Vishnu zu identifizieren. Es wählte im Januar 1983 mit Rao gewissermaßen den angebeteten Gott für das höchste Amt von Andhra Pradesh. Es schadete dem Filmhelden deshalb auch nichts, daß er sich alsbald selbst

als Reinkarnation des Gottes Shiva bezeichnete, wenigstens nicht bei seinen Anhängern. Seine Gegner und andere nüchterne Bürger jedoch empörte seine Blasphemie, sein autoritäres Gehabe und seine Unfähigkeit als politischer Verwalter.
Als ihn aber der von Delhi bestellte Gouverneur Ram Lal wegen angeblichen Verlusts der Mehrheit im Landesparlament am 16. August 1984 absetzte, war der politische Skandal da, der zu blutigen Unruhen führte. Die indische Ministerpräsidentin distanzierte sich am 21. August in einer Parlamentsrede von den dramatischen Ereignissen. Die Behauptung, der von der Zentralregierung eingesetzte Gouverneur habe nach eigenem Ermessen gehandelt, wurde ihr von der Öffentlichkeit nicht abgenommen. Was sich im einzelnen vor und hinter den Kulissen abspielte, war schwer zu entwirren – jedenfalls gelang es Rama Rao und seinen Anhängern nach stürmischen Szenen, am 16. September 1984 wieder ins Parlament einzuziehen und die Regierung zu übernehmen.
Was der glücklose Gouverneur, der zurücktreten mußte, nicht einkalkuliert hatte, war, daß eine Aktion gegen Rao einem Verstoß gegen heiliggehaltene Traditionen des Hinduismus gleichkam, der gegenwärtig eine Renaissance erlebt, die man nur mit dem heftigen Rückschlag der Wellen eines stürmischen Meeres vergleichen kann. Fast ganz Nordindien wurde davon erfaßt, im besonderen sind die fünf *Hindi*-sprechenden Staaten der Ganges-Ebene: Bihar, Uttar Pradesh, Madhya Pradesh, Rajasthan und Haryana, betroffen. Für die Zentralregierung haben sie entscheidende Bedeutung: Sie besetzen 220 der 542 Sitze in der *Lok Sabha*, dem Parlament.
Hatte Indira Gandhi vor, auf dieser Hindu-Welle zu reiten? War es angesichts der bevorstehenden Wahlen gar unvermeidlich? Begannen die Ideale des Säkularismus, mit denen die unabhängige indische Regierung 1947 angetreten ist, zu verblassen, oder wollte Indira sie hochhalten, um mit ihnen zu siegen? Würde der alte umstrittene Wahlslogan: „Indien ist Indira und Indira ist Indien“ noch einmal seine Zugkraft beweisen?
Die Fragen blieben unbeantwortet. Der tragische Tod der Tochter Nehrus setzte allen Spekulationen ein Ende.

Der Mord im Garten

Der 31. Oktober begann wie jeder andere Tag im kleinen Bungalow Safdarjung Road I, in dem Indira Gandhi mit ihrem Sohn Rajiv, dessen italienischer Frau Sonia und den beiden Enkeln Rahul und Priyanka wohnte.

Die indische Premierministerin war wie immer um sechs Uhr aufgestanden, hatte ihre täglichen Yoga-Übungen gemacht, gelesen, private Post erledigt, einige Akten studiert. Ihr offizieller Tag begann stets um neun Uhr – jedermann, der sie kannte, wußte das. An diesem unvergleichlich schönen Herbstmorgen – der Himmel war strahlend blau, im Garten standen die Blumen in voller Blüte, ein leichter Wind wehte durch Tamarinden und Feuerakazien – schien Indira heiter gestimmt. Mit einem freundlichen Morgengruß für ihre Begleiter öffnete sie die Türe des bescheidenen Hauses. In einen lichten *Sari* gehüllt, schritt Indira leichtfüßig auf das kleine Tor in der Hecke zu, die das Grundstück in den Privatgarten Safdarjung Road und den Garten um die offizielle Residenz Akbar Road I trennt, in der sich auch einige Büros befinden. Dort erwartete die Ministerpräsidentin ein britisches Fernsehteam, das von Sharada Prasad, ihrem langjährigen „Information Adviser", begleitet war.

Diskret folgten der schnell ausschreitenden Indira – etwa im Abstand von zwei bis drei Metern – fünf Sicherheitsbeamte und ihr langjähriger persönlicher Assistent R. K. Dhavan.

Es war neun Uhr und acht Minuten. Vor dem kleinen Gartentor standen die beiden Leibwächter Beant Singh und Satwant Singh, Beant seit zehn Jahren in ihrem Dienst, Satwant seit fünf Monaten. Beant muß sich in diesem Augenblick erinnert haben, daß die Premierministerin erst zwei Monate zuvor in seiner Gegenwart gefragt worden war, ob sie denn den Sikhs trauen könne, und sie, mit einem Lächeln zu ihm hin, antwortete: „Solange Sikhs wie Beant Singh um mich sind, habe ich sicherlich nichts zu befürchten." Als der höchste Sicherheitsbeamte Indiens ihr im Juli riet, alle Sikhs aus ihrem Stab zu entfernen, reagierte sie ungeduldig: „Wie könnten wir dann noch behaupten, wir seien ein säkularer Staat?"

Indira haßte es, eine kugelsichere Weste zu tragen, und lehnte zumeist auch andere außergewöhnliche Sicherheitsmaßnahmen ab. Sie war stolz und mutig – aber sicher auch eine Fatalistin. Sie hatte gelernt, mit dem Unvermeidbaren zu leben. Der Gedanke an den Tod bedrückte sie nicht. Aber daß er ihr in der Gestalt eines Mannes begegnen würde, dem sie bedingungslos vertraute, hätte vielleicht auch sie aus dem Gleichgewicht gebracht.

Ihr letztes Lächeln, ihr letzter Gruß: ,,*Namasté*" – galt ihrem Mörder. Als sie nach indischer Sitte ihre beiden Hände – zusammengelegt wie zu einer Geste der Anbetung oder Verehrung – erhob, feuerte Beant – kaum können wir glauben, daß er zurückgelächelt haben soll – die ersten drei Schüsse. In den Unterleib getroffen, sank die zierliche Frau zu Boden. Satwant Singh feuerte auf die hilflos daliegende Indira aus der automatischen Maschinenpistole die nächsten Kugeln, sieben trafen den Bauch, drei die Brust, eine das Herz – und wieviele zerstörten das Gesicht, das später Millionen Menschen voller Trauer und Entsetzen betrachteten? Als die Mörderhände mit den entleerten Pistolen sanken, war Indira wahrscheinlich schon tot.

Die beiden Attentäter wurden entwaffnet und zur Wache gebracht, die ihr Büro am Eingang des Grundstücks hat. Dort stürzte sich Beant Singh auf einen Sicherheitsbeamten und versuchte, ihm eine Maschinenpistole zu entreißen. Beant wurde auf der Stelle erschossen. Satwant Singh zog einen Dolch aus dem Turban. Ehe er weiteres Unheil anrichten konnte, wurde er durch die Wachen, die sofort ihre Pistolen zogen, verwundet. Während Beant Singh als Geheimnis mit ins Grab nahm, wer die Drahtzieher hinter ihm waren – seine letzten Worte: ,,Ich habe getan, was ich tun mußte, tut ihr, was ihr zu tun wünscht", verrieten nichts –, gestand Satwant Singh seinem Arzt, daß er Mitglied einer Verschwörergruppe wäre, deren Anführer ein hochrangiger Offizier sei. Auf ihrer Todesliste stünde auch Rajiv Gandhi.

Kaum hatte Rajivs Frau Sonia die ersten Schüsse gehört, raste sie entsetzt aus dem kleinen Bungalow in den Garten. Ihre gellenden Schreie zerrissen die Luft: ,,Mummy, o mein Gott, Mummy!" Die beiden Frauen, die Inderin und die Italienerin, hatten einander sehr geliebt.

Die Sicherheitsbeamten trugen, geführt von R. K. Dhavan, den zerfetzten Körper der Premierministerin, deren organefarbener *Sari* vollgesogen von Blut war, zu dem kleinen weißen ,,Ambassador", dem indischen Wagen, den Indira während ihrer ganzen Amtszeit benutzte. Sonia bettete den Kopf der Schwiegermutter in ihren Schoß. In rasendem Tempo ging es zum Hospital, zum ,,All-India Institute of Medical Sciences". Im achten Stock war der Operationssaal bereits vorbereitet. Zwölf Ärzte versuchten, ein Wunder zu vollbringen, die leblose Indira wieder zum Leben zu erwecken. Bluttransfusionen, künstliche Lunge und ununterbrochene Herzmassagen nützten nichts mehr. Um 13.45 Uhr veröffentlichte die indische Presseagentur die Nachricht, die nicht nur tiefe Trauer, sondern auch ein furchtbares Blutbad auslösen sollte: ,,Indira Gandhi ist tot.“

Am Abend des gleichen Tages wurde Rajiv Gandhi, von einer Wahlreise durch Bengalen nach Delhi zurückgekehrt, zum Nachfolger seiner Mutter bestimmt und vom Präsidenten als neuer Ministerpräsident von Indien vereidigt.

Das indische Fernsehen hatte für den Abend die erste Ansprache des neuen Regierungschefs angekündigt. Stunde um Stunde warteten die Zuschauer vergebens. Es war Mitternacht, als Rajiv Gandhi, sichtlich um Jahre gealtert, auf dem Fernsehschirm erschien. Seine Stimme klang verhalten: ,,Indira Gandhi, Indiens Premierministerin, ist ermordet worden. Sie war nicht nur meine Mutter“, sagte er leise, ,,sondern die Mutter der ganzen Nation, und sie diente dem indischen Volk bis zu ihrem letzten Blutstropfen.“ Dann mahnte der Premierminister seine Landsleute, keine Rache zu nehmen, sondern Ruhe und Ordnung zu bewahren: ,,Nichts würde die Seele unserer geliebten Indira Gandhi mehr verletzen als der Ausbruch von Gewalttätigkeiten.“ Rajiv Gandhi beschwor das Volk, alles zu tun, um ein Indien zu bewahren, in dem alle Inder – gleich, welcher Religion, Sprache, Rasse, Kaste oder politischen Überzeugung – wie in einer großen Familie zusammenleben sollten. ,,Ich kann meine Aufgabe nur erfüllen“, sagte er mit großem Ernst, ,,das heißt die Einheit, Integrität und Ehre des Landes erhalten, mit Ihrer Unterstützung und Hilfe.“

Während Gandhi sprach, herrschte bereits das Chaos. Vom Schmerz um Indira und von der Wut über ihre Ermordung überwältigt, begannen Tausende von Hindus eine blutige Rache an den Sikhs zu nehmen. Die erbarmungslosen Rächer töteten unschuldige Männer, Frauen und Kinder, zündeten in vielen Bezirken der Hauptstadt die Häuser der Sikhs an und verbrannten deren Geschäfte. Die Amokläufer wurden unterstützt oder überspielt von einem grausamen Mob, der sich aus den Slums aufgemacht hatte, um seinen Anteil am blindwütigen Rachefeldzug drastisch zu demonstrieren. Über Neu-Delhi loderten die Flammen, standen schwarzgraue Rauchsäulen. Aus anderen Städten wurden ähnliche Schrecken gemeldet. Die Fanatiker tobten sich in jenem unberechenbaren religiösen Haß aus, den Indira um der Einheit Indiens willen überwinden wollte. Mehr als alles andere – ihre Familie ausgenommen – liebte sie die Indische Union, *Bharat*, die große Vision ihres Vaters Jawaharlal Nehru von einem säkularen Staat. Sie wußte, wieviel noch zu tun war, um den Traum der Freiheitskämpfer zu verwirklichen, und sie setzte ihr Leben dafür ein. „Das Herz meiner Mutter wäre gebrochen, hätte sie erlebt, was sich nach ihrem Tod ereignete", sagte Rajiv und beschwor seine Landsleute noch einmal, „dem Wahnsinn ein Ende zu machen".

Inzwischen lag die Tote aufgebahrt im Tin-Murti-Haus, der alten Residenz des Vaters, mit dem sie so lange zusammenwirkte. An ihrer Bahre zogen Hunderttausende vorbei. Die meisten weinten, sie hatten ihre Indira, *Bharat Mata* – die Mutter Indiens –, verloren. Als letzten Gruß legten sie Jasmin oder gelbe Levkojen an der Bahre nieder.

Am 3. November um 12.30 Uhr wurde der in einen hellroten *Sari* gehüllte, mit Tüchern und Tausenden von weißen und orangefarbenen Blumen und Girlanden bedeckte Leichnam auf eine Lafette getragen. Das zarte Gesicht, durch den erlittenen Tod verfremdet, war vom Überfall des *Sari* umrahmt. Immer wieder versuchten verzweifelte Menschen, die Polizeisperren zu durchbrechen, um zum letzten Mal Indira nahe zu sein, sie noch einmal zu berühren. Langsam begann die Trauerprozession ihren 14 Kilometer langen Weg. Die Massen schrien: „Indira lebt ewig!" Viele rauften sich die Haare oder trommelten sich mit den Händen gegen die Brust. Wer wollte behaupten, die Masse des Volkes habe Indira nicht geliebt – die Trauernden an der Bahre wußten es besser und unglückseligerweise auch jene, die auszogen, um sie zu rächen. Diese Todesengel unterbrachen ihr düsteres Geschäft nicht einmal jetzt – in der Stunde der nationalen Trauer.

Gegen 15 Uhr erreichte der Zug „Shantivana", den „Ort des Friedens", am Ufer des heiligen Flusses Jamuna. Hier wurde auch Nehru verbrannt, und ein Teil seiner Asche hat unter dem in Marmor eingefaßten grünen Hügel die ewige Ruhe gefunden. Auf einem Podest war der vier Meter hohe Scheiterhaufen aus Sandelholz errichtet. Familienangehörige trugen die Bahre hinauf, legten sie behutsam auf die duftenden Hölzer. In der Nachmittagssonne leuchtete das Ende des rötlichen *Saris*, das den Kopf und das im Schmerz erstarrte Gesicht der Toten umrahmte. Die Enkel Rahul und Priyanka streuten weiße Chrysanthemen und gelbe Ringelblumen. Sie weinten – sie hatten die geliebte zärtliche Großmutter, die Mitte ihres kleinen Lebens, verloren. Alle anwesenden Inder trugen zum Zeichen der Trauer weiße schmucklose Gewänder.

Über den Rasen, der mit etwa 60 bis 100 Meter Breite die geladenen Gäste von der trauernden Menge trennte, erklangen immer wieder

Schreie: ,,*Indiraji amar rahe*" – ,,Indira lebt ewig" – und vereinzelte Rufe: ,,Rajiv, Rajiv, du bist Indiens Hoffnung." Wer die Polizeikette durchbrach, mußte mit Stockschlägen rechnen – hier am ,,Ort des Friedens" durfte keine Panik ausbrechen.
Von irgendwoher ertönten die dumpfen Schläge eines zeremoniellen Gongs. Über ihnen schwebten die Stimmen der brahmanischen Priester. Sie murmelten die Verse aus der ,,Gita Govinda", während sie den Scheiterhaufen mit gereinigter Butter übergossen: ,,Ich bin der Tod aller Dinge, und ich bin die Geburt aller Dinge, das Wort und das Gedächtnis, die Beständigkeit und das Erbarmen und das Schweigen der geheimen Dinge . . ."
Rajiv Gandhi entzündete eine Fackel und umschritt nach altem Hindubrauch siebenmal den Leichnam seiner Mutter, und jedesmal berührte er ihre Stirne mit dem brennenden Scheit, das seine Hände trugen.
Der Leichnam wurde noch einmal mit flüssiger Butter, Weihrauch und anderen Gewürzen überschüttet, ehe Rajiv die Fackel an den Scheiterhaufen legte. Das Gesicht des jungen Premiers war ruhig, gefaßt, sein Schmerz unsichtbar, nach innen versenkt.
Nur langsam begannen die Hölzer zu brennen, hüllten die Flammen den Körper der Frau ein, von der selbst ihre Gegner nach ihrem Tode schrieben: ,,Ihr Charisma war unbestritten, ihr politischer Scharfsinn konkurrenzlos – ihre Tragödie war, daß sie nicht verstand, ihre großen Möglichkeiten zu voller Wirkung zu bringen. Ihre Stärke lag in einer vollkommenen Identifzierung ihrer selbst mit ihrem Land, für die es kaum eine Parallele gibt. Sie war ein modern denkender Mensch, ganz im Gegensatz zu vielen ihrer Landsleute. Sie stand über allen Kasten und Religionen. Sie hatte die Fähigkeit, von sich ein Bild zu entwerfen, mit dem sich jeder in diesem weiten Land identifizieren konnte. Ihr Kontakt mit den Massen, wie immer man ihn erklären mag, war bemerkenswert."
Staatschefs, Diplomaten und Politiker aus 90 Ländern erwiesen dieser Frau, die Geschichte gemacht hat, die letzte Ehre. Was immer ihre Kritiker zu Recht oder zu Unrecht gegen sie einzuwenden hatten, in dieser Stunde in ,,Shantivana" spürten alle etwas von der versöhnenden Kraft des Todes.
Die Flammen loderten nicht wild empor. Es war ein stilles Feuer, das Indira Gandhi in eine Welt trug, die sie nicht fürchtete und die ihre Priester mit Versen aus dem ,,Rigveda" besangen: ,,Flammen, nehmt sanft diesen Leib in euren Armen fort, / Macht ihn vollkommen und lichterfüllt, nehmet ihn dorthin, / Wo die Ahnen nicht mehr das Leid kennen, nicht mehr den Tod."

Nach alter Tradition soll der für die Trauerriten verantwortliche älteste Sohn während der ganzen Nacht neben dem Scheiterhaufen verharren. Wenn Rajiv Gandhi, entgegen der Sitte, den Trauerort schon nach Sonnenuntergang verließ, so gewiß nicht, weil die Terroristen neue Morddrohungen ins Haus geschickt hatten, er mußte vielmehr sofort in Aktion treten, um Ruhe und Ordnung im aufgewühlten Indien wiederherzustellen.

Schon sprach man von mehr als 1500 Toten allein in Neu-Delhi. Zur Unterstützung der Sicherheitskräfte wurden verstärkt Armee-Einheiten eingesetzt. Aber erst eine Woche nach Indiras Ermordung begann das Leben sich langsam wieder zu normalisieren. Selbst die Opposition, soweit sie korrekt war, attestierte dem neuen Premier Besonnenheit, Würde und Entschlußfähigkeit. Mit Genugtuung stellten politische Kreise fest, daß Rajiv Gandhi gleich nach der Trauerfeier nicht nur Delegationen der Sikhs, sondern auch den pakistanischen Staatspräsidenten Zia-ul Haq empfing, daß er Anstrengungen machte, nicht nur die innenpolitische, sondern auch die außenpolitische Lage zu entschärfen.

Zwei Tage lang glühte die Asche auf dem Podest in ,,Shantivana". Am 5. November um 6.30 Uhr – die Morgennebel hingen noch über dem ,,Ort des Friedens" – begann die Zeremonie der feierlichen Einholung der Asche – *Antim Sanaskara* –. Rajiv Gandhi löschte die letzte Glut mit heiligem Wasser, während zehn *Pandits*, angeführt von Goswami Girdhardi Lal, dem Priester der Familie Nehru, *Mantras* aus den ,,Veden" sangen. Dieses Ritual symbolisiert das Aufgehen des individuellen im universellen Geist, im Unzerstörbaren, das zu erfahren den Menschen von Generation zu Generation aufgegeben wird: ,,Ich bin der Anfang und das Ende der ganzen Welt,/über mir gibt es nichts. An mich ist dieses All aufgereiht,/Wie Perlen an einer Schnur,/Ich bin das Leben in allen Wesen."

Nachdem Rajiv Gandhi einen Teil der heiligen Asche eingesammelt hatte, begannen andere – Verwandte der Toten, Freunde und Mitglieder ihres persönlichen Stabes – den Rest in die kupfernen Urnen zu füllen, die über das ganze Land reisen würden, um Millionen Indern Gelegenheit zu geben, der Toten die letzte Ehre zu erweisen.

Nach dem zweistündigen Ritus am ,,Ort des Friedens" nahm Rajiv eine der Urnen mit in seinen ,,Ambassador". Die anderen 34 Urnen wurden auf einen über und über mit Blumen bedeckten Wagen gestellt und zum Tin-Murti-Haus gefahren. Dort warteten die Repräsentanten der verschiedenen Bundesstaaten und Bundesterritorien, um die Urnen zu übernehmen. Sonderzüge gingen nach Ahmedabad, Lucknow und Bho-

pal. Sonderflugzeuge der „Indian Airlines" brachten die Asche in alle übrigen Bundesländer vom Himalaya bis Tamil Nadu und Kerala im Süden.
Als die Urnen den Eingang vom Tin-Murti-Haus erreichten, senkten die Wachen ihre Waffen – alle Anwesenden verharrten in einer Minute des Schweigens. Im Garten, unter einem schattenspendenden Baum, den Indiras tödlich verunglückter Sohn Sanjay als Kind gepflanzt hatte, war eine Plattform errichtet worden. Dorthin stellte Rajiv die Urne, die er mitgebracht hatte. Er schmückte sie mit Rosenblättern und betete. Hinter ihm standen seine Frau Sonia, seine Tochter Priyanka, sein Sohn Rahul. Nach ihrem stillen Gebet legten auch sie Blumen auf die Plattform, auf die noch zwei weitere Urnen gebracht worden waren.
Zu den Trauergästen gehörten Präsident Zail Singh, der Vizepräsident, die Kabinettsmitglieder, die Chefminister und Gouverneure der Provinzen und zahlreiche andere prominente Bürger.
Bis zum 10. November standen die drei Kupfergefäße unter den weitgestreckten Zweigen des Baumes im Garten vom Tin-Murti-Haus, nicht weit von der Stelle, wo *Q/Amar Jawahar Iyoti* – eine ewige Flamme – brennt. Tausende von Indern zogen voller Schmerz hier an dem vorbei, was von ihrer geliebten Indira Gandhi geblieben war, die sie die „Mutter der Armen" genannt hatten.
Die morgendliche Zeremonie im Tin-Murti-Haus am 11. November war feierlich, aber kurz. Sie dauerte sechs Minuten. Pünktlich um 6.30 Uhr erschien Rajiv Gandhi in einem schlichten dunkelbraunen *Ashkan*. Die Wache präsentierte das Gewehr, als der Ministerpräsident durch den Garten bis zum Baum schritt, wo die Urnen standen. Während eine Marinekapelle die Nationalhymne spielte, trugen Rajiv Gandhi und seine beiden Vettern Gautam Kaul und Naresh Katju die drei Urnen zu dem mit Indiens Fahne bedeckten Fahrzeug. Die Wachen senkten ihre Degen, als Rajiv die drei kupfernen Gefäße auf das Gefährt hob und sie wieder mit Rosenblättern bewarf.
Der Trauerzug bestand aus sieben Wagen, drei fuhren dem Urnen-Fahrzeug voraus, drei schlossen den Zug ab. An der Spitze sowie am Ende der Prozession marschierte je eine Kompanie der Armee, der Luftwaffe und der Marine. Bis der letzte Wagen das Tin-Murti-Haus verlassen hatte, spielte eine Kapelle den Trauergesang „Die Blumen des Waldes".
Mit einer Geschwindigkeit von 20 Stundenkilometern erreichte die Prozession um 7 Uhr 30 den Flughafen Palam. Als die drei Urnen zu einem der beiden bereitstehenden Helikopter getragen wurden, präsentierte eine Kompanie der Luftwaffe ihre Gewehre, um sie dann unter den Klängen einer Trauermelodie langsam zu senken.

Rajiv flog mit seiner Frau, seinen beiden Kindern und zwei Vettern im ersten Helikopter. Die zweite Maschine folgte mit der Ehrenbegleitung. Das Ziel war der 35 Kilometer entfernte Flugstützpunkt Hindon. Dorthin waren am Abend zuvor, am 10. November, alle jene 32 Urnen gebracht worden, die durch das ganze Land gereist waren. Die Asche wurde nun in kleine rote Papiertüten gefüllt, leicht zugebunden und in speziell angefertigten Körben auf ein Blumenbett in der Transportmaschine AN-12 der indischen Luftwaffe gestellt. Das Flugzeug verließ Hindon um 8.15 Uhr.
Der letzte Akt der Tragödie war gekommen. In 8000 Meter Höhe wurde ein Spalt der Maschine geöffnet, ein Fenster zur Ewigkeit. Rajiv ließ einen Korb nach dem anderen langsam aus seinen Händen gleiten. Die Bänder um die Tüten lockerten sich – der Wind trieb die Asche ein wenig hoch, dem Himmel entgegen, ehe sie sich auf die glitzernden Schneefelder der höchsten Berge der Welt senkte. Indira, die sich immer ein „Kind der Berge" nannte, war heimgekehrt, ihr letzter Wunsch erfüllt: am Ende ihres Lebens in den Himalaya zurückzukommen. „Der Geist von Indira Gandhi", schrieb die „Times of India", „hat sich heute, als ihr Sohn Rajiv Gandhi ihre Asche über den himmelstürmenden Schneegipfeln verstreute, mit dem Geist des ewigen Himalaya vereint."
Die Maschine nahm Kurs auf Jammu und Kashmir, wo Indiras Asche zurück auf die Erde fiel, welche die Heimat ihrer Vorfahren und ihre Wahlheimat gewesen ist.
Dem Auge wurden durch den Himmel keine Grenzen gesetzt. Er war gläsern und blau, so, als wollte er sich – ohne Konturen das Weltall umspannend – der Unendlichkeit öffnen, die der Mensch nicht begreifen kann.
Als die Maschine über Gangotri, der Quelle des Ganges, und dem Berg kreiste, auf dem sich *Amar Nath*, der heilige Schrein des Shiva, befindet, spannte die Sonne ein wie Brillanten glitzerndes Netz über die Berge. Hier sollte die irdische Reise der Indira Gandhi enden. In den Wassern des Ganges würde sich die Asche der Ermordeten für immer mit dem lebenspendenden Strom der Nation, mit dem Ganges, verbinden, dem Fluß Indiens, der die Kultur des Landes weitgehend prägte. In ihm offenbart sich für die Inder das Göttliche, von dem die „Gita" spricht:
„Ich bin Anfang und Ende aller Wesen,
Und in der Brust des Lebenden bin ich das Gewissen;
Unter denen die Nachkommenschaft haben, bin ich die Liebe,

Unter den Strömen bin ich der Ganges,
Unter denen, die reinigen, bin ich der Wind,
Ich bin die unvergängliche Zeit, die Schönheit, der Ruhm . . .
– Und ich bin der Tod . . .“

Rückblicke VII – Erinnerung an Indira Gandhi

Auf meinem Schreibtisch liegt das Tonband mit ihrer Stimme. Mein letztes Gespräch mit Indira Gandhi. Als ich sie kurz vor ihrem gewaltsamen Tod fragte, ob Indien eingehalten habe, was ihr Vater Nehru einmal ein „Rendezvous mit der Geschichte" nannte, antwortete sie:
„In Wahrheit ist jeder Augenblick Geschichte. Geschichte vollzieht sich ohne Rücksicht auf uns, unsere Einwirkungen sind gering, aber wir Inder versuchen, mit der Geschichte Schritt zu halten und womöglich unser Schicksal zu meistern. Ich liebe eigentlich solche großen Worte nicht – aber wir haben uns bestimmte Aufgaben gestellt, die man, wenn sie erfüllt würden, historisch nennen könnte: Wir wollen den säkularen Staat bewahren, den religiösen und kommunalen Frieden in unserem Land für immer wiederherstellen, wir erstreben die friedliche Koexistenz und eine echte Blockfreiheit, die Zusammenarbeit mit allen Staaten, die Überwindung von Vorurteilen. So gesehen haben wir unsere Verabredung mit der Geschichte eingehalten."

Es kann kein Zufall gewesen sein, daß Indira Gandhi die politische Szene Indiens seit 1966, seit sie zum erstenmal Ministerpräsident wurde, beherrschte. Selbst als sie 1977 das hohe Amt verlor, blieb sie im Brennpunkt der Politik – als eine Frau – wie einmal einer ihrer Freunde sagte –, die sich biegt, aber nicht bricht. Längst hatte sie die Dimension des Leides als eine wichtige Dimension ihrer Persönlichkeit angenommen: „Wer dem Menschen die Kategorie des Leidens nimmt", so meinte sie einmal, „nimmt ihm einen wesentlichen Teil seiner humanen Existenz." Sie wußte, in welcher Gefahr sie schwebte, und sah ihr gelassen entgegen: „Ich fürchte den Tod nicht", sagte sie mir, als wir von den unberechenbaren Gefahren des Terrorismus sprachen, „sollten sie mich töten, würde mein Tod Indiens Einheit stärken."
Ihr Einsatz für Indien war groß. Indira bezahlte ihr „Rendezvous mit der Geschichte" mit dem höchsten Preis, den ein Mensch bezahlen kann: mit ihrem Leben. Es wird zu den Tragödien Indiens gerechnet werden, daß sie gegen den Rat des Sicherheitschefs jene beiden Sikh-Soldaten als Leibwächter behielt, die am 31. Oktober zu ihren Mördern werden soll-

ten. Auf den säkularen Staat vereidigt, den sie mit aller Kraft verteidigte, wollte sie ihre Vorurteilslosigkeit und ihren Wunsch zum inneren Frieden beweisen. Furcht zu zeigen, hätte sich diese beherrschte Frau niemals verziehen.

Nur einmal habe ich sie einen Augenblick lang fassungslos gesehen. Das war am 24. April 1984 in ihrem winzigen Salon in der Safdarjung Road I. Auf meine Bemerkung, ich sähe die politische „Karriere" ihrer abtrünnigen, gegen sie und Rajiv agierenden Schwiegertochter Maneka als gescheitert an, rief Indira: „Nein, nein, keineswegs – aber ihr politisches Verhalten stört mich nicht. Was sie mit meinem kleinen Enkel, ihrem Sohn Varun, anstellt, ist schmerzlich. Nicht nur, daß der Junge bei den Wahlversammlungen ihrer Partei weinend auftreten muß und betteln: ‚Bitte, bitte wählt meine Mami, mein Papi ist tot' – sie entzieht ihn mir und der ganzen Familie. Es war ausgemacht, daß Varun mich jeden Sonntag besuchen darf. Vor einiger Zeit fiel das *Dussera*-Fest mit seinem Besuch zusammen. Varun bettelte, daß wir mit ihm durch die Straßen ziehen sollten, um das Verbrennen der Figuren und andere Szenen zu beobachten. Wir ließen bei Maneka anfragen, ob er das dürfe. Als sie mit der Bemerkung bejahte, ‚aber nur für eine halbe Stunde', baten wir, uns schnell noch ein Wolljäckchen für Varun zu bringen, da es draußen kalt war. Dann zogen wir los. Ich nahm den bettelnden Kleinen auf meinen Arm. Als wir auf dem Festplatz ankamen, zückten die Fotografen ihre Apparate – natürlich, wir wurden von allen Seiten geblitzt –, am anderen Tag waren die Zeitungen voll von den Bildern, die von uns aufgenommen worden waren.

Maneka reagierte unglaublich. Durch meinen Sekretär ließ sie mir mitteilen, sie dulde es nicht, daß ich mit ihrem Sohn Wahlpropaganda für mich machen wollte. Stellen Sie sich das vor, als hätte ich solche Publicity nötig! Varun durfte mich nicht mehr besuchen. Erst vor ein paar Tagen habe ich ihn wiedergesehen, ganz zufällig. Ich mußte eine Rede bei einer Veranstaltung der Armee halten. Plötzlich zupft etwas an meinem *Sari*, ich drehe mich um und sehe den Kleinen, der mich mit strahlenden Augen ansieht. ‚Omi, Omi, bitte darf ich mit dir gehen?' Als ich mich zu ihm hinunterbeugte, um ihm irgend etwas Zärtliches zu sagen, mußte ich weinen. Töricht, daß ich mich nicht beherrschen konnte, aber Sie hätten ihn sehen sollen. Und natürlich haben mich diese schrecklichen Menschen wieder geknipst."

Ich sah Indira schweigend an, sie weinte. Das erste und das letzte Mal, daß ich sie weinen sah.

Es ist sehr viel über Indira Gandhi geschrieben worden, am meisten von

jenen, die sie nie empfangen hat, die sich kein Bild davon machen konnten oder wollten, wer Indira wirklich war. Eine Politikerin von internationalem Rang? – Ohne Zweifel. – Eine Autokratin? – Eine komplexe Persönlichkeit. – Oder ein Rätsel? – Vielleicht. Ich glaube nicht, daß irgendeiner sich rühmen konnte, Indira zu kennen, der nicht mit ihr durch Indien gereist ist und ihre fast vollkommene Identifizierung mit dem Land und seinen Menschen erlebte. Vielleicht wurde es ihr schwer, im kleinen Kreis Zuneigung zu zeigen – nicht aber, wenn sie in der Menge ,,badete" oder sich zu Hause entspannte. Wer Indira einmal im Kreise ihrer Familie begegnete und sie mit ihren Enkelkindern spielen sah, entdeckte ihr zweites, ihr privates Gesicht, erkannte die Frau, deren Wünsche und Träume sich sicher nicht erheblich von denen anderer Frauen unterschieden. Sie war eine zärtliche Großmutter und – wie Haksar einmal mit Bezug auf Sanjay kritisch gesagt hat: eine zu gute Mutter.
Allerdings, eine gewisse Unruhe überlagerte auch die liebevollste Geste, so als wäre sie sich bewußt, daß irgendwo weit fort von dieser Idylle dringende Papiere auf Erledigung warteten. Die Kinder haben niemals gemerkt, daß die Großmutter, während sie ihnen Märchen vorlas, von Zeit zu Zeit heimlich auf die große Armbanduhr schaute. Den Frieden in dem kleinen Bungalow, wo die ganze Familie seit Jahren zusammen wohnte, hatte Maneka erheblich gestört. Varun war ein Teil dieser Welt gewesen, ein Teil von Indira; ihn wegzunehmen, bedeutete, ihr eine unheilbare Wunde zuzufügen. Maneka wußte das genau. Wie sehr muß sie die Schwiegermutter gehaßt haben, um so weit zu gehen.
Indira hatte ihre Fassung zurückgewonnen. Ich wagte, sie zu fragen, was sie nicht gerne hörte: ,,Wir haben schon manchmal darüber gesprochen, ob Sie nicht im Sinn haben, einen Nachfolger aufzubauen. Sie haben das immer abgestritten. Aber glauben Sie nicht, daß Sie als verantwortungsbewußter Führer Ihres Volkes eines Tages sehr wohl über die Nachfolge nachdenken müßten. Ich könnte mir vorstellen, daß Sie Ihr Lebenswerk bewahrt wissen möchten."
Indira schüttelte den Kopf: ,,Das ist nachgerade eine ermüdende Frage geworden. In einer Demokratie kann Nachfolge nicht manipuliert werden. Das Volk wird jene Partei wählen, von der es die besten Dienste erwartet, und die Partei wird als ihren Führer eine Persönlichkeit wählen, die fähig ist, ihr die Unterstützung des Volkes zu bringen. Ich weiß, auf was Sie anspielen wollen – wir haben keine dynastischen Vorstellungen. Mein Sohn Rajiv arbeitet für die Partei, weil er an ihre Mission glaubt, und er leistet gute Arbeit. Aber darüber werden außer mir Millionen anderer zu entscheiden haben."

Nach dem Tee gingen wir durch den Garten. Etwa an der Stelle, wo wenige Monate später ihre Mörder die Pistolen gegen sie erhoben, erzählte Indira mir, daß ihr eine „Abschußliste" der Sikhs in die Hand gespielt worden sei – an der Spitze stehe sie, dann Rajiv, der Staatspräsident, Sonia und die Kinder. „Seither", sagte sie leise, mit fast tonloser Stimme, „habe ich eine ständige Bewachung für Sonia, Rahul und Priyanka anordnen lassen. Bitte erzählen Sie Sonia das nicht. Ich möchte nicht, daß sie ihre Unbefangenheit verliert."

Die Unglücksliste, von der ich an diesem 24. April erfuhr, bewies deutlich, daß die Ermordung Indiras nicht mit dem am 6. Juni erfolgten Sturm auf den „Goldenen Tempel" in ursächlichem Zusammenhang stand. Die Berichterstatter irrten. Richtig ist, daß sich die Emotionen der rebellischen Sikhs nach der Erstürmung steigerten und daß auch die Gefühle vieler Gemäßigter einen hohen Grad von Verbitterung erreichten, aber das Attentat war schon lange vorher geplant, und Indira hat das gewußt.

Am kleinen Gartentor, der zum Grundstück Akbar Road führt, drehten wir um. „Schön", sagte Indira, „daß Sie im November wieder nach Indien kommen wollen. Leider weiß ich noch nicht, wo ich dann sein werde, eines aber ist sicher, es wird keine Feiern zu meinem Geburtstag geben."

Ich sah sie fragend an. Sie lächelte: „Es gibt noch so viel zu tun . . ."

„Sie sollten sich mehr Ruhe gönnen, Madame Prime Minister."

„Ja, sicher. Vielleicht werde ich bald für ein paar Tage in die Berge reisen, auch wenn meine Arbeit noch nicht getan ist. Das werden dann andere übernehmen müssen."

Sie sprach ohne Zeichen von Unruhe oder Sentimentalität, ganz gelöst, fast heiter, so als bedrücke sie nicht mehr, was gestern und vorgestern geschehen war und morgen geschehen könnte. „Vielleicht", meinte sie, „sollten wir den Menschen dankbar sein, die uns Schmerz zufügen. Sie lehren uns, daß wir noch fühlen können." Wir hielten an einem Hibiskusstrauch an. Indira pflückte die Blüten, die vertrocknet waren. „Ach", sagte sie, „ich habe ganz vergessen, ich wollte Ihnen etwas schenken – lassen Sie uns ins Haus zurückgehen."

Auf dem kleinen Tisch im Salon lag das Geschenk: ein Foto von einem Blatt Papier mit Nehrus Handschrift. Ich erkannte es wieder. Es war der Vers von Robert Frost, den ich 1971 mit Indira im „Tin-Murti-Memorial" filmte, die Worte des englischen Dichters, die Nehru in der Nacht vor seinem Tod aufgeschrieben hatte:

,,The woods are lovely, dark and deep
But I have promises to keep
And miles to go, before I sleep
And miles to go, before I sleep."

Gerne wäre Indira weitergegangen und hätte erreicht, was ihr als Ziel vorschwebte. In einer ihrer schönsten Reden erwähnte sie es. Die Ansprache galt Loretta King, der Frau des ermordeten Martin Luther King, die am 24. Januar 1969 aus der Hand der indischen Premierministerin den Jawaharlal-Nehru-Preis für internationale Verständigung erhielt:

,,Dr. Kings Traum galt den Armen und Unterdrückten aller Länder. Sein Werk hat uns geadelt. Er sprach vom Recht des Menschen zu überleben und nannte drei Bedrohungen, die dem entgegenstünden: rassische Ungerechtigkeit, Armut und Krieg. Er wußte, daß dicht neben dem strahlenden Licht des Fortschritts die Schatten der Armut liegen, in dem zwei Drittel der Menschen, zu Hunger und Not verurteilt, leben. Er verkündete, daß die Menschheit nur dadurch vor dem Kriege bewahrt werden könne, daß man Opfer für den Frieden brächte.

Dr. Martin Luther King bezog seine Inspirationen von Christus und seine Methode des Handelns von Mahatma Gandhi. Nur durch Wahrheit kann die Unwahrheit ad absurdum geführt werden. Nur Liebe kann Haß verdrängen. Auf diesen Pfaden wandelten Buddha und Christus und in unserer Zeit Mahatma Gandhi und Martin Luther King. Sie glaubten an die Gleichheit aller Menschen. Lassen Sie uns nicht ruhen, bis die Gleichheit aller Rassen und Religionen eine lebendige Tatsache geworden ist."

Ich weiß nicht, ob die Mörder vom 31. Oktober 1984 jemals auf diese Stimme hörten. Ob sie voller Reue begreifen könnten, welche Schuld sie auf sich luden, ob sie zu sühnen bereit wären, damit Indien überleben kann? Es gäbe einen versöhnenden Weg. Rabindranath Tagore, von Indira Gandhi 1969 in ihrer Rede für Martin Luther King zitiert, hat von diesem Weg in einem Gedicht gesprochen:

,,Im Zorn erschlugen wir ihn –
Laßt uns ihn jetzt voller Liebe umarmen,
der im Tode wieder unter uns weilt,
des Todes gewaltiger Überwinder."

Premierminister Rajiv Gandhi und die Hoffnung auf das Indien von morgen

Die Tragödie vom 31. Oktober 1984 hat Rajiv Gandhis Leben endgültig verändert und ihn ins internationale Rampenlicht gebracht. Mit dem hohen Amt des Regierungschefs übernahm er die Verantwortung für Indien. Eine Aufgabe fiel ihm zu, die fast über die Kraft eines einzelnen Menschen zu gehen schien. Würde Rajiv Gandhi sie meistern? Skepsis und Hoffnung begleiteten seine ersten Schritte. Aber eines vermochte niemand zu leugnen: Seit seiner ersten Vereidigung auf das hohe Amt des Ministerpräsidenten von Indien zeigte der vierzigjährige Politiker Würde, Bescheidenheit, Disziplin und Festigkeit. Er stand am Abend nach der Ermordung von Indira Gandhi vor einer schier ausweglosen Situation. Das Land wurde von einem Aufruhr ohnegleichen bedroht. Es bedurfte sofortiger scharfer Maßnahmen, sollte die Nation nicht im Chaos versinken.

Kaum blieb Rajiv Gandhi Zeit, die geliebte Mutter zu betrauern. Der blutige Rachefeldzug der Hindus gegen die Sikhs, die von der rasenden Volksmenge für die Untat der beiden Leibwächter Beant Singh und Satwant Singh verantwortlich gemacht wurden, nahm apokalyptische Ausmaße an. Alle Zeichen standen auf Sturm. Die „Times of India" sprach am 18. November von einem „Ritt auf dem Tiger" und erinnerte an das alte, die Dramatik der Situation beleuchtende Sprichwort, daß einer, der den Tiger reitet, es sich nicht leisten kann, abzusteigen. Rajiv hat auch nicht eine Minute an Rückzug gedacht. Entschlossen versuchte er, die gefährliche Situation in den Griff zu bekommen.

Niemanden interessierte es mehr, ob seine Mutter ihn ausgesucht und aufgebaut hatte oder ob Rajiv vielleicht nicht doch am Ende selbst die Laufbahn wählte, zu der er sich dem Land und der Partei gegenüber verpflichtet fühlte. Die Masse der Inder wollte Ruhe und Ordnung und nicht darüber spekulieren, ob die Regierung eine „dynastische Demokratie", eine „demokratische Dynastie" oder eine „demokratische Monarchie" sei. Das überließ das Volk der Presse.

„Wir sind eine ‚dynastische Demokratie', schrieb „The Illustrated Weekly" in ihrer Ausgabe vom 23. Dezember, „drei Generationen der Nehru-Familie konnten sich höchster politischer Macht erfreuen, in der Tat ein

Kunststück, das in keiner anderen Demokratie möglich wäre. Aber wir sind einzigartig – denn wir legitimieren dynastische Herrschaft durch einen echten demokratischen Prozeß. In den 37 Jahren unserer Unabhängigkeit wurden wir 33 Jahre lang von Ministerpräsidenten aus der Familie Nehru regiert. Wie gewinnt man Macht in einer Gesellschaft, in der das Volk in freien und geheimen Wahlen entscheidet? Lautet die Antwort: durch Charisma?"

Hat Indira gewonnen, weil sie das Charisma ihres Vaters Nehru erbte, und erbte Rajiv das ihre?

Hier irrte Bharat Wariavwalla, der Autor des Artikels in der „Illustrated Weekly".

Das Charisma, eine dem Menschen Ausstrahlung und Autorität verschaffende, schwer erklärbare Gabe, ist nicht erblich – es sei denn, die ererbten Namen der Nehrus und Gandhis besäßen an sich Charisma – Magie.

„Anfangs räumt es einem gewisse Chancen ein", sagte mir der junge Politiker Rajiv Gandhi vor seiner Wahl, „aber man sollte den Einfluß von Familienbeziehungen nicht überschätzen, in der Arena steht man, wie ich Ihnen schon einmal sagte, allein und muß die Sache selbst machen."

Die Wahl vom 12. November, mit der Gandhi einstimmig zum Führer der Kongreß-Partei gewählt wurde, stand gleichermaßen unter dem Doppelzeichen des Namens und der eigenen Persönlichkeit. Vielleicht handelten die Parteipolitiker aber auch deshalb so geschlossen und schnell, weil sie einen Streit der Ehrgeizigen um das Amt fürchteten, das im Grunde keines der alten Kongreß-Mitglieder dem anderen gönnte. Sicher war Rajivs Wahl aber auch der Ausdruck einer hohen Erwartung, die jene Politiker mit ihm verknüpften, die nicht vom Virus der Korruption und der Vetternwirtschaft befallen waren.

Rajiv würde sich niemals auf das Charisma eines anderen oder auf die Magie eines Namens verlassen – er ist zu nüchtern. Seine Tätigkeit als Pilot hat ihn gelehrt, mit Fakten zu rechnen, nicht auf Visionen, mystische Rückverbindungen, Mutmaßungen und Träume zu bauen.

Fakten zu schaffen, hatte er im Sinn, als er am 13. November 1984 allgemeine Wahlen für den 24. Dezember ausschreiben ließ. Er suchte die demokratische Legitimation und hat sie durch einen überwältigenden Sieg erhalten. Von 508 ausgeschriebenen Sitzen gewann die Kongreßpartei (I) 401, das heißt mehr als Dreiviertel aller Stimmen. Weder seine Mutter Indira Gandhi noch sein Großvater Jawaharlal Nehru haben jemals ein solches Traumziel erreicht. Das bis zu Rajivs Rekordsieg beste Ergebnis errang sein Großvater 1957 mit 371 Parlamentssitzen für die Kongreß-Partei. Wer den Wahlsieg Rajivs analysierte, mußte zu dem Schluß kommen, daß etwas Sensationelles geschehen war. Die Opposition wurde förmlich hinweggefegt. Die Wahl Rajivs war nicht nur ein Votum für seine ermordete Mutter, die Welle der Sympathie, die dem jungen Politiker entgegenströmte, hatte ihre Ursachen auch noch woanders als in der Tragödie vom 31. Oktober.

Schon in den ersten Tagen seiner Wahlkampagne löste sich Gandhi unmerklich aus dem Dunstkreis der Vergangenheit und wandte sich den Fragen für eine bessere Zukunft zu. Und plötzlich ging eine Wirkung von ihm aus, die schwer erklärbar war. Es glang ihm, mit den Massen zu kommunizieren, ihnen nahezukommen. Die Geste, mit der er eine alte Bäuerin aufhob, die seine Füße küssen wollte, ist unvergeßlich. Ein Beispiel für viele andere Begegnungen, die Güte und Einfachheit verrieten. Die verunsicherten Inder begannen wieder Fuß zu fassen. Eine spürbare Beruhigung trat ein. Rajiv verstand, seinen Wählern ein gewisses Vertrauen in das, was oben geschieht, zurückzugeben.

Ohne auf der Hindu-Welle zu reiten, haben ihm gerade jene traditionsgebundenen Hindus zum Sieg verholfen, deren überwältigende Mehrheit sich von der „Bharatiya-Janata-Party“ (Indische Volkspartei) abwandte und damit dieser Opposition einen nahezu tödlichen Schlag versetzte. Die „Bharatiya Janata“ stürzte von 16 auf zwei Sitze im Parlament ab. Den meisten anderen Parteien ging es nicht besser. Die sozialistische „Janata“-Partei von Chandra Shekar, die bis zur Wahl 21 Sitze hielt, errang nur 10. Die Marxistisch-Kommunistische Partei Indiens (CPIM) verlor 14 Sitze und konnte nur noch 22 Abgeordnete in die *Lok Sabha* entsenden. Die moskaufreundliche kommunistische Partei Indiens (CPI) konnte nur fünf von 13 Sitzen halten. Die DMKP, die Bauernpartei von Charan Singh, fiel von 33 auf drei Sitze zurück. Der Sieg Rajivs wäre hundertprozentig gewesen, hätte sich nicht jene bizarre Oppositionspartei im Bundesstaat Andhra Pradesh gebildet, die Telugu Desam des Chefministers Rama Rao, der als ehemaliger Filmschauspieler und Hindugötterdarsteller seine Anhänger so faszinierte, daß die Telugu Desam als Regionalpartei 28 Abgeordnete in das Zentralparlament entsenden konnte. Daß der ehrgeizige Rao im Sinn hat, aus seiner regionalen Telugu Desam eine Bharat-Desam, eine übergreifende nationale Oppositionspartei, zu machen, stört den jungen Premierminister nicht. Er erklärte, daß für eine echte Demokratie überzeugende Oppositionsparteien notwendig seien. Das Geschrei, das die Opposition nach Rajivs Wahlsieg anstimmte, die Kongreß-Partei habe über größere Mittel und eine bessere Wahlmaschinerie verfügt, traf nicht den Kern der Sache. Die Opposition mußte sich von einem ihrer bedeutendsten Führer, Ramakrishna Hegde, dem „Janata"-Chefminister von Karnataka, sagen lassen, um was es ging:

„Ich erkenne im Urteil des Volkes eine Entschlossenheit, den Oppositionsführern eine Lektion zu erteilen, eine Art von Schocktherapie für all diejenigen, die ein größeres Interesse an ihren eigenen Belangen oder denen ihrer engeren Gruppe zeigten als am Schicksal des ganzen Landes."

Hegde zog die Konsequenzen aus der Niederlage seiner „Janata"-Regierung – er trat zurück und löste den Landtag auf, um ein neues Mandat zu suchen.

Wenn die anderen Oppositionellen sich nicht in einen Schmollwinkel verzogen, so war auch das ein Verdienst Gandhis. Er verstand es von Anfang an, mit den Geschlagenen im Gespräch zu bleiben – ein kluger Politiker – einsichtig – unemotional.

Die offensichtlichen Führungsqualitäten, die Gandhi schon in den ersten schweren Wochen – während der Unruhen, während der Giftgas-Tragödie in Bhopal und bei der Konfrontierung mit alltäglichen Problemen – bewies, verfehlten ihre Wirkung nicht. Die Inder, die Rajiv wählten, haben politisch gedacht und kalkuliert. Sie wollten die Wende, eine Wendung hin zu klaren Entschlüssen, zu einer entschiedenen jungen Generation, die nicht davor zurückschreckt, die schwierigen Probleme des Landes anzupacken, um zu versuchen, sie mit allen Kräften zu lösen.

Der landesweite Jubel, unterstützt von Feuerwerk, Musik und Freudentänzen, artikulierte eine Hoffnung auf eine Zukunft, die nicht ad infinitum hinausgeschoben werden darf. An diese Hoffnung klammerten sich Millionen Menschen aus allen sozialen Gemeinschaften. Es ist dem jungen Premier gelungen, weitgehend auch die Stimmen der Minoritäten für sich zu gewinnen: der Muslims, Sikhs, Christen, Parsen, ja auch der *Harijans*. Instinktiv müssen sie plötzlich alle gefühlt haben, daß hier einer zur Wahl stand, der in sehr schweren Wochen Führungsqualitäten bewies. Einer, der die Macht nützen würde, um seine Vorstellungen von einer wirkungsvollen, arbeitsamen und unkorrupten Regierung durchzusetzen, und der sie alle meinte, als er von einer besseren Zukunft sprach.

Zum ersten Mal in der Geschichte des unabhängigen Indien haben sich Millionen Inder mit ihrer Wahl so entschieden zu einer über alle Kasten- und Gruppeninteressen hinausreichenden Nation Indien, der Vision

Nehrus und seiner Tochter Indira, bekannt. Die bedrohte nationale Einheit, von der Indira vor ihrem Tode warnend sprach, verstand Rajiv zum Anliegen von Millionen zu machen. Er überzeugte sie, sich über ihre kleinen Familien- und Clan-Interessen hinweg durch die Sorge um die Union Indien motivieren zu lassen. Das Wunder geschah – bis in die entferntesten Dörfer konnte Rajiv die Erkenntnis wecken, daß Indiens Schicksal mit seiner nationalen Einheit entschieden wird. Die Aufgabe wird sein, diese Erkenntnis innenpolitisch zu nutzen.

Schlimme Probleme stehen zur Lösung an. Die indische Identität und damit die indische Einheit zu bewahren, gehörte zu den großen innenpolitischen Aufgaben einer jeden indischen Regierung. Bedeutet der tragische Tod von Indira Gandhi, daß Indien an dieser Aufgabe scheitern könnte? Eine „Balkanisierung" Indiens wäre eine nationale Tragödie mit internationalen Auswirkungen. Eine Reihe ohnmächtiger Kleinstaaten würde die Supermächte zu einem Duell auf indischem Boden geradezu einladen. Gebannt kann diese Gefahr vor allen Dingen durch die Selbstidentifizierung der Inder werden, durch ihre endgültige Standortfindung.

Rajiv Gandhi ist fest entschlossen, eine nationale Tragödie zu vermeiden. Offensichtlich mit anderen Mitteln als seine Mutter. Er will das Verhältnis zwischen Zentralregierung und Bundesstaaten durch mehr Autonomie entschärfen. „Ich möchte gerne", sagte er nach der Wahl zu dem Korrespondenten von „Time", „daß die Chefminister ihre Bundesstaaten mit wenig Einmischung von der Zentrale regieren. Aber sie müssen innerhalb gewisser nationaler Interessen handeln. Die nationale Integrität bleibt vorrangig. Es ist unmöglich für einen Bundesstaat, aus der Indischen Union auszuscheiden oder Anstalten zu treffen, die in diese Richtung laufen."

Wie mir Rajiv Gandhi in einem unserer letzten Gespräche versicherte, geht er davon aus, daß der Zusammenhalt der Indischen Union nicht durch separatistische Gelüste im Punjab, dessen Fläche ein Sechzigstel des Staatsgebietes ausmacht, in ernsthafte Gefahr geraten kann. Bis heute jedenfalls war es in Indien so: Wo immer sich Opposition gegen die Zentralregierung richtete, wie in Kashmir, Andhra Pradesh, Karnataka und Punjab, es ging letztlich um mehr Entscheidungsfreiheit für die Gliedstaaten, nicht aber um Abspaltung und damit Auflösung der Nation, deren Fundament das einigende Band einer Staatsform ist, die wohl einzigartig in der Dritten Welt dasteht: Es ist die indische Demokratie.

Sie kann nach Gandhis Meinung nur durch wirtschaftliche Stagnation

ernsthaft in Gefahr geraten. ,,Wann auch immer wir Probleme in den Ländern oder mit den Minderheiten hatten, konnten sie zunächst auf ökonomische Probleme zurückgeführt werden. Da unsere wirtschaftliche Lage zufriedenstellend ist, müßten die gegenwärtigen Probleme mit gutem Willen von allen Seiten zu lösen sein."
Den Tragödien auf innenpolitischem Gebiet stehen hervorragende wirtschaftliche Fakten gegenüber, auf die sich Gandhi stützen kann. Seine Mutter hat ihm auf ökonomischem Gebiet ein Erbe hinterlassen, das die kritische amerikanische Zeitschrift ,,Time" sachlich analysierte:
Indien ist als siebtgrößte Industrienation zu einem Modell für die Dritte Welt geworden. Von Stereoanlagen bis zu Kampfflugzeugen werden unzählige Güter in eigener Produktion hergestellt und zum Teil exportiert. Trotz einer rasanten wirtschaftlichen Entwicklung konnte die Armut jedoch noch nicht überwunden werden. Über die Hälfte der 746 Millionen Inder lebt noch immer unterhalb der Armutsgrenze, die heute nach Kalorien gemessen wird – es sind 1200 Kalorien pro Tag. Nicht, als produziere Indien nicht genug Lebensmittel, es gibt genug zu essen, aber die Menschen haben kein Geld, die Nahrungsmittel zu kaufen.
Oft fehlt es auch an der notwendigen Infrastruktur, um die Versorgungsgüter richtig zu verteilen. Die größten wirtschaftlichen Fortschritte wurden während der letzten Dekade der 16jährigen Regierungszeit von Indira Gandhi gemacht. Die Leiter der Planungskommission schätzen, daß 60 Millionen von Indiens Armen sich in den letzten Jahren über die Armutsgrenze erheben konnten. Professor A. M. Khusro, ein führendes Mitglied der Kommission, sagte Ende 1984, daß der entscheidende Durchbruch zur Beseitigung der Armut in der Zeit zwischen 1985 und 1990 gelingen werde. Noch um 1970 hing Indien weitgehend vom importierten Getreide ab, um seine hungrigen Millionen zu ernähren.
Das Ausbleiben des Monsuns, die Dürre, war regelmäßig eine Frage auf Leben und Tod. Seit 1971 konnte die Getreideproduktion um 40 Prozent gesteigert werden – das Land ist heute auf dem Gebiet der Lebensmittelproduktion autark. Das kann weitgehend als Ergebnis der ,,Grünen Revolution" bezeichnet werden, eines wissenschaftlichen Programms, das Mitte der sechziger Jahre begann. Es basierte auf intensiver Bewässerung und der Verwendung eines hochwertigen, ertragreichen Saatgutes. Mit diesen Methoden erreichte die indische Landwirtschaft 1984 mit 152 Millionen Tonnen eine Rekordernte.
Für den gleichen Zeitraum wurde für den industriellen Sektor eine Wachstumsrate von sieben Prozent gemeldet – drei Prozent mehr als 1983. Die Inflationsrate sank auf 4,590. Indien hat seit 1951, seit es mit

der Planwirtschaft begann, weitgehend Importe aus anderen Ländern verhindert, um die eigene Produktion zu schützen und zu steigern. Die wichtigsten Verbrauchsgüter werden heute in Indien selbst hergestellt. Viele Produkte mögen nicht so anspruchsvoll sein wie die Güter aus dem Westen, sie mögen auch teurer sein, etwa wie Düngemittel und Stahl, aber Indien hat keine Devisen für sie ausgeben müssen und hat die Leistung der eigenen Industrie schließlich bis zur Produktion eigener Nuklear-Energie und eigener Satelliten und Raketen steigern können.
Durch die Limitierung ausländischer Importe ist es Indien gelungen, größere Verschuldungen zu vermeiden. Das Land hat wenig von fremden Banken geliehen. 1984 teilte die indische Regierung dem Internationalen Währungsfond (IMF) mit, daß Indien nur eine Milliarde der 5,3 Milliarden US-Dollar benötige, die ihm fünf Jahre vorher vom IMF gewährt worden seien. Es war wohl das erste Mal, so schrieb „Time“, daß ein Land der Dritten Welt einen Teil einer Anleihe zurückgegeben hat.
Indien konnte das tun, weil sich seine Erdölproduktion seit fünf Jahren auf 220 Millionen Barrel pro Jahr verdoppelt hat, die im wesentlichen vor der westlichen Küste (off-shore) gewonnen werden. 75 Prozent des indischen Bedarfs sind damit gedeckt. Das Handelsdefizit von sechs Milliarden Dollar wird aufgewogen durch Exporteinnahmen in fremder Währung und durch die Devisen, die von den Indern, die in den Golfstaaten arbeiten, nach Hause geschickt werden. Die Reserve an Devisen ist erfreulich – sie stieg innerhalb der letzten fünf Jahre von drei auf sechs Milliarden Dollar. Die erhöhte Erdölproduktion hat zu einem Engpaß geführt: Es gibt nicht genug Raffinerien, um das Erdöl zu bearbeiten – so entsteht die merkwürdige Situation, daß die Inder einerseits Erdöl importieren und andererseits ihr Rohöl exportieren müssen, und zwar in die Vereinigten Staaten, die laut „Time“ jetzt Indiens größter Handelspartner sind.
In einem Interview mit „Time“ stellte Rajiv Gandhi handelspolitische Überlegungen zu einer noch stärkeren Öffnung des Landes an. „Wir haben uns immer gegen das Eindringen ausländischer Firmen gewehrt. Ich glaube, wir fühlten uns bedrängt, weil wir einmal durch die ‚East-Indian Company‘ erobert wurden – unsere Angst ist also ein Überbleibsel von damals. Jetzt, nachdem unsere Wirtschaft gefestigt ist, sollten wir Input dulden, ja fördern.“
Große Probleme schaffen die Arbeitslosen, und zwar die arbeitslosen Arbeiter ebenso wie die etwa 40 Prozent beschäftigungslosen Intellektuellen. Ein großer Teil hochqualifizierter Wissenschaftler und Techniker

hat das Land verlassen, um anderswo ein Auskommen zu finden. Ein schmerzlicher Verlust für das geistige Indien.
Die Planungsexperten wollen dieser durch Bevölkerungsexplosion entstandenen Situation mit allen Kräften entgegenwirken. Durch Heraufsetzung des Heiratsalters, Unterrichtung der Frauen und stärkere Anwendung von Verhütungsmitteln ist es gelungen, das Bevölkerungswachstum auf 1,8 Prozent (1984) zu senken. Vor zehn Jahren betrug es noch 2,3 Prozent. Die Verbesserung der medizinischen Versorgung führte innerhalb von 30 Jahren zu einer erheblichen Verlängerung des Lebensalters des einzelnen. Die Lebenserwartung stieg von 38 auf 54 Jahre. Trotzdem soll es nach Meinung der Experten in den nächsten zehn Jahren gelingen, Armut und Arbeitslosigkeit zu überwinden.
Zu den intakten Institutionen, die von den Engländern in Indien geschaffen und hinterlassen wurden, zählen eine unabhängige Justiz und eine unpolitische Armee. Die hochdisziplinierte indische Armee gehört mit 960 000 Soldaten zu den stärksten Streitkräften der Welt. Die 113 000 Mann der Luftstreitkräfte sind mit hochmodernen westlichen und sowjetischen Maschinen und Waffen ausgerüstet. Außerdem vergeben die Sowjets Lizenzen, die den Indern eine eigene Waffenproduktion nach sowjetischen Vorlagen ermöglichen. Da die Armee keinen politischen Ehrgeiz hat, wurde sie zum besten Hüter der indischen Demokratie. Indien gehört zu den wenigen ehemaligen Kolonialmächten, die seit dem Zweiten Weltkrieg unabhängig wurden und ihre demokratischen Institutionen mit freien Wahlen erhalten haben.
Rajiv sagte auf einer Pressekonferenz, daß seine Politik grundsätzlich die gleiche bleiben würde wie die seiner Mutter Indira Gandhi. Das gelte für die sozialen Programme, für Familienplanung, Ernährung, Erziehung.
Auch in der Außenpolitik werde es keine spektakulären Änderungen geben. Die Politik der Bündnislosigkeit sollte fortgesetzt werden, allerdings, so fügte er hinzu, möchte er einen Dialog mit Pakistan beginnen und die Beziehungen zu den USA vertiefen. Seine Anstrengungen, von den USA Computer, elektronische Geräte und hochmoderne militärische Ausrüstungen zu bekommen, gelten als erfolgreich. Nach den zwei Abkommen, die noch Indira 1982 bei ihrem Besuch in Washington abschloß, wurde Ende November ein neuer amerikanischer Handelsvertrag geplant, der die Inder mit den modernsten Erzeugnissen amerikanischer Technologie versehen und den amerikanischen Handel mit Indien erheblich ausweiten sollte.
Wesentliche Änderungen in Indiens Verteidigungspolitik können nicht

erwartet werden, solange die Sowjetrussen, dank der guten Zahlungsbedingungen, die stärksten Waffenlieferanten bleiben. Die Sowjets boten noch im Frühjahr 1984 den Verkauf von 40 ihrer modernsten Kampfflugzeuge, der MIG-29, an. Von Rajiv wurde vom ersten Tage seiner Regierung an erwartet, daß er die Politik seiner Mutter, Waffen auch in der westlichen Welt zu kaufen, fortsetzen wird. Seit 1980 hat Indien 120 englisch-französische Jaguar-Maschinen, vierzig französische Mirage-Kampfbomber, zwölf britische Harrier-Jets, vier deutsche U-Boote und vierzehn britische Seh-King-Helikopter gekauft. Wie Mutter Indira hat Rajiv seine Bedenken gegen die amerikanischen Waffenlieferungen an Pakistan vorgebracht.

Rajivs schwerste Aufgabe ist es, seinen Sieg in ein Programm zu übersetzen, das ihn befähigt, die Wunden zu heilen, die zu seinem Erbe wurden – wie die Unruhen in Assam, Punjab, Bengalen, Andhra Pradesh, Karnataka und Jammu und Kashmir.

Der überwältigende Sieg schafft ihm Raum und Zeit für größere Konzeptionen – aber gewisse Probleme wie Punjab und Assam verlangen schnelle Entscheidungen und schnelle Lösungen.

Rajivs Problem ist, daß er sie bei allem guten Willen nicht alleine finden kann – sie bedürfen einer gemeinsamen Anstrengung.

,,Wir wollen prüfen, was wir im Rahmen unserer Möglichkeiten verbessern können", bemerkte der Premierminister in seinem Gespräch mit ,,Time", sofort müßte die schleppende Regierungs-Maschinerie auf Trab gebracht werden. Das Beste wäre, die allzuvielen Kontrolleure und Kontrollen zu beseitigen, ohne die Kontrolle zu verlieren. ,,In einem Flugzeug muß man schnell reagieren. Auf jede Aktion erfolgt sofort eine Reaktion, eine Antwort. Ehe man aber von unserer Regierung eine Antwort erhält, da vergeht eine lange Zeit."

Wieviel Zeit hat Indien?

Die großen Namen der Vorfahren werden allmählich verblassen, ihre Schatten vergehen. Vor dem Tribunal der Geschichte zählt nur die eigene Leistung. Seinen Großvater Nehru zitierend, sagte Rajiv vor ein paar Jahren zu einigen Abgeordneten der Kongreß-Partei: ,,Ich würde lieber Geschichte machen als Geschichte studieren." Damals konnte er nicht ahnen, wie schnell er gefordert werden sollte. Als Rajiv Gandhi am 31. Dezember 1984 um 17.30 Uhr in der festlichen ,,Ashoka-Halle" des *Rashtrapati Bhavan,* des riesigen Präsidentenpalais in Neu-Delhi, vom Staatspräsidenten zum Premierminister vereidigt wurde, war der Augenblick gekommen. Sein ,,Rendezvous mit der Geschichte" hatte begonnen. Die Londoner ,,Times" bestätigte Rajiv Gandhi in einem Leitarti-

kel, was er längst wußte: Seine Wahl sei ein Votum für Bewahrung, Stetigkeit und Wandlung.
Der Tod von Indira Gandhi bedeutete das Ende einer Epoche. Mit ihr trat die Gründergeneration der Union Indien endgültig von der politischen Bühne ab. Die Herrschaft der 40jährigen Politiker begann. Für sie ist der Freiheitskampf, in den ihre Väter und Großväter verwickelt waren, ein Stück Geschichte, auf das sie ohne Emotionen und Ressentiments zurückblicken könnten. Sie haben die Kolonialzeit nicht erlebt. Die endgültige Adaption westlichen Geistes, westlicher Erziehung und westlicher Errungenschaften bereitet ihnen offensichtlich keine Schwierigkeiten. Für sie ist selbstverständlich, was Nehru erstrebte: Er wollte den Geist des Westens zu seinem Instrument machen, ohne sich an ihn zu verlieren. Und dennoch blieb er wie die meisten gebildeten Inder seiner Generation ein Wanderer zwischen beiden Welten. In gewissem Maß galt das auch noch für seine Tochter Indira.
Sein Enkel Rajiv schwankt nicht zwischen zwei Kulturkreisen – fast möchte ich sagen: Er ist indischer, wenn damit nicht das falsche Bild von Philosophen und Mystikern assoziiert würde, die in unermeßlichen Weltzeitaltern denken und sich ohne Zeitsinn im unendlichen Kreislauf eins fühlen mit dem Universum. Rajiv gehört zu einer Generation, der die Technik des Westens keine Probleme stellt – er hat sie sozusagen mit der Muttermilch aufgesogen. Sie ist für ihn weder englisch noch indisch, sie ist neutral. Was ihn mit Europa verbindet, ist das Denken in historischen wie in zukünftigen Dimensionen, dem sich das moderne Indien aufgeschlossen hat: An dem ihm angeborenen und von ihm bewahrten Indertum gibt es bei Rajiv Gandhi nichts zu deuteln. Tradition ist das Selbstverständliche, Undiskutierbare. Die Würde, mit der Rajiv Gandhi die Trauerzeremonien für seine Mutter leitete, bewies seine Verankerung. Sie verhindert nicht einen Augenblick lang seine Aufgeschlossenheit für die Neuerungen, die mit dem Atomzeitalter gekommen sind, für Technologietransfer und Computer. Der Enkel Nehrus ist ein Kind unserer Zeit. Er gehört zu einer technokratischen Elite, die über die Intellektuellen von gestern einfach durch ihre Art und Weise, die Dinge anzupacken, triumphieren wird.
„Lassen Sie uns bitte sogleich anfangen zu arbeiten“, sagte er ohne Pathos zu seinen Mitarbeitern, als er unmittelbar nach dem Tod seiner Mutter das offizielle Büro des indischen Premierministers im roten Sandsteingebäude auf dem „Kapitol“ von Neu-Delhi betrat. Seither hat er die Faulen das Fürchten gelehrt.
Die substanzlose Formelwelt, in die sich auch einige geistig hochste-

hende Inder gerne zurückziehen, würde unter Rajiv Gandhi, das machte er ganz klar, nicht mehr geduldet werden – und gewiß nicht an der Spitze, in führenden Positionen. Für Gandhi gilt es, gleichermaßen die Bürokraten wie die Masse des Volkes zu aktivieren, sie in einen echten Arbeitsprozeß ohne Schlendrian und Korruption einzubeziehen. Er forderte eine indische Gesellschaft, die sich der Arbeit und der Erreichung von Zielen verschreiben müsse, und er drohte, diejenigen Beamten zu bestrafen, die nicht dem Volke dienen würden. „Eine neue Arbeits-Ethik", sagte Gandhi, „eine neue Arbeitskultur muß entwickelt werden, eine neue Generation muß ans Ruder kommen, deren Regierung nicht nur unbearbeitete Akten sammelt, sondern Resultate vorzuweisen hat."
Die Repräsentanten der neuen Generation saßen bereits seit drei Jahren in Rajivs Sekretariat am Motilal Nehru-Marg 2a. Sie arbeiteten als „brains trusts" nach modernsten Methoden, die sie auf der „London School of Economics" und der „Harvard Business School" studiert hatten. An ihrer Spitze standen von Anfang an Rajivs Vetter Arun Nehru und sein Schulkamerad Arun Singh; beide waren erfolgreiche Industrie-Manager, ehe Rajiv sie zu sich holte. Der Volksmund gab ihnen den Spitznamen Computer-Boys. Sie ließen kurzbündige Berichte über die Entwicklungsarbeit in jeder Ecke des Landes anfertigen und über den Beitrag, den Kongreß-Mitglieder dazu leisteten. Die Entwicklungsarbeiten wurden im Motilal-Marg kurz „input" genannt (Input-Berichte liefen täglich von verschiedenen Ministerien, Abgeordneten und Kongreß-Büros aus entfernten Regionen ein). Nach einigen Monaten verlangte Rajivs Büro einen Bericht über die Erfolge – Erfolge werden unter „output" registriert. Einen großen Teil neuer Akten – „input" und „output" – pflegte Rajiv selbst auf seinen Wahlreisen mitzunehmen. Die Zeitschrift „India Today" berichtete Anfang 1984, Rajiv habe zum Beispiel zur 77. Vollversammlung des AICC, des „All Indian Congress Committee", acht riesige Koffer voller Akten in die zweite Klasse des Sonderzuges schleppen lassen. Während der Fahrt und am Abend seien die Papiere sorgfältig von ihm studiert worden.

Die Fähigkeit, mit dem Computer umzugehen, das heißt exakt zu denken, hat Rajiv Gandhi schon als erfolgreicher Pilot bei den „Indian Airlines" bewiesen. Daß er sich aus dem Cockpit stets nur als Captain Rajiv und nicht als Captain Rajiv Gandhi meldete, spricht für seine Bescheidenheit, aber auch für seinen Willen, sich als Persönlichkeit sui generis durchzusetzen. Gewiß, stets bereit, mit einem Team zu arbeiten, ist er gleichzeitig entschlossen – wie es auch im Cockpit notwendig war –, die letzte Entscheidung allein zu treffen. Allerdings ohne autokratische Allüren. Er will als Primus inter pares – als Erster unter Gleichen – in einer Gesellschaft mit funkionierenden demokratischen Institutionen etwas bewirken.

„Welche Vorstellungen verbinden Sie mit Ihrem Mandat?" fragte ich den jungen Premierminister im Mai 1985.

Fast 200 Tage waren vergangen, seit er sein Amt angetreten hatte, das unter dem Zeichen eines schwierigen politischen Erbes stand.

„Meine Vorstellungen sind klar: Kontinuität und Wandlung", antwortete Gandhi, „Kontinuität in der Politik und in der großen geistigen Linie, aber Wandel in bezug auf eine moderne technologische und administrative Entwicklung."

„Glauben Sie, daß Ihr überwältigender Wahlerfolg die Folge eines weit verbreiteten Wunsches nach Veränderung, nach Wandlung war?"

„Gewiß, aber wie ich schon sagte, Wandlung innerhalb gewisser Grenzen. Ich glaube nicht, daß die Inder alles Alte über Bord werfen wollten, um etwas absolut Neues entstehen zu lassen. Das könnte unser Land gar nicht verkraften. Das wäre nicht gut. Indien wird nur stark sein, solange es bei aller Fortschrittlichkeit seine auf alten Traditionen beruhende Identität bewahrt."

„Sie glauben also, daß eine Synthese zwischen Tradition und Moderne möglich ist?"

„Sie ist nicht nur möglich, sie muß erreicht werden. Wir können uns doch nicht durch eine materialistische Weltanschauung selbst begrenzen. Der Mensch ist ein höheres Wesen, er braucht Ziele, die über seine eigene Persönlichkeit hinausreichen. Ohne sie anzustreben, muß er verkümmern."

„So stimmen Sie mit Ihrem Großvater Jawaharlal Nehru überein, der als letzten Punkt in die Parteiresolution der Krongreß-Konferenz vom Januar 1964 den unvergeßlichen Satz einfügte: ‚To insist on spiritual values'?"

„Dafür kämpfen wir."

Das Streben nach einer Harmonisierung von Tradition und Fortschritt wirft ebensoviele schwere Probleme auf wie der Entschluß, innenpolitische Veränderungen durchzusetzen. Die Konflikte sind vorgezeichnet. Rajiv ist sich aller Barrieren bewußt. Das Konzept vom neuen Indien hat ihre Überwindung eingeplant. Viele alte Institutionen werden sich der Erneuerung, Säuberung, Verjüngung, Wandlung unterziehen müssen. Das gilt auch für die Partei. Ihre Wandlung soll mit der Rückbesinnung

auf das große Erbe beginnen, auf den Augenblick, wo es Nehru gelang, den Kongreß aus einem Instrument der Freiheitsbewegung in einen Träger der Demokratie zu transformieren, deren Wirkung unter der Losung Mahatma Gandhis stand, Politik mit Ethos zu verbinden.
Diese Herausforderung hat Rajiv Gandhi nicht vergessen.

Rückblick und Ausblick: Die indische Herausforderung – was ist das?

Am 15. August 1947 wurde Indien aus englischer Kolonialherrschaft in die Unabhängigkeit entlassen. Das war ein Ereignis von internationaler Bedeutung. Von diesem Tag an übernahm die Indische Union eine Rolle in der Weltpolitik, die geeignet war, das Denken der Völker zu ändern. Begriffe wie Bündnislosigkeit, Toleranz, Gewaltlosigkeit und friedliche Koexistenz – was immer man über ihre bisherige Anwendung und Wirkung denken mag – wurden durch Indien in das internationale Vokabular eingeführt.

„Unsere Träume gelten Indien", sagte der erste Premierminister des Landes, Jawaharlal Nehru, am Abend vor der Erlangung der Freiheit, „sie gelten aber auch der Welt, denn die Welt ist eine Einheit geworden."

Mit der Vorstellung von der Einheit der Nation wurde der von Mahatma Gandhi auserwählte Nehru zum Architekten des modernen Indien, eines Bundesstaates, dessen Basis der Säkularismus sein sollte, das Bekenntnis zu einer über alle Rassen, Kasten und Religionen, Fürstentümer und Provinzen hinausreichenden indischen Identität. Eine Vision von geradezu atemberaubenden Ausmaßen. Indira Gandhi hat ihr Leben dafür hingeben müssen.

Beide, Nehru und seine Tochter und Nachfolgerin Indira, waren sich sehr wohl bewußt, daß nur die Verankerung in der indischen Identität die Nation innerlich stark machen und zur Wirkung auf die Welt befähigen würde. Von dieser potentiellen Wirkung Indiens hatten beide eine genaue Vorstellung.

Im Spannungsfeld zwischen China und Pakistan, zwischen der Sowjetunion und den Vereinigten Staaten von Amerika gelegen, besitzt Indien neben Japan die wichtigsten politischen, strategischen und wirtschaftlichen Schlüsselpositionen in Asien. Wer Indien in den Griff bekommt, hält einen bedeutenden Stützpunkt in Südasien, eine Operationsbasis von fast 3,3 Millionen Quadratkilometern Land in Händen. Er kontrolliert den Indischen Ozean ebenso wie den Golf von Bengalen.

Im Zeitalter der Interdependenz – der gegenseitigen Abhängigkeit – kann es für die Westmächte und Amerika nicht gleichgültig sein, was hier

geschieht. Es könnte sein, daß sich eines Tages am Ganges das Schicksal der asiatischen Demokratien entscheidet. Wenn Indien keine Demokratie bleibt, wird schließlich ganz Süd- und Südostasien fallen. Rückwirkungen auf die westliche Welt wären unvermeidlich. Damit fällt dem indischen Premierminister eine Rolle zu, die weit über den innenpolitischen Auftrag hinausreicht. Sie ist von weltpolitischem Rang.
Europäer und Amerikaner sollten sich dessen bewußt werden. In Indien steht mehr als regionale Strategie auf dem Spiel. Weltpolitik und Weltwirtschaft verschränken sich hier. Entwicklungshilfe für die Indische Union ist nicht nur Verpflichtung, sie ist ein Akt der Selbsterhaltung. In einem hochentwickelten Indien könnte sich ein Markt eröffnen, der für Europa und Amerika von großem Interesse wäre. Er wird sich aber nur voll auswirken können, wenn Indien als ein gleichberechtigter Handelspartner behandelt wird, mit dem man austauscht, dem man die eigenen Märkte öffnet. Westeuropa sollte das als eine Aufgabe ansehen – es handelt sich nicht nur um den Markt, sondern auch um das Gesicht der Welt von morgen. Ein wirtschaftlich prosperierendes Indien könnte in ihr eine wichtige, die Demokratien der Welt stützende Säule darstellen.
Unser Interesse an Indien aber reicht weit über Wirtschaft und Politik hinaus in eine Sphäre, die der französische Schriftsteller und ehemalige Kultusminister Frankreichs, André Malraux, einmal den Entscheidungsbereich der Seele genannt hat. Was sich in diesem Bereich zwischen Indien und uns abspielt, ja seit Jahrhunderten abgespielt hat, nämlich eine nahezu mystische Verschränkung des indischen mit dem europäischen Kulturkreis, ist mit der Ratio allein nicht zu erklären. André Malraux hat dieses Phänomen intuitiv erfaßt und in seinen „Anti-Memoiren" beschrieben. Indien war für ihn mehr als der „Lichtschein, mit dem jede fremde Zivilisation die meinige erhellte". Die indische Philosophie führte den Franzosen zu neuen Erkenntnissen über Leben und Tod: „Gewiß ist der Tod für alle, die geboren werden, / Und gewiß ist die Geburt für alle, die gestorben sind." / Wiedergeburt – *Karma*, schicksalhafte Verflechtungen, Glaubensbekenntnisse einer anderen Kultur, Erfahrungen, schwer in Worte zu transponieren: „Was ich in mir trug", schrieb Malraux, „war die Entdeckung eines einfachen Geheimnisses, das unübertragbar ist und heilig."
Und dennoch gelang es dem Franzosen, mit der Glut seiner Sprache Indien so zu beschreiben, daß der Leser sich herausgefordert fühlt, seine eigenen Vorstellungen an der fremdartigen, bis in die Tiefe des Unbewußten reichenden Gedankenwelt zu messen.
André Malraux ist tot. Was er geschrieben hat, gilt noch immer.

Indien ist ein großes geistiges Abenteuer geblieben. Seit Jahrhunderten hat es Forscher und Reisende angezogen, Dichter und Denker fasziniert. Viele Gelehrte haben sich mit dem Studium des Hinduismus, des Buddhismus und des Islam, mit den drei großen asiatischen Weltreligionen, beschäftigt, die Indiens gesellschaftliche Struktur und seine, uns noch immer herausfordernde Gedankenwelt bestimmen. Für die von religiösen Vorstellungen geprägte Kunst der Inder gibt es kaum einen Vergleich. Wer sich auf sie einstimmen kann, wird der symbolischen Architektur der Hindutempel, der Tortürme, der *Gopurams* oder der *Shikaras,* dem Schwung der Skulpturen, der klaren Schönheit islamischer Ornamente, der Moscheen, Mogulpaläste und Grabdenkmäler ebenso verfallen wie der Symbolik der Dichtung, dem Geheimnis alter Schreine, der Dämonie fremdartiger Götter, der Verklärung im Antlitz des Buddha, der Weisheit der *Gurus,* der Melodien indischer Musik, der Schönheit der Frauen, dem Rhythmus der Tempeltänze.

Die Kunst Indiens ist nicht nur ein Schlüssel zum indischen Wesen – sie entschlüsselt, was uns verbindet und anzieht: die kosmische Einbettung, die religiöse Verankerung und die geradezu metaphysische Eros-Relation der Inder. Die vieldiskutierten Darstellungen von Liebenden an den Tempeln der Hindus müssen als symbolische Wiedervereinigung des männlich-sinnlichen mit dem weiblich-übersinnlichen Element verstanden werden, als Aufhebung der Dualität und Rückkehr in die uranfängliche Einheit. Was die indischen Bildhauer in den Stein übertragen, ist eine uralte Hoffnung des Menschen: seine – die diesseitige – Welt mit der Überwelt zu harmonisieren.

Aus der Vergangenheit wirkt das traditionelle Indien bis in die Gegenwart und bildet den Mutterboden des Landes, das für Millionen Menschen zu einer neuen Hoffnung geworden ist: das Indien von Mahatma Gandhi.

Was der „Vater der indischen Nation“ erstrebte, betrifft uns alle. Er wollte mit Toleranz und Gewaltlosigkeit seine Vision von einer neuen Gesellschaft verwirklichen, von einem neuen Menschen, der sich wieder auf die ewig gültigen geistigen und ethischen Werte besinnt. Wer das als Illusion abtut, stellt den Fortschritt im Sinne wahrer Menschlichkeit in Frage. Gandhi aber war ihr Advokat. Was er vertrat, wurde zur Herausforderung. Er predigte die Brüderlichkeit und pries sie als gemeinsamen Auftrag der Menschen. Wenn seine sozialen Vorstellungen – vor allen Dingen die Überwindung von Hunger, Krankheit und Not – noch nicht vollkommen verwirklicht werden konnten, so blieben

sie doch das erklärte Ziel jeder indischen Regierung von Jawaharlal Nehru an über Indira Gandhi bis zu Rajiv Gandhi.
Jawaharlal Nehru und Indira Gandhi sind bereits Geschichte geworden. Wird, was sie wollten, Geschichte machen: ein einiges Indien, das seine Identität in einer Synthese von indischen Traditionen und modernen Errungenschaften erkennt?
Der Ehrgeiz der beiden Regierungschefs ging über innenpolitische Ziele hinaus. Indiens Standortfindung, der sie bis zur Selbstaufopferung dienten, sollte durch Indiens Geltung in der Welt überhöht werden.
Umfangreiche Kapitel der indischen Geschichte werden vom Leben und Wirken dieser Familie berichten, die seit drei Generationen den Regierungschef stellt, die Geschicke des Landes bestimmte und das Gesicht der Welt verändern wollte. Ob Nehru und Indira erreichten, was sie erstrebten? Sicherlich nicht. Aber sie haben Anstöße gegeben, die weiter wirken könnten. Indiras Vorstellungen von sozialer Gerechtigkeit, von der Überwindung aller rassischen, gesellschaftlichen und religiösen Vorurteile galten nicht nur für Indien.
„Lassen Sie uns nicht ruhen", sagte sie zu Loretta King, „bis die Gleichheit aller Rassen und Religionen eine lebendige Tatsache geworden ist". Auch Indiras Gegner können nicht bestreiten, daß sie versuchte, nach diesen Idealen zu leben, daß sie mit ihrer Gesellschafts- und Minderheitenpolitik ein Beispiel setzen wollte für ein Indien, das kommen sollte, für eine Welt von morgen.
Rajiv Gandhi bekannte sich nach seiner Wahl zu einer Zukunft voller Innovationen. Der Beruf des Piloten hat ihn Entscheidendes gelehrt. Situationen sind mit Instrumenten zu messen, meistern kann sie jedoch nur der Mensch allein. Das Fliegen wurde zum Einstieg in die moderne, in universalen Dimensionen denkende Zeit, deren Technik die Menschen von Kontinent zu Kontinent verbindet. In einer durch Technologietransfer und Computer gesteuerten Gesellschaft ist internationale Partnerschaft für Rajiv Gandhi das Selbstverständliche. Keine Vision – die Realität. Das Indien, von dem André Malraux sagte, es habe ihn tiefer berührt als alle anderen Länder, da es die nächtigen Schwingen des Menschen weiter spanne, hat eine neue Dimension bekommen. Das heißt nicht, die alten Denkkategorien, die Leitbilder verleugnen, nach denen Nehru die Welt verwandeln wollte – sondern sie miteinander verknüpfen. Rajiv Gandhi hat die Vorstellungen seines Großvaters zu seinen eigenen gemacht. Der erste Ministerpräsident des unabhängigen Indien wurde nicht müde, von seiner Generationen und Kontinente übergreifenden Idee zu sprechen: von der Verständigung zwischen den

Völkern durch die angeborene Geistigkeit des Menschen. Die Historiker werden entscheiden müssen, ob das eine Illusion oder die Herausforderung aus Indien war, die vor der Geschichte bestehen wird.

Anhang

सत्यमेव जयते

PRIME MINISTER

New Delhi
September 2, 1985

Dear Dr. Bonn,

Thank you for sending me the latest issue of Indo-Asia, which carries the interview with me.

You have referred to the Punjab agreement. You must have since seen how determined the extremists are. The assassination of Sant Longowal was most brutal. I can only hope that his sacrifice will further turn the Sikhs away from violence. There are some signs of it happening. It is to consolidate the forces of peace that we are going in for elections. They are the people's answer to extremists.

I am glad to learn that your book on India will be out on 26 September.

Sonia and the children join me in sending you their good wishes.

Yours sincerely,

Ministerpräsident Rajiv Gandhi an Gisela Bonn.

Indira Gandhi an Richard Nixon – ein Briefdokument

Neu-Delhi, den 15. Dezember 1971

Sehr geehrter Herr Präsident,

in einem Augenblick tiefer Verzweiflung über die unglückliche Wende der Beziehungen zwischen unseren beiden Ländern schreibe ich Ihnen heute diesen Brief. Ich werde versuchen, Ihnen noch einmal die Ursprünge der Tragödie, um die es sich handelt, zu analysieren, ohne mich dabei durch meinen eigenen Stolz, meine Vorurteile oder Gefühle beeinflussen zu lassen.
Es gibt Augenblicke in der Geschichte, in denen wir uns an bedeutsame Ereignisse der Vergangenheit erinnern sollten, um eine gegenwärtige Situation besser zu verstehen. Einer dieser bedeutenden Augenblicke war die Ratifizierung der Unabhängigkeitserklärung der Vereinigten Staaten von Amerika, der Millionen von Menschen inspirierte, ihr Leben für die Freiheit zu opfern. In dieser Erklärung wurde unter anderem festgehalten, daß, wenn die unveräußerlichen Rechte aller Menschen auf Leben, Freiheit und Erlangung von Glück durch eine Regierungsform gefährdet werden sollten, es das Recht der betroffenen Bürger ist, diese Regierung zu ändern oder zu stürzen.
Alle vorurteilslosen Menschen, die zu einer objektiven Beobachtung der schlimmen Geschehnisse in Bangladesh seit dem 25. März in der Lage waren, haben den Aufstand von rund 75 Millionen Menschen als gerecht empfunden. Diesen Menschen wurde ihr Recht auf Leben und Freiheit, ganz zu schweigen von ihrem Streben nach eigenem Glück, rücksichtslos verwehrt. Die Weltpresse sowie Rundfunk- und Fernsehanstalten haben über die Ereignisse ausführlich berichtet. Die scharfsinnigsten unter den amerikanischen Südasien-Experten haben eine detaillierte Untersuchung der frustrierenden Situation Ostbengalens vorgelegt.
Der tragische Krieg, der heute immer noch andauert, hätte vermieden werden können, wenn die Großmächte während der neun Monate vor dem pakistanischen Angriff auf unser Land am 3. Dezember der Tatsache des bengalischen Aufstandes ihre Aufmerksamkeit geschenkt, die

wahre Situation zu begreifen versucht und sich für eine realisierbare Verhandlungsbasis zur Versöhnung voll eingesetzt hätten. Ich habe seinerzeit entsprechende Briefe geschrieben. Auf der Suche nach einer friedlichen Lösung habe ich damals, obwohl es für mich sehr schwierig war, mein Land zu verlassen, eine Reise zu den führenden Weltpolitikern unternommen, um ihnen meine Auffassung der Lage zu erläutern. Es war herzzerbrechend, zu erkennen, daß zwar Mitgefühl für die Flüchtlinge da war, daß aber gleichzeitig die Ursachen der Krankheit von den Führungsspitzen der Großmächte völlig ignoriert wurden. Der Krieg hätte sicher vermieden werden können, wenn die Großmächte, vor allem die Vereinigten Staaten, ihre Macht, ihren Einfluß und ihre Autorität für die Freilassung von Sheikh Mujibur Rahman geltend gemacht hätten. Statt dessen wurde uns mitgeteilt, daß eine Zivilverwaltung eingesetzt werden sollte. Jeder wußte, daß eine solche Zivilverwaltung eine Farce war; heute hat sich diese Farce zu einer Tragödie entwickelt.
Es wurde viel über die Notwendigkeit einer politischen Lösung geredet, aber kein einziger wirklich erwähnenswerter Schritt unternommen, um sie zu erreichen. Statt dessen fuhr die westpakistanische Regierung fort, Scheinwahlen für Sitze abzuhalten, die willkürlich als vakant deklariert worden waren. Es gab keine Anzeichen dafür, daß irgendein Vertreter aus dem Ausland versucht hätte, mit Mujibur Rahman Kontakt aufzunehmen. Unser dringender Appell für die Freilassung von Sheikh Mujibur Rahman, oder wenigstens für die Wiederherstellung eines Kontakts mit ihm, falls eine Freilassung nicht erreicht werden konnte, wurde als undurchführbar abgelehnt. Als Begründung gab man an, die USA könnten nicht eine Politik verfolgen, die möglicherweise zum Sturz von Präsident Yahya Khan führen würde. Während die Vereinigten Staaten von Amerika sehr wohl anerkannten, daß Mujibur eine Schlüsselfigur der Tragödie war und daß Pakistan auf die Dauer einwilligen müsse, seiner bengalischen Ostregion Autonomie zu gewähren, wurde gleichzeitig argumentiert, man müsse auf die komplizierte Lage und Yahya Khans Schwierigkeiten Rücksicht nehmen.
Herr Präsident, darf ich Ihnen in aller Offenheit eine Frage stellen: Hätte die Freilassung eines einzigen Menschen oder Geheimverhandlungen mit diesem Menschen, nämlich Sheikh Mujibur Rahman, katastrophalere Auswirkungen haben können als ein Krieg? Es ist doch eine Tatsache, daß die westpakistanische Regierung annehmen durfte, daß sie über eine gewisse Narrenfreiheit verfüge und machen könne, was sie wolle, ohne Einmischung von anderen, nicht einmal von seiten der Vereinigten Staaten. Die USA haben sich nämlich nicht getraut, eine klare

Position zu beziehen, sie haben zwar betont, daß Pakistans Integrität sakrosankt sei, aber nicht, daß das gleiche für Menschenrechte und Freiheit gilt und daß es eine enge Beziehung zwischen der Unverletzbarkeit einzelner Staaten und der Zufriedenheit ihrer Völker gibt.
Herr Präsident, trotz der andauernden Herausforderung durch die pakistanischen Führer hinsichtlich der elementarsten Lebensrechte würden wir alle Anstrengungen unternommen haben, den wachsenden Druck unter Kontrolle zu halten, so wie wir es während neun langer Monate getan haben. Der Krieg hätte vermieden werden können, wenn die Pakistaner nicht am 3. Dezember 1971 am hellichten Tage unsere Flugplätze in Amritsar, Pathankot, Srinagar, Avantipur, Uttarlai, Jodhpur, Ambala und Agra bombardiert hätten, zu einer Zeit, als ich in Kalkutta war, mein Kollege, der Verteidigungsminister, in Patna, von wo aus er nach Bangalore im Süden fliegen wollte. Ein anderer Kollege, der Finanzminister, hielt sich in Bombay auf. Die Tatsache, daß der Angriff während unserer Abwesenheit erfolgte, zeigte die niederträchtigen Absichten. Konnten wir angesichts dieser Tatsache ruhig abwarten und darauf vertrauen, daß die Herrscher von Pakistan oder diejenigen, die sie beraten haben, friedliche, konstruktive und vernünftige Absichten verfolgten?
Wir sind gefragt worden, was wir wollten; wir wollten nichts für uns selbst. Wir verlangen kein Territorium von dem, was Ostpakistan war und heute Bangladesh ist. Wir wollen kein Stück Land von Westpakistan. Wir wollen einen dauerhaften Frieden mit Pakistan. Aber ist Pakistan bereit, mit seiner sinnlosen, vierundzwanzig Jahre andauernden Agitation gegen Kashmir aufzuhören? Ist Pakistan bereit, seine fortdauernden Haßaktionen und seine feindselige Haltung Indien gegenüber einzustellen? Wie oft haben mein Vater und ich während der letzten vierundzwanzig Jahre der pakistanischen Regierung ein Nichtangriffsabkommen angeboten? Es ist inzwischen längst historische Tatsache, daß jeder Versuch unsererseits in diese Richtung abgelehnt worden ist.
Wir sind zutiefst über die Anspielungen und die versteckten Angriffe verletzt, wir hätten diese Krise entfacht und wir seien diejenigen, die einer Lösung im Wege stünden. Ich weiß wirklich nicht, wer für diese Verunglimpfung verantwortlich ist.
Während meiner Besuche in den USA, England, Frankreich, in der Bundesrepublik Deutschland, Österreich und Belgien habe ich immer wieder betont, in der Öffentlichkeit wie auch im privaten Gespräch, daß eine politische Lösung für die pakistanische Frage dringend notwendig wäre. Wir haben neun Monate darauf gewartet. Als Dr. Kissinger im August 1971 hierher kam, habe ich ihm die dringende Notwendigkeit einer

raschen politischen Lösung vorgetragen. Aber bis zum heutigen Tag haben wir kein vernünftiges Angebot erhalten, nicht einmal eine Verhandlungsgrundlage, die alle Tatsachen so berücksichtigt, wie sie sind, und nicht, wie manche sie sich vorstellen.
Wie es auch sein mag, es ist meine ernste und aufrichtige Hoffnung, daß Sie als Präsident der Vereinigten Staaten, mit Ihrem tiefen Verständnis für alles Menschliche und als derjenige, der den Willen, die Hoffnungen und Ideale des großen amerikanischen Volkes vertritt, mich zumindest wissen lassen, wo wir einen Fehler begangen haben sollten, bevor Ihre Beauftragten oder Sprecher in solch barschem Ton mit uns verhandeln.

Mit freundlichen Grüßen und besten Wünschen

Ihre ergebene
Indira Gandhi

Brief von Indira Gandhi an Gisela Bonn zum Sikh-Problem

PRIME MINISTER'S HOUSE
NEW DELHI
In flight
Nagpur – Delhi
September 13, 1984

Dear Dr. Bonn

I have your letter of September the 1st.
I am afraid I have not read your article, but am asking Sharda Prasad to have a look at it and send his views.
The "Kar Sewa" was essential and is almost complete. There was a group amongst the Akalis who wanted to keep the damaged Akal Takht as a permanent memorial. This would have been a constant irritant, increasing bitterness and hatred. Hence I felt that it should not be left as it was. The Akal Takht would never have got damaged if the terrorists had not used it as a hideout and made it into their arsenal.
The Sarbat convention was a gathering of Sikhs who did not agree with the terrorists or the extreme views of some of the Akalis. The fact that such a very large number gathered in spite of the most dire threats to their lives, properties and even religion by the terrorists, shows that many people wanted to express their views against the violence, crimes and other activities of the terrorists and extremist Akalis. It is most unfair and untrue to suggest that the gathering had any other motive. We had to ban the other convention which the extremists wanted. We did not object to any gathering inside a building or a compound. But we did feel that if a big crowd gathered on the streets and marched towards the Golden Temple, there would surely have been violence and clashes, and in such a situation if the police were compelled to act that would have meant further tension. We did not interfere with the gathering which took place inside.
Don't forget that the majority of Sikhs voted for the Congress in 1980 and in most previous elections.

In Andhra, the ruling Telugu Desam Party split into two. Mr. Bhaskar Rao, who has resigned from the Congress, was responsible for bringing Mr. N. T. Rama Rao into politics but later felt that he could no longer work with him. It was made known that on his return from the USA, Mr. N. T. Rama Rao was going to, or actually had, dismissed Mr. Bhaskar Rao from his Cabinet. Thereupon Mr. Bhaskar Rao, who had long been dissatisfied, took his group out of the Telugu Desam Party and went to the Governor. The Governor counted the requisite number of MLAs and concluded that Rama Rao had lost his majority. He then called upon the leader of the other group, i.e., Bhaskar Rao, to form the Government. This is within his constitutional jurisdiction. Neither the Central Government nor the Congress had anything to do with the Governor's action. Our local unit was naturally annoyed with N. T. Rama Rao because of his anti-Centre attitude and actions. That is why they offered to support Bhaskar Rao. After presenting the MLAs to the Governor, Bhaskar Rao allowed them to disperse and go to their homes. That is how N. T. R. managed to get hold of some of them and has since kept them closely guarded as if they were prisoners. At first they were kept in his studio in Hyderabad, guarded by BJP workers. Later they were made to constantly move from place to place in Karnataka and now they are back in his studio. For a short while in between when they were in Delhi, a person who works for a newspaper which is opposed to us, tried to gate crash. He has told that in each room there were two Telugu Desam MLAs and one BJP worker, and in spite of his best efforts he was not allowed to talk to anybody.

As for democratic norms, it is well to remember that such party divisions and changes of Government have taken place in Uttar Pradesh, Madhya Pradesh and other States much earlier, by some one leaving a Congress Government and party, and forming a new Government. In 1978, the Janata Party deliberately organised the ouster of Devaraj Urs in Karnataka in exactly the same way, except that the Governor did not even ask for the names of the MLAs or count them and in 1983 we were informed by Mr. K. H. Patil, the person who had himself gone to the Governor, that at that time he had only a few MLAs with him. You also know how I was expelled from Parliament soon after being elected by a big majority.

The Opposition, the press and the self-styled liberals seem to have a new yardstick to measure democracy, and that is, „Anything said or done against Indira Gandhi and the Congress is right".

Greetings

Indira Gandhi

Das 20-Punkte-Programm

Das Programm ist im wesentlichen eine Mischung des alten mit dem Fünf-Punkte-Programm, das der inzwischen tödlich verunglückte jüngste Sohn der indischen Ministerpräsidentin, Sanjay Gandhi, während des damaligen Notstandes erließ. Die Mischung wurde entsprechend gekürzt.

Die zwanzig neuen Punkte sind folgende:
1. Steigerung des Bewässerungspotentials, Entwicklung und Verbreitung von Technologien und Anlagen zur Kultivierung von trockenem Land.
2. Besondere Anstrengungen um die erhöhte Produktion von Hülsenfrüchten und Ölpflanzen.
3. Stärkung und Verbreitung der Zusammenarbeit des ländlichen Entwicklungsdienstes mit dem nationalen ländlichen Beschäftigungsprogramm.
4. Verteilung von Überschuß-Land und Herstellung einer völligen Übersicht über alles verfügbare Land, indem alle administrativen und gesetzlichen Hindernisse beseitigt werden.
5. Prüfung und effektive Anstrengungen für die Garantie eines Mindestlohnes für Landarbeiter.
6. Abschaffung von Zwangsarbeit.
7. Beschleunigung der Programme zur Entwicklung der Stämme und der Kastenlosen.
8. Lieferung von Trinkwasser an die entsprechenden, problematischen Dörfer.
9. Zuteilung von Bauland an Familien, die keines besitzen – Entwicklung von Programmen zur Hilfe beim Hausbau.
10. Verbesserung der Slums. Hilfsprogramme für den Hausbau ärmerer Schichten. Maßnahmen gegen die unerwünschten Steigerungen von Grundstückspreisen.
11. Steigerung der Energie, Verbesserung der Energieversorgung, Elektrifizierung aller Dörfer.
12. Stärkere Förderung der Wiederaufforstung und Einrichtung von Baum-Farmen. Entwicklung von Bio-Gas und anderen alternativen Energie-Quellen.

13. Propagierung der Familienplanung auf freiwilliger Basis als einer Volksbewegung.
14. Verbesserung des Gesundheitsdienstes, Kontrolle der Lepra, TBC und Blindheit.
15. Beschleunigung von Fürsorgeprogrammen für Frauen und Kinder und Ernährungsprogrammen für schwangere Frauen, nährende Mütter und für Kinder, besonders in Stammes- und anderen rückständigen Gebieten.
16. Ausbreitung der Elementarerziehung für die Kinder von 6 bis 14 Jahren, mit besonderer Betonung für Mädchen. Gleichzeitig Beschäftigung von Studenten und anderen Freiwilligen, um das Analphabetentum unter Erwachsenen zu beseitigen.
17. Pflege eines Öffentlichen Verteilungssystems durch Läden mit mäßigen Preisen. Erstellung von fahrbaren Läden für abgelegene Gebiete und Läden für Industriearbeiter und Studentenheime. Bereitstellung von Text- und Lehrbüchern zu ermäßigten Preisen – und Unterstützung für eine Bewegung zum Schutz der Verbraucher.
18. Liberalisierung bei Investierungen und bei der Entwicklung der Industrie, damit zeit- und termingerecht produziert werden kann. Alle Unterstützung ist dem Handwerk zu gewähren, der Handweberei, der Klein- und Dorfindustrie – es muß für Verbesserung der Technologie auf dem Dorf gesorgt werden.
19. Fortsetzung strenger Aktionen gegen Schmuggler, Hamsterer, Steuerhinterzieher. Kontrolle des Schwarzgeld-Marktes.
20. Verbesserung der Arbeit in öffentlichen Betrieben. Anstrebung stärkerer Effizienz, durch Auswertung aller Kapazitäten und durch die Entwicklung der inneren Kräfte und Quellen.

New Delhi.

July 25, 1957.

Dear Dr Gisela Bonn,

My father has asked me to thank you for your letter of July 10, and the photographs which we consider very good. I must also thank you for your letter to me which I received some time ago on my return from a tour of the hill areas.

I was very sorry to miss you when you came to our house for lunch. As you know it was election time and I was constantly on the move. It was a most strenuous time.

I am glad you enjoyed your visit to India. I hope you will come again soon.

With good wishes,

Yours sincerely,

Indira Gandhi

Im Auftrag ihres Vaters schreibt Indira Gandhi an die Autorin.

PRIME MINISTER'S HOUSE
NEW DELHI

No. 2548-PMH/59

December 1, 1959

Dear Dr. Bonn,

Thank you for your letter of the 12th November and for your good wishes. I have received the special issue of "Indo-Asia" and I shall certainly read the chapter you have mentioned.

I shall be happy to meet you when you come to India.

Yours sincerely,

Jawaharlal Nehru

Ministerpräsident Nehru an Gisela Bonn.

12, Willingdon Crescent
New Delhi
India

January 4, 1979

Dear Gisela Bonn,

Your letter of the 24th December has only just reached me.

I am asking the office to send you a copy of my statement in Parliament.

After my arrest, 500,000 people were arrested. Educational institutions such as the Delhi Indian Institute of Technology, colleges, 'dharmashalas' (shelters used mainly for religious pilgrims) and even a sports stadium were used as prisons. Camp jails were put up outside the main prisons. In several places our people, who had participated in peaceful demonstrations, were brutally beaten up inside prisons. Some have had to have stitches put on their heads, others have had arms and legs broken. Just this morning I had a visit from six who were beaten up in this manner in Saharanpur jail. One of them has both his arms fractured. Nothing of this sort has ever happened in India before within living memory. This is only a small part of the picture of what is happening in the India of today.

With all good wishes,

Yours sincerely,

Indira Gandhi

Dr Gisela Bonn
Stuttgart

P.T.O.

Indira zu ihrer Verhaftung durch die Janata-Regierung.

प्रधान मंत्री भवन
PRIME MINISTER'S HOUSE
NEW DELHI

January 5, 1983

Dear Gisela,

Usha left your letter with the greeting cards, so I have only read it a couple of days ago. We have not yet received the new issue of the Indo-Asia but expect it will be arriving soon.

I enjoyed meeting your friends and since then Prof. Hans Thummel has also written to me. We discussed some of the problems of the press here and now he has written to me on this question also.

It seems a pity your overflying us and not stopping. I hope you enjoyed your trip.

I have given Priyanka's photograph to her mother. If you have another copy, I would be glad to have it.

With good wishes,

Sincerely
Indira Gandhi

Brief, persönliche Fragen betreffend, von Indira Gandhi.

सत्यमेव जयते

PRIME MINISTER
INDIA

MESSAGE

Strong cultural links have existed between Germany and India for a long time. The work of German Indologists is widely known and esteemed in my country. Indian thought made a distinctive impact on German thinkers and writers.

In more recent times, Germany and India have had mutually beneficial economic relations. It is a welcome sign that both countries want to enlarge this cooperation.

"Indo-Asia" has made useful contribution to further Indo-German friendship. Dr. Wirsing and Dr. Gisela Bonn have maintained high quality and provided German readers with insights into many aspects of India's tradition and progress.

My greetings to the journal on its twenty-fifth anniversary.

(Indira Gandhi)

New Delhi,
December 8, 1983

Glückwünsche zum 25jährigen Bestehen von Indo Asia, deren Herausgeberin Gisela Bonn ist.

P.N. HAKSAR

4/9 Shanti Niketan
New Delhi - 110021
INDIA

December 18, 1984

Dear Grisella

By now you would have come to the conclusion that I am both cruel and insensitive. I can imagine, in all its intensity your agony. Each one of us has had that kind of response to what took place inside 1 Safdarjung Road on October 31. I should have responded to your letter of November 9 much earlier. But I was not in India. I was far, far away. Urmila and I actually left New Delhi on October 27 on a visit which we had planned so often and postponed on several occasions. First we went to Japan. And we added to it a visit to China because by some strange coincidence, we received an invitation from the Institute of International Affairs of the People's Republic of China. We returned to New Delhi from our wanderings only on November 22.

October 31 was a cruel, cruel day. The days which followed imitated that cruelty on a wider scale both in Delhi and in large parts of Northern India. I am still unable to grasp the meaning of it all.

Ever since that day and month in 1956 when we first met, we have shared many experiences, hopes and sometimes despair too. And so, I have some idea of the kind of inner turbulence which must be shaking you. The only way perhaps to contain it would be to articulate it. So, write about it all, as you have seen and felt it.

You enquired about obligations. I think the only obligation one has is to truth and to integrity.

As for the possibility of our having long conversations, this can only be done when you visit us next.

I did not know that Nambiar is in Delhi. I shall endeavour to contact him. But ever since we returned on November 22, we have been trying to cope with so many things and our capacity to cope has visibly diminished.

Urmila and I send you our fondest love. Shall we wish each other a better year than the one which is about to end ?

Yours
P. Haksar

P. N. Haksar, enger Berater von Indira Gandhi, oft auch die „graue Eminenz" der indischen Politik genannt, an die Autorin.

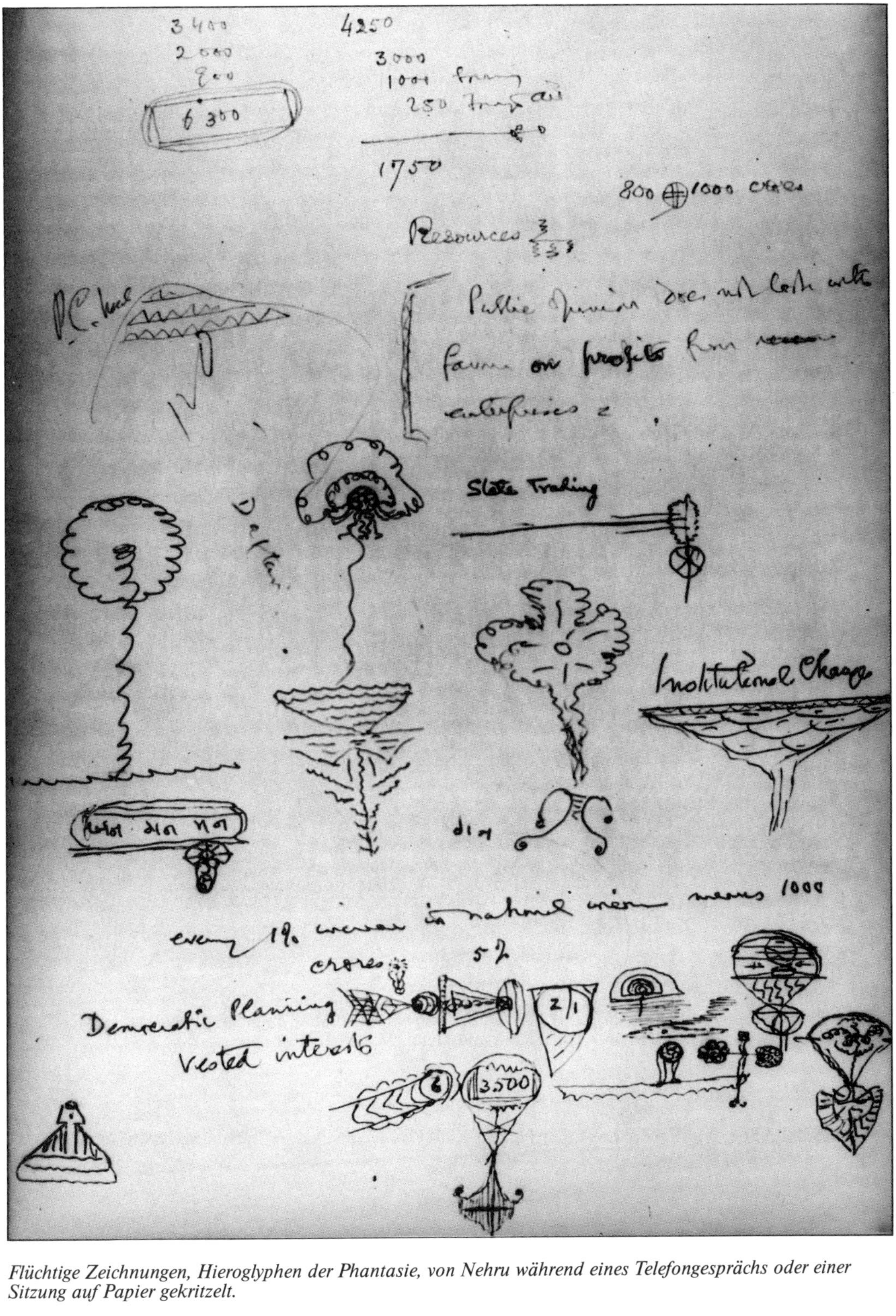

Flüchtige Zeichnungen, Hieroglyphen der Phantasie, von Nehru während eines Telefongesprächs oder einer Sitzung auf Papier gekritzelt.

Literatur

Bücher

Ambrose, Kay: Classical Dances & Costumes of India, London 1950.
Bhatia, Krishan: Indira – a Biography of Prime Minister Gandhi, New York 1974.
Bhavani, Enakshi: The Dance in India, Bombay 1965.
Bonn, Gisela: Neues Licht aus Indien, Wiesbaden 1963.
Brecher, Michael: Nehru – eine politische Biographie, München 1963.
Bussagli, Mario/Sivaramamurti, Calembus: Art of India, New York o. J.
Crocker, Walter: Nehru – a Contemporary's Estimate, London 1966.
Gandhi, Indira (mit einer Einleitung von Gisela Bonn): Indira Gandhi spricht, Percha/Starnberger See 1975.
Gandhi, Indira: Peoples and Problems, London 1982.
Gandhi, Indira: Statements on Foreign Policy January–March 1982, New Delhi 1982.
Hangen, Welles: After Nehru, Who? New York 1963.
Jha, Akhileshwar: Sexual Designs in Indian Culture, New Delhi 1979.
Kramrisch, Stella: Indische Kunst – Traditionen in Skulptur, Malerei und Architektur, Köln 1956[2].
Malraux, André: Anti-Memoiren, Frankfurt 1968.
Mende, Tibor: Gespräche mit Nehru, Hamburg 1956.
Moraes, Frank: Jawaharlal Nehru, München 1957.
Moraes, Frank: India Today, New York 1960.
Nehru, Jawaharlal: Indiens Weg zur Freiheit, Zürich 1948.
Nehru, Jawaharlal: The Discovery of India, London 1956.
Nehru, Jawaharlal: Weltgeschichtliche Betrachtungen, Düsseldorf 1957.
Nehru, Jawaharlal: Summe meines Denkens, München 1962.
Pochhammer, Wilhelm von: Indiens Weg zur Nation – Die politische Geschichte eines Subkontinents, Bremen 1973.
Radhakrishnan, Sarvepalli: Meine Suche nach Wahrheit, Gütersloh 1961.
Rau, Heimo: Die Kunst Indiens, Stuttgart 1958.
Rothermund, Dietmar: 5mal Indien, München 1979.
Singh, Khushwant: Indira Gandhi Returns, New Delhi 1979.
Sivaramamurti, Calambur: The Art of India. New York 1977.
Wirsing, Giselher: Indien – Asiens gefährliche Jahre. Düsseldorf 1968.
Wirsing, Giselher: Der abwendbare Untergang – Die Herausforderung an Menschen und Mächte, Düsseldorf 1975.

Reiseführer

Bonn, Gisela/Wirsing, Giselher: Indien und der Subkontinent, Tübingen 1973.
Gisela Bonn (Hrsg.): Indien – Der Norden mit Nepal und Bhutan, München 1982.
Gisela Bonn (Hrsg.): Indien – Der Süden und Delhi, München 1981.

Zeitschriften

INDO ASIA, Vierteljahreshefte für Politik, Kultur und Wirtschaft in Indien. Südasien. Ostasien, 1959–1985, BURG-VERLAG, Sachsenheim.

Namen- und Sachregister

Abbas, Ahmed 295.
Abdullah (Sheik) 155 f., 158 ff., 196 ff., 199, 205, 212, 337 f.
Afghanistan 19, 72, 154, 181 f., 398 ff., 407.
Afrika, Afrikaner 96, 133, 177, 335.
Agra 33, 41–45, 58, 306.
Ahimsa (s. a. Satyagraha) 68.
Ahmedabad 67, 83, 85, 87, 168, 444.
Ahmednagar/Festung 60, 132, 138.
Aid-to-India-Club 329, 332.
Ajanta 20 ff.
Akal Takht s. Goldener Tempel.
Akali-Dal-Party 253.
Akbar, Jalal-ud-din – der Große (Mogulherrscher) 42 ff., 51, 155, 230, 255.
Aksai-Chin 183 f.
Aktionskomitee der Bürgerschaft 194 f.
Al-Afghani, Aldin 66.
Alexander der Große (König von Makedonien) 401.
Ali, Mohammed 67, 82, 92, 95.
Ali, Munshi Mubarak 61.
Ali, Rashid Jussuf 364 ff., 369 ff.
Ali, Salamat 67, 437.
Ali, Shaukat 67, 82.
Ali Khan, Liaquat 166.
Aligarh-Universität 65, 303.
Alipore/Gefängnis 129.
Allahabad 50, 52, 56, 58, 60, 68, 72, 75, 89, 92, 124 f., 206 f., 208, 233 ff., 345.
All-India Congress Comittee s. Kongreß-Partei.
All-India Congress Socialist Party 342.
All-India Muslim-League s. Muslim-Liga.
Alt-Delhi s. Delhi.
Amardas (Guru) 250.
Amethi 414, 424.
Amin, Hafizullah 399.
Amritsar 69, 70, 76, 88, 90, 235, 251 ff., 306, 380, 435 f.
Analphabetentum (s. a. Erziehung) 168, 246.
Anand Bhavan 51 f., 59, 85, 233 ff.
Anand, Mulk Raj 28.
Anandpur 251.
Andhra Pradesh 191, 406, 437 f., 457, 461.
Andrews, Charles Fryer 80.
Antseranana 429.
ANZUS-Pakt 182.
Apa Tanis 359 f., 365–371.
Araber 253, 331 f., 428.
Arabisches Meer 398 f.
Arbeitsniederlegung s. Hartal.
Architektur (s. a. Agra, Ajanta, Chandigarh, Delhi, Ellora, Fatehpur-Sikri, Khajuraho, Moscheen, Tempel) 32, 35, 37, 40, 44, 49, 51, 254, 468.
Arjuna 250 f.
Armut 73, 229, 244 ff., 256, 283, 286, 297 f., 358, 458.
Army Act 349.
Artha (s. a. Hinduismus) 38.
Arunachal Pradesh 183 ff., 186 f., 188, 292 f., 351, 353 ff., 403.
ASEAN 394.
Ashoka (Maurya-Herrscher) 18, 40.
Ashram 77, 85, 123, 239, 342.
Asiad 430 f.
Asian Relations Conference 180.
Asiatischer Sicherheitspakt 407.
Asien, Asiaten 18, 36, 60 ff., 96, 179 ff., 202 f., 213, 273, 287, 313, 316, 320, 329 ff., 333, 335, 354, 360, 381 f., 394, 398 f., 407, 467 f.
Assam 141, 353 f., 359, 402 ff., 461.
Atatürk, Mustafa Kemal 93.
Atman (s. a. Hinduismus) 40.
Atombombe 139, 332, 334.
Atomenergie, Atomkraftwerke 15, 225, 246, 332, 386, 395, 410, 426 f., 459.
Atomklub 332.
Attlee, Clement 140, 143.
Aurangabad 20.
Aurangzeb (Mogulherrscher) 51, 167, 251.
Aurobindo, Sri 37.
Avadi 173, 182.
Awadh (Oudh) 64.
Awami-Liga 296 f., 300.
Azad Kashmir 154, 157.
Azad, Maulana Abul Kalam 67, 140.

Babur (Mogulherrscher) 43.
Bagdad-Pakt 160, 182.
Bakshi, Gulam Mohammed 159 f., 191, 193 ff.
Balance of power 310, 402, 426, 429.
Bald, Stanley 114.
Bandaranaike, Sirimawo 189, 381.
Bande, Abdul Rahim 195.
Bandung/Konferenz 96, 147, 180, 182 f., 244, 380 f., 431, 433.
Bangalore 279 f., 282.
Bangladesh (s. a. Ostbengalen) 300 ff., 328, 332, 358 f., 380, 403, 432.
Bangla-Kongreß 274.
Bankenverstaatlichung 170, 279 ff.
Battuta, Ibn 33.
Bauern, Bauernbewegung (s. a. Bhoodan-Bewegung; Bodenreform; Dorf; Landwirtschaft) 68, 71 ff., 81, 84, 88, 91, 115, 123, 172 ff., 224, 277, 325, 397, 406 f., 455.
Beamte s. Bürokratie.
Beg, Afzal 337.
Belgrad/Konferenz (s. a. Blockfreien-Bewegung) 182, 431, 433.
Benares 129, 341 f.
Bengalen (s. a. Ostbengalen; Westbengalen) 52, 55, 62, 63 f., 117, 136, 138, 140 f., 169, 191, 196, 290, 296–321, 347, 441, 466.

Berenger, Paul 428.
Berlin 96, 139.
Besant, Annie 61 f., 67 f.
Bevölkerungsexplosion (s. a. Familienplanung) 376, 460.
Bewässerung 246, 275, 325 f., 403, 458.
Bhabha, Homi 225.
Bhagavadgita 85.
Bhakra-Nangal-Damm 251.
Bhakti (s. a. Hinduismus) 27.
Bharat 42, 58, 64, 142 ff., 150, 153, 159 f., 162, 168, 253, 337, 352, 389, 404, 433, 437, 442, 466.
Bharata Natyam s. Tanz.
Bharatiya-Janata-Party 275, 423, 455.
Bharatiya Lok Dal 384.
Bhatia, Krishna 237 f., 241.
Bhave, Vinoba 135 ff., 174, 343.
Bhilai 170, 182, 286.
Bhindranwale, Sant Jarneil 435.
Bodhisattva s. Buddhismus.
Bhoodan-Bewegung 136, 174 f., 343 f.
Bhopal 444 f., 456.
Bhubaneshwar 191, 203.
Bhutan 184, 199, 354 ff., 394, 403, 419, 432.
Bhutto, Zulficar Ali 213, 240, 296 f., 312, 318 f.
Bihar, Biharis 68, 116, 141, 316, 344, 346, 438.
Birla, G. D. 150.
Birma 142, 143, 179, 354 f., 403.
Blockfreien-Bewegung 96, 147, 180, 182 f., 211, 381, 399 f., 431 ff.
Bodenreform 173 ff., 277, 325 f., 336, 342.
Bombay 54, 58, 67, 76, 80, 85, 95, 115 f., 140 f., 168, 177, 204, 211, 218, 411, 436.
Bose, Subhas Chandra 117, 121, 135 ff., 139.
Brahma, Brahman (s. a. Hinduismus) 36, 39, 40.
Brahmanen-Kaste (s. a. Kastenwesen) 12, 42, 51, 59, 155, 190, 207, 409.
Brahmaputra 359.
„Brains Trust" 463.
Brandt, Willy 314.
Brecher, Michael 59, 169.
Breschnew, Leonid Iljitsch 329 ff., 406 ff., 427.
Briten s. Engländer.
Brooks, Ferdinand T. 52, 61.
Broomfield, Robert (Sir) 87 ff.
Buddha, Gautama 22, 152, 200 f., 358.
Buddhismus, Buddhisten 20, 22, 35 f., 41 f., 161, 201 f., 356, 358, 409, 432, 468.
Budha Dal 436.
Bündnislosigkeit 19, 182, 298, 328, 330, 381, 386, 394, 402, 429, 431, 460, 466.
Bürokratie 92, 122, 418, 420 ff., 463.
Bulganin, Nikolaj 182.
Bundelkhand 32 f.
Bundesrepublik Deutschland 170, 216, 227, 302 f., 306, 313, 315 f., 322, 376.
Bush, George 425.
Butt, Quadir 195.

Cambridge 12, 15, 52 ff., 121, 206, 208, 291, 411.
Cancun 424 f.
Carrington, Lord 399.
Castro, Fidel 431.
Chamberlain, Arthur Neville 133.
Champaran 68.
Chandellas 32 ff.
Chandigarh 249, 254 ff., 286.
Charka 80, 83 f., 126, 235 f.
Chavan Yeshwantrao B. 208, 218, 223, 279, 346.
Chelmsford, Frederick John N. (Lord) 71, 76.
Chiang Kai-shek 134.
China, Chinesen 18 f., 134, 154, 160 f., 171, 180 f., 183 ff., 186 ff., 196, 200, 204, 212 f., 220, 280, 298, 309 f., 317 f., 327 f., 330, 338, 344, 354 ff., 367, 381 ff., 386 f., 394, 398 ff., 403, 466.
Chou En-lai 18, 183, 222, 318, 381 f.
Choudhury, Humayan Rasheed 302 f., 313 ff.
Choudhury, Joyando Nath 178.
Christentum, Christen 44, 47, 50, 140, 161, 176, 276, 452, 456.
Chruschtschow, Nikita 187 ff., 222.
Churchill, Winston (Sir) 57, 139, 377.
Clifford, Clark 399.
Clive, Robert 55.
Collins, Larry 54.
Colombo/Konferenz (s. a. Blockfreien-Bewegung) 381 f., 431.
Colombo-Plan 180.
Comecon (Council for Mutual Economic Assistance) 336.
Commonwealth 164 f.
Cripps, Stafford (Sir) 137 f., 141.

Dacca 62, 65, 195, 297, 300, 310 ff., 380.
Dacoits s. Räuberbanden.
Daflas 366 f.
Daladier, Édouard 133.
Dalai Lama (s. a. Tibet) 183, 205, 220, 344, 356.
Damaskus 43.
Dandi 123 f.
Darshan 206, 289 f.
Dar-ul-Islam 64.
Das, Chitta Ranyam 58, 91.
Das, Deshbandu 82.
Datta, Narendra Nath s. Vivekananda
Daulatram, Jairamdas 362.
Dayananda (Swami) 276.
Dehra Dun 137, 205, 210, 307, 411.
Delhi 14, 49, 64, 199 f., 215 f., 241 f., 284 ff., 288, 301 f., 329 ff., 340, 347 ff., 361, 370, 411, 430 ff., 441 ff.
Delhi-Abkommen 119, 126, 146.
Delhi-Manifest 96.
Desai, Morarji 190 f., 210 f., 218 f., 278 ff., 283, 292, 345, 347 ff., 384 ff., 388 ff., 394, 401, 418.
Deutsche Demokratische Republik (DDR) 303, 312 f.
Deutschland (s. a. Bundesrepublik Deutschland und Deutsche Demokratische Republik) 132 ff., 139.
Deva, Acharya Narendar 342.
Devadasi 27, 32.
Devi, Rukmeni 28.
Dhar, D. P. 319, 336.
Dharma (s. a. Hinduismus) 38, 95, 162, 201.
Dhavan, R. K. 439 f.
Diego Garcia 335, 428 f.
Diehl, Günter 303, 314.
Din-i-Ilahi 44.
Disraeli, Benjamin 9.
Dorf, Dorfentwicklungsprogramm 18, 79, 172 f., 342 ff., 368, 376, 402, 414 f.
Dominion-Status 117 ff., 139.
Dorf-Rat 162, 343, 368 f., 397.
Drawida Munnetra Kazhagam-Party (DMKP) 455.

Drew, Jane 254.
Dritte Welt (s. a. Entwicklungshilfe) 19, 147, 179, 182, 185, 223, 322 f., 399 f., 428 f., 434, 457.
Dulles, John Foster 309.
Durgapur 170, 286.
Dyer, Reginald 69, 70 f., 87 f., 235, 253.

Eduard VIII. (König von England – Herzog von Windsor) 82, 145.
Eingeborene s. Stämme, ind.
Einstein, Albert 96, 221.
Eisenbahnerstreik 332 f.
Elf-Punkte-Programm Gandhis 122 ff.
Elizabeth I. (Königin von England) 45, 54.
Elizabeth II. (Königin von England) 142.
Ellora 20, 22 ff.
Engländer, englische Herrschaft 16, 19, 21, 27, 49 f., 52, 54 ff., 58 f., 65, 68 ff., 76 ff., 82 ff., 91 ff., 113 ff., 118 ff., 122 ff., 135, 137, 140 ff., 153, 167, 179 f., 190, 230, 236, 246, 253, 273, 341 ff., 355 f., 418, 434, 462.
England 16, 19, 50, 52, 62, 65, 133, 134 f., 136, 160, 188, 210, 316, 399, 412.
Entwicklungshilfe (s. a. Dritte Welt) 182, 309, 322 f., 331, 467.
Erdöl 403 f., 459.
Erziehung 161, 168, 172, 246, 275, 336, 370, 376, 420 ff.
d'Estaing, Valéry Giscard 399.
Europa, Europäer 12, 15, 20, 34, 36, 54, 95 ff., 127, 129, 131 ff., 136, 167 f., 179, 202 f., 306, 310, 319, 331, 394, 467.

Fabian Society 53, 291.
Familienplanung 336, 377 ff., 393, 397.
Faridabad 278.
Farrukhsiar (Kaiser) 51
Faschismus (s. a. Nationalsozialismus) 129, 132.
Fateh Singh 253.
Fatehpur Sikri 41 f., 44 f., 255.
Fergusson, James 35.
Fernandez, Georges 332 f., 388.
Festival of India 423.
Film: Indira Gandhi . . . 284–295.
Flüchtlinge 164, 166, 169, 196, 253, 297, 299 ff., 302, 305.
Franco, Bahamonde, Francisco 132.
Frank, Paul 314 f.
Frauen/Lebensbedingungen (s. a. Hindu-Code) 165 f., 249 f., 419.
Freiheitskampf s. Unabhängigkeit.
Frost, Robert 295, 451.
Fry, Maxwell 254.
Fünfjahrespläne 170 f., 173, 187, 225, 336, 420 ff.
Fürer-Haimendorf, C. von 366, 368.
Fürstentümer 50, 55, 57 f., 135, 153, 164, 169, 277.

Gandhi, Feroze 240 ff., 373, 413 f.
Gandhi, Feroze Varun 423 f., 449 f.
Gandhi, Indira 9 f., 19, 50, 62, 71, 127 ff., 197, 205, 207 f., 210 f., 218–243, 244 ff., 248, 254, 256 ff., 277 ff., 284–295, 297 ff., 301 f., 304, 314, 318 ff., 324, 237 ff., 331 ff., 335 ff., 339 ff., 344 ff., 372 f., 379 ff., 384 ff., 392–397, 398 ff., 404 ff., 407, 409 ff., 415, 420 ff., 424 ff., 429 f., 431 ff., 438–455, 457 f., 460 ff., 469, 473 ff., 477 ff., 482 ff.
Gandhi, Maneka 375, 406, 419, 422 ff., 449 f.
Gandhi, Mohandas Karamchand (Mahatma) 9 f., 52, 56 ff., 66 ff., 70 ff., 74, 76 ff., 82 ff., 93 f., 95 f., 113 f., 117 ff., 122 ff., 125 ff., 133 ff., 138, 142, 146, 147, 150 ff., 156, 163, 172, 174, 178, 185, 208, 231, 234 f., 276, 341 ff., 372, 392, 452, 465 f., 468.
Gandhi, Priyanka 241, 416, 439, 442, 445 f., 451.
Gandhi, Rahul 241, 416, 439, 442, 445 f., 451.
Gandhi, Rajiv 9 f., 207 f., 227, 240 f., 373 ff., 406, 411–419, 420, 422, 435, 439 ff., 449 ff., 453–465, 469 f.
Gandhi, Sanjay 207 f., 227, 241, 336, 372–379, 385, 387, 395, 404 ff., 411 ff., 420, 422 ff., 445, 450.
Gandhi, Sonia 240, 416, 419, 439 ff., 451.
Gandhi-Irwin-Abkommen s. Delhi-Abkommen.
Ganges 14, 47, 64, 206 f., 209, 286, 357, 359, 446.
Gauba, Elisabeth 374.
Georg V. (König von England u. Kaiser von Indien) 49.
Georg VI. (König von England u. Kaiser von Indien) 147.
Getreidegroßhandel/Verstaatlichung 322, 326 f., 332 f. (deren Aufhebung), 336.
Gesellschaft, indische 161 ff., 230, 280, 342, 469.
Gewaltloser Widerstand s. Satyagraha.
Gewaltverzicht s. Ahimsa.
Gewerkschaften 116 f., 332 f., 342.
Ghosh, Aurobindo 58.
Gide, André 9.
Ghazni, Mahmud El 33.
Gherao 340.
Ghosh, Atulya 191.
Gilgit-Gebiet 157.
Ginger-Gruppe 220.
Giri, Vazahagiri Venkata 280 f.
Gita Govinda 15, 26, 443, 446.
Goa 175 ff.
Gobind Singh (Guru) 251.
Godse, Nathuram Vinayak 151, 276.
Goetz, Hermann 9.
Goldener Tempel 251 ff., 435 f., 451.
Gokhale, Gopal Krishna 58.
Gopal, Ram 28.
Gorakhpur-Distrikt 84, 137.
Government of India Act s. Verfassung.
Graham Bowers, Ursula 366.
Granth Sahib (s. a. Goldener Tempel) 248, 251 f.
Gromyko, Andrej 214, 400.
Großbritannien s. England.
Grüne Revolution 336, 458.
Grundbesitzer 72 f., 94, 115, 120, 173 f.
Gujerat 45, 68, 115, 212, 344 f., 406, 409 f.
Gulab Singh (Dogra-Fürst) 155.
Gupta-Dynastie 40.
Guru 30, 56, 152, 238 f., 250 ff., 468.
Gwalior 33, 55.

Haksar, Parmeshwar Narain 12, 16, 20, 41, 46 ff., 284 ff., 302, 304, 309, 319, 327, 335 f., 351, 450, 485.

Hangen, Welles 192, 228.
Har Krishna (Guru) 251.
Har Rai (Guru) 251.
Hargobind (Guru) 251.
Hari Singh (Maharaja) 155 ff., 158.
Harijan (Kastenloser), s. a. Kastenwesen 80, 91, 139, 163, 346, 389 f., 409 f., 424, 456.
Harriman, Averell 189.
Harrow 52, 54, 57.
Hartal (s. a. Satyagraha) 82, 90.
Haryana 249, 438.
Haus des Volkes s. Lok Sabha.
Havanna/Konferenz (s. a. Blockfreien-Bewegung) 431.
Hazaribagh/Gefängnis 343.
Hazratbal-Schrein 195.
Hegde, Ramakrishna 437, 456.
Hedgewar, K. B. 276.
„Heiliger Krieg" 66.
Heim- und Kleinindustrie 88 f., 91, 127, 275, 343, 376, 402, 419, 420 ff.
Himachal Pradesh 292, 319, 355.
Himalaya 14, 25 f., 51, 154 f., 161, 184 f., 187 ff., 190, 199, 206, 210, 254, 317, 326, 351 f., 353 ff., 381 f., 387, 445 f.
Hindu-Code 165 f.
Hindu Mahasabha 93, 114, 129, 276.
Hinduismus 13, 20, 22 f., 25, 27, 35 ff., 41 ff., 50, 72, 150, 163, 201, 230, 249, 251, 276, 289, 343 f., 438, 468.
Hindus 44, 64 f., 71, 78, 81, 91, 93 f., 114 f., 129, 135, 139 f., 141 ff., 144 f., 148, 154, 157, 161, 166 f., 176, 190, 193, 195 f., 220, 250 f., 403 f., 409, 432, 437 f., 441 ff., 455.
Hitler, Adolf 132 ff., 136, 139.
Hiuen Tsang 33.
Ho Chi Minh 143.
Hull, Richard 189.
Humayun (Mogulherrscher) 43.
Hume, Alan Octavian 58.
Humphrey, Hubert 216.
Husain, Zakir 278 f., 281.
Huxley, Aldous 129, 300.
Hyderabad 20, 55, 153, 156.

Identität, ind. 13 f., 50, 60 ff., 457, 464.
Iyer, Krishna 28.
Indian Independence Act (s. a. Unabhängigkeit) 156.
Indian National Congress s. Kongreß-Partei.
Indische Legion 139.
Indische Union s. Bharat.
Indischer Ozean 317, 330, 335, 382, 399, 407, 427 ff., 466.
Indochina 143.
Indonesien 179 f.
Indra 36.
Indrani (Tänzerin) 23 ff., 26, 28 f.
Indus 357.
Industrie, Industrialisierung 15, 70, 127, 170 f., 224 f., 244 f., 286, 298, 331, 420 ff., 458 ff.
Iqbal, Mohammed 300.
Iran 160, 333 f., 338, 401.
Irwin, Edward Frederick (Lord) 118 ff., 122, 125 f.
Islam 19, 41 ff., 50, 64 ff., 165, 230, 249 ff., 409, 468.
Islamabad 303, 380.
Islamische Konferenz 331 f.
Itanagar 363 ff.

Jahangir, Salim (Mogulherrscher) 42, 44, 51, 251.
Jain, Girilal 410, 425.
Jainismus, Jainas 22, 38, 41.
Jallianwalla Bagh 69, 71, 88.
James, Frederick (Sir) 59.
Jammu (s. a. Kashmir) 157 ff., 161, 212.
Jana Sangh 164, 197, 273 ff., 290, 320, 350, 384.
Jana Tantra Sama 344.
Janata-Party 384 ff., 387 ff., 395, 397, 402, 407, 414, 422, 430, 455 f.
Japan 62, 139, 180, 334.
Jatkar, Dr. 20 ff., 31.
Jayadeva (Bengali-Dichter) 26.
Jeanneret, Pierre 254.
Jinnah, Mohammed Ali 67, 119, 135 ff., 141 f., 145, 297, 300.
Jodhpur 43, 306.
Johnson, Lyndon B. 221, 245 ff., 322.
Jubbulpore 220.
Jumna 206.
Junagadh 153 f., 156.

Kabir, Humayun 222.
Kailasa (Tempel und Berg) 23 ff., 31, 358.
Kairo/Konferenz (s. a. Blockfreien-Bewegung) 211, 431.
Kalif s. Khilafat-Bewegung.
Kalkutta 49, 54, 62, 65, 116 f., 129, 140 f., 168, 196, 244, 286, 290, 303, 306, 310 ff., 347, 358, 370.
Kama s. Hinduismus.
Kama Sutra 38.
Kamaraj, K. A. 189 ff., 216 ff., 223, 273.
Kamaraj-Plan 159, 189 ff.
Kambodscha 19, 394.
Kandariya-Tempel 39.
K'Ang Hsi (Mandschu-Kaiser) 356.
Kapoor, H. 345.
Karachi 55, 140, 157, 211, 213.
Karagpur 290.
Karakorum-Paß 355, 387.
Karma s. Hinduismus.
Karnataka 64, 437, 456 f.
Kashmir, Jammu und Kashmir (s. a. Azad Kashmir) 11, 51, 153–161, 168, 183 f., 193 ff., 196 ff., 204, 207, 209, 212 ff., 306, 319 f., 337 f., 355, 426, 436, 457, 461.
Kastenloser s. Harijan.
Kastenwesen (s. a. Brahmanen, Harijans, Kshatriyas, Shudras, Vaishyas) 50, 139, 152, 163 f., 250, 287, 291, 390, 397, 409, 456.
Kathak s. Tanz.
Kathakali s. Tanz.
Kaul, B. M. 185.
Kayashta-Kaste 341.
Keating, Kenneth B. 303, 309.
Kelkar, S. K. 373.
Kemani, Shri 41, 43.
Kennedy, Jacqueline 221.
Kennedy, John Fitzgerald 187, 189. 291. 322, 329.
Kerala 29, 220, 277, 445.
Khadi (s. a. Swadeshi) 77, 81, 83, 89, 91, 151.
Khajuraho 31–41.
Khalistan 430, 432 f., 434 f.
Khan, Abdul Ghaffar 124.
Khan, Ayub 197, 211 f., 214 f.
Khan, Hakim Ajmal 83.
Khan, Syed Ahmad 65.
Khan, Yahya 296 ff., 305, 319.
Khanna, Kumud 396.
Khilafat, Khilafat-Bewegung 66, 71, 76, 82, 93.
Khomeini (Ayatollah) 409.
Khulna 195 f.
King, Loretta u. Martin Luther 452, 469.
Kisans s. Bauern.
Kishan Mazdor Praja Party 164.
Kissinger, Henry 298, 306, 334 f., 401.

Kleinindustrie s. Heim- und Kleinindustrie.
Kommunalismus 64, 129, 403.
Kommunismus 96, 164, 181, 200, 220, 327 f., 330, 354.
Kommunistische Parteien Indiens 164, 276 f., 281, 290, 333, 342, 455.
Konfuzianismus 44.
Kongreß-Bewegung; Kongreß-Partei 16, 56 ff., 63 f., 66 ff., 70 ff., 74, 76 ff., 82 ff., 89, 91 ff., 113 ff., 118 ff., 124 f., 127, 130 ff., 135 f., 140 ff., 145, 155 f., 164, 166 f., 169, 173 ff., 182, 185 f., 190 f., 194 f., 204, 210 f., 216, 218, 220 f., 236 f., 248, 273 f., 276 ff., 281 ff., 284, 290, 294, 324, 333, 342, 345 ff., 372, 377, 384, 385, 390, 392 f., 410, 414 ff., 423, 454 ff., 463 f.
Korruption 324, 340, 344, 463.
Kossygin, Alexej 214 ff., 330, 387, 401.
Kramrisch, Stella 36, 40.
Kreisky, Bruno 314, 399.

Labour-Party 139, 140, 143, 147, 185.
Ladakh 157, 159, 161, 183 ff., 186 f., 199, 356, 406.
Lahore 116, 119 ff., 135, 165, 213, 236, 253 f., 331.
Lal, Goswami Girdhardi 444.
Lal, Ram 438.
Lal, Sham 348.
Landreform s. Bodenreform.
Landschenkungsbewegung s. Bhoodan-Bewegung.
Landwirtschaft (s. a. Bauern, Dorf) 168 ff., 224, 246, 249, 275, 277, 298, 322, 336, 406 f., 420 ff.
Lapierre, Dominique 54.
Laski, Harold 185.
Lawrence, Thomas Edward (von Arabien) 28.
Le Corbusier 249, 254 ff.
Liga für Selbstverwaltung 67 f.
Liga gegen den Imperialismus 96.
Lilabari 353 f., 359, 363.
Linlithgow, Victor Alexander J. (Lord) 134 ff., 138.
Lok Sabha 164, 210, 281, 283, 320, 384, 390, 438, 455.
London 53 f., 118 f., 126, 140, 143, 165, 313, 423.
Lucknow 57, 67, 83, 90, 116, 241, 423, 444.

Madagaskar 429.
Madhya Pradesh 31 f., 41, 324 f., 438.
Madras 61, 67, 113, 116, 140, 189 f., 246.
Mahabharata (s. a. Sanskritliteratur) 26, 61, 355, 373.
Maharajas 27, 153, 155, 194.
Maharashtra 63, 246, 406.
Mahmud, Syed 94.
Malaiischer Bund s. Malaysia.
Malaysia 143, 179.
Malaviya, Madan (Pandit) 114, 190.
Malediven 432.
Malerei 44, 45, 239.
Malraux, André 10, 15, 24, 204, 221, 467.
Manchester 236.
Mandschu-Kaiser 356.
Manipur 403.
Manipuri s. Tanz.
Mao Tse-tung, Maoismus 188, 229, 318, 354, 356.
Marathen 55, 167.
Marx, Karl; Marxismus (s. a. Kommunismus) 171.
Masani, Minoo 342.
Mascarenhas, Pedro de 428.
Masudi, Maulana 194 f.
Mauritius 428 f.
McMahon, Henry; McMahon-Linie 183 f., 355 f.
Meerut 145.
Meghalaya 292, 403.
Mehta, Asoka 223, 349.
Mehta, Jagat 380.
Menon, Krishna 184 ff., 190, 220, 248, 307.
Menuhin, Jehudi 221.
Meru 25, 34.
Meuterei der Flotte 140.
Mishra, D. P. 346 f.
Mithuna s. Khajuraho.
Mogulreich 28, 41 f., 43, 45, 49, 55 f., 64 ff., 145, 155, 249 ff., 253, 276, 468.
Mohammed (Prophet), s. a. Islam 64 f., 192 ff., 252.
Mohammedaner s. Muslims.
Moksha (s. a. Hinduismus) 38, 40, 312.
Mongolen 253.
Montagu, Edwin Samuel (Lord) 68, 70 f., 76, 118.
Montagu-Chelmsford-Reformen 68, 70.
Moplah-Revolte 94.
Moraes, Frank 136, 141, 144, 162.
Morley-Minto-Reformen 63 f.
Moscheen 41, 43 f., 51, 155, 193, 468.
Moskau 96, 182 f., 330.
Mountbatten, Edwina (Lady) 145 f., 148 f., 165.
Mountbatten, Louis (Lord) 142 ff., 153, 190.
Moynihan, Patrick 329.
Mudra s. Tanz.
Müller, Max 37.
Münchener Abkommen 133.
Mukti Bahini 302, 307 f., 312.
Mumtaz Mahal 42 f.
Musik 24, 29, 32, 239, 468.
Muslim-Liga 65 ff., 68, 114, 135, 140 f., 142, 145.
Muslims (s. a. Islam) 42, 64 ff., 71, 78, 81, 91, 93 f., 114 f., 129, 135, 139 f., 141 ff., 144 f., 148, 154 f., 157, 161, 166 f., 193 ff., 220, 249 ff., 274, 276, 300 ff., 331, 403 f., 409, 456.
Mussourie 71 f.
„Mutiny" 56, 58, 61 f., 65.
Mysore 55, 64, 191, 273.

Nabha 93.
Nadar-Unterkaste (s. a. Kastenwesen) 189.
Nagas 209, 359, 365.
Nahaba, Amrit 387 f.
Nahostkrieg (1973) 331 f.
Naidu, Sarojini 235.
Naini/Gefängnis 90, 125, 294.
Nanak (Guru) 249 ff.
Nanda, Gulzari Lal 191, 195, 210, 218, 222 f., 273 f.
Narayan, Jayaprakash 341 ff., 350, 372, 384 f., 388 f.
Narayan, Prabhavati 342.
Narayanan, K. R. 382 f., 386.
Narayanganj 195.
Nasik/Gefängnis 342.
Nasser, Gamal Abd el 189, 309, 431, 434.
Nataraja 25, 31.
National Conference 158 f., 195.
National Congress s. Kongreß-Partei.
Nationalistische Partei 114.
Nationalsozialismus (s. a. Faschismus) 129, 132.
Natwan s. Tanz.
Natya Shastra s. Tanz.
Nautsch 27.
Naxalbari 277.
Naxaliten 277, 324.
NEFA (North Eastern Frontier Administration) s. Arunachal Pradesh.

Nehru, Arun 463.
Nehru, B. K. 223.
Nehru, Ganga Dhar (Pandit) 58.
Nehru, Jawaharlal (Pandit) 9 ff., 22, 28, 46, 48 ff., 56 ff., 67 ff., 76 ff., 82 ff., 92 ff., 95 ff., 113 ff., 118 ff., 122 ff., 125 ff., 130 ff., 135 f., 137 f., 140 ff., 143 ff., 150 ff., 159 f., 161 ff., 166 ff., 169 ff., 175 ff., 179–184, 185 ff., 189 f., 191 f., 196 ff., 199–209, 210, 214 f., 218 ff., 221 f., 227, 231, 233 ff., 239 ff., 244, 248 f., 254, 275, 287 ff., 291, 294 f., 308, 333, 337, 343, 347, 351, 361 f., 370, 372 f., 381, 391 f., 394, 397, 413, 415, 417, 431, 433, 442, 448, 451, 461, 464, 466, 469, 481, 486.
Nehru, Kamala 57, 61, 85, 95, 124, 128, 130 f., 233, 239, 294.
Nehru, Motilal (Pandit) 50 ff., 58 ff., 61, 68 ff., 71, 75 ff., 82, 90 f., 93, 114, 117 f., 123, 125 f., 220, 233 f., 237, 294.
Nehru, Swarupani 59, 71, 85, 221.
Nepal 356 f., 394, 419, 432.
Neu-Delhi, New Delhi s. Delhi.
Nicht-Zusammenarbeit s. Satyagraha.
Nijalingappa, S. 191, 273, 278, 280 ff.
Nikobar-Inseln 360.
Nirvana s. Buddhismus.
Nixon, Richard 298, 304 ff., 318, 328 f., 426, 473 ff.
Nkrumah, Kwame 189.
Noakhali 141.
Non-alignment s. Bündnislosigkeit.
Notstand 227, 350 ff., 388, 393, 404, 420.
Nuklearenergie s. Atomenergie.

O'Dwyer, Michael 69.
Ölkrise 331 f.
Organisation für Afrikanische Einheit (OAE) 429.
Orissa 115, 286 f.
Orissi s. Tanz.
Ostbengalen (s. a. Pakistan; Bangladesh) 62, 166, 297 ff., 344.
Ostindische Kompanie 54 ff., 459.

Pakistan 19, 42, 61, 64, 67, 124, 136, 141 f., 145, 153 f., 156 ff., 160 f., 166, 168 f., 171, 182, 186, 193, 195 ff., 204, 209, 212 f., 215 f., 218, 249, 253 f., 254, 280, 296 ff., 301 ff., 318 ff., 332 f., 335, 337 f., 344, 380, 394, 398 f., 418 f., 425 f., 432, 436, 460, 466.
Panch Shila 18, 183, 200, 381, 466.
Panchadashi 34.
Panchayat s. Dorfrat 162, 343.
Pandit (Titel) 13, 51.
Parlament s. Lok Sabha.
Parsen 50, 240, 456.
Partabgarh 72 ff.
Parteien, ind. (s. a. Kongreß-Partei) 93, 114, 129, 164, 197, 273 ff., 290, 320, 342 ff., 350 f., 384 f., 388, 395, 402, 430, 437, 455 f.
Passiver Widerstand s. Satyagraha.
Patel, Vallabhbhai (Sardar) 58, 115, 119, 150, 153, 161 f., 164, 166.
Patel, Viththalbhai 118.
Pathankot 306.
Pathanen 124, 156 f.
Patil, Sadashiv Kanhota 190 f., 211, 218.
Patna 344, 346.
Patwardhan, Achyut 342.
Pax Americana 213
– Britannica 213.
– Sovietica 213, 330.
Pazifik-Pakt 182.
Peking 318, 328.
Perser 253.
Persischer Golf 398.
Personenkult 282.
Pethwick-Lawrence, Frederick William (Lord) 141.
Philip (Herzog von Edinburgh) 142.
Phillora 213.
Plebiscite Front 337.
Podgorny, Nicolai 298.
Pol Pot 394.
Poona 93, 125.
Portugal, Portugiesen 175 ff.
Präsidentenherrschaft (s. a. Notstand) 220, 275, 404, 434.
Praja Socialist Party 343.
Prakasa, Sri 95.
Prasad, Rajendra 92, 147, 220.
Prasad, Sharada 439.
President's Rule s. Präsidentenherrschaft.
Presse 244, 322, 325, 350, 379, 388, 393, 396.
Protected areas s. Stämme, ind.
Provincial Congress Committee s. Kongreß-Partei.
Punj Piyaras 251.
Punjab, Punjabis 55, 58, 63 f., 69 f., 154, 168 f., 246, 249 f., 253 f., 286, 355, 430, 432, 434 ff., 457, 461.
Punjabi Subha 248 f.
Puranas (s. a. Literatur) 26.
Purusha s. Hinduismus.

Quit-India-Bewegung 138, 343.

Radhakrishnan, Sarvapalli 197, 208, 210, 223, 278.
Rae Bareli 242.
Räuberbanden 322, 324 f.
Raga s. Tanz, Musik.
Rahman, Mujibur (Sheikh) 296 f., 305, 308, 312 ff., 380.
Raj (s. a. Engländer) 56, 144.
Raj Sabha 210.
Raja 162.
Rajagopalachari, Chakravarti 92, 190.
Rajasthan 246, 332, 438.
Rajpur, Ali (Maharaja) 199.
Rajputen 32 ff., 55, 155.
Ram, Jagjivan 346, 385, 389 f.
Ramdas (Guru) 250.
Ramayana (s. a. Sanskritliteratur) 26, 32, 61, 72, 237, 355.
Ramgoolam, Seewoosajur 429.
Ranchi 170.
Rann von Kutch 212.
Rao, N. T. Rama 437 f., 455.
Rao, Subha 278.
Rashtriya Sanjay Manch 424.
Rashtriya Swayamsevak Sangh 276.
Ravi 119 ff.
Rawalpindi 318, 380.
Ray, S. S. 347.
Reading Rufus Daniel (Lord) 85 f., 126.
Reagan, Ronald 410, 424 f.
Reddy, B. 349.
Reddy, Chenna 348.
Reddy, Neelam Sanjiva 191, 279, 281, 389, 407.
Republic Day s. Tag der Republik.
Rigveda s. Veden.
Rihan, Abu 33.
Rolland, Romain 95 f., 221.
Roosevelt, Franklin D. 247.
Rostow, Walt W. 322.
Rothermund, Dietmar 277.
Rourkela 170, 285 ff.

Rowlatt-Gesetze 68, 70, 87, 90.
Roy, Manabendra Nath 342 f.
Roy, Ram Mohan (Raja) 276.
Rusk, Dean 216.
Russisch-japanischer Krieg 62, 181.
Rußland (s. a. Sowjetunion) 62, 181.

Sabarmati/Gefängnis 85.
Sabha 162.
Sadhu 56, 274.
Sadiq, G. M. 194 f.
Säkularer Staat 42, 46 f., 50, 64, 129, 153, 157, 161 f., 166, 226, 249, 276, 290, 294, 410, 439 f., 442, 449.
Salim Chisti (Sheikh) 42, 44.
Salzgesetz, -marsch, -monopol, -steuer 122 ff.
Samaj, Arya 276.
Samiti 162.
Sanskrit (s. a. Sprachen, ind.) 95, 168.
Sanskritliteratur 26 f., 37, 355, 373.
Sapru, Tej Behadur (Sri) 119, 126.
Saraswati, Bala 28.
SARC 432.
Sarvodaya-Bewegung 343 f.
Satyagraha 66, 68 ff., 76 ff., 82 ff., 90, 113, 116, 122 ff., 129, 136, 137, 174, 341 f.
Saxbe, William 338 f.
Saxena, Subhash 404 f.
Sayani, Syed 65.
Scheduled Areas, Scheduled Tribes (s. a. Stämme, ind.) 361 f., 370.
Scheduled Castes s. Kastenwesen.
Scheel, Walter 216.
Schulwesen s. Erziehung.
Schwarzhandel 169, 323 f., 327, 333, 340, 424.
Schwerindustrie/Verstaatlichung 342.
Scindia, Madhav Rao 404.
SEATO (South East Asia Treaty Organization) s. Südostasienpakt.
„Sekretariat" 49, 254.
Selbstregierung, Selbstverwaltung s. Swaraj.
Sen, A. K. 222.
Sepoys 55.
Shah Jahan (Mogulherrscher) 42.
Shamane 369 f.
Shantiniketan 238 ff.
Shastri, Lal Bahadur 191 f., 194 f., 205, 210–217, 218, 221 ff., 253 f., 275, 319.
Shaw, George Bernard 53, 61, 221.
Shekar, Chandra 384 f., 455.
Shiva (s. a. Hinduismus) 24 ff., 29, 31, 36, 39, 358, 446.
Shudra-Kaste (s. a. Kastenwesen) 163.
Sialkot 213.
Sikandra 45.
Sikhismus 50, 250 ff.
Sikhs 55, 70, 93, 140, 154 f., 161, 248 ff., 418, 430, 434 ff., 439 ff., 451, 453, 456, 477 ff.
Sikkim 199, 356, 419.
Simla-Abkommen (1914) 184, 355 f.
– (1972) 318 ff., 322.
Simon, John (Lord) 114.
Simon-Kommission 114 ff., 117.
Sindh 55, 64, 169.
Sindhi, Vimla 11, 19, 373 f.
Singapur 143 f., 179.
Singh, Arun 463.
Singh, Beant 439 ff., 448.
Singh, Charan 388 ff.
Singh, Dinesh 279.
Singh, Giani Zail 430.
Singh, Fateh s. Fateh Singh.
Singh, Gobind s. Gobind Singh.
Singh, Gulab s. Gulab Singh.
Singh, Hari s. Hari Singh.
Singh, Jathedar Kirpal 436.
Singh, Karan 158.
Singh, Khuschwant 241, 292, 308, 372 ff., 396.
Singh, Madho 324 f.
Singh, Natwant 313 f.
Singh, S. K. 304, 314.
Singh, Satwant 439 ff., 448.
Singh, Swaran 222, 333, 346.
Singh, Tara s. Tara Singh.
Singh, V. P. 413.
Singhalesen 432.
Sinha, Lal 345, 347 f.
Sinkiang 154, 183, 355.
Sitar s. Musik, Tanz.
d'Souza, Victor S. 256.
Sowjetunion 19, 96, 127, 139, 154, 169, 178, 181 ff., 187 f., 213 f., 222, 280, 298, 309 f., 315, 318, 327 ff., 338, 344, 354, 381, 386, 394 f., 398 ff., 406 ff., 418 f., 425 ff., 431, 436 f., 461, 466.
Sozialismus 96, 127, 164, 170 f., 173, 182, 280, 291, 393.
Sozialistische Parteien Indiens 164, 277, 384.
Sozialreformen (s. a. Elf-Punkte-Programm; Zwanzig-Punkte-Programm) 96, 225 f.
Spanien 132 f.
Spinnrad s. Charka.
Sprachen, indische; 61, 63, 66, 166 f., 168, 220, 248 f., 296, 360 f., 438.
Sri Lanka 44, 432 ff.
Srinagar 51, 157 f., 161, 193 f., 196 f., 306, 337.

Stämme, ind. 50, 287, 353–371.
Stalin, Jossif Wissarionowitsch 182.
Stille Revolution 15, 18, 172, 342 ff.
Studentenunruhen 215, 274, 309, 340, 344, 403.
Subramaniam, C. 223, 279.
Südafrika 57, 66, 87.
Südostasienpakt 182.
Sufi-Mystiker 44.
Sukarno, Ahmed 143, 189. 434.
Sultanate 42.
Surasundari 41.
Surat 54, 63.
Swadeshi 62, 77, 80 f., 234.
Swami, Subramaniam 432.
Swaraj, Swaraj-Bewegung (s. a. Unabhängigkeit) 76 f., 83, 91, 114, 121 f.
Swatantra 190, 277.
Swinburne, Algernon Charles 63.
„Syndikat" 191, 219, 274, 278 ff.

Tabla s. Musik, Tanz.
Tag der Republik 28, 49 f., 121, 125, 227.
Tagore, Rabindranath 28, 58, 80, 130, 238 ff., 294, 452.
Taj Mahal 42 f.
Tala s. Musik, Tanz.
Talam s. Musik, Tanz.
Tambura s. Musik, Tanz.
Tamil Nadu 189, 406, 409, 432, 445.
Tamilen 432.
Tantra, Tantriker 35, 40 f., 63.
Tanz 23 ff., 239 f., 468.
Taoisten 44.
Tara Singh (Master) 253.
Tarapur/Atomkraftwerk 426 f.
Taschkent/Konferenz, Vertrag 214 ff., 319, 320 f., 330.
Teg Bahadur (Guru) 251.

Teheran 333 f.
Teilhard de Chardin, Pierre 25.
Teilung: Haryana/Punjabi Subha (1966) 248, 254.
– : Indien/Pakistan (1947) 42, 50, 62, 64, 94, 138, 142, 144 f., 153, 230 f., 253, 296.
– : Ostbengalen/Westbengalen (1905) 62, 66.
– : Pakistan/Bangladesh (1971) 296 ff.
Telugu Desam 437, 455.
Tempel (s. a. Goldener Tempel) 21 ff., 27 f., 30 ff., 42, 251, 468.
Textilindustrie, englische 88.
Thapar, P. N. 185.
Theosophische Gesellschaft 61 f., 67.
Tibet 154, 157, 183 ff., 186, 220, 344, 354 ff., 361.
Tichonow, Nikolai Alexandrowitsch 427.
Tilak, Bal Gangadhar 53, 58, 63, 67, 76.
Tin-Murti-Haus 11 ff., 48 ff., 199 ff., 205, 242 f., 288, 294, 373, 442 ff., 451.
Tito, Josip Broz 189, 434.
Toller, Ernst 95.
Touré, Sekou 189.
Toynbee, Arnold 221.
Travancore 55.
Tripura 292.
Tshen Yi 213.
Tschechoslowakei 132 f.
Tschungking 134.

U Thant 177.
Udasi, Maharaj Shamdas 373.
UdSSR s. Sowjetunion.
Ulema 165.
Unabhängigkeit, Unabhängigkeitskampf 13, 49–150, 153, 155, 190, 231, 234 ff., 247, 254, 289, 466.
Unabhängigkeitserklärung 119 ff.
Unberührbarer s. Harijan.
U Nu 434.
UNCTAD-Konferenz s. Weltwirtschaftskonferenz.
Universitäten (s. a. Studentenunruhen) 215, 238 ff., 302, 341 f.
UNO s. Vereinte Nationen.
Upanishaden 40.
Upton, Gordon 410.
USA s. Vereinigte Staaten vonb Nordamerika.
Ussuri 330.
Uttar Pradesh 220, 345, 355, 438.
Ustinow, Dimitrij 437.

Vaishya-Kaste (s. a. Kastenwesen) 163.
Vajpayee, Atil Behari 275 f., 385, 387.
Vanar Sena 237.
Veden, vedische Religion, vedische Zeit 23, 64, 162 f., 443 f.
Vereinigte Staaten von Nordamerika 15, 160, 169, 172, 178, 181 f., 187 f., 213, 245 ff., 280, 298, 303 ff., 310, 317, 322 f., 327 ff., 334 f., 338 f., 341, 381, 383, 394 f., 398 ff., 408, 425 ff., 428 f., 460, 466 f.
Vereinte Nationen 157 f., 177, 179 f., 212 f., 214, 301, 309, 321, 328, 382, 399, 433.
Verfassung, ind. 28, 49, 76, 132, 134, 158, 162, 168, 220, 248 f., 275, 281, 320, 327, 348 f., 388, 393, 404.
Verghese, George 340.
Verwaltung s. Bürokratie.
Victoria (Königin von England u. Kaiserin von Indien) 56, 142 f.
Vidyaranya 34.
Vierte Welt (Ölstaaten) 334, 431.
Vietnam 19, 386.
Vishnu (s. a. Hinduismus) 36.
Vivekananda (Swami) 58.
Volksstämme s. Stämme, ind.

Wahlen 16 f., 67, 76, 132, 140, 162, 164, 219, 274 f., 277, 281, 282, 284, 284 ff., 294, 296, 320, 324, 345, 347, 351, 375, 384, 388, 393, 396 f., 405, 410, 424, 454 ff., 462, 464.
Wanchod, K. N., Wanchod-Ausschuß 323 f.
Wariavwalla, Bharat 454.
Wavell, Archibald Percival (Lord) 138 f., 145.
Webb, Sidney 53.
Wellesley, Richard 55.
Wells, Herbert George 53.
Weltfriedensrat 335.
Weltkrieg, Erster (1914/18) 49, 66, 69 f.
–, Zweiter (1939/45) 131 ff., 139, 142, 145, 180, 213.
Weltwirtschaftskonferenz 323.
Westbengalen 62, 196, 274, 277, 297, 324, 347, 358, 403, 461.
Wilson, Woodrow 70.
„Wind der Wandlung" 70, 147, 169.
Winzer, Otto 312 ff.
Wirsing, Giselher 165, 173, 219.
Wirtschaft (s. a. Fünfjahrespläne) 168 ff., 182, 224 f., 229, 244 ff., 256 f., 322 ff., 332 ff., 403, 406 ff., 420 ff., 426 f., 458 ff., 467.
Working Committee s. Kongreß-Partei.

Yamuna 44, 72, 208.
Yumna s. Yamuna.
Youth Congress s. Kongreß-Partei.

Zamad, Abdus 312.
Zamindar s. Grundbesitzer.
Zarathustra 44, 240.
Zentrale Freies Indien/Berlin 139.
Zia-ul-Haq, Mohammed 410.
Zinkin, Taya 166.
Ziviler Ungehorsam s. Satyagraha.
Zwanzig-Punkte-Programm 420 ff., 487 f.